中国共青团年鉴
—— 2013 ——

共青团中央 编

中国青年出版社

(京)新登字 083 号

图书在版编目(CIP)数据

中国共青团年鉴 . 2013/共青团中央编. —北京：中国青年出版社，2014. 12
ISBN 978-7-5153-3028-0

Ⅰ. ①中...　Ⅱ. ①共...　Ⅲ. ①中国共产主义青年团 - 2013 - 年鉴
Ⅳ. ①D29 - 54

中国版本图书馆 CIP 数据核字（2014）第 292651 号

*

中国青年出版社 出版 发行
社址：北京东四 12 条 21 号　邮政编码：100708
网址：www. cyp. com. cn
编辑部电话：（010）57350504　门市部电话：（010）57350370
北京顺诚彩色印刷有限公司印刷　新华书店经销

*

787 × 1092　1/16　34 印张　14 插页　780 千字
2014 年 12 月北京第 1 版　2014 年 12 月北京第 1 次印刷
定价：230. 00 元
本图书如有任何印装质量问题，请与印务中心质检部联系调换
联系电话：(010)57350337

《中国共青团年鉴》（2013）

编 辑 说 明

一、《中国共青团年鉴》是全面反映中国共青团工作情况和组织发展情况的大型工具书。其编辑宗旨是为各级团组织开展工作提供理论政策指导、工作经验和有关信息，为社会各界提供中国共青团的有关资料。

二、本年鉴共分8个部分：

1. 共青团第十七次全国代表大会部分，收录了共青团第十七次全国代表大会的有关重要文件。

2. 党和国家领导人讲话部分，收录了党和国家领导人关于共青团工作和青年工作的重要讲话和指示。

3. 团中央书记处领导讲话部分，收录了团中央书记处领导同志的有关讲话。

4. 重要文件部分，收录了团中央以及与其他相关单位联合下发的重要文件。

5. 重点工作概述部分，记录了团中央开展的重点工作和重点活动。

6. 重要表彰部分，记录了团中央单独表彰及与其他部门联合表彰的先进集体和先进个人。

7. 省级团委工作简介部分，记录了各省级团委开展的主要工作情况。

8. 附录部分，为共青团工作年度大事记。

三、《中国共青团年鉴》记录的只是共青团工作的概况，为了解和研究共青团工作提供一个基本的线索，对于大量的具体工作特别是各地团组织开展的工作，因为篇幅原因未能详尽收录。

四、本年鉴由团中央机关各部门、各省级团委和有关青年组织提供材料。团中央办公厅负责材料整理和编辑工作。

《中国共青团年鉴》涉及面广，资料收集工作任务繁杂，难免出现差错和疏漏，不当之处，敬请批评指正。

2014年7月

∧ 2013年6月17日，中国共产主义青年团第十七次全国代表大会在北京人民大会堂举行。习近平、李克强、张德江、俞正声、刘云山、王岐山、张高丽等党和国家领导人出席开幕式

∧ 2013年5月4日，中共中央总书记、国家主席、中央军委主席习近平到中国航天科技集团公司中国空间技术研究院，参加"实现中国梦·青春勇担当"主题团日活动，同各界优秀青年代表座谈并发表重要讲话。座谈会前，习近平和在展厅参观的优秀青年代表合影

∧ 2013年5月29日，中共中央总书记、国家主席、中央军委主席习近平到北京市少年宫，同来京参加交流体验活动的全国56个民族、革命老区、灾区、患有先天性心脏病少年儿童和农民工子女，以及首都城乡少年儿童代表1600多人，一起参加“快乐童年放飞希望”主题队日活动

∧ 2013 年 6 月 27 日，国家主席习近平与韩国总统朴槿惠在北京人民大会堂共同会见中韩两国青年代表

∧ 2013 年 11 月 8 日，印度总理曼莫汉 · 辛格在新德里的总理府会见中国青年代表团

∨ 2013 年 11 月 9 日，全国青联部分委员走进四川乐山市剑锋小学，举行"我的中国梦——走进青年、服务青年"主题活动

目　　录

开篇　共青团第十七次全国代表大会

第一部分　特载

第二部分　团中央书记处领导讲话

陆昊同志讲话

秦宜智同志讲话

第三部分　重要文件

第四部分　重点工作概述

第五部分　重要表彰

第六部分　省级团委工作简介

开　篇

共青团第十七次全国代表大会

在同团中央新一届领导班子成员集体谈话时的讲话要点

2013年6月20日

习近平

中共中央总书记、国家主席、中央军委主席习近平6月20日下午在中南海同团中央新一届领导班子成员集体谈话并发表重要讲话强调，代表广大青年，赢得广大青年，依靠广大青年，是我们党不断从胜利走向胜利的重要保证。共青团要紧跟党走在时代前列、走在青年前列，紧紧围绕党和国家工作大局找准工作切入点、结合点、着力点，充分发挥广大青年生力军作用，团结带领广大青年在实现中华民族伟大复兴的征途中续写新的光荣。

中共中央政治局常委、中央书记处书记刘云山参加谈话。

共青团十七届中央书记处第一书记秦宜智汇报了共青团第十七次全国代表大会和十七届一中全会的召开情况，团中央书记处书记贺军科、罗梅、汪鸿雁、周长奎、徐晓、傅振邦分别作了发言。习近平认真听取大家的发言，并不时插话，询问有关情况。

大家发言结束后，习近平发表了重要讲话。他首先代表党中央，对大会取得成功、对团中央新一届领导班子表示祝贺。他表示，党中央对团中央新一届领导班子寄予很高期望。希望你们带头刻苦学习、带头苦干实干、带头严格自律、带头联系青年，团结带领广大青年为实现党的十八大提出的目标任务而努力奋斗。

习近平指出，团十六大以来，共青团组织认真贯彻落实中央一系列重大决策部署，积极适应时代发展和青年变化，在组织青年、引导青年、服务青年、维护青少年合法权益等方面开拓创新、真抓实干，推动共青团工作实现了新的发展。

习近平强调，当前，全党全国各族人民正在为实现党的十八大提出的奋斗目标而奋发努力，正在朝着实现中华民族伟大复兴的中国梦而奋勇迈进。这是党和国家工作大局，也是中国青年运动的时代主题。团的工作要把握住根本性问题，把培养中国特色社会主义事业建设者和接班人作为根本任务，把巩固和扩大党执政的青年群众基础作为政治责任，把围绕中心、服务大局作为工作主线。

习近平强调，团的工作要把握住广大青年的脉搏。要提高团的吸引力和凝聚力，关键是要高举理想信念的旗帜。共青团要做好青年思想引导工作、增强吸引力和凝聚力，必须站在理想信念这个制高点上。只有思想上精神上的吸引力和凝聚力，才是内在的强大的持久的。共青团要努力帮助广大青年树立远大理想，坚定走中国特色社会主义道路的人生信念，用科学的理论武装青年，用历史的眼光启示青年，用伟大的目标感召青年，用光明的未来激励青年，使他们不断增强道路自信、理论自信、制度自信，不断增进对党的信赖、信念、信心。

来,一切事业的发展,归根到底要靠人。加快推进社会主义现代化、实现中国梦,呼唤着千千万万高素质劳动者,尤其需要大批青年人才脱颖而出、发挥作用。青年时期是学习知识、增长本领的黄金时期,青年人的主要任务,就是学习、学习、再学习,实践、实践、再实践。广大青年要有“读万卷书”的志向,增强学习的紧迫感,把学习作为一种责任、一种精神追求、一种生活方式,在如饥似渴的学习钻研中汲取知识、增长智慧,让青春伴随着书香成长。要有“行万里路”的气魄,坚持学以致用、知行合一,自觉走与实践相结合、与人民群众相结合的成长道路,在改革建设的火热实践中增长见识、提高本领,让青春的翅膀因实践的历练而更加坚强。青年一代源源不断地成长为可堪大用、能担重任的栋梁之材,我们的事业必将迎来光明的发展前景。

第三,希望广大青年勇于创新创造,始终走在时代发展的前列。创新是动力之源。一个国家、一个民族,要做到不断进步、实现长远发展,必须依靠创新。当今时代是一个充满变革、快速发展的时代,新知识新技术新产业不断涌现,只有加快创新创造步伐,才能赢得主动、赢得优势、赢得未来。青年是社会的新生细胞,最富探索精神,最具创新活力,是推动创新创造的生力军。要树立奋勇当先、勇攀高峰的精神,树立超越前人、超越自己的勇气,树立不怕失败、百折不挠的意志,在不断求索中积累经验、取得突破。既要紧盯科学、技术、产业、管理的前沿,努力在基础研究、重大项目、重点工程中刻苦攻关、施展才华;又要在日常生产生活中保持推陈出新的意识和干劲,善于捕捉创新创造的每一个机会与灵感,力争在本职岗位上有所发现、有所发明、有所创造。

第四,希望广大青年矢志艰苦奋斗,为全面建成小康社会建功立业。路是走出来的,事业是干出来的,成功是奋斗出来的。无论时代怎么发展、条件怎么变化,艰苦奋斗的传统永远不会过时。我们正处在全面建成小康社会决定性阶段,面临着前所未有的机遇和挑战,面对着十分繁重的改革发展稳定任务。广大青年有梦想、有机会,但也有考验、有挑战。无论处于什么样的环境,无论处于什么样的人生起点,都要依靠辛勤努力,创造属于自己的人生精彩。要有实干精神,从现在做起,从点滴做起,脚踏实地做工作,聚精会神干事业,努力创造一流业绩。要敢于吃苦,在急难险重任务面前勇挑重担,勇于到艰苦地区、基层一线开辟事业发展的新天地。要不怕挫折、不畏困难,顺境不骄、逆境不馁,让顽强奋斗、艰苦奋斗、不懈奋斗成为青春最厚重的底色,在全面建成小康社会的进程中书写青春华章。

第五,希望广大青年锤炼高尚品格,在促进社会文明进步中发挥积极作用。品德修养是立身处世之基,只有把人做好了,才能真正走得远、成大业。实现中国梦的进程,必然是一个全民族文明素养不断提升的过程,尤其需要青年一代勇开风气之先,树立和践行社会主义核心价值观,以实际行动促进社会文明进步。广大青年要自觉弘扬爱国主义、集体主义、社会主义思想,心中有国家、有社会、有人民,做一个肯付出、勇担当的有责青年。要自觉遵守社会基本道德规范,弘扬中华民族传统美德,积极倡导社会公德、职业道德、家庭美德,做一个守底线、讲诚信的有德青年。要带头学雷锋,积极参加志愿服务,多做扶贫济困、扶弱助残的实事好事,倡导良好社会风尚,做一个热心肠、愿助人的有爱青年。广大青年道德水准和精神风貌的提升,一定会为美好和谐的社会注入充满朝气的强大暖流。

为实现中华民族伟大复兴的中国梦而奋斗,是中国青年运动的时代主题。共青团作为党领导的先进青年的群众组织,作为党的助手和后备军,必须牢牢把握党的要求,主动适应时代发展要求和当代青年特点,全面履行各项职能,切实担负起团结带领广大青年为实现中国梦而奋斗的历史使命。

要牢牢把握共青团工作的根本任务。围绕坚持和发展中国特色社会主义，以理想信念教育为核心，深入开展“我的中国梦”主题教育实践活动，用中国梦打牢广大青少年的共同思想基础，用中国特色社会主义理论体系武装青年头脑，努力把广大青少年培养成为中国特色社会主义事业的合格建设者和可靠接班人。

要组织动员青年踊跃投身经济社会发展。按照党和国家重大战略部署，找准工作的切入点和结合点，不断深化和创新团的工作品牌，为青年建功立业、发挥作用搭建广阔平台，团结带领广大青年积极参与经济建设、政治建设、文化建设、社会建设、生态文明建设，充分发挥生力军作用。

要竭诚服务青年成长发展。着力帮助青少年解决成长成才、就业创业、身心健康等方面的实际困难，多为他们办实事、办好事、解难事。积极参与社会管理创新，把维护青少年合法权益融入法治社会、和谐社会建设之中，反映好青年呼声，努力为青少年圆梦创造良好环境。

要大力加强团的自身建设。围绕增强党在青年中的凝聚力、青年对党的向心力和共青团组织的影响力，主动适应经济社会变革和青年流动变化的新趋势，大胆创新团的组织建设和工作方式，着力扩大团的组织覆盖、增强团的工作活力，努力建设学习型、服务型、创新型马克思主义青年组织。要充分发挥共青团在青联中的核心作用，加强对学联的指导和对少先队的领导，努力做好新形势下的青年群众工作。

团干部是党的青年群众工作的骨干力量，是党的干部队伍的重要组成部分。长期以来，广大团干部热爱党的事业，热爱团的岗位，尽心尽力、辛勤工作，为党的青年工作作出了重要贡献。面对新形势新任务，广大团干部要在继承优良传统基础上，进一步加强思想建设、能力建设、作风建设，不断提高服务大局、服务青年的本领。要坚定正确的政治方向，忠诚于党、忠诚于人民，认真贯彻党的理论和路线方针政策，讲政治、顾大局，在思想上、政治上、行动上同以习近平同志为总书记的党中央保持高度一致。要锤炼过硬的业务本领，勤学习、善思考，加强对实践经验的总结，加强对新情况新问题的研究，更好地把握工作规律，为做好共青团工作打牢理论根底、知识根底、业务根底。要弘扬优良的工作作风，增强宗旨意识和群众观点，牢记“空谈误国，实干兴邦”，办实事、重实际、求实效，严格自律、戒骄戒躁，保持先锋本色，树立良好形象。

各级党委和政府要从巩固党的执政基础、保证党的事业后继有人的高度，从实现“两个一百年”奋斗目标、实现中国梦的高度，充分认识做好共青团工作和青年工作的极端重要性，切实加强对共青团的领导和指导，支持共青团创造性地开展工作，关心帮助团干部锻炼成长。要热情关心青年，充分信任青年，真诚帮助青年，促进青年健康成长，引导青年建功立业。

青年朋友们，同志们：美好的未来属于青年，美好的未来依靠青年。生活在伟大祖国、伟大时代的广大青年，使命在肩、前程似锦。让我们更加紧密地团结在以习近平同志为总书记的党中央周围，高举中国特色社会主义伟大旗帜，以邓小平理论、“三个代表”重要思想、科学发展观为指导，团结一心、开拓奋进，在实现中国梦的伟大实践中谱写壮丽的青春篇章！

高举团旗跟党走　奋力实现中国梦

——秦宜智在中国共产主义青年团第十七次全国代表大会上的报告

2013年6月17日

各位代表，同志们：

现在，我代表中国共产主义青年团第十六届中央委员会向大会作报告，请审议。

这次大会的主题是：高举中国特色社会主义伟大旗帜，以邓小平理论、“三个代表”重要思想、科学发展观为指导，深入学习贯彻党的十八大精神，坚定信念，牢记使命，脚踏实地，锐意进取，团结带领广大团员青年满怀信心地紧跟着党，为全面建成小康社会、加快推进社会主义现代化、实现中华民族伟大复兴的中国梦而奋斗。

一、共青团事业的新发展

五年来，共青团在党的领导下，紧紧围绕党和国家工作大局，努力适应时代发展和青年变化，主动应对共青团事业面临的新挑战，切实履行组织青年、引导青年、服务青年、维护青少年合法权益的职能，积极探索，奋发有为，推动团的各项工作和建设实现新的发展。

着力创新载体、贴近青年，思想引导工作全面深化。抓住新中国成立60周年、建党90周年、党的十八大召开、建团90周年等重大契机，通过组织宣讲报告会、动员基层团队组织学习研讨、发挥青年典型示范作用、吸引青少年参与媒体互动等方式，深入开展“我与祖国共奋进”、“学党史、知党情、跟党走”、青年马克思主义者培养工程、“红领巾心向党”等主题宣传教育活动，在广大青年官兵中深入开展当代革命军人核心价值观教育，引导广大青少年进一步坚定跟党走中国特色社会主义道路的理想信念。深入开展学雷锋等多种形式的道德实践活动，组织引导青少年从小事做起、从身边做起，践行基本道德规范，养成良好道德品格，弘扬社会文明新风。在深入调研的基础上准确把握大学生、企业青年、进城务工青年、农村青年等不同群体的思想状况，制定有针对性的思想引导大纲，推动基层团组织广泛开展分类引导工作。积极运用新媒体和文化手段，推动各级团组织及团干部开通实名微博6万多个，初步建成以40多万个团支部微博为主体的高校微博群，中国青年网、未来网等团属网站影响力不断提升，联合社会专业力量推出的动漫、微电影、电视栏目等青少年文化产品更加丰富。

强化品牌引领、示范带动，服务经济社会发展富有成效。努力找准党政关心、社会关注、青年关切、共青团能为的结合点，坚持组织化动员与社会化动员相结合，充分发挥团的工作品牌的引领作用和各类青年骨干的带动作用，促进广大青年踊跃投身各项建设事业。加强组织化动员，机关、企事业单位团组织通过深化青年文明号、青年岗位能手、“振兴杯”技能竞赛等工作，推动青年职工爱岗敬业、建功成才；农村团组织通过大力培养和选树农村青年致富带头人，带动农村青年在发展现代农业、建设社会主义新农村中发挥作用、增收致富；学校团组织通过深入开展“挑战杯”学术科技竞赛、青少年科技创新奖评选等活动，努力促进更多创新型青年人才成长进步。军队团组织广泛开展学习成才活动，激励广大青年官兵爱军精武。拓展社会化动员，通过博士服务团、“三下乡”、“科技之光”青年专家服务团、海外学人回国创业周等项目，动员一批又一批优秀青年人才深入基层、服务社会；通过深化保护母亲河行动，动员广大青少年在江河湖泊流域植树造林，为保护生态环境作出积极贡献；通过深入实施青年志愿者行动，动员广大青年积极参与抢险救灾、大型赛会、社区建设、扶危济困等，共有16万名高校毕业生参加大学生志愿服务西部计划，有1万多人扎根西部基层。五年来，在北京奥运会、上海世博会、广州亚运会、深圳大运会等大型赛会中，广大青年志愿者挥洒汗水、热诚奉献；在载人航天、探月工程、载人深潜、超级计算机等国家重大科技项目中，广大青年科技工作者刻苦攻关、勇攀高峰；在抗击汶川特大地震、玉树强烈地震、舟曲特大山洪泥石流以及近期发生的四川芦山地震等自然灾害中，广大青年官兵、青年突击队员不畏艰险、冲锋在前，以实际行动谱写了感人的青春篇章！

坚持眼睛向下、重心下移，团的基层组织建设和基层工作实现突破。把团的基层组织建设和基层工作作为团的“生命力工程”扎实推进，会同中央组织部制定印发《关于加强新形势下基层党建带团建工作的意见》，各地、各系统和军队出台措施、认真落实。针对乡镇街道一级团组织薄弱的状况，大力推进乡镇街道团组织格局创新和乡镇实体化“大团委”建设，全国乡镇街道团委增加近40万名兼职团干部，新建60多万个直属团组织，共青团面向基层的“桥头堡”朝着乡镇一级迈出坚实步伐。针对青年跨地域、跨行业流动加快的特点，在非公企业和新社会组织中新建43万个团组织和5000多个省市县三级驻外团工委，同时积极探索推进行业团组织建设，联系和覆盖了大量游离在团组织之外的团员青年。针对学校共青团在全团的基础性战略地位，以班级团支部为重点加强高校团组织建设，会同教育部制定实施加强中学和中职共青团工作的指导意见，促进学校共青团活力进一步增强。针对基层工作资源和力量普遍缺乏的问题，主要通过募集社会资金，为县乡两级团组织提供4亿元的经费支持；积极争取把基层共青团工作经费纳入财政预算，基本形成每个乡镇团委每年不少于2万元工作经费的制度化安排，在帮助解决基层共青团工作缺乏稳定经费保障的难题方面迈出了实质性步伐；分批选派地市级以上团的领导机关干部、高校团干部和青年志愿者各4297人、5042人、8400人到县级团委帮助工作，基层共青团工作力量得到进一步加强。

注重整合资源、形成合力，服务青少年工作扎实推进。立足于服务青年最迫切、最普遍的需求，把促进青年就业创业作为重中之重，推动金融机构向167万名青年发放创业小额贷款，组织100多万名青年到就业创业见习基地上岗见习，对超过1000万人次的青年进行就业技能培训，并成立青年创业就业基金会。立足于帮助解决进城务工青年及其子女面临的实际困难，大力实施共青团关爱农民工子女志愿服务行动，动员436万名青年志愿者结对帮扶农民工子女，建设“七彩小屋”等各类服务阵地近3万个。同时，深入推进“希望工程”，五年共援建希望小学3600多所，募集捐款43.2亿元，资助123.3万人。

努力畅通渠道、完善机制，维护青少年合法权益工作创新发展。在县以上普遍开展“共青团与人大代表、政协委员面对面”活动，注重发挥政协共青团、青联界别和青联委员中人大代表、政协委员的作用，围绕新生代农民工社会融入、净化青少年网络环境等主题，积极反映青少年普遍性利益诉求，并推动全社会关注和解决。针对重点青少年群体开展预防违法犯罪试点工作，深化青少年法制宣传教育，在不良行为青少年教育矫治、关爱帮扶、服务管理、犯罪预防等方面积极探索，取得初步经验。切实加强未成年人权益保护，广泛开展未成年人自护教育，进一步推动12355青少年服务台的专业队伍和阵地建设，配合有关部门净化社会文化环境，大力营造全社会关心、维护青少年合法权益的氛围。

狠抓党性锻炼、作风改进，团干部队伍建

设切实加强。扎实开展深入学习实践科学发展观和创先争优活动，教育引导广大团干部深入学习领会党的理论和路线方针政策，继承和发扬党的优良传统，坚定理想信念，做到讲党性、讲原则、讲纪律。建立健全集体学习、理论学习中心组、学习交流会等制度，在各级团组织和广大团干部中营造浓厚的学习风气；采取多种方式、分批分层培训各级团干部219.4万人次。制定出台并严格执行关于团的领导班子建设、作风建设、廉政建设以及重点工作督促检查通报等一系列制度，制定落实中央“八项规定”的具体措施，要求广大团干部在全身心投入工作中锻炼成长，努力做到让党放心、让青年满意。

五年来，共青团充分发挥在青联组织中的核心作用，推动青联在强化思想引导、拓宽委员参与、活跃界别工作、加强自身建设等方面进行制度和载体创新，青联委员在建言献策、服务青年、奉献社会等方面的作用进一步增强。指导学联组织突出思想引领，切实服务学生成长，合理有序表达和维护学生权益，不断加强和改进自身建设，增强了学生对学联组织的认同感和参与热情。认真履行全团带队职责，落实少先队组织根本任务，少先队学科建设、活动课程建设和辅导员队伍专业化职业化建设实现重要突破。

五年来，我们紧紧围绕丰富“一国两制”实践，积极开展港澳大学生内地实习计划、内地优秀青年赴港澳交流等工作，增进港澳青少年对内地发展的认知和对国家的认同；围绕两岸关系和平发展主题，连续举办海峡青年论坛、两岸青年社团负责人圆桌会议、两岸青年联欢节等活动，不断拓展两岸青少年交流，增强了台湾青少年的民族认同、文化认同和同胞感情。

五年来，我们紧紧围绕党和国家外交工作大局，同多个国家的政府青年机构、政党青年组织、民间青年团体广泛开展友好交流合作，举办“中欧青年交流年”等大型交流项目，积极参与国际青年事务，深入实施中外青年干部培训、环保、创业、海外志愿服务等国际合作项目，推动青年对外交流在规模和层次上不断拓展和深化。

总结五年来的工作，我们也清醒地认识到，共青团工作与党的希望、时代的要求、青年的需要还有很大差距。主要表现在：基层团组织薄弱的状况尚未得到根本改变，基层工作活力不足的问题仍然存在；思想引导工作在青年中的吸引力和感染力还不够，针对性和实效性有待增强；服务青年的整体能力不足，反映青少年呼声、维护青少年合法权益的渠道和载体仍需拓展；一些团干部存在联系青年、融入青年不够等突出问题。这些都需要在今后的工作中切实加以解决。

各位代表，同志们，回顾过去的五年，我们深切地感到，共青团事业的蓬勃发展，是在党中央的高度重视和亲切关怀下取得的，离不开各级党委、政府的有力领导和社会各界的大力支持，凝结着广大团员青年、团干部和青少年工作者的智慧和汗水。在此，我们向党中央致以崇高的敬意！向各级党委、政府和社会各界表示衷心的感谢！向广大团员青年、团干部和青少年工作者表示诚挚的问候！

二、肩负起实现中国梦的青春使命

我们生活在祖国快步走向繁荣昌盛的伟大时代。在全面建成小康社会决定性阶段，党的十八大确立了科学发展观的历史地位，明确了夺取中国特色社会主义新胜利必须牢牢把握的基本要求，提出了中国特色社会主义经济建设、政治建设、文化建设、社会建设、生态文明建设五位一体的总体布局，描绘了全面建成小康社会、加快推进社会主义现代化的宏伟蓝图，发出了向实现“两个一百年”奋斗目标进军的时代号召。

站在新的历史起点上，习近平总书记深刻指出，实现中华民族伟大复兴，是中华民族近代以来最伟大的梦想。今年五四青年节在同各界优秀青年代表座谈时,他进一步强调,这一中国梦,凝结着无数仁人志士的不懈努力,承载着全体中华儿女的共同向往,昭示着国家富强、民族振兴、人民幸福的美好前景。它既是历史的、现实的,也是未来的;既是国家的、民族的,也是每一个中国人的,更是青年一代的。实现中国梦,已经成为团结海内外中华儿女的精神旗帜,在全国各族人民中产生了强大的凝聚力和感召力。

历史充分证明,中国特色社会主义是我们党带领人民历经千辛万苦找到的实现中国梦的正确道路。放眼今日之中国,经济实力显著增强,综合国力大幅提升,人民生活明显改善,国际地位显著提高,中国特色社会主义事业展现出勃勃生机。只要我们不断增强道路自信、理论自信、制度自信,坚定不移走中国道路、弘扬中国精神、凝聚中国力量,始终顽强奋斗、艰苦奋斗、不懈奋斗,就一定能够实现中华民族伟大复兴的中国梦。

青年最富有朝气,最富有梦想。近代以来,中国青年不懈追求的美好梦想,始终与实现中华民族伟大复兴的中国梦紧密相连;一部青春激扬的中国青年运动史,始终与中华民族波澜壮阔的奋斗史紧密相连。展望未来,梦想的彼岸更加清晰可见,但前进的道路仍然崎岖坎坷。越是接近目标,越是不能懈怠,越要加倍努力。当代青年生逢其时、责任重大,必须勇敢接过前人的接力棒,按照习近平总书记五四重要讲话的要求,坚定理想信念,练就过硬本领,勇于创新创造,矢志艰苦奋斗,锤炼高尚品格,努力在实现中国梦的生动实践中放飞青春梦想,在为人民利益的不懈奋斗中书写人生华章。这就是当代青年义不容辞的青春使命。

党的奋斗目标、当代青年的历史使命,决定了共青团的光荣责任。90多年来,在党的领导下,共青团带领一代又一代有志青年英勇奋斗、艰苦创业、开拓进取,在中国革命、建设、改革的历史征程中留下了闪光的青春足迹。在新的征程中,为实现中华民族伟大复兴的中国梦而奋斗,这就是中国青年运动的时代主题。围绕这一主题创造新的时代业绩,共青团必须牢牢把握以下基本要求。

——必须始终坚持党的领导。党的领导是推进中国特色社会主义事业的根本保证,也是共青团工作健康发展的根本保证。共青团是党亲手缔造、直接领导的,任何时候都要以党的政治纲领为奋斗目标,以党的指导思想为行动指南,以党的中心任务为光荣使命,始终在思想上、政治上、行动上与党中央保持高度一致。

——必须始终坚持围绕中心、服务大局。共青团是党的助手和后备军,必须大力发扬“党有号召、团有行动”的光荣传统,在党和国家工作大局中找准自身工作的切入点、结合点,团结带领青年在实现中国梦的伟大实践中体现作用、彰显价值。

——必须始终坚持发挥优势、凝心聚力。共青团作为党领导的先进青年的群众组织,作为党联系青年的桥梁和纽带,具有很强的动员力和组织力。必须突出群团组织特点,发挥群团组织优势,不断激发和汇聚广大青年团结奋进的力量。

——必须始终坚持以人为本、融入青年。共青团是青年人的组织,要始终把竭诚服务青年作为工作的出发点和落脚点,尊重青年主体地位,把握青年特点需求,服务青年成长发展,切实为了青年、充分依靠青年、深深植根青年。

——必须始终坚持强基固本、狠抓基层。基层组织和基层工作是共青团事业发展的基础和生命力所在。要坚持眼睛向下、重心下移,狠抓基层、支持基层,不断扩大组织覆盖,切实增强工作活力。

——必须始终坚持改革创新、锐意进取。创新是事业发展的不竭动力。必须主动适应经济社会的深刻变革,创新团的工作思路、工作方式和自身建设，尤其要对深刻影响当代青年的新的媒体形态、新的组织形式、新的文化现象作出积极有效应对，与时俱进地推进团的工作，永葆团的生机。

——必须始终坚持勤奋学习、提高本领。时代的变化日新月异，我们的学习永无止境。要切实增强学习的紧迫感，真正把学习作为一种责任、一种精神追求、一种生活方式，不断提高做好青年群众工作的能力和水平。

——必须始终坚持脚踏实地、埋头苦干。空谈误国，实干兴邦。全团要大兴求真务实之风，一步一个脚印，一点一滴积累，把各项工作做深做实，在苦干实干中做出新的业绩、赢得新的光荣。

三、坚持用社会主义核心价值体系引导青年

共青团是广大青年在实践中学习中国特色社会主义和共产主义的大学校，引导青年按照党的要求健康成长、为实现中国梦而奋斗是共青团的根本任务。我们要大力弘扬社会主义核心价值体系，用马克思主义中国化最新成果武装青年头脑，用中国特色社会主义共同理想指引青年方向，用民族精神和时代精神激励青年奋斗，用社会主义荣辱观塑造青年品行，引导青年积极培育和践行社会主义核心价值观，大力倡导富强、民主、文明、和谐，倡导自由、平等、公正、法治，倡导爱国、敬业、诚信、友善，筑牢为推进中国特色社会主义事业、实现中国梦而奋斗的共同思想道德基础。

以“我的中国梦”为主题，大力加强理想信念教育。理想指引人生方向，信念决定事业成败。青年一代树立坚定的理想信念，关系到党和国家事业后继有人，关系到中国特色社会主义的兴衰成败。我们一定要牢牢扭住理想信念教育这个核心，引导青年既要树立中国特色社会主义共同理想，又要胸怀共产主义远大理想，不断增强对党的信任、增进对党的热爱，毫不动摇地紧跟党走中国特色社会主义道路。

要在广大青少年中深入开展“我的中国梦”主题教育实践活动，通过宣讲交流、主题团日、典型宣传等多种形式，用中国梦打牢广大青少年的共同思想道德基础，用中国梦激发广大青少年的历史责任感，为每个青少年播种梦想、点燃梦想，让更多青少年敢于有梦、勇于追梦、勤于圆梦，让每个青少年都为实现中国梦增添强大青春能量。大力宣传普及中国特色社会主义理论体系，大力加强党史、近现代史和国情形势教育，引导青少年形成对科学理论的理性认同、对历史规律的正确认识、对基本国情的准确把握，不断增强对中国特色社会主义的道路自信、理论自信、制度自信。深化青年马克思主义者培养工程，广泛开展“与信仰对话”活动，通过办好大学生骨干培养学校等途径，促进大批富有理想、信念坚定的青年骨干健康成长。开展“红领巾相约中国梦”等活动，教育引导少年儿童为实现中国梦做好全面准备。

以“三观”、“三热爱”为主线，深入推进思想道德建设。一个民族的文明素养很大程度上体现在青年一代的道德水准和精神风貌上。要着眼于为未来塑人，将青少年思想道德建设摆在突出位置，努力教育和帮助青少年把正确的道德认知、自觉的道德养成、积极的道德实践结合起来，树立辩证唯物主义和历史唯物主义的世界观，崇尚劳动、崇尚奋斗、崇尚奉献的人生观，追求真、善、美的价值观，永远热爱我们伟大的祖国、伟大的人民、伟大的中华民族。

要深入开展“我与祖国共奋进”等教育活动，以中华民族的奋斗历史教育青年，以国家建设的伟大成就激励青年，以事业发展的美好前景感召青年，引导青少年大力弘扬爱国主义精神，增强民族自尊心、自信心、自豪感。加强青少年国防意识教育，鼓励青年积极投身国防建设。深入开展学雷锋活动，深化青年志愿者、“手拉手”等工作，积极挖掘各领域青年中的“最美人物”，大力宣传青年典型的先进事迹，引导广大青少年努力做到勤俭节约、诚实守信、助人为乐，传播社会正能量。深入开展“劳动·创造·奋斗”主题教育活动，引导青少年树立劳动创造财富、奋斗成就人生的观念。中学中职学生正处在“三观”形成的关键时期，要通过深入开展“与人生对话”等活动，促进他们健康成长。深化青少年民族团结教育，强化各民族共同团结奋斗、共同繁荣发展的思想意识。

以增强针对性、实效性为着力点，不断改进创新引导青年的方式方法。适应新的形势和青年新的变化，思想引导工作必须在坚持传统有效做法的同时积极改进创新，努力把“大道理”转化为青少年易于接受的“小道理”，把有意义的事做得有意思，使先进思想在青少年中真正入脑入心。

要坚持以正面宣传教育为主，依托团的组织优势，抓住各种重大契机，用好用活各类主题教育实践活动载体，寓引导于教育之中，探索创新基层团组织开展经常性思想引导工作的有效机制，切实打牢工作基础。坚持分类引导的理念，针对不同青年群体的思想实际，把理论学习、社会实践和社会观察结合起来，帮助青年形成理性客观的思想认识。当前，以互联网、手机为代表的新媒体已经日益成为青年学习生活的重要方式、聚集联络的重要空间、交流互动的重要平台。要高度重视新媒体的发展及其产生的巨大影响，在共青团的各项工作和建设中充分发挥新媒体的作用，特别要把新媒体作为青年思想引导新的突破口，善于运用网络平台了解把握青年思想动态，善于运用网络表达方式与青年沟通互动，善于运用微博、微信、微视频、即时通信、社交网站等青年喜闻乐见的网络载体开展工作，加强与新媒体从业青年的联系，努力把握网上思想引导的主动权。

四、在全面建成小康社会进程中充分发挥生力军作用

党的十八大开启了全面建成小康社会新的伟大进军。作为党领导的先进青年的群众组织，我们要紧紧围绕党和国家的重大战略部署，深化传统工作品牌，探索新的工作载体，团结带领广大团员青年充分发挥生力军作用，勇做走在时代前列的奋进者、开拓者、奉献者，在实现中国梦的征程中施展才华、建功立业。

激励青年爱岗敬业、争创一流。促进新型工业化、信息化、城镇化、农业现代化同步发展，迫切需要青年踊跃参与，迫切需要青年勇于创新、艰苦创业、争先创优。要围绕促进机关企事业单位改革发展，深入开展青年文明号、青年岗位能手、创新创效等工作，引导青年职工增强职业精神和业务能力，积极参与企业技术革新和管理创新，在本职岗位上创造一流业绩。围绕推动城乡协调发展，着力培养更多的农村青年致富带头人，引导和扶持农村青年带头发展专业合作和股份合作，为发展现代农业、建设社会主义新农村多作贡献。围绕实施创新驱动发展战略，广泛开展青少年科技创新、“挑战杯”竞赛等工作，激发广大青少年的创造活力和创新潜能；鼓励和推动青年科技工作者瞄准世界科技发展前沿，勇攀高峰、多出成果，努力在核心技术和关键领域实现突破性进展。引导青年官兵全面提高素质本领，积极为实现党在新形势下的强军目标作贡献。

组织青年奉献社会、服务人民。青年是引风气之先的社会力量，当代青年更展现出服务社会、热心公益、传播爱心的强烈责任感。共青团要充分激发青年的参与热情和奉献精神，为促进社会文明进步和谐作出积极贡献。深入开展志愿服务等活动，结合社会建设所需、群众生活所急，调动青年的内在积极性，推动志愿服务项目化运作、社会化动员、制度化发展，努力使志愿服务成为当代青年的精神时尚，使“奉献、友爱、互助、进步”的志愿精神深入人心。大力加强青年文化建设，组织动员青年积极参与群众性精神文明创建，在校园、乡村、社区、企业、军营广泛开展形式多样的文化活动，推动形成健康向上的网络文化，鼓励扶持各类青年文化人才创作优秀文化产品，为建设文化强国发挥青年的积极作用。踊跃投身生态环保实践，深入推进保护母亲河行动，引导广大青少年树立生态文明理念，养成环保习惯，积极开展植树造林，共同建设一个天蓝、地绿、水净的美好家园，让青春为美丽中国添彩增辉。

动员青年投身基层、勇挑重担。基层一线是广大青年锻炼成长、实现抱负的沃土。要按照统筹城乡、区域发展的要求，深入实施大学生志愿服务西部计划、优秀大学生西部基层建功计划，影响和带动更多青年到西部地区、贫困地区和基层一线去，到祖国和人民最需要的地方去，贡献力量、施展才华。深入开展“三下乡”、博士服务团、“科技之光”、海外学人回国创业周等工作，积极促进人才等要素跨区域合理流动配置。特别要在重点工程、重大项目、自然灾害、突发事件等急难险重任务面前，激励青年不怕困难、敢闯敢拼、勇挑重担，充分发挥突击队作用。

五、竭诚帮助青年成长发展

随着经济社会快速发展，当代青年的追求和梦想更加丰富多彩，需求和利益更加广泛具体，成长和发展需要更多的支持与帮助。共青团只有竭诚服务青年、切实维护青少年合法权益，努力为青年“圆梦”创造条件，才能更好地团结凝聚广大青年。

千方百计促进青年成长成才。青年处在成长成才的关键时期，有着实现价值、追求成功的强烈渴望，共青团要努力采取多种措施，打牢青年学习成才、干事创业的根基。要激发青年学习热情，组织开展多种形式的学习交流、技能培训活动，引导青年切实增强知识更新的紧迫感，既打牢基础知识又及时更新知识，既刻苦钻研理论又积极掌握技能，使勤奋学习成为青春远航的动力。鼓励青年深入实践，不断拓展社会实践活动的领域和内涵，引导青年学以致用，用以促学，在改革开放和社会主义现代化建设的大熔炉中，在社会的大学校里掌握真才实学，让增长本领成为青春搏击的能量。优化青年成长环境，通过营造社会氛围、协调整合资源、推动政策制定、承担政府青年事务等，为青年成长创造良好条件和发展平台。

尽心尽力服务青年所急所盼。当今社会竞争日趋激烈，不少青年在就业创业、交流交友、身心健康等方面面临诸多问题，共青团要竭尽所能为他们解决实际困难。要为青年就业创业提供服务，在帮助青年树立务实就业观念、科学规划职业生涯的基础上，通过深化青年就业培训、见习基地、创业小额贷款、青年创业带头人培养等工作，努力帮助解决青年就业创业过程中遇到的技能、信息、资金等问题，使更多青年实现就业和自主创业。要为青年交流交友拓展渠道，注重运用青年喜欢的联络、沟通方式，开展形式多样的交流联谊活动，积极搭建网络交流和信息服务平台，促进青年在社会交往中展现自我、追求美好生活。要对青年身心健康倍加呵护，组织青少年参加各类健康向上的文体活动，学习自护自救知识技能，远离“黄赌毒”，戒除网瘾等不良习惯；注重人文关怀和心理疏导，引导青少年把全面发展和个性发展结合起来，培育自尊自信、理性平和、积极向上的良好心态，提升身心素质。

满腔热忱关爱困难青少年群体。团组织要热情关心、准确把握一些困难青少年群体的现实需求，多为他们办实事、做好事、解难事。要针对进城务工青年及其子女，深入实施共青团关爱农民工子女志愿服务行动，围绕学业辅导、亲情陪伴、感受城市、自护教育、爱心捐赠等，逐步实现对农民工子女较集中学校的广覆盖和志愿服务常态化；通过举办“共青团周末剧场”等多种形式，丰富青年农民工精神文化生活，帮助他们更好地融入城市。针对家庭经济困难学生，继续推进济困助学、希望工程等工作，帮助他们顺利完成学业。针对民族地区、贫困地区和革命老区的困难青少年群体，开展学习就业、成长发展服务，积极参与扶贫开发和对口支援，让他们切实感受到党和政府的温暖。针对生活工作存在突出困难的流动大学毕业生，积极主动关注他们的生存状况，认真反映他们的愿望，加强与他们的联系并尽力提供服务和帮助。

依法有序维护青少年合法权益。要积极参与社会管理创新，把维护青少年合法权益与坚持党的领导、依法维权、促进社会和谐稳定有机统一起来，努力使青年在遇到困难和问题时想得起、找得到、靠得住。推进法制化维权进程，以贯彻《未成年人保护法》、《预防未成年人犯罪法》为重点，推动有关青少年权益的法律法规的制定完善和贯彻落实，推动政府职能部门制定有利于青少年成长发展的公共政策。完善组织化维权机制，深化“共青团与人大代表、政协委员面对面”活动，注重发挥各级未成年人保护和预防青少年违法犯罪工作机构的作用。构建社会化维权体系，完善 12355 青少年综合公益服务平台，培育专业化维权工作团队，加强青少年社工队伍建设，动员更多的社会力量参与到维护青少年合法权益的事业中来。

六、全面提高团的建设科学化水平

组织动员广大团员青年为实现中国梦作贡献，对共青团自身建设提出了新的更高要求。我们必须坚持党建带团建，以改革创新精神加强团的自身建设，全面提高共青团建设的科学化水平，努力建设学习型、服务型、创新型马克思主义青年组织，通过扎实有效的工作，切实增强党对青年的凝聚力、青年对党的向心力、共青团的影响力。

着力推动团的组织广泛覆盖、提升活力、延展手臂。巩固和创新团的基层组织。适应青年流动分布的变化趋势，继续大胆探索各种吸引和覆盖青年的组织形式。要在强化高校团组织建设的同时，下大力气全面加强中等学校团的建设。在巩固县级团组织的基础上，深化乡镇团的组织格局创新和实体化“大团委”建设，探索创新农村专业合作组织团建和村团组织建设。在加强机关事业单位、国有企业团的建设的同时，大力推进非公有制企业和新社会组织、流动青年群体、行业协会等领域团建工作。在发挥城市街道社区团组织辐射作用的基础上，积极探索园区建团、楼宇建团等多种联建共建方式，推进城市基层共青团区域化发展。

大力提升团的基层组织活力和服务能力。团的基层组织不仅要建起来，更要“活”起来。要以服务青年、做青年群众工作为主要任务，建设基层服务型团组织。要通过全团上下的共同努力，帮助基层团组织明确具体职责、丰富工作载体、获得有力保障，更好地服务广大团员青年。基层团组织要因地制宜地设计工作内容和工作项目，使青年乐于参与、便于参与。要尊重团员的主体地位，激发团员青年的主动性、创造性，积极发展团内基层民主，使之成为提升基层团组织活力的重要途径。继续动员各种资源支持基层团的工作，持续加大对专兼职基层团干部的培训力度，努力在经费、人员、项目等方面帮助基层解决具体问题和困难。

注重加强对青年社会组织的联系、服务和引导。共青团要适应社会组织管理制度改革不断深化、青年社会组织迅猛发展的趋势，因势利导、积极主动地做好工作。要了解把握兴趣类、互助类、公益类等各种青年社会组织的信息和动态，加强与青年社会组织特别是其骨干人员的联系沟通。用好团内资源，依托青年中心、青年汇、青年家园等工作平台，为青年社会组织开展活动提供信息、阵地等方面的服务并开展工作项目合作。加强对青年社会组织的引导，在有条件的青年社会组织中建立团组织，进一步延展团的工作手臂。

探索创新网络团建和信息化工作手段。互联网的发展深刻影响着社会生活的方方面面，团的组织建设必须与之相适应。要加强共青团信息化建设，推动团员信息、团组织基础信息的数字化、网络化。推进网络建团，依托有影响力、青少年聚集度高的网络平台和虚拟组织逐步建立网上团组织。积极推动共青团工作的网络化，加强网络动员，实现线上线下发动青年、聚集青年的更好结合。

着力打造一支信念坚定、本领过硬、作风优良的团干部队伍。要加强党性修养。组织和推动各级团干部认真学习中国特色社会主义理论体系，坚定对马克思主义的信仰、对社会主义和共产主义的信念、对实现中国梦的信心，切实把思想和行动统一到中央的决策部署上来。教育各级团干部认真学习党的历史，深刻理解党的根本宗旨、优良传统、历史使命，增强忧患意识、创新意识、宗旨意识、使命意识，紧跟党为中国特色社会主义事业而奋斗。

提高业务本领。要在全团大兴学习之风，通过组织多种形式的学习交流活动，推动广大团干部既深入学习党的路线方针政策和团的业务知识，又有针对性地学习掌握推进工作所需的各种知识。大兴调查研究之风，注重加强对全团全局性、根本性、战略性问题的研究，准确把握经济社会变革对共青团工作带来的新问题新挑战，不断探索推进工作的新途径。要善于到基层一线和广大团员青年的日常生活中了解把握青年的思想状况和所需所盼，努力做到问需于青年、问计于基层、问效于社会，不断增强工作的针对性。

锤炼良好作风。团干部作风直接关系团的形象，关系共青团事业的发展。要按照党中央统一部署，根据“照镜子、正衣冠、洗洗澡、治治病”的总要求，扎实开展以为民务实清廉为主要内容的党的群众路线教育实践活动。认真贯彻中央“八项规定”精神，教育引导团干部牢固树立群众观点，密切与青年的联系，增进与青年的感情，增强为团员青年服务的意识，力戒形式主义、官僚主义、享乐主义和奢靡之风，保持奋发有为、苦干实干的精神状态。加强团干部管理，要求各级团干部严格遵守党的纪律，严于律己，清正廉洁，防微杜渐。团的各级领导机关和领导干部要带头锤炼过硬作风，切实为广大团干部作出表率。

着力建设一支思想进步、作用明显、规模合理的团员队伍。要强化日常教育，坚持用科学理论、先进思想武装团员，促进团员坚定理想信念。在坚持标准、保证质量的前提下，做好经常性发展团员工作，控制团员总量，保持队伍合理规模和结构。教育广大团员自觉增强团员意识，注重发挥在青年中的示范带动作用，努力在各自岗位上创先争优。积极推荐优秀团员作党的发展对象，源源不断地为党输送新鲜血液。

共青团与青联、学联、少先队组织有着特殊紧密的关系。要推动青联加强自身建设，坚持增进共同理想信念、凝聚青年力量的根本任务，突出培养青年人才这一工作着力点，进一步增强对各族各界优秀青年的凝聚力、影响力。要指导和帮助学联组织按照章程独立自主开展工作，更好地引导和服务学生健康成长。要履行好全团带队职责，支持少先队组织认真落实根本任务，完善少年儿童思想意识教育的机制和载体，充分发挥预备队作用。

各位代表，同志们，广大青年坚决拥护党中央关于新形势下港澳工作和对台工作的一系列方针政策。我们要深化内地与香港特别行政区、澳门特别行政区青少年交流，拓展海峡两岸青少年交往，为丰富“一国两制”实践和推进祖国和平统一作出积极贡献，与海内外中华儿女携手共圆中国梦。

中国青年坚定支持并积极参与维护世界和平、促进共同发展的崇高事业。我们要进一步加强与世界各国青年和青年组织的友好交流与合作，增进了解，加深友谊，为推动建设持久和平、共同繁荣的和谐世界而努力。

各位代表，同志们，从现在算起，到全面建成小康社会只有短短七年的时间，建成富强民主文明和谐的社会主义现代化国家的目标也将在本世纪中叶实现，中华民族伟大复兴的灿烂前景已经展现在东方的地平线上。当代青年和中国共青团倍感振奋，同时也深感重任在肩。让我们紧密团结在以习近平同志为总书记的党中央周围，高举中国特色社会主义伟大旗帜，以邓小平理论、“三个代表”重要思想、科学发展观为指导，团结带领广大团员青年在全面建成小康社会、加快推进社会主义现代化、实现中华民族伟大复兴的中国梦的新征程上谱写新的青春篇章！

中国共产主义青年团第十七次全国代表大会关于十六届中央委员会报告的决议

2013 年 6 月 20 日通过

中国共产主义青年团第十七次全国代表大会审议了秦宜智同志代表团十六届中央委员会所作的报告。报告全面总结了过去五年共青团的工作，阐明了当代青年的青春使命和中国青年运动的时代主题，提出了新时期共青团的光荣责任和做好工作的基本要求，对未来五年的共青团工作和建设做出了总体部署，体现了党的要求和青年的期望，是今后一个时期全团工作的重要指导性文件。大会决定批准这一报告。

大会认为，报告确定的主题阐明了新的历史条件下共青团工作的指导思想、主要任务和奋斗目标。全团要高举中国特色社会主义伟大旗帜，以邓小平理论、“三个代表”重要思想、科学发展观为指导，深入学习贯彻党的十八大精神，坚定信念，牢记使命，脚踏实地，锐意进取，团结带领广大团员青年满怀信心地紧跟着党，为全面建成小康社会、加快推进社会主义现代化、实现中华民族伟大复兴的中国梦而奋斗。

大会高度评价团十六届中央委员会的工作。团十六大以来，共青团在党的领导下，紧紧围绕党和国家工作大局，努力适应时代发展和青年变化，主动应对共青团事业面临的新挑战，切实履行组织青年、引导青年、服务青年、维护青少年合法权益的职能，积极探索，奋发有为，推动团的各项工作和建设实现新的发展。大会同意报告指出的当前共青团工作存在的不足和问题，要求全团在今后的工作中切实加以解决。

大会强调，习近平总书记提出的实现中华民族伟大复兴的中国梦，是中华民族近代以来最伟大的梦想。这一中国梦，凝结着无数仁人志士的不懈努力，承载着全体中华儿女的共同向往，昭示着国家富强、民族振兴、人民幸福的美好前景。它既是国家的、民族的，也是每一个中国人的，更是青年一代的。近代以来，中国青年不懈追求的美好梦想，始终与实现中华民族伟大复兴的中国梦紧密相连；一部青春激扬的中国青年运动史，始终与中华民族波澜壮阔的奋斗史紧密相连。当代青年要肩负起青春使命，按照习近平总书记的要求，坚定理想信念，练就过硬本领，勇于创新创造，矢志艰苦奋斗，锤炼高尚品格，努力在实现中国梦的生动实践中放飞青春梦想，在为人民利益的不懈奋斗中书写人生华章。

大会认为，党的奋斗目标、当代青年的历史使命，决定了共青团的光荣责任。大会同意报告关于中国青年运动的时代主题是为实现中华民族伟大复兴的中国梦而奋斗的论述。大会强调，共青团要围绕这一主题创造新的时代业绩，就必须牢牢把握八个基本要求：必须始终坚持党的领导；必须始终坚持围绕中心、服务大局；必须始终坚持发挥优势、凝心聚力；必须始终坚持以人为本、融入青年；必须始终坚持强基固本、狠抓基层；必须始终坚持改革创新、锐意进取；必须始终坚持勤奋学习、提高本领；必须始终坚持脚踏实地、埋头苦干。

大会同意报告对今后五年共青团工作的部署。共青团要坚持用社会主义核心价值体系引导青年，以“我的中国梦”为主题，大力加强理想信念教育；以“三观”、“三热爱”为主线，深入推进思想道德建设；以增强针对性、实效性为着力点，不断改进创新引导青年的方式方法。要在全面建成小康社会进程中充分发挥生力军作用，激励青年爱岗敬业、争创一流，组织青年奉献社会、服务人民，动员青年投身基层、勇挑重担。要竭诚帮助青年成长发展，千方百计促进青年成长成才，尽心尽力服务青年所急所盼，满腔热忱关爱困难青少年群体，依法有序维护青少年合法权益。

大会强调，要全面提高共青团建设的科学化水平。要坚持党建带团建，以改革创新精神加强团的自身建设，努力建设学习型、服务型、创新型马克思主义青年组织，切实增强党对青年的凝聚力、青年对党的向心力、共青团的影响力。要着力推动团的组织广泛覆盖、提升活力、延展手臂，巩固和创新团的基层组织，大力提升团的基层组织活力和服务能力，注重加强对青年社会组织的联系、服务和引导，探索创新网络团建和信息化工作手段。要着力打造一支信念坚定、本领过硬、作风优良的团干部队伍，组织和推动各级团干部加强党性修养、提高业务本领、锤炼良好作风。要着力建设一支思想进步、作用明显、规模合理的团员队伍。

大会号召，全团要紧密团结在以习近平同志为总书记的党中央周围，高举中国特色社会主义伟大旗帜，以邓小平理论、“三个代表”重要思想、科学发展观为指导，团结带领广大团员青年在全面建成小康社会、加快推进社会主义现代化、实现中华民族伟大复兴的中国梦的新征程上谱写新的青春篇章！

中国共产主义青年团章程

中国共产主义青年团第十七次全国代表大会部分修改

2013年6月20日通过

总则

中国共产主义青年团是中国共产党领导的先进青年的群众组织，是广大青年在实践中学习中国特色社会主义和共产主义的学校，是中国共产党的助手和后备军。

中国共产主义青年团坚决拥护中国共产党的纲领，以马克思列宁主义、毛泽东思想、邓小平理论和"三个代表"重要思想和科学发展观为行动指南，深入贯彻落实科学发展观，解放思想，实事求是，与时俱进，求真务实，团结全国各族青年，为把我国建设成为富强民主文明和谐的社会主义现代化国家，为最终实现共产主义而奋斗。

中国共产主义青年团在中国共产党领导下发展壮大，始终站在革命斗争的前列，有着光荣的历史。在建立新中国，确立和巩固社会主义制度，发展社会主义的经济、政治、文化的进程中发挥了生力军和突击队作用，为党培养、输送了大批新生力量和工作骨干。党的十一届三中全会以来，共青团根据党的工作重心的转移，紧密围绕改革开放和经济建设开展工作，为推进社会主义现代化建设事业作出了重要贡献，促进了青年一代的健康成长。

中国共产主义青年团在现阶段的基本任务是：高举中国特色社会主义伟大旗帜，坚定不移地贯彻党在社会主义初级阶段的基本路线，以经济建设为中心，坚持四项基本原则，坚持改革开放，用社会主义核心价值体系教育青年，在建设中国特色社会主义的伟大实践中，造就有理想、有道德、有文化、有纪律的接班人，不断巩固和扩大党执政的青年群众基础，努力为党输送新鲜血液，为国家培养青年建设人才，团结带领广大青年，自力更生，艰苦创业，积极推动社会主义经济建设、政治建设、文化建设、社会建设、生态文明建设，为全面建设成小康社会、加快推进社会主义现代化、实现中华民族伟大复兴的中国梦贡献智慧和力量。

中国共产主义青年团加强思想政治工作，坚持对青年的教育和引导，组织青年学习马克思列宁主义、毛泽东思想、邓小平理论和、"三个代表"重要思想，学习和科学发展观，广泛开展党的基本路线教育，爱国主义、集体主义和社会主义思想教育，社会主义道德教育，近代史、现代史教育和国情教育，民主和法制教育，增强青年的民族自尊、自信和自强精神，树立正确的理想、信念和世界观、人生观、价值观，进一步增强对中国特色社会主义的道路自信、理论自信、制度自信。对团员还必须进行中国特色社会主义共同理想和共产主义远大理想教育。努力帮助青年学习现代科学文化知识，吸收和借鉴人类社会创造的一切文明成果，抵御资本主义和封建主义腐朽思想的侵蚀，不断提高青年的思想道德素质和科学文化素质。

中国共产主义青年团带领青年在经济建设中发挥生力军和突击队作用，充分调动和发挥青年的积极性和创造性，组织青年参加改革开放和完善社会主义市场经济体制的实践，促进科教兴国战略、人才强国战略和可持续发展战略的实施，树立科学技术是第一生产力的观念，掌握和运用先进的科学技术，学习和适应现代管理方式，诚实劳动，勇于创新，为发展社会生产力，增强综合国力，提高人民生活水平，实现我国经济发展的战略目标建功立业。

中国共产主义青年团充分发挥党联系青年的桥梁和纽带作用，积极协助政府管理青年事务，在维护国家和人民利益的同时代表和维护青年的具体利益，围绕党的中心任务，开展适合青年特点的独立活动，关心青年的工作、学习和生活，切实为青年服务，向党和政府反映青年的意见和要求，开展社会监督，同各种危害青少年的现象作斗争，保护和促进青少年的健康成长。

中国共产主义青年团高举爱国主义旗帜，坚决维护和发展全国各族青年之间的团结友爱，加强同香港特别行政区青年同胞、澳门特别行政区青年同胞、台湾青年同胞和海外青年侨胞的团结，按照"一国两制"的方针，共同促进香港、澳门长期繁荣稳定和祖国统一大业的完成。

中国共产主义青年团在维护我国的独立和主权，坚持和平友好、独立自主、相互学习、平等合作、共同发展的基础上，积极发展同世界各国青年组织的交往和友好关系，反对霸权主义和强权政治，维护世界和平，促进人类进步。

中国共产主义青年团要完成现阶段的基本任务，必须以改革创新精神全面推进团的建设，不断提高团的建设科学化水平。要发扬优良传统和作风，生动活泼、富于创造性地开展工作，把共青团建设成为团结教育青年的坚强核心。团的建设必须贯彻以下基本要求：

（一）坚持党的基本路线不动摇。全团要用邓小平理论、“三个代表”重要思想、科学发展观和党的基本路线统一思想和行动，深入贯彻落实科学发展观，团的各项工作都必须服从和服务于经济建设这个中心；必须把坚持改革开放和坚持四项基本原则统一起来，使党的基本路线在团的工作中得到全面贯彻。

（二）坚持党建带团建。把党的要求贯彻落实到团的建设之中，使团的建设纳入党的建设总体规划。

（三）坚持先进性与群众性的统一。教育、引导青年坚定正确的政治方向，发挥团员的模范作用；广泛团结青年，与青年保持密切的联系。

（四）坚持把竭诚服务青年作为团的一切工作的出发点和落脚点，更好地吸引和凝聚青年。

（五）坚持民主集中制。民主集中制是共青团根本的组织原则。要充分发扬民主，尊重团员主体地位，切实保障团员的民主权利。要实行正确的集中，加强组织性和纪律性，保证团的决议得到有效的贯彻执行。

（六）坚持不懈地抓好基层建设。基层组织是团的一切工作的基础。团的领导机关要确立基层第一的观念，发扬务实、求实的作风，深入基层，服务基层，不断增强基层活力。

中国共产主义青年团中央委员会受中国共产党中央委员会领导，团的地方组织和基层组织受同级党的委员会领导，同时受团的上级组织领导。

第一章　团员

第一条　年龄在十四周岁以上，二十八周岁以下的中国青年，承认团的章程，愿意参加团的一个组织并在其中积极工作、执行团的决议和按期交纳团费的，可以申请加入中国共产主义青年团。

团员年满二十八周岁，没有担任团内职务，应该办理离团手续。

团员加入共产党以后仍保留团籍，年满二十八周岁，没有在团内担任职务，不再保留团籍。

第二条　团员必须履行下列义务：

（一）努力学习马克思列宁主义、毛泽东思想、邓小平理论和、“三个代表”重要思想，学习和科学发展观，学习团的基本知识，学习科学、文化、法律和业务知识，不断提高为人民服务的本领。

（二）宣传、执行党的基本路线和各项方针政策，积极参加改革开放和社会主义现代化建设，努力完成团组织交给的任务，在学习、劳动、工作及其他社会活动中起模范作用。

（三）自觉遵守国家的法律法规和团的纪律，执行团的决议，发扬社会主义新风尚，实践社会主义荣辱观，提倡共产主义道德，维护国家和人民的利益，为保护国家财产和人民群众的安全挺身而出，英勇斗争。

（四）接受国防教育，增强国防意识，积极履行保卫祖国的义务。

（五）虚心向人民群众学习，热心帮助青年进步，及时反映青年的意见和要求。

（六）开展批评和自我批评，勇于改正缺点和错误，自觉维护团结。

第三条　团员享有下列权利：

（一）参加团的有关会议和团组织开展的各类活动，接受团组织的教育和培训。

（二）在团内有选举权、被选举权和表

决权。

（三）在团的会议和团的报刊媒体上，参加关于团的工作和青年关心的问题的讨论，对团的工作提出建议，监督、批评团的领导机关和团的工作人员。

（四）对团的决议如有不同意见，在坚决执行的前提下，可以保留，并且可以向团的上级组织提出。

（五）参加团组织讨论对自己处分的会议，并且可以申辩，其他团员可以为其作证和辩护。

（六）向团的任何一级组织直至中央委员会提出请求、申诉和控告，并要求有关组织给以负责的答复。

团的任何一级组织或个人都无权剥夺团员的权利。

第四条　接收团员必须严格履行下列手续：

（一）申请入团的青年应有两名团员作介绍人。

（二）介绍人应负责地向被介绍人说明团章，向团的组织说明被介绍人的思想、表现和经历。

（三）要求入团的青年要向支部委员会提出申请，填写入团志愿书，经支部大会讨论通过和上级委员会批准，才能成为团员。被批准入团的青年从支部大会通过之日起取得团籍。

第五条　新团员必须在团旗下进行入团宣誓。誓词如下：我志愿加入中国共产主义青年团，坚决拥护中国共产党的领导，遵守团的章程，执行团的决议，履行团员义务，严守团的纪律，勤奋学习，积极工作，吃苦在前，享受在后，为共产主义事业而奋斗。

第六条　团员由一个基层组织转移到另一个基层组织，必须及时办理组织关系转接手续。

第七条　对于模范履行团员义务、在社会主义现代化建设和保卫祖国的事业中有显著成绩的团员，团的组织应当给以奖励。

奖励分为：通报表扬，由团的中央、省、市（地）、县级委员会和基层团委授予优秀共青团员称号。

第八条　对于不执行团的决议、违反团章的团员，团的组织应当本着惩前毖后、治病救人的精神，进行批评和帮助，情节严重的，给以纪律处分。

处分分为：警告，严重警告，撤销团内职务，留团察看，开除团籍。

留团察看的时间为六个月或一年。团员在留团察看期间没有选举权、被选举权和表决权，不得作青年入团的介绍人。留团察看期满，改正了错误的，应当及时恢复其团员的上述权利；坚持错误不改的，应当开除团籍。

第九条　对团员的纪律处分，必须经支部大会讨论通过，报上级委员会批准。

对团员给以开除团籍的处分，必须经县级委员会或被县级以上团的委员会授权的团的基层委员会批准。

第十条　团的组织对团员作出处分决定，必须严肃慎重，实事求是。支部大会在讨论决定对团员的处分时，除特殊情况外，应当吸收本人参加，认真听取他的意见。决定后如果本人不服，可以提出申诉，有关团组织必须负责处理或者迅速转递，不得扣压。

第十一条　团员有退团的自由。团员要求退团应向支部委员会递交书面报告，由支部大会决定除名，并报上级委员会备案。

团员没有正当理由，连续六个月不交纳团费、不过团的组织生活，或连续六个月不做团组织分配的工作，均被认为是自行脱团。团员自行脱团，应由支部大会决定除名，并报上级委员会批准。

第二章　团的组织制度

第十二条　中国共产主义青年团是按照

民主集中制组织起来的统一整体。团的民主集中制的基本原则是：

（一）团员个人服从组织，少数服从多数，下级组织服从上级组织。

（二）团的全国领导机关，是团的全国代表大会和它产生的中央委员会。地方各级团的领导机关，是同级团的代表大会和它产生的团的委员会，团的各级委员会向同级代表大会负责并报告工作。

（三）团的各级领导机关，除它们派出的代表机关外，都由选举产生。

（四）团的各级领导机关应当经常听取并认真处理下级组织和团员的意见；团的下级组织既要向上级组织请示、报告工作，又要独立负责地解决自己职责范围内的问题。团的各级组织要使团员对团内事务有更多的了解和参与。

（五）团的各级委员会实行集体领导和个人分工负责相结合的制度。

第十三条 团的各级委员会可以根据工作需要，设立适当的工作部门。团的县级以上各级委员会可以派出代表机关。

在团的各级代表大会闭会期间，同级党的组织和上级团的组织认为有必要时，经过共同研究，取得一致意见，可以调动或指派团组织的负责人。

第十四条 团的各级代表大会的代表和委员会的产生，要体现选举人的意志。选举采用无记名投票的方式。候选人的产生要广泛发扬民主，候选人名单要充分酝酿讨论。可以直接采用候选人数多于应选人数的差额选举办法进行选举，也可以采用差额选举办法进行预选，产生候选人名单，然后进行等额正式选举。选举人有了解候选人情况、要求改变候选人、不选任何一个候选人和另选他人的权利。任何组织和个人不得以任何方式强迫选举人选举或不选举某个人。

团的中央和地方各级委员会委员、候补委员中的专职团干部调离团的岗位，其委员或候补委员的职务自行卸免。委员缺额由候补委员按得票多少依次递补，卸免和递补须经全会确认。

第十五条 团的县级和县级以上委员会在必要时可以召集代表会议，讨论和决定需要由代表大会解决的重大问题。代表会议可以增选委员会的部分成员。增选委员会委员和候补委员的数额，不得超过该级代表大会选出的委员和候补委员总数的三分之一。代表会议代表的名额和产生办法，由召集代表会议的委员会决定。

第十六条 有关全团性的工作，由团的中央委员会作出决定，统一部署。

各级团组织的报刊和其他宣传工具，必须宣传党的路线、方针和政策，宣传团的上级组织和本级组织的决议与工作任务，反映青年的意见和要求。

第三章 团的中央组织

第十七条 团的全国代表大会每五年举行一次，由中央委员会召集，在特殊情况下，可以提前或延期举行。

全国代表大会代表的名额及产生办法，由中央委员会决定。

第十八条 团的全国代表大会的职权是：

（一）审查和批准中央委员会的工作报告；

（二）讨论和决定全团的工作方针、任务和有关重大事项；

（三）修改团的章程；

（四）选举中央委员会。

在全国代表大会闭会期间，中央委员会执行全国代表大会的决议，领导团的全部工作。

第十九条 团的中央委员会全体会议选举常务委员若干人，组成常务委员会；选举第一书记一人和书记若干人，组成书记处。中央委员会全体会议由常务委员会召集，每年至少举行一次。在中央委员会全体会议和常务委员会闭会期间，书记处行使中央委员会的职权。

第四章　团的地方和军队的组织

第二十条　团的省、自治区、直辖市、省辖市、自治州代表大会每五年举行一次。

团的县（市、旗）、自治县、市辖区代表大会每三年举行一次。

团的地方各级代表大会由同级团的委员会召集。在特殊情况下，经同级党的委员会和团的上级委员会批准，可以提前或延期举行。

第二十一条　团的地方各级代表大会的职权是：

（一）审查和批准同级委员会的工作报告；

（二）讨论和决定本地区团的工作任务和有关重要事项；

（三）选举同级委员会；

（四）选举出席上一级团的代表大会的代表。团的地方各级委员会在代表大会闭会期间，执行上级团组织的指示和同级团的代表大会的决议，领导本地方团的工作，定期向上级团的委员会报告工作。

第二十二条　团的地方各级委员会全体会议选举各该级委员会的常务委员会和书记、副书记。团的地方各级委员会全体会议由常务委员会召集，每年至少举行一次。在委员会全体会议闭会期间，由常务委员会行使委员会的职权。

团的地方各级委员会的组成，必须经同级党的委员会和上级团的委员会批准。

第二十三条　中国人民解放军和中国人民武装警察部队中团的工作，是军队和武警部队政治工作的一个重要组成部分。中国人民解放军和中国人民武装警察军队和武警部队中团的组织在本单位党的委员会组织和政治机关的领导下，根据团中央委员会和中国人民解放军总政治部或中国人民武装警察部队政治部的规定和指示的章程和军队有关规定进行工作，由中国人民解放军总政治部负责管理。

第五章　团的基层组织

第二十四条　企业、农村、机关、学校、科研院所、街道社区、社会组织、人民解放军连队、人民武装警察部队中队和其他基层单位，凡是有团员三人以上的，都应当建立团的基层组织。

团的基层组织，根据工作需要和团员人数，经上级团的委员会批准，分别设立团的基层委员会、总支部委员会、支部委员会。

在基层委员会、总支部下建立支部。如果工作需要，在基层委员会下也可以建立总支部。在一个支部内可以分若干个小组。

支部委员会、总支部委员会由团员大会选举产生，每届任期两年或三年，其中大、中学校学生支部委员会每届任期一年。基层委员会由团员大会或代表大会选举产生，每届任期三年至五年。

第二十五条　团的基层组织设置应从实际出发，可以不完全与党组织和行政建制对应。适应街道社区、非公有制经济组织、社会组织等单位和领域的特点，适应团员青年流动和分布聚集的特点，灵活设置团的组织。

第二十六条　团的基层组织是团的工作和活动的基本单位，应该充分发挥团结教育青年的核心作用。它的基本任务是：

（一）组织团员和青年学习马克思列宁主义、毛泽东思想、邓小平理论和“三个代表”重要思想，学习和科学发展观，学习党的路线、方针和政策，学习科学、文化、法律和业务。

（二）宣传、执行党和团组织的指示和决议，参与民主管理和民主监督，充分发挥团员的模范作用，积极创先争优，团结带领青年积极投身改革开放和现代化建设，为社会主义经济建设、政治建设、文化建设、社会建设、生态文明建设作贡献。

（三）教育团员和青年学习革命前辈，继承党的优良传统，发扬社会主义道德风尚，树立与改革开放和社会发展相适应的新观念，自觉抵制不良倾向，坚决同各种违法犯罪行为作斗争。

（四）了解和反映团员与青年的思想、要求，维护他们的权益，关心他们的学习、工作、生活和休息，开展文化、娱乐、体育活动。

（五）对要求入团的青年进行培养教育，做好经常性发展团员工作，收缴团费，办理超龄团员的离团手续。

（六）对团员进行教育、管理和服务，健全团的组织生活，开展批评和自我批评，监督团员切实履行义务，保障团员的权利不受侵犯，表彰先进，执行团的纪律。

（七）对团员进行党的基本知识教育，推荐优秀团员作党的发展对象；发现和培养青年中的优秀人才，推荐他们进入更重要的生产和工作岗位。

第六章　团的干部

第二十七条　团的干部是团的工作的骨干。共青团要按照德才兼备、以德为先的原则，大胆选拔年轻干部，保持团干部队伍年轻化的优势，努力实现团干部队伍的革命化、知识化和专业化，在“保留骨干、以资熟手”的同时，不断为党和国家输送年轻干部。

第二十八条　团的各级领导干部要做团员和青年的表率，模范地履行团员的各项义务，刻苦学习、勤奋工作、勇于创造、自觉奉献，做党放心、青年满意的干部。

（一）政治上要坚强。具有相应的马克思列宁主义、毛泽东思想和邓小平理论的水平，自觉实践“三个代表”重要思想，带头贯彻落实科学发展观，坚持讲学习、讲政治、讲正气，坚决执行党的基本路线和各项方针政策，立志改革开放，献身社会主义现代化建设事业。

（二）学习要刻苦。带头学习政治、经济、文化、历史、法律、科学技术和现代管理知识，不断提高思想政策水平和实际工作能力。

（三）工作要勤奋。有强烈的革命事业心和责任感，勤于思考，勇于创新，知难而进，积极主动地在青年中开展工作，努力做出实绩。

（四）作风要扎实。朝气蓬勃，实事求是，发扬民主，敢想敢干，深入基层，调查研究，讲实话，办实事，求实效，不搞形式主义，不沾染官僚习气，热心为青年服务，做青年的知心朋友。

（五）品德要高尚。顾全大局，公道正派，团结同志，助人为乐，诚实谦虚，清正廉洁，有自我批评精神，自觉接受团员和青年的监督。

第二十九条　团的各级组织负有协助党管理团干部的责任。要加强对团干部的选拔和培养，建立正规的培训制度，办好各级团校和培训班；建立和健全团干部的考核和监督制度；主动向有关党委和团委推荐下级或同级团组织负责人人选，对团干部的调动提出建议。

团的各级组织要关心团干部的工作、学习、生活和休息，努力帮助他们解决实际问题，积极为他们的成长和转业创造条件。

对工作有显著成绩的团干部，团的组织应当给予表扬和奖励。

第三十条　团干部要认真了解党组织工作全局，主动汇报团的工作情况，积极负责地发表意见，结合团的工作实际，创造性地完成党组织交给的任务。

第七章　团旗、团徽、团歌、团员证

第三十一条　中国共产主义青年团团旗旗面为红色，象征革命胜利；左上角缀黄色五角星，周围环绕黄色圆圈，象征中国青年一代紧密团结在中国共产党周围。团的重要会议以及团日活动可以使用团旗。

第三十二条 中国共产主义青年团团徽的内容为团旗、齿轮、麦穗、初升的太阳及其光芒,写有“中国共青团”五字的绶带。它象征着共青团在马克思列宁主义、毛泽东思想的光辉照耀下,团结各族青年,朝着党所指引的方向奋勇前进。团的组织和团员应按规定使用团徽。

第三十三条 中国共产主义青年团团歌为《光荣啊,中国共青团》。

第三十四条 中国共产主义青年团团员证封面为墨绿色,象征着青春和朝气蓬勃的青年运动;封面上方印有红色烫金团徽,象征着共青团是团结教育青年的核心。团的组织和团员应按规定管理和使用团员证。

第八章 团的经费

第三十五条 团的经费来源主要是:团员交纳的团费、党和政府以及企事业单位关于青少年事业的专项经费和团的工作经费、团属经济实体收益、正当的社会资助和团组织的其他合法收入。

第三十六条 团费的交纳和管理使用办法由中央委员会统一规定。

第三十七条 团属经济实体,必须认真执行国家的有关法律法规和政策,努力为社会经济发展服务,为青少年健康成长服务,为团的事业服务。

第九章 团同少年先锋队的关系

第三十八条 中国少年先锋队是中国少年儿童的群众组织,是少年儿童学习中国特色社会主义和共产主义的学校,是建设社会主义和共产主义的预备队。中国共产主义青年团受中国共产党的委托领导中国少年先锋队的工作。共青团要发扬“全团带队”的传统,健全少先队组织的各级工作机构,支持少先队创造性地开展活动,保护和关心少年儿童的成长,坚持以社会主义思想和共产主义精神教育少年儿童,引导他们听党的话,好好学习,天天向上,爱祖国,爱人民,爱劳动,爱科学,爱护公共财物,锻炼身体,培养能力,努力成长为社会主义现代化建设需要的合格人才,做共产主义事业的接班人。

中学共青团组织应加强对少先队员入团前的培养教育,少先队组织应积极推荐优秀少先队员作团的发展对象。

第三十九条 团的组织选派优秀团员或者聘请思想进步、作风正派、知识丰富、热爱少年儿童的教师、先进人物以及其他人员,担任少年先锋队的辅导员,并从思想上、工作上、生活上关心他们,帮助他们不断提高政治和业务水平。对有显著成绩的辅导员和少先队工作者,应当给予表扬和奖励。

中国共产主义青年团第十七次全国代表大会关于《中国共产主义青年团章程(修正案)》的决议

2013年6月20日通过

中国共产主义青年团第十七次全国代表大会审议并一致通过十六届中央委员会提出的《中国共产主义青年团章程(修正案)》,决定这一修正案自通过之日起生效。

大会一致同意把科学发展观写入共青团的行动指南。大会认为,科学发展观,是同马克思列宁主义、毛泽东思想、邓小平理论、“三个代表”重要思想既一脉相承又与时俱进的科学理论,是马克思主义关于发展的世界观和方法论的集中体现,是马克思主义中国化最新成果,是中国共产党集体智慧的结晶,是党必须长期坚持的指导思想。作为党的助手和后备军,共青团要把科学发展观同马克思列宁主义、毛泽东思想、邓小平理论、“三个代表”重要思想一道作为行动指南,全团要更加深入地学习科学发展观,进一步增强贯彻落实科学发展观的自觉性和坚定性,把科学发展观贯彻到团的工作和建设中,推动共青团事业不断发展。

大会一致同意在团章中对共青团的奋斗目标进行调整和充实。大会认为,党的十八大明确提出“为全面建成小康社会而奋斗”的目标,党的十八大对党章也作了相应修改。党的十八大以来,党中央站在党和国家事业发展的新的历史起点上,深刻指出,实现中华民族伟大复兴,是中华民族近代以来最伟大的梦想。这一中国梦也是当代青年必须肩负的历史责任。党的奋斗目标、当代青年的历史责任,决定了共青团的光荣使命。对照党章,团章修正案中对共青团奋斗目标相关内容进行了调整,并充实了中国梦的内容,与党的奋斗目标更加一致。

大会一致同意在团章中对现阶段共青团基本任务进行充实。大会认为,建设生态文明,是关系人民福祉、关乎民族未来的长远大计。党的十八大报告和党章,把生态文明建设纳入中国特色社会主义事业“五位一体”的总体布局,提出坚持生产发展、生活富裕、生态良好的文明发展道路,努力建设美丽中国,实现中华民族永续发展。对照党章,在共青团落实基本任务的工作领域中增加生态文明建设,有利于共青团更好地围绕中心、服务大局。

大会一致同意在团章中对共青团思想政治工作内容进行充实。大会认为,中国特色社会主义道路、中国特色社会主义理论体系、中国特色社会主义制度,是党和人民长期奋斗、创造、积累的根本成就,坚定道路自信、理论自信、制度自信是党的十八大对全党提出的要求,也是党中央对共青团引导广大青年提出的明确要求。团章修正案中,在共青团思想政治工作中写入相应的内容是必要的。

大会一致同意在团章中对团的建设基本要求的内容进行充实。大会认为,在新的形势下,共青团要用邓小平理论、“三个代表”重要思想、科学发展观和党的基本路线统一思想、统一行动,切实做到求真务实,尊重团员主体地位,不断提高团的建设科学化水平。

大会认为,与总纲部分的修改相衔接,根据新形势新任务对团的工作和建设提出的新要求,对团章部分条文作适当修改十分必要。认真学习马克思列宁主义、毛泽东思想、邓小平理论、“三个代表”重要思想和科学发展观,是广大团员应尽的义务;积极创先争优,组织团员认真学习马克思列宁主义、毛泽东思想、邓小平理论、“三个代表”重要思想和科学发展观,是团的基层组织的基本任务;要适应团员青年流动和分布聚集的特点，探索团的基层组织建设的新发展；要注重发挥新媒体的作用，拓宽团员青年发表意见建议的渠道；要按照德才兼备、以德为先的原则，大胆选拔年轻干部；团的干部要加强对历史、法律知识的学习，不断完善知识结构；团的各级组织要建立和健全团干部的考核和监督制度；要进一步完善和拓展团的经费来源。这些修改，有利于广大团员坚持党的指导思想、增强学习贯彻科学发展观的自觉性和坚定性；有利于更好树立正确用人导向，促进年轻干部树立正确成长观；有利于团的基层组织更广泛地覆盖青年和引导服务青年；有利于推动干部队伍进一步提高各方面素质，更好发挥表率作用，有利于保障共青团事业的健康持续发展。

大会要求，各级团组织和全体共青团员要认真学习和执行团章的各项规定，紧紧团结在以习近平同志为总书记的党中央周围，高举中国特色社会主义伟大旗帜，以马克思列宁主义、毛泽东思想、邓小平理论、“三个代表”重要思想和科学发展观为指导，在党的十八大精神指引下，在全面建成小康社会、加快推进社会主义现代化、实现中华民族伟大复兴的中国梦的征程中不断创造新的业绩。

共青团第十七届中央委员会委员、候补委员、书记处第一书记、书记处书记、常委名单

共青团第十七届中央委员会委员名单

（165 名，按姓氏笔画为序）

丁　锐　丁广鑫　万学军
万闻华（女）　万速成　马宁宇
马金元（回族）　马新风（女）
王　语（满族）　王　涛（河北）
王　琦　王　路　王小宁　王立健
王亚楠　王伟强（解放军）　王华杰
王志刚　王英杰　王保国　王振勇
王晓亮　车晓辉　文选才
叶文静（女）　申红兴（女）
田　野　白松涛（满族）　白海天
冯海燕（女）　成红亮（蒙古族）
吕立业　仲　逸　任海涛　刘　涛
刘　晶（女）　刘会英（女）
刘志强　刘佳晨　关忠民　江　海
汤立斌　汤礼盛　安　华　阮　草
孙　鑫　孙绍雪（女）　孙巍峰
芮　宏　李　红（女）　李　威
李　康（天津）　李子建　李平一
李若鹏（女）　李京京　李海峰
李海翔　李豪岩　李豫琦
杨　文（回族）　杨　军　杨　明
杨　勇（解放军）　杨海滨　肖明龙
吴庆华　吴娅娟（女）
吴基伟（侗族）　吴逸伦　吴朝安
何明华　位西北　邹　零（女）
邹治宇　邹联盟　汪晓冬
汪鸿雁（女）　宋华英（女）
张　劲　张　坤　张　涛
张　琳（女）　张　腾（女）
张志华　张国梁　张泽峰
张艳华（女）　张桂华（女）
张继军　张慧宇
阿依努尔·买合赛提（女，维吾尔族）
陈　军　陈光浩　陈丽娟（女）

陈宏宇　陈凯云　陈洪志　苗伟伦
罗　梅（女，藏族）　罗永斌
周　乐（女）　周　扬（女）
周　波　周　艳（女）　周长奎
郑立敏　单晓峰　孟　阳
赵宏（女，满族）　赵　博
赵　毅（女）　赵心锐　赵玉坤
赵立香　赵雁峰　郝康健　胡　盛
段小龙　侯　文　洛　色（藏族）
姚东磊　贺军科　秦宜智　袁　民
耿　超　夏科家　倪邦文　徐　晓
徐　彬　徐未波　栾国栋
高　天（女）　高　勇
高　薇（女）　郭　鸿　郭美荐
郭晓亮　郭祥玉　陶军锋
黄世芳（女）　曹　伟　盛　炜
常　宇　常志刚（蒙古族）　康国明
章　俊　章勋宏　盖文启　梁　卫
宿利南　韩晓东　惠朝旭　程　龙
程四曲（藏族）　傅振邦
曾　萍（女）　曾　锋
曾颖如（女）　路玉军
鲍娴萍（女）　谭奇军　滕　勇
冀萌新　魏国华

共青团第十七届中央委员会候补委员名单

（110名，按得票多少为序）

李全林　杜晓东（满族）　厉　励
杨　俊（女）　杨　森　刘俊彦
杨　捷（女）　刘爱平（女）　肖　丹（女）
马晓琳（女）　孙　立　李　群（女）
李新生　杨　正　杨跃峰
朴君峰（朝鲜族）　孙俊波
王雅楠（女）　毛雅君　李文革
李朝阳　杨晓禹　王忠宝
杨亚武（苗族）　谷爱琴（女）　王洪波
王宝林　刘　英（女）　刘定伟
杨　堃（女）　刘晓莉（女）　李晓芬（女）

杨晨辉　王欣瑜（女）　王鹏鹏（女）
孙道寻　李宇杰（女）　王少春
肖玉川（女）　李　莉（女）　史　波
杨　红（女）　张洪伟
吴书香（女，锡伯族）
回睿姣（女，回族）　刘海鹏（女）
王言匀（女）　严　飞　刘贝贝（女）
张　鹏（辽宁）　胡　洋　王小月（女）
刘忱忱（女）　李　森
王　斌（四川大学）
王丹丹（女，黎族）　宋新辉
王　彬（女）　陈怀锋　郝向宏
索朗德吉（女，藏族）　蒋　怡（女）
黄　毅　王　庆　王　妘（女）
兰　勇　续文利　王志清
张　静（女）　鲁　亚　张力峰
阿勒泰古丽·居马（女，哈萨克族）
季为民　林春弟
段红丽（女，白族）　白吉玲（女）
张振亚　周小舟　赵涛涛
徐海珊　普卓嘎（女，藏族）
廖　辉（女）　张福旺　徐　光
徐瑞明　高　鹏（金融）　郭宪勇
葛俊杰　韩新星　陈　科
郭兴龙　谢文兵　张举磊
张颂华　易章琪
罗　霄（藏族）　姚毓春　褚庆捷
浦卓雅（女）　张永艳（女）　鲜丹丹（女）
张凌瑄（女）　赵连权　熊晓丽（女）
祖丽胡玛尔·图尔贡（女，维吾尔族）
王　华　马　俊（女）　廖　勇
黄鲁卡　潘金生

共青团第十七届中央书记处第一书记

秦宜智

共青团第十七届中央书记处书记

贺军科　罗　梅（女，藏族）　汪鸿雁（女）

周长奎　　徐　晓　　傅振邦

共青团第十七届中央常务委员会委员名单

（21 名，按姓氏笔画为序）

万速成　　刘　涛　　刘志强
刘佳晨　　汪鸿雁（女）　　张　劲
阿依努尔·买合赛提（女，维吾尔族）
陈光浩　　罗　梅（女，藏族）
周　波　　周长奎　　贺军科
秦宜智　　夏科家　　徐　晓
郭祥玉　　常　宇　　康国明
韩晓东　　傅振邦　　曾颖如（女）

第一部分

特　　载

——中国梦是我们的，更是你们青年一代的。中华民族伟大复兴终将在广大青年的接力奋斗中变为现实。

在革命、建设、改革各个历史时期，中国共产党始终高度重视青年、关怀青年、信任青年，对青年一代寄予殷切期望。中国共产党从来都把青年看作是祖国的未来、民族的希望，从来都把青年作为党和人民事业发展的生力军，从来都支持青年在人民的伟大奋斗中实现自己的人生理想。

现在，我们比历史上任何时期都更接近实现中华民族伟大复兴的目标，比历史上任何时期都更有信心、更有能力实现这个目标。行百里者半九十。距离实现中华民族伟大复兴的目标越近，我们越不能懈怠，越要加倍努力，越要动员广大青年为之奋斗。

展望未来，我国青年一代必将大有可为，也必将大有作为。这是"长江后浪推前浪"的历史规律，也是"一代更比一代强"的青春责任。广大青年要勇敢肩负起时代赋予的重任，志存高远，脚踏实地，努力在实现中华民族伟大复兴的中国梦的生动实践中放飞青春梦想。

第一，广大青年一定要坚定理想信念。"功崇惟志，业广惟勤。"理想指引人生方向，信念决定事业成败。没有理想信念，就会导致精神上"缺钙"。中国梦是全国各族人民的共同理想，也是青年一代应该牢固树立的远大理想。中国特色社会主义是我们党带领人民历经千辛万苦找到的实现中国梦的正确道路，也是广大青年应该牢固确立的人生信念。

广大青年要坚持用邓小平理论、"三个代表"重要思想、科学发展观武装头脑，把理想信念建立在对科学理论的理性认同上，建立在对历史规律的正确认识上，建立在对基本国情的准确把握上，不断增强道路自信、理论自信、制度自信，增强对坚持党的领导的信念，永远紧跟党高高举起中国特色社会主义伟大旗帜。

第二，广大青年一定要练就过硬本领。学习是成长进步的阶梯，实践是提高本领的途径。青年的素质和本领直接影响着实现中国梦的进程。古人说："学如弓弩，才如箭镞。"说的是学问的根基好比弓弩，才能好比箭头，只要依靠厚实的见识来引导，就可以让才能很好发挥作用。青年人正处于学习的黄金时期，应该把学习作为首要任务，作为一种责任、一种精神追求、一种生活方式，树立梦想从学习开始、事业靠本领成就的观念，让勤奋学习成为青春远航的动力，让增长本领成为青春搏击的能量。

广大青年要坚持面向现代化、面向世界、面向未来，增强知识更新的紧迫感，如饥似渴学习，既扎实打牢基础知识又及时更新知识，既刻苦钻研理论又积极掌握技能，不断提高与时代发展和事业要求相适应的素质和能力。要坚持学以致用，深入基层、深入群众，在改革开放和社会主义现代化建设的大熔炉中，在社会的大学校里，掌握真才实学，增益其所不能，努力成为可堪大用、能担重任的栋梁之材。

第三，广大青年一定要勇于创新创造。创新是民族进步的灵魂，是一个国家兴旺发达的不竭源泉，也是中华民族最深沉的民族禀赋，正所谓"苟日新，日日新，又日新"。生活从不眷顾因循守旧、满足现状者，从不等待不思进取、坐享其成者，而是将更多机遇留给善于和勇于创新的人们。青年是社会上最富活力、最具创造性的群体，理应走在创新创造前列。

广大青年要有敢为人先的锐气，勇于解放思想、与时俱进，敢于上下求索、开拓进取，树立在继承前人的基础上超越前人的雄心壮志，"以青春之我……，创建青春之国家，青春之民族"。要有逢山开路、遇河架桥的意志，为了创新创造而百折不挠、勇往直前。要有探索真知、求真务实的态度，在立足本职的创新创造中不断积累经验、取得成果。

第四，广大青年一定要矢志艰苦奋斗。"宝剑锋从磨砺出，梅花香自苦寒来。"人类的美好理想，都不可能唾手可得，都离不开筚路蓝缕、手胼足胝的艰苦奋斗。我们的国家，我们的民族，从积贫积弱一步一步走到今天的发展繁荣，靠的就是一代又一代人的顽强拼搏，靠的就是中华民族自强不息的奋斗精神。当前，我们既面临着重要发展机遇，也面临着前所未有的困难和挑战。梦在前方，路在脚下。自胜者强，自强者胜。实现我们的发展目标，需要广大青年锲而不舍、驰而不息的奋斗。

广大青年要牢记"空谈误国、实干兴邦"，立足本职、埋头苦干，从自身做起，从点滴做起，用勤劳的双手、一流的业绩成就属于自己的人生精彩。要不怕困难、攻坚克难，勇于到条件艰苦的基层、国家建设的一线、项目攻关的前沿，经受锻炼，增长才干。要勇于创业、敢闯敢干，努力在改革开放中闯新路、创新业，不断开辟事业发展新天地。

第五，广大青年一定要锤炼高尚品格。中国特色社会主义是物质文明和精神文明全面发展的社会主义。一个没有精神力量的民族难以自立自强，一项没有文化支撑的事业难以持续长久。青年是引风气之先的社会力量。一个民族的文明素养很大程度上体现在青年一代的道德水准和精神风貌上。

广大青年要把正确的道德认知、自觉的道德养成、积极的道德实践紧密结合起来，自觉树立和践行社会主义核心价值观，带头倡导良好社会风气。要加强思想道德修养，自觉弘扬爱国主义、集体主义、社会主义思想，积极倡导社会公德、职业道德、家庭美德。要牢记"从善如登，从恶如崩"的道理，始终保持积极的人生态度、良好的道德品质、健康的生活情趣。要倡导社会文明新风，带头学雷锋，积极参加志愿服务，主动承担社会责任，热诚关爱他人，多做扶贫济困、扶弱助残的实事好事，以实际行动促进社会进步。

为实现中华民族伟大复兴的中国梦而奋斗，是中国青年运动的时代主题。共青团要在广大青少年中深入开展"我的中国梦"主题教育实践活动，为每个青少年播种梦想、点燃梦想，让更多青少年敢于有梦、勇于追梦、勤于圆梦，让每个青少年都为实现中国梦增添强大青春能量。要用中国梦打牢广大青少年的共同思想基础，教育和帮助青少年树立正确的世界观、人生观、价值观，永远热爱我们伟大的祖国，永远热爱我们伟大的人民，永远热爱我们伟大的中华民族，坚定跟着党走中国道路。要用中国梦激发广大青少年的历史责任感，发扬"党有号召、团有行动"的光荣传统，在党和国家工作大局中找准自身工作的切入点和结合点，组织动员广大青少年支持改革、促进发展、维护稳定。要积极为广大青少年实现梦想提供服务，切实改进作风，深入基层、走进青年，想青年之所想，急青年之所急，代表和维护青少年普遍性利益诉求，努力为广大青少年成长成才创造良好环境。

青年模范人物是广大青少年学习的榜样，肩负着更多社会责任和公众期望，在青少年中乃至全社会都有着很强的示范带动作用。希望青年模范们再接再厉、严于律己、锐意进取，用自身的成长历程、精神追求、模范行动为广大青少年作好表率。

青年兴则国家兴，青年强则国家强。我们党自成立之日起，就始终代表广大青年、赢得广大青年、依靠广大青年。各级党委和政府要充分信任青年、热情关心青年、严格要求青年，为青年驰骋思想打开更浩瀚的天空，为青年实践创新搭建更广阔的舞台，为青年塑造人生提供更丰富的机会，为青年建功立业创造更有利的条件。各级领导干部要关注青年愿望、帮助青年发展、支持青年创业，做青年朋友的知心人，做青年工作的热心人。

青年朋友们，人的一生只有一次青春。现在，青春是用来奋斗的；将来，青春是用来回忆的。人生之路，有坦途也有陡坡，有平川也有险滩，有直道也有弯路。青年面临的选择很多，关键是要以正确的世界观、人生观、价值观来指导自己的选择。无数人生成功的事实表明，青年时代，选择吃苦也就选择了收获，选择奉献也就选择了高尚。青年时期多经历一点摔打、挫折、考验，有利于走好一生的路。要历练宠辱不惊的心理素质，坚定百折不挠的进取意志，保持乐观向上的精神状态，变挫折为动力，用从挫折中吸取的教训启迪人生，使人生获得升华和超越。总之，只有进行了激情奋斗的青春，只有进行了顽强拼搏的青春，只有为人民作出了奉献的青春，才会留下充实、温暖、持久、无悔的青春回忆。

青年朋友们，我坚信，在党的领导下，只要全国各族人民紧密团结，脚踏实地、开拓进取，到本世纪中叶，我们必将建成富强民主文明和谐的社会主义现代化国家，我国广大青年必将同全国各族人民一道共同见证、共同享有中国梦的实现！

用党的十八大精神动员广大青年在全面建成小康社会实践中建功立业

——在共青团十六届六中全会上的讲话

2013年1月15日

李源潮

共青团十六届六中全会，是共青团组织贯彻落实党的十八大精神的重要会议。陆昊同志传达了党中央书记处的重要指示，我们要认真学习贯彻。这里，我讲几点意见。

一、深刻领会党中央对共青团工作的基本要求。去年12月26日，刘云山同志主持中央书记处会议专门听取团中央工作汇报，对共青团工作提出了明确要求。联系实际学习中央书记处指示精神，我认为，党中央对共青团工作的基本要求主要有5条：一是坚持党的领导，在政治原则上要以党的政治纲领为奋斗目标，以党的指导思想为行动指南，以党的中心任务为光荣使命，当好党的助手和后备军，这是共青团工作特有的党性原则。在各人民团体和群众组织中，只有共青团明确是“党的助手和后备军”，并且这句话写进了中国共产党党章。所以，团的工作除了先进性、群众性原则，还有特殊的党性原则。这决定了团和党有着特殊的政治关系，决定了团干部和党的干部有着特殊紧密的关系，这是共青团的光荣，也是共青团的责任。二是坚持团的先进性，引导广大团员青年坚定中国特色社会主义理想信念，在推动科学发展、促进社会和谐中发挥生力军作用。三是坚持团的群众性，尊重青年主体地位，热忱服务青年，更好融入青年，增强共青团工作的吸引力、感召力。四是及时反映青少年诉求，维护青少年合法权益，为青少年健康成长创造良好环境。五是以改革创新精神推进团的建设，努力实现团的基层组织网络覆盖全体青年、团的工作和活动影响全体青年。这5条是党中央对共青团的一贯要求，我们要牢牢把握这些要求，切实履行组织青年、引导青年、服务青年、维护青少年合法权益的基本职能，不断开创共青团工作新局面。

二、2012年共青团工作开拓创新、真抓实干、卓有成效。党中央书记处讨论共青团工作时，充分肯定过去一年共青团工作取得的成绩。在党中央的正确领导下，在王兆国同志指导下，团中央和各级团组织以迎接党的十八大和纪念建团90周年为契机，奋发有为、锐意创新，做了大量卓有成效的工作，团的基层组织覆盖有了新的拓展，各项工作的影响力有了新的提升。一是学习贯彻胡锦涛同志纪念建团90周年重要讲话和学习贯彻党的十八大精神，贴近青年实际开展特色鲜明的主题教育实践活动，对青年的思想引导主题鲜明、扎实深入。二是促进青年就业创业，服务青年农民工及其子女，加强重点青少年群体服务管理，为青少年办实事好事成效显著。三是狠抓基层、支持基层。团的工作容易“机关化”，上面看“百花争艳”，到基层就容易“星星点点”。近年来，全团为基层团组织解决人员、经费等实际问题，乡镇大团委建设、国有企业和大中学校团建工作、非公企业团组织和流动青年团组织建设都有创新、有突破。特别是通过乡镇实体化大团委建设和乡镇街道组织格局创新，新建30多万个基层团组织，全团增加了约40万名兼职团干部，3年累计新建非公企业和社会组织团组织41万家。四是深入开展创先争优活动，组织团干部下基层，团干部队伍的精神面貌有新提升、整体作风有新转变。共青团的工作，受到了各地党政支持、青年欢迎、社会认可。党中央对团中央的工作给予充分肯定。

三、深刻领会党的十八大对共青团工作的新要求和对广大青年的殷切期望。十八大是在我国全面建成小康社会决定性阶段召开的重要会议。胡锦涛同志代表党中央所作的十八大报告，是指导党和国家各项工作的行动纲领，也是共青团工作的根本遵循。习近平总书记指出，要把学习贯彻十八大精神，作为当前和今后一个时期全党全国的首要政治任务，把全党全国各族人民思想进一步统一到十八大精神上来，把力量进一步凝聚到实现十八大确定的目标任务上来。各级团组织要认真学习领会十八大精神和习近平总书记重要指示，更加自觉地知大局、想长远、干实事。一要根据坚持和发展中国特色社会主义的基本要求，进一步引导广大青年坚定不移跟党走中国特色社会主义道路。二要根据全面建成小康社会和全面深化改革开放的目标任务，进一步找准在经济建设、政治建设、文化建设、社会建设、生态文明建设中充分发挥青年生力军作用的切入点和着力点。三要根据十八大对青年工作提出的专门要求，研究贯彻落实的具体措施。十八大精神中有的是全党全国的总任务，共青团要作为总任务来抓；有的就是对共青团和青年提出的特殊要求，共青团要把这些任务和要求具体化。比如，怎样更加关心爱护青年，鼓励青年健康成长；怎样发挥桥梁纽带作用，更好反映青年呼声；怎样强化团组织在社会管理和服务中的职责，更好维护青少年合法权益。四要按照全面提高党的建设科学化水平的总体要求，以党建带团建，全面加强团的思想建设、组织建设、作风建设、制度建设，努力提高团的建设科学化水平。

中国共产党总是把自己的最大希望寄托在代表未来的青年身上。改革开放以来，党的历次全国代表大会都对青年提出了殷切希望。十八大报告专门用一段论述青年工作，要求广大青年积极响应党的号召，树立正确的世界观、人生观、价值观，永远热爱我们伟大的祖国，永远热爱我们伟大的人民，永远热爱我们伟大的中华民族，在投身中国特色社会主义伟大事业中，让青春焕发出绚丽的光彩。这是我们党对当代青年的希望和要求，也是赋予共青团的政治责任。各级团组织要认清肩负的重任，增强做好共青团工作的责任感、使命感。

四、围绕贯彻落实十八大精神，扎扎实实做好今年共青团工作。今年是全面贯彻十八大精神的第一年。中央书记处讨论共青团工作时，要求各级团组织深入领会十八大对共青团工作的新要求，进一步明确工作主题、着力点和努力方向，积极创新思路和办法，不断开创工作新局面。按照中央书记处的要求，重点要抓好5个方面工作。

第一，深入学习贯彻十八大精神，在广大青年中进行中国特色社会主义教育。学习贯彻十八大精神是当前全党全国的首要政治任务。共青团系统前一段学习宣传十八大精神抓得很好。团中央针对9类青少年群体的特点，编写多媒体学习宣传材料；各级团组织开展“千网联动学习十八大”、“青春共话十八大”手机报主题学习宣传活动等，都受到了团员青年的欢迎。不同群体的兴趣点和话语体系是不一样的，在青年中开展教育与在成年人中、在党员干部中开展教育，形式方法不能一个样。要紧密结合青年思想实际，结合青年面临的实际问题，用青年人易于接受的方式，用青年人易懂易记的语言，让十八大精神在广大青年中入脑入心。十八大精神的核心，用一句话来说，就是坚持和发展中国特色社会主义。中央书记处要求，要结合全党开展的中国特色社会主义学习教育，在广大青年中广泛开展“三观”、“三热爱”主题教育活动，引导广大青年进一步增强中国特色社会主义道路自信、理论自信、制度自信，树立中国特色社会主义理想信念。开展中国特色社会主义教育，要紧密联系青年的思想状况，进入青年的话语体系，回答青年关注的现实问题。要以中国特色社会主义教育为总揽，深化“学党史、知党情、跟党走”、“我与祖国共奋进”等活动，推进青年马克思主义者培养工程。目前，全国青年网民约有2.3亿，占全部网民的45.1%。回避网络就等于回避青年。共青团组织要高度重视运用网络等新媒体做青年工作，增强思想引导的生动性实效性，在网上团结青年、引导青年、影响青年。

第二，用民族复兴的“中国梦”激励广大青年在全面建成小康社会实践中建功立业。十八大描绘了“两个百年”的奋斗目标。习近平总书记参观《复兴之路》展览时，深刻阐述了实现社会主义现代化和民族复兴的“中国梦”。实现“中国梦”，需要全体中华儿女团结奋斗，更需要青年人的激情和创造。各级团组织要用“两个百年”的目标任务，激励广大青年在改革开放和现代化建设中发挥生力军作用。今年我国经济发展稳中求进的任务很重，各级团组织要主动为大局服务、为党政分忧，组织团员青年在促进经济持续健康发展中攻坚克难、勇挑重担。要深入开展争当青年岗位能手、农村青年星火带头人、青少年科技创新行动，鼓励广大青年立足岗位创先争优、争当创新创业的先锋。要深入实施西部建功计划、青年志愿者、博士服务团活动，鼓励有志青年到艰苦地区去，到基层一线去，到国家最需要的地方去。博士服务团自1999年开始实施以来，已先后选派13批1643名博士到西部地区服务锻炼，不少人主动留在当地工作，为西部地区的发展作了重要贡献。要大力宣传青年先进典型，激励广大青年学习先进、崇尚先进、争当先进，努力成为德才兼备、能负重任的栋梁之材。

第三，引导青少年积极学习和践行社会主义核心价值观，培养良好思想道德素质。未来的社会在于今天的塑人，共青团、少先队担负着为未来社会塑人的重要责任。我们今天塑造什么样的人，一定程度上决定了塑造什么样的民族、塑造什么样的国家。一个国家不能经济发展了，但精神方面没有灵魂。共青团塑人最重要的是引导青少年树立正确的世界观、人生观、价值观。十八大报告提出，倡导富强、民主、文明、和谐，倡导自由、平等、公正、法治，倡导爱国、敬业、诚信、友善，积极培育和践行社会主义核心价值观。这是我们党推进社会主义核心价值体系建设的重要创新。青少年时期是世界观、人生观、价值观逐步形成的关键时期，培育和践行社会主义核心价值观要从青少年抓起。这些年，共青团系统组织开展的

“与信仰对话”、“十八岁成人仪式”、“劳动·创造·奋斗”青少年励志教育、学雷锋和青年志愿服务等,对引导青少年培养良好思想道德起到了积极作用。要把积极培育和践行社会主义核心价值观的要求渗透到这些活动中去,作为共青团工作特别是学校共青团和少先队工作的重要内容。社会组织形式和就业形式多样化以后,青少年真正最有组织的地方就在学校,在学校里最容易进行青少年教育、最容易引导青少年。去年,团中央和教育部联合召开了中学共青团工作会议,抓得非常及时。把学校共青团和少先队工作基础打好了,全团工作就有了好基础。人改造环境,环境又塑造人。当代青少年对人生价值的认识和追求较为现实,偏重自我价值的实现。引导青少年学习和践行社会主义核心价值观,要适应社会环境的变化和青少年心理特点,贴近他们的思想实际。要抓住重大事件、重要时机和热点问题加强对青少年的教育引导,通过树立榜样、社会实践,引导青少年更好地认识社会责任,追求高尚理想,提升道德情操。

第四,积极主动地服务青年,促进青年就业创业和成长成才。共青团作为青年群众组织,只有竭诚为青年服务,才能凝聚青年、引领青年。随着我国经济社会深入发展和变革,青年的需求日益多样化,创业就业面临的困难、成长成才面临的困扰都不少。增强服务意识,提高服务能力,是做好青年工作的紧迫需要。各级团组织要满腔热情地关爱青年,加强对青年的心理疏导和人文关怀,帮助他们培育健康身心、塑造健全人格。当前我国经济发展困难较多,这种困难不仅是经济增长困难,最直接地会造成就业增长困难,影响青年人就业。要进一步做好促进青年就业创业工作,帮助青年农民工及其子女解决实际困难,抓好大学生、中学生、农民工、新媒体等特殊领域和少数民族地区的青年工作。

第五,以改革创新精神加强团组织建设。十八大对党的建设提出了科学化的要求。共青团作为党的助手和后备军,要主动跟上党的建设新步伐。青年在哪里,团组织就应建到哪里。现在,大量农村青年进城务工,非公有制经济组织和新社会组织中聚集了大量青年,游离于单位体制之外的青年数量大幅增加。要认真研究新形势下团的建设特点和规律,推进团的组织设置、活动方式改革创新。要坚持不懈狠抓基层,创新高校、社区、乡镇以及非公企业和社会组织、流动青年团建工作,不断扩大共青团的组织覆盖和工作覆盖。要贴近青年的思想、学习、工作和生活,多打造像青年志愿者、希望工程这样有生命力、影响力的品牌,把有意义的事情做得有意思,把有意思的事情做得有意义。要以筹备召开团的十七大为契机,认真总结团的工作,谋划共青团事业发展。

五、加强党对共青团工作的领导和团干部队伍建设。团的工作是党的工作的一部分。各级党委要认真落实党建带团建的要求,把团的建设纳入党的建设总体规划,定期研究团的工作的重要问题,提供必要资源,解决实际困难,支持共青团组织创造性地开展工作。去年团中央和财政部联合下发了《关于进一步支持和推动共青团基层组织建设和基层工作的意见》,目前已有 30 个省区市出台落实文件,各地要进一步抓好落实。团干部是党的青年干部的一部分。要大力培养优秀青年干部,加强发展青年党员工作。干部成长仅有机关工作经历是不够的,必须有实际经验和能力。要选派有潜力、有抱负的团干部到基层和艰苦复杂环境中经受考验锻炼,增进对群众的感情,培养艰苦奋斗作风,提高应对复杂局面、处理实际问题的能力。团干部要积极响应党的号召,到西部去,到艰苦的地方去,到复杂环境中去,磨炼意志和品格。要把严格要求与关心爱护结合起来,定期与团干部谈话指导,引导他们正确认识自己,警惕各种诱惑,保持清正廉洁、朝气蓬勃的良好形象。

共青团工作关系党的事业发展，赢得青年才能赢得未来。我们要在以习近平同志为总书记的党中央领导下，坚持以邓小平理论、“三个代表”重要思想、科学发展观为指导，真抓实干、锐意创新，团结带领广大青年在全面建成小康社会征程中谱写青春灿烂篇章。

为实现中国梦创新创业创优

——在与“中国青年五四奖章”获得者等优秀青年代表座谈时的讲话

2013年5月4日

李源潮

今天是五四青年节。首先要向359万基层团组织、8890万共青团员和全国广大青年致以节日的祝贺和亲切的问候！

上午，习近平总书记在航天城参加“实现中国梦·青春勇担当”主题团日活动，对广大青年为实现中国梦发挥生力军作用提出了五条重要要求，这充分体现了党中央对青年一代的高度重视和亲切关怀。希望广大青年按照习近平总书记的嘱托，积极投身中国梦的奋斗实践，不辜负党中央对青年的殷切期望。

下午的座谈会，主要是学习领会习近平总书记重要讲话精神，讨论当代青年如何为中国梦而奋斗。刚才，大家结合亲身经历谈了自己的认识和体会，讲得都很精彩。下面，我也就当代青年如何为实现中国梦而奋斗谈几点看法，和大家交流。

第一，中国梦是中国进步青年追求的理想梦

习近平总书记指出，中国梦是全国各族人民的共同理想，也是青年一代应当牢固树立的远大理想。实现中华民族伟大复兴的中国梦，是近代以来中国人最伟大的梦想。为了这个梦想，一代又一代仁人志士在坎坷和挫折中不懈地探索和奋斗。太平天国梦想“天下一家、同享太平”，洋务运动希冀中体西用、自强求富，戊戌变法救亡图存，但都没有达到目的。孙中山首先喊出振兴中华，发动革命推翻封建帝制，民主共和的梦想深入人心，但革命成果被封建军阀篡夺了。辛亥革命之后，新式知识分子提出了科学救国梦、实业救国梦、教育救国梦，但都难以成为现实。直到五四以后，马克思主义的传播和中国共产党的成立，为中国梦的实现开辟了新的前景。在中国共产党领导下，中国人民推翻了三座大山，建立了社会主义新中国，后来又实行改革开放，开辟中国特色社会主义道路，找到了实现中华民族伟大复兴的正确道路。

中国梦是国家的梦、民族的梦，也是历代先进青年追求的理想之梦。在挽救民族危亡、争取国家独立和人民解放的追梦历程中，一代又一代有志青年率先从蒙昧中觉醒，在压迫中奋起，不惜献出年轻的生命。“戊戌六君子”被害时谭嗣同33岁、林旭23岁。从同盟会成立前后到武昌起义，一大批有知识的青年为民主共和慷慨赴死，邹容20岁，陈天华30岁，“鉴湖女侠”秋瑾32岁，黄花岗七十二烈士平均年龄29岁。五四运动后，一大批先进青年选择了马克思主义，走上了与工农相结合的道路，找到了振兴中华、民富国强的正确方向。党的早期领袖都是年轻的革命者，“一大”13名代表平均年龄28岁。1922年中国社会主义青年团成立后，作为党的助手和后备军，把大批先进青年集聚在党的周围。怀抱崇高理想、充满奋斗激情的青年人，源源不断地加入党领导的革命队伍，抛头颅、洒热血，为夺取中国革命的胜利付出了最大牺牲。革命战争年代300多万先烈英勇牺牲，其中大多数是青年人。

在实现国家富强、人民幸福的奋斗进程中，一代又一代团员青年以主人翁姿态积极投身社会主义革命、建设和改革开放，发挥了生力军和突击队作用。新中国成立后，广大团员青年响应党的号召，把青春献给党、献给祖国，向困难进军、向荒野进军，涌现出像黄继光、雷锋、邢燕子、草原英雄小姐妹等一大批青年楷模。改革开放新时期，广大团员青年发出了团结起来、振兴中华的时代强音，像张海迪、张华、王杰、秦文贵、许振超都是这个时代先进青年的杰出代表，包括你们这280多名“中国青年五四奖章”获得者和获得其他奖励的青年模范，也都是当代青年学习的榜样。现在，党中央发出了实现中华民族伟大复兴中国梦的号召。当代青年既要向我们的先人、也要向我们的后人作出时代的回答，这个回答既是整个青年群体的回答，也是每一个先进青年特别是先进青年模范的回答。

第二，当代青年要把人生追求汇入中华民族伟大复兴的中国梦中去

青年是多梦的季节，青年人最富有梦想。大学梦、出国梦、考研梦，创业梦、致富梦、明星梦，进城梦、安居梦、成家梦，各种各样的梦想五彩斑斓。中国梦给了当代青年梦想成真的机会、人生出彩的机会、同祖国和时代一起成长进步的机会。这是难得的历史机会。这一代青年人赶上了改革开放的好时代，我们国家的各项事业都有了长足的发展，与十年、二十年、三十年前相比，青春圆梦有了更多机会和更好条件。上世纪80年代初，中学毕业能上大学的不到10%。现在近30%的适龄青年可以上大学，超过三分之二的高中毕业生能上大学。以前出国留学是可望而不可即的事，现在每年出去30多万人。30多年来，不管是上学、打工、做生意、办企业，通过不懈的辛勤劳动和艰苦努力，各种梦想都有可能成功的机会。梦想成真，靠个人努力，更靠国家和民族的发展进步。在有的时代，在有的国家，个人再努力也难有机会。所以，国家好，民族好，大家才会好。中国特色社会主义发展得越好，每个人越会有人生出彩的机会。当代青年选择什么样的理想，决定一生的方向、一生的成就。从大家发言看，共同的特点是有理想、有追求，而且都是在正确的方向上，在与祖国发展同行的方向上。比如，王治国35岁就当上了航母设计高级工程师，有机会参与辽宁舰列装的全过程，这是前人想都不敢想的。如果我们国家没有这么强的实力，没有建造航空母舰，怎么会有35岁的航母工程师？国家的发展给青年人提供了实现梦想的机会，青年人把人生理想汇入国家发展，更容易出成绩，更容易出精彩，更容易受到社会的尊敬。如果你不关注国家发展的需要，不响应党的号召，个人梦就可能是盲目的，甚至与整个国家的发展逆向而行，再怎么奋斗也难以成功。所以，当代青年只有把人生追求融入中国特色社会主义共同理想，才能分享祖国发展的机遇，找到实现人生理想的宽广舞台。

第三，当代青年要为实现中国梦创业创新创优

中国梦的内涵是国家富强、民族振兴、人民幸福。党的十八大更确定了以“两个一百年”为期的全面建成小康社会和实现社会主义现代化的宏伟目标。现在我们比历史上任何时期都更接近中华民族伟大复兴的梦想目标，但梦想要成为现实，还需要长期艰苦奋斗。实现第一个百年目标还有七八年时间，实现第二个百年目标还有将近40年。第二个百年之后，中华民族伟大复兴还有更广阔的天地。党的十八大提出，中国特色社会主义事业需要一代又一代有志青年接续奋斗。习近平总书记要求，当代青年要勇敢肩负起时代赋予的重任，志存高远，脚踏实地，努力在实现中华民族伟大复兴的中国梦的生动实践中放飞青春梦想。我认为，当代青年按照党中央的要求为中国梦奋斗，就要把理想追求化为创业创新创优的实际行动。

首先，要艰苦创业。当今的中国处在创业的时代。国家创业、企业创业、个人创业，整个民族都赶上了创业发展的好时机，处于创业成功的好时代。外国许多企业家都认为中国创业的成功率高，投资回报率高。但创业不是请客吃饭，也不是纸上谈兵。创业是舍弃安逸，是艰苦奋斗，是顽强拼搏、不懈坚持。马剑霞把青春献给大山里的孩子，刘屹留学回国不断攻克环保技术难题，张峡扎根西藏志愿服务，刘锦秀、吴艳创办农业合作社，他们都吃了很多苦，才成为成功的创业者。中国有句老话：艰难困苦，玉汝于成。要实现国家富强、民族振兴、人民幸福的中国梦，特别需要有志青年艰苦创业。一个国家的发展、一个民族的进步，没有青年人的艰苦创业是不行的。在我们的社会中，狭义的创业是创办企业。有条件的青年人要积极创办小微科技企业和服务企业。现在一些著名网络公司的创办者，像百度的李彦宏、腾讯的马化腾、阿里巴巴的马云，都是从科技小企业干起来的。刚才我们讲到环保，什么产业最环保？服务业最环保，创办服务型企业，不仅环保，而且还能解决很多就业。以创业带动就业，是我们国家科学发展的大事情。现在国家出台了许多政策鼓励创业，包括鼓励创办农村合作性的中小企业，关键是要有不安现状、不图安逸、不怕吃苦的创业者来干。广义的创业是创事业。比如，干部创发展新事业，科技工作者创科研新事业，教师创育人新事业，每个人在自己的工作领域都能开拓新天地。青年人可创业的路程长、空间大、包袱少，希望有更多的当代青年成为中国创业发展大潮中的开拓者。

其次，要改革创新。中国改革开放30多年来取得举世瞩目的发展成就，最大的动力机制是什么？是改革创新。从思想理论、体制机制的改革创新，到生产科技、教育文化、企业事业单位的改革创新，中国共产党领导的改革创新，使全党、全国、全体人民的发展积极性被全面调动起来，成为追求国家富强、人民幸福不可阻挡的力量。当前，我们国家要实现科学发展，必须要爬创新这道坎，通过思想创新、制度创新、科技创新，使世界最大规模的“中国制造”转上“中国创造”的轨道。所以，中央提出要建设创新型国家、培育创新型企业、培养创新型人才，要使改革创新精神成为中华民族的时代精神。青年是创新的黄金时期，青年人最少保守思想，最富创造热情，最具创新活力，在创新上有独特优势。这次受表彰的中国航天科技集团的孙泽洲，他带领的嫦娥卫星研制团队平均年龄只有33岁，他们心无旁骛、潜心钻研，取得许多突破性成果，航天报国梦正变为现实。希望当代青年在各个领域做富有创新精神的人，支持鼓励改革创新，大胆探索、刻苦钻研科技创新，积极参加创新实践，在建设创新型国家的进程中做创新的追求者和探索者。当然，改革创新要从实际出发而不是脱离实际，要实事求是而不是盲目空想。

再有，要争先创优。在一个社会中，创业创新的带头者毕竟是少数人，对多数人来说，什么叫人生出彩，怎么才能人生出彩？我认为，做出优秀的成绩，成为优秀的人，就是人生出彩。在学校里学习优秀，在岗位上劳动优秀，在单位里工作优秀，在社会上思想品行优秀，你就被大家认可，受大家尊重。“三百六十行，行行出状元”。在劳动光荣的今天，任何岗位都能出先进，任何工作都能出优秀。能把本职工作做到最好、干成最优，人生同样很精彩。中石油的“90后”电焊师裴先峰，埋头苦学，练就了一手焊接绝活,实现了"当最优秀工人"的梦想。武警河北总队的张华,苦练"百步穿杨",实现了"神枪梦",为国争了光。这些是每个青年人都能看得见、摸得着,通过艰苦努力做得到的事情。总之,当代青年要发扬艰苦创业精神,发扬改革创新精神,发扬争先创优精神,让青春在为中国梦的奋斗中焕发光彩。

各级团组织要按照习近平总书记的要求,在广大青少年中扎实开展好"我的中国梦"主题教育实践活动,引导青年树立正确的世界观、人生观、价值观,引领青年热爱祖国、改革创新,朝气蓬勃地迈向未来,凝聚青年心往一处想、劲往一处使,为全面建成小康社会团结奋斗。要广泛宣传青年先进典型,用青年人的事迹感染青年人,在广大青年中形成学习先进、争创优秀的良好风气。现在,青年人面临的升学、就业、择偶成家、人际交往等方面的压力不小。一些团组织主动开展各种形式的"微服务",满足青年的"微需求",这很好。各级团组织要进一步改进作风,走进青年,把握青年的思想和需求,提高引导和服务青年的能力,通过实际的引导和服务把青年人追求中国梦的积极性调动起来。

最后,我想送今天在座获奖的同志几句话。获得"中国青年五四奖章"等表彰的同志,都是青年中的佼佼者。你们是大有前途的,是可以为国家为人民大有贡献的,但你们人生的路还很长,现在刚出起点线不远,真正谁笑到最后,还要看今后的努力程度。就像习近平总书记所说,"人的一生只有一次青春,现在,青春是用来奋斗的;将来,青春是用来回忆的。"现在努力奋斗,将来才回忆无悔。你们得奖是因为学习上先进、工作上先进、贡献上先进,但千万不要骄傲、不要自满。对有远大理想的人来说,学习是无止境的,奋斗是无止境的,奉献也是无止境的。希望你们学习不停步、奋斗不停步、奉献不停步,这样,当你们到了能够回忆往事的年纪时,就可以问心无愧地说,我们的青春已经在中国梦的实现中发出了光彩,我们的青春无悔!

用中国梦激发孩子们心中的理想梦

——在陕西少先队工作调研座谈会上的讲话

2013 年 6 月 1 日

李源潮

今天是"六一"国际儿童节。习近平总书记节前专程到北京市少年宫,和少年儿童一起参加"快乐童年·放飞希望"主题队日活动,这体现了党中央对少年儿童的亲切关怀和对少先队工作的高度重视。习近平总书记勉励少年儿童从小就要立志向、有梦想,爱学习、爱劳动、爱祖国,长大后做对祖国建设有用的人才。我这两天调研的主要目的是研究如何落实习近平总书记要求,做好少先队工作,让孩子们成长得更好。

昨天实地看了咸阳彩虹小学的少先队活动,刚才听了省、市团委书记和辅导员老师的介绍,感到陕西的少先队工作有特色、有创新、有实效。"红领巾小小讲解员",当年我在团中央工作时就知道,后来在延安现场听过。"红领巾大讲堂",西安的"红领巾环保小卫士"、

"小小考古家",咸阳的"红领巾法学院"、"赵梦桃中队"等,有声有色,很受孩子们欢迎。这里,我要向大家并通过你们向全省少年儿童和少儿工作者表示节日的问候和衷心的感谢。

我们在彩虹小学参加"红领巾相约中国梦"主题队会时,听孩子们讲了自己心中的梦想。有的说将来要当科学家、工程师,有的说要当发明家、音乐家、作家,有的说要保卫祖国,当航天员,建希望小学。孩子们的梦很真诚、很光明。习近平总书记强调,"实现我们的梦想,靠我们这一代,更靠下一代"。总书记这个思想很重要,实现中国梦要从激发孩子们的理想梦抓起,让千千万万现在的孩子——将来我们的接班人为中国梦去奋斗。少先队是少年儿童的思想教育组织和自我学习组织,少先队教育要以理想教育为核心内容,以体验教育为基本途径,以少先队员为主体。中国梦是构建孩子们理想梦的有力动力和基本导向。要抓住我们整个国家倡导和实践中国梦的机遇,激发孩子们的理想梦,引导孩子们逐步树立正确的世界观、人生观、价值观,长大后成为中国梦的建设者、创造者、贡献者。

第一,要激发孩子们心中的科学梦。现在孩子们都在学习,学习的动力来自何方?追求科学的学习是主动的学习,为了分数的学习是被动的学习,主动学习是快乐的,被动学习是痛苦的。要从根本上引导孩子们热爱学习、快乐学习、主动学习,关键要让孩子们热爱科学、对科学有兴趣,让他们心中有一个科学梦。一个追求科学的民族,才真正有希望、有竞争力。全民科学素质的培养要从孩子抓起。孩子们有求知的天性,有探索科学的萌动,每个孩子都有成为科学家的潜质。记得我们小时候,当科学家是大家最渴望的事情。但最近看到有个调查,梦想当科学家的小学生不到3%,我对此表示担忧。前几天我当面向杨振宁等科学家请教,怎么在孩子们心中种下科学的种子?孩子们追求什么,关系到国家和民族的前途,少先队要在这方面发挥特殊作用。要经常开展适合孩子特点的兴趣型或创意型科学活动,让他们在快乐中感知科学的乐趣,在互动中体验科学的奇妙。刚才有同志讲现在孩子们上网的占四分之一,我估计城里的孩子还不止这些。现在的孩子算是网络一代,要引导他们在网络、游戏、动漫娱乐中学习科学。我看你们《少年月刊》的漫画挺美,建议增加科学的内容,激发孩子们对科学的兴趣。我们小时候喜欢看《知识就是力量》,有不少图片,讲了好多科学的故事与知识。还要多组织孩子们听科学家作报告,用科学的故事激励孩子们从小树立科学梦。

第二,要激发孩子们心中的创造梦。劳动创造未来,劳动是社会发展的主要动力。孩子们的劳动观念出自于何处?不是出于谋生,而是源于创造,源于对创造的追求或梦想。少年儿童的创造想象力决定着一个民族的未来创造力。现在的有些教育方式不太利于孩子们创造精神的培养。孩子们的异想天开、奇思妙想往往就是创造的萌芽。保护孩子们的童心童趣,就是呵护他们的创新天赋。昨天我看低年级孩子们画的画,都挺有创意。少先队要多组织小发明、小创造活动,鼓励孩子们敢幻想、求新求异,从中获得劳动的自信和喜悦。怎样激发孩子们的创新意识,培养孩子们的创造兴趣,请大家研究思考和推动。

第三,要激发孩子们心中的报国梦。实现振兴中华的中国梦需要无数为国为民献身的人。孩子们都崇拜英雄,每个孩子心中都有个英雄梦。要把孩子们的英雄梦引导到为国为民的轨道上来,让他们立志长大做一个对祖国和人民有所贡献的人。昨天彩虹小学的孩子们讲的梦想,五彩斑斓又具体朴实。这些梦实际上是在中国梦的大主题下,为祖国和人民做贡献的梦想。培养孩子们对国家、对人民的感情,应该是少先队工作的重中之重。这些年开展"红领巾心向党"、"祖国发展我成长"等活动,方向是正确的。当然,孩子们的认知水平有个发展过程,要注意用适宜的方式,引导他们接受适合他们年龄段的正确思想。在彩虹小学,我问孩子们什么是集体主义,二年级学生就能说个差不多,互相帮助、团结友爱,大家事情一起干;而问他们什么是社会主义,五、六年级的孩子也说不到点上。因此,社会主义核心价值观的教育要根据孩子们的认知特点进行,一些基础性的内容在孩子们心里种下种子,将来随着他们长大才能发芽开花。千里之行,始于足下。要教育孩子们把梦想的实现蕴含在每一天的学习和生活中,一天天进步,一步步成长。

"队—团—党"是我们党培养接班人的时序链条。各级党委要加强对少先队工作的领导,共青团、教育系统要加强对少先队工作的指导、支持和保障,各级团组织要坚持全团带队,强化队伍建设、阵地建设、投入保障,推动少先队事业创新发展,为推进中国特色社会主义事业、实现中华民族伟大复兴的中国梦培养好战略预备队。

肩负起带领全团为实现中国梦而奋斗的时代重任

——在共青团十七届一中全会上的讲话

2013年6月21日

李源潮

刚刚闭幕的共青团十七大,全面贯彻党的十八大精神和党中央对共青团工作的要求,部署了今后五年团的工作,选举产生了新的团中央委员会。这是共青团事业继往开来的大会,是团结动员广大团员青年为实现中国梦而奋斗的大会。我向大会的成功召开,向大家当选新一届团中央委员表示热烈的祝贺!

党中央历来十分关心青年成长、重视共青团工作。党的十八大报告对广大青年和青年工作提出专门要求。今年五四青年节,习近平总书记对青年工作发表重要讲话。这次团十七大上,全体中央政治局常委出席开幕式,刘云山同志代表党中央向大会致祝词。昨天,习近平总书记和中央书记处全体同志与团中央新一届领导班子集体谈话。习近平总书记的重要讲话和刘云山同志的祝词,集中体现了党中央对共青团工作的新要求,是指导共青团事业创新发展的根本遵循。我们要认真学习领会,抓好贯彻落实。这里,我就学习贯彻习近平总书记重要讲话和刘云山同志祝词精神,讲几点意见。

一、把学习宣传、贯彻落实党中央精神作为全团首要政治任务抓紧抓好

当前和今后一个时期,全团要认真学习贯彻党中央精神,进一步组织动员广大青年为实现党的十八大提出的目标任务、实现中华民族伟大复兴的中国梦而奋斗。

第一,组织广大团员青年特别是团干部认真学习,用党中央精神统一思想和行动。团的各级机关要带头学习,引导广大团员青年首先是各级团干部全面理解和把握党中央和习近平总书记要求的精神实质。一要深刻领会党中央和习近平总书记提出的为实现中国梦而奋斗是当代中国青年运动的时代主题,认清共青团和广大青年在全面建成小康社会和实现社会主义现代化,进而实现中华民族伟大复兴的中国梦

中肩负的历史责任。二要深刻领会党中央和习近平总书记对广大青年提出的“坚定理想信念，练就过硬本领，勇于创新创造，矢志艰苦奋斗，锤炼高尚品格”的殷切希望，把握当代青年健康成长的方向，坚定不移地培养中国特色社会主义事业的建设者和接班人。三要深刻领会党中央和习近平总书记对共青团围绕中心、服务大局提出的新要求，把最大多数青年紧紧凝聚在党的周围，组织和动员广大青年充分发挥生力军作用，在全面建成小康社会、建设社会主义现代化进程中建功立业。四要深刻领会党中央和习近平总书记对团干部提出的“坚定理想信念、心系广大青年、提高工作能力、锤炼优良作风”的明确要求，努力做党放心、青年满意的团干部。五要深刻领会党中央和习近平总书记对共青团加强自身建设的新要求，以改革创新的精神全面提高团的建设科学化水平，扩大团的工作有效覆盖面，提高团的工作的吸引力、凝聚力和战斗力。

第二，开展形式多样、富有实效的宣传，把党中央精神迅速传递到广大青年中去。党中央的指示精神有许多新思想、新要求，要联系当前形势，联系不同青年群体实际，转换成青少年的语言，进行生动有效的宣传解读。前一段，围绕学习习近平总书记五四讲话，共青团开展了“以青春梦托起中国梦”主题宣传，各地青年谈认识、谈理想、谈打算，效果很好。今年六一，我在陕西调研，参加了咸阳彩虹小学少先队“红领巾相约中国梦”主题队日活动，孩子们说得真诚、画得天真，想象很丰富。今后一个时期，要集中力量抓好党中央最新精神的宣传。要面向基层、面向广大青年，把党中央提出的新思想、新要求宣传好、解读好。要根据不同年龄段青少年的认知特点，用他们听得懂、易接受的语言和方式搞好宣传。要充分发挥团属网站、报纸杂志的优势和主渠道作用。互联网、手机等新媒体是青少年接受信息、交流互动的重要平台，要注意用好新媒体，增强宣传的时效性和感染力。网络影响青年，青年也能影响网络，共青团要有组织地影响网络。

第三，以党中央精神为指导，全面抓好团十七大各项任务的贯彻落实。团结带领广大青年为全面建成小康社会、推进社会主义现代化、实现中国梦而奋斗，是党中央对新形势下共青团工作的根本要求，也是团十七大报告的灵魂。团中央要紧紧抓住共青团工作的根本性问题，抓住广大青年的时代脉搏，抓住团干部队伍建设这个关键，全面推进团十七大目标的实现。一要在广大青少年中深入开展“我的中国梦”主题教育实践活动，用中国梦激发广大青年的理想梦，引导青年树立正确世界观、人生观、价值观，坚定中国特色社会主义的理想追求。二要组织动员广大青年围绕国家重大战略部署创业创新创优，为全面建成小康社会充分发挥生力军作用。创业创新创优应该成为中国青年的精神特征和实践特征。三要竭诚服务青年，切实维护青少年合法权益，为青春圆梦创造条件、提供帮助。四要以改革创新精神加强团的建设，改进团干部队伍作风，增强团组织的吸引力、凝聚力、战斗力。

二、建设一支政治坚定、工作勤奋、作风优良、青年信任的团干部队伍

目前，全团专职干部有25万多人，兼职干部接近500万人，这是共青团工作的骨干力量，是党的年轻干部的重要部分。习近平总书记在讲话中特别强调，推动共青团事业不断开创新局面，关键在团干部；并对团干部提出了坚定理想信念、心系广大青年、提高工作能力、锤炼优良作风的殷切期望。我们要按照习近平总书记的要求，努力建设一支政治坚定、工作勤奋、作风优良、青年信任的团干部队伍。

第一，政治要坚定。共青团是群众团体，同时是政治组织，除具有鲜明的先进性、群众性之外，还有着特殊的党性。政治坚定是对团干部第一位的要求，体现在团干部身上要有四个自觉的意识。一是要有党的意识。共青团

是党的助手和后备军，这是党章和团章规定的，是其他群团组织所没有的特征，党、团有特殊的关系。所以，团的干部要讲党性。多数团干部都是党员，是党培养的青年干部。团干部要自觉地站在党的立场上想问题，自觉坚持党的领导，自觉贯彻党的方针，主动落实党的要求，主动完成党布置的任务。“党有号召，团有行动”，这是共青团的政治传统。二是要有组织意识。共青团是一个有共同政治目标、按民主集中制原则组织起来、有8900万成员的全国性组织。每个团干部在其中都有责任、有权利、有影响。共青团不能搞成一团散沙，团干部不能变成自由分子。所以，每一个团干部都要把自己当成组织的一分子，有组织观念，讲组织责任，守组织纪律。三是要有责任意识。团干部尽管年轻，但也是干部，是我们事业的骨干，是群众心目中的青年政治精英。当干部最要紧的是能负责、肯负责、敢负责。与经济和行政工作比，团的工作相对虚一些，团干部岗位的职责相对不那么明确，弄不好就会成为“不挑担子不闪腰”的无责无功干部。所以，团干部中更要提倡主动负责精神，对党负责，对国家负责，对人民负责，对青年负责。四是要有大局意识。不管是哪一级的团干部，在全党全国的工作中都管着一个局部。为了整体事业的发展，局部利益要服从整体利益，眼前利益要服从长远利益，个人利益要服从组织利益，也就是小道理要服从大道理。在许多场合，从局部看，小道理有理，但从整体看，就得让位于大道理。在党和人民需要的时候，团干部要自觉服从大局、服务大局，这是最基本的政治觉悟。

第二，工作要勤奋。青年干部一般经验不多，本事不大，谦虚和勤奋是立身之宝。周公教子曰：“有一道，大足守天下，中足守国家，小足守其身，谦之谓也。”另一句话是韩愈说的：“业精于勤而荒于嬉。”共青团承担着为党和国家事业培养合格建设者和可靠接班人的重任，工作要求高，但能直接调动的资源少。这就要求团干部要谦虚勤奋、舍得付出，不怕“跑断腿、磨破嘴”。口勤、手勤、腿勤，脑子更要勤，这是当好团干部的要诀。勤奋出成绩。这几年，各地狠抓流动青年团建，很多团干部经常奔波在企业、工地、市场、街道社区，有的兼职干部利用业余时间找团员、建组织。5年来，全团新建非公企业团组织43万多个、驻外团组织5000多个。“勤能补拙”，勤奋出才干。现在农村团干部中，有很多优秀大学生村官。他们刚到村的时候，都不知道怎么跟老乡打交道，后来靠磨破脚板走进了村民的心坎。许多人还带领村里青年创业致富，成为远近闻名的能人。河南上蔡的文楼村是个不少干部发怵的“艾滋病村”，清华大学研究生魏华伟志愿到这里当村官，带领村民治病致富，很了不起。“天道酬勤”，勤奋出干部。沈浩、菊美多吉、魏华伟等优秀年轻干部的成长经历都说明了这一点。团干部要学先进、争优秀，保持干事创业的热情和韧劲，做勤奋工作的带头人。

第三，作风要优良。现在全党都在抓作风建设，团干部也要搞好作风建设。共青团要抓住全党开展为民务实清廉的群众路线教育实践活动的时机，使团干部的作风有一个明显的改进和提高。一是要有为青年服务的作风。党的宗旨是为人民服务，团的工作要为青年服务。团干部要有为青年服务的热忱，有为青年服务的知识，有为青年服务的本事，最重要的，要时刻有一颗为青年服务之心。作风是内心的外显，行动是思想的证明。团干部有服务青年之心，才有服务青年之行。应该指出，现在有一些团干部，人在青年工作岗位上，但对青年的成长、对青年的成功关心和用心得不够，他们的心思更多用在自己的成长和成功上。我看这种青年官僚主义作风应该改一改。二是要有求实创新的作风。创新和求实多年来一直是共青团作风建设的两大主题，在当前形势下，更要强调求真务实。“空谈误国，实干兴邦”，这是习近平总书记最近一直强调的干部作风建设要求。应该承认，团干部年纪轻、知识新、包袱少，在创新思维上有长处。但也要看到，团干部工作经历短、基层经验少、学生型干部多，在了解实际上有短处。团干部要扬长补短，干工作、想问题都要特别注意从实际出发，摸实情、讲实话、干实事、求实效，防止空喊口号、做表面文章，掉入形式主义的陷阱。三是要有争先创优的作风。青年人争胜好强、追求上进，不是坏事。一个民族的青年人如果都安于现状、畏缩不前，这将是个没有前途的民族。团干部的追求上进，不应体现在当多大官上，而应体现在工作的争先创优上。“志不求易，事不避难”。现在多数基层工作矛盾多、条件差，团的工作中有许多困难，个人的成长道路也会有多种坎坷。团干部要在任何环境下都能保持阳光向上的心态，保持艰苦奋斗的精神，保持工作追求上的高标准，努力把别人能做到的事自己也做到，把别人能干成的事自己干得更好。四要有品行端正的作风。党的十八大报告强调，党的干部“要德才兼备，以德为先”。团干部作为青年干部，由于工作性质和在青年中的影响，就更要重人品、讲道德。不仅要会做事，更要会做人；不仅要有本事，更要有高尚的道德品行，为团员青年作好样子。现在社会中的利益关系比较复杂，享乐主义和奢靡之风对青年干部很有诱惑力。在这种情况下，要保持清正廉洁，必须有“任尔东西南北风，咬定青山不放松”的定力。定力来自何处？既来自外界的制度和纪律约束，更来自内心的信仰和自律。团干部要自重、自省、自警、自励，坚持原则，坚守底线，做问心无愧、受人敬重的正派人。

第四，要取得青年信任。让党放心、让青年满意，是从毛泽东同志、邓小平同志、江泽民同志、胡锦涛同志到习近平同志对团干部的一贯要求。要让青年满意，首先要赢得青年的认可。现在青年群体的思想和需求日趋多元，而且变化很快。有人说“三年一个小代沟、五年一个大代沟”。当我们还在琢磨“80后”、“90后”时，“00后”明年就要开始入团了。团干部要得到青年信任靠什么？首先，要到青年中去。我们到农村和社区调研，有时候问谁是团干部，很多青年人都说不知道。青年不认识你，你怎么做工作，更谈不上信任。党的群众路线教育实践活动已在全党展开，各级团组织要以此为契机，推动团干部深入基层，走进青年。其次，要与青年人交心交友。菊美多吉说，只有我们与群众没距离，群众才会跟我们不生分。团干部当青年友，不当青年官，青年才会给你说真话、讲实情。其三，要设身处地为青年着想，帮助解决实际困难。比如，河南在北京新发地的驻外团组织和团干部，开办夜校为河南来京经商青年讲解工商、税务、流动人口管理等方面的政策规定和办事程序，还专门提供电脑让他们通过QQ与老家的老人、孩子视频通话，很受欢迎。总之，团干部要想青年之所想、急青年之所急，做青年信任的带头人。

三、团中央委员要“四带头”，为全团干部作表率

习近平总书记对新一届团中央领导班子提出了“四个带头”的明确要求，这是党中央对大家的嘱托。团中央委员是经过层层推选，由团的全国代表大会选举产生的全团最高领导机构的成员，是全团的领导骨干，你们的整体形象、精神状态、工作作风，代表全团、影响全团。希望大家按照习近平总书记的要求，全面提高自己，从严要求自己，当好全团干部特别是团的领导干部的表率。

第一，要追求干事而不追求当官，为全团干部树立理想信念作表率。坚定理想信念是习近平总书记对团干部的首要要求。团中央委员为全团干部作表率，首先要在树立理想信念上作表率。是不是树立了理想信念不看你如何讲大道理，而要看你的思想和行动。有的年轻干部，艰苦复杂的地方不愿意去，无名吃亏的事情不想做，提拔慢了发牢骚，说他有远大追求，谁能相信？年轻干部提拔的机会多，

成长的空间大,但不能成天就想着提拔,背上"官本位"的包袱。你越急着提拔,群众越对你有看法,组织上越需要考验你。习近平总书记昨天引用孙中山先生当年说过的话,要立志做大事,不要立志做大官,有很强的现实针对性。古人说,"士不可以不弘毅,任重而道远"。团中央委员的远大追求要体现在人生的思想境界上,体现在一生的干事创业上。你们现在平均年龄 36.1 岁,正值青春好年华,有干事创业和磨炼成熟的时间和空间,希望大家带头追求干事而不是追求当官,在为党、为国家、为青年干事中实现自己的人生抱负。

第二,努力学习、认真研究,为全团干部提高思想水平作表率。党的十八大后,习近平总书记多次强调,面对我国发展起来后不断出现的新情况新问题,领导干部要有本领不够的危机感,一刻不停地加强学习、增强本领。从共青团的事业看,同样面临许多新课题新挑战。作为新任团中央委员,要知大局、想长远、懂本行。大家面临的学习任务不是轻了,而是重了。现在年轻干部中有一种不好的倾向,有的人热衷于吃喝玩乐,不重视学习,不注意思考研究问题,令人担忧。"学而不思则罔,思而不学则殆"。希望团干部队伍树立学习研究的风气,团中央委员要为全团带个好头。要系统学习中国特色社会主义理论体系,认真学习党中央的精神,思考和研究团的工作中的重要问题。把问题研究透了,才有团中央委员的发言权。要读经济、科技、文化、历史、艺术等各方面的新书籍,不然怎么与青年交流,怎么让青年信服?

第三,到基层去、到青年中去,为全团干部培养务实作风作表率。邓小平同志在论述干部队伍"四化"时指出:"不只是年轻就能解决问题,不只是有了业务知识就能解决问题,还要有好的作风。密切联系群众,这是最根本的一条。"现在机关的年轻干部,很多是一出学校门就进了机关门,容易沾染"机关病"。这届团中央委员中,来自机关的也不少。大家要带头响应党的号召,到基层一线去经受磨炼,在与群众摸爬滚打中增进感情。团中央委员会要建立直接联系服务团员青年制度,每个团中央委员、候补委员都要有联系对象,交几个能和你交心、能和你讲真话的基层青年朋友。团的工作要求真务实,首先是团中央委员会要带头实践求真务实作风,在全团形成干实事、求实效的鲜明导向。

第四,严格自律、清正廉明,为全团干部塑造高尚品德作表率。党的十八大报告提出,干部要清正、清廉、清明。团的干部要以此律己。现在年轻干部是社会和舆论关注的热点,网上不时出现有关年轻干部的负面传闻,团的领导干部尤其是关注的焦点。团中央委员是全团的领头雁。正人先正己。要求全团做到的,自己首先做到;要求全团不做的,自己坚决不做。要经得起名权利的考验。以前一般认为共青团是清水单位,团干部手中也没有多少权力,不会出什么腐败问题。现在看来并不完全是这样。原十六届团中央委员曹刚就是个教训。希望大家引以为戒、警钟长鸣,严格执行领导干部廉洁从政各项规定,坚守共产党人政治本色。

今天,看到新一届团中央委员朝气蓬勃、充满活力,我很高兴。30 年前,我刚到团中央工作时,全团正在响应党中央号召,为实现"四化"、振兴中华而奋斗。30 年来,中国取得了历史性的伟大进步,共青团在其中作出了不可或缺的贡献。现在我们正在为党的十八大提出的"两个百年"目标和中华民族伟大复兴的中国梦而奋斗。如果从年龄上看,"两个百年"的奋斗目标将在你们手中成为现实。到那时,你们将有机会回顾人生:作为十七届团中央委员会的一员,自己为实现"两个百年"目标和民族复兴的中国梦做了什么?如果你们在那时能为自己一生做过的事情感到自豪,那你们就无愧于团中央委员这份职责,无愧于团员青年这份信任,无愧于党和人民这份重托。这就是我对大家的期望。

加强少先队思想品德教育　更好为孩子们健康成长服务

——在全国优秀少先队辅导员、少先队员代表和少先队工作者座谈会上的讲话

2013年10月13日

李源潮

今天是中国少年先锋队建队64周年纪念日,我们在团中央机关召开全国优秀少先队辅导员、少先队员代表和少先队工作者座谈会,学习习近平总书记关于少年儿童工作的重要指示,研究加强新形势下少先队工作,很有意义。我很多年没有戴着红领巾开会了,今天戴着红领巾和红领巾们一起开会觉得很亲切。刚才大家作了非常好的发言,听了很受鼓舞、很受教育、很感兴趣。孩子们讲得生动活泼,辅导员讲得兴致勃勃,各位少年儿童工作专家包括校长和少先队工作的老同志都讲得很有道理。教育部分管中小学教育的副部长和司长都来了,刚才讲了很好的意见,给了少先队工作强有力的政策支持,大家很受鼓舞。

近年来,全国少先队组织认真贯彻党中央关于加强和改进未成年人思想道德建设的要求和习近平总书记对少年儿童健康成长的重要指示,在共青团的带领和教育系统的支持下,加强少先队理想信念教育,开展了"红领巾心向党""红领巾相约中国梦""手拉手""雏鹰争章"等系列活动;在落实少先队组织根本任务上、在少先队学科建设上、在少先队活动内容设计上、在辅导员队伍专业化上都有所突破。总的来看,全国少先队工作发展势头是好的,全队上下少先队工作者和辅导员们的精气神是高的,教育系统领导对少先队工作是重视和支持的。少先队工作在教育和育人中所作的贡献要充分肯定。

今天参加座谈会的有全国优秀少先队员的代表,他们是当代少年儿童健康成长、不断进步的缩影。少年儿童的健康成长是少先队工作的所有意义所在。优秀少先队员是当代少年儿童学习的榜样。建议很好研究他们成长的道路,总结他们成长为优秀的经验,包括造就他们的客观环境和主观努力,引导更多少先队员走他们那样的成长之路。

近年来少先队工作的成绩离不开少先队工作者特别是广大辅导员的辛勤和奉献。今天在座的优秀辅导员是全国辅导员的代表,你们从事的是塑造民族未来和影响社会发展的重要事业。你们默默无闻、无私奉献,把自己宝贵的青春和聪明才智献给了下一代,献给了祖国,党和人民感谢你们,孩子们一生都不会忘记你们在精神、思想、道德上的指导。团中央、全国少工委要很好地宣传优秀辅导员的事迹,现在教师越来越受人们尊敬,希望少先队辅导员也成为社会上越来越受人们尊敬的人。

刚才大家讲了很好的经验,也谈到少先队面临的问题。社会在发展,各个方面都遇到新的问题;发展得越快,遇到的问题越多。少先队现在也处在发展、变化、进步、改革的挑战之中。怎样把少先队工作做得更好?要按照党中央加强和改进未成年人思想道德建设的总要求,加强少先队思想品德教育,更好地为少年儿童健康成长服务。要做到这一点,必须很好地总结历史经验,研究当代少年儿童的特点,贯彻党中央和习近平总书记让孩子们更好成长的要求,把握面向现代化、面向世界、面向未来培养社会主义合格建设者和可靠接班人的需要。受大家发言启发,我谈几点想法。

一、充分认识少先队是中国特色社会主义事业的战略预备队。前天，我找了几位同志座谈少先队工作，有小学校长、大队辅导员、少工委主任和团中央分管少先队工作的同志，大家讨论到现在对少先队的定位有疑惑。我认为少先队的定位非常明确，就是我们党在上世纪 30 年代、50 年代、80 年代分别提出的三句话，一个叫预备队、一个叫大学校、一个叫儿童群众组织。党的十八大提出中国特色社会主义建设的“两个百年”目标，即全面建成小康社会、实现社会主义现代化的战略目标，习近平总书记提出中华民族伟大复兴的中国梦。为实现这个奋斗目标，在中国特色社会主义建设的总体布局中，共产党是先锋队，共青团是突击队，少先队是预备队。邓小平同志曾高瞻远瞩地指出，“现在小学一年级的娃娃，经过十几年的学校教育，将成为开创二十一世纪大业的生力军”。他要求把少年儿童培养成有理想、有道德、有文化、有纪律的社会主义接班人。江泽民同志要求全国少先队员像赖宁那样，“热爱祖国、热爱人民、热爱劳动、热爱科学、热爱社会主义，从小做党和人民的好孩子，长大做社会主义事业的接班人”。胡锦涛同志指出，“要实现中华民族复兴的宏伟目标，需要一代又一代人长期艰苦奋斗，今天的预备队必将成为明天的生力军。少先队事业的蓬勃发展，是党的事业始终保持生机和活力的重要源泉；少年儿童的健康成长，是国家和民族永远兴旺发达的希望所在”。习近平总书记今年参加六一活动时对少先队员说，“每个人都是从孩子长大的，实现我们的梦想，靠我们这一代，更靠下一代。少年儿童从小就要立志向、有梦想，爱学习、爱劳动、爱祖国，德智体美全面发展，长大后做对祖国建设有用的人才”。我们党对少先队的一贯思想，概括起来就是三条：第一，少先队现在是党和人民事业的战略预备队；第二，少先队未来是在我们事业发展中担当大业的生力军；第三，少先队要为少先队员从预备队变成生力军做好思想、品德、能力、身心素质等各方面的全面准备。刚才有位同志讲得好，强国的关键在育人，育人的核心是铸魂，少先队的任务就是为国家和民族的未来育人，为下一代铸魂添翼。这就是少先队组织和少先队工作的战略意义和历史定位。培养社会主义的合格建设者和可靠接班人，少先队肩负着不可替代的育人责任。

二、充分发挥少先队是少年儿童思想品德教育和精神素质培养大学校的作用。队章规定，少先队是少年儿童学习中国特色社会主义和共产主义的学校。这是一个方向性的说法，这个学校具体干什么？我认为主要是进行少年儿童思想品德教育和精神素质培养。少先队的这种教育与中小学学校教育的形式不同。学校教育主要是讲授教育和课堂学习，少先队主要是组织教育和自我学习。二者是同样对象、同样目标，但有不同特点，功能是互补的。思想品德教育是少先队教育的主要内容，不同时期的教育重点是由党与国家的中心工作和少年儿童健康成长的时代需要决定的。少先队的思想品德教育或者叫铸魂教育主要有以下五个方面。

一是以“五爱”为基本内容、以爱国主义为重点的基本情感教育。正像刚才朱小蔓同志讲的，对少年儿童讲“主义”太虚，不好理解，要把它具体化为基本的情感，化成对祖国、对人民、对劳动、对科学、对社会主义的热爱之情。“五爱”实际上是基本价值观教育，或者叫价值观的基础教育。价值观有“主义”成分，更有情感成分，情感是基本价值观的反映，让孩子们从感情上确认什么是好、什么是坏，喜欢什么、不喜欢什么，赞成什么、不赞成什么，这不都是最基本的价值观教育吗？

二是以做社会主义事业建设者和接班人为目标的理想志向教育。这是基本的人生观教育。每个孩子都要长大成人，成人就要有人生观。对孩子怎么讲人生观？现在跟他讲政治信念，他不好懂，也很难树得起来。我觉得可以讲理想志向，就是将来长大要干什么事、做什么样的人。习近平总书记希望少年儿童立志向、有梦想。这里的梦想，我认为就是指理想志向。现在全党全国倡导为实现中国梦而奋斗，少先队要扎实抓好少年儿童的理想志向教育。过去团中央和全国少工委曾经抓过"小五年计划""学雷锋"活动，后来搞"学英雄、建丰碑""学赖宁""红领巾心向党""祖国发展我成长"等活动，一直到最近开展"红领巾相约中国梦"活动，都是以理想志向教育为核心，引导孩子们从小立志做优秀的社会主义劳动者、建设者、接班人，做实现中国梦的参与者、创造者、贡献者。

三是以集体主义为基础的道德品质和行为规范教育。孩子们的道德品质很大程度体现在行为规范上。少先队是组织集体，在道德养成和行为规范上有集体性优势。社会主义道德最基本的是集体主义，资本主义道德最基本的是个人主义。集体主义并不否定个人利益的实现，而是强调要实现每个人的利益，不是只实现个别人的利益。少先队要发挥集体性优势，对孩子们进行社会主义基本道德观的培养教育。

四是坚持中国特色社会主义方向的社会认知教育。这是基础的世界观教育。社会认知既有课堂认知，还有具体实际的认知，对社会现实的认知。少先队要引导孩子们积极了解社会，正确认识社会，准备走入社会，将来做推动社会进步的积极力量。

五是积极向上、勇于创造的心理素质培养。这是基本的革新观教育。革新是人类进步的基本动力。革新源于人的兴趣，源于人的探索，源于人对现状的不满，也源于人的创造心理。过去我们讲革新，主要讲源于对社会现状的不满。但对孩子们来说，最早的革新动力源于探索未知的兴趣、愿望和创造心理。

少先队教育是对人少年儿童时期的一种社会启蒙教育。这一时期留下的思想烙印会影响人一生的基本情感、基本信念和基本心理活动方式。比如通过少先队的爱国教育，启蒙了少先队员对国家的基本情感，将来在国家需要的时候，才可能去牺牲自己、牺牲个人利益。所以，教育要从小抓起，从娃娃抓起，趁春天播种，当然这种教育一定要以孩子能懂能接受的语言和方式来进行。少先队教育要有实践性，比如通过树立榜样把"在家做好孩子、在校做好学生、在社会上做好少年"的要求落在具体的榜样身上，落在具体的行为实践上，让孩子们能够看得见、摸得着、学得会，做得有意义。

培养孩子们的创造精神，实际上也为了使孩子们成长得更幸福。关心少年儿童的成长不能只关注他们物质需要的满足，更要关注他们精神世界的发展。幸福是靠自己的奋斗创造出来的。物质匮乏的时候，满足物质需要能给孩子带来幸福。但现在物质生活比较丰富了，特别是城里的孩子们有各种各样的玩具，包括手机、电脑等，很难有那种人家没有只我有的满足感。现在孩子的幸福主要来自于精神发展，人家没有的我有，要在精神方面体现出来。人家没做到的事，我通过自主的创造做到了，就会感到很幸福。

三、尊重少年儿童群众组织的特点，放手锻炼少先队骨干的自主活动能力。最早少先队是党的儿童组织，现在少先队是党领导下的少年儿童群众组织。少年儿童的群众组织要让少年儿童自主，这是由少年儿童成长的需要决定的。孩子长到成人，决定性的变化是什么？决定性的变化是自主，包括思想自主、活动自主、情感自主、责任自主。自主意识和自主能力是少年儿童成长最重要的心理标志。正确的自主精神是人精神素质健康的重要方面。我行我素，在家里不考虑别人，在外面不考虑社会，这不是正确的自主精神。少先队要让孩子们在自主活动中学会怎么看人、怎么处人、怎么帮人、怎么取得别人的支持，培养正确的自主精神。可见,少先队工作不光要研究社会学,还要多研究点心理学。

少先队是少年儿童自己的组织,少年儿童是少先队的主人。少先队要大力培养、充分发挥少先队骨干的自主性,积极开展自主活动,促进少年儿童"自主性"成长,提高少年儿童的社会性自主能力。少先队的自主性主要在两个方面:一是自主管组织。在辅导员指导下,能够自己商量、自己选举、自己管理自己的组织。二是自主搞活动。在辅导员的指导、推动、帮助和支持下,自己搞活动。自己想点子,自己去设计、去介绍、去总结、去创新,孩子们会对这样的活动比较有兴趣。少先队的活力在活动,活动重在培养孩子们的自主实践能力。少先队的教育和活动要适合少年儿童的生理心理特点。一是少先队教育要解孩子们疑惑,让孩子能懂、能理解,在解惑中认识人生和世界。二是少先队活动要给孩子们快乐,让孩子们有兴趣、能喜爱,在快乐中培养良好的行为规范。学校德育教育也是这样的目的,只不过教育的方式不同。

四、少先队教育要与学校教育融为一体。少先队教育和学校教育都是少年儿童成长教育的组成部分,有共同对象、共同目标、共同空间,少先队思想品德教育是学校德育教育的重要组成部分。少先队教育与学校教育在内容、方法上各有所长、不可替代,前者是自主教育、集体教育、实践活动,后者是教师教育、知识教育、课堂学习,二者应当相辅相成,形成少先队发展依托学校教育,学校教育用好少先队教育的局面。这不是否定少先队的独立性。首先,教育行政部门要把少先队工作纳入学校工作总体布局,进行规划、部署、检查、保障,加强对少先队工作的督导指导和考核评价。其次,共青团和少先队工作部门要围绕教育发展中心任务,主动商量、主动联系、主动争取支持,对教育工作起好配合作用。其三,学校校长书记要领导少先队工作、支持少先队工作,用好少先队教育形式,重视辅导员队伍建设。其四,学校少先队组织要自觉作为搞好学校中心工作的重要力量,充分发挥助手作用。在制定计划、开展活动时,要符合学校教育规律,结合学校教育教学工作,主动关心参加教育教学改革。

五、全力建设一支优秀的辅导员队伍。辅导员在整个少先队工作中起着关键作用。辅导员不是少先队的主人,但辅导员是少先队组织的指导者,是少先队教育的老师,是少先队活动的总导演。好的辅导员应该具备3条:一是有热情和责任心,二是有知识、经验和吸引力,三是品德好、在孩子们中有威信。建设好辅导员队伍,要用感情留人、事业留人、待遇留人。一要抓配备。上世纪80年代,团中央和国家教委商量,把大队辅导员按教导副主任配备,现在团中央与教育部明确,按不低于学校中层管理人员配备。这个配备不只是安排位子,更重要的是选配人,把符合学校中层水平的或有此素质的人选到大队辅导员岗位上来,给他这个岗位应有的责任、条件,当然也包括待遇。二要抓培训。上海、天津、北京等地各有各的好办法。刚才教育部刘利民副部长跟我讲,现在教师培训要求5年达到360个小时,平均每年72小时,按每天8小时算就是每年要培训9天。培训合格才能注册,这是个硬要求。把大队辅导员的培训纳入教师培训计划,就有了时间、经费和场地保证,共青团和少工委要用好、组织好。三要抓工作考核。各个学校都在搞绩效考核,要把少先队工作纳入学校教师绩效考核。辅导员现在主要是怕少先队工作进不了绩效考核,干好干坏一个样。四要抓专业发展,包括职称评定、学科建设等。要很好地落实大队辅导员职称评定。学科建设是专业发展的基础,要依靠教育系统,依靠高校和教育研究机构,抓紧把少先队学科研究建立起来。

六、全党全社会都要重视、关心、支持少先队工作。这是我们党一贯的要求。胡锦涛同志指出，我们党历来关心少年儿童的健康成长，重视少先队工作，始终把培养教育好少年儿童作为全党的一项战略任务。能否把少年儿童培养好、教育好，关系到能否坚持党的基本路线一百年不动摇，关系到我国社会主义事业的兴衰成败。全党全社会都要从党和国家前途命运的高度，更加自觉地重视少先队工作，形成全社会都来关心少年儿童的良好风尚。各级党委和政府要为少年儿童健康成长创造良好环境和条件，为少年儿童多办实事好事；共青团要更好地肩负起全团带队的光荣任务，采取有效措施推进少先队建设和发展；教育部门和中小学校要关心和支持少先队工作，重视辅导员队伍建设；宣传、新闻、出版、影视和文化艺术等部门要为少年儿童提供更多更好的精神食粮。

我们要把中央的要求贯彻落实到各方面工作中去。党委要重视少先队工作，政府要解决好政策保障。最近陕西省委专门下发《进一步加强少年儿童和少先队工作的意见》，对少先队工作加强政策支持和人、财、物保证。这个做法很好，值得总结和推广。现在教育部对少先队工作的重视和支持是前所未有的，在人、财、时的保证上有重大突破。过去孩子们出去玩家长很高兴，现在家长要送孩子们去读课外班，少先队活动没有时间怎么办？教育系统规定的每周1课时的活动课是重要的保证。把少先队教育与学校教育融为一体，少先队活动的时间、场地、经费才有保证。共青团要坚持全团带队，加强对少先队工作的具体领导。团的干部流动很快，很多少工委主任、少年部长没有做过学校少先队工作，要深入学校蹲点，加强调研、加强学习，成为懂专业的内行。这里，我要很尖锐地提出来，我们的大队辅导员、总辅导员都在一线从事少先队工作，如果少工委主任、少年部长不具体了解少先队工作，那就只能是原则领导。党委托共青团领导少先队，共青团对少先队的领导是具体领导，不是原则领导。所以共青团的少工委主任、少年部长要成为少先队工作的专家。共青团要加强对新形势下少先队工作的研究谋划，联合教育部门抓紧制定少先队工作规划纲要。

新闻传媒对少先队工作的支持很重要。现在很多孩子们是“低头族”，孩子们在网上和手机上，红领巾组织也要到网上和手机上去。宜智同志提出团中央要办好少先队网站，这很好。同时我认为，办有益于少年儿童成长的网站，不光是红领巾自己的事，而应该是全社会的事，因为网络资源在全社会。比如，要培养网上的少年儿童正面偶像，就要有一定的资源、手段，保证能引起少年儿童的共振共鸣。一方面，大的网要干净、有趣、有意义，能够从正面影响少年儿童；另一方面，团和队能够在网上培养自己的力量和阵地。现在未来网点击量进入前500位，这就不容易了。什么时候能进入前50位才好。用好网上资源，可以采取各种办法，比如到中宣部、国家网络管理部门去汇报争取支持，去找李彦宏、马化腾、马云等网络公司老总支持，他们也有小孩，我相信他们也愿意为中国孩子们的健康成长做好事。总之，要努力调动各方面关心支持少先队工作的积极性，为少年儿童成长创造更好环境。

当前，少先队工作发展面临很好的机遇。希望共青团、教育系统和少先队认真贯彻习近平总书记和党中央领导的要求，共同努力把少先队工作做得更好；希望辅导员队伍中出更多少先队名师；希望全国的少先队员更健康、更快乐地成长，将来做中国特色社会主义事业的合格建设者和可靠接班人。

第二部分

团中央书记处领导讲话

深入开展学雷锋活动　引导青少年健康成长

——陆昊在纪念毛泽东等老一辈革命家为雷锋同志题词五十周年座谈会上的发言

2013年3月1日

在毛泽东等老一辈无产阶级革命家为雷锋同志题词五十周年之际，中央文明委召开座谈会，重温老一辈革命家的题词，交流学雷锋的经验体会，推动学雷锋活动深入开展，这对于深入贯彻落实党的十八大精神，推进社会主义核心价值体系建设，培育和践行社会主义核心价值观，对于引导青少年树立正确的世界观、人生观、价值观，永远热爱我们伟大的祖国，永远热爱我们伟大的人民，永远热爱我们伟大的中华民族，自觉按照党的要求健康成长，具有十分重要的意义。

一、进一步增强青少年学雷锋的主动性、积极性

雷锋是一个响亮的名字，是一座令人景仰的思想道德丰碑。长期以来，雷锋的光辉形象，深深印刻在一代代青少年的成长记忆中。雷锋精神的形成有其独特历史背景，但其丰富思想内涵今天仍具有重大价值。在雷锋身上，人们深切感受到了坚定的理想信念、昂扬的精神斗志和高尚的道德追求，这些精神元素是今天我们建设社会主义核心价值体系的宝贵资源。我们要进一步思考和梳理在新的时代背景下引导青少年学雷锋的思想逻辑和行动载体，帮助青少年深刻把握雷锋精神的时代价值，充分认识到雷锋精神对个人成长和社会进步的重要作用。

二、当前引导青少年学雷锋需要把握的几个着力点

我们感到，适应经济社会变革和青少年思想变化，引导青少年学雷锋，按照党的十八大要求，树立正确“三观”，做到“三个永远热爱”，需要把握以下几方面。

一是要着力引导青少年把坚定跟党走中国特色社会主义道路的信念与保持合理预期和奋斗精神结合起来。热爱党、热爱祖国、热爱社会主义的崇高理想和坚定信念，是雷锋奋发进取的力量源泉。当前，我们要引导青少年充分认识到，今天中国的繁荣进步不是自然而然得来的，从根本上靠的是中国共产党的正确领导，靠的是中国特色社会主义的正确指引，从而自觉把坚持爱国主义、社会主义和党的领导统一起来，不断增强道路自信、理论自信和制度自信。同时，要引导青少年既看到改革开放取得的巨大成就，也看到我国仍处于并将长期处于社会主义初级阶段、仍然是世界上最大的发展中国家的基本国情，看到全面建成小康社会、实现社会主义现代化和中华民族伟大复兴的任务还十分艰巨，从而切实增强责任感使命感，保持合理预期与奋斗精神，努力做到党的十八大报告要求的顽强奋斗、艰苦奋斗、不懈奋斗。当前，还要积极响应和认真落实习近平总书记提出的要求，在广大青少年中大力宣传节约光荣、浪费可

耻的思想观念，引导青少年学习雷锋勤俭节约的精神，在倡导社会文明新风中发挥积极作用。

二是要着力引导青少年把尊重物质财富创造与保持精神追求结合起来。雷锋的事迹及其社会形象，充分显示了精神追求、精神力量的可贵。当前，我们要引导青少年既看到物质财富创造对于社会发展具有的重要推动作用，同时也要看到，无论物质财富如何丰富，物质终究不能完全替代精神的力量，个人成长和社会进步都需要精神力量的支撑与推动。如果没有精神力量，人们不仅无法克服和应对自然界带给人类的灾害和挑战，就连社会生活的正常运转都无法保证。看一看在每一次自然灾害面前，我们党和政府、人民军队、广大党员干部靠的是什么战胜困难？看一看在每一次极端天气面前，有多少普通劳动者冒着酷暑严寒，为了他人的便利仍然坚守在保持社会正常运转的工作岗位上，是靠对物质的追求吗？不是，靠的是精神力量！

三是要着力引导青少年把树立追求成长进步的个人理想与树立通过自己的努力让更多的人生活得更好的社会理想结合起来，最终统一在实现中华民族伟大复兴中国梦的共同理想之中。雷锋以帮助他人为最大幸福和快乐，把有限的生命投入到无限的为人民服务中。当前，青少年追求成功的愿望更加强烈，成长路径和职业选择也更加多样。我们要鼓励和支持青少年树立追求成长进步的个人理想，同时要引导和帮助青少年深刻领会习近平总书记在参观《复兴之路》展览时强调的“国家好，民族好，大家才会好”这一朴素而深刻的道理，充分认识到只有国家、社会、民族发展得好，广大青少年的成长发展才有更多更好的机会，同时努力学习雷锋干一行、爱一行、钻一行的精神，学习雷锋心里有别人、有集体、有社会，并积极树立通过自己的努力让更多的人生活得更好的社会理想，自觉为实现“中国梦”的共同理想而奋斗。

三、把青少年学雷锋活动不断引向深入

今后，共青团组织将切实贯彻落实中央要求，推动青少年学雷锋活动常态化、机制化。一是推动雷锋精神在青少年中广泛传播。适应青少年特点，充分运用互联网、手机等新媒体载体和图书、影视剧、微视频、动漫、游戏等文化艺术载体，生动讲述雷锋故事、刻画雷锋形象、诠释雷锋精神，使雷锋和雷锋精神更好地走进当代青少年。二是广泛动员青少年以实际行动学雷锋。倡导青少年从身边做起，多做助人为乐的实事好事。深入推进青年志愿者行动，把志愿者的热情、专长、服务时间与社会需求结合起来，努力形成社会功能，让更多青少年看到志愿服务的社会价值，使志愿服务成为新的时代条件下青少年学雷锋的重要载体。深化青年文明号、保护母亲河、希望工程、手拉手等品牌活动，组织更多青少年投身学雷锋实践。三是积极选树宣传青少年学雷锋典型。结合优秀青年志愿者等评选表彰，推出一批可亲、可敬、可学的新时期“雷锋式”青少年典型。广泛宣传各类“最美”人物的平凡善举，营造青少年学雷锋的浓厚社会氛围。

秦宜智同志讲话

秦宜智在“我的中国梦”各界青年座谈交流会上的讲话

2013 年 3 月 22 日，根据录音整理

按照中央要求，今年共青团要在全国青少年中深入开展中国梦的宣传教育。今天请大家来参加这个座谈会，算是这项活动的一个开头。刚才，各位青年代表围绕学习贯彻习近平总书记关于中国梦的一系列重要讲话精神作了发言，分别谈了自己的梦想和追梦的过程，很生动、很感人，也让我很受启发。借这个机会，我作个简单发言，同大家一起交流。

一、要深刻认识习近平总书记关于“中国梦”论述的重大意义

中华民族是一个伟大的民族。千百年来，中华民族以勤劳和智慧为人类文明作出过巨大贡献，也曾非常自豪地立于世界民族之林。1840 年以后，由于清王朝的腐朽和西方列强的入侵，我们的国家任人宰割，我们的民族惨遭蹂躏，我们的人民生灵涂炭。从那时候开始，中国人就有了争取民族独立和人民解放、国家富强和人民幸福的理想，就有了实现中华民族伟大复兴的夙愿。在中国共产党领导下，经过艰苦探索和无数牺牲，终于建立了新中国，确立了社会主义制度，并经过改革开放的伟大实践，最终找到了中国特色社会主义道路。新中国成立 60 多年特别是改革开放 30 多年来的发展、积累，使我们深切感到国家更强大了，国际地位更高了，我们离民族复兴的目标比以往任何时候都更近了。同时，我们在前进的路上也面临着更多更复杂的风险和挑战。

正是在这样的背景下，党的十八大后，习近平总书记提出了中国梦的重要论述，这就是实现中华民族伟大复兴。特别是在十二届全国人大一次会议上，习近平总书记强调实现中国梦必须走中国道路、弘扬中国精神、凝聚中国力量。这些重要论述，深刻揭示了中国梦的丰富内涵和重大意义，得到了包括广大青年在内的亿万人民群众的热烈响应和衷心拥护。我们要认真学习习近平总书记关于中国梦的一系列重要讲话精神，加强思考，深化认识。我初步理解，中国梦的提出，至少有三个方面的重要意义。

一是中国梦进一步明确了国家和民族的前进方向。朝着什么方向前进，是关系国家民族命运的第一位的问题。如果这个问题没有搞清楚，可能用的劲越大、越努力，越可能偏离。实现“两个 100 年”的目标、实现中华民族的伟大复兴这样一个“中国梦”，正是阐明了我们的中华民族、我们的国家、我们的人民到底要“到什么地方去”这个重大问题。

二是中国梦是对民族自尊心和自信心的极大增强。曾经耻辱的历史，使中国处于相对落后的发展水平和国际地位，始终感到“抬不起头”。现在习近平总书记鲜明地提出“中国梦”，是对我们民族自尊心的一种极大增强，使中国人觉得“腰杆更硬了”，也对将来实现这个目标充满了信心。

三是中国梦必将汇聚起全体中华儿女的巨大力量。“中国梦”不仅感召着全体中国人民团结奋斗，对全世界的中华儿女、炎黄子孙

都有着强大的号召力，因为这是我们一个伟大民族的复兴梦想。从这个意义上讲，确立这个奋斗目标，就会凝聚起方方面面建设祖国的强大力量。

二、要准确把握中国梦与当代青年的密切关系

首先，青年必须把“我的梦”融入中国梦之中。中国梦既是民族的梦，也是每个中国人的梦、每个青年人的梦。只有把“我的梦”融入中国梦之中，中国梦、“我的梦”才能实现，也就是习近平总书记讲的“国家好、民族好，大家才会好”。任何时代，青年都是最富有理想追求的群体。梦想能否实现，关键是看能否顺应时代发展大势，把个人前途命运与国家民族命运结合起来。每个青年都应把个人梦想融入全面建成小康社会、加快推进社会主义现代化、实现民族复兴的伟大事业中。离开了这个大事业来谈自己的梦想、自己的成才，就失去了最重要的根基。同时，青年人还要处理好“我的梦”和“别人的梦”的关系，在实现自己的梦想过程中，也要尽可能帮助别人去实现梦想，使一个个“小梦”汇成“大梦”。

其次，实现中国梦必须坚持“中国道路”、弘扬“中国精神”。美好目标能不能实现，路径选择很重要，精神状态也很重要。习近平总书记在新进中央委员会的委员、候补委员学习贯彻党的十八大精神研讨班上特别强调，中国特色社会主义是科学社会主义理论逻辑和中国社会发展历史逻辑的辩证统一。这条道路是无数先辈艰辛探索才找到的实现中国梦的唯一正确道路。离开这条道路，实现“中国梦”是不可能的，这是无可争辩的事实。博大精深的党的十八大报告，核心归结为一点，就是坚持和发展中国特色社会主义。我们要在党的领导下，不断增强道路自信、理论自信、制度自信，不断坚定中国特色社会主义的理想信念。实现中国梦，还要有好的“精气神”。广大青年要大力弘扬以爱国主义为核心的民族精神和以改革创新为核心的时代精神，朝着中国梦奋勇前进。

第三，实现中国梦，需要亿万青年脚踏实地、埋头苦干。新中国成立60多年特别是改革开放30多年来，我们取得的成就令中国人自豪，令全世界瞩目，中国已经成为世界第二大经济体。但是，三个“没有变”的国情现实仍然摆在面前。2012年，我国GDP总量接近52万亿人民币，而美国为15.7万亿美元。如果计算人均GDP，中国仅相当于美国的1/9左右。同时，我国发展的不平衡、不协调问题还很突出。以西藏的基础设施建设为例，在中央和全国各地大力支持下，实现了“短短几十年，跨越上千年”的巨变。但横向比较，西藏的公路密度每百平方公里只有5.4公里，相当于全国平均水平的1/8左右，二级以上公路仅占1.5%，与全国平均水平相比差距也很大。因此，一定要清醒地认识到，我们距离实现“两个100年”的目标和中国梦，还有很长的路要走，需要一代又一代的青年脚踏实地、埋头苦干。千里之行，始于足下。青年人应懂得“一屋不扫，何以扫天下”的道理，既要有远大的理想，又要刻苦学习、扎实工作，把自己的每一件“小事”做得更好、更出色，在本职岗位上为实现“中国梦”作出更大贡献。

三、共青团组织要团结带领广大青少年为实现中国梦努力奋斗

共青团是党的助手和后备军，历来有“党有号召、团有行动”的优良传统。当前，全团要像以往一样，坚决贯彻中央要求，团结带领广大青少年在实现中国梦的征程中发挥好生力军和突击队作用。

一是要高度重视中国梦宣传教育。近期，团中央将按照中央要求，部署在全国青少年中开展“我的中国梦”主题教育实践活动。各级团组织要将这项活动作为深入贯彻落实党的十八大精神的重要举措，作为履行团的基本职能的重要抓手，摆在更加突出的位置，精心部署，狠抓落实，切实把活动搞好。

二是中国梦的宣传教育要紧密结合团的重点工作和活动。近些年来，全团在实践中创造、探索形成了“我与祖国共奋进”、“学党史、知党情、跟党走”、青年马克思主义者培养工程、“与信仰对话”、青年文明号、青年岗位能手、青年志愿者、保护母亲河、“手拉手”、“希望工程”等一大批好的工作项目和品牌活动。中国梦的宣传教育不能脱离这些已经形成的重点工作和品牌活动孤立开展，而要融入到这些行之有效的做法中去，使其深入基层、深入青年。

三是要与时俱进、开拓创新。当前，我国经济体制深刻变革，社会结构深刻变动，利益格局深刻调整，思想观念深刻变化，青少年自身及其成长环境也发生着深刻变化。要开展好“中国梦”宣传教育，要履行好组织青年、引导青年、服务青年和维护青少年合法权益四项基本职能，共青团确实面临着很多新情况、新挑战。我们一方面要继承以往工作中的好做法、好经验，另一方面要进一步研究新条件下青年的时代特点和成长规律，找准工作切入点和着力点，使各项工作和活动与青年形成共鸣，产生更好效果。

青年朋友们，相信只要我们团结起来，万众一心，我们的中国梦一定能实现，大家的梦想也一定能早日成真。

秦宜智在深化中国梦宣传教育座谈会上的发言

2013年4月8日

党的十八大以来，习近平总书记就中国梦发表了一系列重要讲话，得到了包括广大青少年在内的亿万人民群众的热烈响应和衷心拥护。深入开展好中国梦宣传教育工作，对于凝聚全党全国各族人民的共识和力量，为贯彻落实党的十八大精神、实现“两个一百年”宏伟目标而奋斗，具有十分重要的意义。

一、深刻领会精神实质，切实把广大青少年的思想和认识统一到实现中国梦的伟大洪流中来

习近平总书记关于中国梦的一系列重要论述，内涵丰富、思想深刻，是当前共青团按照党的要求做好青少年思想引导工作的重要依据。我们感到，中国梦的提出，进一步明确了国家和民族的前进方向，是对民族自尊心和自信心的极大增强，必将汇聚起全体中华儿女的巨大力量。特别对于青少年这一最富有理想追求的群体，尤其具有特殊重要的意义。中国梦的提出，进一步为当代青少年树立什么样的理想，选择什么样的人生，实现什么样的价值，指明了前进方向，提供了精神坐标。

作为党的青年群众工作的重要力量，当前共青团组织引导广大青少年坚定不移跟党走，就是要帮助和引导广大青少年深刻领会中国梦的本质内涵，深刻领会实现中国梦必须走中国道路、弘扬中国精神、凝聚中国力量，进一步坚定道路自信、理论自信、制度自信。我们要着力引导青少年充分认识到，中国梦既是民族的梦想，也是每个中国人的梦想、每个青少年的梦想。青少年只有把个人前途与国家民族命运结合起来，把“我的梦”融入中国梦之中，中国梦、“我的梦”才能实现，也就是习总书记讲的“国家好，民族好，大家才会好”。同时，我们还要引导青少年清醒认识到距离实现中国梦还有很长的路要走，需要一代又一代青少年脚踏实地、埋头苦干，从而最广泛地汇聚起为实现中国梦而奋斗的青春力量。

二、集中全团智慧力量，精心谋划好“我的中国梦”主题教育实践活动

前不久，中央领导同志专门对团中央要会同中宣部、教育部开展好“我的中国梦”宣传教育作出重要指示。为此，团中央书记处召集会议反复研究，强调要集中全团的智慧，凝聚全团的共识，切实把活动谋划好、组织好、开展好。近期主要开展了六项工作：一是迅速召开团中央书记处会议，认真传达学习中央领导同志重要批示，部署各战线要广泛听取意见，努力研究提出特色鲜明、操作性强的活动方案设想。二是举办各界青年代表座谈交流会，以团中央名义，组织不同地域、行业、身份的青年代表，结合思想和工作实际，对中国梦谈体会、说想法、提建议，向全团发出鲜明的工作信号。三是举行团中央书记处集体学习，邀请中央党校教授以“中国梦的回顾和展望”为主题，为团中央机关全体干部授课，并对全团的学习提出新的要求。四是召开专题会议听取各战线活动设想，组织团中央13个直属部门和单位，畅谈活动方案设想，集思广益，相互启发。五是组织开展“网上祭英烈·共筑中国梦”活动，在清明节期间，通过中国青年网联合人民网、新华网、中国网以及新浪、搜狐、腾讯等网站，吸引超过450万人次青少年参与，10万多人在专题网页献花留言。六是面向团员青年进行微博征集展示活动，努力营造网上舆论氛围，产生了一定的社会影响，也征集到了许多青年网友有价值、有见地的想法。

通过这些工作，我们进一步深化了对中国梦的理解和认识，初步调动和激发了广大团干部和团员青年的积极性、主动性，为深化中国梦宣传教育作了预热、作了铺垫。目前，我们正在对各方面反馈回来的意见和建议进行梳理、提炼、归纳，将尽快研究形成一套举措实、形式活、体现青少年特点的总体方案，重点是面向全国广大青少年，普遍开展好宣讲交流、“青春建功中国梦”实践等活动；结合共青团品牌工作，面向不同青少年群体，增强活动实效；组织广大专兼职团干部强化理论学习。总体方案确定后，我们将迅速在全团掀起“我的中国梦”主题教育实践活动热潮。

三、创新工作理念和载体，努力把中国梦宣传教育引向深入、抓出实效

深入开展中国梦宣传教育，是共青团当前和今后一个时期的重要政治任务。我们要把中国梦宣传教育作为一项重要内容，贯穿到筹备共青团十七大的各项工作之中，体现到全团各战线重点工作的全过程。近期初步的工作打算有：一是抓住“五四”契机推动形成活动声势，广泛发动数以百万计的基层团组织，采取多种多样的形式，开展“我的中国梦”主题团日活动。同时，举办好第十七届“中国青年五四奖章”表彰和“我的中国梦”青年汇活动。二是创新中国梦的宣传和教育，既要发扬传统思想教育的好做法好经验，又要善于运用微信、微博等新媒体，依靠党政支持，联合社会力量，围绕中国梦推出更多更好的文化产品，开展丰富多彩的文化活动，选树和宣传青少年身边的先进典型，切实增强宣传教育的覆盖面和实效性。三是丰富以中国梦为主题的实践和服务。要深化青年志愿者、希望工程、青年文明号等品牌活动，更加突出实践育人，下大气力为青少年健康发展、实现梦想提供帮助和服务，努力使广大青少年对中国梦既有认知、有信念，又有行动、有实践。

我们将按刘云山同志指示和本次会议精神，进一步完善充实活动方案，把“我的中国梦”主题教育实践活动抓出特色、抓出声势、抓出成效。

秦宜智在共青团中央、全国青联、全国学联学习习近平总书记五四重要讲话精神座谈会上的讲话

2013 年 5 月 5 日

昨天上午，在全国广大青年欢度五四青年节之际，中共中央总书记、国家主席、中央军委主席习近平同志参加了团中央主办、教育部协办的“实现中国梦、青春勇担当”主题团日活动，与各界优秀青年代表一起参观了航天科技成果展，并同大家进行了座谈。昨天下午，李源潮同志对广大青年和各级团组织进一步学习贯彻习近平总书记五四重要讲话精神提出了明确要求。

今天，共青团中央、全国青联、全国学联在这里召开座谈会，就是要深入学习贯彻习近平总书记五四重要讲话精神，认真贯彻李源潮同志的重要要求，引导推动广大青年和各级团组织切实把思想和行动统一到讲话精神上来，努力为全面建成小康社会、加快推进社会主义现代化、实现伟大的中国梦而奋斗。

刚才，大家结合各自的思想认识和成长经历，分别谈了学习总书记重要讲话的体会。大家的发言，既充分体现了发自内心的激动和喜悦，也充分体现了强烈的使命感和责任感；既充分体现了对学习讲话精神的深入思考，也充分体现了贯彻讲话精神的信心决心。大家讲得都非常好，我听后很受启发。

下面，我代表共青团中央，围绕学习贯彻习近平总书记五四重要讲话精神，谈几点初步的认识和体会，和大家交流。

我们大家都特别充分地感到，习近平总书记的五四重要讲话，思想深刻，内涵丰富，语重心长，情真意切，寄托着党对青年一代的殷切期望，体现着党对共青团事业的高度重视。这篇重要讲话，深刻揭示了实现伟大的中国梦与当代青年的密切联系，深刻指明了广大青年在实现中国梦进程中建功成才的努力方向，并对共青团组织深入开展好“我的中国梦”主题教育实践活动提出了明确要求。这篇重要讲话，是当代青年健康成长的行动指南，是推动新时期共青团事业新发展的纲领性文献。全团要把深入学习宣传贯彻习近平总书记五四重要讲话精神，作为当前和今后一个时期的首要政治任务，全面准确地领会和把握讲话的重大意义、精神实质和根本要求，切实把总书记五四重要讲话精神贯彻落实到团的各项工作和建设之中，努力通过我们的工作，把总书记重要讲话精神转化成为广大团员青年的自觉行动。

一、深刻理解当代青年在实现中国梦伟大进程中的历史使命。总书记在讲话中，站在党和国家事业长远发展的战略高度，深刻阐明了当代青年与中国梦之间的重要关系。我们在学习过程中，要充分认识广大青年在实现中国梦的历史进程中肩负的光荣职责，不断增强广大青年为实现中国梦而奋斗的责任感、使命感。

要深刻理解为实现中华民族伟大复兴的中国梦而奋斗是中国青年运动的时代主题。总书记在讲话中深刻指出，中国梦承载着全体中华儿女的共同向往，昭示着国家富强、民族振兴、人民幸福的美好前景。这是大势所趋，是时代的主题，当然也是当代中国青年运动的主题。当代青年必须勇敢地接过前人的接力棒，切实肩负起属于当代青年的光荣使命，志存高远，增长知识，锤炼意志，为实现中国梦而顽强奋斗、艰苦奋斗、不懈奋斗。只有这样，当代中国青年运动才能在时代进步中体现出真正的价值。

要深刻理解实现中国梦是青年成长成才的最好舞台。总书记在讲话中进一步阐明了中国梦的深刻内涵，强调中国梦既是国家、民族的梦，也是每个中国人的梦；中国梦是我们的，更是青年一代的。实现“两个一百年”目标的历史进程，将贯穿当代青年成长发展的全过程，这为当代青年实现价值、有所作为提供了乘势而上的优厚条件。广大青年只要自觉地把个人的追求和奋斗融入到这一进程之中，就一定能够共同支撑、共同见证、共同享有伟大的中国梦。

要深刻理解当代青年是实现中国梦的一支强大的有生力量。总书记在讲话中充分肯定了青年一代在中国革命、建设、改革各个历史时期所发挥的重要作用，强调青年一代有理想、有担当，国家就有前途，民族就有希望，这对广大青年是极大的鼓舞。青年最有朝气、最富梦想。在实现中国梦的征程中，青年树立共同理想，中国梦的实现就会拥有生生不息的力量源泉；青年坚持共同奋斗，中国梦的实现就会获得更加广泛和坚实的群众基础。

二、深刻理解当代青年成长发展、建功立业的正确道路。总书记在讲话中，深情勉励当代青年要在实现中国梦的生动实践中放飞青春梦想，并提出坚定理想信念、练就过硬本领、勇于创新创造、矢志艰苦奋斗、锤炼高尚品格五个方面的殷切期望，既体现了党对青年一代的一贯要求，又富有很强的现实针对性，深刻揭示了青年一代成长发展的必然规律。广大青年要把习近平总书记的重要要求作为人生的座右铭，认真领会、认真体验、认真实践。

要深刻认识坚定理想信念是青年成长成才的核心灵魂。总书记指出，理想指引人生方向，信念决定事业成败。青年是祖国的未来、民族的希望。青年要肩负起时代赋予的重任，最根本的就是必须牢固树立为民族复兴而奋斗的共同理想，牢固树立跟党走中国特色社会主义道路的人生信念，增强道路自信、理论自信、制度自信，始终沿着正确的政治方向前进。

要深刻认识练就过硬本领是青年成长成才的牢固根基。总书记指出，学习是成长进步的阶梯，实践是提高本领的途径。这就要求青年牢固树立事业靠本领成就、梦想从学习开始的观念，适应事业发展的内在要求，不断增强素质、提高本领，努力成为可堪大用、能担重任的栋梁之材。

要深刻认识勇于创新创造是青年成长成才的时代要求。总书记指出，青年是社会上最富活力、最具创造性的群体，理应走在创新创造前列。这就决定了青年在实现中国梦进程中的特殊地位。广大青年必须着眼于国家创新发展的总体要求，积极投身建设创新型国家、实施创新驱动发展战略，在引领事业发展中体现价值。

要深刻认识矢志艰苦奋斗是青年成长成才的精神支柱。总书记指出，“空谈误国、实干兴邦”。有梦想、有机会，更要有奋斗，中国梦的美好前景才能变为现实。这就要求青年一代要用顽强的意志克服困难、用勤劳的双手成就梦想，埋头苦干，攻坚克难，不断开辟个人事业发展的新天地。

要深刻认识锤炼高尚品格是青年成长成才的立身之本。总书记指出，青年是引风气之先的社会力量。一个民族的文明素养很大程度上体现在青年一代的道德水准和精神风貌上。这就要求广大青年要把修身养德放在更加突出的位置，发扬开风气之先的传统，始终保持积极的人生态度，自觉践行先进的道德风尚，以实际行动促进社会的和谐进步。

三、深刻认识共青团带领青年为实现中国梦而奋斗的光荣职责。今天是建团纪念日，走过91年光辉历程的中国共青团当今的光荣职责就是，高举团旗跟党走，奋力实现中国梦。要把深入学习贯彻习近平总书记五四重要讲话精神与学习贯彻习近平总书记在参观《复兴之路》展览、十二届全国人大一次会议上的重要讲话结合起来，作为全团开展好“我的中国梦”主题教育实践活动的灵魂。总书记明确要求，共青团组织要让更多青少年敢于有梦、勇于追梦、勤于圆梦，凝聚起推进中华民族伟大复兴梦想的青春力量。各级团组织和广大团干部要增强责任感和使命感，切实把习近平总书记的重要要求贯彻到团的各项工作和建设之中，分步骤、有重点、持续深入地抓好学习宣传贯彻工作。

要组织各级团组织和广大团干部带头学习。团中央和团的各级领导机关、领导干部首先要带好头、作表率。要通过理论中心组，组织座谈会、报告会、研讨会、学习班等多种方式进行专题辅导，切实把讲话的各项要求转化为团干部的内心自觉。我们希望每一位参加五四座谈会的优秀青年代表都能够至少作一次辅导报告，把我们的真情实感、把我们的决心信心真切地讲述出来，让更多的青年受益。团中央将立即下发通知，对全团的学习宣传贯彻提出要求，作出部署。广大团干部既要原原本本研读原文，全面把握党对做好新形势下青年群众工作的根本要求，又要结合工作深入思考，特别是结合召开团的十七大、开展“我的中国梦”主题教育实践活动等，认真研究如何把总书记的重要要求落实到组织青年、引导青年、服务青年、维护青少年合法权益的工作之中，进一步明确努力方向和工作着力点。

要在广大青少年中兴起学习讲话精神的热潮。各级团组织和团干部要在自身学好学深的基础上，切实把总书记的重要讲话精神广泛有效地传播到青年中去。要通过开展主题团日、宣讲报告等活动，帮助广大青年深刻理解总书记对青年一代提出的重要要求。要充分发动各类基层团组织，发挥青联、学联、青企协、青科协等组织的作用，使学习宣传贯彻活动覆盖影响更多青年。要创新学习宣传的有效载体，充分发挥互联网等新媒体作用，注重运用微博、手机报、即时通讯等手段，通过动漫、微视频、专题片等生动活泼的形式宣传讲话精神。要编写辅导报告。中青报要起草几篇有分量的社论，把讲话精神深度把握。团属新闻报刊等舆论阵地，要通过开辟专栏、组织重点文章等，帮助广大团员青年全面理解、准确领会讲话精神，及时报道各地团员青年学习贯彻讲话的情况，推动形成良好的学习氛围。

要着力增强共青团工作的影响力、增强党在青年中的凝聚力和青年对党的向心力，更好地带领广大青年为实现中国梦而奋斗。要锐意进取、探索创新，适应经济社会的深刻变革和青年的新特点新变化，不断创新团的工作思路、工作方式和自身建设，尤其要对在当代青年中产生深刻影响的新的媒体形态、新的组织形式、新的文化现象作出积极应对，与时俱进地推进团的工作、永葆团的活力。要深入基层、融入青年，坚持青年的主体地位，把握青年特点需求，坚持问需于青年、问计于基层、问效于社会，以高度的责任感和对青年的感情做好团的各项工作。要围绕中心、服务大局，发扬“党有号召、团有行动”的光荣传统，着眼国家重大战略的实施，找准共青团工作的切入点、结合点，更好地汇聚起全面建成小康社会、加快推进社会主义现代化、实现中华民族伟大复兴的中国梦的青春力量。

今天的学习仅仅是开个头。下一步，全团要迅速行动，精心组织，创新形式，把学习宣传贯彻工作抓紧抓实。

秦宜智在共青团中央、全国少工委学习贯彻习近平总书记“六一”重要讲话精神座谈会上的讲话

2013 年 5 月 30 日，根据录音整理

在“六一”国际儿童节即将到来之际，习近平总书记等党和国家领导人参加“快乐童年放飞希望”主题队日活动，向全国广大少年儿童祝贺节日，对少年儿童和少年儿童工作提出明确要求，充分体现了以习近平同志为总书记的党中央对少年儿童的亲切关怀和对少年儿童事业的高度重视。习近平总书记指出“实现我们的梦想，靠我们这一代，更靠下一代。少年儿童从小就要立志向、有梦想，爱学习、爱劳动、爱祖国，德智体美全面发展，长大后做对祖国建设有用的人才”，这不仅是习爷爷作为“大朋友”对小朋友的要求，也是党和国家对孩子们的殷切期望。

今天我们请大家，包括昨天参加活动的小朋友以及小朋友的辅导员、总辅导员，和我们相关部门的同志，一起认真学习习爷爷的讲话，畅谈下一步怎么做。

刚才七位同学作了发言，小朋友们都讲得非常好，实实在在地说出了昨天参加活动的感受。小朋友们都觉得很激动、很兴奋，没想到平时只在电视里看到的习爷爷和其他党和国家领导人，昨天能够距离那么近，和我们手拉手，一起欢度“六一”儿童节。小朋友们还谈到自己听了习爷爷讲话以后应该怎么做，有近期的学习上的想法，也有更远大的长大以后做什么的考虑。几位“大朋友”也都说得很好。广大少先队员要好好学、认真做、齐分享，努力做到习爷爷的要求，不辜负习爷爷和所有长辈的殷切期望。今天跟大家一起学习，想跟大家分享三个方面的想法。

第一，少先队员要“好好学”。习爷爷的讲话，易懂，好记，但是里面有很深刻的含义，少先队员要“好好学”，深入学习领会。

理解“爱学习”，学习是每一个少年儿童成长、进步以及将来做好工作、报效祖国的基础。小朋友们了解到的，比如很崇拜的一些科学家、文学家、艺术家；我们身边的，比如老师、辅导员；日常生活中接触的，比如医生等等，他们都是从小努力学习，有了很好的知识积累以后，才能把工作做得那么好。所以，小朋友现在也一定要好好学习。以后不管做什么，如果没有小时候认真学习打下的基础，纵然有很崇高的理想，也是没法实现的。

理解“爱劳动”，生活靠劳动创造，人生也靠劳动创造，我们现在吃的、穿的、用的所有东西，都是通过劳动创造出来的。如果没有劳动，那就没有这些东西，我们就不可能存在了。少年儿童能通过劳动感受到长辈工作的不容易，锻炼自己的动手能力，这对以后十分重要。以后我们要把工作做好，现在就要有很好的动手能力。

理解“爱祖国”，现在幸福生活所依靠的一切，都是祖国提供给我们的。像黄天宇小朋友说的，芦山地震以后，学校没了，家也垮了，生活短时间没有着落了，但是大家在地震两个星期以后就住进了板房教室，以后还会有更好、更漂亮的新教室。我们新的房子、新的生活，都是靠祖国提供的。所以我们要爱我们的祖国，这是最浅显的一个道理。离开了祖国，我们就谈不上去实现自己的理想，过上幸福的生活。

第二，少先队员要“认真做”。“认真做”，不仅要明白习近平总书记讲话的内涵，更重要的是认真做到。要从认认真真做好身边

的具体事情做起。

比如,“爱学习”,习爷爷提出要像海绵吸水一样学习知识,少先队员要结合自身情况,把目前学得不够、不好的努力学好,既勤学书本知识,又多学课外知识,还要勤于思考,多想多问,培养创造力。

“爱劳动”,习爷爷提出少年儿童从小就要树立劳动光荣的观念,自己的事自己做,他人的事帮着做,公益的事争着做,通过劳动播种希望、收获果实,也通过劳动磨炼意志、锻炼自己。少年儿童的主要任务是学习,也要做一些力所能及的具体劳动,比如帮助爸爸妈妈做点小家务,像擦擦桌子、洗洗自己的袜子,还要积极参加少先队组织的劳动实践活动。

“爱祖国”,少先队员不仅要认识我们的国家,熟悉我们国家的历史文化,更重要的是从小德智体美全面发展,长大后把祖国建设得更好。

第三,少先队员要“齐分享”,努力让更多小伙伴知道并做到习爷爷的要求。这次来北京参加各地各民族少年儿童交流体验活动的56个民族、革命老区、灾区、患有先天性心脏病少年儿童和农村留守少年儿童代表,都要把自己参加这次活动的经历,特别是现场聆听习近平总书记讲话的体会,与同班、同年级、同校同学分享。要让所有身边的小伙伴知道习爷爷的要求,确定今后的努力目标,团结更多的小朋友一起学习、共同进步。

昨天,习近平总书记在讲话中强调:“孩子们成长得更好,是我们最大的心愿。党和政府要始终关心各族少年儿童,努力为他们学习成长创造更好的条件。老师、家长要承担起教育引导少年儿童成长成才的责任。少先队组织要更好地为少年儿童服务。全社会都要关心少年儿童成长,支持少年儿童工作。对损害少年儿童权益、破坏少年儿童身心健康的言行,要坚决防止和依法打击。”各级共青团、少先队组织和广大团干部、少先队工作者要认真学习领会习近平总书记的重要讲话精神,进一步增强使命感,怀着对祖国和民族未来负责的态度,带着对少年儿童的深厚感情,努力为党做好少年儿童工作。少先队要按照党的要求,根据习近平总书记的期望,进一步把少先队工作做好,帮助少年儿童更好地成长。

最后,祝小朋友们在北京参加“红领巾相约中国梦”活动开心、愉快!

秦宜智在共青团十七届一中全会上的讲话

2013年6月21日

同志们:

昨天,中国共产主义青年团第十七次全国代表大会圆满完成了各项议程,胜利闭幕了。这次大会,对于共青团深入贯彻党的十八大精神,团结带领广大团员青年为全面建成小康社会、加快推进社会主义现代化、实现中华民族伟大复兴的中国梦而奋斗,具有十分重要的意义。

党中央的重视和关心,是团十七大顺利筹备和胜利召开的根本保证。习近平总书记和中央政治局全体常委同志以及有关党和国家领导同志出席了开幕式,刘云山同志代表党中央向大会致祝词。昨天下午,习近平总书记和刘云山同志、李源潮同志、中央书记处各位领导同志一起,同团中央新一届领导班子成员亲切谈话。

刚才，李源潮同志又代表党中央，对新一届团中央委员会成员提出明确要求。习近平总书记的重要讲话、党中央的祝词以及李源潮同志的讲话，为新时期青年一代的健康成长和共青团事业的发展进一步指明了方向。我们要认真学习领会，不折不扣地抓好贯彻落实。

当前，全党全国各族人民正在为实现党的十八大提出的奋斗目标而奋发努力，正在朝着实现中华民族伟大复兴的中国梦而奋勇迈进。这是党和国家工作大局，也是中国青年运动的时代主题。伟大的时代感召着我们，神圣的使命激励着我们。新一届团中央委员会接过了共青团事业的接力棒，能不能肩负起党的重托、青年的期望，能不能团结带领广大青年在新的征程上续写新的光荣，是我们面临的重大考验。我们必须以高度的政治责任感和历史使命感，认真履行职责，和全国广大团员青年一道，不断开创共青团工作新局面，努力向党、向青年交出一份满意的答卷。

一、深入学习贯彻团十七大精神，把大会的要求部署落到实处

学习贯彻团十七大精神，核心是要学习好、领会好、贯彻好党中央的重要要求，关键是要把对未来五年的工作部署落到实处。习近平总书记在同团中央新一届领导班子集体谈话时的重要讲话，高屋建瓴，内涵丰富，语重心长，深刻指明了共青团工作必须牢牢把握的3个根本性问题，要求团的工作要把握住广大青年的脉搏，对加强团干部队伍建设提出了明确要求，是新时期共青团工作的重要指针。党中央的祝词回顾了青年在振兴中华的历史进程中作出的重要贡献，进一步明确了当代青年所肩负的光荣使命和共青团组织所担负的重要任务，对当代青年提出了5点希望，对共青团工作和团干部队伍提出了明确要求。全团要把学习贯彻习近平总书记的重要讲话和党中央的祝词精神作为当前和今后一个时期的首要政治任务来抓，切实把团十七大的各项部署和要求转化为做好新形势下党的青年群众工作的实际行动。

要以昂扬向上的精神状态抓落实。良好的精神状态，是推动事业不断前进的力量源泉。我们要进一步增强做好新形势下党的青年群众工作的信心。这种信心来源于党对共青团工作的关心、重视和指导，来源于全团各级组织和团干部的扎实奋斗与探索创新。要进一步坚定迎难而上、攻坚克难的决心。当前，青年和共青团工作既面临发展机遇，也需要应对各种挑战，这都需要我们锐意进取，积极探索，推动共青团工作按照党的要求实现新发展。要进一步树立全身心投入工作的责任心。党和青年把重任交给我们，不容我们懈怠，必须加倍努力、勤勉工作，以昂扬的斗志、饱满的精神为做好新时期党的青年群众工作作出应有的贡献。

要以脚踏实地的工作作风抓落实。作风就是形象，作风就是战斗力。长期以来，共青团事业就是在一茬又一茬团干部脚踏实地的奋斗中，扎扎实实地向前推进的。落实好团十七大精神，必须牢记“空谈误国、实干兴邦”，牢记“一分部署、九分落实”，坚持求真务实、埋头苦干，注重打基础、利长远，从小处着眼，从小事做起，一步一个脚印地把共青团事业不断推向前进。要放下架子、扑下身子，勇于到一线、到艰苦地区和复杂环境中解决问题、经受磨炼、推动工作，以实实在在的业绩赢得党和青年的信赖。

要以全团统一的实际行动抓落实。落实好团十七大关于未来五年共青团工作的总体部署，需要各级团组织都行动起来，努力形成全团一致抓落实的合力。全团要坚持思想统一，树立“全团一盘棋”的观念，心往一处想，劲往一处使，齐心协力为贯彻落实党中央对共青团工作的要求而拼搏奉献；要坚持目标统一，把当地共青团工作实际与团十七大确定的各项工作任务结合起来，努力找准工作的切入点、结合点和着力点；要坚持步调统一，在团的各个部门、各条战线做好统筹规划，分工协作，打整体战，集中全团力量把工作落到实处。

二、认清形势任务，牢牢把握未来五年共青团工作的方向和重点

关于未来五年共青团工作的指导思想、总体思路、主要任务、工作部署，团十七大报告作了全面阐述，全团要认真抓好贯彻落实，特别要把握好三个方面的总体要求。第一，要把握重点。共青团是党的助手和后备军。党的奋斗目标和中心任务，就是共青团的工作重点。全团要牢牢把握用中国梦打牢广大青少年的共同思想基础、用中国梦激发广大青少年的历史责任感、积极为广大青少年实现梦想提供服务这个重点，使之贯穿全团工作的始终。第二，要突出特点。时代在发展，青年在变化，共青团工作必须与时俱进地实现发展。全团要创新组织建设，进一步扩大基层组织对广大青年的有效覆盖面和工作活力，着力做好青年社会组织的有关工作；要创新工作载体，针对青年在思想意识、群体分布等方面出现的新变化，设计和开展青年喜闻乐见、乐于参与的工作和活动；要创新工作手段，积极适应信息化发展对青年和共青团工作带来的新挑战，更加自觉地用好新媒体手段来推进团的工作与建设。第三，要克服弱点。目前，共青团工作与党的希望、时代的要求、青年的需要还有很大差距。全团要进一步深入研究和破解如何从根本上改变基层团组织薄弱的状况，如何提升思想引导工作在青年中的吸引力和感染力，如何增强共青团服务青年的整体能力，如何拓展反映青少年呼声、维护青少年合法权益的渠道和载体，如何进一步加强团干部作风建设等问题。这些都是难啃的“硬骨头”，需要我们以更大的决心和智慧，在今后的工作中切实加以解决。

按照这一总要求，我们要着力抓好以下6个方面的工作。

1. 牢牢把握理想信念教育这个核心，深入开展好“我的中国梦”主题教育实践活动。习近平总书记深刻指出，为实现中华民族伟大复兴的中国梦而奋斗，是中国青年运动的时代主题；深刻指出，提高团的吸引力和凝聚力，关键是要高举理想信念的旗帜；明确要求共青团在广大青少年中开展好“我的中国梦”主题教育实践活动。这是未来五年共青团工作的核心和灵魂。全团要认真落实习近平总书记重要讲话精神，通过丰富有效的活动载体，为每个青少年播种梦想、点燃梦想，让更多青少年敢于有梦、勇于追梦、勤于圆梦，打牢广大青少年为实现中国梦团结奋斗的共同思想基础。

2. 紧紧围绕全面建成小康社会的目标任务，组织动员广大青年充分发挥生力军作用。围绕中心、服务大局，是共青团发挥作用、体现价值的关键。党的十八大提出的全面建成小康社会的目标任务，就是当前共青团工作必须紧紧围绕和有效服务的大局。全团要在党政中心工作中找准工作的切入点、结合点，组织动员广大青年积极投身社会主义经济建设、政治建设、文化建设、社会建设、生态文明建设，为全面建成小康社会贡献力量。

3. 了解把握当代青年的新特点新需求，千方百计帮助他们解决最现实、最紧迫、最普遍的问题。随着经济社会的快速发展，青年群体正在发生广泛而深刻的变化，面临着学习成才、就业创业、婚恋交友、社会融入等方面的困难与问题。从目前来看，就业创业是当代青年最为普遍、最为迫切的需求。特别是今年的就业形势不容乐观，有人称之为“史上最难就业年”，这凸显出做好今年青年就业工作的迫切性与艰巨性。共青团组织要积极配合政府有关部门，充分发挥自身的组织网络优势和近年来积累的工作载体优势，继续在就业见习、资金扶持、技能培训、创业带头人培养等方面，把促进青年就业创业工作做深做实。

4. 着眼提高团的建设科学化水平，持续下大力气狠抓团的基层基础工作。提高团的建设科学化水平，是一个涉及思想建设、组织建设、作风建设、制度建设等各个方面的系统工程。从目前全团的整体情况来看，基层组织是团的全部工作和战斗力的基础，抓基层、打基础是提高团的建设科学化水平的关键。团十六大以来，全团把加强基层组织建设和基层工作作为“生命力工程”来抓，在扩大组织覆盖、强化工作力量、充实工作资源方面取得了新的进展与突破。同时，我们也要看到，抓基层、打基础是一项长期的艰巨任务，不可能毕其功于一役。因此，我们必须持之以恒地把这项工作长期推进下去。青年在哪里，团组织就建在哪里；青年有什么需求，团组织就要开展有针对性的工作，努力使团组织成为联系和服务青年的坚强堡垒。

5. 深入研究信息化条件下青年和共青团工作面临的新情况新问题，进一步用好用活新媒体来推进团的工作与建设。当代青年是“网络的一代”，他们通过网络接触社会思潮、了解热点事件、获取海量信息、发表个人见解，思想意识受到网络潜移默化的深刻影响；他们通过网络学习、办公、购物、交友，工作与生活方式出现明显的网络化特点；他们通过网络组织开展活动，以圈、群、吧、论坛等形式实现了群体聚集，形成了全新的组织形态，具有不可忽视的动员能力。可以说，网络日益成为青年人学习、工作和生活不可或缺的重要空间。因此，共青团必须高度重视和做好以互联网、手机为代表的新媒体工作，使之成为联系和组织青年的重要手臂、教育和引导青年的重要阵地、服务和维护青年的重要手段，牢牢把握新媒体工作的主动权。

6. 准确把握青年社会组织蓬勃发展的趋势，切实做好联系、服务和引导工作。随着经济社会的发展，青年的组织化需求不是弱化了，而是增强了，并且呈现出动机多元化、群体分众化的显著特点。目前广泛出现的青年社会组织已经深入到娱乐、交友、体育、电玩、旅游、车迷、环保、维权等诸多领域，几乎涵盖了青年社会生活的方方面面。同时，社会组织管理制度改革正在不断深化，为青年社会组织的成长发展打开了更加广阔的空间。可以预见，未来青年社会组织仍将保持快速发展的势头。对于共青团组织来讲，我们必须清醒地认识到，青年社会组织发展壮大势必会对以共青团为主导的青年工作格局带来较大冲击。全团要以对党的青年工作和共青团事业长远发展的高度责任感和使命感，因势利导、积极主动地做好联系、服务、引导青年社会组织的有关工作，努力把青年社会组织吸引到共青团的周围，共同为推动科学发展、促进社会和谐作贡献。

三、加强团中央委员会自身建设，努力为全团作出表率

团中央委员会是全团的领导机构，代表着全团的形象，体现着工作的水平。把团中央委员会建设好，对于落实团十七大精神、推动共青团事业实现新发展，具有十分重要的意义。昨天，习近平总书记对团干部提出了坚定理想信念、心系广大青年、提高工作能力、锤炼优良作风的4点要求。作为团中央委员会的成员，我们要带头做到，为团干部作出表率。

我们要勤于学习、锤炼党性。要认真学习党的十八大精神以及习近平总书记一系列重要讲话精神，认真学习党的科学理论和路线方针政策，切实增强对中国特色社会主义的道路自信、理论自信、制度自信，自觉在思想上、政治上、行动上与以习近平同志为总书记的党中央保持高度一致。要增强本领不够的危机感、抓好学习的紧迫感，真正把学习作为一种政治责任，作为一种精神追求，作为一种生活方式，努力在学习中提升理论素养、克服本领恐慌。

我们要加强研究、谋划全局。团中央委员会承担着谋划全团工作的重要职责。这就要求我们知全局、议大事、想长远，必须跳出自己

所熟悉的一时一地一域，站在全团的高度来思考和谋划工作。我们要善于研究和谋划关系共青团工作全局和长远发展的重大课题，特别是要着力破解如何恢复共青团的影响力、增强党在青年中的凝聚力、增强青年对党的向心力。要围绕新形势下党的一系列重大理论创新、重大战略部署，自觉把团的工作放在党和国家的大局去思考、去部署、去推进。

我们要锐意创新、积极进取。共青团事业是常干常新的事业。只有适应时代发展和青年变化，敢于创新、善于创新，才能永葆生机和活力。创新只有进行时，没有完成时。我们要在继承中创新、在探索中前进，努力推动团的工作思路、工作方式、服务手段和自身建设的创新，不断开创共青团工作新局面。

我们要民主决策、团结协作。民主集中制是党的根本组织原则，也是团的根本组织原则。团中央委员会的每一个成员都要自觉坚持民主集中制原则，努力实现决策的民主化、科学化。一方面要发扬民主，充分调动每个委员的积极性、主动性、创造性，畅所欲言，各抒己见；另一方面要切实把各方面的正确意见集中起来，使之成为全团的统一行动。只有这样，才能更好地增强团中央委员会的凝聚力、创造力和战斗力，才能形成既严肃认真、又生动活泼的工作局面。

我们要改进作风、严于律己。要带头开展好以为民务实清廉为主要内容的党的群众路线教育实践活动，认真贯彻落实中央八项规定精神，坚持从我做起、以身作则，要求别人做到的，自己首先做到；要求别人不做的，自己坚决不能做。要切实增强群众意识和群众观念，深入基层、走进青年，多一些调查研究，少一些应酬活动，做青年友、不做青年“官”。

同志们，这次大会选举我担任团中央书记处第一书记，我衷心感谢大家对我的信任。我深知使命光荣、责任重大。我将同新一届团中央领导班子的同志们一道，紧紧依靠广大团干部，紧紧依靠广大团员青年，带头刻苦学习、带头苦干实干、带头严格自律、带头联系青年，决不辜负党的重托和广大团员青年的信任。

同志们，蓝图已经绘就，实干创造辉煌。让我们紧密团结在以习近平同志为总书记的党中央周围，高举中国特色社会主义伟大旗帜，以邓小平理论、“三个代表”重要思想、科学发展观为指导，紧跟党走在时代前列、走在青年前列，团结带领广大青年在实现中华民族伟大复兴的征途中续写新光荣！

秦宜智在全团“走进青年、转变作风、改进工作”大宣传大调研活动动员大会上的讲话

2013 年 7 月 22 日，根据录音整理

今天召开这个动员大会，就是要明确要求，统一思想，提高认识，集中力量搞好“走进青年、转变作风、改进工作”大宣传大调研活动。活动方案会前已经下发，下面，我讲三点意见。

一、充分认识开展全团“走进青年、转变作风、改进工作”大宣传大调研活动的重要意义

开展这次为期三周的大宣传大调研活动，既是团中央机关开展党的群众路线教育实践

活动的一项重要"自选动作",也是全团深入学习宣传贯彻中央对于青年和共青团工作一系列指示精神的重要途径。李源潮同志对这项工作高度重视,提出了重要的指导意见,明确要求我们做到"机关下基层、调研到支部"。我们要认真贯彻落实李源潮同志的重要要求,切实提高对大宣传大调研活动的思想认识,以高度的责任感投入其中。

1. 开展这次全团大宣传大调研活动,是深入学习宣传贯彻中央精神、谋划部署未来五年工作的重要举措。近一段时期,中央对青年和共青团工作提出了一系列重要要求。今年五四青年节,习近平总书记参加团中央主办的"实现中国梦·青春勇担当"主题团日活动,与各界优秀青年代表座谈并发表重要讲话。今年六一儿童节,习近平总书记参加团中央、全国少工委主办的"快乐童年·放飞希望"主题队日活动并发表重要讲话。团十七大期间,习近平总书记同团中央新一届领导班子集体谈话,刘云山同志代表党中央在团十七大开幕式上致祝词,李源潮同志在团十七届一中全会上发表重要讲话。这些重要讲话和祝词集中体现了党中央对当代青年的殷切期望、对做好共青团工作的重要要求,为新时期青年一代的健康成长和共青团事业的发展进一步指明了方向。中央的要求已经十分明确,当前的关键是抓好贯彻落实。我们要通过这次活动,一方面,把中央精神学习好、宣传好、贯彻好,特别是要把中央精神传递给基层团组织、团干部和团员青年,而不能仅仅停留在团的领导机关和领导干部,使之成为基层团组织和团干部开展工作的根本遵循,成为广大团员青年成长成才的指路明灯。另一方面,把中央精神具体化,紧紧围绕中央的要求,在年底的团十七届二中全会上对未来五年的工作作出更加细致的规划。大家在活动中,要带着中央精神深入基层、走进青年,通过生动有效的宣讲,使中央精神落地生根,变成基层团干部和团员青年的思想自觉与行动自觉;要进一步把准共青团所面临的新情况新问题,不断总结和挖掘基层的新经验新探索,找到把中央要求真正落实到工作中去的具体切入点和实现路径,为规划好未来五年工作打下扎实基础。

2. 开展这次全团大宣传大调研活动,是团中央机关深入开展党的群众路线教育实践活动的重要载体。中央强调,党的群众路线教育实践活动要解决的根本问题,是党和人民群众的关系问题。对于团组织来讲,就是要进一步强化宗旨意识,树立群众观点,密切团与青年的联系。这个目标是十分明确的,现在的关键是要找到实现这一目标的载体和路径。毛泽东同志曾经对"从群众中来,到群众中去"这一群众工作的基本方法有一个精辟论述,就是"将群众的意见集中起来,又到群众中去作宣传解释,化为群众的意见,使群众坚持下去,见之于行动,并在群众行动中考验这些意见是否正确。"我们集中一段时间深入基层开展大宣传大调研,就是要推动团中央机关干部走出机关大楼,走进青年之中,把青年群众分散的意见集中起来,并在调研过程中增进与青年的感情、增强为人民服务、为青年服务的宗旨意识。

3. 开展这次全团大宣传大调研活动,是共青团了解新情况、解决新问题、实现新发展的重要基础。当前,随着时代的前进、党和国家事业的发展,共青团工作所处的经济社会大环境发生了很大变化,青年的群体分布、利益需求、价值取向、行为方式等也在持续发生新的变化。在这种情况下,要推动共青团工作实现新发展,就必须首先弄清楚共青团工作到底面临着哪些新情况、新问题,当代青年出现了哪些新困难、新需求。这些情况都不是我们坐在机关里苦思冥想可以得到的,也不是单纯的几个数字可以完全反映的,需要我们通过扎扎实实的调查研究才能够全面掌握。开展这次大宣传大调研,就是要让大家到工作一线去、到青年群众中去,把当代青年群体中有代表性的新情况新特点摸清楚，把共青团工作中存在的不足和原因查明白，把未来共青团事业发展的路子找准确。

4. 开展这次全团大宣传大调研活动，是对团中央机关干部综合素质的重要锻炼。团中央机关干部是一支有理想、有活力、有干劲、工作能力比较高的队伍，但是由于机关工作的性质，对基层团的工作和基层青年的所思所想了解不够，在复杂局面下开展工作的能力还有所欠缺。特别是对照党的群众路线教育实践活动的要求，对照习近平总书记对团干部提出的四点要求，团中央机关干部同样需要查摆和改进自身作风方面存在的问题，进一步形成求真务实的良好工作习惯。这次大宣传大调研，需要到地方上去了解基层、了解团情、了解青年，这是对我们感性认识不足的一次补课；需要不断发现问题、分析问题、解决问题，最后形成有价值的调研报告，这是检验我们理论水平的一杆标尺；需要与当地很多党政部门协调，需要和普通青年和基层团干部有效沟通，这是对我们实际工作能力的一次考验。希望大家抓住这次难得的机会，既发挥自身的长处，又努力把短板补上，进一步提升综合素质和青年群众工作能力水平。通过这次大宣传大调研，大家既要集中了解青年和共青团工作的详细情况，也要注意了解基层经济社会发展情况和基层政权建设与运转的基本情况，从而对基本国情形成更直观、更深刻的再认识。

二、广泛深入、生动有效地把中央精神宣传到基层、传递给青年

我们要充分认识到，中央精神有了，并不想当然地就能被基层所深刻理解、被青年所广泛了解，中间需要一个深入学习宣传的过程。这次团中央机关组成了45个调研组，也就是45个宣传队、播种机，大家要深入扎实地做好中央精神的宣讲工作。

1. 要明确宣讲重点，力求内容不偏。中央关于青年和共青团工作的要求十分全面，我们在有限的时间内进行宣讲，必须突出重点。一是要重点宣讲中央对青年的殷切期望。特别是要集中宣讲习近平总书记五四重要讲话和党中央祝词对广大青年提出的“坚定理想信念，练就过硬本领，勇于创新创造，矢志艰苦奋斗，锤炼高尚品格”的殷切希望，引导广大青年把握自身健康成长的方向和道路，坚定不移地做中国特色社会主义事业的建设者和接班人。二是要重点宣讲中央对共青团工作的重要要求。特别是要集中宣讲习近平总书记提出的团的工作要把握的三个根本性问题以及团的工作要把握住广大青年的脉搏、提高团的吸引力和凝聚力、扩大团的工作有效覆盖面的重要要求，引导各地团组织把工作做到青年最需要的地方，切实履行好共青团组织的光荣职责。三是要重点宣讲中央对团干部的重要要求。特别是要集中宣讲习近平总书记对团干部提出的“坚定理想信念、心系广大青年、提高工作能力、锤炼优良作风”的明确要求，引导各级团干部努力做党放心、青年满意的团干部。同时，也要对团十七大其他主要精神进行深入宣讲。

2. 要讲究宣讲方式，力求效果不虚。一是要努力做到广泛覆盖。从层级上来讲，宣讲要面向各省、地市、县、乡镇、村级团干部及团员；从领域上来讲，既要面向党政机关、事业单位、国有企业等工作基础比较好的领域，又要面向新经济组织、新社会组织、社区、农村专业合作组织等新兴领域；从群体上来讲，要注重面向农民工、大学生等重点群体。二是要贴近实际、贴近生活、贴近青年。首先是思想上要贴近，要把“大道理”转化为青年易于理解和接受的“小道理”；其次是语言上要贴近，要善于把讲究精准的“文件语言”转化为明白易懂的“通俗语言”；其三是对象上要贴近，要根据宣讲对象的不同特点，选择宣讲的方式、重点和语言风格。

三、全力开展好全团“走进青年、转变作风、改进工作”大宣传大调研活动

关于这次全团大宣传大调研活动的目的、内容、时间安排、工作任务，调研方案已经作了详细的部署，大家要落实到工作中去。这里，我再提三点要求。

1. 要以好的态度对待这次大宣传大调研。总的要求就是，思想上高度重视，行动上全身心投入。具体来讲，书记处要带头参加、全程指导。中央多次强调，开展党的群众路线教育实践活动，领导干部要带头。这次全团大宣传大调研，安排书记处每一位同志带一个调研组下去，就是要落实中央的这一要求。书记处的每一位同志在亲自参与宣讲、调研的同时，还要加强对各自所分管部门调研组的指导，关注调研进展，为他们把方向、出主意。机关各部门要全力支持、密切配合。这次调研是一次全面调研，从部门工作的角度讲，需要的许多信息和鲜活经验都可以从调研中获得。因此，各部门要积极参与到调研的全过程中来，既关注和思考本战线工作中的一些重大问题，又要站在全团的角度，注重发现和研究关系共青团事业发展的战略性、全局性课题。办公厅是这次调研的牵头协调部门，组织部根据局级干部第二轮第三批联系点确定了各调研组成员和地点，机关党委是机关党的群众路线教育实践活动的综合协调部门，在前期都做了大量工作。现在调研即将进入关键的实施阶段，各有关部门要全力组织好、安排好这一阶段的工作。现在是7月下旬，全年工作时间已经过半，我们也要通过这次大宣传大调研的契机，对各地上半年工作情况摸摸底，了解掌握各地按照上半年既定的部署要求推进各项重点工作的情况。各调研组要八仙过海、各显神通。调研组是这次大宣传大调研的具体实施者，大家在工作中的表现如何，直接关系到调研工作的成败。真正把调研做得扎实、深入，需要我们直接面对基层、面对青年，需要我们在较短的时间内快速熟悉陌生环境，并且还要从中发现和总结一些普遍性的情况和问题，这是对我们工作能力的一次考验。希望大家以饱满的状态投入到调研之中，争取形成代表自身最高水平的调研成果。

2. 要以好的方法开展这次大宣传大调研。调查研究是一门科学。不懂得调查研究的方法，就难以掌握情况，就达不到好的效果。调查的方法很多，比如个别访谈、开座谈会、解剖麻雀、问卷调查，等等。在下去之前，大家要认真准备，细化调研具体方案，全面掌握调查研究的方法，既要做到工作有计划，又要根据实际及时调整方案。这里，我要强调三条。

一是要树立鲜明的问题意识。团组织开展调研，不同于纯学术机构的研究，着眼点和落脚点都必须始终紧扣实践，着力发现和研究前进道路上遇到的重大问题与挑战，从而推动团的工作按照党的要求向前发展。我们要清醒认识到，问题是时代的声音，只有把青年和共青团工作面临的重大而紧迫的现实问题看清楚、分析透，共青团才能始终跟上时代脚步、把准青年脉搏。习近平总书记在同团中央新一届领导班子集体座谈时，站在全局的高度，给我们提出了提高团的吸引力和凝聚力、扩大团的工作有效覆盖面这两大战略性课题，这也是当前和今后一个时期全团必须深入思考和研究的重大问题。这次全团大调研的主要内容就是围绕这两个问题来设计的。我们强调树立鲜明的问题意识，就是要求大家在调研中把精力聚焦到这两大问题上，脑海中要时刻闪现这两个问题，要结合基层的所见所闻，经常问一问“是什么、为什么、怎么办”，从而更好地把准这次调研的正确方向，形成有价值的调研成果。

二是要认真完成方案规定的六项任务。为了确保调研取得实效，我们确定了6项硬任务，就是搞几次宣讲、办几件实事、参加一次劳动、交一批朋友、结一个对子、做一次沟通。

“搞几次宣讲”，就是每个调研组都要面向调研点作若干次深入的宣讲，力求面向尽可能多的团干部和团员青年，把中央精神讲深讲透讲活。“办几件实事”，就是深入了解基层团组织在工作中遇到的难题，深入了解基层团员青年在工作学习生活中存在的困难，力所能及地帮助协调解决，扎扎实实办几件实事。当然，我们办实事要紧紧围绕团组织职能，既考虑基层和青年的需求，又考虑团组织自身的能力。“参加一次劳动”，就是深入企业、农村、社区等基层单位，与普通青年一起至少参加一次劳动，实地了解青年工作生活情况，增进与基层青年的感情，增加对基层共青团工作环境的感性认知。“交一批朋友”，就是要对各领域青年、团干部进行有针对性的一对一交流，每个调研组至少访谈 30 名以上普通青年和 20 名以上基层团干部，争取与 15 名以上普通青年和 10 名以上基层团干部交朋友，要保持经常性的联系和沟通。“结一个对子”，就是每个调研组都要与至少 1 个基层单位（如村、社区、企业、班级等）结成对子，开展实地调研，“解剖麻雀”，深入了解青年工作生活状况，了解基层团组织状况和工作开展情况，结合部门工作，保持长期联系。宣传战线要注重深入新媒体领域有代表性的单位，城市战线要注重深入街道、社区，农村战线要注重深入村和专业合作社，学校战线要注重深入大学、中学。考虑到暑假的因素，学校战线可以待开学后再到学校进行调研。同时，调研组每一个成员都要在“结大对”的基础上，与结对基层团组织的团员青年结成“小对子”，交流学习体会、查找自身不足、制定改进措施。“做一次沟通”，就是要在调研的基础上，与当地党政领导做一次深入有效工作沟通，争取他们进一步重视和支持共青团工作。

三是要结合部门工作，明确调研重点。这次大调研的内容，涉及共青团工作的方方面面，受调研人数、时间等因素的限制，每个调研组不可能把调研方案中列举的所有问题都调查清楚。因此，各调研组一定要围绕方案中提出的这些问题，结合各自部门、各条战线的工作实际，发挥成员的特长，找准切入点，明确调研重点，细化调研方案。我相信，只要每个调研组都把各自的调研做深、做细、做实，最后把 45 个组的成果集中起来，把大家的智慧汇聚起来，一定能形成覆盖所有内容、系统而整体的调研成果，为谋划未来五年共青团工作和建设奠定坚实的基础。

3. 要以好的作风参与这次大宣传大调研。大家这次下基层开展宣讲与调研，不仅代表个人，更代表着团中央机关。基层团干部、基层青年会通过大家的一言一行，来观察团中央机关的作风，进而形成对团中央机关的整体印象。因此，我们一定要把改进作风的要求贯穿这次全团大宣传大调研活动的始终。

一是要真正深入基层、走进青年。做到这一点，关键是要摆正位置、调整心态，甘于做“小学生”，真心拜青年群众为师。大家一定要牢记，到了基层，如果摆谱，基层团干部和青年就会敬而远之，甚至糊弄你；只有谦虚，基层团干部和青年才会发自内心地尊重你，才会和你交心谈实情。千万不要把自己看作是领导机关下去的“大官”、大干部，带上了这样的思想包袱，自然而然就会沾染“官本位”思想的灰尘，形式主义、官僚主义的东西就会冒出来，“行政化”、“机关化”的问题就会冒出来。客观地讲，团中央机关干部如此大规模、长时间、集中下基层、接地气的机会并不多，我们要倍加珍惜这次大宣传大调研的难得机会，不仅“身入”基层，更要“心到”基层；不仅缩小与青年群众的物理距离，更要缩小与他们的心理距离。

二是要坚持实事求是、深入细致。调查研究必须树立求真务实的作风，具有追求真理、修正错误的勇气。这次调研，一定要从客观实际出发，不能带着现有框框、带着结论、带着现

不同,对他们的教育引导路径和行为干预方法也会不同,必须围绕五类重点青少年群体的目标定位,找准工作切入点和着力点,找准工作力量和工作载体,切实提高工作针对性和实效性。下面,我就具体做好5类重点青少年群体工作,与大家交流几点意见。

一、依靠专业力量开展对有不良行为青少年的教育矫治

青少年的不良和严重不良行为,严重违背社会公德,严重危害社会,有的已构成轻微违法犯罪,是服务管理和预防犯罪工作的重点、难点。经验表明,对有不良行为或严重不良行为青少年,只靠一般意义的家庭教育和学校教育很难奏效,需要通过专业力量乃至必要的强制力量来教育矫治。

1. 充分发挥组织化专业力量的职责作用。公检法司基层工作力量处在执法办案一线,也是教育矫治有不良行为青少年的前端,具备身份权威、方法专业、经验丰富的优势,面对青少年惧怕惩戒的特殊心理,不失时机地开展有针对性教育转化工作,往往可以使青少年真心悔悟,产生较好的教育效果。公安机关要在案件侦查阶段与涉案青少年的接触中开展教育。司法行政部门要在社会调查环节开展教育。检察院要在审查批捕、审查起诉等环节,将法制教育贯穿于当事人和解、亲情会见、附条件不起诉等过程。法院要在庭审环节,通过法庭教育的方式将教育、感化、挽救有机结合,增强效果。未成年犯管教所、强制隔离戒毒所、拘留所、看守所等特殊场所要把上好法制教育课作为重要工作内容。

2. 积极引入专业社会工作力量和方法。试点表明,专业社工队伍具有中立身份和专业素质,可以有效化解和消除工作对象存在的抵触、怀疑、忧虑等消极心理和负面情绪,持续稳定地开展教育感化。一是组织专业社工进学校,与老师、家长一起,时时关注学生出现不良行为的苗头,掌握出现的偷拿财物、逃学、抽烟喝酒、夜不归宿等早期典型行为,及时采取针对性的预防措施,防微杜渐,改善青少年与家庭、学校关系紧张、联系断裂的情况,减少青少年与外界不良环境的联系,避免受到负面影响。二是组织专业社工进社区,对已涉嫌犯罪但无羁押必要的未成年人,在诉讼期间进行帮教、考察和评估,为司法处理提供参考依据;对未成年人作出相对不起诉或刑事判决等处置后,协助社区矫正机构进行跟进帮教、矫治。三是组织专业社工进入未成年犯管教所、强制隔离戒毒所、拘留所、看守所等特殊场所,协助政法民警开展法律宣讲和感化教育,并做好工作、生活帮扶方面的衔接。各地应抓住落实《关于加强社会工作专业人才队伍建设的意见》、《关于政府购买社会工作服务的指导意见》的有利时机,借鉴各试点城市社工队伍建设的成功经验,结合地方实际情况,做好社工队伍建设、使用、管理工作。

3. 加强对有严重不良行为青少年的专门教育工作。专门学校是法律明文规定的教育矫治有严重不良行为未成年人的特殊教育形式,历史上曾经发挥了重要作用。由于强制入学措施的弱化和家长担心孩子"被标签化"和"交叉感染",学校出现了招生难、入校学生大量减少的情况,导致专门教育萎缩,已有一部分专门学校因招不到学生而停办或另作他用。目前,专门学校在校生中有相当大比例的"托管生"和"职教生",真正有严重不良行为的比例很小,大多为一般不良行为未成年人,这就背离了对有严重不良行为未成年人进行教育矫治的功能定位。而社会上的严重不良行为未成年人数量较多,事实上处于脱管失教状态。中央综治办、预防专项组正在积极推动出台加强专门教育的政策文件。我们考虑,每个省会城市和有条件、有需要的大中城市要新建或改建一所满足当地需要的专门学校,尽快缩小现有专门学校与现实需求存在的缺口;专门教育要回归教育矫治严重不良行为未成年人的功能定位上来，集中使用好教育资源，不再承担对有一般不良行为和一般不良习惯的未成年人的教育；协调有关部门解决师资待遇、经费保障等问题，研究制定专门的教材体系和管理办法。对于解决招生难这一核心问题，我们将协商有关单位在现有法律框架内提出具体实施意见，明确对于有严重不良行为未成年人特别是涉案不捕、不诉和判处非监禁刑未成年人强制送专门学校矫治。从根本上讲，还是要积极推动《预防未成年人犯罪法》对“自愿入校”原则作出修改。此外，鼓励公安、司法等政法机关和中职院校对专门教育的创新实践，共同做好教育转化工作。

二、凝聚正面力量加强对闲散青少年的教育管理

大量的闲散青少年处于不在学、无职业的状态，需要正面力量有针对性地开展教育管理工作，帮助解决困难和问题，引导树立正确的世界观、人生观、价值观。

1. 建立社会正面力量接触联系机制。工作中发现，有的地方对于闲散青少年，正面力量一年也接触不到一次。他们长期处在组织体系和社会工作视野之外，感受不到社会的关怀和温暖，消除不了思想和内心中存在的困惑、偏差。试点中，各地综治部门、民政部门、共青团、关工委组织党政干部、社区干部、志愿者等正面力量与闲散青少年保持长期接触，引导他们树立积极健康的生活态度，使一大批青少年脱离闲散状态，摒弃游手好闲甚至惹是生非的生活轨迹，重新融入社会。实践证明，对闲散青少年的工作，接触联系是第一位的要求，有就比没有强，多接触就比少接触效果好。

2. 坚持分类服务管理和教育引导。试点发现，闲散青少年数量大、出现闲散状态的原因各有不同，要把工作力量集中于那些有困难、需帮扶的群体，并根据其不同需求和个性特点采取有针对性的工作措施。对有经济困难的，给予必要的物质帮助；对缺少工作技能的，动员社会力量提供就业创业扶持；对有思想和心理偏差、存在社会融入障碍的，提供专业的心理援助服务，搭建参与公益活动等有利于逐步适应和融入社会的平台。

3. 努力解决闲散青少年失学、失业问题。教育行政部门和学校应采取措施防止义务教育阶段学生失学或流失，确保学龄青少年接受并完成义务教育；综治部门、教育行政部门、民政部门、人力资源社会保障部门、共青团、关工委要创造条件实现家庭、学校、社区等单位间的有效衔接，建立未继续升学的初高中毕业生跟踪教育管理工作制度。对有意愿参加职业技能培训的闲散青少年，应提供在职业培训机构接受培训的机会，对其中符合条件的，给予职业培训补贴。对达到法定劳动年龄并有就业意愿的闲散青少年，积极提供就业服务，按规定给予就业政策扶持。对有能力创业的闲散青少年，帮助其争取小额贷款等扶持。对闲散青少年在就业、创业中遇到的法律政策问题，要积极提供法律咨询，依法提供法律援助，保障其合法权益。

三、动员社会力量对流浪未成年人、服刑在教人员未成年子女和农村留守儿童群体关爱帮扶

流浪未成年人、服刑在教人员未成年子女和农村留守儿童都是监护缺位、关爱缺失，正常的身心发育成长受到影响的弱势群体。党和政府高度重视对这些未成年人群体的特殊保护工作，明确责任部门，出台相关政策，努力保障他们的合法权益不受侵害，为他们的健康成长提供条件。各试点城市结合实际进行探索，形成了一些广泛动员社会力量开展关爱帮扶工作的重要经验。

1. 让农村留守儿童感受到关爱。试点表明，做好农村留守儿童工作，重点要抓好校内、校外两个时段，以校内教育管理为主、校外关爱帮扶为辅。今年年初，教育部联合全国妇联、中央综治办、团中央、中国关工委出台了

《关于加强义务教育阶段农村留守儿童关爱和教育工作的意见》，进一步明确了相关工作原则和工作措施。首先，要充分发挥学校的重要作用，保障农村留守儿童接受义务教育，大力开展心理健康和法制安全教育；加快农村寄宿制学校建设，优先满足留守儿童进入寄宿制学校的需求；加强家校联动，农村留守儿童集中的学校和班级组建家长委员会时，要遴选热心关爱农村留守儿童工作的家长或监护人参加，协助学校加强留守儿童教育；加强农村留守儿童教育管理工作，实行普查登记制度，建立安全保护预警与应急机制。其次，要整合社会资源共同关爱，组织党政工作人员、社会力量与农村留守儿童结对，开展思想引导、学业辅导、困难帮扶和对轻微违法犯罪行为留守儿童的教育转化工作；依托妇女儿童之家、文化活动站、青少年校外活动中心、乡村少年宫、“七彩小屋”等留守儿童托管中心和服务站点，积极开展各类关爱活动，丰富留守儿童课外生活；把关爱留守儿童作为各类农村劳动力转移就业培训的重要内容，帮助和引导家长及监护人切实承担教育子女的责任；建立健全基层自护教育工作网络，加强对留守儿童的自护教育，提高其安全防范意识和自护能力。

2. 让流浪乞讨未成年人回归家庭。要进一步落实《国务院办公厅关于加强和改进流浪未成年人救助保护工作的意见》，实行更加积极主动的救助保护。要严厉打击拐卖拐骗未成年人和胁迫、诱骗、利用未成年人特别是残疾未成年人乞讨等违法犯罪活动。要及时护送流浪乞讨未成年人到救助保护机构接受救助。应加强对流浪乞讨未成年人的思想道德和法制教育，强化心理疏导和行为矫治。要及时查找流浪乞讨未成年人父母或其他监护人，帮助其回归家庭。对暂时查找不到父母或其他监护人的流浪乞讨未成年人，应通过救助保护机构照料、社会福利机构代养、家庭寄养等方式予以妥善安置。要防止本地未成年人因贫困、家庭暴力和社会不良因素影响等原因外出流浪。

3. 让服刑在教人员未成年子女走出心理阴影。完善服刑在教人员入监、入所信息统计制度，增加其未成年子女信息内容，及时通报户籍所在地或居住地的安置帮教组织。要为服刑在教人员未成年子女确定帮教联系人，在保护隐私前提下定期保持电话联系或进行家庭走访，及时掌握服刑在教人员未成年子女失学、监护人缺失等家庭重大变故情况，向乡镇（街道）政府报告，同时向服刑在教人员所在监所通报。针对服刑在教人员子女普遍存在自卑心理的突出问题，要建立以乡镇（街道）、村（社区）为主导，共青团、志愿者、社会工作者等社会力量及各种社会组织参与的心理干预队伍，引导他们走出心理阴影，形成积极健康的生活态度。要为服刑在教人员未成年子女探视和联系创造便利条件，帮助巩固完善亲子关系。要为有需求的特别是家庭经济困难的服刑在教人员未成年子女提供有针对性的帮扶。

四、做好试点做法推广中的基础性工作

1. 建立重点青少年群体数据汇总和共享机制。摸清底数、动态监测是做好重点青少年群体工作的基础性工作。要充分发挥乡镇（街道）、村（社区）和有关部门基层站所的作用，利用各地网格化管理平台对重点青少年群体进行排查摸底，在户籍、计生、劳保等数据库基础上建立互通互享、底数完备、动态更新的重点青少年管理台账和信息平台。在青少年聚集、条件成熟的社区和网格中探索建立社区青少年事务服务站点，直接面向重点青少年群体开展个案的联系服务。

2. 加强未成年人司法保护力度。及时制定和修订完善未成年人保护、预防未成年人犯罪的地方性配套法规。严格执行未成年人法律规定，坚决打击拐卖、虐待、遗弃等侵害未成年人合法权益的犯罪行为，依法处理引诱、教唆、组织操纵未成年人违法犯罪的涉案人员。

严格执行《刑事诉讼法》和相关司法解释、部门规章关于办理未成年人刑事案件专门程序，坚持“教育、感化、挽救”的方针和“教育为主、惩罚为辅”的原则，落实未成年人社会调查、未成年人附条件不起诉、未成年人轻罪犯罪记录封存等制度，严格限制适用逮捕措施和程序。推动各级人大相关部门切实加强对涉及未成年人相关法律法规的执法检查，维护未成年人合法权益。

3. 提高青少年思想道德和法制教育的针对性、实效性。在教育内容方面，要加强制度规则意识教育，从一点一滴的行为习惯养成形成对制度规则的尊重，进而培养法制意识；要注重对爱的教育，从强化爱亲人、爱周围人的教育着手，进而延伸到培养形成爱人民的情感；要强化法制底线教育，反对唯利益化，反对暴力倾向和邪恶倾向。在教育途径方面，要在充分发挥学校教育基础性作用的前提下，强调家庭教育的不可替代性，引导家长树立正确的家庭教育观念，掌握科学的教育方法，引导家长为子女作表率。教育子女要从小事做起，塑造良好的道德品质，养成良好的行为习惯。要向单亲家庭、困难家庭、流动人口家庭提供更多的家庭教育指导服务。同时，积极探索社会教育的有效途径，通过角色扮演、社会体验、成长辅导、技能培训、素质拓展等社会教育活动，引导青少年学习社会规范和必要的社会化技能。在教育方法方面，要符合青少年思想意识形成规律，青春期前可以采取正面灌输，青春期和之后强调运用价值分析的方法；紧密贴近青少年生活，积极运用模拟法庭、知识竞赛等互动性、趣味性强的教育形式，增强教育实效；把情感、时尚、艺术元素引入教育活动当中，充分运用传统媒体和互联网、手机等新媒体开展宣传教育活动，提升青少年的参与积极性。

做好重点青少年群体工作，意义重大、责任重大。各级团组织要在综治委的领导下，积极争取党政和各职能部门的支持，主动做好协调服务工作。习近平总书记在同团中央新一届领导班子集体谈话时明确要求团的工作要延伸到青年最需要的地方，要求团干部必须坚定理想信念、心系广大青年、提高工作能力、锤炼优良作风。各级团组织和广大团干部要深刻领会习近平总书记的重要指示精神，把做好重点青少年群体工作作为扩大团的工作有效覆盖面的重要着力点，切实把工作延伸到那些有困难、需帮扶的青少年群体，发挥组织优势，协调党政力量，调动社会资源，千方百计为他们排忧解难，使团组织成为广大青少年遇到困难时想得起、找得到、靠得住的力量。广大团干部要心系青少年特别是那些有困难、需帮扶的青少年，带着真挚的感情与他们交朋友、心连心，倾听他们想什么、要什么，在为他们办实事、解难事的过程中提高工作能力、锤炼优良作风。

我就讲这几点意见。接下来训秋同志还要作重要讲话。会后，各级团组织要认真贯彻落实好本次会议精神和训秋同志讲话要求，共同努力把重点青少年群体工作做实、做深、做细。

秦宜智在团中央工作务虚会上的讲话

2013年9月13日，根据录音整理

当前正在全党深入开展的以为民、务实、清廉为主要内容的群众路线教育实践活动，是党的十八大作出的一项重大部署，是我们党应对“四大考验”和“四大危险”的重要举措，也是团十七大之后全团开展的一项重点工作。这项活动的开展，正值习近平总书记分别于5月4日和6月20日，代表新一届党中央对共青团和青年工作提出一系列新的重要要求。一方面，如何回答好中央的新期待、进一步做好共青团工作，需要我们有新思路、新举措；另一方面，如何扎实开展好党的群众路线教育实践活动，也需要我们做出务实有效的工作。因此，把这两项重大任务结合好、落实好，是团中央书记处从群众路线教育实践活动之初就深入思考的问题。经过认真研究，我们决定在全团集中开展以“走进青年、转变作风、改进工作”为主题的大宣传大调研活动。作为全团的领导机关，团中央率先开展了这项活动。在为期三个星期的活动中，各调研组都很好地完成了工作任务。

我们下这么大决心开展这样一项工作，应该说很不容易。开展这项活动，我们看重的不是这种形式本身，也不是来自方方面面的肯定，而是大调研结束后，这项工作开展的情况到底怎样？大家到底有什么收获？我们在基层了解的情况、思考的问题、推进工作的想法，有没有更新进展？尤其重要的是，从长远来看，对我们应对挑战、做好工作有什么新的思考和帮助？这是我们考虑的重点。所以这次我们用一天半的时间，请40多个调研组和书记处的各位同志都谈一下思考和认识，就是要把大调研活动的成果进一步利用好。在一天半的会议中，大家做了认真深入的交流。总的看，情况不错。

一是大调研活动抓得很实。所有调研组都根据书记处的要求，克服各种困难，真正地深入到青年之中。与以往不同，这个“青年”是各行各业的普通青年。机关的同志们跟基层的青年同吃同住同劳动同学习，真正敞开心扉，就很多问题，尤其是青年关心的问题、我们想着力解决的问题，进行了深入交流。大家也感到，通过活动心里底气更足了。在这个过程中，大家既完成了活动本身安排的6个方面的“规定动作”，同时各战线各部门还根据自己的职责，就特别关心的一些问题做了“自选动作”。

二是大调研活动收获很大。很多同志都谈到这一点。首先，是思想确实受到了教育，是一次国情、民情、团情的深刻教育。其次，进一步提高了对党中央提出的一系列新要求新指示的认识。在设计这个活动的时候我们就提出来，要紧紧围绕总书记提出的两个战略性问题来展开。到不到基层去，对这些问题的认识是不一样的，通过调研，现在谈起来可能会谈得更实在一些。第三，下到基层更直接的收获，就是真正拉近了和基层团干部、和青年的距离。这次这么长时间地深入到基层，感受是不一样的。第四，是对基层团的工作或多或少起到了直接推动作用，尤其是书记处的同志们和部长们所在的组到地方之后，和党政主要领导见面、交换意见，对基层团组织提出的一些问题，有的已经给予解决，有的正在解决之中，这也是很具体的收获。第五，难能可贵的是大家真正地了解了基层情况，发现了一些问题，也挖掘了一些典型，对下一步工作有了一些很深入的思考。当然，有些问题有着很深的根源，有些工作不可能一蹴而就，但真正深入到基层，对这些问题的了解，就跟“空对空”地听别人说是不一样的。哪怕不能一下子解决，但至少我们感到了这些问题的存在，下一步工作就会相应有一些回应。

接下来，一方面，我们要把这次调研的一些重要成果体现到今后五年的工作规划中。我们是在团十七大之后来安排这项工作的。如果说团十七大是把一些重大问题的题目提了出来，或说是粗线条的、就完成这些工作有些定性的要求的话，那么这次大调研之后，各战线提出的就应是“实施细则”或“行动计划”。现在有了更多更直接的感性基础、基层基础，做起来应该会更有的放矢。另一方面，调研中有些工作，比如我们和基层都结了对子、交了朋友，还承诺了一些实事。大家实实在在感到，这样做是很有必要的。二三十天跟大家在一起像朋友一样，回来以后这条线不能断了。当然，大家也都说到一些制度性安排等，这也在下一步的思考中。

这次大调研，我去的是密云，跟大家的感受一样，受到了深刻教育，收获很多。基层到底怎么样，我们的工作在基层落实得怎么样，团干部精神状态怎么样，对这些都有了非常直接的了解。

调研中，我始终在思考两个问题，一是党的群众路线教育实践活动对共青团组织的特殊意义，共青团如何抓住这一重要契机，通过大宣传大调研这一载体和形式，把教育实践活动真正落到实处；二是在经济社会深刻变革的转型期，共青团和青年工作到底遇到哪些问题和挑战，其根源和突破口在哪里，作为执政党的青年组织，怎样破解转型期青年群众工作这一重大课题。调研下来，逐步形成了一些思想认识。

一、认真把握党的群众路线教育实践活动与共青团工作的内在一致性，以大宣传大调研活动为载体，努力做到活动开展与工作推动两结合、两促进

团十七大召开，正值党的群众路线教育实践活动在全党正式开展。团十七大主题，就是团结带领广大团员青年为实现中华民族伟大复兴的中国梦而奋斗；党的群众路线教育实践活动目的，就是昭示全党牢记宗旨，以优良作风凝聚人民群众力量，为实现党的十八大确定的目标任务而奋斗。两者的出发点、落脚点和基本要求高度一致，这就为共青团组织开展好教育实践活动提供了根本依据和工作空间，关键是要找到两者内在一致的结合点。我们感到，开展大宣传大调研活动，实现群众路线教育实践活动和团的工作两结合、两促进，要把握好以下几点。

一是要努力做到教育实践活动与团的工作相互融合、相互贯通。开展好党的群众路线教育实践活动，对共青团来讲不是权宜之计，而是必须长期坚持的根本要求；不是孤立的工作内容，而是必须贯穿到团的工作和建设全过程。要推动活动常态化、制度化，把教育实践活动的各项要求内化为团干部的思想和行动自觉，成为共青团工作长期坚持的有效方式。

二是要着重发现问题、解决问题。能不能发现问题、敢不敢直面问题，直接决定了教育实践活动的成效。大家在发言中普遍谈到，通过参加活动认识到了自身思想和基层实际的差距，作风与党的要求的差距，工作与青年需求的差距，进一步明确了工作努力的方向。

三是要自觉承担起领导带头、率先垂范的责任。习近平总书记强调，“四风”问题有主观原因也有客观原因，关键还在领导干部身上，关键要有实际行动。作风问题之所以具有反复性、顽固性，就在于失之于宽、失之于松，关键要动真格。我们都要有对“温水煮青蛙”的警醒意识，有对不良风气坚决抵制的决心和行动。调研期间，我们大部分时间吃住在农户家里、在工厂企业，与青年在田间地头、在生产车间交流。回头想想，最突出的感受是很踏实、很充实，心情很舒畅。

四是要始终坚持深入基层、植根青年。实

际工作中，存在干部不愿下基层、不敢下基层、不想下基层、不屑直接面对青年的倾向，长此以往必然导致机关化、行政化，这是做群众工作的大忌，也是“四风”问题在一些团干部中的突出表现。深入基层，目的就是让青年成为活动主体。只有这样，干部才能真实感受基层困难、增进与青年感情，才知道工作怎样做更符合青年需要，最终达到转变作风、改进工作的目的。

五是要切实形成有效的制度保障。群众路线教育实践活动有过程和时间标准，但贯彻群众路线是我们做好工作始终如一的要求。转变作风、改进工作，既要集中行动，更要有制度管长远、管根本，既要短期内治标，更要长期内治本。通过有效的路径和载体，形成实实在在的抓手和有针对性的措施，而不是口头表态、空对空，也不是热热闹闹一阵风。

二、深刻认识经济社会深刻变革对共青团工作和建设带来的新问题新挑战，进一步明确共青团工作努力的方向

我们正处在一个大发展大变革的时代。共青团工作必须与时俱进，才能跟上时代步伐、才能引领青年。这也是习近平总书记6·20重要讲话中的根本要求。团十七届一中全会提出，新时期共青团工作要把握重点、突出特点、克服弱点，只有在深刻认识经济社会变革的基础上，才能准确发现工作弱点、更好体现时代特点，也只有把共青团工作置于变革的时代坐标中，才能深刻理解当前共青团工作遇到的问题和困惑，真正把握转型期共青团和青年工作的特点和规律，找准着力点和突破口，增强共青团工作的主动性、创造性。

大家在介绍中，也都谈到一个突出感受，就是经济社会变革对广大青年和共青团工作带来的深刻影响。当前，团的工作对象、工作环境、外部条件、组织形式都发生了很大变化。概括起来讲，就是七个“新”，也就是新青年、新组织、新媒体、新挑战、新特点、新问题、新机遇。

第一是新青年。把握青年脉搏是做好共青团工作的基本前提。当代青年是伴随改革开放成长起来的一代，工业化、信息化、城镇化、市场化、国际化的影响在他们身上鲜明地体现出来，与老一辈呈现出截然不同的特征，我们称之为“新青年”。新青年身上所呈现的特征复杂多样，任何单一模式都不可能精确描述，需要我们客观分析和把握。

新青年有着鲜明追求的政治意识，他们在主流意识和核心价值坚定的同时，呈现思想意识多元和政治意识淡漠的倾向。新青年有着社会流动的群体特征，他们在社会流动更加频繁复杂的同时，呈现出新的流动分布趋势，形成了很多新兴青年群体。新青年呈现创新创造的时代特质，他们在充满创新创业的激情的同时，面临许多具体问题和困难。新青年面临成长发展的突出问题，他们在享有更大成长空间和机遇的同时，面临较大发展压力。新青年呈现群体分化的基本趋势，他们在群体分化更加明显的同时，呈现出利益整合和再组织趋势。

新青年的新特点新变化，是共青团工作创新发展的基本依据，也是开展工作最直接的逻辑起点。在青年群体特征日益复杂多样的情况下，团组织要满足广大青年日益增长的多样化和个性化服务需求，就必须坚持青年为本的原则，体现青年特点、把握青年规律、符合青年需求。

第二是新组织。截至2012年底，民政部门登记的社会组织达到49.2万个。在各类社会组织中，以青年为主体的社会组织占到绝大多数，数以千万的青年活跃在各类社会组织中。青年社会组织的涌现，直接关系到共青团组织体系和工作格局，也直接影响到共青团与青年的关系。

从青年来看，社会组织是青年社会参与的重要渠道。青年作为需求最为旺盛、思想最为解放、交流最为活跃的群体，组织化需求更强烈。这也决定了绝大多数社会组织是青年组织，他们依托网络聚会交友、参与公益和社会事务。

从共青团工作来看，青年社会组织是共青团事业发展的重要空间。通过各类青年组织把广大青年组织起来，这是适应青年日趋多样的社会结构和利益诉求的必然选择，也是巩固党执政的青年群众基础的必然要求。

共青团组织要高度重视新组织发展所揭示的社会发展变革的基本趋势，要通过构建枢纽型社会组织，着力探索形成以共青团为主导、为龙头的青年社会组织体系，进一步加强共青团对其他青年社会组织的服务、引导和管理，延伸团的工作手臂，拓展团的工作空间，更好地发挥共青团在社会管理创新中的积极作用、在青年社会组织中的核心作用。

第三是新媒体。新媒体对青年思想观念、生活方式、表达方式带来深刻的影响。在密云较有影响的密云 360 网站，注册用户 9 万多人，其中绝大多数是青年人；网站联系的青年人，占全县 60% 多。另有调查显示，80% 的青年平均每天花一个小时以上的时间利用新媒体。从全国情况来看，截至今年 6 月，我国有网民 5.91 亿，35 岁以下的青年占 2/3 以上。

应该看到，互联网对青少年产生的影响重大而深刻，这一趋势不可逆转。认识不到网络发展趋势，我们就会距离青年越来越远，不付出巨大的工作努力，我们的工作就会越来越落后于时代。重视和关注互联网、全方位加强互联网工作应该成为全团的重要共识和一致行动，这是决定共青团组织吸引力、凝聚力、影响力的关键所在。

我们要充分发挥新媒体的正面作用，使之成为联系和组织青年的重要手臂、教育和引导青年的重要阵地、服务和维护青年的重要手段，牢牢把握新媒体工作的主动权。当前，尤其要深入研究当代青少年使用新媒体的规律，善于运用新媒体来创新团的工作和组织建设，把新媒体作为青年思想引导工作新的突破口，牢牢把握网上思想引导的主动权，做到青年人的注意力在哪里，思想引导就聚焦哪里。对于当前的网络舆论生态，共青团组织要自觉担负起责任。青年是新媒体的主体，是新媒体舆论的主导者，也是接受者。青年人为主导的舆论生态最终要由青年人来营造。要高度重视新媒体工作，积极营造良好网络舆论，努力在新媒体领域发挥共青团应有的作用，发挥团员青年的作用，旗帜鲜明地进行网络斗争，把握舆论主动权，形成鲜明的社会导向。

第四是新挑战。经济社会深刻变革对共青团工作方式和组织建设带来一系列的新挑战。

一是社会资源配置方式转变对共青团工作条件带来的挑战。随着市场配置资源的作用日益突出，青年更多在市场中获取所需资源，共青团组织资源对团员青年的动员和约束力相应减弱。同时，在政府、市场和社会组织资源的供给体系中，团组织没有固定、明确的职责带来的资源保障，这对共青团服务青年形成挑战。

二是社会管理方式变革对共青团工作模式带来的挑战。市场经济条件下，社会成员从“单位人”变为“社会人”，带来了不同个体之间利益整合的需求，社会运行由单一政府力量为主体向以市场、政府和社会组织协同转变。这一新的社会发展格局对共青团组织处理好三者关系，找准工作定位提出挑战。

三是社会运行方式变化对共青团动员方式带来的挑战。团的传统工作方式更多是自上而下的层级动员，运作方式容易行政化、机关化，与目前社会自下而上、社会成员自主性参与不适应。

四是社会组织格局变化对共青团工作空间带来的挑战。随着社会利益主体不断分化和多元，人们基于共同利益和兴趣爱好而形成的各类社会组织大量涌现，其中大部分以青年为主体或以青年为主要服务对象，对共青团组织联系和服务青年形成竞争。

五是社会外部环境对青少年思想引导带来的挑战。全球化深入发展,新媒体技术广泛应用,各种思潮相互交流交融交锋,带来了社会舆论生态和思想观念的深刻变化。在复杂的舆论环境中唱响主旋律,在多元意识中树立核心价值,青少年思想引导难度加大。

第五是新特点。当前,我国经济社会发展正处于关键时期,各方面呈现出一些新特点,这是共青团工作必须着力把握的重要内容。

一是工作格局的新特点。新形势下,政府、市场、社会组织以各自特有的机制形成了社会治理的有序运行。共青团组织在政府、市场和社会组织所形成的整体工作格局中履行根本任务和政治职责,必须认识和把握政府、市场和社会组织服务青少年的总体供给机制。共青团工作要正确把握与各类组织的关系,看到在整体格局中团组织的优势和不足,找准共青团服务青少年的切入点。

二是工作空间的新特点。城乡是共青团工作的重要空间,做好共青团工作要高度关注城乡发展的趋势。城镇化最大的利益相关者是青年,直接关系到青年流动分布、身份职业、事业发展等,也决定了共青团工作的空间,决定了共青团工作的重点和方式。当前,特别要关注城镇化和城乡一体化的趋势。调研中我们发现,随着农村生产方式和经营模式的转变,农村青年出现向农村回流的现象。这一趋势,也为农村共青团工作提出了新的要求。当前,统筹城乡发展的关键也在人才。青年人才工作是共青团组织的优势,要借鉴西部计划、大学生村官等有益经验,在城乡之间拓展人才流动的渠道,实现人才的回流,为农村发展提供基础。

三是青年群体的新特点。新兴青年群体大量涌现,很多青年人聚集在新经济组织、新社会组织、社区,以及网络空间、虚拟社会里,不同群体青年的思想独立性、多变性和差异性明显增强。青年职业结构更加多样,跨地域、跨行业流动更加活跃,新兴领域从业青年不断增加,比如自由职业者、网络作家、网店人员、独立演员歌手等。

第六是新问题。面对经济社会变革带来的挑战,共青团工作和建设遇到一系列新问题。

一是组织建设的新问题。当前,青年的流动分布更加复杂多样,对流动青年的有效覆盖是我们工作的难点和重点。着眼青年流动分布,及时跟进并建立各类团组织进行覆盖,是我们工作的主要思路。这种做法,在覆盖青年方面发挥了一定作用,但也存在一定问题,青年流动更加频繁,组织建设赶不上青年的变动;很多时候为建组织而建组织,组织活力和作用发挥不够。

二是服务青少年面临的新问题。随着经济社会快速发展,青年的学习工作生活条件总体上得到很大改善。同时,地区差距、城乡差距和居民收入分配差距以及收入分配秩序、社会保障制度不完善等,使青年面临较多现实问题和困难。就业创业成为青年最大的问题,很多大学生毕业后长期没有就业;困难青少年群体增多,出现了北漂、蚁族、城乡贫困家庭成员、残疾青年、留守儿童等特殊群体。

三是有效承接政府青少年事务。新形势下,政府把更多社会职能和资源交给社会组织承担,这是国家治理方式的一个重要转变。对共青团组织来讲,承担政府青少年事务,直接关系共青团资源动员、工作空间、组织形式的整体转变。共青团组织应当紧紧抓住这一时机,主动承接和协助政府管理青少年事务,更好地满足广大青少年不断增长的多样化和个性化服务需求。但目前这项工作还没有形成有效的制度衔接。

四是青少年权益维护。随着社会的不断分化,一方面激发了社会活力,另一方面也使各类青少年问题逐渐突出。前不久,发生的一系列极端事件,犯罪分子当然要强烈谴责,但同时我们也要反思,在这些极端事件背后是对权益的漠视，而最终导致以极端方式反映出来。这就要求我们把青少年维权工作进一步引向深入，通过建立法制化、组织化渠道，让青年在关键时刻想得起、找得着、靠得住。

五是团干部队伍能力结构滞后。新形势新任务对共青团工作提出了更高要求，团干部队伍与团的工作要求不完全适应。一是团干部队伍数量下降，目前，全国团员 8990.6 万人，专职团干部仅有 25.96 万人，团干部与团员比为1:346。这与以往相比，呈现明显下降趋势。二是有些团干部能力水平有待提高，运用专业方法开展青年群众工作的素质和能力不强。

第七是新机遇。有的同志也提到，共青团工作中的有些问题我们可能谈了 10 年、20 年，至今还在谈。但我们认真想一想，今天做共青团工作，除了有很多新的挑战之外，有哪些新的机遇？这也是我们应该认真分析的，有的是定性的，这都可以激励我们更好工作。

首先是党中央高度重视。从今年年初，到 5 月 4 日习近平总书记参加团中央组织的团日活动并与各界优秀青年代表座谈，到六一前夕总书记参加少先队队日活动并对全国小朋友提出殷切希望，再到 6 月 20 日与团中央新一届领导班子成员集体谈话，等等。这都使我们深切感受到党对共青团和青年工作的高度重视。共青团是党的青年群众组织，是一个政治性很强的组织，党中央的重视为我们做好工作提供了根本保障。

其次是国家经济社会发展的新形势，特别是新型工业化、信息化、城镇化、农业现代化的不断推进，给共青团工作带来了新的机遇和空间。

再次是党和国家对社会建设和社会管理的高度重视和切实推进，给共青团工作带来了重要机遇。认真分析共青团组织性质，我们主要的工作在哪些领域，就不难找到答案。随着整个国家的发展，党和政府已经非常敏锐地注意到社会建设并将其上升为现代化建设“五位一体”的重要内容。在一些经济社会发展较快的地方，这些机遇现在已经很明显了。共青团能做的更多事情都集中在社会领域。这个领域我们要认真思考，这是很大的机遇。

三、要更新理念、创新工作，努力推动共青团工作和建设迈上新台阶

透过上述变革和问题，我们要认识到，一方面，这些变革和问题不是孤立的、局部的，而是具有系统性、全局性，这就要求我们必须从全局和战略的高度思考和谋划共青团工作的重大问题。另一方面，我们也要清醒认识到，社会变革既给共青团带来发挥作用的新机遇，同时也是对共青团工作的重大考验。创新发展没有止境，停滞或懈怠就意味着“边缘化”。新时期，共青团组织肩负着党赋予的崇高使命，也面临着经济社会变革的严峻考验，新时期青年群众工作与以往相比，责任更加艰巨、任务更加繁重。全团都要有这样的清醒认识和使命意识、责任意识、担当意识。

一是要把握新时期青年群众工作基本内涵，更加广泛地团结凝聚青年。这是一个总的要求。如果团组织身边没有青年，那我们这个组织可能也就失去存在的必要。为党做好青年群众工作是共青团的政治责任。在不同历史时期和发展阶段，面对的形势任务不同，群众工作的基本要求和工作重点也不同。

在全面建成小康社会的关键时期，在经济社会转型期，随着社会分化和利益关系的多元化，群众工作也发生了重要变化。当前，群众工作很重要的内涵，就是协调整合不同群体的利益关系，使各个社会阶层在党的统一领导下，共同为中国特色社会主义事业而奋斗。要看到社会分化，一方面激发了社会活力，另一方面也增加了利益冲突和社会矛盾。青年是社会问题敏感的群体，在社会转型发展的关键时期，尤其需要关注青年中的困惑和困难，协调利益关系，理顺社会心理，使青年正确认识社会发展规律，积极投身国家建设事业。这就要求新时期青年工作更要注重走进青年、深入基层，了解青年的所思所想所盼，真正帮助他们解决困难。这是巩固党的青年群众基础的重要要求。

二是要构建区域化组织格局，实现对流动青年的有效覆盖。组织青年是共青团工作的基础所在。只有把工作延伸到青年最需要的地方，共青团才能赢得青年的信赖和欢迎。我们要根据经济社会变革对共青团组织覆盖带来的影响及其内在机理，把握不同条件和工作基础，构建起结构合理、运行有效的组织体系和工作格局。

扩大团的工作有效覆盖面，要注重把握好两个重要条件。一是要关注社会管理格局的新特点，有效借鉴网格化社会管理模式的经验做法。“网格化”这一概念最早是政法系统提出的，就是一个区域内的所有单位、机构和部门，都参与到所在地的社会和谐稳定工作中来，都担负一定明确的职责。在此基础上，目前很多地方社会管理和服务的内容都落实到网格化的组织模式中来，并取得了很好的效果。对团组织来说，道理也是相通的，要善于通过网格化的组织模式，更好地统筹区域内各类组织资源，调动区域内青年自主参与的积极性和主动性，努力覆盖区域内青年。这跟以往的思路和方式有所不同，这项任务要在有条件的地方进一步明确和加强。二是要关注青年流动分布的一般性规律。从地域上看，青年集中在三个地域：城区、镇区和村。据全国第六次人口普查数据，全国 14 至 28 岁青年中 65.4% 工作、生活在镇和乡村，我们调研的结果与此基本一致。同时，青年流动分布从组织形态看，呈现三种状态：团组织、社会组织和个体散在。密云“鱼街联合团支部”，通过实体化团委建设，围绕在镇街这一区域内工作的流动青年开展了各种活动，有效服务了流动青年，团的工作得到有效覆盖。

扩大团的工作有效覆盖，要充分考虑到上述这两个方面的重要特征。一方面，要继续加强传统领域团建工作，进一步完善省、市到县、乡、村的纵向组织体系，切实做好企业、机关事业单位、学校等传统领域团的工作，又要通过加强非公企业团建、新社会组织团建、驻外团工委建设等，扩大团的横向组织体系。同时，要进一步加强青联、学联、少先队等组织建设，更好地发挥联系广大青少年的作用。

另一方面，要构建区域网格化的组织格局，实现对流动青年的有效覆盖。在城区，要健全和完善在团组织领导下的，由青少年服务阵地、各类青年社团和青少年社会服务机构等有机结合的工作网络，充分整合团内外各类组织资源，借助政府购买社会服务形成的工作项目及社工、志愿者等工作力量，加强对区域内流动青年和青年社会组织的服务和引导，形成网格化管理、阵地化服务、社会化运作、功能化发展的格局。在镇街，要依托实体化大团委所联系的基层团组织，发挥乡镇组织格局创新后的专兼职团干部、大学生村官等力量，围绕镇区内经济社会发展和青年技能培训、兴趣爱好、公益活动、志愿服务等内容开展工作。在村级，要以村团支部和农村经济合作组织团组织为核心，充分发挥大学生村官、青年致富带头人、返乡创业人员的作用，围绕发展生产、文化生活等开展工作。

总之，要坚持青年在哪里，团组织就建在哪里，团的工作就做到哪里的原则，在全面推进工作的同时突出工作重点，在巩固工作优势的同时加强薄弱环节，在开展活动的同时加强机制建设。

三是要建立社会化运行机制，实现对工作资源的有效动员。包括基层团组织在内，我们都有一个感觉，好像现在资源越来越少。其实，团组织的资源一方面极其有限，但我们换个思路，团组织的资源又是无限的。大家说共青团“既无权，又无钱，就靠嘴巴甜”。我们有很多动员资源的渠道和方式，可以直接找党政申请，可以找其他部门争取，可以向社会动员，等等，所以“磨破嘴、跑细腿”，最后事情总是可以办。而其他部门不一样，有的政府部门手里钱很多，能做不少事，但如果让他跨部门做些事，可能不一定比我们容易。所以，要辩证地看待这个问题。在新的时代条件下，仅靠组织自身难以满足所有成员各种个性化需求，这就需要我们更加注重社会化动员的方式。要充分发挥协调各方的优势，通过合理的活动设计和工作模式，形成政府和市场资源的结合，撬动和对接各种资源，整合各方面力量开展工作，变有限资源为无限资源，实现从单位资源向社会资源转变、从自上而下的行政动员向自下而上的群众化动员转变，在这个过程中体现共青团的根本任务和政治责任。

四是要推进事业化发展模式，实现团的事业可持续发展。新形势下，青年的需求不是一时一事，团的工作也就不可能一蹴而就。习近平总书记强调，就业是永恒的课题，更是世界性难题。这就需要我们把类似促进青年就业创业等工作持久深入地做下去，而不是作为一般性活动，这也是改变团的工作比较“虚”的具体行动。

适应青年需求和社会运行方式变化，团的工作要相应地实现从行政化活动型到事业化项目型的转变，既加强纵向管理与指导，又加强横向协调与合作。要加强对团组织形成的一系列战略品牌的前期论证、中期实施和后期评估，形成稳定有效的工作项目，逐步建立起运转能力强、团员参与程度深、更加富有效能的运行机制。只有这样，才能适应青年需求进而吸引青年，才能改变团的作风不实、效果评价不准确等问题。

五是要提高专业化水平，把团的工作进一步做深做实。这一点在基层感受很深。现在团的工作不是简单地、没有专业化水平就可以做。比如，志愿服务不是以往简单地靠有点激情就可以完成。当前，青年需求呈现出多样化和专业化的特点，团的工作领域也在不断拓展，已经主动或被动地从思想教育领域扩展到经济、民生、文化、意识形态、信息技术、情感心理等众多领域和网络虚拟世界。

因此，做好新形势下的青年群众工作，必须探索新的工作方法，特别是一些个性化、专业化的方法，如现代科技方法、心理疏导方法和社会工作方法等。比如，青少年心理问题，就必须通过专业化工作。又比如，为青少年提供高质量的文化艺术产品，也必须通过专业化的市场力量。同时，要在这些工作过程中进一步体现社会化统筹资源和开展工作的过程。

六是要树立科学的思维方式，形成推动工作的整体力量。概括地讲，就是既要探索创新，又要继承发展；既要占领新兴阵地，又要巩固传统阵地；既要把机关的各项工作做好，又要充分发挥直属单位的作用；既要抓好具体工作，又要做好理论研究。这是我们遇到的几个关系。在密云调研期间，我专门去看了青年文明号。明年是青年文明号活动 20 周年，我已经和有关部门提出，20 周年我们要做点什么。比如，针对诚信缺失、道德失范现象比较普遍这个问题，青年文明号是可以做很多事情的。我们要根据新的情况，把传统品牌工作进一步做好。很多事情不能图一时漂亮而不停地换频道、创品牌。像青年文明号等品牌工作是常抓常新的，关键是我们怎样根据情况变化，再做进一步思考、深入挖掘。还有我们直属单位，机关和直属单位是我们做好工作的两个重要方面、缺一不可，既要重视机关工作，又要充分发挥好直属单位作用。

刚才，我谈到共青团工作中的新情况新问题。一些时候，大家都是为“新”来做一些工作，这是需要的。但同时，我们传统的阵地也要巩固，比如企业、学校等。之前我也多次谈到，不是为了新而新，新的事情要注意到，要尽快有对策、有思路，但同时我们极其重要的事情也不能忘了。当然这也需要创新思维，把传统的事情做好，只是按照老办法、老套路就可能效果不好。

四、要着力建设一支素质过硬的团干部队伍

做好新形势下的共青团工作，团干部是骨干力量。把团干部队伍建设好，当然是最基础、最关键的。结合这次群众路线教育实践活动和大宣传大调研活动，团干部要着力在以下方面不断提高素质能力。

团干部要在基层一线历练成长。脚下接地气，心里才有底气。基层一线对在团的岗位上工作的同志们尤其重要。我们是群众组织，不能离开群众。更重要的是，很多团干部要么没有在基层工作过，要么在基层工作过但离开基层已经有很长时间。因此，要突出基层历练这一重要途径，既要提高团干部走进青年的思想自觉，又要创造具体的制度条件，保障团干部真正向往到基层、有机会到基层。北京团市委开展的帮村扶户工作，让团干部和群众走在一起，帮助老百姓解决发展中的难题，得到群众发自内心的拥护，这也诠释了群众工作的真谛，就是为人民群众服务；诠释了年轻干部成长的规律，就是在基层历练成长。

团干部要在实际工作中改进作风。团干部总体形象是不错的。但是社会上也有这样那样的说法，比如说我们作风不扎实、工作实绩不突出。不排除有些说法可能不完全符合实际，但我们自己扪心自问，也不是没有问题。问题的根源，还是在团干部思想观念上。一是团干部身上有较多期望，受到较多关注，因此也往往会导致一些团干部急于求成、急于出成绩，形成“政绩冲动”，为吸引关注，往往就会在声势和宣传上作文章，而不注重实际效果。二是共青团特殊地位，是党的助手和后备军，有的团干部就想尽快实现转换，成为主力军、上主战场，就怕党政不重视、怕青年不认可，这也往往使团干部在工作选择时找一些容易出彩上镜的工作。这些有客观的原因，更多的是我们要自己严格要求自己，一定要在实际工作中改进我们的作风，脚踏实地、埋头苦干，针对当前共青团工作中的难题，敢于攻坚克难，扎扎实实地把工作任务落到实处。

团干部要在埋头苦干中提高能力。很多同志都谈到，心里有能力不足、本领恐慌的感觉，面对新形势下的共青团工作，我们的确应该有这种忧患意识。提高团干部能力素质，关键要压担子、给机会。团干部工作经历较为单一，缺乏复杂问题和艰苦环境的考验，因此存在实际工作能力不足的问题。要通过各种途径加强团干部实际工作能力的培养，让团干部在更多实际工作中锻炼成长。要为团干部挂职锻炼、基层任职等创造条件，使团干部能够有舞台发挥作用。要加强团干部培训，明确能力素质提升的重点，帮助团干部提高综合素质和能力。

团干部要坚定做好工作的信心。大家说到，在基层既有很多典型、有很多有积极意义的做法，但同时问题、困惑也很多。面对新形势，怎样坚定我们做好工作的信心？我们可以从一个角度来看这个问题，党的十八届三中全会即将召开，从十一届三中全会召开以来的35年间，我们国家发生了翻天覆地的变化。改革开放之初，我们国家的GDP是3500多亿人民币，居世界第15位，今天我们GDP的总量是50多万亿，跃居到世界第二。这足以让全中国人民欢欣鼓舞、让世界瞩目。我们在很短时间内走了很多国家很长时间没有走完的路。但同时这是不是也意味着，国外或其他地区在较长时间内遇到的问题，对我们来说可能在非常短的时间内集中爆发。所以我们遇到问题并不奇怪，就是有这样一个背景。但信心从哪里来？我感到，只要我们党和政府注意到了当前的很多问题，只要下决心来做，这些事情也一样可以像经济工作那样做得很成功。我们的信心至少从这样一个角度来说，应该是有的。

秦宜智在全国青联十一届四次常委(扩大)会议上的讲话

2013年9月17日

参加今天的会议非常高兴。今天上午,源潮同志专门出席会议并发表了重要讲话,我和大家一样,深受鼓舞,倍感振奋。各级青联组织和广大青联委员要认真学习领会源潮同志的重要讲话精神,切实抓好贯彻落实。

因为工作变动,王晓同志、卢雍政同志不再担任青联领导职务。这两位同志在团中央、全国青联工作多年,始终保持着旺盛的工作热情,为共青团、青联事业的发展,付出了辛勤劳动,作出了重要贡献,和大家结下友谊。在此,我提议,让我们以热烈的掌声向王晓同志、卢雍政同志表示感谢和敬意!这次常委会为全国青联的领导机构增添了新的力量。贺军科同志担任全国青联主席,罗梅、汪鸿雁、周长奎同志担任全国青联副主席。我相信,大家一定会继续支持他们的工作,共同推动全国青联取得新的成绩。

青联事业是一项十分重要和光荣的事业,历届团中央书记处都非常重视。全国青联十一届三次常委会议以来,在陆昊同志指导下,在王晓同志的带领下,青联组织坚持以邓小平理论、“三个代表”重要思想和科学发展观为指导,高举爱国主义、社会主义旗帜,继承和发扬“爱国、团结、进步”的光荣传统,紧密围绕党的中心任务,努力拓展工作领域,积极打造品牌项目,不断激发青联委员和广大青年的奋斗热情,青联事业取得了新发展。青联的发展进步凝结着广大青联委员的共同奋斗,各位常委和广大青联委员积极投身青联事业,以聪明才智为经济社会发展献计出力,以自身成长为青联组织增光添彩。青联这些年来之所以有着强大的组织向心力、良好的社会影响力,离不开各位常委和委员的支持和努力。在此,我代表团中央书记处,对大家表示由衷的感谢。

当前,青联事业的发展正面临着难得的机遇。去年召开的党的十八大,为我们描绘了全面建成小康社会、加快推进社会主义现代化的宏伟蓝图。十八大后,习近平总书记提出了中国梦的重要论述,今年五四以来,习近平总书记在同各界优秀青年代表座谈、同团中央新一届领导班子成员集体谈话时强调,实现中华民族伟大复兴的中国梦是当前党和国家工作大局,也是中国青年运动的时代主题。我想,这个主题同样也是共青团组织、青联组织和各类青年组织的时代主题。青联组织在人才、智力、代表性和影响力上具有独特优势,在实现中国梦的历史进程中,青联事业前景广阔,青联组织责任重大,青联工作大有可为。各级青联组织、每位青联委员都要认真思考新形势下,如何紧紧围绕时代主题,抓住历史机遇,勇敢地接过前人的接力棒,切实肩负起属于我们的光荣使命,为实现中国梦而顽强奋斗、艰苦奋斗、不懈奋斗。

下面,我就青联和青联工作谈几点意见,与大家交流。

第一,青联组织要加强思想引领,以共同理想凝聚青年。习近平总书记说,历史和现实都告诉我们,青年一代有理想、有担当,国家就有前途,民族就有希望,实现我们的发展目标就有源源不断的强大力量。青联是各族各界青年广泛的爱国统一战线组织,不同领域、不同群体青年的思想观念和价值取向不尽相同。思想越是有分歧,就越需要通过爱国主义和社会主义旗帜来形成统一,就越需要用共同理想来凝聚力量。

一要帮助青年坚定社会主义信念。经过

新中国60多年特别是改革开放30多年的艰辛探索，我们党带领人民成功开辟了中国特色社会主义道路，形成了中国特色社会主义理论体系，建立了中国特色社会主义制度。要让广大青年深刻认识到，这条道路，是实现民族复兴、国家富强、人民幸福的唯一正确道路；这个理论体系，是全国各族人民团结奋斗的共同思想基础；这个制度，是当代中国发展进步的根本保障。要通过深入细致的思想引领工作，帮助广大青年对中国特色社会主义事业做到思想上坚信不疑、行动上坚定不移，进一步坚定道路自信、理论自信、制度自信。

二要帮助青年形成正确的社会认知。当前，我们党和国家的各项事业进入了新的历史阶段，机遇前所未有，面临的挑战和困难也前所未有。我们要帮助青少年牢牢把握主流和本质，从历史逻辑和现实逻辑出发，清醒认识到我国作为世界上最大的发展中国家，仍将长期处于社会主义初级阶段的基本国情和阶段性特征，通过宣传引导向社会传播“正能量”，让青年不被妖风邪气所迷惑，不被流言恶语所误导，划清是非界限，澄清模糊认识，激发起团结奋进的强大力量。

三要帮助青年端正人生态度。青联开展的“励志教育”、典型人物“进校园”等活动很有意义，在座的很多常委都作为嘉宾与青年分享了人生经历。大家不要小看自己的作用，你们在青年中都是偶像级的人物，有时一句话可能会对青年的一生产生影响，也可能会传递到成千上万人。希望大家通过自身丰富的阅历和成功的经验，帮助青年正确看待人生，正确面对困难，正确理解奋斗，通过不懈努力，脚踏实地地开辟属于自己的美好未来。同时，要帮助青年增强精神力量，努力践行社会主义核心价值观，不断提升自身的精神境界和人格力量。

第二，青联组织要面向广大青年，做好联系服务青年的工作。代表性强是青联组织的鲜明优势，广泛性强是青联组织的存在基础和力量源泉。青联委员是从广大青年中来的，广大青年是青联组织存在的基础。青联委员的作用是示范、带动，而推动青年事业的发展、推动国家和民族事业的发展，归根结底是要靠广大普通青年的力量。只有坚持把服务青年作为全部工作的出发点和落脚点，才能实现我们的组织价值，才能完成好党交给我们的重要使命。如果脱离了广大青年，青联组织将变成无源之水、无本之木，将会失去组织价值，成为社会上有的人所评价的“名人俱乐部”。当前，全党正在开展群众路线教育实践活动，希望青联组织和青联委员以此为契机，把联系服务青年工作提高到一个新的水平。

要依靠青年，带领青年，首先要联系青年。怎么做到密切联系青年呢？一要走下去。青联组织要探索建立青联委员与普通青年的定期联系机制，引导和组织各级青联委员进学校、进社区、进农村、进工厂、进军营，使青联委员深入基层、融入青年的工作制度化、长期化、日常化。二要听意见。青联委员是各领域、各行业的杰出青年代表，很多是所在单位的负责人，有的是党代表、人大代表或政协委员，有的兼任其他重要的社会职务，大家要发挥好作用，及时了解和反映所联系青年的意愿诉求，切实代表和维护好青年的具体利益。三要交朋友。要走进“大群体”，先要走出“小圈子”。每个青联委员都应该结识一批普通青年朋友，与他们交心，为他们解困，真正和他们打成一片。

要依靠青年，带领青年，就要服务青年。青联组织在工作中要抓住主要矛盾，既要做“锦上添花”的事情，更要做“雪中送炭”的工作，前者要少做，后者要多做，针对帮助青年解决就业创业这一现实利益问题，针对城乡贫困家庭青年、在城市和乡间流动的农村青年、农村留守儿童等重点特殊青少年群体，针对边远地区、民族地区等区域，想方设法为普通青年的成长成才做实事、办好事、解难事。古话讲，天下顺治在民富，天下和静在民乐。青联组织要协助党实现民富、民乐，只要这样，我们的社会就会和谐稳定，我们的事业就会兴旺发达。

联系与服务是辩证统一的，联系青年是为了可以更有效地服务青年，服务青年是为了可以更紧密地联系青年，而联系和服务青年的目的，是为了更好地面向广大青年，夯实青联组织的青年基础，真正地团结青年跟党走。

第三，青联组织要围绕中心、服务大局，为推动经济社会发展作贡献。青联事业的发展始终离不开党和国家事业的发展。青联自成立以来，始终坚持在党政工作大局中思考、把握和推进各项工作，努力找准工作切入点，为经济社会发展作出了积极贡献。全面建成小康社会是我国现代化进程中的一个重要阶段性目标，是中国梦的重要体现。当前，青联组织围绕中心、服务大局的渠道途径，就是引导青联委员和广大青年，把个人梦想融入全面建成小康社会、加快推进社会主义现代化、实现民族复兴的伟大事业中，将一个个“小梦”汇成整个国家、整个民族的“大梦”。

一要集中青联委员的智慧力量。俗话说，“单丝不成线，独木不成林”。青联拥有广大的组织体系，通过我们多年来形成的品牌项目和整体性工作，将青联委员的智力优势和社会资源有机整合，能够更好地发挥出青联组织的整体功能、整体力量、整体形象，为经济社会发展作出更大贡献。一方面要发挥青联智力密集、专业互补的优势，组织委员围绕重大战略问题建言献策，在我国改革已进入攻坚期和深水区的大背景下，针对税收、金融、价格、企业管理、收入分配制度等方面的改革，形成一些具有实用价值的研究成果，为党政部门决策提供有益参考；另一方面要促进人才的合理流动，针对西部地区、艰苦地区的经济结构调整和基层群众的现实需要，有针对性地组织青年专家对口支持、帮助发展。二要引导青联委员更好地创新发展。青联委员是青联组织的细胞，青联委员的作为很大程度上决定了青联组织的贡献。青联组织要引导青联委员树立实干意识，把自己的事业与国家民族的发展紧密相连，以更大的作为、更优异的成绩，为推动经济社会发展作贡献；树立创新意识，瞄准经济社会发展前沿，积极参与知识创新、技术创新和管理创新，在实施创新驱动发展战略的过程中贡献力量；树立奉献意识，关爱他人，奉献社会，积极参与社会公益活动，积极为社会出力、为组织添彩。

第四，青联组织要把人才工作作为主线，培育高素质的青年人才大军。人才是立业之本、发展之基，是现代化建设最可宝贵的资源。全面建成小康社会、奋力实现中国梦，需要大批的青年人才不断涌现。青联要主动适应时代对人才的呼唤，把培养青年人才作为主线，贯穿于全部工作的始终，不断完善发现、培养、举荐、宣传青年人才的工作机制，努力推动形成青年人才辈出、人尽其才的生动局面。

一要大力培养青年人才。要把握青年人才成长规律，积极为青年成长成才搭建舞台、创造条件，引导青年勤奋学习、钻研业务，坚持走与实践相结合、与人民群众相结合的正确道路，在艰苦的环境和条件下经受考验，在实践中汲取营养、提高素质，真正成为新一代合格建设人才。二要积极宣传青年人才。要充分发挥青年人才的示范导向作用，通过宣传他们的成功经验，带动更多的青年发奋成才，促进大批高素质青年人才脱颖而出。三要广泛吸引青年人才。要进一步拓宽视野，适应青年人才社会分布的新变化、新特点，将新经济组织、新社会组织中的青年人才团结在党的周围，把握好吸引海外各方面青年人才的机遇，积极为他们回国创业或以各种方式为国服务牵线搭桥、提供帮助。四要积极服务青联委员。青联委员是青联工作的重要力量，也是青年人才的杰出代表。青联组织要为青联委员的事业发展牵线搭桥、搭建舞台，针对个性化需求开展有特色的活动，为委员提供更多的相互学习、相互交流的机会和平台。要密切与委员的联系，了解他们的工作和生活中遇到的困难，努力营造积极向上、体谅包容的组织氛围，把青联组织建成和谐温暖的大家庭。

同志们，青联委员不仅是一种荣誉，更是一种责任。青联中的很多人都是社会知名人士，是公众人物，在青年中乃至全社会都有很大的影响。今天上午，源潮同志专门对青联委员的成长发展提出了殷切期盼。希望广大青联委员严格按照源潮同志的要求，做好表率，做好示范，真真正正地成为青年中爱国的中坚、创业的骨干、学习的先导和道德的示范。青联委员的言行关乎青联组织形象，青联委员的形象就是青联组织的形象，希望大家以德才兼备、德艺双馨为人生追求，以模范的言行树立良好的社会形象，共同维护青联这个组织的光荣。习近平总书记在同团中央新一届领导班子成员集体谈话时，要求团中央书记处的同志做到“四个带头”：带头刻苦学习、带头苦干实干、带头严格自律、带头联系青年。我把这四句话转赠给大家，我们一起共勉。

各位常委、同志们，我们的事业发展不断面临着新的机遇与挑战，我相信，以这次青联常委会为契机，各级青联组织和青联委员一定能够进一步领会贯彻党的十八大精神，认清党和国家事业发展的新形势，进一步找准青联工作在大局中的切入点、结合点和着力点，从而在全面建成小康社会的新征程中续写青联工作新的光荣！

秦宜智在第十四批博士服务团成员行前培训班上的讲话

2013年10月29日

在全党深入开展党的群众路线教育实践活动之际，今天我们举办培训班，对第十四批博士服务团成员进行培训动员，很有意义。首先，我代表中央组织部、共青团中央，向即将奔赴西部地区和革命老区服务锻炼的博士们表示亲切问候，向为博士服务团工作顺利开展付出辛勤劳动的有关地区和部门表示衷心感谢！

博士服务团工作是中央组织部和共青团中央贯彻落实西部大开发战略和人才强国战略的一项重要举措。1999年以来，已先后选派了13批共1641名博士服务团成员到西部地区和革命老区支持发展、锻炼成长。中央组织部领导历来对这项工作高度重视，今天，中组部副部长潘立刚同志也亲自出席会议。

这次的培训班虽然只有短短一天，但是内容很丰富。一会儿，国家发改委有关同志将介绍西部大开发政策和西部地区经济社会发展的总体情况，中国青年政治学院的倪邦文同志将围绕西部发展与青年人才的关系和大家进行交流，下午中央社会主义学院党组书记叶小文同志将介绍我国民族宗教政策，相信大家一定会有很大收获。

下面，我就博士服务团工作讲三点意见，供大家参考。

一、充分认识博士服务团工作的重要意义

1. 博士服务团工作是贯彻科学发展观、落实区域发展总体战略的有力举措。党的十八大确定了“两个一百年”的发展目标，要实现这一目标，最繁重、最艰巨的任务在西部地区。

虽然经过多年长期不懈的努力，西部地区的经济发展速度明显加快，但是由于自然、社会、历史等原因，总体水平仍然相对落后。没有西部地区的小康就没有全国的小康。党的十八大坚持把深入实施西部大开发战略放在区域发展总体战略的优先位置，明确要进一步加大投入、强化支持，以增强自我发展能力为主线，以改善民生为核心，以科技进步和人才开发为支撑，更加注重经济结构调整和自主创新，努力建设经济繁荣、社会进步、生活安定、民族团结、山川秀美的新西部。

在实施西部大开发战略中，博士服务团发挥了独特的作用。一是当好科技参谋。博士服务团成员作为各领域高层次专业人才，到地方开展服务的一个重要任务，就是从专业角度为地方发展建言献策，协助地方党委政府科学决策，比如2010年的第十一批成员，在参与地方编制“十二五”规划中发挥了积极作用。二是架起桥梁纽带。每一届的博士们都想方设法协调各种资源，内引外联，牵线搭桥，帮助服务锻炼地区引进资金、项目、技术，促进了派出地与接收地之间的交流与合作。据不完全统计，博士服务团已引进项目1100多个，引入资金3100多亿元。三是注重培养人才。西部地区欠发达不只是缺钱、少人，更是思维观念的滞后。历届博士服务团成员都注重对周围人的影响带动，通过开讲座、办培训、带学生等方式，努力传播新知识、新理念，为提高西部人才整体素质作出了贡献。

2. 博士服务团工作是优化人才资源配置、科学合理使用人才的重要渠道。“致天下之治者在人才。”习近平总书记指出，没有一支宏大的高素质人才队伍，全面建成小康社会的奋斗目标和中华民族伟大复兴的中国梦就难以顺利实现。在新一轮科技革命和产业变革正在孕育兴起、变革突破的能量正在不断积累的当今世界，人才资源作为经济社会发展第一资源的特征和作用更加明显。在市场经济条件下，有效配置高层次人才资源，采用传统的计划手段显然已不合时宜，但简单地让市场去配置，也存在一些弊端。上个世纪八九十年代，在市场力量的推动下，我国西部地区出现的人才“孔雀东南飞”现象，就损害了当地的发展竞争力，加剧了区域间的失衡。

博士服务团工作探索出一条组织动员与市场调配相结合的新路子，开创了适合欠发达地区需求的人才资源配置新方式。一是“优中选优”。中央国家机关和东部地区聚集了一大批高层次人才，我们通过组织化手段，严格的遴选程序，选拔出优秀者，到西部献智出力。二是“来去自由”。我们的组织化动员并不是强制性的，而是以自愿为前提的，在往届成员中有很多申请延期和留下的，也是先出于本人的意愿，这样有利于更好地发挥人的主观能动性，体现了以人为本的理念。三是“双向选择”。我们的岗位安排不是盲目的，而是以西部地区经济社会发展的内在需求和高层次人才参与实践的内在需求为导向，哪些人才更加有利于促进西部经济结构调整和产业升级，就选拔哪些领域的人才；我们的机制也不是死板的，比如2008年“5·12”四川汶川大地震发生后，我们紧急选派了20名博士提前赴四川等地震灾区，为抗震救灾和灾后重建提供特需急需人才支持，这些都体现了在工作中尊重客观规律的思想。

3. 博士服务团工作是培养高层次、复合型人才的有效途径。长期以来，我国的青年知识分子在一定程度上存在着重理论轻实践、重宏观轻微观、重技术轻管理等现象，成长发展不够均衡。随着青年知识分子群体的日益扩大和他们对政治、经济、社会生活参与的日益广泛，这种能力结构的失衡就成为了一个值得关注的社会问题和政治问题。社会是一所大学校，基层工作是一个大课堂。与实践相结合，与人民群众相结合，在实践中广泛接触、广泛涉猎、广泛钻研，才能把自己培养成一个通才，这是青年人才成长、建功立业的必然规律。

博士服务团有效地发挥了对青年知识分子进行“再培养”的作用，为青年人才成长为懂理论、知国情、能实干的高层次、复合型人才提供了难得机会。一是加强了世界观改造。历届博士团成员都爱说一句话：“脱下博士帽、甘当小学生”，大家通过在人民群众中增长智慧、汲取营养，真切地体会到马克思主义群众观点，认识到人民是创造历史的主人，更加坚定了理想信念。二是锻炼了全面能力。从博士服务团成员的经历上看，大家在专业知识方面具有优势，不足之处就是绝大多数同志从校门到校门、然后到机关或者大专院校、科研院所工作，缺乏在艰苦条件、复杂环境中磨炼的经历。往届成员有的遇到了“3·14”、“7·5”等恶性事件，有的遇到了安全事故、自然灾害等突发情况，这些对他们的组织能力、协调能力等方面都是严峻的考验和锻炼。三是提升了专业水平。专业知识的丰富和提高，除了要坚持不懈地学习书本知识，也需要经过不断实践，有些学科不到第一线去实践，很难有大的作为。锻炼服务为博士们提供了广阔的空间和舞台，比如，第二届的一位北京医院外科专家在江西省人民医院服务锻炼，一年做了上百台手术，还主持了省内首例肝移植手术并取得成功，在实践中积累了实战经验、实现了个人价值。

二、以改革创新精神推动博士服务团工作迈上新台阶

1. 把握当前形势的新情况新特点。

与启动博士服务团工作之初相比，我国的区域格局、产业结构、人才布局发生了重大变化。一是区域发展重点更为突出。党的十八大报告把推进西部地区发展放在区域发展总体战略的优先位置。同时，我国经济重心正在发生变化，东部工业化和城市化基本完成，而西部地区工业化和城镇化加速推进，逐渐改变了因为软硬件条件不完善导致的引不进、留不住人才的情况。二是产业结构优化迫在眉睫。我国经济面临着发达国家抢占战略制高点和发展中国家抢占传统市场的双重压力，西部地区绝不能重走我国早期工业化时的高投入、高消耗、高排放的粗放式发展老路，而要形成以农业为基础、工业为主导、战略性新兴产业为先导、基础产业为支撑、服务业全面发展的产业格局。三是人才流动格局发生变化。随着东部地区工业化城市化基本完成，一批人才发挥作用的空间开始萎缩，部分大中城市出现人才积压的苗头，急需加强人才交流，从而盘活存量人力资本，人才也需要新的舞台来干事创业。这些新形势新情况，对我们做好博士服务团工作提出了改革创新的新要求。

2. 完善对博士服务团成员的选派机制。选好人、选对人，是博士服务团成功与否的前提和关键。做好这方面工作，一要多沟通。在中组部主导、团中央配合的工作机制下，主办单位要与派出方和接收方深入、细致地做好沟通，针对西部地区经济社会发展的薄弱环节、重点领域，以更广阔的视野、更灵活的方式选派人才，继续强化和完善已形成的“供需对接”机制。二要舍得派。选派单位要增强大局意识，坚持从优选派。事实证明，那些在本单位中专业水平高、组织能力强、作风过得硬的中青年骨干，受到了西部地区的广泛欢迎，许多人还走上了更加重要的工作岗位，不仅为这项工作增添了活力，也为派出单位培养了年轻干部队伍。三要成团队。团队选派是从2005年开始试点的选派方式，多年来取得了很好的效果。团队选派有利于通过合理配置和优化组合，最大限度地发挥团队的聚集效应和整体优势，更好地促进地方重点行业和特色产业快速发展，我们要不断总结经验，有序合理地安排推进。

3. 加强对博士服务团成员的科学管理。人才资源是最优质的资源，只有盘活资源才能发挥出最大效能。一要真正用好。人才“以用

为本”，接收单位对服务锻炼的博士要政治上充分信任、工作上大力支持，安排到合适的岗位，交付给适当的任务，让他们有职有责。从以往的经验来看，对博士服务团成员，你重视，他就重要；你重用，他就管用。各地要进一步解放思想，大胆探索，把博士服务团这个有限的人才资源发挥好、使用好。二要真心服务。组织部门和共青团组织要做好博士服务团成员的跟踪服务工作，及时了解他们的思想动态和心理变化，帮助他们迅速适应和融入新的工作环境，解决好可能出现的“水土不服”问题，要组织开展形式多样的活动，为他们更好地发展事业、发挥作用做好后勤保障。

三、对新一批博士服务团成员的几点希望

1. 要心系群众，投身基层。我们这批博士服务团成员党员比例比较高，大家恰逢全党上下开展群众路线教育实践活动，要认真参加服务锻炼单位组织的教育实践活动，以此为契机，加强对自身世界观、人生观、价值观的改造，牢固树立为人民服务的宗旨，坚定跟党走中国特色社会主义道路的信念。大家下去后首先要摆正心态，找准位置，谦虚谨慎、戒骄戒躁，要认识到高学历不等于高水平，要与当地干部群众密切配合，与人民群众打成一片，把人民放在心中最高位置，放下架子，扑下身子，虚心问政于民、问需于民、问计于民，用从群众中汲取的力量强筋壮骨，固本强基。

2. 要解放思想，扎实工作。邓小平同志说过：“干革命、搞建设，都要有一批勇于探索、勇于创新的闯将。”希望博士们勇于当闯将，创造性地开展工作，我相信大家在这方面会做得很好。值得注意的是，大家既要仰望天空，又要脚踏实地。各种问题的解决都取决于正确的决策，而正确的决策来源于对客观实际的周密调查研究。如果不了解实际情况，凭老经验想当然、拍脑袋，把自己的主观愿望当做客观现实，就不可能做出正确的决策。大家到了新的地方，一定要认真倾听各种意见，摸清事情的来龙去脉，搞清它的历史和现状，这样才能找到解决问题的“钥匙”。大家要力戒浮躁情绪，怀有一颗平常心，要认识和把握事物螺旋式上升、波浪式前进的规律，在工作上注意采取渐进的、同步的、迂回的方式，不贪功，不求大，一步一个脚印，以抓铁留痕的精神做出实实在在的成绩。

3. 要甘于吃苦，严格自律。任何一个地方、任何一项工作，鲜花和掌声都不可能常伴左右，而挫折和失败经常会出现在面前。大家要做好吃苦的准备，到了基层之后，可能会遇到意料不到的困难，有的在生活上感到不方便，有的在习惯上会有不适应，有的在交往中存在不理解，面对这些困难，我们只有下一番苦功夫，一个一个地战胜。同志们到地方工作，一言一行都代表着所在单位的形象，代表着博士服务团的整体形象，一定意义上还代表着中央国家机关的形象。一定要严格要求自己，自觉遵守中央“八项规定”，清清白白做人，踏踏实实干事，经得起各种诱惑的考验，以自己的良好形象赢得广大群众和当地组织的信任与支持。

同志们，大家的选择光荣而神圣，大家的责任重大而艰巨。你们身上集中体现了当代青年知识分子的精神风貌，你们的行为将激励带动更多的有志青年投身祖国最需要的地方去，你们的实践将在西部地区的发展历程中留下坚实的足迹。衷心祝愿第十四批博士服务团全体成员在服务锻炼期间工作顺利，身体健康！期待大家捷报频传，载誉而归！

秦宜智在与“我的中国梦——奋斗的青春最美丽”分享团首批成员座谈时的讲话

2013 年 11 月 8 日，根据录音整理

刚才，“我的中国梦——奋斗的青春最美丽”分享团的各位同志讲了自己精彩的奋斗故事，与我们分享了奋斗中的收获和感悟，我听了很感动，也很受启发。我感到，大家的奋斗故事至少说明了这么几个道理：第一，“有梦想，有机会，有奋斗，一切美好的东西都能够创造出来。”这是习近平总书记的重要论述。你们敢于放飞青春梦想，善于把握时代机遇，再加上个人的扎实奋斗，最终成就了精彩的人生。第二，“国家好、民族好，大家才会好”。正是快速发展的经济社会、安定团结的政治局面，为当代青年成才成功提供了机会。纵观古今中外，不是每个国家、每个历史时期的年轻人都有这样的机会，这是时代为我们创造的条件。第三，当代青年有着报效祖国的远大志向、朝气蓬勃的精神风貌、自强不息的意志品格、甘于奉献的思想境界，确实是值得信赖的一代、大有作为的一代。大家的奋斗再次证明，实现中国梦为广大青年搭建了成长成才、建功立业的广阔平台，青年是构筑起中国梦的重要力量和希望所在；也再次证明，美好的理想、成功的事业、自我价值的实现，都不是轻而易举就可以得来的，只有不懈奋斗、艰苦奋斗，才会有美丽的、无悔的青春。我们要向大家学习，向大家致敬。

“我的中国梦——奋斗的青春最美丽”分享团走基层活动即将开始。下面，我就这项活动的开展讲几点意见。

一、充分认识这项活动的重要意义

大家知道，党的十八大以后，习近平总书记提出要实现中华民族伟大复兴的中国梦。为动员和激励广大青少年投身实现中国梦的伟大实践，共青团组织广泛开展了“我的中国梦”主题教育实践活动。活动自今年 4 月启动以来，全团已通过学习研讨、宣讲交流、主题团队日等方式，举办各类活动 400 多万场，并开展了多种形式的新媒体宣传，累计覆盖了上亿人次的青少年。为进一步深化主题教育实践活动，我们决定开展“奋斗的青春最美丽”系列分享活动，这一举措主要是出于以下几点考虑：

一是深入贯彻落实中央要求。习近平总书记明确提出，共青团要为每个青少年播种梦想、点燃梦想，让更多青少年敢于有梦、勇于追梦、勤于圆梦。同时勉励青年，“现在，青春是用来奋斗的；将来，青春是用来回忆的。”“只有进行了激情奋斗的青春，只有进行了顽强拼搏的青春，只有为人民作出了奉献的青春，才会留下充实、温暖、持久、无悔的青春回忆。”习近平总书记今年五四讲话和党中央在团十七大上的祝词中对青年提出了“五点希望”，其中特别要求青年矢志艰苦奋斗。这是我们开展“奋斗的青春最美丽”系列分享活动的重要出发点。

二是顺应时代呼唤。中国梦是一个宏伟壮丽、激动人心的伟大梦想，也是一个无比艰巨、需要全体中华儿女团结奋斗才能够最终实现的梦想。当前，我国改革发展进入关键时期，我们既面临着前所未有的重大机遇，也面临着前所未有的困难和挑战。要把梦想变为现实，还有很长的路要走，需要每一个中国人胼手胝足、艰苦奋斗，需要亿万青年脚踏实地、埋头苦干。开展这项活动，就是要把广大青少年的奋斗精神激发出来，力量凝聚起来，汇聚

成推动时代发展的强大青春能量。

三是服务青年成长。奋斗托起梦想、奋斗成就人生，这是青年人健康成长的普遍规律，也是刚才大家讲述的所有成长故事中的精髓所在。当前，社会上存在着一些值得注意的负面心态，比如崇尚“高富帅”、鄙视“矮穷丑”，抱怨自己是“房奴”、“蚁族”、“蜗居”，理直气壮地“啃老”，甚至流行起一些自我矮化、玩世不恭的词汇。虽然带有调侃意味，但也折射出一种“奋斗无用、堕落有理”的消极心态，传递着消解奋斗精神的负能量，对青年的价值观念和健康成长的影响不可小视。特别值得关注的是，这种心态不仅存在于一些家境优越的青年中，很多身处“草根”阶层、生活基础和条件很一般，按理最需要通过奋斗来改变人生境遇的年轻人，也出现了奋斗精神弱化的状态。我们开展这次活动，就是要进一步推动形成“奋斗的青春最美丽”的鲜明导向，帮助青少年澄清错误认识，认清成长路径，励志艰苦奋斗。

请大家来参与的这次分享团走基层活动，是全团“奋斗的青春最美丽”系列活动的“重头戏”。前一阶段，全国各地团组织在活动中选拔推荐了1100余位优秀青年典型，在此基础上，我们经过综合考虑，最后确定了28位青年典型组成分享团。在座各位就是当代青年成长奋斗的优秀代表。衷心希望大家用自己的奋斗历程和感悟，帮助更多同龄人树立起正确的奋斗观念、注入健康成长的正能量。这个责任十分重大，我们对大家充满信心、充满期待。

二、大力弘扬奋斗的强大青春能量

各位青年典型来自不同岗位，成长经历各不相同，具体的事迹也各具特色。但是，在你们的身上，蕴含着高度一致的思想观念、价值取向和精神力量。跟广大青少年分享这些精神层面和价值层面的东西，正是这项活动的使命所在。概括起来说，要着重向广大青少年传播以下几个方面的内容：

第一，要奋斗就要胸怀梦想。梦想是奋斗的前提和动力。对当代青年来说，自身梦想的定位应该与中国梦的实现有机结合、同向而行。只有把个人的梦想融入到国家发展、社会进步、民族复兴的伟大梦想之中，把个人的奋斗融入到对国家民族的热爱、对社会责任的担当、对其他社会成员的帮助之中，动力才会更加强大，舞台才会更加宽广，也才能够在各种艰难险阻面前义无反顾、勇往直前。

第二，要奋斗就要脚踏实地。千里之行，始于足下。梦想可以宏大高远，但奋斗追梦的脚步必须始终坚实地踏在大地上。青年人要立足本职、埋头苦干，用刻苦学习、辛勤工作的踏实行动，一点点将梦想变为现实，而不能追求什么投机取巧的成功捷径。特别是要甘于做“小事”，做平凡的事，做看似枯燥的事，力戒心浮气躁、好高骛远，努力把每件“小事”做到最好，为“成大事”“创大业”打下坚实的基础。

第三，要奋斗就要争创一流。青年人总是朝气蓬勃，很多时候，是“要做就做最好”的想法，支持着青年朝最高的标准去拼搏奋斗。青年是人生中精力最充沛、思维最活跃的时期，一定要有这样一种敢为天下先、争创一流的劲头，有一种超越前人、超越自我的锐气，始终保持奋发有为的精神状态和昂扬向上的奋斗热情，勇于艰苦创业，锐意创新创造，奋力争先创优，不断开辟事业发展新天地。

第四，要奋斗就要不怕挫折。要奋斗，就难免经历失败与挫折，怎样对待这些失败挫折，决定了奋斗的方向和人生的高度。现在人们评价有的年轻人“脆而不坚”，初立志时豪气冲天，但一遇到些许摔打挫折，就很快败下阵来。青年的奋斗，应当有永不服输、坚韧不拔、愈挫愈奋的毅力和韧劲，敢于在失败挫折中经风雨、见世面、长才干，不断磨砺成长，让自己更加稳健地接近梦想的彼岸。

三、对开展活动的工作要求

在开展分享团走基层活动的过程中，还要注意把握好以下几个问题：

一是牢牢把握主基调。我们活动的主题非常鲜明,就是“奋斗的青春最美丽”,要通过这项活动,着力引导广大青少年把个人的美好梦想融入实现中华民族伟大复兴的中国梦之中,把对梦想的追求落脚和聚焦到扎实奋斗上来。每一场分享活动中大家都要牢牢把握这一主基调,切实唱响主旋律、传播正能量。

二是贵在传递真感情。朋友相交贵在真诚,同样,我们要打动青年、激励青年,真心诚意就是最大的力量。活动中,要注重讲真实的情况,谈真切的感受,提真挚的建议,不刻意拔高、不故作姿态、不好为人师,用真实经历和真情实感与青年交流,进一步增强分享活动的感染力和实效性。不仅要讲现在做出的一些大事情、大成就,更要与青年分享奋斗过程中的一个一个小故事,使青年想学、可学,受到更多启发和感召。

三是增强与青年的互动。我们这次活动定名为“分享团”,而不是“报告团”“宣讲团”,就是要超越居高临下的教导和灌输方式,作为青年的同龄人与他们平等交流和分享。因此,要把互动交流作为活动的核心环节,积极回应青年的所思所想,与青年一道直面和探讨他们关心的问题,用自己的奋斗经历、成长体会帮助青年释疑解惑,使他们真正受到鼓励和启迪。

四是大力用好新媒体。为了在活动中实现充分的交流和轻松分享,要更加注重发挥新媒体的重要作用。要通过网络在线直播、场内场外互动、视频转播推广等形式,扩大活动对青年的覆盖。同时大力开展主题访谈和微博讨论等活动,进一步在互联网上营造追逐梦想、崇尚奋斗的良好氛围。

最后,祝愿并相信我们的分享团走基层活动能够取得圆满成功。祝大家今后工作更顺利,人生更精彩!

秦宜智在全国高校共青团工作研讨班开班式上的讲话

2013 年 11 月 16 日,根据录音整理

今天,我们在全国青少年井冈山革命传统教育基地举办全国高校共青团工作研讨班,认真学习贯彻党的十八大和十八届三中全会精神,深入贯彻习近平总书记关于共青团和青年工作的一系列重要指示精神,分析形势、探讨问题,总结工作、谋划未来,同时接受革命传统教育、相互学习启发,这对进一步做好高校共青团工作具有重要意义。

参加这次研讨班的除了各团省委分管学校工作的副书记、学校部长之外,还邀请了一些高校团干部,以及正在这里接受培训的西藏、青海两地的高校团干部,目的是进一步了解高校基层的情况,把未来的工作谋划得更贴近实际。刚才,两个省级团委和四所高校团委的代表作了很好的发言。其中,安徽共青团借助组织部门的干部教育在线网络对高校团干部和团员青年进行教育培训,这种做法对我们很有启发。最近几年,我们坚持“眼睛向下、重心下移”做了很多抓基层、打基础的工作,“眼睛向下”的同时还要“眼睛向外”。“眼睛向外”,就是团组织常说的一句话“我们的资源是有限的,既无权又无钱”,但同时在党政机关、在社会领域我们又有很多可以借鉴、可以运用的资源,这就需要我们通过动员党政和社会资

源来做好工作。比如,推进共青团网络建设,用新媒体更好地服务青年、服务学生,是不是都需要我们自己重新来搞一套?安徽共青团的工作启发我们,要通过"眼睛向外",借助各种资源开展好团的工作。党的十八届三中全会对全面深化改革,包括在社会治理领域,有很多开创性、突破性的安排,这就更需要我们"眼睛向外",善于借助各种资源来做好工作。江苏共青团设立了新媒体发展中心,其他部分团省委也做了这方面的工作。从江苏的实践看,通过新媒体发展中心统筹共青团新媒体工作效果是好的,各地可以结合实际,因地制宜来开展这项工作。

近年来,各地高校团组织围绕教育改革发展和高校工作实际,把握大学生思想特点和成长发展需求,突出育人成才这一核心,扎实开展了大量丰富多彩、富有成效的工作,特别是在加强大学生思想引领、服务青年学生成长、组织大学生社会参与等方面,广泛开展了"我的中国梦"、"我与祖国共奋进"主题教育活动、青年马克思主义者培养工程、"挑战杯"、"三下乡"社会实践、志愿服务西部计划等重要工作和活动;同时,大力加强自身建设,在巩固原有组织体系基础上,探索形成了公寓建团、社团建团、网络建团等新型建团模式,高校团的组织活力得到增强,很多工作为全团创造和积累了经验。借此机会,我代表团中央书记处,向辛勤工作在高校共青团战线的广大团干部表示诚挚的问候!

对共青团来讲,今年是有着特殊重要意义的一年。5 月 4 日,习近平总书记参加团中央主办的"实现中国梦 · 青春勇担当"主题团日活动,与各界优秀青年代表座谈,寄语全国广大青年要坚定理想信念、练就过硬本领、勇于创新创造、矢志艰苦奋斗、锤炼高尚品格。现在很多团干部、团员青年对总书记的要求耳熟能详,并且在扎扎实实地践行。五四前夕,总书记还给北京大学的部分同学回信,勉励当代青年勇做走在时代前面的奋进者、开拓者、奉献者,努力使自己成为祖国建设的有用之才、栋梁之材,为实现中国梦奉献智慧和力量。5 月 29 日,总书记在六一儿童节来临之际,参加我们的"快乐童年　放飞希望"主题队日活动,殷切希望全国的小朋友从小要立志向、有梦想,爱学习、爱劳动、爱祖国,德智体美全面发展,长大后做对祖国建设有用的人才。6 月 17 日,总书记等中央领导同志参加团十七大开幕式。6 月 20 日,总书记同团中央新一届领导班子成员集体谈话,并发表了非常重要的讲话,对做好新形势下的共青团工作提出了新的更高要求,尤其是深刻阐述了共青团工作要把握的根本性问题,阐明了当前共青团工作中最主要的两个方面的不足;要求书记处的同志们要带头刻苦学习、带头苦干实干、带头严格自律、带头联系青年;要求广大团干部要坚定理想信念、心系广大青年、提高工作本领、锤炼优良作风。这些重要要求,是以习近平同志为总书记的党中央,站在党和国家事业发展全局的战略高度,着眼于不断创造中华民族美好未来的远大目标提出的,不仅有现实的针对性,更有长远的指导意义,是我们今后必须长期坚持的根本指导思想,必须切实贯彻落实的根本任务。

为贯彻中央精神,团的十七大之后,结合党的群众路线教育实践活动,团中央专门组织了"走进基层、转变作风、改进工作"的大宣传大调研活动,我们在座的很多人,包括地方团委和高校团组织的同志们,都参加了这一活动。大家按照"机关下基层、调研到支部"的要求,在为期三周的宣传调研中,与普通青年同吃同住同学习同劳动,在基层一线践行党的群众路线,在实际工作中了解新情况新问题,认真思考和研究做好工作的思路办法,形成了一些思想认识成果。举办这次高校共青团工作研讨班,就是要在前期工作基础上,就高校团的工作中一些重要问题,进一步听取大家的意见建议。借此机会,我就做好新形势下的高校共青团工作谈几点意见。

一、深刻理解团的根本性问题，不断夯实高校共青团基础性战略地位

习近平总书记在6·20讲话中，深刻阐述了共青团工作的根本性问题，这是我们思考和谋划共青团一切工作的根本遵循。高校共青团工作居于全团基础性战略地位，一方面，是基于高校团的工作对象——大学生群体的特殊重要性，另一方面，是基于高校共青团完善的组织体系和良好的工作基础。在新形势下，高校共青团工作面临许多新情况新问题，我们要善于从团的根本性问题出发，深刻认识高校共青团工作的时代内涵和重要价值，不断增强做好工作的责任感使命感。

首先，党和国家事业的新发展需要高校共青团更好地肩负起立德树人的重要任务。党的十八大以来，习近平总书记提出了实现中华民族伟大复兴的中国梦。实现中国梦，最终要靠一批又一批德才兼备的高素质劳动者和优秀人才。特别是当前，随着经济全球化深入发展和国际金融危机带来的深刻影响，国家之间的竞争越来越集中体现为科技和人才的竞争。同时，随着时代变革，人才观念也在发生新的变化，现代优秀人才不仅要有扎实的专业知识技能，更要有服务国家、服务人民的高度社会责任感、勇于探索的创新精神和善于解决问题的实践能力。党的十八届三中全会进一步明确提出，立德树人是学校教育工作的首要任务。人才培养是高校工作的根本任务，高校共青团是服务人才成长的重要力量。习近平总书记强调，培养中国特色社会主义事业建设者和接班人，是共青团的根本任务，这与学校教育工作的任务是高度一致的。这就要求我们，要从中国特色社会主义事业兴旺发达的战略高度，从时代发展对人才需求的新要求，从高校对于人才培养的特殊地位出发，深刻认识高校共青团工作在推进素质教育、服务学生成长成才中的重要作用，着力促进学生全面发展，着力提高学生学习能力、实践能力、创新能力，优化知识结构，提高综合素质，努力培养更多符合党和国家事业发展、符合时代要求的合格建设者和可靠接班人。

其次，经济社会的新变革需要高校共青团不断巩固党执政的青年群众基础。当前，我们国家发展进入全面建成小康社会的关键时期，同时也是改革攻坚期、矛盾凸显期。党的十八届三中全会，对全面深化各项改革事业做出新的重大部署。改革必将带来利益关系的深刻调整和社会关系的深刻变化。高校是思想意识和知识传播的集中地，特别是现代传媒使青年获取信息更加便捷，近年来，一些社会思潮、社会热点问题与大学生个人利益诉求、校园安全等问题交织叠加，成为影响校园环境的重要因素。大学一头连着社会、一头连着家庭，校园稳定是整个社会安定的极其重要的因素。习近平总书记强调，巩固和扩大党执政的青年群众基础是共青团的政治责任。这就要求我们一定要进一步把握好共青团组织的政治属性，切实做好高校学生思想政治工作。青年学生思想引导好了，党的执政基础才更稳固；越来越多的青年经受锻炼，成长为青年马克思主义者，我们的事业才能有源源不断的后续力量。

第三，高等教育改革的新格局需要高校共青团为提高高等教育质量做出积极贡献。近年来，随着科教兴国战略和人才强国战略的深入推进，我国教育改革发展取得很大进步。特别是2010年全国教育工作会议以来，高等教育着眼于全面提高教育质量的目标，贯彻《国家中长期教育改革和发展规划纲要》要求，确立了以人为本和素质教育的战略主题，明确了人才培养、科学研究、社会服务的基本任务，高等教育体制机制和工作格局正在发生深刻变革。习近平总书记强调，围绕中心、服务大局是共青团必须始终坚持的工作主线。这就要求我们一定要紧紧围绕高等教育改革发展的新格局新任务，更加注重体现以人为本的教育理念，充分发挥联系和服务青年学生的作用；要进一步加强社会实践教育，不断提高人才培养和社会服务能力；要积极参与校园管理，推动校园文化建设，引导学生在学校建设中发挥积极作用。

第四，共青团工作的新形势要求高校团组织进一步增强吸引力和凝聚力。当前，团的工作面临许多新情况新问题，青年流动分布多样多变的特点，对共青团组织覆盖和影响青年带来巨大挑战。为此，习近平总书记明确提出共青团亟须破解的两大战略课题。这就要求我们既要不断加强和拓展新兴领域工作，又要不断巩固和创新传统工作领域。从组织基础看，高校共青团整体活力较强，组织体系健全，团员青年整体素质较高，更有条件为破解两大战略性课题提供有价值的探索和经验。从团员规模看，随着高等教育大众化发展，大学毛入学率已从 1978 年的 2.7% 提高到 2012 年的 30%，全国 2700 多所大学在校人数达到 3100 多万，团员人数超过 2000 万，高校加上中学、中职，学生团员占到 8900 多万团员总数的三分之二左右，高校团的工作做好了，就能为全团提高影响力发挥更大作用。从高校共青团工作影响看，大学共青团居于全团工作承前启后的重要阶段，高校团的工作直接影响着学生走向社会以后其他领域团的工作，抓好高校共青团工作，就稳住了共青团的基础。

高校团组织既要看到我们工作中面临的重要机遇和工作空间，同时也要增强忧患意识。前不久，中国青少年研究中心的一篇文章介绍了苏联解体之前党团工作的一些教训，其中很多问题值得我们深思。从正面讲，学校共青团工作有比较好的基础，组织体系和工作机制健全，工作力量比较强，但事实上工作效果到底怎么样，我们还要保持清醒。建议大家看看这篇文章，会对思想有所触动、对工作有所帮助。

二、牢牢把握思想政治教育这一首要任务，切实增强大学生思想引导工作实效

青年代表着国家的未来和希望。青年人尤其是具有较高素质的大学生思想状况如何，直接关系到中国特色社会主义事业的兴衰成败。前不久，习近平总书记在全国宣传思想工作会议上深刻指出，“一个政权的瓦解往往是从思想领域开始的”，“必须一刻不能放松和削弱意识形态工作”。高校团组织要充分认识到，加强对青年学生的思想引导，帮助青年一代树立正确的理想、坚定的信念，是青年学生成长的根本要求，是共青团组织的首要任务，也是高校共青团在高校整体工作中最重要的切入点。当前，我们要清醒认识到，与党的要求相比、与青年学生活跃的思想实际相比，高校共青团思想引导的吸引力、感染力不够强这一最主要的工作不足，树立问题意识，从分析和把握突出问题入手，真正做到追根溯源、知彼知己、有的放矢。目前，要着力解决好三个方面的问题。

1. 要解决好在多元思潮中突出核心价值的问题，用中国梦的共同理想凝聚青年学生。任何一种思想意识的形成都不是简单的、线性的，都是在与各种思潮的交锋与融合中逐步被人们所接受和认同。当前，社会转型期各种社会思潮不断涌现，人们思想活动的独立性、选择性、多变性、差异性显著增强，用社会主义核心价值观统一思想、凝聚共识的任务更加艰巨。

首先，要清醒认识青年学生思想意识的复杂性。青年是思想意识最为活跃的群体，高校是思想观念最为活跃的领域。同时，大学生是未来社会发展的骨干力量，因此也是西方敌对势力在意识形态领域争夺的重点对象。近年来，大学校园与社会生活的互动更加直接、频繁、广泛和深入，很多情况下，各种思潮与社会问题相互交织，更具有一定的鼓动性和煽动性。当前，社会领域比较突出的几种思潮，不

管是西方舆论对普世价值的鼓吹，还是历史虚无主义对于我们党和国家历史的否定，还是新自由主义对于国家基本制度的诋毁，都容易使思想意识还处于形成中的青年学生受到影响。调研显示，部分青年学生政治认识模糊、政治追求功利化倾向较为明显。这充分说明意识形态领域斗争的复杂性、艰巨性、紧迫性，也给我们的工作提出很大的挑战，值得我们高度警醒、深刻反思。

其次，要突出用中国梦的共同理想武装青年。在青年学生中树立核心价值，一定要旗帜鲜明，要站在理想信念的制高点上。要把握大学生对于理论分析和历史逻辑都有较强理解和接受能力的特点，更多地通过理论分析、事实比较等方式增强青年学生对中国梦的理性认同、感情认同。对青年人来讲，坚定理想信念，首先就是要坚持“两个一百年”的奋斗目标和中华民族伟大复兴的中国梦。要以“我的中国梦”主题教育实践活动为统领，在青年学生中讲清楚中国梦的基本内涵，讲清楚国家梦、民族梦与个人梦的关系，讲清楚确立梦想和为梦想奋斗的关系，使青年学生认识到，我们的奋斗目标和道路不是凭空想出来的，而历史发展的过程本身也不允许人为想出来，进而用中国梦激发学生的历史责任感、打牢学生的共同思想基础，引导他们把为实现中国梦而奋斗作为共同的理想目标和人生追求，让更多的青年学生敢于有梦、勇于追梦、勤于圆梦。

今年4月份以来，全团组织开展了“我的中国梦”主题教育实践活动，各地高校团组织做了很多工作，效果是好的。需要强调的是，这项教育实践活动是一个长期的过程，我们要结合各地青年实际进一步把活动引向深入。对于中国梦的宣传教育，在一段时间内声势比较大，青年学生也比较容易接受，关键是如何深入持续地开展好这项工作？团中央也在考虑这个问题。最近我们从各地推选的1100多位优秀青年中选出了28位同志组成了“我的中国梦——奋斗的青春最美丽”分享团，也是进一步深化这项工作的尝试。各地都有一些非常生动的素材，有自己的想法，要持续做好这项工作。

第三，要把中国梦的共同理想转化为青年学生走中国道路、弘扬中国精神、汇聚中国力量的实际行动。中国梦是宏伟目标，更是实际行动。高校团组织开展“我的中国梦”主题教育实践活动，一定要落到实处，而不能概念化、庸俗化。要引导青年学生认识到，中华民族从鸦片战争以后不再任人宰割，而要走出一条崭新的道路，这就是中国特色社会主义道路；中国特色社会主义道路，是通向中华民族伟大复兴的必由之路，是中国梦得以实现的成功之路。要引导青年理解社会发展的基本规律、信仰党的理论、信任党的领导，增强对中国特色社会主义的理论自信、道路自信、制度自信，不断增强团结一心的精神纽带、自强不息的精神动力，心往一处想，劲往一处使，汇集起推动党和国家事业发展的青春力量。

2. 要解决好在现实问题基础上坚定远大理想的问题，帮助青年学生树立科学客观理性的社会观念。理想信念是思想问题，但根源在社会现实。思想工作的最大价值，在于廓清思想困惑、解决实际问题。当前，思想引导效果不好的一个重要原因，就是理论和现实之间的矛盾没有得到很好统一。解决这个问题，关键在于引导青年学生形成客观科学理性的思想观念，正确认识和看待社会问题，思想想得通、信念才能立得住。当前，要着重对青年易感困惑的现实问题进行有效阐释。

一是理想和现实的关系。青年人不乏梦想，但很多青年人却感到“理想很丰满、现实很骨感”，这反映了当前一些青年人面对挫折和问题时的焦虑和困惑。这就需要我们通过深入开展“我与祖国共奋进”、“与信仰对话”等主题教育活动，努力把党和国家发展的大道理与青年学生切身体会的小道理结合起来，引导他们正确把握理想和现实的关系，正确认识历史发展规律，自觉把个人理想建立在经济社会发展的时代大背景下，把个人价值实现植根在党和国家事业发展的坚实基础之上，从长远、从根本上把握成就事业的正确方向。

二是主流和支流的关系。当前各种社会矛盾突出，很多现实问题冲击人们的思想道德底线，直接影响着青年人的心态和选择。这就需要我们引导青年人以健康积极的心态来看待和认识这些问题，以建设者的姿态来维护社会和谐稳定。引导他们认识到当前社会热点问题凸显具有一定的必然性，既要看到问题严重，下决心加快解决；又要看到整个社会快速发展、充满活力，客观承认、积极面对社会热点问题。只有认清了社会发展的规律和方向，才能正确解答和应对心中的质疑和困惑。

三是物质和精神的关系。大家都有一个感觉，这些年来社会生活越来越物质化、越来越实用主义。这种现象在青年学生中也有明显反映，并且直接影响着学生的价值取向。在这个问题上，我们不是单纯反对物质追求和个人利益，关键是不能过度。这就需要我们通过开展“劳动·创造·奋斗”等励志教育，引导学生树立正确的成才观念和价值取向，自觉培养劳动创造财富、奋斗成就人生的价值观念，认识到为公众服务、奉献社会才是有价值的人生，摈弃浮躁心态，自觉践行社会主义核心价值体系。

四是朝气和暮气的关系。今年5月，人民日报刊出一篇文章，叫《莫让青春染暮气》，反映了当前一种社会现象：青春虽美好，但却不再属于我们的青年一代。这一方面，是因为青年背负过重的压力和责任，另一方面，社会制度不完善导致的阶层固化、分配不公等现象让一些人疏于奋斗。没有进取精神，事业就没有动力。要引导青年认识到，一代人有一代人的责任，在全面建成小康社会的关键时期，需要全体人民贡献智慧和力量，尤其需要广大青年发挥生力军作用。在时代召唤面前，青年应当奋起，应当有责任和担当。

五是竞争和合作的关系。现代社会竞争加剧，也延伸到校园和同学之间，特别是在独生子女环境中长大的一代人，更需要正确处理与他人、与集体、与社会的关系。要引导他们认识到，在市场经济条件下，需要通过竞争来提高效率、增进创新，但在社会分工不断细化的趋势下，更需要相互协作、共同发展。要正确认识集体和个人的关系，爱护同学、友善互助，积极践行礼让宽容的人际关系，自觉维护安定团结的社会大局。在调研中，我们也发现目前很多学生反映压力很大、竞争很强、人际关系紧张，这一方面是社会发展的特定阶段客观造成的，但更多的与学生的成长经历有关系，所以高校团组织一定要在帮助学生更好适应社会生活方面多做工作。

3.要解决好思想内容与传播形式的统一问题，真正使思想引导入耳入脑入心。当前，很多人都感到青年学生自主观念增强，思想意识、政治观念淡漠，对于思想政治内容不愿听、不相信。这一方面是时代发展带来的青年思想观念的新特点，另一方面是我们的工作没有被认可，特别是政治身份在社会生活中的作用发生变化后，就更需要我们既要唱响主旋律，又不能空喊口号，要通过有效的方式使青年学生真学真懂真信。

一是要注重提高青年学生理论学习研究的思想自觉。理论学习和研究是高校的优势和特色，高校学生对现实问题有着探究的兴趣和条件。对于思想政治问题，要注重发挥学生的自主性和参与性，这比起简单灌输和说教更有效。前不久，我到陕西调研，省领导专门介绍了陕西师大“马列理论读书社”的情况。这样一个以马列理论学习研究为核心的读书社坚持活动25年，在全校发展了20多个分社、260多个理论学习组，9000多名学生常年坚持有组织的理论学习，值得我们深入研究。这也启发我们，让学生在自我学习、自我教育中得到成长是思想引导的一种重要的方式，要通过理论自觉而不是被动接受，使他们在学习研究中找到乐趣、发现价值。团组织要通过青年马克思主义者培养工程等，多为学生提供这样的平台和机会。

二是要更加注重发挥实践育人的组织优势。实践阅历是人生成长最宝贵的财富，正所谓"纸上得来终觉浅，绝知此事要躬行"。特别是对于青年人来说，只有在实践中、在实际生活中、在基层体验中，才能真正增进感情、认识国情、增长才干，这也是我们党对青年一代成长、对共青团工作的一贯要求。共青团素有实践育人的组织优势和传统。这些年来，先后有16万多名高校毕业生参加志愿服务西部计划，1万多人扎根西部基层，为促进经济社会发展发挥了积极作用。北京高校系统与区县团组织合作，每年定期组织大学生深入农村进行社会实践，既帮助当地解决一些发展中的问题，又了解了国情，使团干部得到了锻炼，很有成效。发挥实践育人的优势，关键是要整合资源、形成机制，我们要不断深化"三下乡"、西部计划等活动，加强与生产劳动、社会实践、社会调查等相结合，增强活动的思想性和专业性，使这些活动成为青年走进基层、接触地气的有效方式。

三是要高度重视运用新媒体手段。新媒体技术应用规模之大、影响之深都前所未有，对于大学生的影响更不容忽视。目前，我国近6亿网民、4.6亿手机网民以及3亿多微博用户中大部分是青年，而大学生群体更是占了较大比例。互联网作为一种生活方式、交流方式、聚集方式和工作方式，影响到他们的方方面面。同时，互联网也成为舆论斗争的主战场，成为影响青年人思想意识的主渠道。中央明确要求我们要占领网络舆论主阵地，对青年进行有效的引导，这是一项非常艰巨的任务。当前，我们在应用网络开展工作方面应该说意识是强的，总体上也是走在前列的，但与网络迅猛发展的态势相比，我们还需要下更大的功夫，特别要注重加强两个方面的工作。一是要加强内容建设，使共青团的网络产品和声音有受众、有影响、有呼应。当网络刚刚开始普及的时候，我们的首要任务是尽快占领这个阵地，现在全团有4000多家网站，比较活跃的微博有16万多个，在硬件、设备、阵地方面基本上具备了一定基础，关键是要有好的内容。网上的东西浩如烟海，青年学生为什么会选择我们？下一步要在内容的吸引力、感染力上多下功夫。另一方面要积极开展网络斗争，对于网上别有用心的言论要旗帜鲜明地开展斗争，无论是从能力、从影响来看，高校共青团都应该走在前列。

四是要注重把握思想引导的基本面。开展思想引导要看到两个现象。一是思想引导不是一朝一夕的工作，而人们思想观念的反应也总是在极端情况和关键时刻表现出来，因此，思想引导要长抓不懈，关键时刻才能心里有底，这是一个基本面。二是思想引导对于每个人是不一样的，不同职业、不同身份、不同经历的人思想意识不同，对政治问题的反应也不同，需要因人而异、体现针对性，对大部分青年要使他们理解党的理论、拥护党的事业、坚定不移跟党走，对于一部分优秀青年，则要使他们成长为青年马克思主义者。同时，要注重抓住核心群体和人物，发挥他们的导向作用。

此外，在高校学生思想引导工作中，也还要重视运用中华民族优秀的传统文化引领学生。当前，通过网络、学术交流、出国留学等方式，大学生对国外思想文化的了解更加便捷，比较而言，对于中华传统文化的感知反倒不充分。中华五千年文明史蕴含着博大的思想内涵，比如，家国情怀、道德观念、人际伦理等思想，诚实守信、明辨是非、自强不息等道德元素，不论时代如何变迁，这些重要的观念，始终影响着人们的思想和行为。民族优秀传统文化在教育引导人们思想道德方面的积极作用，应该说越来越有共识。世界上四大古代文明延续到今天的只有中华文明，这本身就非常说明问题。今天新的思潮很多，反而容易导致我们忽视了传统文化的价值，而这正是我们的根基和血脉，是维系中华文化、使中国人之所以成为中国人的根本所在。有时我们不一定明确感受得到，但在我们的思想观念里、在我们待人接物中却发挥着潜在的影响。前不久我到大连调研，大连团组织近几年一直在推动《弟子规》经典阅读活动，《弟子规》是清朝儿童启蒙读物，大连团市委在全市青少年学生中开展诵读活动，作为青少年思想教育的重要素材，效果很好。中央领导同志也强调，要重视传统文化在培育和践行社会主义核心价值观中的作用，这项工作需要引起我们的重视。

三、紧紧围绕青年学生最需要的现实需求，不断提高高校共青团服务能力

服务青年是共青团的重要职责，也是扩大团的工作有效覆盖面的基本要求。习近平总书记明确指出，要着重加强对困难青少年群体的服务，特别是每年600多万的高校毕业生以及城乡贫困家庭青年等群体，让团组织成为他们遇到困难时想得起、找得到、靠得住的力量。高校团组织要切实增强服务意识、提高服务能力，努力把工作做到青年学生最需要的地方。

一是要切实服务青年学生就业创业需求。就业创业是青年学生最现实最美好的梦想。大学生顺利就业创业对个人、对家庭、对社会、对国家都是一件大事。近年来，高校毕业生人数逐年攀升，今年达到创历史纪录的699万。“社会竞争残酷，就业前途渺茫”成为大学生最感苦恼的问题，而因为不能顺利就业创业出现的蚁族、北漂等青年群体，更反映出这一问题的严峻。共青团组织服务就业创业，关键要把握好青年需求、市场供求和政府政策三者的结合，在其中发挥好团组织应有的作用。要帮助大学生转变就业观念，通过实施西部计划等引导高校毕业生勇于到基层、到西部、到祖国最需要的地方建功立业。要主动开展好就业创业培训，深化“挑战杯”等一系列有影响的品牌工作，积极整合市场资源为大学生就业创业创造更多机会。党的十八届三中全会强调，要“使市场在资源配置中起决定性作用”，这是一个巨大的突破，带给我们直接的影响可能就是将来自主创业的青年会越来越多。目前，国外应届毕业生创业比较活跃的国家比例达到20%，一般的也在10%左右，而我们一般不超过3%、4%，水平还比较低。现在青年自主创业正在向着好的方向发展，加上制度改革的推动，这种趋势会更明显，团组织要有意识在这方面开展工作。

二是要重视服务青年学生全面发展。适应现代社会人才需求的新特点，大学生不仅要有专业知识和技能，更要锻炼和形成社会需要的创新能力、学习能力、交往能力，等等。因此，高校共青团要把握青年学生成长成才的内在规律，着眼于综合素质提升，深化素质拓展，帮助青年学生在校期间得到全面成长。当前，要着眼于提高学生的创新能力，大力开展课外学术活动、科技活动和创新创业，提高学生的学习热情，为开发青年学生创新潜能搭建平台、提供舞台。要着眼于培养学生的适应能力，对于有心理障碍或问题的学生，要帮助他们缓解日常学习、人际沟通、社会竞争等方面的困惑和压力，积极健康地学习和生活。要着眼于丰富学生思想文化生活，积极开展校园文化建设，用文明健康的生活方式和精神风尚引领青年。要努力通过共青团工作，让青年学生在思想成长、学业进步、身心健康有机结合，在德智体美相互促进、有机融合中实现全面发展，成为可堪大用、能负重任的栋梁之材。

三是要特别关注青年学生中的困难群体。让每一个青年人都能获得平等的教育成长的机会，都能成为国家社会需要的有用人才，这是教育工作的本质所在，也是以人为本理念在学生培养中最直接的体现。中国传统教育强调,“有教无类”、因材施教,本质上也体现了一种教育公平的思想,就是要让每一个学生都能成长成才。而在实际工作和生活中,我们都有一种体会,就是那些学习好、素质全面的学生往往会得到更多的关注和机会,升学以及优秀学生评选、各种校园活动等,也往往都是集中到那些表现出众的学生身上。而对于那些自身条件不够好、存在各种各样问题和困难的学生却常常被忽视,当然这也与他们自身不活跃、参与度不高有关,这也就是教育中的“马太效应”。高校共青团工作要做到实处、要做出价值,就既需要锦上添花,更需要雪中送炭。当前,高校学生中有困难和问题的人不少,特别是社会贫富差距扩大等现象在高校也有直接体现,比如,名校农村生源比例不断降低的现象等,对学生成长发展和学校的教育管理带来广泛影响。我们要认识到,教育公平不仅要体现在教育资源的配置上,更要体现在对特殊教育对象的关注上,使优秀的人更优秀是一方面,而关注那些存在问题和困难的学生成长,边际效用却要大得多,这不仅对困难学生本人而言是这样,对于培养人才的大事业而言也是这样。这里说的“困难”学生,不仅是经济困难,还包括性格内向不愿意参加组织活动甚至存在心理问题的学生。调研中大家也反映,目前高校共青团工作中存在“二八”现象,就是20%的同学或者以他们为主参加了80%以上的活动,很多活动看起来很热闹,但是真正的覆盖面不够广,现在要下决心打破“二八”现象。对于“困难群体”,团组织要特别给他们以帮助。要看到,宏大的国家事业需要的不仅是优秀人才,真正很优秀的学生也往往不需要团组织或学校为他们做太多事情,而真正需要帮助的正是那些比较困难的同学。大家对近年来在学校发生的极端事件肯定记忆犹新,令人极其痛心。如果我们能及时关注、关心一下这样的困难学生,这样的事情就会少一些,对个人、对家庭、对社会的损失就会降低一些。

另外,关心服务青年学生成长的一个重要方面,就是要帮助青年学生形成健康的体魄。我们都还记得,青少年问题专家孙云晓同志1993年发表过一篇后来产生了很大社会影响的文章,叫《夏令营中的较量》,是关于中日少年探险夏令营的纪实报道,文章指出了中国青少年在生存能力方面的很多弱点。20多年后的今天,这个问题应该说没有得到缓解,甚至还在加剧。据孙云晓同志后续的研究表明,最近20年我国青少年体能素质包括肺活量、速度、力量等还在下降,仅眼睛近视的比例,高中生就达76%,大学生高达83%。另据某地去年下半年对在校大学生体质基本状况的调研显示,一是大学生体质呈下降趋势。87.5%的大学生认为身边同学的身体素质越来越差的情况“很普遍”或“比较普遍”。二是大学生对自身体质的满意度不高。仅有4.8%的大学生表示对自己的体质非常满意,23.4%的大学生表示比较满意,绝大部分是不满意。三是大学生体质支撑能力明显不足。26.9%的同学表示身体抵抗力明显下降,42.9%的同学有易瞌睡、注意力下降的问题。四是大学生体质自我关注度不高。仅有21.6%的同学对自己的身高、体重、肺活量、血压等体测项目的具体数值了解且比较注意。此外,我还听办公厅的同志说起,2008年全国大学生骨干培训班的一次活动中,当中央领导同志给大家做即席讲话时,前后有好几个同学现场晕倒。体育锻炼对青少年来讲是一件非常重要的事情,通过体育活动,可以培养团队意识,可以培养不怕困难、勇于拼搏的性格,有很多好处。现在学生很多时间用在为将来就业而拼命读书、提升自身技能等方面,另外稍有点时间就花在了网络上,很多学校体育锻炼的氛围也没有原来那么浓了,这是一个很大的问题。有知识、有本领、有文化了,但身体却垮了,尤其现在很多是独生子女,这样下去怎么得了?希望大家都能够认识到这个问题的重要性,针对这个问题多出出主意、想些办法。

四、切实加强高校共青团自身建设，着力提高工作科学化水平

一直以来，学校共青团组织体系相对健全、作用发挥比较充分。但当前，高校共青团组织更需要居安思危，看到组织覆盖和组织活力的不足，看到学生社团兴起带来的挑战，增强忧患意识，坚持党建带团建，切实加强自身建设，努力成为联系和服务青年学生的坚强堡垒。

1. 要坚持巩固和创新并重，真正扩大高校团组织有效覆盖。随着高等教育改革不断深化，大学校园生活发生明显变化。一方面，由于学分制、导师制、后勤社会化改革影响，青年学生的组织和聚集模式发生变化，普通高校大学生传统班集体建制有所弱化，班级团支部功能相应减弱；部分民办高校由于管理隶属关系不同，存在团组织不健全甚至极少数民办高校没有团组织。另一方面，按照学科划分院系、按照学制区分年级的基本制度和组织架构没有根本变化，学生基本集体单元依然是班级，传统的班级团支部仍是团组织开展工作和活动的有效阵地。这种新情况决定了高校团组织建设的基本思路，就是要把巩固传统组织和创新新型组织结合起来，在巩固传统班级团支部建设的基础上，进一步完善社团建团、宿舍建团、实验室建团、网络新媒体建团等新的团建方式，不断扩大组织的有效覆盖面。

2. 要坚持内生活力与外部动员相结合，着力提高高校团组织活力。高校学生素质整体较高，学生的个性和需求都较高，增强高校共青团组织活力，需要把握青年学生脉搏，努力提升团支部的工作水平。一方面，要注意总结高校基层的成功经验，通过先进思想引领、推优入党、多样化兴趣满足、同伴影响共同成长、校园文化建设等具体路径，形成有效的活动方式和内容，增强组织活力。同时注重加强团员意识教育，发挥团员的主体作用，激发团员青年的积极性和创造力，推动团的基层组织建设整体加强。另一方面，要注重社会动员，社会蕴涵着丰富的教育资源，高校团组织要善于开展社会动员、借助社会资源，作为激发和提升组织内部活力的有效手段，通过与社会资源的互动和互补，活跃高校共青团工作，不断增强组织吸引力和凝聚力，这也就是“眼睛向外”的问题。

3. 要坚持联系服务和管理相结合，高度重视高校学生组织发展。高校学生社团蓬勃发展是近年来一个突出现象，所谓“百团大战”的局面最早也是在学校领域出现。高校团组织要高度重视学生社团发展所揭示的基本规律，努力通过构建枢纽型团组织，着力探索形成以共青团为主导、为龙头的青年社团组织体系，加强共青团对学生社团组织的服务、引导和管理，寓管理于服务之中，延伸团的工作手臂，拓展团的工作空间，调动好、发挥好学生会作为学生“自我教育、自我管理、自我服务”主体组织、学生社团作为活跃校园文化骨干力量的积极作用。另外，有一个问题高校团组织要清醒把握，就是团委和学生会、社团的功能定位要区分，各级团委一定要负起责任，管理好、服务好学生会以及其他新兴社团，这个问题如果不认识清楚、不在实际中抓好，将来会出大问题。

高校团干部是共青团工作的一支重要力量，是推动高校共青团工作的主力。高校团干部对于学生来讲，具有特殊的身份。一方面，作为团干部，是学生的朋友，另一方面，作为老师，是学生的传道、授业、解惑者。因此，高校团干部责任更重一层，必须增强责任感、使命感，以党的群众路线教育实践活动为契机，以转变作风为重点，按照习近平总书记的要求，始终坚定理想信念、心系广大青年、提高工作能力、锤炼优良作风，努力成为青年学生的良师益友。

一是要有坚定的理想信念。“学为人师，

行为世范”。高校团干部只有自身理想信念坚定，才能坚持正确的育人方向，以灵魂影响灵魂，以人格引导人格，培养出理想远大、信仰坚定的学生。高校团干部要自觉加强学习，用中国特色社会主义理论体系武装自己，做政治坚定者的引路人，引领学生走中国特色社会主义道路。

二是要真正融入青年学生。总体上说，团组织“机关化”和团干部“官僚化”倾向是影响共青团履行职责的突出问题，是全团要着力克服的主要作风问题。我们一直强调，机关不能脱离群众，而事实上基层干部脱离群众的现象也并不罕见，这种情况其实更可怕。我们同时也看到，高校学生干部中也一定程度上存在“眼睛向上”的问题，往往更多关注团委老师的意见和想法，而忽视了与普通学生的沟通和尊重。习近平总书记要求，每个团干部都要有一定数量的普通青年朋友。高校团干部和学生干部工作生活在学生中间，和他们交朋友，真正了解他们的所思、所想、所需，这对于做好高校共青团工作有着十分重大的意义，当然这也是在高校领域开展好党的群众路线教育实践活动的必然要求。高校的团干部、学生干部一定要在更大范围更深层次上与普通学生交朋友，努力做学生“友”，不做学生“官”，这要作为高校团组织开展群众路线教育实践活动的重大成果坚持下来。

三是要提高业务本领。给学生一杯水，自己必须先有一桶水。高校学生群体的突出特点和高校工作的特殊环境，对高校团干部能力素质有着更高的要求。总的看，大学生群体具有理性、思辨、热情等明显特质，这也决定了高校团的工作不仅要通过做实事来从感情的层面赢得学生，更要注重在思想和学术层面与他们交流和沟通，可以说这两个重要方面都是必不可少的。一般来讲，高校团干部、学生干部综合素质非常优秀，大家在学生阶段往往也在专业学术领域有着较高的水平，至少是能够保持着对学术前沿的关注、保持着对社会思潮的敏感。但在从事团的工作后，一些人就忙于事务而忽视了对思想和专业学术的积累，这其实是自觉不自觉地丢失了与同学沟通的一个基本渠道。因此，高校团干部、学生干部要真正与学生融在一起，一方面要有对学生的感情，另一方面还要有走进青年学生的信心、勇气和知识储备。如果团干部不注重学习，在意识形态工作、青年群众工作和运用新科技手段等方面的素质和能力严重不足，在与大学生进行面对面思想交锋时就会没有底气。反过来，与学生没有共同语言，而仅会讲官话、套话，就不能获得学生的认同，甚至还会引起学生的反感。因此，习近平总书记强调，团干部要走在青年前列，不能做青年的尾巴，对高校团干部来讲，这有着更高的要求和现实针对性。我们必须具备广博的知识和广泛的兴趣，不断提高专业素养和学术水平，敢于与青年学生面对面沟通交流，一起碰撞思想、讨论问题，善于做青年学生思想的引导者、就业创业的指导者、心理问题的辅导者，成为学生心中最爱戴的朋友、老师。

四是要锤炼扎实作风。要抓住党的群众路线教育实践活动的契机，树立正确的成长观、价值观，养成求真务实的作风，保持昂扬向上的精神状态，敢于攻坚克难，扎扎实实地把工作任务落到实处。

同志们，做好新时期高校共青团工作使命光荣、责任重大。让我们在以习近平同志为总书记的党中央的坚强领导下，在教育部门的关心支持下，牢记使命、锐意进取，努力开创高校共青团工作的新局面，为党和人民培养更多中国特色社会主义事业的合格建设者和可靠接班人。

秦宜智在第二届政府部门与农村青年致富带头人“倾听心声共促发展”活动总结座谈会上的讲话

2013 年 11 月 22 日，根据录音整理

很高兴参加这次座谈会。首先，我代表团中央，向长期以来关心和支持共青团工作的科技部、农业部、中国银监会、中国农业银行的领导表示感谢，向参加“倾听心声共促发展”活动的各位专家、农村青年致富带头人表示感谢！

政府部门与农村青年致富带头人“倾听心声共促发展”活动，是全团 2012 年启动的一项工作，目的是创新共青团联系和服务农村青年的工作载体，通过建立政府涉农部门与共青团组织联动的工作机制，帮扶农村青年创业就业。两年来的实践表明，这项活动发挥了沟通联系、了解需求、解读政策、建言献策的作用，受到了农村青年致富带头人和农村青年的普遍欢迎。在工作中，各地团组织主动沟通，政府涉农部门大力支持，建立了良好的合作关系，为活动取得实效奠定了基础。希望进一步把这项活动的经验总结好、机制梳理好、成果应用好。

刚才，听了几位部委领导的讲话，很受启发。几位专家和农村青年致富带头人代表，从不同角度谈了自己的思考和建议，讲述了自己带领村民乡亲创业就业的“酸甜苦辣”，让我们感受到了大家对党和国家事业的责任感、对基层群众的深厚感情和带领农村青年创业致富的热情与决心，为我们继续做好工作增添了信心。借此机会，就共青团开展促进农村青年创业就业工作，和大家交流三个方面的情况。

一、共青团开展创业就业工作的基本考虑

就业是民生之本，促进就业是全社会的共同责任。作为党领导的青年群众组织，共青团高度重视并下大力气促进农村青年创业就业，主要基于三个方面的考虑：

1. 做好这项工作，是贯彻落实中央要求的实际行动。近年来，党中央书记处在每年年底听取团中央工作汇报时，都明确要求共青团要配合同级党委和政府多渠道开发就业岗位和加强就业扶助，全力促进青年创业就业。今年 6 月 20 日，习近平总书记在同团中央新一届领导班子集体谈话时强调，团组织要调动社会资源，千方百计为青年排忧解难。11 月 8 日，习近平总书记在致 2013 年全球创业周中国站活动组委会的贺信中指出，全社会都要重视和支持青年创新创业，提供更有力的条件，搭建更广阔的舞台。贯彻落实党中央和习近平总书记的要求，我们在团的十七大上提出，要为青年创业就业提供服务，在帮助青年树立务实就业观念、科学规划职业生涯的基础上，通过深化青年就业培训、见习基地、小额贷款、青年创业带头人培养等工作，努力帮助解决青年就业创业过程中遇到的技能、信息、资金等问题，使更多青年实现就业创业。

2. 做好这项工作，是服务党政工作大局的重要切入点。围绕中心、服务大局是共青团的工作主线。从服务就业角度看，我国是一个人口大国，劳动力规模庞大，就业问题始终是我国经济社会发展面临的长期性、战略性课题。青年是新增就业的主体，就业问题主要是青年问题。党的十八届三中全会明确提出，健全促进就业创业体制机制，促进以高校毕业生为重点的青年就业和农村转移劳动力、城镇困难人员、退役军人就业。从服务“三农”角度看，在工业化、信息化、城镇化、农业现代化加速推进的背景下，农村青壮年劳动力持续向外转移，

一些地方农忙季节缺人手问题越来越突出、务农劳动力老龄化越来越明显、农业兼业化、副业化越来越普遍,“谁来种地”、“怎么种地”,成为农业发展必须面对和解决好的问题。共青团开展促进农村青年就业创业工作,一方面通过提升技能,可以促进农村青年有序转移,实现就业,助力工业化、城镇化进程;另一方面,通过引导青年立足农业农村自主创业,发展规模化、产业化经营,可以为农业发展培养新型经营主体,助力农业现代化进程。

3. 做好这项工作,是服务农村青年增收致富的有效途径。习近平总书记指出,青年有什么需求,团组织就要开展有针对性的工作。前些时候,团中央开展“走进青年、转变作风、改进工作”大宣传大调研活动,调研表明,农村青年最普遍、最迫切的需求,就是增收致富。农村青年收入来源主要有经营性收入、工资性收入、转移性收入、财产性收入四个方面。总的看,经营性收入占总收入的近一半,但占比呈逐年下降的趋势;工资性收入占总收入的四成,占比呈逐年上升的趋势。促进农民增收,关键要提高农业经营性收入和工资性收入。培养农村青年致富带头人,梳理出、推广好他们有普遍意义的致富经验、路径和办法,发挥好他们的“领头雁”作用,带动更多农村青年走上增收致富之路,是共青团服务农村青年根本需求的一个重要努力方向。

二、共青团在促进就业创业方面的主要探索

近年来,共青团农村战线按照全团的统一部署,结合农村青年的实际,紧紧围绕破解制约农村青年就业创业的“技术难”、“资金难”、“人才难”等问题,上下联动、左右协调,做了大量工作,收到了一些成效。

1. 着眼破解“技术难”,积极争取各方面资源,广泛开展技能培训工作。在与政府部门合作方面,团中央与农业部共同启动了农村青年创业就业行动,与科技部联合开展了“农村青年科技特派员创业行动”,与国务院扶贫办联合实施了“雨露计划 · 扬帆工程”助学行动;在争取企业支持方面,我们与种都、四季沐歌、美涂士、中英、微软等企业合作实施了很多培训项目,努力为基层开展培训营造好的政策环境、提供好的资源条件。在团中央的示范和推动下,各地团组织动员更多社会力量,扩大培训规模,努力提高培训的针对性和实效性。2009 年以来,各地共青团组织累计培训农村青年 1300 万人,带动就业 342 万人。

2. 着眼破解“资金难”,加强与银行业金融机构合作,推进创业小额贷款工作。在争取金融政策方面,团中央联合中国银监会出台指导意见,提出创新担保方式,积极推动农村青年创业小额贷款工作。在“团银”合作方面,各地团组织与农业银行、邮政储蓄银行、农村信用社等金融机构开展合作,推出专属产品,降低贷款门槛,提供便捷服务。同时,我们与银监会、人民银行分别联合开展送金融知识下乡、农村青年信用示范户等工作,扩大工作覆盖面。2009 年至今,全团共推动发放小额贷款 825 亿元,获得贷款的农村青年 165 万人;开展金融知识培训 47000 多期,培训农村青年 297 万人。

3. 着眼破解“人才难”,发挥组织优势,通过培养农村青年致富带头人,为农村青年就业创业提供示范和帮助。2011 年,团中央成立了中国农村青年致富带头人协会,搭建农村青年致富带头人学习交流、发展事业、发挥作用的平台。随后,22 个省(区、市)团委成立涉农青年协会组织,吸纳发展会员近万人,一些地市、县团委也成立相应组织,广泛联系优秀农村青年。组织建立起来以后,通过培训交流、经贸考察、项目合作等方式,为农村青年致富带头人发展提供服务。注重评选表彰农村青年致富带头人,宣传优秀典型,并通过见习培训、技术推广等形式,发挥示范作用,影响和带动更多农村青年增收致富。

在实践中我们感到，促进农村青年创业就业，既是一项系统工程，更是一项长期艰巨的任务，还面临着不少困难和问题。比如，在政策环境方面，如何把分散在不同部门的政策聚合起来，形成促进农村青年创业就业完整、高效的政策体系；在技术支持方面，如何针对农村青年创业差异化、多样性的科技需求，提供更有针对性的培训和更便捷的科技服务；在金融支持方面，如何解决农村青年不断增长的创业资金需求与农村金融政策落实、金融服务创新之间的矛盾；在典型示范方面，如何培养、选树更多农村青年致富带头人，更好地发挥“传帮带”作用。这些问题，需要我们认真思考，着力研究解决。

从共青团现有工作布局来看，也存在需要资源整合、工作融合、力量聚合的情况。农村、城市、学校等战线部门和直属单位，一起动手，都在做促进青年创业就业工作。好处是发挥了各条战线、各个单位的积极性和主动性，缺点是有些项目、资源和力量相对分散。目前，我们正在研究加强共青团促进青年创业就业服务体系建设的实施意见，希望构建一个总体的工作框架，把资源整合起来，把力量集中起来，加强对基层的指导支持，不断增强工作的实效性和覆盖面。

三、认清形势，继续深入开展促进农村青年创业就业工作

前不久召开的党的十八届三中全会，对健全城乡发展一体化体制机制作出了全面部署。从宏观背景看，随着加快构建新型农业经营体系、赋予农民更多财产权利、推进城乡要素平等交换和公共资源均衡配置，农业、农村、农民的面貌将发生新的变化。经济增长了，政策放开了，市场搞活了，农民的精气神提振了，农村青年创业就业的环境将越来越好，空间将越来越大，同时大家的期待和需求也会越来越高。当前，我国正处在工业化、城镇化中期，就业总量的压力和结构性矛盾并存，每年城镇需要安排的就业人数超过2500万人，其中超过一半是青年就业者；随着化解过剩产能、促进产业转型和技术升级，还会进一步挤出和替代劳动力需求。总的看，青年就业创业的形势，有机遇、有挑战，有政策空间扩大、工作环境改善的一面，也有青年就业创业服务需求提高、共青团组织资源有限的一面，但总的是机遇大于挑战。我们要增添信心，增强责任感，主动作为。

从认识的层面看，要加强研究、把握规律。加强研究主要是研究特点，把握规律主要是把握新的实际。各地团组织要紧紧依靠政府涉农部门和“三农”领域专家学者，既要研究好、运用好农村青年创业就业的普遍规律，又要主动去研究、分析在全面深化改革背景下农村青年创业就业的新政策、新环境、新需求、新特点。前几天，中国青年网刊发了《影响青年创业就业的三中全会＜决定＞一览》，整理了“工商注册便利化”、“改善科技型中小企业融资条件”、“支持各种形式小微文化企业发展”、“培育文化非营利组织”、“打破体制壁垒畅通人才流通渠道”、“完善最低工资和支付保障制度”等十条措施。大家学习体会三中全会《决定》也可以发现，很多农村青年致富带头人多年来实践中碰到的、非常困惑的问题，这次三中全会都给予了积极的回答，有的是有非常明确的界定，有的是通过试点进一步推动相应工作。这些政策的细化落实还需要一个长期的过程，但总的势头是机遇很多、机会很多，相应地大家要机智一些、机敏一些，善于把握住政策的利好，研究好新的情况，乘势而为。

刚才，听几位农村青年致富带头人代表的发言，我的一个突出感受是，创业历程很艰辛，创业成功更需要集中方方面面的积极因素，需要有百折不挠的意志，需要有灵活敏锐的头脑，需要有服务村民乡亲的情怀。其中，一个共同的、离不开的前提，就是需要善于把握政策的机遇。现在有好的政策，有好的形势，大家一方面要坚定信心、鼓足干劲，另一方面要善于把握、善于运用。从共青团的角度看，要主动配合政府涉农部门把好的政策落实好，主动配合专家学者们搞好研究，把握新的政策机遇，把握不同时期、不同地区农村青年创业就业的需求实际，努力为农村青年创业创造更好的环境、更多的资源、更有力的指导。

从工作的层面看，要围绕技能培训、扶持资金、培养人才三个方面，继续把促进青年创业就业工作深化好。

第一，深化农村青年就业创业培训工作。农村青年的思想观念、劳动技能，是青年创业就业的内生动力。我们要帮助农村青年解放思想、转变观念，既要有敢闯敢试、开拓进取的意识，更要有踏实苦干、务实拼搏、依法依规、吃苦耐劳的意识。要丰富培训的内容，开展好农业实用技术培训、科技培训、创业培训和外出务工技能培训。要创新培训的方法，争取政府项目，依托市场力量，发挥团委培训机构和基层团组织作用，建设并用好农村青年创业就业培训基地。要善于运用新媒体手段，探索形成日常化、长期性的科技服务、信息服务模式，推广建设全国农村青年信息服务平台。关于利用网络、新媒体手段服务青年，我们要走在前面。

第二，深化农村青年创业小额贷款工作。核心是发挥好共青团的桥梁和纽带作用，把银行业金融机构的积极性与农村青年创业贷款的需求对接好，争取双赢、互惠。各地团组织要加强与政府部门和金融机构的合作，推动出台农村青年小额贷款贴息优惠政策，推出更多更好的青年小额贷款专属产品、专门服务。要创新担保方式，推进农村青年信用示范户工作，普及金融知识，增加小额信用贷款的投放量和小额担保贷款的覆盖面。目前，在银监会的积极推动下，在农业银行、农村信用社等金融机构的大力支持下，我们联合启动了选派银行业金融机构优秀青年干部赴县级团委挂职试点工作。这是“银团合作”的一个创新举措。希望通过干部的交流互动，增进推动工作的共识，创新推动工作的手段。

第三，深化农村青年致富带头人培养工作。农村要发展，“带头人”很关键。我在农村调研时发现，很多发展不错的村子，往往都有一个主导的、支柱的产业，有养猪养鸭的，有种蘑菇的，有搞农产品初加工的，而这一主导产业，在最初都是由一个带头人“先吃螃蟹”做起来的，然后“户看户”、“村看村”，形成有特色、有规模的产业。有些外出务工人员较多的村子，也是一个人先出去了，慢慢地把老乡带出去。所以在带头人培养这方面要多下一些力气。各地团组织深化农村青年创业就业工作，必须把培养人的工作放在突出位置来抓，靠能人影响他人，带动他人。要抓好培养环节，把农村青年致富带头人评选表彰活动做好做活，制定体现不同地域特色的标准，探索创新科技支持、金融服务、政策帮扶等培养路径，完善选树流程，健全激励机制。要抓好使用环节，宣传好农村青年致富带头人的先进事迹和典型经验，组织动员致富带头人结对帮扶农村青年，参与扶贫开发和社会公益事业，支持和参与农村基层团组织建设和基层工作。要抓好凝聚环节，加强中国农村青年致富带头人协会建设，发挥各级涉农青年协会作用，完善制度、丰富活动、拓展平台，把农村青年致富带头人凝聚起来，服务农村青年。

这里我想强调的是，农村青年创业就业是一项长期工程，需要靠制度来做；也是一项系统工程，需要靠大家来做。我们要把组织化动员和社会化动员结合起来，在整合资源服务农村青年创业就业方面，健全制度、完善机制，努力形成一些管长远、有实效的制度安排。一是借助党政之力，加强与政府涉农部门沟通协调，找准切入点和结合点，为农村青年创业就业提供相对稳定的政策、项目支持。二是汇集社会之力，在眼睛向下、把工作和精力向基层倾斜的同时，注重眼睛向外，善于从服务青年的角度寻找资源，加强与企业、社会组织联系合作，通过科学的活动设计和工作模式，动员社会资源参与促进农村青年创业就业工作。三是积聚团内之力，形成合理的工作格局，集中团内资源，与党政资源、社会资源实现有效对接，形成促进青年创业就业的整体合力。

最后，再次感谢科技部、农业部、中国银监会、中国农业银行等部门和单位对深化农村青年创业就业工作的支持。希望大家在今后的工作中继续紧密合作，一如既往地做好各项工作。也祝愿在座的各位农村青年致富带头人事业越来越兴旺，带动更多的农村青年致富，在实现中国梦的伟大实践中建功立业、奉献成才。

秦宜智在中国大学生骨干培养学校第六期结业暨第七期开班式上的讲话

2013 年 12 月 9 日，根据录音整理

今天我们在这里举行中国大学生骨干培养学校第六期结业暨第七期开班式，并召开全国学联第二十五届主席团第四次会议，首先我代表团中央和中国大学生骨干培养学校对同学们的到来表示热烈的欢迎！同时，感谢教育部思政司、中宣部理论局等有关单位对中国大学生骨干培养学校的帮助和支持！

刚才，五位老同学、两位新同学谈了参加学校一年学习的感受和对即将参加学习的期待，谈得都非常好。虽然我们学制只有一年，但是五位同学从理论学习、实践锻炼、对外交流、学习总结这几个角度谈的收获和想法非常真诚动人，我为同学们的成熟、成长、进步感到高兴。通过组织开展一年的学习，对同学们在树立理想、人生成长等方面有了一定的帮助，这说明我们开办这个学校有一定成效，更坚定了团中央、全国学联把这个学校办好的信心。

今年对共青团和青年事业都有着非同寻常的意义。5 月 4 日，习近平总书记在中国航天科技集团参加了团中央主办的“实现中国梦，青春勇担当”主题团日活动，与各界优秀青年代表座谈；5 月 29 日，总书记在六一儿童节来临之际，参加了团中央举办的“快乐童年·放飞希望”主题队日活动，和各族各界小朋友欢度六一；6 月 17 日，总书记等中央领导同志出席了团十七大开幕式；6 月 20 日，总书记同团中央新一届领导班子成员集体谈话；12 月 5 日，总书记给华中农业大学“本禹志愿服务队”回信。在上述的每一个场合，习近平总书记都对共青团、青年事业提出了新理论、新要求、新期盼，这些重要指示成为共青团和青年事业发展的重要指南和根本遵循。这次理论学习在内容安排上对总书记的重要指示会有所侧重，请大家认真学习。

作为校长，借此机会，结合我学习总书记一系列重要指示的体会，和同学们分享三方面的想法。

第一，希望同学们在把握中国青年运动的时代主题中认清历史使命，勇担时代责任

中国大学生骨干培养学校第六期结业暨第七期开班式放在“一二·九”举办，在这样一个特殊的、值得纪念的日子里，大家共同回忆

青年运动在党的正确领导下蓬勃开展的历史，回忆一代又一代先进青年为了国家革命、建设、改革的伟大事业不懈奋斗的历史，对于当代青年包括青年学生把握好青年运动的时代主题，从总结历史中，焕发历史的使命感，从感知时代中，增强时代的责任感，承担起一代青年马克思主义者的重要职责，具有非常重要的意义。

78 年前(1935 年)的今天，在中华民族面临“国将不国”、“亡族亡种”的危难时刻，在中国共产党的领导下，广大青年学生发出了抗日救国、救亡图存的时代强音。一批又一批先进青年，带着对祖国、对民族、对人民的责任和担当，怀抱着革命的理想和情怀奔向延安，从学校走向各条革命战线，投身救亡图存的革命运动。正如毛泽东同志指出的，中国知识青年们和学生青年们组成的一支军队，是反帝反封建的一个重要的方面军；中国青年们起了什么作用呢？起了某种先锋队的作用。就是带头作用，就是站在革命队伍的前头。

上个月我到江西调研，专程去了共青城。58 年前(1955 年)的 10 月 18 日，在鄱阳湖岸的这片荒地上，有 98 个上海知识青年来到这里，建立了“共青社”。没有房屋，就搭建茅棚；没有粮食，就开垦荒地。白天开荒，筚路蓝缕，草创事业；晚上燃起篝火，载歌载舞，张扬青春。他们用自己的实际行动，以自己的艰苦奋斗，在中国青年运动这篇大文章里，写下了那一代青年投身祖国建设时浓墨重彩的一笔。

12 月 5 日，在中国青年志愿者行动 20 周年之际，习近平总书记给华中农业大学“本禹志愿服务队”回信，信中有一句话是“青年一代有理想、有担当，国家就有前途，民族就有希望”。今年夏天，分管共青团工作的中央政治局委员、国家副主席李源潮同志在乌鲁木齐出席大学生志愿服务西部计划实施 10 周年座谈会。10 年来，累计有 16 万名高校毕业生志愿到西部基层一线服务锻炼，有 1.6 万人服务期满留在当地工作，目前在岗有 1.7 万人。期间，我到新疆其他地方调研，看到了你们师兄师姐许多感人的故事，他们用自己的理想信念、青春实践，响应党和国家“到西部、到基层、到祖国最需要的地方去”的召唤，在投身西部开发、服务人民群众中追求着、实现着自己的青春价值。

时代的场景在切换，青年奋斗的主旋律没有变。无论在革命、建设、改革的哪个时期，有理想、有担当的青年，能够有作为、有贡献，都离不开一些共通的、在本质上相同的道理。我认为主要有三条：一是坚定不移地听党话、跟党走。始终把青春的奋斗放在我们党的中心任务之下，把个人的奋斗融入到党和国家的事业中去，把个人的人生追求融入到人民群众的需求中去。二是把握了时代的主题，走在了时代的前列。既没有落后时代的进程，去抱残守缺，去阻挠改革与进步；也没有超越时代的约束，去追求不切实际的幻想。三是艰苦奋斗，甘于吃苦。吃了别人吃不了的苦，回报是做了别人做不成的事。

中国青年运动始终是我们党领导下的人民运动的一部分，“党指向哪里，团旗就插向哪里，青年就奔向哪里”。历史中的青年，要担当历史的责任，做好历史中的事。每一代青年都有自己的时代舞台和使命担当，每一个人的人生都有自己的成长背景和社会条件。如果想青春不虚度，人生有意义，就要认清历史的使命，勇担时代的责任。关键在于要有正确的理想、坚定的信念，找准定位、把准航向。

习近平总书记在五四、620 这两篇关于青年和青年工作的重要讲话中，最重要的一个价值判断，最鲜明的一个理论概括，就是指出了“为实现中华民族伟大复兴的中国梦而奋斗是中国青年运动的时代主题”。这是党的十八大提出“两个一百年”奋斗目标，习近平总书记提出实现中华民族伟大复兴的中国梦，在青年运动和青年工作中的具体体现和深化展开，也是广大青年健康成长、建功立业的大背景、大环境、大舞台。

总书记在五四讲话中强调，中国梦是历史的、现实的，也是未来的；是国家的、民族的，也是每一个中国人的；是我们的，更是你们青年一代的。在座的各位大学生骨干，你们的人生，注定要与中国梦同行，注定要融入到为实现中国梦而奋斗的洪流中去。再过 7 年，当你们积累人生阅历、步入而立之年时，我国小康社会将全面建成。30 多年后，为祖国工作奋斗了一生的你们，将会欣慰地看到一个富强、民主、文明、和谐的社会主义现代化国家屹立在世界东方。在这一历史进程中，你们是幸运的，你们注定是分享时代机遇的受益者，将有更好的环境和条件让你们去创新、创业、创优，也希望你们通过自己的努力，做走在时代前列的奋进者、开拓者、奉献者。

担当为实现中国梦而奋斗的时代责任，需要大家牢记总书记对广大青年的五条希望：坚定理想信念、练就过硬本领、勇于创新创造、矢志艰苦奋斗、锤炼高尚品格。这五条希望是一个体系、一个系统，既有对照标准，又有行动规范，很全面，很具体。刘云山同志代表党中央给团十七大的祝词中对这五条希望作了解读。希望你们在接下来的几天里，认认真真地学习领会原文，条条去对照，句句去体会，作为自己人生成长进步的座右铭和航标灯。同时，希望你们体会到，作为矢志成为青年马克思主义者的大学生骨干，党和国家在你们身上寄予的期望要更多一些，你们挑起时代责任的担子会更重一些。你们自己要努力做同学们的表率、标杆，要比其他同学更加努力、更加刻苦，希望你们：

一是人生的境界要更高一些。站得高、看得远，才能学得准、走得正。到团中央工作以后，我第一次到高校，是今年 4 月在上海调研的时候，去了交通大学，当时参观了钱学森纪念馆。钱学森在交通大学读书时，就心忧国难，心系民族，非常关心社会事务。他一开始怀着“实业救国”的理想，选择了攻读铁道机械专业。在一二八事变中，目睹上海遭到日本侵略者飞机轰炸后的惨状，钱学森强烈地意识到飞机与制空权在现代国防中的重要意义，主动将国家需要和个人志向结合起来，改行攻读航空工程。正是这种在青年时代胸怀祖国与人民的境界，把钱学森的人生推向了一个又一个进步。像钱学森这样，在学生时代就树立起为祖国、为民族忘我奋斗的例子不胜枚举。看得远一些，是眼界，是胸怀，更是一种境界。在学校，你们不能单纯为了就业、为了找工作而读书，更不能只是为了简历好看才参与志愿服务，你们要有更高的人生境界追求，否则将来你们遇到挫折时，就容易灰心气馁；遇到不满时，就容易随波逐流。

二是学习的标准要更高一些。你们中间有在全国学联驻会的同学，都知道在团中央机关有一个年轻干部学习交流会的制度。已经工作了，当团干部了，为什么还要强调学习？在和机关年轻干部交流时，我说过，学习使人心里踏实、不浮躁，使人目光远大、不近视，使人心胸开阔、不小气，使人提高本领、不恐慌。在机关，工作是本职，学习是兼职；在学校，学习是本职，做学生工作是兼职。学生的任务，最大的是学习。学习能力，是你们走入社会、参加工作的一项基本生存发展能力。随着现代科技的发展，知识呈现爆炸式增长和快速传播，新知识、新技术、新应用层出不穷，但只要虚心地努力学习，就一定能够学到实实在在的本领。你们一定要把学习搞好，学习的标准要更高。我相信，如果你们学习不优秀，那么即使做了学生会干部，号召力恐怕也要打折扣。希望你们珍惜在校时间，珍惜青春，坚持“又红又专”、“德才兼备”的标准，拿起书本，多读书，读好书，锻炼学习能力，养成良好学风，掌握真才实学，打下扎实的专业基础。

三是作风的养成要更严一些。学生时代，

是激情满怀、富有朝气的时代,是放飞理想、人生出彩的时代。一个人在学生时代,确立正确的理想、坚定的信念,养成良好的作风、高尚的品格,对自己成长和人生奋斗,终身受益。人品性格是习惯的养成,好的品格是好的习惯的养成。现在全党正在开展党的群众路线教育实践活动,核心是扫除"形式主义、官僚主义、享乐主义和奢靡之风"的影响,密切与人民群众的联系。你们在学生会工作,是同学眼中的"干部",一定要把密切联系同学、真心服务同学,内化为自己的思想自觉和行为习惯,弘扬正气、骨气、锐气,养成扎实的作风,自觉抵制社会不良风气在校园内的传染蔓延。作风建设体现在细节上,但不是小事儿。在1953年,毛泽东对新民主主义青年团第二届中央委员会组成问题指示,选择干部"对于青年团来说,首先就要思想作风好,有发展前途,而不能过分强调有多大的'才',有多高的经验水平,有多大的领导能力"。越是年轻,越要重视品格修养,越要重视作风修养。对年轻人,要讲"德才兼备",更要讲"以德为先"。学生时代有好的作风、严于自律,无论将来是从事党政工作,还是走到其他领域、从事哪种工作,对于走好人生的道路,都将产生积极的、深远的影响。

第二,希望同学们在把握中国特色社会主义政治方向中高扬理想旗帜,坚定不移跟党走

习近平总书记形象地把理想信念比作共产党人精神上的"钙",缺了钙,就会得"软骨症"。总书记在和团中央书记处同志集体谈话时,也把"高举理想信念的旗帜"作为提高团的吸引力、凝聚力的"关键",强调"只有思想上、精神上的吸引力和凝聚力,才是内在的、强大的、持久的"。

我们为什么要把大学生骨干集中起来,与普通大学生相比,我们党、我们团对大学生骨干有哪些特殊的要求?我认为,核心的一条,就是希望你们抱有更加坚定的、崇高的理想,对马克思主义有更加坚定的信仰,对中国特色社会主义有更加坚定的信念,对我们党领导的改革开放的伟大事业有更加坚定的信心,真正成为我们党所期望的、名副其实的青年马克思主义者。

这样的信仰、信念、信心,从哪里来?怎么培养?按照马克思主义认识论和实践论的观点,一个角度是认识,思想上增自觉,理论上多清醒;一个角度是实践,行动上要坚定,实践上多砥砺。

第一个角度,在思想上要自觉,提高认识水平,对马克思主义基本原理和党的理论创新成果要真学、真懂、真信、真用。

中国特色社会主义是当代中国发展进步的根本方向,是党领导的伟大事业,也是我们理想信念的旗帜。大学生骨干在广大同学中树立威信、形成号召力、影响力,首先要高扬理想旗帜,自己的旗帜鲜明才能更好地团结和动员同学。

希望你们多学一些理论。用心学习马克思主义、毛泽东思想,用心学习中国特色社会主义理论体系,用心学习党的理论和路线、方针、政策,集中研读一批经典著作,学习原文、掌握原理,真正理解贯穿其中的立场、观点和方法,理解贯穿其中的世界观、人生观和方法论,真正弄懂唯物辩证法和历史唯物主义的基本原理,弄懂中国特色社会主义理论体系的精神实质。这种学习不仅仅体现在背下理论、记住条文上,还要体现在内心的认同、理论的清醒上。大学是引领社会风气之先的地方,也是各种思想、思潮汇集交锋的地方,甚至还是各种势力与我们争取学生、争夺未来的地方。大学生骨干要多学习一些理论,多研究马克思主义的学理,让自己的头脑保持清醒,还要多运用马克思主义的学理去研究实际问题,让自己的努力有实际的效果。

希望你们多读一些历史,尤其是中国近现代史、中共党史。总书记多次强调历史学习的重要性，指出“想问题、作决策要有历史眼光，能够从以往的历史中汲取经验和智慧，自觉按照历史规律和历史发展的辩证法办事”。大学生骨干只有对历史的学习加强了，对我们党推进革命、建设、改革的历史熟悉了，才能体会到，我们是怎样经过反复比较和总结，历史地选择了马克思主义、选择了社会主义道路；是怎样把马克思主义基本原理同中国实际和时代特征结合起来，独立自主走自己的路；是怎样经过千辛万苦，付出各种代价，开创和发展了中国特色社会主义。读懂了世界和中国社会主义发展的曲折历史，读懂了我们党 90 多年来艰苦奋斗的历史，大家就能更好地理解和体会“中国特色社会主义是科学社会主义理论逻辑和中国社会发展历史逻辑的辩证统一”这样抽象论述的内涵和底气，就能更加坚定理想信念，更加珍惜来之不易的成果。

希望你们多了解一些中华民族的优秀传统文化。任何一个民族的复兴，总是以文化的繁荣兴盛为支撑的。一个没有道德素质的国家和民族是没有凝聚力、没有未来的。虽然你们身在校园，但对社会上一些道德严重失范的问题，肯定是关注的、痛心的。中华民族有一个重要的传统就是重视基本道德规范，蕴含在五千年文明中的思想内涵和道德理念，比如家国情怀、扶贫助困、诚实守信、自强不息等，对于指导今天我们的思想和行动有着积极意义。高校里新的思潮、思想很多，反而容易使我们忽视了传统文化的价值，而这恰是维系中华文化，是中国人之所以成为中国人的根本和血脉，大家不一定能够感受到，但在我们的思想观念内、在我们的待人接物中，传统文化在发挥着潜在的影响。弘扬优秀传统文化，培养良好道德品格，大家都应该重视起来、行动起来。

第二个角度，在实践上要多砥砺，踊跃投身社会实践，对走中国特色社会主义道路矢志不渝、奋斗终生

坚定理想信念，不能空喊口号，一定要和实践相结合，一定要和实际工作相结合。小平同志讲，世界上的事情都是干出来的，不干，半点马克思主义也没有。真正的马克思主义者，首先是立足实际的实践者。你们决心成长为坚定的青年马克思主义者，必须打上鲜明的实践烙印、实践品格，把“实践”这本“无字之书”读深、读透。

希望你们坚持理论联系实际。我们在宏观层面、在理论层面上总结，中国特色社会主义由道路、理论体系、制度三位一体构成，是实践、理论、制度紧密结合的，既把成功的实践上升为理论，又以正确的理论指导新的实践，还把实践中行之有效的方针政策及时确立为制度。中国特色社会主义，特就特在这三者统一于中国特色社会主义伟大实践。这在方法论上启发我们，要带着对党的理论创新成果的学习体会，去客观实践中加深理解，更好地消化吸收，改造自己的主观世界；也要带着社会实践、社会观察的认知收获，去理论知识中对照检验，更好地推进理论创新、知识更新。要注重把书本知识转化为实践技能，在实践中深化书本知识，把“读万卷书”与“行万里路”统一起来，这样才能更好地观察和思考社会改革发展的重大问题，更好地成为一名务实、实干的大学生骨干。

希望你们深入了解国情、增进群众感情。我国仍处于并将长期处于社会主义初级阶段，这是现阶段最基本的国情、最大的实际。国外不时有人炒作“中国威胁论”、“中国责任论”，说我们已经是发达国家了。国情不是写在纸上、理论推衍出来的，而是从千差万别、千姿百态的客观实际中归纳总结出来的。根据联合国标准，我们还有 1.28 亿人生活在贫困线以下。

你们要多到群众中去、到实践中去，多参加社会实践活动，多接触工厂、企业、乡村、社区的一线群众，用感性经验、亲身经历，累积自己对世情、国情、民情、社情的了解，去认清初级阶段

基本国情和我国改革发展的阶段性特征，从而养成实事求是、从实际出发的思想作风；养成艰苦奋斗、勤俭节约的生活作风。刚才听第六期五位同学讲，大家对社会实践中的感受是很珍惜的，我们团组织应该多创造这样的机会。对我们同学来说，有了这样社会实践的机会一定要运用好。

作为大学生骨干，从事学生会、研究生会工作，如果没有很好地和同学们在一起，没有很好的到千差万别的基层去实践，到丰富多彩的一线去调研，将会是大家这一段经历的损失和遗憾。大家通过实践，会感到中国特色社会主义道路不是空洞抽象的，不是虚无缥缈的，不是和自己没有关系的，这条路就体现在千千万万群众的实践之中，体现在各方各界的努力之中，体现在社会生活的方方面面。自己的实践多了，就能更好地把握主流与支流、本质与现象、历史前进与道路曲折的关系。将来你们走入社会不尽满意的现象恐怕还总是会存在，感到一些不满意应该说是好的，说明大家有正义感，有进取心。在感到一些不满意的时候，依然对自己不失望，对党和国家的事业不悲观，对中国特色社会主义道路不动摇，这就需要你们在大学这一阶段扎扎实实地搞好调查研究工作，扎扎实实地通过实践砥砺，来增进对国情的了解、对群众的感情，从而坚定道路自信、理论自信、制度自信。

第三，希望同学们在把握共青团工作的根本性问题中发挥好骨干作用，服务好学生成长成才

在校园里，你们是各级学联、学生会组织的负责人，是共青团工作传递到学生中间的桥梁和纽带。如何做好新形势下共青团工作，总书记在620讲话中有高屋建瓴、集中精辟的阐述，其中指明了共青团工作的三个根本性问题。作为大学生骨干，将来很多人有可能从事共青团工作，希望你们能够运用和把握好这三个根本性问题，体现到学生会的工作中去。

一是把培养中国特色社会主义事业建设者和接班人作为根本任务，这就要求大学生骨干善于做同学的思想引领工作

要着力引导同学们正确看待党和国家事业发展进程中的阶段性特征，坚定跟党走中国特色社会主义道路的理想信念。当前，全党全社会正在学习党的十八届三中全会精神。这次全会是我们党在改革发展的攻坚期和深水区召开的一次非常重要的会议，从经济、政治、文化、社会、生态以及国防军队工作方面，全面部署了进一步深化改革的任务，提出了60条、15个领域、超过300项的改革举措。舆论普遍认为，这次会议将开启我们国家发展的新里程碑。同学们现在如何看待改革、对待改革，将来走入社会，如何参与改革、推进改革，将体现同学们大学时的政治素养和认识水平，检验同学们大学时的学识积累和能力储备。

这次全国学联的会上要发一个倡议，题目是“争做全面深化改革伟大事业的拥护者参与者推进者”，这是非常好的一个想法。大家要积极地做工作，努力为全面深化改革汇聚正能量。要着力增强思想引领工作的针对性、实效性和吸引力、感染力。要挖掘好内容，善于把党和国家发展的“大道理”，转化为同学们喜闻乐见的“小道理”，寻找“最大公约数”，增强校园“正能量”。要掌握好方法，把思想引领工作渗透到丰富多彩的校园文体活动中去，融入到大学生社会实践、志愿服务、支教扶贫活动中去，体现到网络新媒体、“网言网语”中去。

二是把巩固和扩大党执政的青年群众基础作为政治责任，这就要求大学生骨干真正融入同学中间，把同学凝聚起来

大学生骨干的第一身份是学生，从学生中来，就要到学生中去，不能当学生“官”，要做学生友；不能眼里只盯着老师，而要在心里装着同学。要赢得同学的认可，把同学们凝聚起来，首先要和同学们交朋友，说心里话，真正了解他们的所思、所想、所需。不能感觉自己当

了学生干部，就骄傲了。对老师、对同学，对事、对物，对知识、对真理，要始终保持虚心的态度，虚心使人进步。其次，大家还要自己以身作则、率先垂范，模范践行社会主义核心价值观，努力做表率、做标杆，以灵魂影响灵魂，靠人格引导人格，发挥好“点亮一盏灯、照亮一大片”的作用。

做学生会、研究生会工作，要注重发挥好学校党政、共青团组织与广大同学之间的桥梁和纽带作用，一方面要努力把党的声音、团的工作传递给同学们，吸引和凝聚大家参与到党、团组织的活动中来，一方面要合理有序地表达和维护同学们的正当权益，善于把同学们的智慧和想法集中起来，为学校工作献计献策，善于把大家合情合理的意见和主张反馈给学校。

三是把围绕中心、服务大局作为工作主线，这就要求大学生骨干要围绕立德树人、服务学生成长成才做工作

党的十八届三中全会明确指出，立德树人是学校教育工作的首要任务。大学学生会、研究生会是学生自己的群众组织，要把服务同学成长成才放在首要位置。小平同志经常讲，青年干部既要有远大的理想，又要善于做深入细致的、经常的工作。希望你们深入细致地做好服务同学成长成才的工作，要着眼于同学们的普遍性需求，围绕文化素质培养、心理素质提升、就业创业指导、文体活动组织等搭建平台、提供服务。要着眼于同学们入学、升学、毕业、就业等不同阶段的差异性需求，找准工作的切入点，提供有针对性、细化的服务。

刚才在会议之前，我跟参加第四次会议的二十五届全国学联主席团的同学们说，在今年夏天团中央开展的大宣传大调研活动中，书记处的同志们都到学校做了调查研究。通过深入学校、同学们之中发现了一些情况。一是现在大学生不喜欢体育锻炼。从有些地方的团委和学校的对比测试看，大学生的身体素质远不如前。希望同学们走下网络、走出宿舍、走向操场，多开展、多参与群众性的学生体育健身活动。大家现在都很年轻，是生命力最旺盛的时候，可能感觉不到，现在偷点懒，整天待在宿舍、教室里面不运动锻炼好像也没有什么大不了的，但假以时日，不加强锻炼，将来问题会很多的。我们都要健康的为祖国工作五十年，都要健康的和家人一起和谐幸福的生活，如果没有了身体这个基础是很难的。希望我们学生会、研究生会的骨干们能够发挥好作用。

二是学生工作不是很均衡。学生工作中存在“二八现象”，就是20%的同学尤其是各方面的骨干、积极分子参加了80%以上的活动，绝大部分的同学没有被吸引到我们的活动中来。希望我们学校的团组织、学生会、研究生会的骨干们要多做一些工作。其实，学生中还是有为数尚多的“弱势群体”，弱势表现在家庭比较困难、学业负担比较重、跟大家沟通可能有些障碍，甚至表现在性格方面，我们要去关心、去做工作。老话说“一花独放不是春，万紫千红春满园”。大家要注重服务同学的身心健康成长，努力在这方面多想办法、多下功夫。

同学们，今天这个仪式结束以后，中国大学生骨干培养学校第六期学员就正式结业了，第七期学员正式开学了。我想把总书记五四讲话中一段青春寄语送给大家一起共勉：“人的一生只有一次青春。现在，青春是用来奋斗的；将来，青春是用来回忆的”，“只有进行了激情奋斗的青春，只有进行了顽强拼搏的青春，只有为人民作出了奉献的青春，才会留下充实、温暖、持久、无悔的青春回忆”。

最后，祝第六期学员在未来的成长道路上取得更大的进步，祝第七期学员在学习期间学有所成、学有所获！

秦宜智在第六届“母亲河奖”表彰座谈会上的讲话

2013年12月16日,根据录音整理

今天,我们在这里召开第六届“母亲河奖”表彰座谈会,表彰在保护母亲河行动中做出突出贡献的个人和组织,一起探讨如何进一步推进保护母亲河行动以及青少年生态环保工作,非常有意义。刚才,观看了获奖者事迹短片,听了获奖者代表发言,从中折射出的生态家园、匹夫有责的情怀,无私无畏、长年坚守的精神,令我们深受感动。有数以万计志愿者的默默无私奉献,有各级党政领导的高度重视,有社会各界的积极支持参与,我们心中的美丽中国梦一定能早日实现。刚才,与会的部委领导谈了许多重要的意见,听了之后很受启发。借此机会,与大家交流三点意见。

一、围绕党和国家生态环境建设工作大局,积极开展青少年生态环保工作,是共青团的优良传统

我们党一贯重视资源节约和生态环境保护工作,一贯重视、鼓励和支持广大青少年在国土绿化、生态环保工作中发挥生力军作用。1956年3月,团中央在延安召开首次青年造林大会,向全国青少年发出了“青年们!把绿化祖国的任务担当起来”的号召。毛主席为大会发去贺电“绿化祖国”,向全国人民发出了植树造林的号召。从此,新中国第一个“12年绿化运动”开始了,大规模的青少年植树造林、绿化祖国活动蓬勃开展起来了。从五六十年代的青年植树造林活动、四省百县造林,七八十年代青年绿化祖国突击队(手)、采种支甘,到九十年代长江中上游地区造林绿化工程、青少年志愿者植绿护绿行动,在我们党不断推进生态环境保护工作、全国人民不断建设秀美山川的进程中,留下了共青团和广大青少年的辛勤汗水和奋斗足迹。

上世纪最后20年,生态建设和环境保护越来越成为世界瞩目、社会关注的话题。我们党对生态文明建设的认识不断在深化、工作不断在拓展,环境保护上升为基本国策,可持续发展战略写入“九五”规划。响应党中央号召,1999年,团中央联合全国绿化委员会、全国人大环资委、全国政协人资环委、环保部、水利部、农业部、国家林业局共同实施保护母亲河行动,以此为统揽,青少年环保工作进入了新的阶段。

14年来,保护母亲河行动共募集资金5.5亿元,在全国建设了5700多个总面积450万亩的工程,吸引了5亿多人次青少年参与,逐步成为生态环保领域有影响力的公益品牌。2001年,获首届“中华环境奖”。2002年,江泽民同志亲笔题词。2005年,获联合国首届“地球卫士奖”,胡锦涛同志作出重要批示。

我们深深感到,之所以青少年生态环保工作取得较好成效,源于党中央重视和关心,源于中央有关部委和社会各界的支持和帮助,源于各级团组织和广大青少年持之以恒地努力和奋斗。在这里,我代表共青团中央,向关心支持青少年生态环保工作的各部委领导、解放军总政治部组织部领导和社会各界,表示衷心感谢!

二、深刻认识新形势下加强青少年生态环保工作的重要意义,进一步增强使命感和责任感

1. 做好这项工作,是贯彻落实党中央部署和要求的实际行动。党的十八大将生态文明建设纳入中国特色社会主义事业“五位一体”的总体布局,提出建设美丽中国的目标。十八届三中全会首次确立了生态文明制度体系,强调要用制度保护生态环境。今年4月2日，习近平总书记在参加首都义务植树活动时强调，要把义务植树深入持久开展下去，希望青少年从小培养爱绿植绿护绿意识、生态环保意识、节约节俭意识。近期，李源潮同志对共青团开展青少年生态环保工作作出批示。这些都要求我们进一步深入推进青少年生态环保工作，汇聚起推进生态文明、建设美丽中国的青春力量。

2. 做好这项工作，是顺应时代发展和社会公众关切的现实需要。生态文明是工业文明发展到一定阶段的产物。在全球化背景下，生态环保既是国内问题，也是国际问题；在我国现阶段，生态环保既是发展问题，也是改革问题、稳定问题。我国发展取得了举世瞩目的巨大成就，但也付出了不小的资源环境代价，雾霾天气、水污染、农业面源污染等问题越来越成为公众热议的焦点。更加自觉地珍爱自然，更加积极地保护生态，建设天蓝地绿水净的美好家园，建设美丽中国，是包括广大青少年在内的全国人民的共同愿景。这要求我们进一步深化保护母亲河行动，在建设生态文明的工作格局中，更好地体现共青团组织的责任和担当。

3. 做好这项工作，是教育引导和服务青少年的重要途径。青少年乐于接受新事物、传播新观念、引领新风尚。在生态文明建设中，青少年不仅是最具可塑性的群体，更是带动全社会的最活跃因素；不仅是现在的有生力量，更是决定未来的战略力量。青少年处在世界观、人生观、价值观形成的关键时期，从小培养生态环保意识和节俭习惯，对于他们形成影响一生的生态文明价值观十分重要。实践证明，共青团开展的植绿护绿、保护环境、理念宣传等活动，得到了青少年的欢迎和响应，起到了教育引导的作用，也契合了他们绿色、低碳、公益的时尚追求。更好地教育引导和服务青少年，要求我们更加重视生态环保这一领域，让青少年在生态环保活动中接受教育、获得启迪、不断成长。

三、以保护母亲河行动为牵动，深入推进青少年生态环保工作

总的思路是：深入贯彻中央关于生态文明建设的一系列重要指示和工作部署，紧紧围绕国家生态建设和环境保护工作大局，以植树育人为核心，以建设绿色工程、传播绿色理念、培育绿色队伍为着力点，形成开放式的工作格局，引导广大青少年增强生态文明意识，踊跃投身美丽中国建设。

1. 在工作原则上，要按照团十七大提出的“深入推进保护母亲河行动，让青春为美丽中国增光添彩”的总要求，把握好三个方面要求。一是充分体现育人功能。注意传递保护母亲河行动绿色、公益、责任的核心理念，不断增强青少年的生态文明意识。二是坚持植树造林。习近平总书记在党的十八届三中全会上指出，“山水林田湖是一个生命共同体，人的命脉在田，田的命脉在水，水的命脉在山，山的命脉在土，土的命脉在树”。由此可见，树在生态环境中的本源作用。如果我们做个联系，把总书记阐述的这个生态圈循环起来，那么是不是可以说：树的命脉在人，植树造林在人，护绿养绿在人，不乱砍不乱伐也在人，尤其在青年人。因此，要把握“树”在山水林田湖整个生态体系中的本源意义，坚持以植树造林为重点开展工作，努力让青少年生态环保工作成果有形化。三是扩大青少年参与。把青少年愿不愿参与，有多少青少年参与，在参与中有没有收获，作为谋划、推进和评判青少年生态环保工作的一个重要标准。

2. 在工作重点上，要找准党政需要、青少年关切、共青团能为的结合点，集中力量，形成特色和影响。一是建设绿色工程。这是保护母亲河行动成果的重要体现，必须继续抓好抓实。一方面要推进工程化造林，做好规划、实施和管理，建设好解放军青年林等示范性生态工程；另一方面，广泛开展建设纪念林、认养爱心树等广覆盖、易参与的植绿护绿活动，让绿色工程成为青少年生态环保工作的名片。二是传播绿色理念。关键是内容和形式的有机统一，使生态文明理念真正深入青少年心中。要利用生态环保纪念日，广泛开展宣传教育和实践活动，让节约、环保、生态成为青少年自觉意识。特别是要用好新媒体，加强与大型门户网站绿色（公益）频道等网络平台的合作，充分运用微博、微信等手段，增强宣传动员的感染力和覆盖面。三是培育绿色队伍。要重视发挥青少年生态环保社团的作用，健全各大流域和省级社团联盟，探索建立全国性的社团互动机制，扩大骨干培训、小额资助等工作项目的覆盖面。同时，注意联系社会知名环保人士和环保组织，发挥青年环保志愿者的作用，不断壮大绿色队伍。

3. 在工作格局上，要进一步完善机制，坚持“眼睛向外”、整合各方面资源、上下联动，构建开放式工作格局。一是争取党政支持。加大与党政职能部门的协调力度，健全保护母亲河行动部际沟通联络、分工协作机制，为青少年生态环保工作提供政策、项目支持。二是整合社会资源。把握生态环保的公共性特点，与企业建立战略合作伙伴关系，形成长期稳定的资源供给；把握青少年参与的便利性、动员载体的时尚性等关键点，开展微公益活动，扩大社会参与面。三是形成系统合力。梳理团内资源、项目和力量，加强对地方团组织的工作指导、督促和支持，形成条块结合、上下联动的工作模式，提高工作的整体性。

最后，希望各主办部委和社会各界在今后的工作中一如既往地关心和支持共青团工作，共同做好青少年生态环保工作。希望这次获奖的个人和组织珍惜荣誉，再接再厉，发挥表率作用。希望广大青少年向“母亲河奖”获得者学习，为建设生态文明、实现美丽中国梦作出积极贡献！

王晓同志讲话

王晓在中国农业大学“我的中国梦”主题活动上的讲话

2013 年 5 月 3 日，根据录音整理

非常高兴在“五四”青年节前夕来到中国农业大学，参加主题活动。首先，我受团中央书记处第一书记秦宜智同志的委托，代表团中央和全国青联向在座各位老师同学并通过你们向农大全体青年师生致以节日的问候！向受到表彰的同学们表示热烈的祝贺！向长期以来重视支持共青团和青年工作，关心引导青年学生成长发展的农大各级党政领导表示衷心的感谢！

在十二届全国人大一次会议的闭幕会上，习近平总书记发表了重要讲话。总书记在讲话中对“什么是中国梦”、“是谁的中国梦”、“如何实现中国梦”等重大理论和实践问题作出了深邃思考和科学回答，特别是提出了实现

中国梦必须走中国道路、必须弘扬中国精神、必须凝聚中国力量三个重大判断，对于凝聚全体中华儿女的智慧和力量、为实现中国梦而奋斗具有重大而深远的意义。刚才，围绕践行中国梦这一主题，瞿书记做了很好的讲话，五位同学代表做了很精彩的发言，我听了之后很受启发。借此机会，我也谈谈自己学习总书记重要讲话的几点认识和体会，和大家交流。

第一，要坚持民族理想与制度理想的统一，坚持走中国道路。

总书记在重要讲话中所阐释的中国梦，既是自1840年以来无数仁人志士所矢志追求的一种民族理想，即实现国家富强、民族振兴、人民幸福的目标，也是自1848年《共产党宣言》发表以来无数进步人士所不懈追求的一种制度理想，即不断探索完善社会主义制度的壮丽事业。总书记在重要讲话中所作出的"实现中国梦，必须走中国道路。这就是中国特色社会主义道路"的重大论断，深刻阐释了中国梦与中国特色社会主义制度的本质联系，深刻阐释了中国梦是一套以社会制度为支持，以科学路径为支撑，具有科学性、真理性的目标体系。大家知道，在人类社会的发展历程中充满了大量的梦想，但其中的大多数梦想因为缺乏科学的路径和制度，而流于空想，像中国古代的"大同梦"、欧洲近代的"乌托邦"都是如此。中国近代以来的历史教训也证明，中国梦只有在与马克思主义科学理论、社会主义基本制度等结合起来之后，才开始一步步梦想成真。

中国农业大学是一所有着百年历史的名校。自1905年建校至今，农大先后经历了几个不同的历史时期。学校在不同历史时期兴衰起伏的历史际遇，生动地说明只有在党的领导下走中国特色社会主义道路才是实现民族复兴的唯一正确道路。希望大家既从"强国富民"的民族理想角度，基于朴素的爱国主义情感来认识和理解中国梦，又善于从科学的角度、理论的层面去认识和理解作为制度理想的中国梦，深刻认识到制度问题是中国梦的前提，道路问题是中国梦的关键，中国梦只有在中国特色社会主义的道路上才能真正梦想成真，从而不断增强道路自信、理论自信和制度自信，坚定不移地跟党走中国特色社会主义道路。

第二，要坚持个体逻辑与公共逻辑的统一，大力弘扬中国精神。

总书记指出，中国梦既是民族的梦，也是每个中国人的梦。总书记的重要讲话深刻阐释了民族梦与个人梦之间的逻辑关系，阐明了中国梦最为显著的一个特点，就是它不仅是一个鼓励个人奋斗的梦想，也是一个具有集体主义维度和取向的梦想，是一个强调社会共同进步的集体梦想，体现了个体与集体的有机统一。据我了解，在迄今为止的人类政治史上，还没有其他社会尝试过把如此巨大规模的群体凝聚在同一个梦想下发展、前进，而中国共产党正在带领中国人民创造这样的历史。因此，我们一方面要深刻理解总书记指出的共同梦想可以使个人梦想"拥有广阔的空间"的逻辑，大力弘扬中国精神，自觉把个人小梦融入到国家、民族的大梦之中；另一方面，要努力把国家发展的"宏观利好"转化为个人成长成才、建功立业的"微观便利"，在发展中国特色社会主义事业的广阔空间中大胆追求个人梦想，积极争取人生出彩机会。同时，我们要努力践行社会主义核心价值体系，唱响自己的青春最强音，影响、激励、带动身边的人，合力奏响同筑中国梦的时代好声音。

第三，要坚持价值理性与工具理性的统一，踊跃汇入中国力量。

实现中国梦是一项光荣而艰巨的事业，需要包括我们在内的一代又一代中国人共同努力奋斗。我们每个人既是中国梦的受益者，更是中国梦的建设者。总书记在重要讲话中专门对全国广大青少年提出了"要志存高远、增长知识、锤炼意志，让青春在时代进步中焕发出绚丽的光彩"的明确要求，为广大青少年健康成长指明了方向。我认为，总书记对大家的重要要求包括了“价值理性”和“工具理性”两个方面，其中，“志存高远”、“锤炼意志”属于“价值理性”的范畴，解决的是“为什么”的问题；“增长知识”、“让青春在时代进步中焕发出绚丽的光彩”属于“工具理性”的范畴，解决的是“怎么干”的问题。

希望大家在未来的学习、工作和生活中，既要注重文化知识、专业技能等工具性元素，更要注重理想信念、道德品质等价值性元素，树立正确的世界观、人生观、价值观，不断优化自身的知识和能力结构。我认为，在这一方面，农大学子有着得天独厚的优势。从“工具理性”的角度来讲，农大向来有勤勉持重、厚德博学的办学风格。希望大家继承发扬这一优良传统，扎实学好专业知识，积极投身实践锻炼，按照总书记在同全国劳动模范代表座谈时提出的“辛勤劳动，诚实劳动，创造性劳动”的重要要求，在学习和实践中不断提高工作本领，储备好、释放出为实现中国梦而奋斗的青春正能量。从“价值理性”的角度来讲，长期以来，一代代农大人在治学报国的过程中，逐渐形成了情系乡土，忧患苍生的精神气质。希望大家秉持这一人文传统，深刻理解党领导人民不懈奋斗的光荣历史和伟大成就，永远热爱我们伟大的祖国，永远热爱我们伟大的人民，永远热爱我们伟大的中华民族，以优良的道德品格和顽强的意志品质在为实现中国梦而奋斗的实践中体现价值、作出贡献。

同志们，青年朋友们，我们知道，农大与“五四”运动有着密切的历史渊源。90多年前，农大的前身北京农专正是倡导发起“五四”运动的十二所大专院校之一。当年那些朝气蓬勃的农大学子，在“五四”运动波澜壮阔的进程中留下了光辉足迹，作出了重要贡献。希望农大各级团学组织在校党委的领导下，按照团中央的部署和要求，把开展“我的中国梦”主题教育实践活动作为当前和今后一个时期的首要任务，团结引导广大青年师生继承和发扬优良传统，信心百倍地投身中国特色社会主义建设事业。我们坚信，在以习近平为总书记的党中央的坚强领导下，通过全国人民的努力奋斗，中华民族伟大复兴的中国梦一定能够实现。让我们共同努力，共同期待和创造更加美好的明天！

最后，再一次祝各位青年朋友节日快乐！祝中国农业大学再展嘉猷，再创辉煌！

谢谢大家！

王晓在团中央、全国青联、全国学联学习习近平总书记五四重要讲话座谈会上的发言

2013年5月5日，根据录音整理

昨天，我有幸在现场聆听了习近平总书记的重要讲话，深受教育，倍受鼓舞。总书记在重要讲话中充分肯定了中国青年在近代以来国家、民族发展的各个历史时期的地位和作用，深刻阐释了中国梦的内在逻辑，鲜明指出了当代青年成长和中国青年运动发展、新形势下共青团工作的前进方向。讲话内容极其丰富、视野非常开阔、思想十分深刻，具有很强的历史纵深感和现实指导性，具有极为重大的理论和实践意义。

一、总书记的重要讲话深刻阐释了中国梦的演变逻辑

总书记在重要讲话中指出，“中国梦是历史的、现实的，也是未来的”，启示我们要坚持历史感和时代感的统一，善于从历史、现实和未来三个维度来认识和理解中国梦。总书记所阐释的中国梦，既是自1840年以来无数仁人志士所矢志追求的一种民族理想，即实现国家富强、民族振兴、人民幸福；也是自1848年《共产党宣言》发表以来无数进步人士所不懈追求的一种制度理想，即不断探索完善社会主义制度。总书记对中国梦的系统阐释，深刻揭示了中国梦与中国特色社会主义的本质联系，阐明了中国梦是一个以社会制度为支持，以科学路径为支撑，具有很强科学性、真理性的目标体系。纵观人类社会发展进程中的各种梦想，我们可以看到，其中绝大多数梦想因为缺乏制度和路径的支撑而流于空想，比如，中国古代的“大同梦”、欧洲近代的“乌托邦”等都是如此。中国近代以来的历史教训也证明，那些源于西方社会、后来被生硬移植到中国社会的各种梦想严重水土不服，中国梦只有在与马克思主义科学理论、社会主义基本制度等结合起来之后，才开始一步步梦想成真。因此，我们要深刻认识到，选择走中国道路，是中国梦从历史到现实的演变逻辑，也是从现实到未来的必然逻辑。只有沿着中国特色社会主义道路前进，中国梦才能有正确方向，才能有发展基础，才能梦想成真。

二、总书记的重要讲话深刻阐释了中国梦的结构逻辑

总书记在重要讲话中指出，“中国梦是国家的、民族的，也是每一个中国人的”，清晰论述了“个人梦想”与“共同梦想”和谐统一于中国梦之中的逻辑联系，既阐明了中国梦是一个鼓励个人奋斗的梦想，肯定了个人“小梦”可以为实现中国梦汇聚磅礴力量的重要作用，体现了尊重个体、尊重创造的价值取向，同时，又强调了中国梦是一个具有集体主义维度和取向、坚持社会共同进步的集体梦想。可以说，总书记的重要讲话强调了个人与集体的统一，体现了科学的政治哲学和深切的人文关怀，对我们在发展自我的同时，不断增进自己的公共关怀和社会责任，均衡地实现个体价值与社会价值具有十分重要的指导意义。

三、总书记的重要讲话深刻阐释了中国梦的必然逻辑

总书记在重要讲话中指出，“中国梦是我们的，更是你们青年一代的”，依据不以人的意志为转移的客观逻辑，阐述了当代青年所担负的重要历史使命，饱含着对当代青年的殷切期望和嘱托。大家知道，从长周期来看，“青年”并非一个特定的群体，每一代人都有自己的青年时期，每一代青年都有自己的历史使命。但历史发展的节奏决定了当代青年与中国梦有着不同于前辈们的特殊联系，那就是，当代青年正处在实现中国梦的关键阶段，即总书记所讲的“行百里者半九十”的关键时期，处在我们国家和民族历经百余年探索、六十余年积累、有更好条件支持青年发挥生力军作用的“窗口时期”。这既是当代青年的历史性机遇，也是当代青年的历史性责任。我们必须清醒认识到自己的时代责任，进一步增强为实现中国梦而奋斗的使命感和责任感。

昨天，也是全国青联成立64周年的纪念日。全国青联将落实源潮同志的要求，按照团中央书记处的部署，把深入学习贯彻习近平总书记重要讲话作为当前和今后一个时期的首要任务，切实抓紧抓实抓好，不断抓出新的成效。具体来讲，主要有以下三个方面。

第一，抓学习培训，在增进共同理想信念上取得新成效。共同的理想信念，代表着青联组织的精神高度。一个没有共同理想信念的组织，即使它的制度再完善，也是一盘散沙；即使它的工作再活跃，也是“空中楼阁”。作为党领导下的青年爱国统一战线组织，我们将始终

坚持为党广泛团结凝聚青年这一根本政治立场和价值取向，把统一思想、凝聚共识始终作为第一位的任务，引导青联委员深刻理解制度问题是中国梦的前提，道路问题是中国梦的关键，不断增强道路自信、理论自信和制度自信，坚定不移地跟党走中国特色社会主义道路。我们的初步打算是：一是以今天的座谈会为起点，分界别组织委员开展学习活动，并报告、交流学习成果；二是近期适时召开全国青联常委（扩大）会议，认真学习总书记重要讲话并进一步作出部署；三是在中央党校、国家行政学院、中央社会主义学院和地方干部管理学院分别举办专题培训班；四是举办系列学习报告会和宣讲等活动。

第二，抓示范带动，在凝聚青年智慧力量上取得新成效。“增进共同理想信念，凝聚青年智慧力量”是青联组织的根本任务。代表性强是青联的鲜明优势，广泛性强才是青联组织的生存基础和力量源泉。青联并非一个专业性、经济性组织。青联投身为实现中国梦而奋斗的实践，主要是依靠充分发挥青联委员的示范带动作用，影响带动广大青年汇聚实现中国梦而奋斗的青春力量。我们的初步打算是：一是引导委员立足本职创新创造，激发本领域、本行业青年的创造热情和创造活力，影响带动更多青年立足岗位开展创造性劳动；二是引导委员围绕大局建言献策，发挥自身的人才、智力优势，着眼于国家发展、青年成长中的一些重大课题，广集睿智之言和务实之策；三是引导委员走进青年互动交流，深化“劳动·创造·奋斗——我的中国梦”励志教育活动，丰富代表性向广泛性转化的路径和载体，组织青联委员走进校园、企业、农村、社区和青年农民工群体，影响带动更多青年合力奏响共筑中国梦的时代好声音；四是引导青联委员奉献社会服务人民，积极履行社会责任，热心社会公益事业，热情支持共青团和青年工作，使他们在创造物质财富的同时，成为社会精神财富的创造者和拥有者。

第三，抓自身建设，在展现组织形象上取得新成效。加强自身建设是青联组织的永恒课题，也是青联组织为实现中国梦而奋斗的重要保障。我们的初步打算是：一是进一步加强组织建设，拓展青联委员参加活动的组织化渠道，提高组织化动员能力，有效集成青联委员的个体优势，展示青联组织的整体力量和整体形象；二是进一步加强委员队伍建设，教育引导委员不断提高道德修养，谦虚谨慎，艰苦奋斗，严于律己，经得起政治、事业、名利和生活的考验，维护青联组织和自身的社会形象，为广大青年作出表率；三是进一步加强制度建设，坚持强化青联不是“名利场”、不是“俱乐部”、不是“聚义厅”、不是“松散型”组织等观念，建立健全青联委员发展、评价和退出机制，推动青联事业持续健康发展。

我们坚信，在以习近平同志为总书记的党中央的坚强领导下，通过包括广大青年在内的全国人民的共同努力奋斗，中华民族伟大复兴的中国梦一定能够实现！

贺军科同志讲话

高度重视社会教育 促进青少年健康全面成长

——贺军科在全国政协十二届一次会议第三次全体会议上的发言

2013 年 3 月 8 日

各位委员，我发言的题目是《高度重视社会教育促进青少年健康全面成长》。

青少年的健康成长和全面发展是教育的总目标。家庭教育、学校教育和社会教育共同构成相互联系的完整体系，共同促进教育总目标的实现。有效的社会教育是帮助青少年形成正确的思想意识和社会认知、学习社会规范和社会化技能、发展个性爱好的重要保证。近年来，在汶川抗震救灾、北京奥运会、捍卫钓鱼岛主权等重大事件中，当代青少年的爱国情怀、奉献精神和责任担当都有鲜明的体现。但是不容忽视的是，一部分青少年中也不同程度地存在着价值观念模糊、道德养成不足、社会技能欠缺等问题。

社会实践和社会观察是青少年接受社会教育的主要方式。传统上，社会教育大多偏于参与社会实践，受条件、机会、时间等因素限制，青少年的参与程度存在较大差异，总体上供给不足的问题短期内恐难以解决。同时，我们看到，时代在变化，社会在发展，青少年已经不再局限于通过实践来认识社会，网络和新媒体已经成为青少年获取信息、沟通联络、娱乐休闲的重要途径，已经成为他们进行社会观察的主要渠道。他们主动或被动地从网络、媒体形成的社会观察、个人感受，同样可以改变很多对社会对人生的认识。

推动青少年的社会教育，要切实关注已经出现的问题，分角度研究、分步骤实施；已经形成共识的，应当采取有力措施切实推进；在继续充分发挥传统方式作用的同时，要更加注意网络、传媒等青少年成长环境的强大塑形作用。在此，我代表共青团中央、全国青联提出三点建议：

一是全社会共同承担起社会教育的责任。社会在哪里，社会教育就在哪里；可以说，现在的社会教育，很大程度是在网络上、在传媒里。正确的引导对于青少年的社会观察尤其重要。社会知名人士、媒体、网络，都在有意无意地对青少年发挥着社会教育功能，青少年都在主动或被动地接受着来自他们的影响和教育。呼吁全社会都从法制、道德等各个角度弘扬正面教育、抵制负面影响。

二是切实增强青少年社会教育内容的针对性。建议针对青少年的思想认识实际，探索有效的路径和载体，帮助他们理解国家体制，理解国家和社会是在怎样的体制下取得了今天的繁荣和发展，坚定跟党走中国特色社会主义道路的信心和决心；引导青少年形成积极、健康、向上的生活态度，培养正直、善良、诚实、有爱心等最基本的道德品质，明确道德底线，尊重制度和规则，树立法治意识。同时，培养青少年在社会上与人沟通、交流合作的能力，具备基本的社会化技能。当前尤其要旗帜鲜明地在青少年中开展“世界观、人生观、价值观”和“热爱祖国、热爱人民、热爱中华民族”等主题教育活动。

三是大力净化网络和媒体文化环境。建议针对青少年的网络使用偏好，开发科学、系统的青少年社会教育网络产品，积极弘扬网络“正能量”。网络监管部门要完善法规体系，继续大力整治网络色情暴力等违法有害信息，监督互联网企业履行社会责任，规范网络游戏的设计和生产，制止骚扰、恐吓、凌辱等有害信息在互联网传播扩散。主流的网站和媒体，既要尊重传媒的职业习惯，也要注意青少年与成年人的生理、社会心理成熟程度不同，对刻意刺激和极端社会现象的承受能力不同，努力正确把握舆论宣传导向。

贺军科在全国青联十一届四次常委（扩大）会议的工作报告

2013年9月17日

受主席会议委托，我向常委会报告全国青联一年来的工作，请审议。

这次会议的任务是：深入贯彻落实党的十八大精神，认真学习贯彻习近平总书记等中央领导同志关于青年工作的一系列重要指示和要求，回顾总结全国青联十一届三次常委（扩大）会议以来的工作，结合共青团十七大工作部署研究安排下一年度的青联工作。

一年来的工作

十一届三次常委（扩大）会议以来，全国青联认真把握党对青联工作的根本要求，团结引领青年，服务党政工作大局，服务青年成长发展。主要做了以下工作：

一、继续深化团结引导青年工作。高举爱国主义和社会主义旗帜，深入开展丰富有效的主题教育实践活动，引导各族各界青年不断增强中国特色社会主义道路自信、理论自信、制度自信。

一是深入学习宣传贯彻党的十八大精神。全国青联及其各界别委员会、各团体会员通过举办报告会、专题培训班、座谈会、征文比赛等学习宣讲活动和国情考察等实践教育活动，帮助广大青年更加深刻地理解和把握党的十八大精神，进一步坚定跟党走中国特色社会主义道路的信念和信心。

二是大力开展“我的中国梦”主题教育实践活动。通过举办形式多样、便于青年参与的活动，引导广大青年理解个人梦与民族复兴、国家富强的关系，深刻认识实现中国梦必须坚持中国道路、弘扬中国精神、凝聚中国力量，进一步激发奋斗精神和历史使命感、责任感。

三是积极培育和践行社会主义核心价值观。发挥优秀青年的示范作用，持续举办“劳动·创造·奋斗”青春故事讲述活动，引导激励广大青少年树立热爱劳动、勇于创造、踏实奋斗的观念。一年来举办访谈节目49期，邀请129名青年典型与青年互动交流，活动网页访问量4.2亿次，微博固定听众386万人，参与转载的网站1800多家，通过新闻客户端关注活动的订阅用户212万人。

四是引导广大青少年增强民族团结意识。组织近2500名各族青少年参加“青少年民族团结交流万人计划”，动员各级青联针对不同类别、不同年龄段的青少年开展民族团结奋斗教育，深化“培养计划”，动员各会员团体为民族地区青少年就业创业、完成学业提供帮助。

五是做好信教青年工作。组织全国宗教界青年代表人士和伊斯兰教、藏传佛教青年代表人士学习考察活动，加强宗教界青年代表人士的联系和培养，注重发挥他们在信教群众中的号召力和影响力，促进和谐社会建设。

二、积极主动服务经济社会发展。坚持围绕中心、服务大局，充分发挥自身优势，激发青年的创业热情和创造活力，为推动经济社会发展献计出力。

一是深入开展建言献策活动。发挥青联智力密集的优势，先后围绕“道德教化”、“自主创新”等重大战略开展研讨，形成了一些富有建设性的意见和建议；组织青联委员中的人大代表和政协委员积极参加各级“共青团与人大代表、政协委员面对面”活动，通过提案、议案和建议，反映广大青少年的普遍性利益诉求。

二是做好青年人才工作。配合中组部继续深化“博士服务团”活动，选派第13批博士服务团172人赴西部地区进行为期一年的服务锻炼；在天津滨海新区举办“2012年海外学人回国创业周”活动，组织海外学人与当地开展项目、投资、人才、技术等方面的洽谈、合作与交流；组织青年社会组织负责人和业务骨干赴广东、香港开展学习交流活动，探索联系青年人才的有效途径。

三是切实服务青年成长发展。各级青联针对青年农民工及其子女、贫困家庭青年、残疾青年、农村留守儿童等群体，开展技能培训、捐资助学、医疗义诊、慰问演出等活动，为他们解决学习、工作、生活中的实际困难，增强了青联组织的吸引力和感召力。

特别是在抗击四川芦山地震、甘肃岷县地震等自然灾害中，许多青年踊跃捐款捐物，积极参加志愿服务，展示了青联组织、青联委员的良好社会形象。

三、不断丰富与港澳青年交流的内涵。围绕增进港澳青少年对祖国内地的了解、对国家的认同、对“一国两制”的信心，深化思想交流，扩大交流覆盖面。实施“内地杰出青年赴港交流”项目，根据交流主题和港澳青少年特点，选派内地杰出青年与31125名香港青少年开展了131场面对面交流，选派65名内地优秀大学生到香港知名企业和机构开展了交流实践活动，与来访的6195人次青年开展了56场有针对性的深度交流活动；继续实施“香港大学生暑期内地实习计划”，今年有960名香港大学生到内地12个省份就业实习；针对港澳青年代表人士，继续举办了“相聚国旗下”、香港青商总会国情研习班、“香港200”优秀中学生领袖培训计划等活动。

四、持续拓展两岸青年交流。围绕增进台湾青少年的民族认同和文化认同，以亲情、乡情、友情为纽带，积极拓宽两岸青年交流的平台。通过继续举办“两岸青年联欢节”、“两岸校园歌手邀请赛”、“两岸青年中秋联欢”、2013海峡青年节、“民族之光”海峡两岸少年儿童民族文化交流等系列活动，增进了两岸青年的情感联系；通过继续举办“海峡青年论坛”、“两岸青年社团圆桌会议”、“两岸金融青年峰会”、“两岸青年菁英论坛”等，加强了两岸青年同业交流；通过中国青年科技工作者协会、中国青年企业家协会、中国预防青少年犯罪研究会等与台湾专业社团的交流，促进了两岸青年社团的对口交流与合作。

五、围绕党和国家外交大局推进青年对外交往。服务国家总体外交、增进中国青年同各国青年的相互了解和友谊、帮助中国青年培养国际视野开展青年外事，是全国青联的重要工作内容。一年来，我们组织开展了与印度等13个国家的大型青年交流项目，1431名青年出访，接待1122名外国青年来访；组团出席G20青年峰会等10个多边交流合作项目，提升了我们在国际青年事务中的参与深度；举办国际青年组织领导人研修班、有关国家青年干部研修班和青年领导人培训项目，培养了一批国际青年人才。

一年多来，我们继续努力加强青联自身建设。各级青联引导青联委员加强学习，通过举办专题报告会、交流研讨会等，帮助委员们认识理解当前经济社会的热点难点问题，不断提高政策水平和理论素养。制定完善全国青联属地召集人制度、界别秘书长轮值制度，定期举办青联之友联谊会活动，推动青联工作规范开展。开通12354全国青联手机报，改版升级全国青联网，定期编发全国青联通讯，促进了委员之间、委员与组织之间的联络交流。

各位常委，同志们，过去的一年，全国青联在党和政府的坚强领导下，在各会员团体、各界别工作委员会、广大青联委员和青联工作者的共同努力下，工作取得了新的成绩。在此，我们向各个方面表示衷心的感谢！

与此同时，必须清醒地认识到，青联工作与党的希望、时代的要求、各族各界青年的期待还存在明显差距。突出表现在：青联组织团结凝聚青年的覆盖面不宽，对新兴青年社会组织和新兴青年群体中代表人士引导和吸纳不够，爱国统一战线组织的功能还没有充分发挥。青联委员遴选机制、委员队伍结构迫切需要完善。对会员团体的指导不够具体，会员团体在团结、凝聚、服务青年方面的优势发挥不够。部分青联委员不大注意广泛联系本领域广大普通青年；少部分委员不能够正确把握青联组织生活的规则，把青联当做"名利场"，交往庸俗；个别委员不珍惜青联委员荣誉，不注意言行，影响青联组织的整体形象。上述问题在各级青联中都不同程度地存在，需要在今后的工作中认真研究并着力解决。

下一年度工作安排

下一阶段，各级青联组织要深入贯彻落实党的十八大精神，牢牢把握为实现中华民族伟大复兴的中国梦而奋斗这一青年运动的时代主题，更加广泛地团结青年，更加有效地引领青年，更加切实地服务青年，引导各族各界青年努力学习、积极工作，汇聚起全面建成小康社会的青春力量。

一、广泛团结凝聚各族各界青年

青联要适应经济社会和青年群体的深刻变化，充分发挥青年爱国统一战线组织的功能，汇聚正能量，不断巩固和扩大海内外中华青年的大团结。

继续巩固传统领域青年的团结。青年工人、青年农民、青年知识分子是中国青年的基本力量，机关、企业、事业单位是我们工作的传统领域。要充分发挥青联代表性广、包容性大的优势，通过增进思想共识、加强组织联系、扩大工作参与等途径，促进广大青年维护团结大局、实现共同发展。特别要放眼全局，善于发现工人、农民、农民工中的优秀青年代表，物色培养一批少数民族优秀青年、宗教界青年代表人士、港澳台和海外杰出青年，积极联系吸纳其中的青年领军人才，发展壮大青联的中坚力量。各会员团体和广大青联委员要认真履行代表和联系青年的职责，把握青年意愿，反映青年诉求，维护好青年的合法权益，让更多的青年增强对青联组织的认同感和归属感，真正发挥好党联系青年的桥梁纽带作用。

积极拓展对新兴青年群体及其代表人士的引导和吸纳。随着我国经济社会的发展，社会的组织结构和青年的群体结构发生了重大变化，出现了大量新兴青年社会组织，出现了"北漂"、"蚁族"、海归、海待、网络意见领袖、网络作家、签约作家、自由撰稿人、独立演员歌手、信教大学生等新兴青年群体，他们当中蕴含着巨大活力和能量。各级青联组织要把这些新兴群体积极地纳入工作体系，深入到他们中去，了解他们的生活状态、思想状况和各自特点；针对不同青年群体的实际，通过面对面交流、情感联谊、网络互动等方式，增进共识；了解他们的所思、所想、所盼，为他们排忧解难办实事。各级青联组织要敏于发现、善于鉴别新兴青年组织和群体中的代表人士，大胆建立联系，择优政治吸纳。

二、用实现中国梦的伟大事业引领广大青年

实现中华民族伟大复兴的中国梦是全体中华儿女的期盼，也是青年爱国统一战线最具时代号召力、凝聚力的旗帜。以中国特色社会主义铸就青年共同理想、引领青年建功立业是青联的光荣责任。

引领广大青年不断巩固团结奋斗的共同思想基础。坚持和发展中国特色社会主义，是现阶段我国各族人民的共同理想，也是团结和凝聚广大青年的思想基础。要把“我的中国梦”主题教育实践活动与中国特色社会主义宣传教育结合起来，通过宣讲交流、典型宣传、社会实践、国情教育等形式，帮助青年在纷繁复杂的舆论环境中、在各种观点的辨析中形成正确的社会认知，引导广大青年自觉把个人梦想融入中国梦之中，不断增强中国特色社会主义道路自信、理论自信、制度自信，信心满怀地紧跟党走中国特色社会主义道路。要切实加强民族团结教育，围绕“两个共同”、“三个离不开”、“四个认同”等核心内容，深化“青少年民族团结交流万人计划”，用党和国家的民族政策教育青少年，用祖国统一的悠久历史引导青少年，用民族团结的光辉典范激励青少年，帮助广大青少年在观察、比较、学习中增进民族感情、强化对民族政策的认同，坚定各民族共同团结奋斗、共同繁荣发展的思想认识。要广泛开展“劳动·创造·奋斗”青春故事讲述活动，各级青联都要善于发现和推出一批可亲、可敬、可学的青年榜样，充分挖掘和展示他们身上蕴含的宝贵精神，引导激励广大青少年不断增强艰苦奋斗、团结协作、勇于担当的意识，培养正确的人生态度，树立劳动创造财富、奋斗成就人生的观念。要积极探索运用新媒体开展思想引领工作，充分借助手机报、微博、微信、飞信、QQ 群等新载体，创新设计动漫、微视频等时尚文化产品，组织力量进行正面宣传，努力在网上凝聚强大的青春正能量。

动员广大青年为实现中国梦创业创新创优。实现中国梦，需要亿万青年脚踏实地、接续奋斗。要动员青年焕发创业的勇气，深入开展博士服务团、志愿服务西部计划、“科技之光”青年专家服务团、工商界委员经贸考察等工作，带动更多青年到贫困地区、到基层一线、到祖国和人民最需要的地方去，磨炼意志、施展才华、开创事业。要动员青年发挥创新的特质，深化青联委员建言献策活动，广泛开展青年科技创新、“挑战杯”竞赛等工作，继续建设和用好海外高层次人才联系窗口，引导青年在自主创新的时代大潮中贡献才智。要动员青年创造优异业绩，继续推动开展好青年文明号、青年岗位能手、培养农村青年致富带头人等工作，激励广大青年立足本职、爱岗敬业、追求卓越，努力成为岗位上的行家里手。

团结港澳台青年和海外青年为祖国统一、民族复兴大业作贡献。继续积极开展港澳大学生内地实习计划、“相聚国旗下”、“同心同根万里行”等工作，增进港澳青年对祖国的向心力和归属感。把握两岸关系和平发展的主题，拓展深化两岸青年交流，开展好“海峡青年论坛”、“两岸青年联欢节”、两岸青年社团负责人圆桌会议等活动，增进台湾青年的民族认同、文化认同和同胞感情。注重发挥海外留学人员联谊会的组织作用和“海外学人回国创业周”、“海外杰青汇中华”的载体作用，引导海外留学人员和青年侨胞大力发扬爱国爱乡优良传统，在弘扬中华文化、增进友好交往、促进祖国统一等方面发挥积极作用。

三、切实服务广大青年的现实需求

各级青联都要把服务青年作为全部工作的出发点和落脚点，为促进青年成长成才多办实事好事，努力成为广大青年遇到困难时想得起、找得到、靠得住的力量。

尽心竭力服务有困难青少年群体。当今社会竞争日益激烈，青年在就业创业、交流交友、身心健康等各个方面面临着不少困难。各级青联委员要积极深入青年之中，倾听青年呼声，发挥组织优势，调动社会资源，努力为遇到困难的青少年群体和欠发达地区青少年排忧解难。要积极引导未就业大学毕业生树立正确的择业观念，提供技能培训、就业见习、创业指导、资金扶持等帮助，促进他们顺利就业创业；积极开展针对青年农民工的职业技能培训、心理咨询、法律援助、文化娱乐、权益维护等工作，帮助他们融入城市生活；动员青联委员与农村留守儿童、城市流动儿童开展“手拉手”结对，做好学业辅导、亲情陪伴、感受城市、自护教育、爱心捐赠等工作；整合各类强农惠农富农政策和社会资源，为农村青年提供融资、技术、项目、资金、信息等服务，帮助他们增收致富。面向少数民族地区和贫困地区青少年，认真做好促进青年就业创业工作，在希望工程、志愿服务西部计划、文化活动场所建设等工作和资源方面加大倾斜力度，积极开展扶贫济困、捐资助学、医疗服务、慰问演出等各类公益活动，帮助他们解决学习、工作、生活中的困难。

千方百计服务青年人才成长发展。要注重研究和把握青年成长成才的科学规律，当好青年人才之友，努力在青年成长成才的道路上留下青联组织的坚实印迹。要抓住发现的环节，努力拓宽视野，加强与新兴青年群体和各个青年群体的联系，加强与专业化社会团体的合作，更加广泛地物色发现具有发展潜力的优秀青年人才。要抓住培养的环节，广泛开展有实际作用的学习交流活动和实地考察活动，帮助青年人才不断提高知识素养，在实践中经受考验、增长才干。要抓住举荐的环节，继续开展青年五四奖章、青少年科技创新奖、青年创业奖等评选表彰活动，配合实施好“千人计划”、“青年千人计划”等工作，为青年的成才发展牵线搭桥、创造条件。

四、继续加强青联自身建设

紧紧围绕青联组织依据章程更好发挥作用、不断增强吸引力凝聚力影响力的现实需要，继续加强青联组织的自身建设。

着力优化委员队伍结构。放宽视野，以其在广大青年中的代表性、示范性、影响力为重要标准，努力发现各个界别、各个领域的优秀青年。严把入口关，把握合理的结构比例，建立更加科学明确的委员遴选标准、更加规范的委员推荐程序。探索建立委员职责履行情况评价制度，以鲜明的导向激发委员的积极性、主动性、创造性。完善青联委员退出机制，保证队伍的纯洁。

着力加强队伍作风建设。引导青联委员带头培育和践行社会主义核心价值观，自觉承担社会责任，始终保持积极的人生态度、良好的道德品质、健康的生活情趣，以模范的思想和行为带动更多青年共同成长进步。引导青联委员认真贯彻落实中央“八项规定”精神，倡导和践行良好社会风尚，维护青联组织的社会形象。加强对青联工作者的理论武装、业务培训和实践锻炼，努力锤炼迎难而上、积极进取、狠抓落实的工作作风。

着力推动工作机制建设。强化对会员团体的业务指导和监督管理，规范地方青联组织换届审批和报备制度，完善主席会议、界别秘书长会议、省级青联秘书长会议制度，确保青联工作规范有效运转。完善青联属地召集人制度，促进青联委员之间的学习交流，拓展委员参加活动、发挥作用的组织化渠道。完善界别秘书长轮值制度，探索建立界别工作述职制度，进一步提高界别自转能力。加强青联之友联谊会建设，巩固传帮带的组织平台。

各位常委，同志们，国家发展的蓝图已经绘就，青春建功的征程就在脚下。让我们紧密团结在以习近平同志为总书记的党中央周围，以邓小平理论、“三个代表”重要思想、科学发展观为指导，高举爱国主义和社会主义旗帜，最广泛地团结凝聚中华青年，在全面建成小康社会、实现中华民族伟大复兴中国梦的进程中续写更加壮丽的青春篇章！

罗梅同志讲话

罗梅在全国少工委六届四次全会上的讲话

2013 年 1 月 25 日，根据录音整理

我们这次全会是在全党、全国深入学习宣传贯彻党的十八大精神的形势下召开的。去年 12 月 26 日，党中央书记处召开会议，专门听取了团中央工作汇报，刘云山同志和书记处其他同志对青少年工作、共青团工作作了重要指示。本月初，在团十六届六中全会上，李源潮同志代表党中央发表重要讲话指出，未来的社会在于今天的塑人，共青团、少先队担负着为未来社会塑人的重要责任。把学校共青团和少先队工作的基础打好了，全团工作就有了好基础。在全团精简会议的情况下，团中央书记处考虑到少先队的特殊性，批准召开全国少工委六届四次全会。

这次全会的主要任务是：学习贯彻党的十八大精神和党中央书记处重要指示精神，按照团十六届六中全会要求，围绕少先队组织的根本任务，研究开展适合少年儿童特点的“三观”、“三热爱”主题教育活动，推进少先队学科建设、少先队活动课程建设、少先队辅导员队伍专业化职业化建设，继续推动少先队事业实现新发展。

刚才，几个省份和单位做了发言，从不同角度谈了好做法、好经验，大家可以相互学习、相互借鉴。除了发言的福建、上海、安徽、西藏、广东外，宁夏、四川、河北、辽宁、重庆、山西等也都取得了很好的成绩。王定华同志代表教育部作了很好的讲话，阐述了义务教育改革发展情况，就进一步支持好少先队工作提出了明确的意见。这几年少先队的工作得到了教育部领导、各相关司局、各级教育部门大力的支持和关心。如果没有这么大的支持，我们的工作也不可能取得这些突破。希望大家认真学习领会，切实贯彻落实王定华同志代表教育部所作的讲话。

下面，我讲三个方面的意见。

一、2012 年少先队工作的简要回顾

过去一年，确实是很不容易的一年。各级少先队组织围绕着“一项任务、三项建设”付出了扎实的努力，取得了实实在在的成果。“一项任务”就是落实少先队组织在新的历史条件下的根本任务，这是少先队工作的思想逻辑，是团十六大以来，在团中央书记处领导和教育部支持下全队智慧和实践探索的结晶。“三项建设”中，学科建设主要是为落实少先队组织根本任务提供理论支撑，少先队活动课程建设主要是提供实践载体，辅导员队伍专业化、职业化建设则是提供人才保障。关于去年工作的具体情况，全会工作报告里已有比较充分反映。这里，我主要点一点取得的重要突破和值得总结的经验。

1. 在少先队相关学科建设上取得突破。此项突破的主要标志是，初步创建了“少年儿童组织与思想意识教育”二级学科。为系统回答少年儿童思想意识如何形成和发展，以及少年儿童组织如何通过少年儿童组织、家庭、学校、传媒、社区及其他社会因素开展少年儿童思想意识教育，我们组织国务院学位委员会学科评议组成员、相关全国学会会长等200多位专家学者，论证少先队相关学科基本问题，构建学科知识体系。联合北京师范大学、北京大学、清华大学等高校和科研院所，开展10个重点课题，形成《少年儿童组织与思想意识教育基本理论》、《少年儿童组织与思想意识教育方法》等7本书稿和1个研究生培养方案。

到目前为止，我们推动29个省份的39所高校在教育学一级学科下自主设置“少年儿童组织与思想意识教育”二级学科，初步建立科研和人才培养机制，着手招收学术学位研究生。现在已经有7所高校明确在今年作为二级学科开始招生，还有6所高校按方向招生，等条件成熟的时候再转成专业。

2. 在少先队活动课程建设上取得突破。此项突破的主要标志是，历史上首次将少先队活动纳入国家课程，给予每周1课时课表时间。在中央领导同志直接关心下，教育部很重视和支持少先队活动课程建设，专门发文规定“少先队活动要作为国家规定的必修的活动课，小学1年级至初中2年级每周安排1课时”，为系统开展中小学少先队教育提供了坚实依托。同时，我们组织专家研究较为系统规范的少先队活动课程，制定课程指导纲要，开展案例征集，编写辅导员读本和少先队员动漫版教材。

3. 在辅导员队伍专业化职业化建设上取得突破。此项突破的主要标志是，首次在中小学教师职称中设置“少先队活动”参评科目，首次确立省市县三级专职总辅导员制度。我们探索了少先队辅导员参评中小学教师职称“双线晋升”机制，积极争取教育部、人社部支持，推动大范围实现少先队辅导员工作成果纳入中小学教师职称评聘；7个省份探索了在中小学教师职称中单设“少先队活动”科目，拓展辅导员职业发展路径；我们正式在共青团系统建立专职总辅导员制度，下发了《少先队总辅导员设置管理办法（试行）》，增强少先队工作专业性、连续性。到目前为止，28个省份按照“专人专岗、能够发挥作用”的基本标准配备省级少先队总辅导员，其中15个省份按照“行政编制、中层副职以上、非领导职务”标准配备。同时，我们运用电视电话会议和网络手段，首次开展辅导员大规模远程培训，直接培训辅导员89万多名，团中央书记处第一书记陆昊同志在会上作了重要讲话，为做好少先队工作提供了明晰的思路和工作方向。同时，我们进一步扩大“国培计划”——少先队辅导员培养项目实施规模。

4. 在少先队活动的普遍性上取得突破。一是开展“红领巾心向党”等主题教育活动。我们在六一、暑期、“十一三”等节点上，集中开展“红领巾心向党”等主题教育活动，教育引导少先队员学习先锋，寻找榜样，争当四好少年。据未来网红领巾集结号专题网站统计，截至11月27日，全国76489个中小学少先队大队注册，参与活动队员7219万人次。在开展“学雷锋”活动中，参与活动队员2849万人。

二是通过多种形式学习宣传十八大精神。我们制作播出十八大少年儿童版动漫宣传片；组织开展“红领巾心向党——十八大与我们的未来”主题队日活动。举办少先队工作者学习十八大精神专题培训，开展“怎样向孩子讲党的十八大”队课教科研活动。仅主题队日活动这一项，参与少先队员4507万人。

三是建立新媒体阵地和文化产品研发机制。全国少工委和凤凰出版集团启动总投资2400万元的少先队活动课复合出版工程，第一期制作《红领巾心向党》等4部动漫片；与团中央网络影视中心共建未来网“红领巾集结号”网上活动平台，建设“中国少先队·红领巾集结号”微博和少先队微博群。

四是启动为期 3 年总金额 1200 万元的“手拉手”红领巾书屋建设，实施城乡少年儿童交流项目。

过去一年的成绩，凝聚着与会同志和全国的少先队工作者的心血和汗水。在这里，我代表团中央书记处，向辛勤工作、攻坚克难的少先队工作者表示诚挚的敬意！向给予大力支持的教育系统、中央和国家机关有关部门、专家学者和社会各界表示由衷的感谢！

同时，我们也要看到，我们的工作离中央的要求、离少先队事业发展的需要还有不少差距。比如，少年儿童思想意识教育的普遍性进一步提高，但是活动对少年儿童内心的感染力和影响力仍有较大差距；比如，少先队学科构建、辅导员专业化职业化建设等取得重要突破，但还需要向纵深探索，在面上推广等等。我们要毫不懈怠，加倍努力，坚持正确的工作方向，继续有力度、有韧劲地推进各项工作。

二、2013 年的工作思路

1. 深入学习宣传贯彻党的十八大精神，牢牢把握中央对少年儿童成长的要求，落实好少先队组织根本任务

习近平总书记指出，要把学习贯彻党的十八大精神，作为当前和今后一个时期全党全国的首要政治任务，把全党全国各族人民思想进一步统一到十八大精神上来，把力量进一步凝聚到实现十八大确定的目标任务上来。陆昊同志在团十六届六中全会上对深入学习宣传贯彻党的十八大精神，广泛开展“三观”、“三热爱”主题教育活动作出了部署。这就要求我们：

第一，要深刻领会党的十八大对青少年成长的新要求。党的十八大全面部署了今后一个时期党和国家全局工作，也对做好青少年工作提出了新的更高要求。党的十八大报告指出，“要深入开展社会主义核心价值体系学习教育，用社会主义核心价值体系引领社会思潮、凝聚社会共识。”“倡导富强、民主、文明、和谐，倡导自由、平等、公正、法治，倡导爱国、敬业、诚信、友善，积极培育和践行社会主义核心价值观。”十八大报告专门用一段论述青年工作，要求广大青年“积极响应党的号召，树立正确的世界观、人生观、价值观，永远热爱我们伟大的祖国，永远热爱我们伟大的人民，永远热爱我们伟大的中华民族，在投身中国特色社会主义伟大事业中，让青春焕发出绚丽的光彩。”十八大报告还指出，“把立德树人作为教育的根本任务，培养德智体美全面发展的社会主义建设者和接班人。”

各级少先队组织要认真学习宣传贯彻党的十八大精神，准确把握对少年儿童工作提出的新要求，增强贯彻落实的自觉性和坚定性，进一步为党做好少年儿童工作。

第二，要把落实十八大对少年儿童成长的新要求与落实少先队组织根本任务紧密结合起来。少先队是党创立和领导的少年儿童群众组织，承担着为党的事业培养可靠接班人的政治使命。用党的思想主张教育下一代，为巩固全国人民团结奋斗的思想基础发挥应有作用，这对少先队来说，是属性决定、使命所在。少先队组织落实根本任务，与开展社会主义核心价值体系学习教育，与培育践行社会主义核心价值观，与“三观”、“三热爱”和“立德树人”育人任务，虽然在层次上、角度上有所不同，但都属于思想工作的要求，都包含着为社会塑人的内涵，它们在方向和本质上是内在一致的。社会主义核心价值体系学习教育、培育和践行社会主义核心价值观是面向全体社会成员的要求；“三观”、“三热爱”是面向广大青年的要求；“立德树人”是面向教育工作的要求。少先队组织根本任务要求我们注重党、团、队组织意识和教育内容的衔接，灌输培养少年儿童对党和社会主义祖国的朴素感情，引导少年儿童

有爱心，养成良好的道德行为习惯，增强国家意识、科学意识、劳动意识、审美意识，锻炼强健体魄，培养良好心理素质，所以既包含思想教育的要求，又包含培养良好道德品质的要求，是社会主义核心价值体系和社会主义核心价值观儿童化的体现，是“三观”、“三热爱”和“立德树人”在少年儿童教育中的具体落实。

当前，根据中央要求和团中央部署，我们要结合全党开展的中国特色社会主义学习教育，在少年儿童中广泛开展“三观”、“三热爱”主题教育活动。这是一个很有深度、很有挑战的课题。首先我们得搞清楚，“三观”的内涵是什么，我们怎么样赋予它时代的精神。对于少年儿童来讲，我们还要把它儿童化，贴近少年儿童成长的实际和规律。研究表明，青少年时期是世界观、人生观、价值观逐步形成的关键时期，多数人的信仰形成，是源于少年儿童时期受到的熏陶；少年儿童时期形成的价值取向会长期留在心里，并表现在成年后的行为上。我们要开展深入的调查研究，重点了解少年儿童阶段“三观”、“三热爱”的具体内涵是什么？实际情况是什么？形成规律是什么？影响因素是什么？有效培养的途径、载体是什么？在此基础上，开展主题教育实践活动，希望这次全会上大家对这个主题提出建议。同时，用好少先队活动课，下个学期起，除了“十一三”和“六一”等重要节点开展活动以外，还要普遍地开展少先队的活动课，引导少年儿童按照党的要求健康成长，为长大后树立正确的“三观”，做到“三热爱”打下良好基础。

第三，要深入探索少年儿童重要思想意识培养的路径载体。向少年儿童讲一句正确的话并不难，但讲一句少年儿童能够真正理解和接受的正确的话却很难。少先队要积极运用学科关于少年儿童信仰萌芽、政治启蒙、道德养成、社会性发展的研究成果，加强探索与实践。在内容上，要抓住重大事件、重要时机和热点问题，按照少年儿童形象直观的思维特点，联系少年儿童的生活经验，把大道理转化为他们能够理解的小道理，把成人话语转化为儿童化的语言，把抽象概念转化为具体生动的人物和故事，使“三观”、“三热爱”在少年儿童幼小的心灵中萌芽。

在形式上，要通过动漫、故事等文化艺术载体，借助电视、网络等传媒渠道和家长、老师等影响因素，开展树立榜样、社会实践和寻访、体验、交流等参与性、互动性强的活动，把有意义的事情做得有意思，把有意思的事情做得有意义，使“三观”、“三热爱”教育在少年儿童成长历程中留下美好难忘的印象，帮助孩子们形成健康正确的成长取向。

2. 巩固和深化少先队学科建设

少先队学科，即“少年儿童组织与思想意识教育”学科，阐明了少先队教育在中国特色社会主义教育体系中不可替代的地位作用和独特的教育内容方式，使少先队教育理论成为教育学的重要组成部分。去年，少先队学科建设实现了跨越式发展，但也有着前进中的问题。在全国少工委层面，存在的主要不足有：学科知识体系还不够完善，配套研究还有待深化；还没有形成和教育部等协作推进学科建设的机制，还要根据学科建设的需要进一步争取政策、资源支持。

在省级少工委层面，主要是对推进学科建设的长期性认识不足，存在完成报备就万事大吉的思想和一些短期行为。因此，需进一步统一全队思想，明确学科建设下一步的任务和时间表、路线图，发挥好省级少工委的重要作用。

在高校学科建设上，由于是新设二级学科，在师资、教材、培养机制等方面都存在一些实际困难，需要整合力量、给予支持。为此，我们要做好以下工作：

第一，建立推进学科建设的工作机制。下一步，一是在行政体系中，要在全国少工委和省级少工委架构下，成立共青团、教育、宣传等相关部门司局（处室）协同推进少先队学科建设的工作机制。这一点我感到非常重要，也是我们去年工作的一些体会和经验。如果形成一个比较好的、稳定的工作机制，就可以按照这个机制定期就一些重大问题进行研究，达成共识，推动落实，避免遇到一点小事就去找教育部门和相关部委。所以我们希望今年能够得到教育、宣传等部门的支持，形成共同研究、协调推进的工作机制，解决学科面临的研究课题、师资培养、教材出版等问题。

二是在学术体系中，要依托各级少工委和少先队工作学会以及团、队内外的研究力量，成立学科专家指导委员会，建立学术刊物、网站、研讨会、学科研究基金等学术平台，凝聚一批高水平的学科带头人，培养一批有志于少先队学科建设的有潜力、有热情的中青年专家。同时，抓紧完善人才培养方案和核心课程教材体系，为高校二级学科建设和发展提供保障。这次会议征求意见的书稿，有的比较成熟，有的还有待补充完善，我们将争取在今年上半年定稿出版，以利于高校把二级学科的课程开起来，专业设起来，人才培养起来。

第二，发挥学科对少先队实践的指导作用。一是工作咨询，要吸收相关学科专家进入各级少工委，为少先队重要活动设计、活动课开展，以及工作部署、决策、安排，提供学术咨询。

二是科学研究，各级少工委要委托高校围绕少先队工作的重大课题和重要内容，建立中小学联系点和科研基地。很多地方已经和高校建立了一些研究中心或者学科建设方面的其他合作，在这个基础上还可以建立一些中小学的联系点和科研基地，因为少先队工作是实践性非常强的工作。我们在前几年开设高校少先队选修课的过程中，就专门安排了大学生去中小学进行实地体验和实践，他们感受非常深，很受教育和启发。同时，开展科学、系统的实证研究，比如说长期的跟踪调查、大样本的调研等，都可以提高少先队工作的科学性。

三是人才培养，各级少工委要从应届本科毕业生和优秀少先队辅导员中，吸引优质生源报考本学科硕士研究生，为少先队科研和实践培养骨干人才；要运用学科教学力量，在师范院校小学教育等专业中普遍开设“少年儿童组织与思想意识教育”课程，培养未来的大、中队辅导员；要委托学科教学力量开展各种形式的辅导员培训，提高辅导员队伍的专业素质。

3. 狠抓少先队活动课程建设

中小学少先队活动课程是少先队活动经常化、制度化的重要载体，使少先队活动成为中小学教育教学制度的重要组成部分。目前，少先队活动课程刚刚起步，还面临不少问题和挑战。

一是教育部 2012 年 9 月下发的少先队活动课文件，已有不少省份争取省级教育部门转发或下发，一些地市也在开展课程探索和试验，但全国 29 万多所初中、小学，还没有在课表上普遍体现。

二是长期以来，少先队研究以队内力量为主，从高校到中小学缺少高水准的学术力量，特别是在中小学没有成形的教研制度，导致少先队教育成果缺少积累和提炼机制，少先队活动设计的科学性、思想性和艺术性不够，难以对少先队活动课提供系统有效的指导。在争取到少先队活动课程之前，可能有的学校对少先队活动比较重视，给了少先队一些时间，有的学校则很少开展少先队活动。我们在一些重大节点开展的少先队主题教育活动，还是有很好的效果，但是系统性不够。另外一年开展三五次活动好办，现在每周要上一堂课，而且要以活动形式来上课，它的内容、形式设计对大家来讲都是一个挑战。如果系统性、科学性不够，加上思想性、艺术性不够，那么我们争取到的时间也会浪费掉。

三是中小学少先队活动课缺少配套的教育教学资源，少先队活动的资料、器材、阵地、经费等还没有纳入义务教育保障范围。

今年，我们要下大气力探索实施有质量、

有效果的少先队活动课程。

一是在今年春季开学，层层落实中小学少先队活动课时。各级少工委要争取教育部门支持，通过各种方式，普遍推动省、市、县各级实现中小学少先队活动课的制度性安排，落实到中小学春季新学期课表上。

二是今年春季新学期起，在有条件、有代表性的地区试用《少先队活动课指导纲要》。因为开一门课总是要有一些标准，既然纳入了国家的义务教育的课程里，就要跟义务教育的课程标准衔接上。少先队是一个全国性的、统一的少年儿童组织，有一些比较集中的、重要的教育引导要求，不能各地五花八门，想讲什么就讲什么，所以各级少工委要确定一批试点地区和学校进行探索。试点要有代表性，中学、小学、不同的地区、不同的层级都要考虑到。在这个过程中我们来积累经验，等到条件成熟的时候再争取教育部门的支持，普遍地推行少先队活动课指导纲要。

对于纲要试点我要强调一点，少先队活动课程既要考虑思想性和教育性，但又绝不是知识传授，活动形式要求贴近少年儿童特点。我们现在初步考虑用雏鹰争章的方式，作为激励机制，因为孩子需要有激励和表扬。少先队活动形式如果不能让孩子们喜欢，就是我们的失职。同时，要让少年儿童在辅导员的引导下，作为活动课程的主体，能够自主地开展活动。

三是逐步建立少先队专门的教研制度。在全国层面，主要依托团属研究单位，建立少先队活动研究机构，指导少先队活动课开展。在地方，少工委要争取在省、市、县各级教育部门的教研机构中设立少先队教研员，研究推动少先队活动课实施。要倡导和推动中小学以大队辅导员为主，吸收年级辅导员、中队辅导员和少先队活动课专任辅导员成立教研组，开展活动设计、课题研究等少先队教研活动。现在社会上很多教育机构，如素质拓展机构、亲子教育机构，都是有专业的力量来支撑，才能吸引人、有效果。我们在提高专业性方面，也要考虑到这些因素。

四是进一步争取相关资源保障。全国少工委将继续推进制作少先队活动课动漫教材，研发图文绘本和辅导员资源多媒体包；推出辅导员工作读本、活动案例。各级少工委要开发适合地方特点的相关课程资源，同时争取教育部门支持，将辅导员用书、队课教材等纳入义务教育资源配置；将少先队队室、鼓号等纳入义务教育学校标准化建设，为少先队活动课提供必要的保障。希望各省（区、市）在活动课程的活动设计上多做研究和探索，不要急于搞教材研发和地方的课程标准，现在条件还不完全成熟，等活动课指导纲要试行一段时间以后，再考虑把地方的特色体现进去，从而既体现全队的统一要求，也兼顾到地方的特点。

4. 推动少先队辅导员专业化职业化建设取得新进展

第一，全面深化辅导员职称试点，切实提高辅导员专业化水平。在中小学教师职称改革特别是设置中小学正高级教师职称的新形势下，职称对少先队辅导员职业发展的意义越来越大，不仅关系着他们的社会地位、经济利益，也关系着他们的工作热情、专业深度。关于少先队辅导员职称“双线晋升”工作，去年我们取得了超出预期的成效，但各地在推动过程中普遍面临几个瓶颈：一是相关部门对于少先队工作的专业技术性认可还不够。中小学教师参评职称，需要有相应的学科专业背景、教育工作实践和专业领域的研究成果等。我们在高校相关学科建设才刚刚起步，对于少先队辅导员工作的理性提炼不够，还没有明确相应的专业标准。

二是中小学传统教育科目一般具有比较成熟的配套衡量体系，比如，教学课时数量、示范课（观摩课）、学科带头人、课题项目、论文著作等教研成果平台。而目前，少先队辅导员的教研制度和配套衡量体系还有待进一步完善。

三是中小学一线少先队辅导员，相对于语文、数学、外语等学科的任职教师，数量比较少。同时，少先队辅导员的工作与课堂教学不同，主要以开展活动的形式体现，不易量化和比较评价，还要考虑制定单行办法。职称是一项非常复杂的系统性的工作，职能部门和我们的角度不一样，也是可以理解的。我们要不断地创造条件，做到有理有据，在加强沟通的过程中，在实践的过程中，我相信一定能够达成共识。

针对以上问题，今年深化辅导员职称工作的思路和措施是：一是要结合高校“少年儿童组织与思想意识教育”二级学科建设，构建少先队工作的理论体系，为少先队辅导员工作实践提供指导。参照中小学教师专业标准，研究和总结少先队工作的规律和专业内涵，建立少先队辅导员专业标准，打牢辅导员参评中小学教师职称单设科目的专业基础。

二是要配套少先队活动课教研制度，建设课题项目、示范课（观摩课）、学科带头人等专业成果展示平台，为少先队辅导员参评中小学教师职称提供机制保障。

三是各级少工委，尤其是省级要及时总结经验，推广取得突破省份的做法，畅通参评职称路径。如：会同有关部门，制定少先队辅导员参评职称实施细则、操作办法，特别是参照心理健康教育教师，以区县为单位分配名额，解决群体数量小的问题；借鉴综合实践活动课经验，制定量化评价办法等。

到今年年底，要普遍把少先队辅导员参评中小学教师职称“成果折算”落实到基层，推动多数省份将少先队活动科目在中小学教师职称评审中设立起来。

第二，以制度落实为契机，建好总辅导员这支职业化队伍。总辅导员制度是为了解决团干部流动性和少先队工作连续性、专业性之间的矛盾。总辅导员是共青团选派的从事少先队工作的专业人才，是少先队辅导员队伍的骨干和少先队相关学科建设的带头人。省级总辅导员配备，去年取得了重要的阶段性成果，同时也存在一些值得重视的问题。一是部分省份新任总辅导员的业务能力与岗位要求相比还有差距。从机关其他战线部门提拔或调任总辅导员的同志，因缺乏少先队或教育工作经历，对少先队专业性工作不够熟悉。同时，那些遴选出来的同志，尽管具备了较丰富的基层教育工作经验，但还缺少在省级平台上开展少先队工作的历练和视野，都需要“补课”。

二是选调自基层的部分人员级别、编制没有达到要求，对推动工作有不利影响。从经验来看，总辅导员的能力水平和敬业精神至关重要，但级别要求也非常有利于省总辅导员协调工作和指导下级队组织，行政编制则有利于总辅导员理顺身份关系，明确发展路径，安心从事工作。

三是少数省份将总辅导员设为不低于中层副职的“领导职务”，可能会影响岗位的稳定性。这些省份没有落实总辅导员文件设置“非领导职务”的要求，可能带来任职人员在提拔、转岗问题上的攀比心态，造成人员流动快，工作连续性不足。

今年，我们将毫不动摇继续抓好省级总辅导员配备，强调专业性、稳定性，在岗位编制方面坚持标准不降低。同时，从面上推动地市级总辅导员基本配备。工作的思路是：一是加强总辅导员的培养和指导。各级少工委要通过“总辅导员培训交流活动”、鼓励攻读“少年儿童组织与思想意识教育”二级学科研究生、提供总辅导员学习交流等方式，帮助新上岗的总辅导员既明白干什么，又知道怎么干，使他们能够尽快适应少先队学科建设、活动课程建设、队伍专业化职业化建设的要求，更好地落实少先队组织根本任务。

二是有针对性地解决突出问题。对于那些具备专业性但级别、编制未到位的情况，我们考虑可以给予一定的缓冲时间，但要求各级少工委加强对他们的培养使用。对于总辅导员,如果未干满一届、频繁更换,事实上成为解决个人级别待遇的岗位,将对相关单位予以通报批评。对于专业素养和工作热情不够,经培养后仍无法履行岗位职责的,我们将要求调整。对于申请增设编制暂未获批和人员尚未到岗的,要通过其他办法尽快完成配备。

三是加强工作督导、考核。要通过各级少工委日常督导及年中、年底考核等多种方式,不简单以编制、级别作为评价标准,而是综合考虑专业性、任职稳定性、作用发挥程度等多种因素,推动配备好各级总辅导员、发挥好他们的作用。

第三,加大辅导员培训力度。近年来,全队形成了一系列重要认识、理论成果、实践经验和制度安排,这些最终都要靠一线辅导员去掌握、去体现、去落实。因此辅导员培训显得尤为重要。各级少工委要继续按照分级全员培训的要求,层层落实好本级的培训任务。

在培训内容上,一定要突出针对性,要把近年来全队的探索成果作为培训的重点,切实解决我们少先队辅导员的一些缺失和不足。特别是要充分借助开设研究生二级学科的高校的力量,用好全国少工委组织专家编写的学科核心课程教材;充分运用少先队教研和活动设计的成果,用好一线的新鲜经验,使参训辅导员感到学习有收获,工作有启发。在培训手段上,要注重综合用好各种有效方式。全国层面将继续做好“国培计划——骨干大队辅导员培训项目”和大规模远程培训。各地要用好远程培训和面对面培训方式,并通过以赛代训、互观互检、导师带徒、座谈研讨、交流考察等灵活多样的形式开展培训。

三、认真贯彻中央关于改进作风建设的精神,以良好的作风和工作状态推动少先队事业实现新发展

当前,全党、全社会都在认真贯彻落实中央政治局关于改进工作作风、密切联系群众的八项规定的精神。团中央已制定出台有关实施办法。各级少先队工作者要切实对照相关要求,不断增强党性修养,切实改进工作作风。

1. 加强学习研究。各级少工委要带头深入学习宣传贯彻党的十八大精神,学习习近平总书记一系列重要讲话精神。要深入研读原文,结合工作学习,通过学习进一步坚定跟党走中国特色社会主义道路的理想信念,不断提高自身思想政治素质。

要加强少先队工作的学习研究。落实根本任务、推进三项建设是专业性极强的工作,加强学习研究的任务比以往任何时候都更为紧迫、更具挑战。我们不能满足于已经取得的一点点认识,这些离专业化的要求还有很长的距离。还要看到,随着一批同志的转岗,新进的许多同志对少先队工作还很不熟悉。如果自身积累不够,又没有较深入的学习研究,和相关业务部门的同志争取支持时,就难以说明白。我们要提高少先队工作的能力水平,必须深入钻研学科建设、职称评聘、少先队教研等方面的重要问题,“静下心”,“学透彻”,才能“干明白”。

2. 保持工作韧劲。去年的学科、职称、课时、总辅导员等工作突破,是长期攻坚的积累。去年培训的时候,陆昊同志讲了中央领导在共青团岗位时对少先队学科建设的一些重要指示,少先队的学科建设和专业化建设不是这几年提出来的,前辈进行了非常积极的探索。当然这也是过去一年大家努力拼搏的结果,比如,多数省份设置省级总辅导员,包括河南、山东从省委组织部、编办增设编制,这些都是很有难度的工作,没有一点不怕碰壁、反复推动的韧劲是办不成的。所以我们要反复跟部委的同志,跟厅局的同志去沟通,要以我们的工作韧劲、工作态度来赢得他们的支持。我相信大家都是站在为党和国家培养合格人才、培养合格接班人的角度去考虑问题,一定能互相理解,互相支持,达成共识。

当前，落实根本任务、推进三项建设到了一个重要的关键时期，一点劲也松不得。工作要有韧劲，既是对我们的能力考验，也是对我们的作风锻炼，要心无旁骛、持之以恒去推动、推动、再推动。

3. 注重统筹协调。面对各项繁重的、有难度的工作任务，要坚持从全局上、整体上谋划，注重轻重缓急，善于分解任务，合理调配力量，做到忙而不乱、有序推进。同时，要协调好、筹集好各种资源，继续发挥我们向党政部门争取政策支持的优势，大力整合高校、社会机构的人才力量和研究资源，使我们的事业获得更大的推动力。

同志们，少先队工作是为未来塑人的工作，红领巾连着昨天、今天和明天。让我们紧密团结在以习近平同志为总书记的党中央周围，高举中国特色社会主义伟大旗帜，深入学习宣传贯彻党的十八大精神，脚踏实地，扎实奋斗，为党的少年儿童事业不断作出新的更大贡献！

罗梅在全国少先队工作片会上的讲话

2013 年 12 月 3 日、5 日、10 日，根据录音整理

经团中央书记处批准，我们召开少先队工作片会，认真学习领会党的十八届三中全会精神，深入贯彻落实习近平总书记参加“快乐童年放飞希望”少先队主题队日活动时的重要讲话精神，认真落实李源潮同志在全国优秀少先队辅导员、少先队员代表和少先队工作者座谈会上重要讲话精神，研究争取省级党委发文加强对少先队工作的领导和支持，进一步强调重点工作。

为了使会议开得高效、精简、讨论充分，我们选取了陕西、云南、北京三地分别召开片会，这三个省份都在争取省级党委发文方面取得了重要突破。这两天，我们了解到，内蒙古区委、湖南省委、河南省委、安徽省委也已经明确要发文，要继续做好协调推动工作。

下面，我讲几点意见。

一、认真学习领会中央重要要求，把握精神要义，指导当前工作

（一）关于学习习近平总书记重要讲话的认识和思考

党中央十分关心少年儿童健康成长和少先队工作。今年“六一”，习近平总书记参加“快乐童年放飞希望”少先队主题队日活动，希望“少年儿童从小就要立志向、有梦想，爱学习、爱劳动、爱祖国，德智体美全面发展，长大后做对祖国建设有用的人才。”今年中央提出“三爱”有 3 次，总书记“六一”的时候在少先队主题队日活动上对少年儿童提出了“三爱”要求，总书记在同全国妇联新一届领导班子谈话时对儿童工作提出“三爱”要求，十八届三中全会通过的《中共中央关于全面深化改革若干重大问题的决定》里，又一次在教育改革里，提出了“三爱”的要求。所以，总书记提出的“三爱”，是党中央对少年儿童健康成长的一贯要求，是今后加强少年儿童教育的重要指南。同时，习近平总书记“六一”时，专门对少年儿童提出“从小就要立志向、有梦想”，这里面有对少先队组织的特殊要求。

党的总书记参加少先队的主题队日活动，是新中国成立以来的第一次，充分体现了党对少年儿童和少先队事业的高度重视。习近平

队教育要与学校教育融为一体。

他强调，要加强少先队辅导员队伍建设，落实职称评聘、业务培训等政策措施，让他们干得有奔头。各级党委、政府要加强对少先队工作的领导和支持，教育系统要把少先队工作纳入教育工作总体安排。共青团要坚持全团带队，支持少先队创造性开展工作。要充分调动社会各方面力量，推动少先队事业创新发展。

李源潮同志对少先队工作的关爱、肯定和要求，让我们备受鼓舞，也感到沉甸甸的责任。现在少先队的工作有一些突破，有一些发展，但是也面临着很大的挑战和问题。

学习李源潮同志的讲话，我们有一些思考和体会，在这里跟大家作交流。

首先，我们要深入理解李源潮同志提出的“组织定位”三个方面的要求。“预备队”是一个组织的角色定位，解答少先队到底是一个什么组织。少先队是党和人民事业的战略预备队。党和人民的事业，我们认为远期是共产主义，近期是中国特色社会主义。大家要好好学习一下习近平总书记十八大以来的系列讲话精神，他对理想信念教育有非常深入的阐述和战略要求。我记得习近平总书记在同团中央新一届领导班子集体谈话时，专门讲到理想信念教育，强调共产主义是我们的远大理想。

从少先队工作角度来看，少先队工作者在理想信念方面，要有明晰的认识。现阶段党和人民的事业是全面建成小康社会，实现中华民族伟大复兴的中国梦。因此，总书记提出要让孩子们“立志向、有梦想”，就是要让孩子们的小志向、小梦想与我们国家大的发展目标、与中国梦结合起来。给孩子们直接讲共产主义、中国特色社会主义、中华民族伟大复兴，孩子们是难以理解的，我们要用孩子们能够听懂的语言和方式让孩子们去理解，用科学的灌输方法。李源潮同志讲话中也专门提到要培养孩子们对国家、对人民的热爱之情，他讲的是感情的培养。对于少先队工作者来讲，就必须牢牢把握中国特色社会主义的道路自信、理论自信、制度自信，坚定中国特色社会主义的共同理想和共产主义的远大理想。

李源潮同志提出“大学校”的定位。这是组织职能定位，回答“干什么”。少先队工作是育人的工作，我们的育人工作就是要为孩子们的成长“铸魂”“添翼”，主要内容是李源潮同志讲的5个方面。价值观方面，就是以“五爱”为基本内容和以爱国主义为重点的基本情感教育；人生观方面，就是以做社会主义合格建设者和接班人为目标的理想志向教育；道德观方面，就是以集体主义为基础的道德品质和行为规范教育；世界观方面，就是中国特色社会主义方向的社会认知教育；李源潮同志还讲到革新观，就是创新意识和创造意识的培养。

从调研情况来看，我们感觉像精神素质的培养，特别是情感教育还有一些差距。“五爱”中的爱社会主义教育是相对弱一些的。引导孩子从加强社会认知进而延伸到对中国特色社会主义的认知还有一定空间。

李源潮同志提出的组织定位的第三个方面是少年儿童群众组织。这是组织主体的定位，指明“怎么干”。少先队的主体都是少年儿童，所以工作方法上必须遵循少年儿童的成长规律。我们一直强调要避免成人化、模式化，强调少先队活动要儿童化。

昆明春城小学有一个雷锋银行的激励机制，做一件好事就可以拿到一个鼓励章贴在班级栏上。有一个现象，就是获得鼓励章最多的是四年级和五年级的孩子，因为一年级没有入队，二年级和三年级可能很多事还做不了，四年级和五年级既有这个意识，又能做很多事。到了六年级以后就少了很多，我就问一个孩子为什么少了？我也启发他，是不是学习太累？这是一方面，还有一个原因就是，他觉得这太小儿科了，这是小学一二年级小朋友做的事，自己这么大了，做这些觉得挺没面子，做不做无所谓。后来我给校长建议,要尊重少年儿童的成长规律,要分年龄段、分年级来设计鼓励章。我们的"雏鹰争章"就是分年龄段、分年级开展的。比如六年级的孩子参加学校的演讲比赛获奖了,发激励章给他,他就会觉得很有成就感,因为这是他乐意参与的活动。

李源潮同志提出,要让孩子们在自主活动中学会怎么看人、怎么处人、怎么帮人、怎么取得别人的支持,培养正确的自主精神。我们说"娃娃头",就是少先队员中的骨干力量。我最近一段时间经常跟少先队小干部交流,我问他们为什么想当小干部,原来我们得到的信息是孩子们觉得可以管人,是一个"小老师",现在他们说,管人是不能让同学服气的,要更多地做服务工作。寓服务于管理当中,权威性就提高了,这就是一个认识转变的过程。在这个过程中他学会了怎么做好一个队干部、班干部,他觉得自己的付出得到了同学们的认可和尊重,很有成就感。我觉得这种锻炼对孩子们一生的成长都是有帮助的。

现在我们讲管理,也不是原来的概念了。十八届三中全会提出,要推进国家治理体系和治理能力现代化。管理到治理就一字之差,包括政府职能的转变,怎么从管理到更多的服务。作为一个称职的管理者应该做好服务工作。所以我一再强调,我们的活动真是要放手给孩子们自己做,让孩子们自己在组织活动中锻炼自己的服务意识,这也是培养一种创新精神。我们经常说我们的孩子书本知识内容学得比国外的孩子好,但在动手能力、创造能力、创新能力方面比国外的孩子要弱一些,这主要是教育方式和理念上有差距,少先队正是弥补这些差距的很好组织载体,少先队活动可以填补这方面的空白。所以,我们一定要认真理解李源潮同志讲的少年儿童群众组织定位。

党的十八届三中全会通过的《中共中央关于全面深化改革若干重大问题的决定》,在教育的内容方面提出"全面贯彻党的教育方针,坚持立德树人,加强社会主义核心价值体系教育,完善中华优秀传统文化教育,形成爱学习、爱劳动、爱祖国活动的有效形式和长效机制,增强学生社会责任感、创新精神、实践能力。"《中共中央关于全面深化改革若干重大问题的决定》还就促进青少年的身心健康、体魄强健,提高学生的审美和人文素养以及城乡义务教育资源的均衡配置、减轻学生的课业负担、推行学生综合素质评价、强化国家教育督导、健全政府补贴、政府购买服务等都作了部署。

我希望做少先队工作的同志都要认真地学习这些重要精神。爱学习就要激发孩子们的科学梦,爱劳动就要激发孩子们的创造梦,爱祖国就要激发孩子们的报国梦。活动的有效形式,对于少先队来讲就是好的活动设计。长效机制是政策保障和机制保障。增强孩子们的社会责任感,可以通过集体主义教育和组织教育来加强。创新精神可以在少先队的自主活动中培养。实践能力可以通过少先队实践育人来实现等等。我们要好好地学习和了解这些内容,因为少先队工作和教育改革发展是密切相关的。李源潮同志也讲少先队教育要融入学校教育。如果我们不主动地去了解国家教育改革重大的部署和相关要求,我们可能又一次被边缘化。

我举一个例子。2001 年教育部进行中小学课程改革,把"班队会"从国家课表上拿下来了。如果我们当时有敏锐性,能够主动和教育部门沟通,也不用现在费这么大的劲,再一次找教育部提少先队活动课上课表的问题。最近教育部在准备课程改革,我们在积极地争取,希望把少先队活动纳入到国家义务教育课程设置方案里,这样地方推动起来也会相对容易一些。教育部关于少先队活动课的通知已经发了一年多了,各地落实进课表的情况不是很乐观,这项工作还要加强。

这次国务院开的教育均衡发展会议,专门对欠发达地区进行教育资源的倾斜和政策的补贴，这就需要我们了解教育部和各级教育部门是怎么考虑的，怎么在这个过程中推动少先队工作均衡发展。比如将我们的队室、鼓号队等纳入到义务教育标准化建设里。我们要很好地抓住这个机遇。

希望大家对中央领导有关讲话精神和中央有关要求再一次原原本本、反反复复学习，做到学透、学深、学准，结合工作认真思考，转化为谋划和推动工作的重要动力。在这方面，我们要向老少先队工作者学习。我在北京蹲点学校的校长，是当年全国十佳少先队辅导员，非常热爱少先队工作，对李源潮同志的讲话，他能够非常敏锐地抓住一些核心的内容和要求，这其实是一种职业精神和敬业精神的体现。

二、调研发现的一些突出问题和今后的工作考虑

（一）调研发现的突出问题

我今年有两次比较深入的调研，第一次调研是去广东中山，调研21天，去了两所学校。还有一次是前不久在北京两所中小学蹲点，调研7天。蹲点期间，我发现了基层好的经验和探索，也发现了一些突出的问题，好的经验和成效就不说了，谈几个方面的问题。

1. 少先队教育内容还不能充分体现“组织定位”的三个方面。从调研的情况看，一些学校的少先队围绕着学校教育教学和自身办学理念发挥作用，配合德育做得比较好。但是在体现少先队的色彩、体现少先队要完成的职能任务方面，我感觉不是特别到位。比如说思想引导和理想志向的启蒙教育和基本价值观的培养方面，做得还不够好。少先队是党领导的少年儿童群众组织，委托共青团直接领导。我认为这是有政治考虑的，所以我们一直在讲组织意识的衔接和教育衔接。

少先队要在理想信念教育方面发挥作用。这些年在这方面是比较弱的，原因很多，我想原因之一是孩子们理解有一定的难度，对我们来讲，需要把大道理转化成孩子们能懂的小道理，这是对我们专业素养和工作能力的考验。当然，就这个问题，有些人也有不同的认识。我接触到的一些人也讲，这么小就进行理想志向的启蒙教育不符合少年儿童成长规律，认为对小孩子应该进行基本养成教育、道德规范教育。从我们掌握的情况和国内外的研究成果、实践经验来看，这两个内容是不矛盾的。举个例子，国外的爱国主义是从小渗透的，大家都知道美国的国旗挂得到处都是。有一年去美国，他们邀请我们看棒球比赛，我看到一个穿得很时尚的年轻人，还没有进场，国歌响起来了，他就做出了抚胸礼，很崇敬地等国歌演奏完才入场。如果不是从小的渗透和教育，不可能在没有人监督的情况下，自觉地做出这样的行为。所以，我想国外的教育也不仅仅是养成教育和道德规范的教育，也把意识形态教育、爱国主义教育渗透到了方方面面。前段时间，俄罗斯又开始从国家层面对爱国主义教育进行机制化、制度化安排。他们也知道苏联解体以后，民族的凝聚力、爱国主义方面在下降，现在又捡回来了。大家要结合蹲点工作，认真做一些思考。

2. 每周1课时少先队活动还没有普遍落实到课表。现在第一步是将少先队活动课落实到课表上，我感觉这个任务还很重，还不是都能做到。有很多原因，比如说学校不太愿意挤压校本课程的时间。我发现，现在学校校长有很大的自主权，三中全会的决定里提出还要给学校更大的自主空间。一个学校的文化基本上就是校长的教育理念。校长比较喜欢鲁迅，鲁迅的文化就体现在这个学校里；校长认为钱学森的精神值得弘扬，钱学森的精神体现得很明显；校长觉得中国传统文化、国学教育很重要，学校教育就会充分体现。这种情况下，要研究让少先队教育很好地融入到学校教育中。

有些地方做了一些探索，北京朝阳区已将

小学“班队会”、初一初二“班校会”统一为“少先队活动”,147 所学校列入课表,丰台区也有 97 所列入课表。我去的陕西的小学,也把班队课改为少先队活动课。我们一定要很好地督促和落实。大家要结合蹲点工作,督促少先队活动上课表。少先队活动课时能争取下来很不容易,不能让它又成了一纸空文。

3. 辅导员队伍基本知识和专业素养的培训需要加强,还要进一步落实待遇,提升精神归属感。调研发现,少先队员对少先队基本知识、基本规范的了解掌握很不够,重要原因是辅导员自己掌握得不够。所以,这次争取省级党委发文支持少先队工作,如果争取到经费支持,就一定要把经费主要放到辅导员的培训上。李源潮同志去了几个省,和孩子们交流的过程中,问了几个最基本的问题,孩子们都答不上来。在这方面,加强对新一代少先队辅导员培训和教育非常重要。这一点我们要向老的少先队工作者学习。我去昆明春城小学,校长是老辅导员,她能在培训会上脱稿讲两个小时的少先队基本知识,讲得非常到位。我蹲点的北京实验一小校长是第一批全国十佳少先队辅导员,我看他对少先队基本知识的掌握是非常到位的。今年到明年我们要搞几个全国性的活动,包括全国性少先队基本知识的竞赛、鼓号队展演,要让少先队的常识和独有的元素如红领巾、队徽、队歌等特色体现出来。

调研也发现,现在的辅导员缺乏经常性的、有形的情感交流,还没有形成清晰的职业认同,可以探索建立一些像辅导员之家、辅导员沙龙等,让辅导员有精神上的归属感。我们很多老少先队工作者经常自发组织聚会,互相交流,增进感情。我去广东调研的 21 天里,加入到了广东的团干部的微信群里,每天发微信交流调研感受,效果很好。不一定是物理空间上的聚会,通过新媒体手段也可以把辅导员凝聚起来。我也发现,少先队辅导员的职业认同慢慢培养起来以后,都很难忘记。为什么很多老少先队工作者一讲起少先队就精神焕发,这一点我们可以挖掘一下。

4. 教育部门和学校对少先队工作的支持有待形成具体可操作的制度性安排。调研时我发现,学校鼓号队没了,变成了管乐队,说管乐队的层次要更高一点。鼓号队能仅仅用艺术标准去衡量吗?它这个形式背后是有很多意义的。我们要争取教育部门支持,把这些都列入到义务教育学校建设达标的内容中,同时,也要搭建平台,让大家有展示的机会。

在建立学校少工委方面,我们要做探索。我去的春城小学建立了学校少工委。上次我去广东中山市东区的水云轩小学和南区恒美农民工子弟学校,也建了学校少工委。校长担任少工委主任,每年就得研究一两次少工委工作,少先队工作的意识就增强了。我们不能靠当过辅导员的校长的个人感情来替代我们的工作稳定,要建立不因人事调整而发生变化的长效机制。

另外,各级少工委要建立直接联系各相关职能部门和中小学校长的渠道,把与少先队工作关系密切的职能部门和处室以及校长也吸纳到少工委里。少先队工作学会换届,可以补充一些对少先队工作有研究、热爱少先队工作的业务骨干。还有在调研中大家提到的少工委双主任制。这些机制都可以去做一些探索。

5. 初中团队衔接存在“空白期”。调研发现初中孩子总体上对少先队员的身份是认同的,并不排斥。我们还发现,有的学校让少先队员在初一就提早离队,造成大量的孩子没有满 14 岁就离开了少先队组织,又没加入共青团,在这个时候缺乏组织归属,有一个空白期。13 岁左右这个年龄段,是孩子们价值观形成非常重要的时期,如果这个时候组织没有对他进行覆盖,没有进行引导,他的价值观会发生很大的变化。大家要严格按照队章来做好工作。

少先队和中学共青团工作在全团工作中具有基础性、源头性、战略性的地位,中学要切实加强团队组织意识和教育内容的衔接，做好初一新生建队、推优入团、离队仪式等工作，开展适合初中队员特点的活动。

我感到在小学阶段，少代会一定是要开的，在初中，离队仪式很重要，我们原来讲“迈入青春门，走好人生路”。孩子们14岁就觉得自己是青年了，怎么在最后的时候让红领巾、少先队经历能够深深刻在他的心里，确实需要特定的仪式和活动。

希望大家在下一步的蹲点过程中能够发现更多的问题，能够为全队提供更多的经验和方法。

（二）对今后五年的工作思考

1. 落实少先队组织定位和根本任务

我们考虑，当前少先队的组织定位和根本任务是：坚持少先队作为预备队、大学校和少年儿童群众组织的定位，培养少年儿童对党和社会主义祖国的朴素感情，抓好少年儿童思想品德教育和精神素质培养，发挥少先队员自主性，培养锻炼少先队骨干的自主活动能力，教育引导少年儿童立志向、有梦想，爱学习、爱劳动、爱祖国，为实现中国梦做好全面准备。

2. 抓好五项重点建设

（1）少先队活动载体和课程建设。一要推动各级教育行政部门将每周1课时的少先队活动课纳入教育督导和检查，普遍落实到中小学课表上，在各级义务教育课程设置方案中明确。二要以少先队活动载体和活动课为主要内容，修订《少先队活动指导纲要》，为辅导员科学辅导、少先队员自主开展活动提供指导。三要深化“红领巾心向党”“红领巾相约中国梦”“手拉手”“雏鹰争章”等一系列少先队品牌活动。四要创新开展少先队基本知识竞赛、少先队鼓号队展演、红领巾夏令营、手拉手、少年科学院等全国性少先队大型活动，支持和倡导基层队组织因地制宜、创造性地开展活动。五要加强学校红领巾广播站、电视台、标准化队室、中队角等校内阵地建设。拓展校外社会化活动阵地，发挥少先队员在办好各级队报队刊队网中的作用，为少先队员开展活动提供广阔天地。

前两天我们请小记者们走进全国少工委，他们谈了很多感受，效果很好。我们要为孩子拓展校外活动提供一些支持，搭建一些平台。第六次少代会我们请部分少先队员代表走进教育部，跟教育部副部长座谈、交流，孩子们提了很多教育方面的意见和建议，很有意义、很有意思。这方面我们要进一步地提倡、深化。

（2）少先队小干部小骨干和队集体建设。一是坚持和规范少先队小干部民主选举和轮换制度，组织开办队长学校，举办少先队小干部培训班，培养锻炼有组织能力的少先队小干部。二是建好小学少先队大、中队，规范各种少先队标识和入队、离队、少代会、中队会、大队会等少先队组织生活。创新初中少先队组织建设。探索雏鹰假日小队、各类红领巾小社团等组织建设形式。聘请家长和各行各业优秀人士担任志愿辅导员。三是树立和宣传优秀少先队员和队集体的榜样，研究优秀少先队员成长道路。我们去的春城小学，就是请警察学校的教官作为校外辅导员，那个教官小时候就是少先队大队长。四是通过各种活动和方式，发现在各方面有爱好、有特长的少先队小骨干并做好培养。

李源潮同志要求我们研究少先队小骨干的成长规律和路径。我们最近做了一些调研，就说我们团干部，分管少先队的团省委副书记里面，很多小时候都当过队干部，后来入团比较早，入党也比较早，成为团干部的骨干力量。我记得少先队建队60周年座谈会时，我们请了著名的数学家杨乐先生。他就讲少先队的实践活动、创造性活动对他后来成为数学家非常有启蒙意义。还有各行各业的许多人士也是这样。少先队对一个人的成长影响非常大，大家要挖掘一下，有哪些好做法和经验，运用到现在的工作中。

(3)少先队新媒体工作能力建设。一是积极争取各级党政宣传、网络管理部门支持，在中央和地方各级重点新闻网站或政府门户网站中建设少儿频道，并由同级少工委负责内容建设。二是与百度、腾讯等大型网络公司合作，为少年儿童提供更多干净、有趣、有意义的网络资源。我们原来跟淘米网合作开发过一些游戏，有一个给我印象很深，是少先队基本知识闯关游戏，答对一题往前进一步，在这个游戏过程中让少先队员学到了少先队的基本知识。三是建设好各级少先队网站、微博、微信等网络阵地。四是动员和支持少先队辅导员在网上开展工作。建立辅导员网上社交平台，聘请各行各业的优秀人士、明星、公众形象好的名人担任网上志愿辅导员，开展“忆童年生活”等网上活动。五是发现和培育网上的少年儿童正面偶像，在网上开展最美少年、最美少先队员等评选，为少年儿童提供正确导向。

(4)少先队辅导员队伍和学科建设。一是推动中小学校设立少先队大队辅导员岗位，严格标准选配合适人员，解决中层副职以上级别和待遇。推动省、市、县三级配齐配好少先队总辅导员。我们专门下了文件对总辅导员的级别、岗位、任职资格、工作职责都作了明确的要求。不能把总辅导员岗位当作解决干部待遇的岗位。少先队工作的专业性要求很高的，一两年时间很难干明白，要推动总辅导员长期在少先队岗位上干，热爱少先队。希望大家高度重视这个问题。二是完善辅导员分级全员培训机制。力争将辅导员培训纳入教育系统各级教师培训计划，实现每位大队辅导员每年72学时培训目标。三是将少先队辅导员工作纳入学校教师绩效考核。四是将少先队工作成果普遍纳入中小学教师职称评审，在中小学教师职称序列中专门设立“少先队活动”专业科目，实现少先队辅导员职称“双线晋升”。五是宣传好优秀少先队辅导员的事迹。六是完善“少年儿童组织与思想意识教育”学科知识体系和高校研究生、本科课程。培育理论与实践紧密结合的专业人才，培养少先队名师，加强对辅导员的专业指导。现在好多省已经把学科建起来了，要跟踪好，主要依靠高校，但也要把握好方向。我们下一步也考虑把专业学位设起来，主要是考虑在职辅导员的学历提升和专业能力培养。

(5)少工委和学校少先队工作机制建设。一是健全和完善各级少工委的机构设置、工作机制。二是推动各级教育行政部门将少先队工作纳入学校工作的总体部署，进行规划、检查和保障。加强对少先队具体工作内容的督导和考核评价。督导很重要，要研究如何督导，少先队的督导内容应该占多少分值。联合教育部门进行督导很管用。三是探索建立校长和校党组织负责人、分管德育工作的副校长、德育主任、辅导员和家长代表共同组成的学校少工委。

三、近期几项重点工作

(一)争取省级党委发文

今年9月，李源潮同志对陕西省委下发《关于进一步加强少年儿童和少先队工作的意见》作出专门批示。在10月13日少先队工作座谈会上，李源潮同志再次强调“党委要重视少先队工作，政府要解决好政策保障，最近陕西省委专门发文，对少先队工作加强政策支持和人、财、物保证，这个做法很好，值得总结和推广。”各省要参照陕西省的做法，把这个文件尽快争取下来。团中央书记处高度重视这项工作的推进和落实，秦宜智同志多次研究、过问。从这次片会讨论情况来看，很多省对少先队工作非常支持，关键是我们怎么去争取，找准突破口在哪里。只要我们工作做到位了，绝大部分省级党委是会支持的。在争取省级党委政策支持过程中，我们对内容的含金量也要有要求。这个事情是今年的头等大事，要作为年度考核最重要的一个指标。

这里，给大家讲讲方法：一是一定要高度

重视，做一些调研。要根据本地的实际广泛征求意见，认真梳理长期困扰少先队工作发展的机制性、保障性问题，为省委发文做好准备。要认真一条一条地研究，研究清楚哪些是需要省级党委支持的。这样跟相关部门协调的时候，就知道哪些是不能放弃的，下一步工作就好推动了。二是加强跟相关部门的沟通和协调，特别是教育、人社、财政、编制等职能部门。三是要积极争取省级党委的主要领导、分管领导的支持。有他们的明确意见，含金量会更高一点。四是要制定完善的文本。我们根据陕西、云南、北京的情况，给大家提供了发文内容建议要点，大家根据本地情况进行完善。

（二）安排好中小学蹲点工作

根据党的群众路线教育实践活动精神和李源潮同志的要求，我们做出了各级少工委主任、团委少年部长、少先队总辅导员到中小学蹲点工作部署。大家要及时做好统筹安排。一是要深入了解学校教育情况。把握学校教育内在规律，找到做好学校少先队工作的有效路径。二是要深入研究中小学少先队工作的基本状况。挖掘好的经验和做法，了解存在的问题和原因，研究学校少先队应建立什么样的工作体系，如何实现在人、财、物方面的保障，思考上级少工委应如何支持学校少先队工作等。三是要与少先队员同活动，与少先队辅导员同工作。相信通过这次蹲点，大家对基层少先队工作会有更加直观的感受和深入的理解。这项工作我们要抽查。

（三）持续抓好几项制度落实

一是少先队活动课建设；二是少先队学科建设；三是深化辅导员队伍专业化、职业化建设。这几个我前面都说了，就不具体展开了。

另外，全国少工委已发出《关于加强少先队基本知识教育的通知》，请大家务必把这项工作抓紧开展起来。近期，团中央还将与教育部协商制定《少先队工作规划纲要（2014—2018）》，希望大家对《纲要》制定多提意见建议。

我们还准备举办一系列少先队全国性活动，大家要做好本省活动安排。比如，明年我们要做5至6期各具特色的夏令营活动。我们就是想试一试在确保安全的情况下，能不能开展孩子们走出校园、走进户外的活动。如果只是考虑安全问题，把我们的孩子关在家里、学校里，这是因噎废食。希望各省在具备条件的情况下，也能开展类似的活动。

我知道广东中山的一个少年军校夏令营，孩子们很踊跃，最后把活动中发生的点点滴滴编成了儿童剧，到少年宫去演，卖票的钱拿来捐助家庭有困难的少年儿童，形成了良好循环。

另外，现在个别学校出于安全考虑，课间不让孩子们到操场上去活动。秦宜智同志要求我们了解一下全国的情况，思考少先队在这方面能做什么工作，要让少年儿童课间和课后活跃起来。

总的来讲，现在有习近平总书记和李源潮同志的高度重视和亲切关怀，有各级党委政府的大力支持，有少先队工作者特别是一线辅导员的辛勤努力，我相信这是我们少先队迎来的又一个春天，少先队工作一定会在现有的基础上迈上一个新的台阶。

汪鸿雁同志讲话

汪鸿雁在共青团权益工作座谈会上的讲话

2013 年 8 月 28 日,根据录音整理

利用这次召开全国重点青少年群体服务管理和预防犯罪工作推进会的机会,我们套开一个团的权益工作座谈会。昨天,训秋同志、宜智同志分别就近期的预防专项组重点工作提出了明确要求,大家要认真学习、抓紧落实。我就落实好团十七大对权益工作的整体部署和训秋同志、宜智同志讲话精神,谈几点意见,和大家交流。

一、关于几年来的共青团权益工作

团十六大以来,围绕履行好维护青少年合法权益基本职能、寻找到符合社会发展和青年实际的工作载体,全团权益战线不断探索,工作思路和工作格局逐步清晰。

(一)集中力量抓好重点工作,注重持之以恒。按照"三个结合、一个制度性安排"的工作框架,我们调整布局、收缩项目,把力量集中在两项重点工作("面对面"活动、预防青少年违法犯罪)和一个平台(12355 青少年服务台)建设上。通过坚持不懈的努力,"面对面"活动产生一定的社会影响力,成为共青团代表和反映青少年普遍性利益诉求的重要载体;预防犯罪工作着眼于五类重点青少年群体,通过两年试点完善了专项组工作机制,取得一批重要的理论和实践成果;12355 青少年服务台在基层实实在在做了不少事,中高考心理减压"阳光行动"、青少年自护教育初步形成品牌效应。

(二)把握权益工作基本特点,突出工作深度。根据权益工作的长期性、科学性、整体性等特点,我们充分借助专业力量,培养研究能力,思考、推进工作的深度得到很大提高。"面对面"活动从选题到提出建议、推动落实,初步形成规范化工作流程,主题调研质量也不断提高。预防犯罪工作通过试点,明确了五类重点青少年群体的工作目标定位,在一些专业领域提出了很好的意见建议,推动职能部门完善了相应的法规政策。

(三)注重制度化的探索,健全长效机制。几年来,我们参与并推动制定了一系列与青少年健康成长有关的法律法规及其配套体系,在法制化建设方面取得一定成绩。制度建设方面,各地结合实际,与人大、政协联合出台文件,进一步完善了"面对面"活动工作制度。预防青少年违法犯罪专项组办公室加强横向协调,推动相关职能部门出台了有利于未成年人保护的政策措施,开展了一系列专项行动。

几年来,全团权益战线齐心协力,牢牢把握重点,推动工作稳步发展,在团内团外都赢得了比较好的声誉。这些成绩的取得,是全体同志共同奋斗、特别是基层积极探索的结果。在这里,我对大家的付出和努力表示衷心的感谢!

二、深入学习贯彻团十七大精神,把握新形势下权益工作的新要求

团十七大对权益工作作出了全面部署,昨天宜智同志的讲话也提出了很多具体要求。把这些部署和要求落到实处,还有很多工作要做。

(一)深刻理解党中央重要精神。最主要

的是党中央在团十七大开幕会上的祝词和习近平总书记同新一届团中央领导班子成员集体谈话时的重要讲话。总书记要求,“团组织要努力做广大青年值得信赖的贴心人,深入青年之中,倾听青年呼声,把青年安危冷暖挂在心上,发挥组织优势,调动社会资源,千方百计为青年排忧解难,使团组织成为广大青年遇到困难时想得起、找得到、靠得住的力量。”党中央的祝词强调,共青团“要积极参与社会管理创新,把维护青少年合法权益融入法治社会、和谐社会建设之中,反映好青年呼声,努力为青少年圆梦创造良好环境。”当前,团中央的所有工作布局都是围绕这些指示精神进行的。大家要仔细研究,结合工作实际反复学习领会。

(二)准确把握共青团权益工作的基本原则。团十七大报告提出,共青团要积极参与社会管理创新,把维护青少年合法权益与坚持党的领导、依法维权、促进社会和谐稳定有机统一起来。这是今后一个时期我们开展权益工作的基本原则。

(三)积极探索切实可行的工作路径和载体。团十七大报告明确了当前共青团权益工作的基本框架,即推进法制化维权进程、完善组织化维权机制、构建社会化维权体系,同时针对这三个方面提出了具体工作要求。确立这一工作框架,源于我们对以往权益工作的积累总结,源于对其他群团组织开展维权工作的借鉴,也源于基层团委实践探索及各方面专家学者的意见。大家要紧紧围绕这三个方面的内容,认真梳理已经开展的工作,探索落实“三化”要求的路径和载体,突出特色,形成体系。

三、关于制定权益工作五年规划和开展青少年权益工作创新试点的考虑

为更好地贯彻落实团十七大精神,团中央权益部前段时间研究草拟了《共青团权益工作规划(2013—2018年)》和《“青少年权益工作创新”试点工作方案》,这次拿到会上征求大家的意见,讨论研究后将正式发给各省级团委。

(一)关于制定五年规划的考虑。应该说,这个规划的出台是经过较长时间酝酿的。今年年初,围绕拓展共青团的维权工作空间问题,我们组织专门调研,访谈了13个省的党委分管领导,到全国总工会和全国妇联实地调研,在多个省市召开座谈研讨会,还走访了政治学、社会学、青年工作等领域的专家学者。通过调研,最终形成对拓展共青团维权工作空间的一系列深入思考。团十七大对权益工作的部署中,充分吸收了这些调研成果。规划就是在此基础上制定的,主要表现为对团十七大工作部署的分解和细化。

制定五年规划,还考虑到工作的延续和创新问题。针对团干部流动较快的实际,有必要把党中央提出的明确要求,经过系统研究比较成型的工作项目等固定下来,避免因为人员的较快变动而影响工作的推进。同时,先把基础框架搭起来,鼓励各地大胆探索创新,也可以多角度、多层次地为权益工作创造新经验、丰富新成果。

(二)关于开展“青少年权益工作创新”试点的考虑。当前,青少年成长发展中面临很多全新的问题和困难,特别是近年来侵害未成年人权益的热点事件不断出现,引发社会和媒体强烈关注。能否有效地履行维权职能,做好青少年合法权益的“代言人”,对我们的工作提出了严峻挑战。近几年来,党中央书记处在每年对共青团工作的指示中,对于权益工作都非常重视,提出很多具体要求。我们必须拿出切实举措,做出有效回应。

目前,重点青少年群体试点已进入全面推广阶段,紧接着开展青少年权益工作创新试点,可以形成工作的梯次推进,一波接一波地推动权益工作向纵深发展。此外,我们现在对于工作的研究把握中,有的设想、思路还不是很成熟,选择工作基础较好的地方先行试点,既可以在某些点上取得重点突破,也便于视情况及时作出局部调整。

关于试点工作的具体实施，首先是要分层分级，找准定位。各试点城市要突出自身特点，根据现有工作基础，确定合适的试点方向和目标群体。试点城市所在省（自治区、直辖市）团委要制定督导检查计划，给予有力的工作指导。二是要突出重点，以点带面。各试点城市要针对所选定的方向，不求大而全，力争重点突破，关键是试出切实有效的做法。要借助专家力量及时进行理论总结，把零散的经验上升为理论和机制，便于今后在全国推广。还要注意通过试点，带动权益工作的全面活跃。我们鼓励各省同步开展省级试点工作。三是要推陈出新，打破常规。试点的很多领域，我们以前没有介入或只是浅尝辄止。希望各试点城市相互加强交流借鉴，同时学习其他部门在社会管理创新领域的成功经验，真正试出成效，打开工作局面。

四、近期需要重点推进的工作

按照团十七大工作部署和五年规划的安排，下一阶段我们要重点推进以下三个方面的11项工作。

（一）推进法制化维权进程

1. 推动健全法律法规和政策体系。一是推动修改《预防未成年人犯罪法》。前不久，团中央已经向全国人大法工委报送了修改立项报告，下一步将配合相关部门做好修法调研，尽早形成修订草案的建议稿。二是各地要继续推动完善“两法”的地方性配套法规，积极争取纳入有利于青少年权益保护的内容，同时推动制定能够提高“两法”可操作性的司法解释、政策、意见等。

2. 促进法律法规的贯彻落实。一是以联合相关部门开展专项行动、推动或参与执法检查等方式，促进青少年权益保护法律法规的贯彻落实。二是依托全国律师协会的公益律师队伍，建立起工作机制和专门队伍，推广开展法律援助工作。三是深化青少年法制宣传教育。主要是提高针对性和有效性，加强内容体系和教育阵地建设，宣传推广科学的教育理念和方式方法。

3. 强化未成年人司法保护工作。团中央已经联合相关部委出台了《关于进一步建立和完善办理未成年人刑事案件配套工作体系的若干意见》，推动在《刑事诉讼法》中设立“未成年人刑事案件诉讼程序”专章，取得一系列重要的制度成果。下一步，要依托预防专项组，进一步强化法院、检察院、公安、司法行政机关在办理未成年人刑事案件中的衔接和配合，推动未成年人司法保护制度的落实。

（二）完善组织化维权机制

4. 继续深化“面对面”活动。一是要完善常态化“倾听”机制，组织好主题调研，更好地了解青年实际需求。二是密切与人大代表、政协委员的联系，加强政协共青团和青联界别建设，有条件的地方可以尝试设立代表委员青少年事务小组（工作站）。三是要提高提案、建议质量，不仅问题点得准、措施提得实，还要集中声音，形成声势。四是推动将青少年权益问题纳入执法检查、委员视察、调研等专项工作，抓好提案、建议的办理落实。

5. 发挥各级未成年人保护工作机构的作用。目前全国已有30个省（自治区、直辖市）和318个地市设立未成人保护工作委员会。由于没有全国层面的机构来统筹和指导，各地在推动政策法规、协商办理个案等方面还不够活跃。可以先活跃地方工作，找准定位、明确职责、规范程序，完善沟通协调机制，以创建“青少年维权岗”为抓手，协调成员单位积极参与未成年人保护工作。在此基础上，继续推动设立全国层面的工作机构。

6. 重点青少年群体服务管理和预防犯罪工作。昨天的会议上，训秋同志和宜智同志已经进行了部署，这里不再展开讲。

（三）构建社会化维权体系

7. 建设12355青少年服务台。目前全团

不同梦想的途径，现代青年对梦想的定位也有了新的变化，但无论树立怎样的梦想，都要注意和国家、社会、民族的目标相结合，和中国梦相统一，彰显新一代青年的社会责任。因为国家好、民族好，大家才会好。

第二，有机会。国家的发展和社会的进步为当代青年实现梦想创造了前所未有的机会。比如，现在很多农村青年流动到城镇工作，一些年轻的"海归"回国创业，不少大学毕业生到西部、到基层开创事业，等等。这说明，我们这个时代为年轻人的成长发展、实现梦想提供了无限广阔的机会。党和国家还将通过深化改革促进社会更加公平正义、更加进步，为广大普通青年实现梦想提供更多的支持、创造更多的机会。

第三，有奋斗。青春最厚重的底色还是奋斗。当前各领域青年身上所展现的奋斗精神是非常可敬的，每个青年都应当把脚踏实地、不懈奋斗作为实现梦想的基本途径。现在社会上存在一些错误思想观念，误导年轻人走所谓"捷径"，蔑视奋斗精神和奋斗过程，这是需要大家自觉抵制的。因为人年轻的时候都要从基础干起，梦想再高、再大，也要在每个人具体的职业和岗位上实现。因此，我们提倡奋斗，就要强调尽职，职业精神、职业规范、职业道德对我们这个变革中的社会、对充满梦想的年轻人太重要了。

总之，奋斗是圆梦的途径，奋斗的青春最美丽。没有梦想，也不奋斗，就不会有成功。广大青年要珍惜青春年华和时代机遇，脚踏实地地去奋斗。共青团组织将努力传播和弘扬青春的正能量，倡导"奋斗的青春最美丽"的导向；同时，努力为广大青年成长发展、实现梦想提供更多的支持和服务。

徐晓同志讲话

徐晓在第九届中国青少年发展论坛上的讲话

2013 年 10 月 26 日

尊敬的建国同志、仲泉同志，同志们，朋友们：

大家上午好！

今天，第九届中国青少年发展论坛在美丽的泉城·济南拉开了序幕。首先，我代表团中央书记处，向论坛的举办表示热烈的祝贺！向致力于青少年和青少年工作研究的各位专家、学者致以诚挚的问候！向长期以来关心和支持共青团工作和青少年工作的各级党政领导和社会各界人士表示衷心的感谢！

2012 年 11 月 29 日，新一届中央领导集体在参观"复兴之路"展览时，习近平总书记正式提出"中国梦"，指出：实现中华民族伟大复兴，就是中华民族近代以来最伟大的梦想。在今年 3 月 17 日两会闭幕时，再次系统阐述了中国梦的深刻内涵。在今年"五四"青年节与全国优秀青年代表座谈时，又深刻阐述了中国梦与青年的关系。团的十七大报告中，也提出了肩负起实现中国梦的青春使命。实现中国梦是当代中国的奋进旗帜，也是中国青年运动的时代主题。此次论坛把主题确定为“中国梦与青少年发展”，切合了形势需要，把握了时代要求，具有很强的现实意义。借此机会，谈几点认识和思考，与同志们交流。

一、深刻理解实现中国梦与青少年发展的内在逻辑

中国梦一经提出，就在国内外引起了广泛影响，老百姓热议中国梦，社会舆论聚焦中国梦，国际社会关注中国梦，中国梦已经成为民族复兴的主旋律，促进发展的正能量。青年最富有朝气，也最富有梦想，是实现中华民族伟大复兴中国梦的生力军，共青团肩负着引导广大青少年投身实现中国梦伟大实践的重要使命。

1. 要引领广大青年深刻理解中国梦的本质内涵。中国梦顺应了国家发展大势，顺应了人民热切期盼，顺应了世界发展潮流，揭示了中华民族的前途命运和当代中国的发展走向，为坚持和发展中国特色社会主义注入了新的内涵。一要站在历史演进的角度深刻理解中国梦。中华民族具有5000多年连绵不断的文明历史，创造了博大精深的中华文化。但是自鸦片战争以来，中国逐渐沦为半封建半殖民地国家，备受西方列强欺凌。中国人民一直怀着强烈的救国梦、强国梦和民族复兴梦，从太平天国到洋务运动，从戊戌变法到辛亥革命，一直都没有改变落后挨打的局面。而在选择了中国共产党，选择了社会主义道路之后，才得以真正屹立在世界民族之林，实现中国梦才有了坚实的基础。历史启示我们，实现中国梦必须坚定党的领导，增强对中国特色社会主义的理论自信、道路自信、制度自信，坚定不移沿着正确的中国道路奋勇前进。二要站在未来发展的角度理解中国梦。中国梦的本质内涵就是要实现两个100年目标，这一历史进程，将贯穿当代青年成长发展的全过程，这为当代青年实现价值、有所作为提供了乘势而上的优厚条件。中国梦是历史的、现实的、也是未来的，是国家梦、民族梦，也是每一个人的梦，更是青年一代的梦。这就要求广大青少年要胸怀理想、坚定信念，在实现中华民族伟大复兴中国梦的历史征程中建功立业、奋发有为。三要站在现实奋斗的角度理解中国梦。实现中国梦，是一个异常艰巨的历史过程。习近平总书记指出，实现中国梦必须走中国道路，弘扬中国精神，凝聚中国力量。我们要清醒认识到我们国家的基本国情、社会主要矛盾、发展中国家的国际地位“三个没有变”的国情现实，实现中国梦需要广大青少年顽强奋斗、艰苦奋斗、不懈奋斗，使中国梦在青年一代的接续奋斗中变成美好现实。

2. 用中国梦凝聚青少年精神力量。中国梦寄托着青少年的梦想，也最能点燃他们为梦想而奋斗的热情。一是用中国梦增进青年共识。一个政党、一个国家、一个民族的生存发展，没有共同思想基础作为支撑，是无法想象的。从我国情况看，随着工业化、信息化、城镇化、市场化、全球化深入推进，能不能形成共同思想基础还面临着巨大挑战。经济社会转型使传统的意识形态对社会成员思想行为的引领作用下降；社会分层分化使不同青年群体利益需求的整合难度不断加大；各种思想文化交流交融交锋，在多元思想格局中确立主流思想迫在眉睫。中国梦的提出，实现了理想信念的具象化、政治主张的社会化、表达方式的大众化，符合青少年心理特征和认知规律，更容易引起共鸣、形成共识。二是用中国梦激励青年奋斗。习近平总书记在与全国优秀青年代表座谈时指出：只有进行了激情奋斗的青春，只有进行了顽强拼搏的青春，只有为人民作出了奉献的青春，才会留下充实、温暖、持久、无悔的青春回忆。奋斗成就人生，人世间的一切幸福都要靠辛勤的劳动来创造，中国梦为青年人的奋斗赋予了深远的意义。唯有奋斗，才能战胜一切艰难险阻；唯有奋斗，才能踏进梦想之门。中华民族伟大复兴中国梦只有在广大青年的接力奋斗中才能变为现实。三是用中国梦凝聚青年力量。对于国家和民族来说，梦想一旦成为人民群众的思想共识和具体行动，就会引领社会发展的方向，成为推动国家发展的强大力量。中国梦作为整体性的思想意识和目标指向，既是对百年来中华民族奋斗历史的渴望和追寻的概括，也是当下中国人民对自己未来的殷切期待。对于青年而言，一方面，实现中国梦为其成长进步、全面发展提供了广阔舞台和实践机遇。离开了国家和民族来谈个人的梦想、个人的发展，就会成为无本之木、无源之水。另一方面，实现中国梦也需要亿万青少年脚踏实地、埋头苦干，把自己的力量汇聚在一起，用一个个激越的青春梦，托起共同的中国梦。

3. 深化对中国梦与青少年发展的理论研究。青少年和青少年工作研究要注重发挥专业优势，把中国梦内涵解读、青少年发展需求、共青团现实作为三者紧密结合起来，努力形成一批理论成果和实践成果。一要发挥科研导向作用，努力把理论问题说清楚。注重应用理论分析、历史对照、国际比较的方法，从青少年发展和青少年工作的视角，不断深化对实现中国梦、促进青少年发展等理论问题的研究，增强研究工作的针对性和实效性。二要发挥科教转化作用，努力把现实道理讲透彻。注重针对青少年思想意识的形成规律，和不同青少年群体的认知差异，用青少年乐于接受的话语体系和认识逻辑，增强中国梦的感染力和影响力。三要发挥科普引导作用，努力把实践方向弄明白。注重立足基层实际，创新教育载体，引导青少年积极投身中国梦的伟大实践，使中国梦深入青少年头脑，做到内化于心、外化于行。

二、在实现中国梦的伟大实践中促进青少年全面发展

习近平总书记在五四青年节同各界优秀青年代表座谈时，勉励广大青少年要坚定理想信念、练就过硬本领、勇于创新创造、矢志艰苦奋斗，锤炼高尚品格。同时指出：共青团要在广大青少年中深入开展“我的中国梦”主题教育实践活动，为每个青少年播种梦想、点燃梦想，让更多青少年敢于有梦、勇于追梦、勤于圆梦，让每个青少年都为实现中国梦增添强大的青春能量。共青团是党领导的先进青年的群众组织，是党的助手和后备军，是党联系青年的桥梁和纽带，促进青少年在实现中国梦的伟大实践中全面发展，是共青团贯彻党的要求，履行自身职能的重要使命。

1. 夯实青少年发展的组织基础。有效组织青年是共青团开展一切工作的前提，也是共青团促进青少年发展的现实基础。习近平总书记指出：青年在哪里，团组织就建在哪里；青年有什么需求，团组织就要开展有针对性的工作，努力使团组织成为联系和服务青年的坚强堡垒。当前，随着经济社会深刻变革，青少年的沟通、交流、聚集和联系方式发生了重大变化，对共青团组织动员方式提出了新的要求。这就要求共青团要根据青少年的地缘、业缘、趣缘等社会关系，梳理出最短路径和最强关系，进行有效的组织载体设计。既要抓好传统领域的组织覆盖，也要抓好新兴领域的组织覆盖；既要抓好传统意义青年群体的组织覆盖，也要抓好新型青年群体的组织覆盖；既要在传统物理空间中实现组织覆盖，也要在网络空间中实现组织覆盖；既要抓好团的组织覆盖，也要抓好团的工作覆盖。从而有效建立起与青少年的广泛联系，夯实促进青少年发展的组织基础。

2. 强化青少年发展的思想引领。正确的思想意识是青少年健康发展的行动先导。当前，青少年群体的思想观念和行为方式出现了重大变化，共青团必须深刻把握这些变化和特点，着力引导青少年树立正确的发展意识，自觉投身中国梦的生动实践。在引导内容上要

注重增强针对性。一是要引导青少年坚定理想信念。理想指引人生方向，信念决定事业成败。要引导青少年把理想信念建立在对科学理论的理性认同上，建立在对历史规律的正确认识上，建立在对基本国情的准确把握上，不断增强对坚持党的领导的信念，增强道路自信、理论自信、制度自信。二要引导青少年养成道德情操。帮助青少年把正确的道德认知、自觉的道德养成、积极的道德实践结合起来，培养良好的社会公德、职业道德、家庭美德、个人品德，带头倡导中华传统美德，树立良好的社会风尚。三要引导青少年树立奋斗精神。注重引导青少年树立"劳动创造财富、奋斗成就人生"的观念，增强社会责任感和进取精神，养成积极向上的人生态度和健康活泼的生活情趣。在引导方式上要注重增强有效性，既要坚持典型引路、现身说法等传统的好做法，又要根据青少年思想认知规律，积极应用文化、艺术和时尚元素，应用即时通讯、社交媒体等新媒体手段，努力增强思想引导的吸引力和感染力。

3. 搭建青少年发展的实践平台。勤于实践是青少年实现全面发展的重要途径，实践育人是共青团工作的鲜明特色。一方面，要不断深化团的品牌工作，为青少年全面发展搭建平台。继续深化青年文明号、青年志愿者等活动，引领青年树立文明风尚；深化创新创效、"挑战杯"竞赛等活动，引领青年增强自主创新能力；深化青年岗位能手、"振兴杯"竞赛、实用技能培训等活动，引领青年提升职业技能水平；深化小额贷款、见习基地、创业大赛等工作，支持青年就业创业；等等。要通过深化这些品牌工作，为青少年建功立业、奉献成才搭建广阔平台。另一方面，要立足青少年群体分层分化和利益诉求多元的实际，围绕品格塑造、信念养成、能力提高，为青少年提供学习成才、就业创业、社会融入、婚恋交友、身心健康等方面的普遍性服务。就目前情况看，就业创业仍是青少年实现全面发展的最为普遍、最为迫切的需求。共青团要积极配合政府有关部门，继续开展就业见习、金融服务、技能培训、创业辅导等工作，为青少年实现就业梦、创业梦提供切实帮助。

4. 优化青少年发展的社会环境。我国青少年发展环境总体是好的，但在某些方面还是存在一些不尽如人意的地方。比如有些青少年问题还没有引起党和政府的足够关注，有些青少年群体发展面临着现实困难，需要团组织提供力所能及的帮助。一方面，要积极研究促进青少年发展的社会政策。在我国的社会变迁过程中，青少年就业形势、生活方式等出现了很大变化，面临着住房、就业、升学等诸多压力，部分青少年生存和发展环境令人堪忧。各级共青团组织要对青少年群体中出现的系列问题，进行针对性研究，努力推动政府出台相应的社会保护政策，为青少年发展提供有力保障。另一方面，要切实维护青少年合法权益。当前，社会上侵害青少年合法权益的事件屡有发生，有些方式甚至令人发指。共青团要结合自身工作特点，加强维护青少年合法权益工作，把坚持党的领导、依法维权、促进社会和谐稳定有机统一起来，不断推进法制化维权进程、完善组织化维权机制、构建社会化维权体系，努力为青少年追梦圆梦创造良好环境，使共青团在青少年遇到困难时想得起、找得到、靠得住。

三、努力开创青少年和青少年工作研究的新局面

今天，在座的很多都是共青团系统长期从事青少年和青少年工作研究的专家和学者。根据团中央书记处分工，由我联系分管中国青少年研究中心相关工作。借此机会，我提三点工作建议，供大家参考。

1. 把握研究方向的前瞻性。研究工作具有前瞻性，才能找准青少年发展问题，指导青少年工作实践。一要贯彻党中央的新要求。

习近平总书记对共青团工作提出了把握三个根本性问题和破解两大课题的要求，这是今后一段时期共青团工作的根本遵循。特别是如何增强团的吸引力和凝聚力、扩大团的工作有效覆盖面这两大课题，是今后一段时期共青团的主要工作任务。这两大课题也要成为青少年工作研究的主攻方向。二要顺应经济社会的新变革。我国正处于工业化、信息化、城镇化、农业现代化的融合推进阶段，许多青年问题的出现都源于经济社会的深刻变革。城镇化对于青年人居住、就业、分布会带来什么影响？农业现代化对青年农民的生产方式、组织模式会带来什么样变化？信息化对团的工作方式会带来了什么样的挑战和机遇？等等。我们要站在时代前沿来研究这些问题，以便找准共青团工作的未来方向。三要把握青少年群体的新变化。前一段时间团中央开展的大调研显示，青少年分布流动、政治意识、社会观念、利益诉求、行为方式等发生了许多新变化，社会上各种新价值观念、新文化现象、新就业模式、新组织形态等层出不穷，研究工作只有把握了青少年群体的变化，才能去把握青少年工作的内在规律。

2. 强化研究成果的实践性。指导实践是研究工作的本质价值所在。一要善于“找问题”。大家要增强问题意识、突出问题导向，围绕共青团事业发展中的全局性、战略性课题，党政和青年普遍关注的热点焦点问题，努力找准研究工作的切入点。二是重于“抓转化”。搞研究工作不能为研究而研究，发到杂志上、锁进抽屉里，更重要的是要转化为“现实生产力”。比如，基础性研究成果有没有转化成理论方法，应用性研究成果是不是转化成现实措施，对策性研究成果能不能转化为社会政策。等等。我们要把研究成果能否在实践中得到应用，作为评价研究工作的重要依据。三是勤于“接地气”。学术和理论“接地气”才能“添人气”，走出办公室才能呼吸新鲜空气。大家要注意深入基层、走进青少年，掌握第一手素材，增加直接的感性认识，使研究工作更加贴近基层实际、贴近青少年实际。

3. 注重研究格局的开放性。青少年和青少年工作研究涉及面很宽，综合性很强，关起门来搞研究，就会成为自我封闭的“孤岛”。一要做到视野开放。既要熟悉本学科知识，把握最前沿理论，做到“入乎其内”；又要适应学科综合、学科交叉的新特征，做到“出乎其外”，做综合性研究。既要强化本土视野，增进国内研究机构的合作；又要具备国际眼光，研究国外青少年工作的经验，做比较性研究。二要做到队伍开放。既要充分发挥团内研究队伍的主力军作用，努力形成全团整体性力量；又要善于借助“外脑”，注重与人大、政府、政协的研究部门合作，注重和高校、科研院所的合作，走社会化协同研究的路子。三要做到方法开放。主动吸收借鉴经济学、社会学、心理学、人口学、管理学等其他学科的研究工具和研究方法，实现微观研究和宏观研究、定量研究和定性研究、经验研究和理论研究的有机结合，努力增强研究成果的信度、效度和专业水准。

同志们、朋友们，“古有杏坛讲学、今有泉城论道”，预祝本次论坛圆满成功！

傅振邦同志讲话

傅振邦全国高校共青团工作研讨会上的总结讲话

2013 年 11 月 18 日，根据录音整理

各位同志，各位同仁：

大家好！在刚刚过去的短短三天里，大家远离城市的喧嚣与雾霾，接受井冈的洗礼与熏陶，激发思想的碰撞与切磋，应该说取得了预期的效果。借这个机会，我就运用好研讨成果、谋划好未来发展、完成好当前工作三个方面跟大家作一下交流。

一、凝心聚力、深入总结，充分运用好培训研讨成果

这次研讨班是在秦宜智同志亲自关怀和书记处批准下，在学校部和全国青少年井冈山革命传统教育基地管理中心的精心组织下，在江西省有关方面的大力支持下举办的。来自全国各省（自治区、直辖市）的省级团委分管副书记、学校部长以及部分高校的团委书记们群策群力，积极参与，把这次培训班办成了一次成功的理论学习班、一次成功的工作务虚会、一次成功的素质拓展营。

本次研讨班呈现出四个显著特点。一是主题特别鲜明。研讨班紧紧围绕深入学习贯彻党的十八大、十八届三中全会精神以及习近平总书记和有关中央领导同志对团青工作的一系列讲话精神，结合高校共青团工作实际，总结经验、分析形势、探讨问题、谋划未来。二是层次非常高端。本次研讨班包括团中央学校部的同志、省级团委分管副书记、学校部长和高校团委书记，可以说集中了学校共青团战线的核心干部队伍。团中央书记处高度重视这支队伍，书记处第一书记秦宜智同志亲自出席了开班式并作了重要讲话。三是内容特别充实。本次研讨班包括了理论学习、经验交流、工作讨论、红色教育四大板块。在理论学习方面，秦宜智同志亲自给大家作了一个半小时的高水平的报告，中央党校的李海青教授给大家解读了党的十八届三中全会精神，对外经济贸易大学的廉思副教授给大家讲授了青年学生思想行为分析及社会调查方式方法，新浪微博的专家还介绍了新媒体运用发展的前沿情况，研讨班还印发了对前苏联大学生意识形态工作方面的教训总结等相关学习材料。经验交流方面，在开班式上六位同志做了典型发言，在交流论坛上也安排了六位同志做了经验交流，他们从自己的一线工作体验中就思想引领、新媒体运用、社会实践等相关方面，贡献了自己的经验，分享了自己的体会；同时，大家这几天课内、课外时间也都在进行着工作上的交流。在工作讨论方面，研讨班专门安排了一个下午和一个晚上进行分组讨论，重点学习讨论秦宜智同志的重要报告，讨论研究学校战线的五年工作规划纲要和高校学生会（研究生会）建设指导意见。在红色教育方面，依托井冈山丰富的红色资源开展了“红军的一天”体验教学，使大家接受了革命传统的意识教育和感染教育。四是学风特别严谨。研讨班的每一名学员都是热情饱满、准备充分，特别严谨、认真，十分珍惜共同砥砺提高的机会。尽管会上只有 12 个单位作了交流发言，但是所有与会

单位都贡献了智慧和力量,汇集成了厚厚的一本经验交流材料。培训班举办的各个环节也充分体现了贯彻中央八项规定的要求。

本次研讨班取得了四个方面显著成果。一是理论武装的成果。大家通过宜智同志全面、系统、深刻的辅导报告和学习研讨,对习近平总书记系列讲话精神的理解把握更加透彻、更加准确,对党的十八届三中全会精神有了最及时地了解和学习,对高校共青团工作的基本理论规律、功能定位、价值属性、工作格局、路径方向要求有了更深刻的了解,达到了用最有力的理论武装头脑、指导工作的效果。二是精神洗礼的成果。井冈山是革命的摇篮、圣地,马克思主义中国化的探索从这里开端,新中国是从这里一路走到北京奠基成立,因此井冈山有强大的革命传统气场和红色基因。当初,毛泽东同志带了七百人上井冈山,能够一路经过艰苦卓绝的奋斗创建新中国、取得社会主义改造和建设的伟大胜利,靠的是一支有着坚定信仰、百折不挠、敢于胜利的队伍。全国青少年井冈山革命传统教育基地的校训是"让信仰点亮人生"。在这里学习,不仅能够提高我们的政策理论水平和工作能力素质,还能够让我们对思想的力量、道路的力量、信仰的力量、群众的力量有更加深刻的理解。三是工作研讨的成果。这一次大家用两个半天的时间集思广益、研讨工作,深入地学习讨论了宜智同志的报告,进一步加深了对宜智同志相关思想和指导的理解、认同和把握。大家提出了很多真知灼见,比如,如何在纲要中更充分体现十八届三中全会精神,高校共青团工作如何与中国梦更好地有机合理的结合、如何更好地把握学校共青团工作的时代特点与主题动向、如何更好地突出思想引领的精细化以及如何更好地突出对青年学生的有效服务、进一步丰富工作方式和手段等等,这一系列的宝贵意见对我们下一步修改完善五年规划纲要和学生会(研究生会)建设的指导意见有非常大的帮助。四是团队建设的成果。在座的各位就是我们做好全国学校共青团工作的核心团队。三天虽然短暂,但是大家朝夕相处,为了共同的目标走到了一起,共同研讨、共同学习、共同体验,结下了深厚的友情、友谊。我希望以本次研讨班为起点,把学校战线的核心骨干团队打造成学习型、服务性、创新型的团队,按照宜智同志和书记处的决策部署要求,发挥团队的集体力量来做好团学工作。

总之,通过学习研讨,我们进一步认清了高校共青团工作的时代内涵和工作价值,进一步把握了高校共青团工作的形势和任务要求,进一步明确了高校共青团的工作方向和工作路径,进一步提高了政治理论水平和实务操作能力,也进一步提高了我们队伍的凝聚力和战斗力。希望大家把这次研讨会的成果带回到工作岗位中去,把井冈山的精神带回到具体的工作实践中去,能够深入地总结好、充分地运用好本次研讨培训的成果。

二、不辱使命,坚定信心开创高校共青团工作新局面

党的群众路线教育实践活动开展后,秦宜智同志要求全团实行"走转改",开展大宣传大调研,他在9月13日的务虚会上做了重要讲话,对共青团工作当前面临的形势特征总结为七个"新":新青年、新组织、新媒体、新挑战、新特点、新问题、新机遇。在本次研讨班开班式上的讲话中,宜智同志强调要夯实高校共青团的基础性战略地位,论述了党和国家事业的新发展、经济社会的新变革、高等教育改革的新格局和共青团工作的新形势。我们要认真领会宜智同志的这些精辟分析,贯彻落实开班时宜智同志的重要讲话精神。借此机会,我谈五点体会与大家交流。

第一,要牢记光荣的工作使命。习近平总书记在"6・20"讲话中对共青团的根本职责、政治任务和工作主线进行了深刻的阐述,宜智同志指出这是做好所有团的工作的逻辑起点和根本遵循。我学习总书记和宜智同志的讲话，觉得高校共青团的光荣工作使命可以归纳为三个方面。第一是政治使命。政治使命就是要在高校领域巩固扩大党执政的青年学生群众基础。团是党的助手和后备军，团的第一位属性是政治属性，团如果不能服务、服从于党的执政需要，就没有存在的必要。所以，无论任何时候，高校共青团的同志们必须把政治使命牢记于心，要绷紧这根弦、守住这根线。第二是育人使命。在高等学校做团的工作，要贯彻总书记讲的“围绕中心、服务大局”的要求，具体表现在为中国特色社会主义事业培养合格建设者和可靠接班人、为高等教育的改革发展事业做出共青团自己的贡献。要把高校共青团的发展放到中国特色的社会主义建设和高等教育改革发展的大局中去考虑。要坚持立德树人，坚持素质教育，从培养人才的角度去履行好共青团的职责和使命。第三是组织使命。共青团本身就是先进青年的群众组织，组织使命对高校共青团而言包括两个层面：一是对全团而言，高校共青团处于基础性、战略性地位，宜智同志在讲话中给予了殷切的期望，比如他提到对总书记提出的两大课题的突破，高校共青团最有条件进行突破、也应该走在前面，推进全团的事业要切实发挥高校共青团的高端作用、战略作用；二是对团员而言，加入团组织，他能得到什么？我们要为大学生团员提供服务、创造价值。如果加入团组织与不加入团组织没有什么差别的话，那团组织就会没有吸引力和凝聚力，就会没有生命力。

第二，要坚定必胜的工作信心。高校共青团的工作应该说有优良的传统，但客观来看，受到大环境、大气候的影响，组织的影响力、凝聚力和工作的覆盖面跟20年前比是有所削弱的。当前高校团的工作面临很多挑战和困难，同志们在一线比我的感受更深。越是有困难，越是有挑战，我们越是必须坚定做好工作的必胜信心，勇往直前，努力让共青团的低谷周期能够逆转，能够不断上扬，能够完成习总书记提出的提高团的吸引力和凝聚力、扩大团的工作有效覆盖面两大任务课题。我认为坚定信心至少有三个方面的有利条件。第一是有无比的政治重视。党中央、团中央对高校共青团工作高度重视，习总书记上任以来多次对共青团和青年工作发表重要讲话，专门给北京大学的同学们回过信，团的工作中得到党中央最多关注、最多批示的领域是学校战线。可以说，青年运动的发源地、敏感地、策源地在高校，高校本身是培养人才的主阵地、是社会思潮的汇聚地，这种内在属性决定了党中央、团中央对高校共青团工作的高度重视。有党中央、团中央和各省级党委、高校党委的重视，就为高校共青团工作创造了良好的政治条件，为我们动用政治资源奠定了良好基础。第二是有传统的工作优势。大家常说，高校共青团是组织建设最完整、队伍素质最高、工作品牌最响的领域，确实如此。三千多所高校人才济济，从学校到院、系到班级建团体系非常完整，还有很多新型的建团形式探索，我们的工作基础非常良好，这是其他任何战线难以比拟的，这是我们做好未来工作坚定信心的重要来源。三是有空前的战略机遇。党的十八大和团的十七大为我们事业的发展提供了宝贵的机遇。尤其是十八届三中全会带来体制机制创新的机遇，高等教育深化改革、科学发展带来的机遇，新媒体、信息技术革命、商业模式创新带来的机遇。比如，新媒体为团的工作提供了无与伦比的强大的工作平台和工具。高校是时代的引领者，不要只看到挑战，更要看到机遇，抓住机遇。

第三，要读懂变化的工作对象。高校共青团工作对象是鲜活的人，是最有创造力、最活跃、最富有想象的大学生群体。能不能走进他们、深入他们、了解他们、把握他们的本质特征和思想行为意识特点是我们能否做好工作的基础和前提。我们在座的各位很多都是直接在高校工作，对青年学生是非常了解的，今天上午廉思教授讲到时代的发展变化，现在4到5年就是一代人，变化很快。所以，即使是老团干们也需要更敏锐、更深入地去读懂我们的工作对象，去了解他们的所思、所想、所求、所诉。这里我想强调三点。一是要摆正主体客体关系。我们要读懂工作对象，服务好、引导好我们的工作对象，一定要树立学生是主体的意识，要尊重青年学生、相信青年学生、依靠青年学生。这就意味着我们所有工作的出发点、落脚点要以学生的感受体验和评价为标准。相信青年学生，这是不以我们的意志为转移的客观规律，人的新陈代谢总是一代比一代强，在座的各位都还很年轻，但历史的车轮、历史的方向总还会是由更年轻的一代去掌控。青年学生可能有这种或那种不足或毛病，但我们的基本立足点是要充分地尊重、充分地相信、充分地依靠。高校团的专属工作力量还是有限的，巨大的力量就蕴藏在广大的学生中。比如，刚才讲到的新媒体，工作团队的打造光靠校团委的几个人是绝对不行的，但是福建师范大学建立一两百人的学生团队，力量就大不一样。二是要把握共性个性特征。对在校学生而言，相同的年龄段必然有共同的一些特征，但是不同地域、不同学校甚至不同专业的学生又会有各自鲜明的不同特征。在做工作时既需要把握学生的共性特征，也要更深入地把握个性特征。比如，上午廉思教授介绍当代青年的特点，普遍追求公平、更愿意分享、更在乎个人的实际利益等。高校少则几千人，多则两三万甚至五六万，我们要深入学生，用科学的调查研究方式方法，准确把握工作对象的共性和个性特点，这样工作才会更有针对性，才会有更佳的效果。三是要了解本质关键诉求。老子云“将欲取之，必固与之”。我们做青年学生的工作，所谓取之，就是想要他们跟着团走、跟着党走，要认同中国特色社会主义道路；所谓与之，我们要有东西给他们，一定是要做他们本质关键诉求的代言者、维护者、服务者。现在的学生有日益丰富多样的需求和诉求，但概括起来主要是要实现公平成长、全面成长、健康成长，具体包括三个方面。一是生存发展诉求，包括学业学习、就业创业乃至提升自身的身体素质和社会交往。所谓生存，第一位任务是要在学校里学习，如果连学业都完成不了，在学校就意味着被淘汰，意味着生存不了。所谓发展，更主要的是就业创业，是在未来的社会中找到自己的职业坐标。二是自我价值实现的需求，包括自身的实践能力、创新精神以及兴趣发展、志愿公益等。为什么那么多学生要加入社团呢？主要是觉得加入社团能够展示才艺、发展兴趣、实现自我价值。大家都知道马斯洛的人的需求理论里面有五个层次，冯友兰归纳人的境界也有自然境界、功利境界、道德境界、天地境界，对大部分学生来讲，在生存发展需求基础之上还要有更高的自我价值实现的追求。三是情感交流的需求。前段时间，结合全团大宣传大调研，我们到八所高校开展了1100份问卷调查，其中问到“最困惑或者是压力大”的事项的时候，43.35%的学生回答是就业压力和社会竞争，学业压力占29.79%；缺少集体温暖或者说情感交际方面的压力占23.89%，还有24.64%的学生选择“没有目标、感到无聊空虚”。把“觉得缺少集体温暖”和“没有目标、感到无聊”这两类加起来就接近48%。不要以为新媒体、社交网络这么发达了，大家的心的距离就越近了，其实可能恰恰相反。实际上，与学生面对面，进行真诚的、平等的、贴心的互动、交流，这是我们传统上做思想政治工作的优势，但是现在，是不是我们的团委书记、团支部书记还能跟每个学生去聊聊天谈谈心呢？对于学生的情感交流需求，我们要有足够的认识和估计。

第四，聚焦突出的工作问题。我们推进工作、改进工作一定要坚持问题导向，这是基本的方法论。当前，高校共青团工作到底存在着什么问题？大家可以有很多种归纳，有的说团干部的素质能力不足、作风官僚化，有的说团的活动形式化，有的说高校共青团被边缘化等等。在所有的矛盾和问题里面什么是主要矛盾？什么是主要问题？什么是矛盾的主要方面？我觉得需要认真地研究和深刻地把握。我初步归纳主要有五个方面的问题。一是团学工作事务化、自由思潮渗透化带来的意识形态淡化的问题。我们现在很多工作，热热闹闹、忙忙乎乎、轰轰烈烈，但是很多都很琐碎。现在的校园与社会交往比以前多，国际国内信息传播得都非常快，加之随着我国社会主义市场经济的建立，经济结构、社会结构确实发生了深刻变化，一些自由思潮在校园内渗透。因此，高校共青团领域确实存在意识形态淡化的问题。比如，有的高校团干部跟我讲，做学生思想政治工作说不出口，谈到一些理想信仰、政治性的内容说不出口，不敢不愿。同时，有的学生团员团员意识十分淡薄，团的生活会开得很少。二是学生思想观念多元化、利益诉求现实化带来的共青团供给能力不足的问题。前面讲到学生的本质关键诉求，那么我们供给得怎样？供给包括软供给和硬供给。软供给，就是在思想引导方面到底能不能符合学生胃口、满足学生要求。硬供给，就是学生在就业创业、权益维护、学习促进等需求我们能不能满足，能不能真正做到习总书记说的学生有需要时对共青团组织"想得起、找得到、靠得住"，扪心自问，距离这个要求我们恐怕还有相当大的差距。三是教学管理现代化、校园资源配置行政化带来的共青团工作时间空间被压缩的问题。随着高等教育改革的推进，这些年推学分制，教育部门建立辅导员体系，部分高校甚至学工部和团委合署办公乃至合并，团委失去了独立性，机构不独立、编制不独立、预算不独立、工作不独立，这必然导致共青团工作的时间和空间受到一定挤压。当然各个学校情况不一样，我昨天去井冈山大学，他们说一学期能开七八次主题团会，但有的学校班级团支部要开主题团会人都拢不到一起。四是学习生活网络信息化、新媒体化带来的共青团工作阵地滞后的问题。今天下午好几个同志都讲了这个问题，也给我们指出了不足，我印象特别深的是说我们的线上线下工作没有统筹运作，虽然形式上建立了微博微信，但是工作并没有跟上来，换句话说，我们现在对新媒体只是当做技术手段运用，还没有当作战略高地去认识、当做阵地去占领。五是学生组织竞争化、学生管理民主化带来的团学组织传统地位下降的问题。现在高校校园内学生社团蓬勃兴起，而且许多学生社团横跨校内外，与校外的企业有很多合作，彼此之间甚至与学生会、团组织之间都形成了工作和活动的竞争关系。同时，现在的学生都具备了更高的自我意识民主意识，可是一些高校的学生会主席还是由行政指定产生，这样学生会能有权威和威信吗？根据我们的问卷调查和实地访谈，就有同学反映说"现在团支书的权威不如班长，学生会主席的权威不如社团联合会主席"，这与学生会的产生方式、管理方式和运作方式是有关系的。四川大学有学生说，团学干部是学校里的"红人"，是跟着领导屁股后面的跟班；社团负责人叫做"达人"，对学生有真正影响力。存在上述问题并不意味着高校共青团工作做得不到位，而是有着多方面的原因，包括党的执政方式和历史方位深刻变化，高等教育治理体系、工作格局的深刻变化，我国经济基础和社会结构的深刻变化，还有信息技术革命以及信息商业模式创新的深刻变化等等。这些问题客观实在的存在，我们要准确把握、勇于破解。

第五，要确定切实的工作思路。牢记使命、坚定信心、读懂学生、聚焦问题，归根到底还要有切实的思路举措去创新开拓格局、推动落实工作。所谓切实，就是要切合实际，包括：宏观层面的实际，比如，切合宏观政治实际、经济实际、文化实际和社会实际；中观层面的实际，比如，切合高等教育改革发展的实际，切合共青团自身事业的实际；微观层面的实际，比如，要切合本校学生思想行为诉求的实际，切合本校自身办学各项工作的实际，切合信息技术条件变化的实际等等。这里，我重点谈四方面工作思路与大家交流。

第一，要围绕一条主线。这条主线就是要坚持立德树人，组织引导服务支持广大学生践行中国梦，投身到实现中国梦的伟大实践中去。习总书记鲜明地指出，为实现中华民族伟大复兴的中国梦而奋斗是当代中国青年运动的时代主题，青年要在实现中国梦的伟大实践中放飞青春梦想。高校共青团要旗帜鲜明，把习总书记提出的中国梦，以思想引领、行动实践的推动方式率先贯彻好、执行好、落实好。

第二，要着眼两大目标。就是要大力提高共青团组织的吸引力和凝聚力、大力提高共青团组织的覆盖范围和有效性。

第三，要加强四个建设。具体来说就是思想政治建设、服务体系建设、组织载体建设和干部队伍建设。这四者是辩证统一的，思想政治建设是灵魂，服务体系建设是支撑，组织载体建设是基础，干部队伍建设是关键。

一是要加强思想政治建设。加强思想政治建设，突出思想引领，是高校共青团工作的重点任务。一是要注重分类分层引导，比如，是否合适对全国团员、学生都是一个标准、一个尺度要求引导？我认为至少要分成三类：第一类是对团干部和学生骨干的高端引领，这部分群体要成为坚决、坚定拥护党的核心队伍，重点是理论培训，真正能做到“三个自信”；第二类是对大部分学生群体的引领，做到对党的领导和“三个自信”的总体认同；第三类是对少数有负面倾向的学生群体的引领，要做到矫正和遏制，掌握关键动态，不让过于负面极端的事件蔓延。实际上，学校类型的不同、所在区域的不同、甚至学生所在学习阶段的不同，都需要我们分类分层去引导。其次，在思想引领的内容上，要紧密地围绕中国梦。要引导学生怎么把个人梦和中国梦有机地结合起来，不是对立的、不是空泛的、不是空虚的，让大部分同学能够认可、能够有共鸣，同向同行。再者，在思想引领的方式、手段上确实要不断创新，包括理论教育、国情教育、实践育人、文化育人、同辈育人、新媒体育人等方面我们都有很多鲜活的经验，但还需要进一步解放思想、大胆创新。要提升思想引领的有效性、针对性，针对最高端的群体要靠先进的思想影响，对大部分学生要靠利益诉求的服务、靠情感的交流和人格魅力影响，要靠广大团干尤其是基层团干艰苦细致地运用科学方法工作，靠时尚创新的方式载体让学生喜闻乐见、易于接受。

二是要加强服务体系建设。就是在回应学生的关键诉求方面团组织要有健全系统的支撑体系。一是在生存发展服务方面，对学生学习学业、就业创业、职业生涯规划等需求，要多做团的工作，体现团的身影。我昨天到井冈山大学调研了解到，井冈山大学是二本院校，学生考研的需求很大，十几年来学校共青团做的一个品牌工作就是对考研、各种资格考试、考公务员、商考等有成系统的、专业的服务，非常得人心，实际成效非常显著。二是对学生自我价值实现服务方面，在文体素质、实践能力、兴趣发展、公益志愿等领域可以梳理已有的工作，更加有目的、有计划地去推进。三是在情感交流、情商提升服务方面，我们要发挥出传统思想政治工作的好传统，加大与同学面对面的交流，多组织一些适合他们需求的活动，增强他们社会交往的本领、提高他们的情商。

三是要加强组织载体建设。最根本是要有科学合理的团学组织格局。长期以来，学校的团组织是核心，这无疑义。但现在我听到、看到一些高校里学生社团和学生会并驾齐驱，甚至学生社团影响力超过团委、学生会。对此，我认为我们要统一思想，具有足够的敏感性、敏锐性，我们要旗帜鲜明构建“一心双圆”

的组织格局。“一心”就是必须以团委为团学组织的核心,这是我国政体、我党的执政方式决定的,不以我们也不以学校党政的思想意识为转移。外围的第一个同心圆是学生会,学生会是党委领导下、团委指导下的学生“自我服务、自我管理、自我教育”的法定组织,它不是学生社团,现在很多高校在学生组织招纳新成员时,把学生会、学生社团混在一起,导致很多刚进校的学生搞不清楚学生会与学生社团的区别,搞不清楚学生会是代表自己切身利益、维护自己切身权益、反映自己的需求、实现自我管理的法定的唯一组织。这一条必须旗帜鲜明地坚持,香港对学生会的定位都是有法律的,其他任何组织都不能去挤占它应有的功能和影响,否则岂不乱套了吗?第二个同心圆是学生社团或者说其他相关组织。学生社团的定位就应该是实现学生自我价值、满足学生需求、发展学生兴趣的一种多样化、群众化的骨干学生组织,是对团委、学生会一种重要的补充。我们要鼓励学生社团发展,但是要规范发展,不能让学生社团联合会搞“独立王国”。现在很多学校已经开始意识到这个问题,出台了学生社团管理条例,而且学生社团联合会的主席由学生会的副主席兼任或者校团委里有学生社团工作部等等,我觉得这是非常好的改进路径和方式。至于高校里面是否成立青联,我觉得可以探讨、探索,先试点,不急于统一要求。因此,对团学组织的工作基本格局要有一个清晰的界定,未来要把它更加地法定化、规定化,而不是以哪个学校自己的好恶、哪个校长和党委书记的好恶而改变。此外,我想强调基层班级团支部的建设。大家在井冈山学习“三湾改编”中最重要的有一条,是“支部建在连上”。长期以来,为什么大家公认高校共青团组织建制健全、工作传统比较好呢?因为从学校、院系、班级的组织体系是完整的,尽管现在有学生宿舍建团、社团建团、网络建团或者说其他各种建团方式,但班级这种基本单元我们仍要高度重视、大力加强。如果丢掉班级团支部,那么我们就是在没有可靠的新的主阵地之前把传统主阵地丢掉了,那就很危险。因此,要旗帜鲜明地在工作导向上发挥好班级团支部的基本作用,要让班级团支部作为高校共青团最主要的基层细胞有足够的活力和影响。

四是要加强干部队伍建设。做好高校共青团工作在依靠、相信广大学生的同时,最关键是发挥好团学干部的作用。首先要选好、用好、发展好团学干部。包括校级团委书记、院系团委书记到学生团委副书记、班级团支部书记,乃至社团建团的支部书记,以及学生会的核心干部。对这些干部的产生、培养和发展,要给予更多的政治重视和资源配置,提出更明确的工作要求,真正地让他们成为学校党政的好帮手、广大学生的贴心人,成为校园文化的引领者、团的事业的筑路石,成为推进团的事业最宝贵、最可依靠的力量。其次,要提升队伍的专业化、职业化水平。不管是专职的团干,还是学生干部,要通过“青马工程”以及类似于今天的研讨班培训,真正让大家热爱团的事业、熟悉团的工作,把团的工作当做专业工作和职业工作来认识、去钻研、落实好。团的工作不是“万金油”,它需要懂心理学、教育学、政治学等各种学科,需要了解很多知识,需要掌握很多专业性的工作方式方法。高校团干部要真正引领青年,要做青年的“龙头”,而不是简单地跟着青年后面走做青年的“尾巴”。打铁还需自身硬,我们自己的业务素质、专业素质、敬业精神一定要跟上去,秦宜智同志说“要给别人一杯水,你得有一桶水”,对高校团委书记尤其如此,需要有最高的学历,需要有最专业的知识,需要有最全面的素质。第三,要加强作风建设,真正做到秦宜智同志所要求的做“学生友”、不做“学生官”。我们服务的是最广大的学生群体,不能只把学生中最精英的、最活跃的那部分学生团结在自己周围,还要眼睛向下,能够有一批普通学生朋友或者特困学生朋友，真正按照群众路线教育实践活动的要求，增强学生群众意识，深化学生群众感情，加强学生群众工作，提高学生群众工作本领。

在四个建设之外，希望大家树立一个底线思维，就是要确保校园的稳定。尽管学校有党政职能部门履行相关职责，但共青团作为群众组织，大家作为高校团委书记，要有一个非常重要的底线支撑，配合做好相关工作。这就需要我们敏感、敏锐、及时地掌握信息、化解矛盾问题。遇到矛盾问题不要去回避、躲避，不能出了问题连情况都不知道。最近出现一些极端的校园事件，面对那么尖锐的学生利益矛盾问题，学校团委、学生会有没有及时跟上级团委报告过？有没有及时跟学校的管理部门沟通过？我们就是要理直气壮地当学生利益的代言人，尽管我们不是所有矛盾问题的解决者。在这一点，我希望我们要有底线思维。

第四，要推进"五化"，提升高校共青团工作科学化水平。一是制度化，高校共青团不能只是活动团，不能有太多的"游击习气"，必须加强制度建设，积累工作项目，建立规范、科学的工作流程，尤其是团中央学校部要在前期梳理政策文件的基础上，抓住各种契机，加强工作顶层设计和政策供给。二是精细化，古人讲"因材施教"、"因地制宜"，眉毛胡子一把抓是难以做好工作的。我们的工作从对象上要分类，从过程上要分阶段、分层次，从地点上要分区域，实事求是，提高工作针对性。三是人本化，要以人为本、以学生为本，尊重学生的主体地位，了解学生的特点，适应学生的需求，激发学生的创造性；要在工作中说"学生话"，能与学生说得上话，交得了心，关心困难学生群体，真正为他们办实事、解难事。四是协同化，我们的工作要取得各方面支持，要融入国民教育工作体系。高校共青团工作要做到以党建带团建促进党团协同，以学工部门与团组织相互独立、相互补充促进政团协同，以团中央、省级团委、高校团委的合理分工和工作机制完善促进央地协同。五是创新化，"无旧无以为守，无新无以为进"，创新是我们这个时代的鲜明特点和要求，高校共青团工作要利用新媒体等载体创新工作阵地，以"眼睛向外"的理念创新工作资源动员整合方式，在合理继承基础上以与时俱进的精神创新工作品牌和项目，以完善工作方式、考核机制、评估机制、督导机制等为重点创新工作体制机制。

三、收官谋篇，全力以赴抓好当前重点工作

2013年在中国历史上是极不平凡的一年，新一届中央领导集体面对纷繁复杂的经济形势和尖锐突出的社会矛盾乃至风云变幻的国际挑战，带领全国人民稳增长、调结构、促改革，交出了一份令人满意的答卷；通过党的群众路线教育实践活动，以及反腐倡廉的实际行动，进一步赢得了民心，推动了工作；尤其是党的十八届三中全会，又对全面深化改革做出了全面的部署。在这样的形势下，团组织也度过了极不平凡的一年。今年召开了团的十七大，实现了换届，各地省级团委大部分也是今年换届；在今年全团重点工作推进方面，各地、各高校都非常辛苦，完成得很好。2013年还剩一个多月的时间，要重点做好以下五个方面的工作。

第一，把深入学习贯彻党的十八届三中全会作为当前首要政治任务。我们是在党的十八届三中全会之后全团第一个举办学习贯彻三中全会精神培训班的。学校战线、高校共青团系统当前要高度重视党的十八届三中全会精神的学习宣传贯彻。一是要深刻认识十八届三中全会的重要意义。十八届三中全会全面深化改革的全面性、系统性、深刻性，是前所未有的，涉及经济、政治、文化、社会、生态文明乃至国防、党的建设等方方面面六十条，是一个系统工程，确实是啃硬骨头、涉深水区的重大举措，展现了党中央领导集体高度的政治勇

气和智慧。二是要把思想和行动切实统一到十八届三中全会精神上来。我想请大家重点关注一下总目标,提的是我们社会主义制度的发展和完善以及国家治理体系、治理能力的提高。改革的精髓叫做三个解放:解放思想,解放社会生产力重点是增强经济发展的活力,还有就是解放和增强社会活力。与以往相比,把社会领域提到非常重要的层面。其中有两大特别重要的重点:一个是提出以经济体制改革为牵引,让市场发挥决定性作用,这是首次提出;第二个是促进社会公平正义,增进人民福祉为出发点和落脚点。三是要积极领会与我们工作直接相关的内容。这次三中全会的决定,从学校共青团工作来看,至少在社会资源动员、开展学术研究甚至高校专业设置、就业创业、人才培养等方面都与我们的工作息息相关。尤其里面涉及教育综合改革、就业创业体制机制创新、社会治理机制制度创新等等,建议大家重点学习领会。

第二,把迅速传达落实秦宜智同志开班式上的讲话作为当前核心工作要求。秦宜智同志的讲话代表了书记处对高校共青团工作未来一段时期的总体考虑和要求,是我们做好具体工作的指南和路线图。希望大家能够及时学习传达,团省委、团市委、团区委要在班子层面和学校战线好好地学习秦宜智同志的讲话。高校团组织至少要传达到班级团支部书记这个层面。团中央学校部要及时面向全国高校,做好相关学习组织工作。

第三,扎实完成年内高校共青团的各项工作。年初,学校战线做了一定的部署,现在还有大约不到两个月的时间,要按照要求和部署做好相关工作,包括深化“我与信仰对话”主题教育实践活动、微博体系建设等新媒体应用等各方面的工作。岁末年初,临近放寒假,高校对于一些关键节点的学生舆情、校园稳定和特困学生的帮扶要高度关注,深入做好相应工作。

第四,要全面深入、认真准备好办一个高层次、高规模、高质量的2014年全国大学生创业大赛。今年的“挑战杯”科技作品竞赛已经在苏州成功举办,2014年创业大赛按程序最终确定由华中科技大学和武汉高新区联合承办。就业创业是党和政府最关心的事情,是十八届三中全会体制机制创新里面的重点内容,也是大学生最关切的事情。大学生创业计划大赛已经成功举办过八届,明年的这一届,我们希望能够集中大家的智慧和力量,再上新层次、新水平。要真正借助党的十八届三中全会的东风,把我们在就业创业领域的服务能力和水平真正提升上去。要在扩大创业面、丰富创业内容、整合创新创业资源、强化创业实践等方面有更加突出的进展。比如,在创业方面,不仅仅是商业创业,现在国家大力鼓励政府购买社会服务,社会组织雨后春笋般发展起来,我们的大学生也可以搞社会公益创业。

第五,要积极谋划好2014年学校战线的各项工作。我们一方面要把今年的收官工作做好,另一方面,新的一年要有新的气象、新的开端、新的谋划、新的面貌、新的创举来回应习总书记对共青团工作提出来的要求,回应本次研讨班上秦宜智同志对我们提出的要求,未雨绸缪,及早谋划。

同志们,毛泽东在《重上井冈山》一诗中说“世上无难事,只要肯登攀”。我们高校共青团战线确实面临很多困难,面临巨大挑战,但是我相信,只要我们充满理想主义情怀,只要我们发挥主观能动性,只要我们积极改革创新,只要我们扎实务实工作,做到秦宜智同志讲的“以灵魂影响灵魂,以人格引导人格”,就一定能够开创崭新的局面。

谢谢大家!

第三部分

重 要 文 件

一、综合

共青团中央关于印发《共青团中央贯彻落实中央政治局改进工作作风、密切联系群众八项规定的实施办法》的通知

2013年1月18日

共青团各省、自治区、直辖市委，解放军总政治部组织部，全国铁道团委，全国民航团委，中直机关团工委，中央国家机关团工委，中央金融团工委，中央企业团工委，新疆生产建设兵团团委：

现将《共青团中央贯彻落实中央政治局改进工作作风、密切联系群众八项规定的实施办法》印发给你们，请认真组织本地区（系统）各级团组织和团属单位抓好贯彻落实。地市级以上团的领导班子要以身作则，带头改进作风，密切联系青年。

共青团中央贯彻落实中央政治局改进工作作风、密切联系群众八项规定的实施办法

为深入贯彻落实《十八届中央政治局关于改进工作作风、密切联系群众的八项规定》精神，切实加强团干部作风建设，努力做到为民务实清廉、密切联系青年，坚决反对官僚主义、形式主义、铺张浪费，结合共青团工作实际，制定本办法。

1. 带着问题深入基层调查研究，有针对性地选择调研点，既到工作开展好的地方总结经验，更要到困难较多、工作难度大的地方指导推动工作。各类调研点一律不做预先安排，不摆展板，不弄虚作假，避免不同层级团的领导机关负责同志重复到同一个工作示范点调研。注重面对面听取意见，多与普通青年和基层团干部座谈交流，不要求事先准备发言稿，做到讲真话、报实情、多谈思考和建议。继续坚持团中央书记处同志不同时或不在短期内连续到同一个省（自治区、直辖市）调研。团中央机关其他同志一个月去同一个省（自治区、直辖市）调研不超过2批次。

2. 减少陪同人员，不安排层层陪同。团中央书记处同志调研期间，团中央机关陪同人员不超过3人，省级团委可有1位分管同志和1名工作人员陪同；除第一书记外，不召开省级团委班子全体成员参加的会议，省级团委主要负责同志作一次工作汇报，不陪同调研。

3. 简化接待工作，团的领导机关负责同志到基层调研，下级团组织不安排班子成员到机场、车站、地界等接送；不张贴标语，不悬挂欢迎横幅，不使用电子显示屏，不组织列队欢迎，不赠送各类纪念品或土特产，不安排到名胜古迹、风景区参观；不组织、不参加宴请。

4. 团的各级领导机关要坚持每月集中学习时间不少于2个半天，团的专职干部围绕《团的领导干部学习大纲》每月自学时间不少于30个小时，并建立报告学习内容、交流学习心得的制度。

5. 坚持基层联系点制度，全团副局级以上干部每人每年在县级团委或乡镇（街道）团委、企业团组织、学校团组织中确定1至2个联系点，至少到每个联系点调研、指导一次，工作时

间一般为2至3天，不得层层陪同。坚持地市级以上团的领导机关干部分批到县级团委驻点半年帮助工作制度。

6. 严格会议审批程序，严格控制会议规模、数量和时间，可开可不开的坚决不开，可以合并的合并召开。改进会风和会议形式，努力提高会议效率，坚持讲真话、讲实话、讲有用的话，力戒空话、套话，可采用电视电话、视频、网络会议等多种形式。团中央机关各部门一般不再召开过去例行的年度性工作会议，可通过印发工作要点等方式部署工作；推动重点工作等确需召开的会议须报团中央书记处审批，会议时间不超过1天，一般不安排团中央书记处同志出席、不邀请省级团委分管同志参会。

7. 切实精简启动仪式等活动。未经批准，团的领导机关干部不得出席与本职工作无关的活动，不得出席各类剪彩、奠基活动和庆祝会、纪念会、表彰会、博览会、研讨会、论坛等，不得在活动中挂名任职。团的领导机关负责同志一律不得以个人名义发贺信贺电、题词、题字。团中央书记处同志一般不参加地方团组织举办的会议活动。

8. 安排会议活动要勤俭节约，工作会议不制作背景板、不摆放花草、不发放纪念品；能在机关召开的会议不租用外部场所；一律安排工作餐，不饮酒，并注意节俭；出差、住宿按有关规定严格执行。

9. 团属单位要坚持围绕自身主要职能和团的重点工作发展事业、发挥作用，树立良好形象；不得以共青团、青联、学联、少工委组织名义从事赢利性活动；开展活动不得给下级团组织增加接待等负担。

10. 因公出访须严格执行外事工作规定，坚持简化机场迎送、接待。外方赠送的礼品严格按照有关规定处理。除特殊情况并经批准外，团中央书记处同志每人每年出访不超过1次，每次不超过3个国家（包括经停国家），时间不超过10天。团中央组派的大型综合性青年对外交流团组人选继续坚持向基层和优秀青年代表倾斜。

11. 严格控制各类文件简报，坚持没有实质内容的一律不发。充分利用共青团网上发文系统，通过网络传输非涉密文件。各级团组织上报简报只保留一种，重点反映重要动态、经验、问题和建议，不作一般性工作汇报，不寄送不必要的杂志等印刷品。

12. 严格规范以单位名义向下级单位发贺信，省级团委、青联、学联、少工委换届时，可分别以团中央、全国青联、全国学联、全国少工委名义发贺信。各级团组织不互发贺信、贺电。

13. 精简一般性会议活动的宣传报道，大力宣传青年典型和基层工作。团中央书记处同志参加会议活动和调研，按照指导工作、注重效果的原则进行简要报道。

14. 各级团的领导机关干部要坚持实事求是，不得夸大工作成绩。对推动重点工作不力、夸大工作成绩的团组织和团干部要予以通报批评直至严肃处理。

15. 严格遵守廉洁从政有关规定。春节等重要节日前后，不得以汇报工作为由进行任何形式的相互拜年、走访。减少应酬，工作日中午禁止饮酒。

16. 各级团组织要深入学习领会中央政治局关于改进工作作风、密切联系群众的八项规定的精神，按照本办法的要求，结合本地区（系统）党政有关规定，结合自身实际，制定进一步加强团干部作风建设、密切联系青年的具体措施。团中央将定期开展专项检查，并予以通报。

17. 本办法由共青团中央办公厅负责解释。此前制定的有关规定，凡与本办法不一致的，以本办法为准。

共青团中央办公厅关于印发各战线2013年工作要点的通知

2013年2月7日

共青团各省、自治区、直辖市,解放军总政治部组织部,全国铁道团委,全国民航团委,中直机关团工委,中央国家机关团工委,中央金融团工委,中央企业团工委,新疆生产建设兵团团委:

现将共青团各战线2013年工作要点发给你们,请结合实际贯彻执行。

共青团组织工作要点

2013年共青团组织工作的总体思路是:以邓小平理论、“三个代表”重要思想、科学发展观为指导,深入学习宣传贯彻党的十八大精神,按照团的十六届六中全会部署,坚持狠抓基层组织建设方向不动摇,坚持抓工作活力与抓组织建设并重,突出抓好“两条主线”和“三个关键”,巩固和深化各项重点工作,切实加强团员、团干部队伍建设,努力提高团的建设和组织工作科学化水平,为团的事业发展提供强有力的组织保证。

一、以高度责任感和使命感做好团十七大有关工作

按照团中央书记处要求,做好团十七大代表推荐提名和选举工作,坚持先进性与代表性相统一,严把思想政治素质关,确保选出的代表符合条件、结构合理、比例恰当、整体优秀。做好团十七届中央委员会成员人选推荐提名工作。认真贯彻党的十八大精神,结合共青团工作实际,做好团章修改工作。

二、推动党建带团建制度安排和各项要求的有效落实

以市、县两级为重点,督促推动各地召开党建带团建会议,结合本地实际情况修改或制定党建带团建工作文件,把上级会议和文件要求进一步具体化。今年年底前,地市级层面都要召开党建带团建会议、出台党建带团建工作文件,县级层面召开会议、出台文件的比例不低于90%。抓好《关于加强新形势下基层党建带团建工作的意见》有关要求的落实,以县级为重点层级,以团干部配备、支持基层经费、工作制度建设为重点内容,开展量化考核,考核结果作为基层组织建设工作评价和有关评选表彰的重要依据。开展党建带团建落实情况督导检查,推动各省级团委联合有关部门开展专项督导检查。

三、坚持重心下移强化层级化组织载体建设

继续加大对县级团委支持力度。组织开展第二轮地市级以上团的领导机关干部到县级团委驻点工作,今年选派两批约1400人。选派第三批高校团干部到县级团委挂职工作。有关各级团组织要通过考勤月报、实地督导、电话抽查等方式,切实加强对驻点和挂职干部的管理和考核;以明确规范、加强培训为重点,帮助和指导驻点和挂职干部熟悉当地情况,对照团中央对驻点和挂职干部的工作要求,支持他们推动落实全团重点工作。继续落实局级干部联系点制度,局级干部要对联系点所在省份驻点和高校团干部挂职工作进行督导。继续为中西部地区和部分东部地区县级团委提供经费支持。

深入推进乡镇“实体化”大团委建设。今年3月底前绝大多数乡镇要形成实体化“大团委”基本组织体系。乡镇团委要靠组织格局创新后形成的由专兼职书记、副书记、委员组成的乡镇团委新格局,靠实体化“大团委”直接领导的大量直属团组织,靠指导、推动村团组织,靠加强农村专业合作组织团建,发挥面向农村

基层“桥头堡”的作用。落实中央领导同志指示，与有关部门密切配合，探索通过竞争性选拔的办法逐步实现大学生村官制度性担任乡镇团委书记。积极适应大量乡镇直属团组织建立的新情况，理顺组织隶属关系和工作关系，使其更好地开展工作、发挥作用。各级团组织共同行动，努力实现每个乡镇团委每年2万元工作经费的目标。

积极探索适应城市街道青年社会生活特点的组织机制和运行机制，把街道社区团组织构建成为城市基层共青团工作的“桥头堡”。2013年底，常住人口2万人以下街道的基层团组织数量（不含社区团组织）应达到15个以上，常住人口2万至5万人的应达到25个以上，常住人口5万人以上的应达到35个以上。围绕街道社区安全性、便利性、健康性、娱乐性、互助性功能，基层团组织具有一定参与规模的活动平均每月应不少于1次。各级领导机关要努力落实街道团的工作经费并形成制度性财政安排。

四、积极推进非层级化组织载体建设

在驻外团组织建设方面，在进一步扩大驻外团组织覆盖面的基础上，巩固建设成效，明确职责任务，完善制度措施，以省、市两级驻外团工委的巩固和活跃带动县级驻外团工委及派生团组织工作的开展和逐步活跃。流入地团组织要进一步落实好建立联席会议、开展交叉任职、开放活动阵地、做好干部培训、提供支持保障等工作职责，同时在为驻外团工委配备专门工作人员、提供基本工作经费、提供办公活动场所、加强干部表彰激励等方面实现制度化安排，切实将驻外团组织纳入流入地团的组织体系和工作体系。探索支持驻外团工委成立民办非企业单位或社团，推动组织载体有形化发展。强化对流入地的工作考核。流出地团组织要继续加强对驻外团组织的支持，积极主动与流入地团组织对接，流入地团组织与驻外团工委要实现100%对接。在加强机制建设的同时，驻外团组织要按照联系为主、联系与服务相结合的原则，通过发展基层组织、建立联系名册等途径，进一步扩大对青年农民工的联系面；继续深化服务青年需求、反映青年诉求、引导青年形成正确的社会观察等方面的工作，特别注重深化春节返乡、节日慰问、婚恋交友、城市体验、就业创业、子女关爱等在服务青年农民工方面形成的有效做法和品牌工作，注重把驻外团组织工作与团的重点工作相结合，推动驻外团组织工作进一步活跃。要进一步组织开展好在青年农民工中学习宣传贯彻党的十八大精神工作。

在非公有制企业团建方面，一是积极探索和丰富建团有效路径，注重抓大带小，做到层层尽责，继续在非公企业中扩大团的组织覆盖。2013年力争全团新建非公企业团组织8万家以上，其中从业青年规模较大（50人以上）、社会影响较强的非公企业建团率须达到90%以上。二是积极探索和完善“区域统筹、行业引领、骨干示范”的立体化组织管理体系。团的各级领导机关要稳步扩大直接联系管理的非公企业团组织数量，分层级进行直接联系管理。注重依托建立行业团组织联系管理行业所属的非公企业团组织。借助政府职能部门或行业协会的工作资源、专业优势和工作力量，继续探索建立各级行业团组织。三是要以“达标创优”活动为抓手，切实落实团建指导员制度，严格靠前指导、整改提高、活力评估和示范带动等工作机制，不断增强非公企业团组织的内在活力。要大力加强社会组织团建，不断扩大团的组织覆盖。

在青年自组织团建方面，把广泛联系作为首要任务，把服务发展作为工作重点，把合作互动作为重要工作方式，积极稳妥推进青年自组织团建工作。各地团组织可以借鉴北京青年汇、上海自组织孵化基地、浙江网格化管理、广东枢纽型组织、重庆共青团市民学校等有效做法，结合本地实际，积极探索创新，切实加强对青年自组织的联系、服务和引导。

五、以作风建设为重点切实加强团干部队伍建设

加强团干部思想政治建设。组织各级团干部深入学习贯彻党的十八大精神,深刻领会中国特色社会主义的丰富内涵和基本要求,进一步增强对中国特色社会主义的道路自信、理论自信、制度自信。教育引导团干部深刻理解中国共产党,深刻理解党的根本宗旨和历史使命,继承和发扬党的优良作风,深刻认识党与共青团的重要政治关系,牢固树立正确的世界观、权力观、事业观,始终把牢正确政治方向,在思想上、行动上与以习近平同志为总书记的党中央保持高度一致。

努力增强团干部群众观念和青年群众工作能力。按照中央部署,积极开展好以为民务实清廉为主要内容的党的群众路线教育实践活动。

进一步加强团干部教育管理。认真贯彻落实《共青团中央贯彻落实中央政治局改进工作作风、密切联系群众八项规定的实施办法》,细化对团干部作风的要求。坚持严格要求与关心爱护相结合,进一步健全团干部管理监督机制,教育引导各级团干部严格遵守党的各项纪律,严格遵守廉洁自律各项规定,自觉按照党的组织原则和党内政治生活准则办事,做到警钟长鸣、防微杜渐,努力做广大团员青年的表率。继续加强对重点工作的督促检查。

认真落实团干部协管要求。加强对下级团委换届工作的指导,协助各级党组织把政治过硬、作风扎实、自律严格、善于做群众工作的优秀青年党员、团员充实到团干部队伍中,特别是选好配强各级团委书记。严肃换届纪律,加强工作督查,确保换届期间思想不散、秩序不乱、工作不断。继续加强各级团的领导机关干部配备工作,在巩固全团工作成效基础上,力争使干部配备率有进一步提高;未达到2012年工作要求的省份,今年6月底前要确保市、县级团的领导机关干部和领导班子配备率均达到90%以上。

六、做好团干部教育培训工作

继续完善分级分类培训体系。按照“分级分类培训”和“下跨一级培训”的原则,团中央直接培训新任职地市团委书记和县级团委书记;团省(区、市)委负责对团县委班子成员进行培训;团地(市)委主要负责培训乡镇(街道)团委班子成员;团县(区)委负责培训村(社区)团组织负责人。以流入地团组织为主,对已建立的各级驻外团工委负责人培训一遍;按照“谁建团、谁培训”的原则,大力推进规模以上非公有制企业、新社会组织团组织负责人培训;按照“谁主管、谁培训”的原则,统筹安排国有大中型企业、大中专学校团组织负责人培训工作,确保培训的覆盖面。

切实提高教育培训整体水平。开辟团干部网络教育平台,探索团干部教育网络化、日常化新路子,加强对团干部参加网络教育培训的效果评估和考核。加强地市级、县级团的领导班子成员任职培训。建立以富有实践经验和具有较高理论素养的专职团干部为主体的团干部教育培训师资库。联合有关教育、科研机构,围绕做好青年工作对团干部提出的要求,将社会学、管理学、心理学、组织行为学、经济学的有关知识制作成课件,丰富培训内容。做好少数民族地区团干部的培训工作;依托全国青少年井冈山革命传统教育基地对全国优秀团干部、全国先进团组织负责人等团干部进行培训;举办学习贯彻团十七大精神和重点工作专题研讨班。

七、进一步规范基础团务工作

按照“控制总量、提高质量、发挥作用”的总要求做好团员发展工作。各级团的领导机关要把握好团员发展数量与发展质量的关系,更加注重质量,根据本地区、本系统青年人口发展状况制定团员发展计划,提高团员发展的科学性。严格执行入团年龄规定,把握学生团

员发展比例，认真履行团员发展程序，逐步细化团员发展标准，更好地体现团组织的先进性。坚持在党组织统一领导下深入开展“推优”工作，把立足点放在对团员的培养教育上，严格执行“推优”的标准和程序，积极推荐青年工人、农民、知识分子中的优秀分子做党的发展对象。按照支持基层、减轻负担、便于操作的思路，制定新的团费收缴、管理和使用办法，调整团费收缴标准和各级留存比例，加强对团费收缴、管理和使用的监督检查。继续完善共青团基本信息采集系统，在现有基础上充实完善各类基础信息，提高数据采集质量，逐步形成较为完备的共青团基本信息数据库。

加强基层团组织特别是非层级化组织载体的规范化建设，进一步夯实基层团组织工作基础。联合战线部门，分别研究制定农村、社区、学校、非公企业、新社会组织、驻外团组织等领域的规范化建设文件，对各类基层团组织在组织建设、干部配备、团员发展、支持保障、职责安排等方面进行明确规定，为基层团组织健康、有序发展提供制度保障。

八、做好评选表彰和典型宣传工作

扎实做好第17届“中国青年五四奖章”和2012年度“全国优秀共青团员”、“全国优秀共青团干部”、“全国五四红旗团委(团支部)”评选表彰工作。在评选表彰中更加注重体现各地推动全团重点工作落实情况。加强对“中国青年五四奖章”等先进青年典型的宣传，推出一批能够站得住的新时期青年典型，更好地发挥典型引路、典型育人的重要作用。

2013年共青团宣传工作要点

2013年是全面贯彻落实党的十八大作出的各项战略部署的第一年。共青团将召开第十七次全国代表大会。团的宣传思想战线要深入学习宣传贯彻党的十八大精神，认真贯彻中央书记处的重要指示和李源潮同志的重要讲话精神，落实共青团十六届六中全会部署，着眼于引导青年坚定理想信念、培育和践行社会主义核心价值观，以中国特色社会主义宣传教育为总揽，全面深化引导青年各项工作，着力构建有影响力的共青团新媒体和文化工作系统化格局，不断巩固和加强团的新闻舆论阵地建设和团的理论研究工作，推动团的宣传思想工作实现新发展。

一、深入学习宣传贯彻党的十八大精神，在广大青年中开展中国特色社会主义宣传教育

坚持和发展中国特色社会主义，是学习宣传贯彻十八大精神的主线。要通过开展形式多样的宣传教育活动，帮助广大青年深刻认识中国特色社会主义的重大意义和丰富内涵，深刻认识中国特色社会主义是实现中华民族伟大复兴的必由之路，引导青年把个人理想融入“中国梦”，牢固树立中国特色社会主义共同理想，不断增强道路自信、理论自信、制度自信，把党的十八大精神学习宣传引向深入。

1. 深化党的十八大精神的学习宣传。继续发动数以百万计的基层团组织和各类青年组织广泛行动起来，持续开展党的十八大精神的学习宣传。着力用好《团萱漫话——感悟十八大》等10部面向广大青年和大学生、中学生、中职中专生、企业青年、农村青年、西部计划志愿者、进城务工青年、青联委员、少先队员等不同群体的党的十八大精神青少年网络版宣传片，最大限度地在广大青年中形成中国特色社会主义的思想共识。

2. 开展团干部“学理论·强党性·铸信仰”活动。组织发动广大专兼职团干部，通过集体学习和自学相结合的形式，深入研读十八大报告，认真学习习近平总书记近期一系列重要讲话，认真学习90多年来党领导人民艰苦奋斗的历史，不断拓宽理论视野和国际视野，深刻领会中国特色社会主义相关重大问题，进一步坚定中国特色社会主义共同理想和共产主义远大理想。团的各级领导机关组织团干部开展集中学习不少于2次。

3. 深化青年学生理论武装工作。配合学校战线深入推进青年马克思主义者培养工程、“与信仰对话”等重点活动，进一步突出中国特色社会主义的学习内容，扩大活动在青年学生中的影响，帮助青年学生增强对中国特色社会主义的学习理解和思想认同。

4. 开展“中国梦 · 我的梦”主题宣传教育活动

一是广泛开展“中国梦 · 我的梦”专题座谈交流会。发动一批青年典型、专家学者走进各领域基层单位，围绕“中国梦 · 我的梦”主题，与各类青年群体进行座谈交流，引导青年深刻认识实现“中国梦”的艰辛历程和光明前景，深刻认识当代青年的使命，把个人理想与“中国梦”紧密相连。省级、地市级、县级团组织开展专题座谈交流会各不少于10场、5场、3场，各类基层团组织至少开展1场。

二是开展“中国梦 · 我的梦”新媒体宣传教育。利用“千网联动”平台，开展“中国梦 · 我的梦”专题网络活动；清明节期间，推出“网上祭英烈 · 共铸中国梦”活动，引导青年从英烈事迹中学习了解中国近代以来的历史，接受革命传统教育；以共青团系统微博为骨干，开展“中国梦 · 我的梦”微话题讨论和微博编创转发活动；依托各级各类共青团手机报平台，开展“中国梦 · 我的梦”手机报宣传活动。

三是开展“中国梦 · 我的梦”主题团日活动。广泛发动企业、农村、机关、学校、社区等不同领域的基层团组织，采取学习讨论、演讲比赛、诗歌朗诵、故事讲述、文艺演出、志愿服务等形式，帮助广大青少年认识和思考“中国梦”，自觉为实现“中国梦”而奋斗。每个基层团组织至少开展1场“中国梦 · 我的梦”主题团日活动。

此外，推动少先队组织在少年儿童中开展“我的未来 · 中国梦”主题活动。

二、广泛开展“三观”、“三热爱”主题教育实践活动

坚持用社会主义核心价值体系教育引导青年，贯彻培育和践行社会主义核心价值观的要求，着力引导青少年形成健康积极向上的生活态度，培养正直、善良、诚实、有爱心等基本道德品格。在工作过程中，着力引导青年把坚定跟党走中国特色社会主义道路的信心与保持合理预期和奋斗精神结合起来，把尊重物质财富创造与保持精神追求结合起来，把树立追求成长进步的个人理想与树立通过自己的努力让更多的人生活得更好的社会理想结合起来，把鲜明的时代性和厚重的历史感结合起来。

1. 制作推广“三观”、“三热爱”新媒体专题片。团中央宣传部和相关部门以及各省级、副省级团组织要结合工作积累，运用符合青年思想逻辑、为青年喜闻乐见的形式，制作面向不同领域青年群体的“三观”、“三热爱”新媒体专题片。地市级、县级团组织要着重抓好专题片在青年中的宣传推广工作。

2. 开展“劳动 · 创造 · 奋斗——我的青春故事”励志教育活动。发挥青年典型的示范引导作用，推动青少年励志教育活动在全团持续开展、走向深入、形成品牌。各地团组织要围绕“劳动 · 创造 · 奋斗”主题，积极挖掘、选树、宣传一批普通青年可学的身边典型，通过报告会、座谈会、交流会等形式，积极引导青少年自觉树立劳动创造财富、奋斗成就人生的价值观念。

3. 开展青少年民族团结教育活动。深化民族地区青少年思想状况调查和思想引导工作，促进各族青少年积极树立“三个离不开”、“四个认同”的思想意识。抓好青少年民族团结教育动画片《兄弟姐妹一家亲》的推广工作。

4. 推动青少年学雷锋活动常态化。通过学雷锋主题团队日、“雷锋榜样进校园”等活动，引导青少年学习了解雷锋精神的思想内涵和当代价值。推动青年志愿者行动广泛开展，让学雷锋成为当代青年的积极追求和自

觉行动。

5. 深入开展青少年基本道德规范教育实践活动。落实中央关于开展道德领域突出问题专项教育治理的有关部署，通过道德评议、道德榜样面对面等形式，对青少年进行基本道德规范教育；以食品行业、窗口行业为重点，广泛开展青年文明号“诚实守信，从我做起”主题活动；以公共场所为重点，组织青年开展礼仪宣传、文明引导等活动。

三、构建有影响力的共青团新媒体和文化工作系统化格局

以提升影响力为着力点，巩固和拓展共青团新媒体和文化工作系统化格局，进一步推动引导青年工作由“内容供应”向“产品供应”全面转变。

1. 推动共青团新媒体建设。以增强与青年互动、提升对青年吸引力为重点，加强各级各类共青团工作网站建设。在进一步推动各级团组织和团干部个人开通认证微博、扩大共青团微博覆盖面的同时，着力加强微博内容建设，通过强化话题策划、上下联动，以及开展专题培训等措施，提高共青团系统微博的活跃度和影响力。进一步推动基层团组织利用QQ群组、微信群组、飞信等途径，建设并用好小型化、分散化、社区化的新媒体工作平台。加强青少年新媒体协会建设，积极探索对新媒体领域从业青年的联系、服务和引导。

2. 丰富青年文化工作载体。一是继续加强与电视台、广播电台等媒体的合作，联合推出更多能够广泛影响青少年、合理体现共青团标识的固定栏目和电视广播节目。二是联合社会力量，持续创作生产符合青少年特点、体现社会主义核心价值体系内涵、合理体现共青团标识的优秀文化产品。三是继续组织开展青少年优秀文化产品“五推”活动，联合社会力量、市场力量，征集、推介一批有利于促进青少年健康成长、为青少年喜闻乐见的优秀图书、影视、歌曲、动漫、游戏等文化产品。四是广泛开展主题鲜明、特色突出、形式多样的基层青年文化活动。五是加强团属青少年校外活动场所建设与管理，确保安全，坚持公益性，为更多青少年提供优质便利的基本公共文化服务。

四、积极推进团属新闻舆论阵地建设

1. 为全团营造良好的新闻宣传氛围。围绕学习宣传贯彻党的十八大和团的十七大精神，按照中央和全团的部署，牢牢把握正确导向，充分反映共青团各项重点工作和自身建设的新进展新成效，深入挖掘和宣传一批既符合时代需要、又为青年乐于接受的青年典型，为团的事业发展营造良好氛围，为青年成长提供丰富的正能量。组织团属媒体注重结合社会热点事件、热点现象加强对青年的引导，帮助青年形成正确的社会观察结论。结合“走基层、转作风、改文风”活动，推动团属媒体紧贴青年，不断增强新闻报道的吸引力。

2. 巩固和发展共青团宣传舆论阵地。指导团属新闻出版单位深入贯彻中央关于深化文化体制改革的有关部署，牢固树立政治意识和市场意识，积极稳妥地做好非时政类报刊单位转企改制等工作，努力实现社会效益和经济效益的统一。加强团属新闻出版人才队伍建设，提高思想政治和业务素质，增强市场竞争能力，努力提高办刊办报办网水平。鼓励和支持团属新闻出版单位适应时代发展，大力加强对新媒体的研究运用，发挥内容资源优势，联姻新的传播手段，增强传播力和竞争力。

继续服务好团中央书记处和各省级团委班子集体学习。统筹推动全团理论研究工作，加强对2012—2013年度团中央立项课题特别是重点课题的督促检查，提高课题研究质量和水平，更好地服务于共青团和青少年工作。

2013年共青团城市工作要点

2013年共青团城市工作的总体思路是：深入学习宣传贯彻党的十八大精神和中央经济工作会议精神，按照团的十六届六中全会总体部署，继续巩固和深化各项重点工作，全面加

强团的基层组织建设和基层工作，着力服务城市青年就业创业，服务职业青年成长成才，锐意进取，求真务实，团结带领广大城市青年在全面建成小康社会的实践中贡献力量，以扎扎实实的工作推动迎接团的十七大召开。

一、引导城市青年深入学习宣传贯彻党的十八大精神

城市各级团组织要把党的十八大精神学习宣传贯彻活动不断引向深入。要组织广大团干部深入学习、带头学习，认真研读十八大报告原文，努力拓宽理论视野和国际视野，不断增强历史感和责任感，进一步坚定跟党走中国特色社会主义道路的理想信念。要注重突出基层、突出普遍性，让城市各级团组织特别是新建的非公企业团组织行动起来，贴近青年思想实际，创新学习教育载体，努力在城市青年中形成中国特色社会主义的思想共识。要以中国特色社会主义宣传教育为统揽，全面深化城市青年思想引导工作，坚持用历史的变化、现实的成就、国际的比较进行教育，引导广大城市青年自觉把爱国主义、社会主义与坚持党的领导统一起来，进一步增强对中国特色社会主义的道路自信、理论自信、制度自信。要广泛开展“三观”、“三热爱”主题教育活动，深入研究其时代内涵，结合城市各类青年特别是企业青年的认知规律，积极探索有效的教育内容和传播路径，引导广大城市青年切实增强实现民族复兴“中国梦”的历史使命感和奋斗精神。要结合城市共青团工作实际和城市青年思想实际，切实做好团的十七大精神的学习贯彻工作。

二、着力加强城市团的基层组织建设和基层工作

1. 巩固和深化以非公企业团建为重点的企业团的建设。非公企业团建工作已进入到扩面提质的关键阶段，必须毫不动摇、毫不松懈地加以巩固和深化。一是提升组织活力。要以“达标创优”活动为抓手，切实落实团建指导员制度，严格靠前指导、整改提高、活力评估和示范带动等工作机制，不断增强非公企业团组织的内在活力，确保新建非公企业团组织的“四有”达标面不低于80%，在此基础上分层级选树一批“四好”优秀团组织。注重把团的品牌工作植入非公企业团组织，指导非公企业团组织结合本单位生产经营实际，找准团的工作切入点，开展好思想引导性、技能培养性、文化娱乐性工作。注重围绕青年在学习成才、情感婚恋、职业发展、身心健康等方面普遍需求，积极开展面向非公企业青年的区域性活动，带动非公企业团组织增强自身活力。加大对非公企业团组织干部培训、资源配给、评选表彰等支持力度，不断增强非公企业团组织推动工作的主动性和积极性。二是扩大组织覆盖。坚持党建带团建，深刻把握社会机理，积极探索和丰富建团有效路径，注重抓大带小，做到层层尽责，继续在非公企业中扩大团的组织覆盖。2013年力争全团新建非公企业团组织8万家以上（目标任务见附件），其中从业青年规模较大（50人以上）、社会影响较强（如100强企业等）的非公企业的建团率须达到90%以上。三是完善管理体系。积极探索和完善“区域统筹、行业引领、骨干示范”的立体化组织管理体系。团的各级领导机关要稳步扩大直接联系管理的非公企业团组织数量，根据非公企业团组织规模大小，按照省级100家左右、地市级70家左右、区县级40家左右的规模，分层级进行直接联系管理。注重依托行业团组织联系管理行业所属的非公企业团组织。借助政府职能部门或行业协会的工作资源、专业优势和工作力量，继续探索各级行业团组织建设，2013年全团力争探索新建地市级以上行业团组织100家以上，各地建成的省级行业团组织累计应不少于6家。

继续加强国有企业团的建设。着力强化企业内部团的基层组织建设，加强对企业内部各类用工青年的服务和管理，积极深化青年文

明号、青年岗位能手、技能竞赛等团内品牌工作。加强企业团干部的配备、培训和管理工作,注重选择生产、经营、技术等部门的青年骨干担任团的干部。积极探索依托资产纽带、业务纽带等路径,推进控(参)股企业、关联企业团的组织覆盖和工作覆盖。

2. 探索深化街道社区团的建设。街道社区团组织处于团的领导机关与基层团组织的联系节点上,发挥着联系基层青年、推进团的工作的枢纽功能。团的各级领导机关要积极探索适应城市街道青年社会生活特点的组织机制和运行机制,把街道社区团组织构建成为城市基层共青团工作的"桥头堡"。一是扩展团的基层组织。着力建设以街道团组织为核心的城市团的基层组织体系,大力推动辖区内非公企业、社会组织、务工青年聚集区建立团组织,广泛联系和积极培育青年社团,并在条件成熟的青年社团中建立团组织。2013 年,街道团组织要结合深化非公企业团建工作,努力使管理联系的基层团组织数量(不含社区)达到 25 家以上(目标任务见附件),各地要根据本地街道常住人口规模及经济发展水平,细化相应的目标任务。二是精心设计工作内容。立足街道社区思想性、安全性、便利性、娱乐性、健康性、互助性功能,因地制宜开展就业创业帮扶、志愿服务、文体交友、学生假期托管等活动,具有一定参与规模的活动平均每月不少于 1 次。三是加强干部队伍建设。根据街道团干部流动情况,及时配齐选强体制内外团干部,加强街道团干部业务培训工作,探索体制外团干部的激励路径,完善街道团干部分工协作、年度述职等工作机制。四是加强资源供给力度。团的各级领导机关要努力落实街道团的工作经费并形成制度性财政安排。指导和支持街道团组织加强青年中心(青年汇、市民学校等)建设,加强团的各类活动阵地建设。推动机关事业单位、企业、学校等团组织积极参与街道社区共建活动。具备条件的地区,在深化街道团的建设的基础上,要大力探索和加强社区团的建设。

3. 加强机关事业单位团的建设。一是明确目标任务。根据机关体制改革及职能转变的实际,继续深入研究机关共青团的目标任务、功能定位、工作载体等问题。要将"育人"作为根本任务,把思想引领摆在首要位置,不断深化机关共青团工作。二是开展实践教育活动。配合以为民务实清廉为主要内容的党的群众路线主题教育实践活动,广泛开展以"学理论、知国情、转作风"为主题的实践教育活动,引导机关青年坚定理想信念、提升实践能力、转变工作作风。三是巩固和创新组织设置。针对机关团的组织单元小、分布广等特点,以联合建、挂靠建、兴趣建等方式灵活建立团组织,以组建青年社团或青年工作小组等方式覆盖更多青年。加强对机关各类用工青年的联系、管理和服务。四是扩展机关团组织外部效应。充分发挥机关在管理、人才、阵地等方面的资源优势,探索以建立行业团(工)委等方式联系管理所服务的企事业单位,以工作联动、资源共享等方式与辖区内团组织开展联建共建,不断拓展机关共青团工作的空间。五是强化各级团工委建设。加强各级团工委委员配备,探索建立党团工作联席会、片区联建、委员轮值等工作机制,更好发挥团工委联系和指导基层团组织的作用。团中央将适时出台指导意见和工作指南,探索建立机关共青团工作的交流平台、联动长效机制等,加强对机关事业单位共青团工作的系统领导。

三、着力服务城市青年就业创业

1. 务实推进就业创业见习基地工作。见习基地工作有利于实现高等教育与社会就业之间的功能衔接,各级团组织务必高度重视、务实推进,积极探索社会化动员的工作运行机制,努力形成新的社会功能。一是规范见习基地建设。严格见习基地建设标准,建立见习基地择优汰劣机制,努力建设一批"需求稳定、管理规范、青年满意”的高质量示范见习基地，力戒贪多求全、管理松懈。对于青年见习意愿不强、运行管理不规范的见习基地，要限期整改直至予以摘牌。二是完善见习组织模式。注重把青年见习与企业扩张性用工选择过程有机结合起来，探索与重点行业（如金融、通讯、民航等）、知名企业、技能培训机构、人力资源机构等建立稳定的合作模式，明确目标任务，规范工作流程，有计划地组织青年上岗见习，2013 年全团力争组织 10 万名青年上岗见习（目标任务见附件）。继续组织开展“见习促就业，牵手毕业生”活动。三是弘扬见习理念。积极引导城市青年乃至全社会既看到创业对就业的促进作用，也看到必要的就业技能积累对创业的支撑作用。通过拍摄公益宣传片、开设青年见习微博、举办见习专题访谈等活动，不断提高见习基地工作的社会认同度和影响力。四是完善见习过程管理。不断规范基地授牌、岗位发布、岗位对接、见习培训、见习管理和见习鉴定等工作流程，严格《见习协议》、《见习证书》等签订和发放工作，加强见习青年档案管理和信息台账工作，不断促进见习基地工作规范化和专业化。五是争取政府相关政策。主动加强与劳动就业部门的工作衔接，在见习数据统计、见习补贴政策、见习基地表彰等方面加强沟通，做到信息互通、政策共享。

2. 探索深化城市青年创业工作。各地团组织要立足城市青年创业实际，加强城市青年创业服务体系建设，努力为城市创业青年提供资金、政策、信息、技术和智力等方面的支持。一是加强创业贷款服务。继续巩固和深化与金融机构之间合作，创新贷款风险担保方式，优化贷款审核程序，努力扩大城市青年创业贷款发放的覆盖面，2013 年力争为 4 万名城市青年提供创业贷款服务（目标任务见附件）。二是完善创业支持政策。积极争取财政、人社、工商、税务、科技等部门支持，为创业青年提供贷款贴息、租金补贴、税收优惠、工商注册、股权投资等方面的优惠政策，降低青年初始创业门槛。三是探索创业重点领域。充分发挥街道社区团组织的网络作用，支持城市青年围绕生活性服务业开展创业活动；依托楼宇商圈、科技孵化器、创业园区或电子商务平台，支持城市青年开展知识型、科技型创业。根据本地经济社会发展实际，积极探索具有较强普遍性和带动面的创业项目。四是加强创业能力建设。探索建立青年创业俱乐部、青年创业联盟、青年创业导师团等组织平台，通过开展创业知识培训、经营诊断、企业家结对辅导等活动，帮助创业青年提高创业能力、控制创业风险。注重把服务青年创业与非公企业团建、驻外团组织建设等工作有机结合起来，做到相互促进、融合发展。

四、着力服务职业青年成长成才

1. 深化青年文明号活动。一是弘扬精神理念。要把“敬业、协作、创优、奉献”的精神内涵，贯穿到青年文明号创建活动之中，使之内化为青年的职业精神。积极借助征文、图片、歌曲、动漫、微博、微视频等文化艺术形式和新媒体手段，广泛传播青年文明号精神理念。二是完善创建标准。根据社会进步和行业发展需要，结合创建集体的工作实际，稳步提升创建标准，完善实施细则，始终保持青年文明号的先进性和示范性，不断带动本行业本单位服务标准和服务水平的整体提升。三是丰富创建载体。围绕群众关注的热点、业务建设的重点，开展岗位练兵、服务创新、课题攻关等岗位创优活动，引导青年职工立足岗位、建功成才。结合行业或单位特点，积极组织便民服务、志愿服务等集中行动，大力弘扬职业文明新风尚，不断增强青年文明号的社会影响力。四是规范创建管理。加强创建报备、动态管理、竞评答辩、公示监督、命名表彰等过程管理，建立和完善各项管理制度。依托青年文明号网络协同办公系统，规范各级青年文明号创建、审核、命名和管理工作。大力加强各级组委会建设，适时举办全国青年文明号创建工作交流研讨会。五是拓展创建领域。推动创建活动向基层单位、新兴行业和非公企业延伸，稳步扩大青年文明号的创建基础。此外，要充分发挥青年文明号工作优势和资源优势，参与和支持团的基层组织建设和基层工作。

2. 深化青年岗位能手活动。各级企事业单位团组织要以青年岗位能手活动为统揽，深化青年职工的技能培养性工作，广泛开展技能培训、岗位练兵、导师带徒、技术比武、创新创效等活动，不断完善青年岗位能手认定标准、培养模式和评选办法，努力培育一大批高技能青年人才。要以“振兴杯”全国青年职业技能竞赛为抓手，大力激发青年职工学技成才的积极性。企事业单位团组织要广泛开展技能培训、技能竞赛等活动，省市级团委要分层组织区域性技能竞赛活动。注重联合各级政府职能部门及行业协会开展行业性技能竞赛活动，积极面向新兴产业、新兴领域和非公企业拓展技能竞赛项目，不断增强技能竞赛活动的参与面和影响力。要以评选2013年度全国青年岗位能手为契机，大力营造“比技能、比业绩、比贡献”的社会氛围，进一步弘扬爱岗敬业的职业精神，普及“劳动创造财富、奋斗成就人生”的价值理念。继续开展“青年安全生产示范岗”创建活动，完善创建标准，加强过程监管，优化创评机制，不断提高青年职工的安全生产意识和技能。

努力提高城市战线整体工作水平。要根据城市青年生产生活特点，深化共青团城市工作研究，把握其内在规律，探索有效的工作载体和路径。要坚持目标任务导向，加强重点工作督导，严格台账信息管理，形成分级负责、整体联动的工作格局。要根据深化重点工作的要求，完善工作评价体系，细化过程管理，努力提升城市战线工作整体绩效。要强化干部作风建设，大兴倡导“干实事、出实招、求实效”的实干之风。

2013年共青团农村工作要点

2013年共青团农村工作的总体思路是：深入学习宣传贯彻党的十八大和中央农村工作会议精神，落实党中央书记处重要指示和团十六届六中全会部署，认真开展中国特色社会主义宣传教育，持续加强农村团的基层组织建设和基层工作，进一步做好促进农村青年就业创业工作，继续推进保护母亲河行动，不断巩固、深化近年来的工作成果，努力实现新的工作推动。

一、深入学习宣传贯彻党的十八大精神

以中国特色社会主义教育为统揽，进一步把广大农村青年的思想和行动统一到党的十八大精神上来。

1. 把学习宣传贯彻工作引向深入。采取学习会、报告会、座谈会和集中收看现代远程教育专题片等形式，组织农村战线专兼职团干部、大学生村官、农村青年致富带头人等带头学习、深入学习，坚定跟党走中国特色社会主义道路的理想信念。继续突出基层、突出普遍性，注重贴近农村青年、创新学习载体，善于运用农村青年易于理解接受的语言和方式宣传党的十八大精神，宣传党的强农惠农富农政策，最大限度地在农村青年中形成中国特色社会主义的思想共识。

2. 认真开展“三观”、“三热爱”主题教育活动。坚持理论和实际相结合，针对农村基层专兼职团干部、农村青年能人和普通农村青年等各类群体特点，分层设定教育目标；依托乡镇团委和直属团组织、村团组织、农村专业合作组织团组织，通过开展主题团日、身边青年典型选树、志愿服务、乡村青年文化节等活动和促进农村青年就业创业工作、保护母亲河行动，宣传“三观”、“三热爱”的时代内涵，解答农村青年的思想困惑和关注的现实问题，帮助农村青年加深对党情、国情、农情的理解，增强实现民族复兴“中国梦”的历史使命感和敢闯敢试、创业致富的奋斗精神。

二、持续加强农村团的基层组织建设和基层工作

以乡镇实体化“大团委”建设为牵动,统筹推进县、乡、村和农村专业合作组织团建,着力扩大组织覆盖、落实制度保障、促进工作活跃,努力使乡镇团委成为共青团面向基层的“桥头堡”。

1. 继续建设乡镇直属团组织。按照“整体推、集中推”的工作要求,坚持应建尽建、力争全覆盖,继续推进直属团组织建设,确保3月底前完成平均1个乡镇新建不少于20个直属团组织的目标。加强数据自查核查,确保真实准确。坚持建活并举,围绕培训、文体、公益、就业创业等工作,总结梳理活动载体,制定工作菜单,推动直属团组织每月开展一次活动。健全工作制度,完善基础团务;选树团组织典型,发挥示范带动作用。加强直属团组织负责人培训,帮助他们熟悉团的知识和工作方法。

2. 进一步加强乡镇团委建设。深化组织格局创新工作,健全乡镇专兼职团干部调整、补充机制,优化团委班子成员结构。争取党政支持,推动乡镇团委经费文件和党建带团建制度落实。组织城乡团组织开展结对共建,促进体制内外、不同类别直属团组织之间联建共建。加强“全国农村基层团建示范乡镇微博圈”建设,推动有条件的直属团组织开设微博,县、乡镇团委组建直属团组织微博圈。围绕乡镇团的委员会运行、经费使用、直属团组织联系和管理、优秀工作典型和案例总结推广、团干部培训交流等建立机制,确保“大团委”有效运转、发挥作用。

3. 积极推进农村专业合作组织团建和涉农行业协会团建。把握农村专业合作组织建团的社会机理,制定面上推进措施,加快建团步伐。团县委争取成立县域专业合作组织团工委。把握构建新型农业经营体系要求,加强与农业、供销等部门合作,设计工作载体,在支持农村青年发展专业合作组织的同时推动建团。建设专业合作社青年示范社,培养专业合作社青年人才。探索推进农业、供销、林业等涉农部门所属的行业协会成立团委、团工委或共青团工作指导和推进委员会,带动和促进会员企业、专业合作组织等建团,扩大团的组织覆盖。

4. 统筹抓好村团组织、团县委建设等工作。继续抓住村“两委”换届契机,推动村团组织集中统一换届;注重借助党建力量,把握加强和创新农村社会管理要求,完善村团组织基本职责和工作载体;推动大学生村官兼任乡村团干部;做好推优入党工作。办好“全国百名优秀团县委书记讲堂”,加强团县委书记培训,注意发挥团县委对乡镇团委的指导、支持和牵动作用。做好农村党员干部现代远程教育共青团系统专题教材制播工作。

三、进一步做好促进农村青年就业创业工作

积极争取党政支持,整合各类强农惠农富农政策和社会资源,提高服务农村青年增收致富的能力,引导和帮助农村青年立足农村创业成才,为加快发展现代农业作贡献。

1. 稳步推进小额贷款工作。完善与银行业金融机构的合作机制,创新适应农村青年实际需求的金融产品和信贷服务,推动小额贷款工作覆盖面不断扩大。联合中国人民银行深入推进农村青年信用示范户工作,完善信息采集方式,加强动态管理,建立健全农村青年信用信息共享平台,促进评定结果应用。加强与财政、人社、农业、扶贫等部门的沟通协调,积极争取贴息政策。联合银监部门继续开展“送金融知识下乡”活动,加大新任职团干部金融知识培训力度,推广“团银”干部兼职交流。加强小额贷款数据录入、核查及通报,确保数据真实准确。

2. 扎实开展就业创业培训。巩固和扩大与农业、人社、科技、扶贫等政府部门的合作,

继续推进农村青年创业就业行动、农村青年科技特派员创业行动、“雨露计划·扬帆工程—中西部地区万名应用人才助学行动”等重点工作项目。加强与供销合作社系统合作，通过培训、技术、营销等服务，帮扶农村青年创业成才。整合高校、科研院所的涉农科技资源，充分利用大学生暑期“三下乡”社会实践等载体，有针对性开展农业科技推广和服务。继续实施中英、美涂士等示范项目，拓展企业、民办高校等各类市场主体和社会力量参与培训工作的途径。

3. 加强农村青年致富带头人培养。以各类农村青年能人、返乡创业大中专学生和农民工、大学生村官等为重点，开展技术、项目、融资、信息等多方面服务，着力培养更多的农村青年致富带头人。有针对性地开展学习培训、考察交流等活动，提升农村青年致富带头人的经营管理能力和辐射带动能力。通过岗位见习、技术推广、结对指导等多种形式，发挥农村青年致富带头人作用，示范和带动更多的农村青年增收致富。积极推进省、市、县三级涉农青年协会组织建设，继续开展政府部门与农村青年致富带头人“倾听心声、共促发展”集中活动月，了解和反映农村青年就业创业实际需求。

四、继续推进保护母亲河行动

坚持组织化动员与社会化动员相结合，创新手段、注重基层，广泛募集资金，开展植树造林，加强生态文明理念宣传，引导青少年和社会公众参与美丽中国建设。

1. 整合资源支持基层。加强与林业、农业、环保等部门合作，争取资金、项目支持。结合企业商业模式、业务特点和社会责任，推动项目化、市场化筹资机制。把握青少年和社会公众参与生态环保的需求和便利性、时尚性要求，探索形成面向普通公众募集小额资金的有效载体。注意下放资源，设计项目载体，支持和牵动基层开展工作。

2. 大力开展植树造林。联合绿化、林业等部门开展“保护母亲河——2013 年度青少年植树行动”，结合全民义务植树，广泛动员青少年参加植绿护绿劳动。继续开展解放军青年林建设。广泛开展“身边增绿”活动，引导青少年就近就便参与城乡绿化。加强流域或地域联动，围绕江河湖泊流域保护，分层级联合开展活动，逐步形成轮流承办、全流域参与的制度化安排。注重发挥青少年生态环保社团和各类兴趣组织的作用，探索社会化动员的新途径。

3. 积极传播生态文明理念。以“人人行动、美丽中国”为主题，在青少年中积极开展节约意识、环保意识、生态意识宣传教育，倡导合理消费、爱护生态环境的良好风气。注重运用手机短信、微博、网络电台等新媒体和动漫、游戏、微电影、公益广告等文化艺术手段。建好各级保护母亲河行动官方微博，扩大与青少年的沟通交流。继续通过骨干培训和项目资助加强对青少年生态环保社团的培育和扶持。办好第六届“母亲河奖”评选表彰活动，选树生态环保优秀典型。

五、加强共青团农村战线自身建设

1. 进一步改进工作作风。抓好农村团干部学习，增强党性修养，提高工作能力。结合全团开展的以为民务实清廉为主要内容的党的群众路线教育实践活动，引导农村团干部更多地深入基层，融入青年。落实团中央关于作风建设的各项规定，查找差距，严格要求，努力锤炼迎难而上、积极进取、狠抓落实的作风。

2. 健全推进工作落实的机制。进一步完善部署、指导、调度、督导、落实、反馈、总结、宣传等工作链条，加强阶段性、区域性工作交流和推进。坚持重点工作核查督办、评价通报机制。鼓励基层工作创新，完善优秀典型总结、推广、宣传机制。注意发挥农村共青团工作简报、中国农村共青团网、农村战线飞信群、QQ群、微博圈等平台作用。

2013年共青团学校工作要点

2013年学校共青团将深入学习宣传贯彻党的十八大精神，深入贯彻团十六届六中全会精神，以迎接团的十七大召开为契机，切实做好青年学生的思想引领和成长服务工作，切实加强学校团的组织体系建设。主要安排如下：

一、以中国特色社会主义宣传教育为统揽，着力深化思想引领工作

紧紧围绕学习宣传贯彻党的十八大精神，深入开展"三观"、"三热爱"主题教育活动，引导广大青年学生树立正确的世界观、人生观、价值观，努力做到永远热爱伟大的祖国、永远热爱伟大的人民、永远热爱伟大的中华民族，弘扬社会主义核心价值观，不断增强对中国特色社会主义道路、理论和制度的自信，进一步坚定永远跟党走中国特色社会主义道路的理想信念。

1.深入开展党的十八大精神学习宣传活动。充分发挥《学习党的十八大精神专题片》大学版、中学版、中职版的作用，组织基层团支部在春季新学期开学初集中开展一次以收看专题片为主要方式的党的十八大精神学习活动。继续开展"微传递·巨能量"十八大精神新媒体传播活动，办好团中央学校部官方微博，利用高校团组织四级微博体系开展吸引广大学生参与的线上学习宣传活动，并对各地、各学校开展的优秀活动进行展示。在大中学生暑期社会实践活动中开展"十八大精神宣讲"专项行动。

2.大力开展"与信仰对话"主题教育活动。举办"与信仰对话——校园人生分享会"，邀请学生喜爱的专家学者、党政干部、社会名人、青年典型、杰出校友等与大学生面对面交流人生信仰、分享人生经验。继续推进"理论名篇名家推荐"活动，在学生中开展"我最喜欢的理论名篇"网上评选。动员组织高校理论社团集中开展"我的信仰我来说"活动，通过读书会、思想分享会、学术沙龙、征文等形式，在大学生中发起信仰讨论。与主要网络新媒体合作开设"与信仰对话"专栏，开展相关线上活动。

3.深化实施"青年马克思主义者培养工程"。办好中国大学生骨干培养学校第六期学员暑期实践锻炼、总结交流和第七期学员理论学习周等重点活动，优化集中学习阶段的课程设计，完成网络学习平台建设。继续选派高校团干部到县级团委挂职锻炼，举办全国高校团干部集中培训，构建全国、省级、校级团干部培养体系。加强对青年教职工的联系和引导，推广成立高校青年联合会等组织。联合有关部委出台在高等学校深入实施青年马克思主义者培养工程的意见，组织青马工程专项课题研究，编发各地、各高校优秀工作案例，建立各级团组织间稳定的工作互动机制。

4.广泛开展"我的中国梦"教育实践活动。动员大、中学校基层团组织开展"我的中国梦"主题团日活动。组织大中学生利用节假日，在自己的家乡、学校周边等地开展"寻访身边的中国梦"活动。利用各种媒体渠道和平台，在青年学生中发起"我的中国梦"主题大讨论，邀请名家名人交流分享自己的梦想和为之奋斗的经历。与移动运营商合作开展"我的中国梦"短信创作和传播活动。在中学生中举办"我的中国梦"微电影大赛和主题作文竞赛。

5.开展中学、中职学生"与人生对话"主题教育活动。在普通中学、中等职业学校举办"与人生对话——优秀毕业生报告会活动"，挖掘树立可亲、可敬、可学的校友等优秀典型，帮助学生树立正确的人生观。深化成人主题教育，开展"与人生对话——我的14岁青春宣言"和"与人生对话——我的18岁成人宣誓"活动。五四前后，组织开展"与人生对话"主题团日活动，与电视媒体合作举办"与人生对话——五四特别节目"，利用新媒体开设"与人生对话"专栏。开展"与人生对话——万场道德模范宣讲活动"，引导学生提高道德修养，培育和践行社会主义核心价值观。

以落实“青少年民族团结交流万人计划”为重点，做好民族团结教育工作。进一步健全学生思想动态调查体系和舆情信息报送机制，配合党政部门做好维护校园稳定工作。

二、以就业创业教育体系建设为重点，着力深化成长服务工作

牢牢把握青年学生成长成才的普遍需求，以帮助他们提升就业创业能力为重点，培养健全人格，掌握适应经济社会发展需要的社会化技能，全面提高综合素质。

1. 继续实施“优秀大学生西部基层建功计划”。从完善实施和操作过程、争取有关部委和地方党政支持、宣传榜样典型、在校园内营造氛围等方面入手，做好相关工作，重点在“985 工程”和“211 工程”高校中引导优秀毕业生到中西部艰苦地区、基层一线就业创业，在全面建成小康社会的伟大实践中锻炼作风、增长才干、建功立业。

2. 进一步做好促进青年学生就业创业工作。加强就业创业教育，抓好 KAB 创业教育项目的课程体系建设、师资队伍培养、实践项目设计和交流平台建设，广泛开展创业大课堂、典型报告会等活动。强化“挑战杯”系列竞赛的群众性、日常性、实践性，帮助学生提高创新实践能力和就业创业竞争力。从提高见习基地的数量和质量、提升基地建设的普遍性和持久性入手，加强大学生就业创业见习基地建设。继续实施“MM 百万青年创业计划”。争取社会力量支持，结合现有项目和载体，推广成立服务学生就业创业的社团类组织和导师团。发挥“全国大学生创业示范园区”作用，努力建设具备创业教育培训、创业实训和就业见习、创业项目孵化等功能的就业创业服务平台。

3. 办好第十三届“挑战杯”全国大学生课外学术科技作品竞赛。继续实行校、省、全国逐级报备制度，扩大竞赛覆盖面和影响力。完善作品申报和评价机制，加强竞赛培训与指导。发挥“挑战杯”竞赛的示范引领作用，在校园中广泛开展学术科技创新活动。同时，组织开展第八届中国青少年科技创新奖评选表彰。

4. 深化大中专学生志愿者“三下乡”社会实践活动。以目标精细化、实施项目化、工作系统化、传播立体化为目标，进一步挖掘和发挥社会实践活动的育人优势。完善基层需求调研制度，在调研基础上“按需设项、据项组团”。暑期全国重点实施政策宣讲、科技支农、教育帮扶、文化宣传、医疗卫生、生态环保六大专项行动。综合利用各种媒体形式和渠道做好宣传工作，扩大活动影响、提升育人成效。编发社会实践活动《实施指导细则》和《优秀案例选编》，加强工作交流和指导。

5. 努力帮助青年学生解决现实困难和需求。继续开展寻访“中国大学生自强之星”和西部助学活动，为家庭经济困难学生提供实际帮扶，在校园和社会上弘扬自强不息、顽强拼搏的精神。注重工作普遍性，广泛拓展渠道，争取社会支持，及时关心、帮助有实际困难的学生。加强心理健康教育，以深化“心理阳光工程”、举办“5·25”学生心理健康节为重点，帮助学生缓解和克服日常学习、人际沟通、社会竞争等方面的心理困惑和压力。

三、以创新方式和提升活力为目标，着力深化组织体系建设

始终根据青年学生新的联系、交流、组织方式和载体，按照“多种模式、多重覆盖”的思路，把巩固传统组织和创新组织形式相结合，使学校团学组织体系建设更加完善。

1. 进一步推动学校团组织网络化转型。针对当代青年学生的特点，在活跃传统工作载体基础上，继续扎实推进全国高校团组织微博体系建设，进一步扩大组织微博覆盖面，规范日常运营机制，设计开展有影响的线上活动，打造精品栏目，加强各级组织的使用技能培训，注重微博体系安全建设，使之成为加强和创新基层组织建设和工作的重要平台。探索

推广高校“校园微生活”手机报和基于移动互联网的校园“青梅”应用。依托未来网建好中学共青团频道,建设中学中职共青团工作微博群,探索建立中学生互联网阅读平台。

2. 稳步推进高校基层团组织建设。以规范组织建设、提升组织活力、扩大组织覆盖为重点,巩固高校基层团组织建设。研究规范高校团支部职能,出台《高校基层团支部工作细则》。征集基层优秀活动案例,修订和推广《高校团支部活力宝典》。推动各高校进一步探索新的基层组织建设方式和开放、灵活的基层活动机制。开展民办高校、独立学院团建调研和检查,研究制定有关进一步加强和改进的意见。

3. 继续深化中学中职基层团组织建设。督导检查《关于加强中学共青团工作的意见》、《关于加强中等职业学校共青团工作的意见》的落实情况。制定《中学生团课大纲》,编写出版《中学共青团干部读本》、《中学共青团融入国民教育体系案例》,指导中学团干部更好地开展工作。推进“高校对口中学团建促进行动”试点工作。适时举办中学团的工作推进会。举办全国地市级教育系统团委书记培训班、全国示范性中学中职团委书记培训班、民族地区重点中学中职团委书记培训班。继续开展中学共青团相关重点课题的研究。

4. 不断加强学联、学生会组织建设。下发关于高校学生会、研究生会建设的指导意见和工作指导大纲,坚持和完善学生代表大会制度,改进和创新工作方式方法,加强学生干部队伍建设,增强学联、学生会组织在学生中的影响力和凝聚力。坚持“自我服务、自我管理、自我教育”,指导和支持全国学联各专门工作委员会独立自主、创造性地开展工作;鼓励各地学联组织对机构设置、工作开展等方面进行探索和创新。注重加强对学生社团的管理、支持和服务,发挥学生社团在繁荣校园文化、促进人才成长中的积极作用。

2013年共青团统战工作要点

2013年共青团统战工作的基本思路是:深入学习宣传贯彻党的十八大精神,认真学习贯彻中央书记处的重要指示精神,按照共青团十六届六中全会、全国统战部长会议的工作部署,增进共同理想信念,凝聚青年智慧力量,抓好青年人才工作,切实加强自身建设,努力提高共青团统战工作的科学化水平。

一、切实加强思想引导

1. 把学习宣传贯彻党的十八大精神不断引向深入。继续推动青联各界别和各级青联组织深入学习宣传贯彻党的十八大精神,广泛开展中国特色社会主义宣传教育,引导青年统战干部、青联委员深刻领会党的十八大精神,坚定共同理想信念,始终与党在思想上同心同德、目标上同心同向、行动上同心同行。把组织化动员与社会化动员方式结合起来,探索影响、引导青年的有效路径,组织青联委员走进校园、农村、企业、社区,深入开展党的十八大精神宣讲和“三观”、“三热爱”主题教育活动,引导青年坚定中国特色社会主义道路自信、理论自信、制度自信,切实增强为全面建成小康社会和实现中华民族伟大复兴“中国梦”的历史使命感、责任感和奋斗精神。注重运用青年喜闻乐见、易于接受的认识逻辑和表现形式,发挥好微博、手机报、即时通讯等手段的作用,创新设计多种形式的文化产品,通过生动活泼的载体宣传党的十八大精神。

2. 加强民族团结教育。继续加强对民族地区青少年思想状况的调研工作,深化实施“青少年民族团结交流万人计划”,不断丰富活动载体和内容,增进各民族青少年之间的团结友谊。继续落实共青团对口支援民族地区工作,加强支援地与受援地之间团组织的沟通协调,重点做好青少年交流、团干部挂职锻炼、志愿服务等工作。继续做好民族地区团干部“培养计划”工作,组织少数民族团干部到经济相对发达地区挂职锻炼,组织民族地区乡镇团干部开展学习考察活动。

3. 做好宗教界青年代表人士工作。举办专题学习班和学习考察活动，加强宗教界青年代表人士的联系、培养工作，发挥宗教界青联委员在引导、服务信教青年中的积极作用。加强调查研究，了解掌握本地区（系统）青年信教的基本状况，探索有效的工作载体和路径。

二、积极动员青联委员走进青年

1. 深入开展"劳动·创造·奋斗"青少年励志教育活动。邀请包括青联委员在内的各行各业优秀青年代表，特别是注重从基层一线遴选一批青少年可亲、可敬、可学的榜样，通过平面、网络媒体宣传和面对面交流活动，向青少年讲述奋斗历程和成长感悟，引导青少年树立正确的世界观、人生观和价值观。

2. 广泛开展"走进青年"活动。继续动员青联委员参加"青春成长导师团"、"科技之光服务团"、"青年专家咨询团"、"社区文艺交流团"，到校园、农村、企业、社区与青年面对面交流。动员青联委员为青年创业就业提供资金、信息、技术、项目等方面的支持，热情关爱青年农民工及其子女，帮助他们解决工作、学习和生活中的一些实际困难。组织青联委员中的人大代表、政协委员，围绕青少年普遍性利益诉求，积极参加"共青团与人大代表、政协委员面对面"等活动。

3. 探索运用新媒体。加强"全国青联12354 移动频道"和全国青联网建设，拓宽青年统战干部、青联委员、普通青年之间沟通交流的渠道。探索开通"全国青联秘书处"官方微博，发布青联活动信息，建立与青年实时互动交流的网络平台。建立青联微博群，推动各省级青联开设微博，鼓励青联委员和青年统战干部以个人名义开微博，帮助在青年中有较大影响力的青联委员策划管理好微博。围绕青联的重点工作项目和品牌活动，开设专项工作微博，通过原创发布、转发点评、微直播和微访谈等多种形式，积极引导青年形成正确的社会观察结论。

三、扎实推进青年人才工作

1. 加强对青年人才的吸引凝聚。以中国青年科技工作者协会换届为契机，广泛吸引凝聚高等学校、科研院所、国有企事业单位、海外留学归国人员中的优秀青年人才，特别是具有高级职称的专业技术人员、国家级科技奖励获得者、国家重点学科带头人、国家重点实验室负责人以及从事科技管理工作的党政机关和事业单位的高级管理人员。创办青年书法家协会、青年摄影家协会等组织，吸引凝聚更多优秀青年人才。努力做好青年知识分子、海外高层次人才等工作。加强与中国留学人员回国服务联盟、海外人才中心、海外相关华人社团组织的联系，吸引海外高层次青年人才。

2. 加强对青年人才的培养。开展集中性的培训工作，依托中央党校、国家行政学院、中央社会主义学院和地方干部学院等培训阵地，加强与其他知名教学机构的合作，为青联委员、青科协会员学习知识、开阔视野、增进交流搭建高层次平台。开展日常性的学习活动，举办青联讲坛、青联委员活动日、读书会、研讨会等主题性学习活动，帮助青联委员、青科协会员了解和把握我国经济社会的发展趋势、前沿理论和政策取向。组织社会实践和国情考察活动，开展同业交流和境外培训交流，提高青联委员、青科协会员的综合素质和能力。创新拓展学习的载体方式，在全国青联网开设学习专栏，运用微博、手机报等新媒体开展青联委员、青科协会员学习活动。

3. 为青年人才发挥作用搭建舞台。举办系列建言献策研讨会，组织青联委员、青科协会员围绕经济社会发展和青年成长的一些重大课题，通过专题调研、社会考察、学术研讨等途径，努力形成一些有价值的研究成果。面向青科协会员、留学人员开展系列访谈活动，广泛收集思想动态和意见建议，畅通反映会员意愿的组织渠道。配合中组部继续做好博士服务团成员的选派工作，为优秀青年人才到西部艰苦地区奉献才智、实践锻炼创造条件。深化“科技之光”青年专家服务团、海外学人回国创业周等工作，搭建青年人才实现自身价值的平台，畅通为党和政府输送优秀人才的渠道。积极向科技部、中国科协、人力资源社会保障部等单位推荐青年优秀人才和优秀作品，鼓励青年人才脱颖而出。继续建设和用好“海外高层次人才联系窗口”。

4. 加强青年社会组织工作。指导团属青年社会组织加强内部管理，增强组织活力，在服务社会、服务青年中发挥积极作用。了解并掌握本地区青年社会组织的发展状况，建立联系、合作渠道，加强对其骨干成员的培养。

四、不断深化港澳台青少年交流（略，另行印发）

五、着力加强自身建设

1. 加强组织建设。强化对地方和行业（系统）青联的统筹协调和分类指导，履行好青联秘书处的服务、协调、组织职能。注重发挥界别工作委员会的骨干作用。适时举办青联委员活动日等活动。加强青联之友联谊会建设，继续在每个季度第三个月的第一个周六下午定期举办活动，巩固传帮带的组织平台。加强地方青联和青年社团建设，提高青联组织的凝聚力和影响力。

2. 加强队伍建设。深入开展社会主义核心价值体系学习教育，引导青联委员积极培育和践行社会主义核心价值观。加强对青年统战干部和青联委员的培训。引导青年统战干部认真学习中央政治局八项规定，坚决落实团中央贯彻落实八项规定的实施办法，带动广大青联委员密切联系青年，加强道德修养，争创一流业绩，经得起政治、事业、名利和生活的考验，为广大青年作出表率。

3. 加强制度建设。建立青联主席、副主席联系督导界别和片区工作制度，加强对各界别及地方青联工作和建设的指导。完善青联属地召集人制度，促进青联委员之间的学习交流，拓展委员参加活动、发挥作用的组织化渠道。完善界别秘书长轮值制度，探索建立界别工作述职制度，进一步活跃各界别工作。指导和规范行业（系统）青联组织建设，推动行业（系统）青联组织建设有序发展。

2013 年共青团权益工作要点

2013 年共青团权益工作的总体思路是：深入学习宣传贯彻党的十八大精神，认真贯彻党中央书记处重要指示精神，落实共青团十六届六中全会工作部署，继续深化“共青团与人大代表、政协委员面对面”活动，全面推进重点青少年群体服务管理和预防犯罪工作，加强 12355 青少年服务台建设，构建维权工作组织化体系和社会化格局，进一步提升团组织维护青年合法权益的社会形象。

一、深化“共青团与人大代表、政协委员面对面”活动

1. 进一步拓展活动内涵，健全共青团维护青少年合法权益的制度安排。认真落实党的十八大报告对人民团体提出的“充分发挥桥梁纽带作用，更好反映群众呼声，维护群众合法权益”的重要要求，总结“面对面”活动经验成效，探索在健全社会主义协商民主制度、发展人民民主整体进程中，拓展共青团开展青少年维权工作的制度化渠道，充分履行维权基本职能。加大宣传力度，打造工作品牌，提高“面对面”活动的社会知晓度和影响力。

2. 完善常态化倾听机制，广泛听取青少年利益诉求。定期深入不同青年群体开展倾听活动，把倾听诉求、舆情收集、政策宣讲、释疑解惑和思想引导等有机结合起来。围绕青少年普遍关注的问题和 2014 年“面对面”活动主题，深入开展调查研究并进行优秀调研成果评选。拓展倾听的渠道和载体，充分依托网络和新媒体收集了解青少年成长发展中的现实需求。

3. 推动提案建议的办理落实，解决青少年

权益具体问题。巩固“面对面”活动成果，围绕发展青少年社会教育、促进新生代农民工社会融入和丰富精神文化生活、营造文明健康的网络文化环境和促进青年就业创业等主题，加强与人大、政协相关机构和提案建议办理单位的联系，跟踪相关议案、建议、提案的督办并推动落实。探索设立基层代表委员青少年事务小组（工作站）等工作机构，推动政协共青团和青联界委员切实履行职责。

二、落实预防青少年违法犯罪和未成年人保护各项措施

1. 总结推广试点工作机制化成果。切实履行中央综治委预防青少年违法犯罪专项组组长职责，制定和落实《关于进一步深化预防青少年违法犯罪工作的意见》，总结推广具有普遍意义的全国和省级试点城市工作经验、工作模式，进一步明确五类重点青少年群体工作目标定位，完善信息汇总和动态监测、引入专门力量教育矫治、利用正面力量接触联系、动员社会力量参与关爱帮扶等重要工作机制。

2. 重点抓好有不良行为青少年、闲散青少年等群体的服务管理工作。切实履行各级综治预防办职责。鼓励各地发展青少年社会工作者队伍，充实专业工作力量。制定和推动落实《关于加强教育和矫治有严重不良行为未成年人的专门学校教育工作的若干意见》，强化专门学校建设。各省（自治区、直辖市）要确保完成年内所辖地市均有1/3的县（市、区）实现对有不良行为青少年全国试点经验的借鉴和推广。对闲散青少年实现正面力量定期接触，开展制度化的服务帮扶，力争解决失学、失业问题。

3. 深化青少年思想道德和法制宣传教育。探索在重点青少年群体中开展“三观”、“三热爱”教育的有效路径，引导他们通过行为习惯养成形成对制度规则的尊重，接受并认同基本的道德底线和法制底线教育。开展全国青少年网上普法知识大赛、普法微视频征集等活动，创新法制宣传教育的方式和载体。加强与各类媒体的合作，制作并发布推广家庭教育、法制教育、青少年自护教育等文化产品。

4. 推动完善未成年人有关法律。宣传和推动落实《刑事诉讼法》中未成年人刑事案件诉讼程序。积极做好《未成年人保护法》、《预防未成年人犯罪法》修法评估和调研工作，研究提出立法建议。推动各地制定或修订《未成年人保护法》、《预防未成年人犯罪法》地方性配套法规。

三、加强12355青少年服务台建设

1. 提升服务台的核心功能和服务能力。加强与有关专业协会的合作，不断提升心理、法律方面的核心服务能力和专业水平。发挥服务台的窗口功能，促进服务台直接面向青少年倾听意愿诉求、加强心理疏导和人文关怀。依托专业力量，集中开展中高考减压“阳光行动”和寒暑假青少年自护教育等专项服务活动。与带有维权性质的民间社会组织进行必要接触和引导，探索建立社会化的维权工作新格局。

2. 积极利用新媒体拓展服务领域。深入研究微博、微信、短信等新媒体传播路径，推动各地开通并使用好12355公益服务短号码，建好用好各地共青团12355工作微博等新媒体平台，提升与青少年群体的联系频次和服务水平。加强对涉及青少年权益问题网络舆情的关注，探索针对青少年权益典型案例和热点事件有效发出共青团的声音。

四、其他工作

加强权益系统、部门建设和基础工作。在现有工作的基础上，认真研究探索共青团履行维护青少年权益职能新的工作空间，形成工作机制。深化对未成年人保护、做好青年合法权益代言人等重要课题的理论研究。开展中小学生使用微博、中职学校法制教育等专题调研。加强对权益干部做好维权工作、落实青少年法律法规等方面业务能力的培训，不断提高

工作的科学化、专业化水平。加强权益工作信息化建设，健全并完善工作评价体系。

2013 年共青团青年志愿者工作要点

2013 年共青团青年志愿者工作的总体思路是：深入学习宣传贯彻党的十八大精神，按照团的十六届六中全会总体部署，以青年志愿者行动实施 20 周年为契机，巩固和深化重点志愿服务项目，巩固和深化志愿服务文化建设，巩固和深化自身建设，提高社会化动员能力，加强品牌建设，强化工作保障，进一步推动青年志愿者行动形成社会功能，以扎实的工作和优异的成绩迎接团的十七大召开。

一、引导青年志愿者深入学习宣传贯彻党的十八大精神

通过组织广大青年参与志愿服务活动，在志愿服务实践中推动“三观”、“三热爱”主题教育活动的广泛深入开展，引导广大青年切实增强实现民族复兴“中国梦”的历史使命感和奋斗精神。加强大学生志愿服务西部计划志愿者中国特色社会主义宣传教育，动员西部计划志愿者在西部基层为全面建成小康社会充分发挥生力军作用，引导服务期满志愿者扎根西部建功立业。

二、巩固和深化重点志愿服务项目

（一）不断深化共青团关爱农民工子女志愿服务行动

1. 科学设定工作目标。努力实现已摸底的九年制义务教育阶段农民工子女较集中学校结对全覆盖；按照“项目、机制、队伍、阵地”四位一体的要求，围绕学业辅导、亲情陪伴、感受城市、自护教育、爱心捐赠五项内容，切实提高服务水平，让农民工子女切实受益；制定更加科学的工作标准和评价考核体系。

2. 按照“四位一体”布局深化各项工作。一是巩固“结对＋接力”工作机制，完善关爱行动信息录入和数据生成机制，加大抽查力度，确保摸底结对工作真实准确；二是加强项目专员队伍建设，确保每个结对的志愿服务团队配上项目专员，加强对项目专员上岗的培训，健全完善项目专员管理、激励制度；三是建立“七彩课堂”精品库，推广“七彩课堂”示范课程，不断深化五项志愿服务内容；四是加快“七彩小屋”等活动阵地建设，加强社会化动员和筹资，积极争取国家社会建设项目资金，扩大“七彩小屋”等关爱农民工子女阵地数量，完善其功能。

3. 强化工作保障。开发关爱行动网上招募平台，逐步推行以地域划分的全国、省、市、县分层管理并互联互通的网上平台，拓展社会参与关爱行动渠道；加强与政府相关部门的联系，积极争取其政策、项目、资金的支持；编制关爱行动工作手册、案例集，加大工作经验交流；通过文艺作品、公益广告、典型宣传等手段，切实提升关爱行动品牌影响力。

（二）深化大学生志愿服务西部计划和中国青年志愿者研究生支教团工作

1. 保持实施规模，调整招募方式。继续保持 17000 人左右的整体实施规模。适当调整实施区域和服务专项的实施规模，保持少数民族地区万人实施规模，加大对藏区的派遣力度，扩大研究生支教团和支教专项规模，深化基层青年工作专项，严格控制县级及县级以上服务单位人数。全面推动服务省在全国范围内开展招募工作落实。

2. 落实政策措施，健全工作机制。加大《关于统筹实施引导高校毕业生到农村基层服务项目工作的通知》（人社部发〔2009〕42 号）执行力度，分片区、分省督导相关政策的细化、落实。做好全国项目办年度绩效考核工作，省级项目办做好对县级项目办、高校项目办的年度考核。加强安全健康管理和应对突发事件处置工作。建立县级项目办信息员队伍。

3. 强化服务培养，鼓励扎根西部。坚持“使用与培养并重”的原则，加强志愿者上岗培训、日常学习、国情调研、就业服务等方面的教育服务工作；发挥政策导向、事业留人、典型引

导和情感因素等作用，鼓励和引导更多的期满志愿者扎根西部基层工作。

今年是西部计划实施10周年，各地要以此为契机，总结工作经验，加强宣传引导，推动西部计划各项工作实现新发展。

（三）巩固中国青年志愿者海外服务计划

根据国家外事工作总体部署，继续推进海外派遣计划。做好乌干达、巴基斯坦、塞舌尔、毛里求斯、文莱等海外志愿者项目的服务管理，为促进服务国经济社会发展、深化中外友好发挥作用；强化海外志愿者招募、培训、人才储备等机制建设和人才库的建设；推动从国家层面完善海外志愿者激励政策，鼓励各地出台政策支持海外计划志愿服务工作。

（四）做好大型活动志愿服务工作

完善大型活动志愿服务工作支持体系。按照“举办地团组织为主、上级团组织协调支持、各地团组织参与配合”的大型赛会志愿者工作支持协调机制，积极组织青年志愿者参与各类大型活动志愿服务。完善“招募、培训、服务、管理、表彰”等流程建设。指导沈阳、南京等地团组织做好第12届全运会、南京青奥会等志愿服务工作。

三、巩固和深化志愿服务文化建设

1. 做好青年志愿者典型选树工作。以评选的各级各类优秀青年志愿者典型为重点，建立中国青年志愿者典型库；充分利用媒体特别是新媒体深入宣传报道优秀典型的感人事迹和奉献精神。

2. 广泛运用微博等新媒体手段传播志愿服务理念。重点加强微博建设，不断完善“中国青年志愿者”微博全国、省、市、县四级微博体系；结合青年志愿服务重点项目、重点活动，适时开展网络微活动，增强微博内容的实用性、针对性，扩大青年志愿者微博的社会影响力。注重对各种新媒体手段的研究和应用，积极探索运用新媒体促进青年志愿服务的信息交流和组织管理等工作。

3. 推出更多青年志愿者文化产品。加强社会合作，大力开展相应的文学作品、影视剧、纪录片、歌曲、公益广告、动漫、摄影作品等创作活动，努力打造一批反映青年志愿服务的文艺精品。适时举办中国青年志愿者优秀文化成果网络展，征集、遴选、交流展示各地反映青年志愿者的优秀文艺作品；深化“团中央志工部推荐阅读”活动，支持和鼓励各地各单位出版发行青年志愿者励志书籍。

四、巩固和深化自身建设

1. 加强青年志愿者专门工作机构和干部队伍建设。按照建设学习型、服务型、创新型青年组织的要求，加强各级青年志愿者工作机构建设，利用事业单位分类改革的契机，积极争取党政支持，健全工作机构；进一步加强青年志愿者工作干部队伍的学习，努力增强群众观念和青年群众工作能力，在工作中锤炼迎难而上、积极进取、狠抓落实的作风。

2. 加强青年志愿者协会建设。按照国家关于社团管理的最新精神和要求，提高协会规范化管理水平，打造一批规范运转的示范性协会；建设枢纽型青年志愿者组织体系，加强对志愿者自组织的吸纳、指导和服务；完成“县县建协会”的目标；加强各级协会理事会和秘书处建设，切实增强协会的社会化功能和服务能力。

3. 加强青年志愿者队伍建设。建设以注册志愿者为主、管理型志愿者为核心的多层次的青年志愿者队伍。依托项目健全完善注册制度，建立科学的志愿者人数与服务时间统计生成机制；加大培训工作力度，组织编写或推荐培训教材和课程，开展关爱行动、西部计划、海外计划、大型活动志愿服务的专项培训；总结一些地方的经验，研究推动建立志愿者激励机制，激发志愿者的荣誉感和成就感。

各地在抓好全团青年志愿者重点品牌工作的前提下，可根据各地实际情况，积极参与助老、助残、环保、救灾等志愿服务工作，扩大青年参与志愿服务的渠道。

共青团中央办公厅关于对贯彻落实《共青团中央贯彻落实中央政治局改进工作作风、密切联系群众八项规定的实施办法》情况开展督促检查工作的通知

2013 年 4 月 19 日

共青团各省、自治区、直辖市委，解放军总政治部组织部，全国铁道团委，全国民航团委，中直机关团工委，中央国家机关团工委，中央金融团工委，中央企业团工委，新疆生产建设兵团团委：

根据中共中央办公厅秘书局、国务院办公厅秘书局《关于中央八项规定及实施细则督促检查工作分工协作方案》精神和中央直属机关工委的工作要求，决定对全团贯彻落实《共青团中央贯彻落实中央政治局改进工作作风、密切联系群众八项规定的实施办法》（以下简称《实施办法》）的情况开展督促检查工作。现就有关事项通知如下。

1. 根据《实施办法》中提出的有关要求，对自身在学习、工作、接待等方面存在的问题进行逐条自查，并提出改进措施。

2. 组织开展下级团组织的自查工作，研究制定对下级团组织进行定期督促检查的长效机制。

3. 结合开展自查和机制建设的有关情况，形成书面材料，于 5 月 10 日前报送团中央办公厅。

共青团中央关于印发《团的十七大精神传达提纲》的通知

2013 年 6 月 21 日

共青团各省、自治区、直辖市委，解放军总政治部组织部，全国铁道团委，全国民航团委，中直机关团工委，中央国家机关团工委，中央金融团工委，中央企业团工委，新疆生产建设兵团团委：

6 月 20 日，共青团第十七次全国代表大会闭幕。现将《团的十七大精神传达提纲》印发，请据此做好传达工作。

团的十七大精神传达提纲

一、大会概况

按照团章的规定，经党中央批准，中国共产主义青年团第十七次全国代表大会于 6 月 17 日至 20 日在北京隆重召开，取得了圆满成功。

团的十七大是在全党全国各族人民深入学习贯彻党的十八大精神，为全面建成小康社会、加快推进社会主义现代化、实现中华民族伟大复兴的中国梦而奋斗的新形势下召开的一次重要会议，是全国各族团员青年政治生活中的一件大事。大会的主要任务是：听取和审议团十六届中央委员会的报告，审议通过《中国共产主义青年团章程（修正案）》，选举产生团十七届中央委员会。

6 月 17 日上午，团十七大在北京人民大会

堂开幕。党和国家领导人习近平、李克强、张德江、俞正声、刘云山、王岐山、张高丽等出席会议。中共中央政治局常委刘云山代表党中央向大会致祝词。中华全国妇女联合会副主席、党组书记、书记处第一书记宋秀岩代表人民团体向大会致贺词。秦宜智同志代表团十六届中央委员会作了题为《高举团旗跟党走，奋力实现中国梦》的报告。

6月17日下午至18日晚，大会学习讨论党中央祝词，审议团十六届中央委员的报告和团章修正案（草案），酝酿和预选新一届团中央委员、候补委员候选人。

6月19日上午，大会选举产生了共青团第十七届中央委员会，其中委员165名，候补委员110名。

6月20日上午，召开团十七届一中全会第二次会议，选举产生了新一届团中央常委会和书记处成员，秦宜智同志当选为书记处第一书记，贺军科、罗梅、汪鸿雁、周长奎、徐晓、傅振邦六位同志当选为书记处书记。随后，大会举行闭幕式，通过了关于团十六届中央委员会报告的决议和关于团章修正案的决议。

6月20日下午，中共中央总书记习近平，中共中央政治局常委刘云山和中央书记处书记刘奇葆、赵乐际、栗战书、杜青林、赵洪祝、杨晶，与团中央新一届领导班子集体谈话。习近平总书记发表了重要讲话。中共中央政治局委员李源潮主持会议。

二、党中央领导同志的重要讲话精神

1. 习近平总书记在同团中央新一届领导班子成员集体谈话时的讲话

习近平总书记首先代表党中央，对大会取得成功、对团中央新一届领导班子表示祝贺。

习近平总书记指出，团十六大以来，共青团组织认真贯彻落实中央一系列重大决策部署，积极适应时代发展和青年变化，在组织青年、引导青年、服务青年、维护青少年合法权益等方面开拓创新、真抓实干，推动共青团工作实现了新的发展。

习近平总书记的重要讲话为新时期共青团工作指明了方向。他强调，当前，全党全国各族人民正在为实现党的十八大提出的奋斗目标而奋发努力，正在朝着实现中华民族伟大复兴的中国梦而奋勇迈进。这是党和国家工作大局，也是中国青年运动的时代主题。他指出，团的工作要把握住根本性问题，把培养中国特色社会主义事业建设者和接班人作为根本任务，把巩固和扩大党执政的青年群众基础作为政治责任，把围绕中心、服务大局作为工作主线。他指出，团的工作要把握住广大青年的脉搏。要提高团的吸引力和凝聚力，关键是要高举理想信念的旗帜。共青团要做好青年思想引导工作、增强吸引力和凝聚力，必须站在理想信念这个制高点上。只有思想上、精神上的吸引力和凝聚力，才是内在的、强大的、持久的。共青团要努力帮助广大青年树立远大理想，坚定走中国特色社会主义道路的人生信念，用科学的理论武装青年，用历史的眼光启示青年，用伟大的目标感召青年，用光明的未来激励青年，使他们不断增强道路自信、理论自信、制度自信，不断增进对党的信赖、信念、信心。他指出，扩大团的工作有效覆盖面，关键是要把工作延伸到广大青年最需要的地方去。青年在哪里，团组织就建在哪里；青年有什么需求，团组织就要开展有针对性的工作，努力使团组织成为联系和服务青年的坚强堡垒。团组织要努力做广大青年值得信赖的贴心人，深入青年之中，倾听青年呼声，把青年安危冷暖挂在心上，发挥组织优势，调动社会资源，千方百计为青年排忧解难，使团组织成为广大青年遇到困难时想得起、找得到、靠得住的力量。

习近平总书记对加强团干部队伍建设提出了四条明确要求。他指出，推动共青团事业不断开创新局面，关键在团干部。一是必须坚定理想信念，团干部应该最富有理想、富有理想主义，要在广大青年中树立威信、形成号召力，首先要高扬理想旗帜。二是必须心系广大青年，坚持以青年为本，深深植根青年、充分依靠青年、一切为了青年，做青年友，不做青年“官”，努力增强党对青年的凝聚力和青年对党的向心力。三是必须提高工作能力，勤奋学习，向书本学习，向实践学习，向青年学习，在同广大青年的密切交往中提高工作本领，在同他们打成一片中找到做好青年工作的有效办法。四是必须锤炼优良作风，既要有干事创业的激情，更要有脚踏实地的作为。要深刻领会中央八项规定的精神实质，养成慎始、慎独、慎微的意识，走好人生每一步。要坚决反对形式主义、官僚主义、享乐主义和奢靡之风这“四风”，着力解决广大青年反映强烈的突出问题，为做好团的工作提供坚强作风保证。

习近平总书记指出，各级党委要从巩固和扩大党执政的青年群众基础的战略高度，加强对团的工作的领导，为团组织提供良好工作环境和条件。各级党委要热情关心、严格要求团干部，帮助他们树立正确的世界观、权力观、事业观，做他们建功成才路途上的良师益友。我们党从来都是在重大政治任务中、在火热社会实践中锻炼干部、培养干部的。团干部要敢于到经济社会发展最需要的地方，到条件艰苦、情况复杂的地方，砥砺品质，提高本领。

2. 刘云山同志代表党中央在团十七大开幕式上所致的祝词

6 月 17 日上午，中共中央政治局常委刘云山代表党中央在团十七大开幕式上，致了题为《在实现中国梦的伟大实践中谱写壮丽的青春篇章》的祝词。

祝词首先向大会的召开表示热烈祝贺，向全国各族青年、全体共青团员和广大青少年工作者致以亲切问候。

祝词指出，我们党成立 90 多年来，共青团始终与党同心、与党同行，团结带领广大青年为实现民族独立、人民解放和国家富强、人民富裕奉献了青春和智慧，镌刻下闪光的足迹。团十六大以来，各级共青团组织紧紧围绕党和国家工作大局，务实进取、开拓创新，为促进经济社会发展进步作出了重要贡献，为促进青年健康成长发挥了重要作用。祝词高度评价了青年在改革开放和社会主义现代化建设中发挥的重要作用，指出广大青年积极响应党的号召，在改革开放和社会主义现代化建设的各条战线拼搏进取，在推动科学发展、促进社会和谐的进程中甘于奉献，在急难险重任务、重大考验面前冲锋在前，展现出坚定的理想信念、高昂的爱国热情、强烈的担当意识和良好的精神风貌。

祝词对广大青年提出了殷切期望。祝词指出，实现党的十八大提出的“两个一百年”奋斗目标，实现中华民族伟大复兴的中国梦，需要一代又一代有志青年接续奋斗。希望广大青年按照习近平总书记五四重要讲话的要求，坚定理想信念、练就过硬本领、勇于创新创造、矢志艰苦奋斗、锤炼高尚品格。广大青年要志存高远，脚踏实地，在实现中国梦的伟大实践中勇做奋进者、开拓者、奉献者。祝词强调，广大青年要坚定理想信念，不断增强中国特色社会主义的道路自信、理论自信、制度自信，坚定不移跟党走，奋力实现中国梦；要练就过硬本领，有“读万卷书”的志向，让青春伴随书香成长，有“行万里路”的气魄，让青春的翅膀因实践的历练而更加坚强，努力成为现代化建设的栋梁之材；要勇于创新创造，始终走在时代发展的前列，树立奋勇当先、勇攀高峰的精神，树立超越前人、超越自己的勇气，树立不怕失败、百折不挠的意志，在不断求索中积累经验、取得突破；要矢志艰苦奋斗，为全面建成小康社会建功立业，让顽强奋斗、艰苦奋斗、不懈奋斗成为青春最厚重的底色；要锤炼高尚品格，在促进社会文明进步中发挥积极作用，做一个肯付出、勇担当的有责青年，做一个守底线、讲诚信的有德青年，做一个热心肠、愿助人的有爱青年。

祝词对共青团牢牢把握党的要求，主动适应时代发展要求和当代青年特点，全面履行各项职能，切实担负起团结带领广大青年为实现中国梦而奋斗的历史使命提出了明确要求。祝词强调，共青团要围绕坚持和发展中国特色社会主义，以理想信念教育为核心，深入开展“我的中国梦”主题教育实践活动，用中国梦打牢广大青少年的共同思想基础；要按照党和国家重大战略部署，不断深化和创新团的工作品牌，团结带领广大青年积极参与经济建设、政治建设、文化建设、社会建设、生态文明建设；要竭诚服务青年成长发展，着力帮助青少年解决实际困难，反映好青年呼声，努力为青少年圆梦创造良好环境；要围绕增强党在青年中的凝聚力、青年对党的向心力和共青团组织的影响力，主动适应经济社会变革和青年流动变化的新趋势，大胆创新团的组织建设和工作方式，着力扩大团的组织覆盖、增强团的工作活力。

祝词指出，团干部是党的青年群众工作的骨干力量，是党的干部队伍的重要组成部分。长期以来，广大团干部热爱党的事业，热爱团的岗位，尽心尽力、辛勤工作，为党的青年工作作出了重要贡献。面对新形势新任务，广大团干部要在继承优良传统基础上，进一步坚定正确的政治方向，锤炼过硬的业务本领，弘扬优良的工作作风，不断提高服务大局、服务青年的本领。

祝词强调，各级党委和政府要从巩固党的执政基础、保证党的事业后继有人的高度，从实现“两个一百年”奋斗目标、实现中国梦的高度，充分认识做好共青团工作和青年工作的极端重要性，切实加强对共青团的领导和指导，支持共青团创造性地开展工作，关心帮助团干部锻炼成长。要热情关心青年，充分信任青年，真诚帮助青年，促进青年健康成长，引导青年建功立业。

3. 李源潮同志在团十七届一中全会上的讲话

6月21日上午，中共中央政治局委员李源潮同志代表党中央，在共青团十七届一中全会上，作了题为《肩负起带领全团为实现中国梦而奋斗的时代重任》的讲话。

李源潮同志在讲话中，对全团把学习宣传、贯彻落实党中央精神作为全团首要政治任务抓紧抓好提出了明确要求。要组织广大团员青年特别是团干部认真学习，全面理解和把握党中央和习近平总书记要求的精神实质，用党中央精神统一思想和行动；要联系当前形势，联系不同青年群体实际，开展形式多样、富有实效的宣传，把党中央精神迅速传递到广大青年中去；要以党中央精神为指导，全面抓好团十七大各项任务的贯彻落实。

李源潮同志强调，要按照习近平总书记对团干部提出的“坚定理想信念、心系广大青年、提高工作能力、锤炼优良作风”的要求，努力建设一支政治坚定、工作勤奋、作风优良、青年信任的团干部队伍。一是政治要坚定，要有党的意识、组织意识、责任意识、大局意识。二是工作要勤奋，学先进、争优秀，保持干事创业的热情和韧劲，做勤奋工作的带头人。三是作风要优良，有为青年服务的作风，有求实创新的作风，有争先创优的作风，有品行端正的作风。四是要取得青年信任，到青年中去，与青年交心交友，设身处地为青年着想，帮助青年解决实际困难。

李源潮同志要求，团中央委员要按照习近平总书记的要求，全面提高自己，从严要求自己，当好团干部特别是团的领导干部的表率。要追求干事而不追求当官，为全团干部树立理想信念作表率；要努力学习、认真研究，为全团干部提高思想水平作表率；要到基层去、到青年中去，为全团干部培养务实作风作表率；要严格自律、清正廉明，为全团干部塑造高尚品德作表率。

三、团十七大报告的主要内容

秦宜智同志代表团十六届中央委员会所作的报告，高举中国特色社会主义伟大旗帜，以邓小平理论和“三个代表”重要思想、科学发展观为指导，深入贯彻党的十八大精神，全面总结了过去五年的共青团工作，阐明了当代青年的青春使命和中国青年运动的时代主题，提出了新时期共青团的光荣责任和做好工作的基本要求，对今后五年的共青团工作和建设作出了总体部署。报告体现了党的要求和青年的期望，集中了全团智慧，是当前和今后一个时期共青团工作的重要指导性文件。

报告的主要内容如下：

1. 大会的主题

报告指出，这次大会的主题是：高举中国特色社会主义伟大旗帜，以邓小平理论、“三个代表”重要思想、科学发展观为指导，深入学习贯彻党的十八大精神，坚定信念，牢记使命，脚踏实地，锐意进取，团结带领广大团员青年满怀信心地紧跟着党，为全面建成小康社会、加快推进社会主义现代化、实现中华民族伟大复兴的中国梦而奋斗。这个主题体现了未来五年共青团工作的指导思想、精神状态和工作目标。其中，坚定信念是共青团组织的精神支柱，牢记使命是共青团工作的根本依据，脚踏实地是开展工作必须坚持的良好作风，锐意进取和满怀信心是全团推进工作精神状态的集中反映。

2. 报告的灵魂和主线

团十七大报告在第二部分集中阐述了肩负起实现中国梦的青春使命，这是整个报告的灵魂，并且作为主线贯穿对未来五年工作的部署。报告强调，习近平总书记提出的实现中华民族伟大复兴的中国梦，是中华民族近代以来最伟大的梦想。这一中国梦，凝结着无数仁人志士的不懈努力，承载着全体中华儿女的共同向往，昭示着国家富强、民族振兴、人民幸福的美好前景。它既是国家的、民族的，也是每一个中国人的，更是青年一代的。近代以来，中国青年不懈追求的美好梦想，始终与实现中华民族伟大复兴的中国梦紧密相连；一部青春激扬的中国青年运动史，始终与中华民族波澜壮阔的奋斗史紧密相连。当代青年要肩负起青春使命，按照习近平总书记的要求，坚定理想信念，练就过硬本领，勇于创新创造，矢志艰苦奋斗，锤炼高尚品格，努力在实现中国梦的生动实践中放飞青春梦想，在为人民利益的不懈奋斗中书写人生华章。

3. 新时期共青团的光荣责任和推进工作的基本要求

报告指出，党的奋斗目标、当代青年的历史使命，决定了共青团的光荣责任。报告作出了为实现中华民族伟大复兴的中国梦而奋斗是中国青年运动的时代主题的论述。报告强调，共青团要围绕这一主题创造新的时代业绩，必须牢牢把握八个基本要求：必须始终坚持党的领导；必须始终坚持围绕中心、服务大局；必须始终坚持发挥优势、凝心聚力；必须始终坚持以人为本、融入青年；必须始终坚持强基固本、狠抓基层；必须始终坚持改革创新、锐意进取；必须始终坚持勤奋学习、提高本领；必须始终坚持脚踏实地、埋头苦干。

4. 今后五年的工作部署

一是坚持用社会主义核心价值体系引导青年。报告指出，引导青年按照党的要求健康成长、为实现中国梦而奋斗是共青团的根本任务。要大力弘扬社会主义核心价值体系，用马克思主义中国化最新成果武装青年头脑，用中国特色社会主义共同理想指引青年方向，用民族精神和时代精神激励青年奋斗，用社会主义荣辱观塑造青年品行，引导青年积极培育和践行社会主义核心价值观，大力倡导富强、民主、文明、和谐，倡导自由、平等、公正、法治，倡导爱国、敬业、诚信、友善，筑牢为推进中国特色社会主义事业、实现中国梦而奋斗的共同思想基础。要以“我的中国梦”为主题，大力加强理想信念教育，打牢广大青少年的共同思想基础，激发广大青少年的历史责任感，让更多青少年敢于有梦、勇于追梦、勤于圆梦，让每个青少年都为实现中国梦增添强大青春力量。要以“三观”、“三热爱”为主线，深入推进思想道德建设，着眼于为未来塑造人，努力教育和帮助青少年把正确的道德认知、自觉的道德养成、积极的道德实践结合起来。要以增强针对性、实效性为着力点，不断改进创新引导青年的方式方法，努力把“大道理”转化为青少年易于接受的“小道理”，把有意义的事做得有意思，使先进思想在青少年中真正入脑入心。

二是在全面建成小康社会进程中充分发挥生力军作用。报告指出，共青团作为党领导的先进青年的群众组织，要紧紧围绕党和国家的重大战略部署，深化传统工作品牌，探索新的工作载体，团结带领广大团员青年充分发挥生力军作用，勇做走在时代前面的奋进者、开拓者、奉献者，在实现中国梦的征程中施展才华、建功立业。要激励青年爱岗敬业、争创一流，围绕促进企业改革发展，深入开展青年文明号、青年岗位能手、创新创效工作；围绕推动城乡协调发展，着力培养更多的农村青年致富带头人；围绕实施创新驱动发展战略，广泛开展青少年科技创新、“挑战杯”竞赛等工作。要组织青年奉献社会、服务人民，深入开展志愿活动；大力加强青年文化建设，组织动员青年积极参与群众性精神文明创建；踊跃投身生态环保实践，深入推进保护母亲河行动。要动员青年投身基层、勇挑重担，深入实施大学生志愿服务西部计划、优秀大学生西部基层建功计划，深入开展“三下乡”、博士服务团、“科技之光”、海外学人回国创业周等工作，积极促进人才等要素跨区域合理流动配置，特别是要在急难险重任务面前，充分发挥突击队作用。

三是竭诚帮助服务青年成长发展。报告指出，共青团只有竭诚服务青年、切实维护青少年合法权益，努力为青年“圆梦”创造条件，才能更好地团结凝聚广大青年。要千方百计促进青年成长成才，激发青年学习热情，引导青年切实增强知识更新的紧迫感，鼓励青年深入实践，优化青年成长环境，为青年成长创造良好条件和发展平台。要尽心尽力服务青年所急所盼，深化青年就业培训、见习基地、创业小额贷款、青年创业带头人等工作，为青年就业创业提供服务；开展形式多样的交流联谊活动，为青年交流交友拓展渠道；组织青少年参加各类健康向上的文体活动，注重人文关怀和心理疏导，倍加呵护青年身心健康。要满腔热忱关爱困难青少年群体，特别是要热情关心、准确把握进城务工青年及其子女的现实需求，多办实事、多做好事、多解难事。要依法有序维护青少年合法权益，推进法制化维权进程，推动政府职能部门制定有利于青少年成长发展的公共政策；完善组织化维权机制，深化“共青团与人大代表、政协委员面对面”活动；构建社会化维权体系，完善12355青少年综合公益服务平台，努力使青年在遇到困难和问题时想得起、找得到、靠得住。

5. 全面提高共青团建设的科学化水平

报告强调，必须坚持党建带团建，以改革创新精神加强团的自身建设，全面提高共青团建设的科学化水平，努力建设学习型、服务型、创新型马克思主义青年组织，切实增强党对青年的凝聚力、青年对党的向心力、共青团的影响力。报告主要从基层组织覆盖、团干部队伍建设和团员队伍建设三个方面作了部署。

一是着力推动团的组织广泛覆盖、提升活力、延展手臂。报告强调，要全面加强中等学校团的建设，继续深化乡镇团的组织格局创新和实体化“大团委”建设，探索创新农村专业合作组织团建和村团组织建设，继续大力推进非公有制企业和新社会组织、流动青年群体、行业协会等领域团建工作，积极探索园区建团、楼宇建团等多种联建共建方式，推进城市基层共青团区域化发展。报告提出，必须大力推升团的基层组织活力和服务能力,必须注重加强对青年社会组织的联系、服务和引导,必须探索创新网络团建和信息化工作手段,切实保证团的基层组织建起来、“活”起来。二是着力打造一支信念坚定、本领过硬、作风优良的团干部队伍。报告从加强党性修养、提高业务本领、锤炼良好作风三个方面作了具体部署和明确要求。特别是对锤炼良好作风,报告强调,要扎实开展以为民务实清廉为主要内容的党的群众路线教育实践活动,认真贯彻中央“八项规定”精神,教育引导团干部力戒形式主义、官僚主义、享乐主义、奢靡之风,保持奋发有为、苦干实干的精神状态。三是着力建设一支思想进步、作用明显、规模合理的团员队伍。报告要求,要坚持用科学理论、先进思想武装团员,教育广大团员自觉增强团员意识,努力在各自岗位上创先争优,积极推荐优秀团员做党的发展对象,源源不断为党输送新鲜血液。

四、《团章》的修改情况

为深入贯彻落实党的十八大精神,党的十八大修改过的党章保持一致,并充分体现近年来团的工作积累,团十六届中央委员会在广泛征求意见的基础上,决定在保持团章总体稳定的前提下,对团章做出必要的修正和补充。这次修改团章遵循的基本原则是,对于具体内容,原则上只作适当修改,不作大改;对团内普遍提出的修改意见,实践证明是成熟的就改,不成熟的不改,可改可不改的不改。修改的内容主要体现在个方面。

一是把科学发展观写入共青团的指导思想。经过修改,团章总则第二段表述为:中国共产主义青年团坚决拥护中国共产党的纲领,以马克思列宁主义、毛泽东思想、邓小平理论、“三个代表”重要思想和科学发展观为行动指南,解放思想,实事求是,与时俱进、求真务实,团结带领全国各族青年,为把我国建设成为富强民主文明和谐的社会主义现代化国家,为最终实现共产主义而奋斗。并据此对总则和条文相关内容做了4处修改,与修改后的共青团指导思想保持一致。

二是修正了共青团在现阶段的基本任务的表述。经过修改,团章总则第四段后半部分表述为:……团结带领广大青年,自力更生,艰苦创业,积极推动社会主义经济建设、政治建设、文化建设、社会建设、生态文明建设,为全面建成小康社会、加快推进社会主义现代化、实现中华民族伟大复兴的中国梦贡献智慧和力量。

三是充实了共青团思想政治工作的内容,在团章总则第五段提出“进一步增强对中国特色社会主义的道路自信、理论自信、制度自信”。

四是丰富了团的建设基本要求的内容。总则第十段明确提出“不断提高团的建设科学化水平”,并在总则第十一段第五项强调“尊重团员主体地位”。

五是修正了对中国人民解放军和中国人民武装警察部队中团的工作的表述。第四章第二十三条明确,“中国人民解放军和中国人民武装警察部队中团的组织在本单位党组织和政治机关的领导下,根据团的章程和军队有关规定进行工作,由中国人民解放军总政治部负责管理”。

六是充实了团的基层组织的有关规定。第五章第二十五条明确提出团的基层组织设置要“适应团员青年流动和分布聚集的特点”,第二十六条第二项增加了“积极创先争优”的内容。

七是深化了对团干部的选拔、要求和管理的相关规定。第六章第二十七条明确将“以德为先”作为选拔使用团干部的基本原则。第二十八条第二项要求团干部“带头学习政治、经济、文化、历史、法律、科学技术和现代管理知识,不断提高思想政策水平和实际工作能力”。第二十九条要求“建立和健全团干部的考核和监督制度”。

八是充实了团的经费来源渠道。经修改，第八章第三十五条表述为：团的经费来源主要是：团员缴纳的团费、党和政府以及企事业单位关于青少年事业的经费和团的工作经费、团属经济实体收益、正当的社会资助和团组织的其他合法收入。

此外，对照新党章，结合形势新发展，大会对团章进行了多处文字表述上的修改。

共青团中央办公厅关于印发《关于发挥全国青少年井冈山革命传统教育基地作用加强青少年和团干部教育培训工作的意见》的通知

2013年10月14日

共青团各省、自治区、直辖市委，解放军总政治部组织部，全国铁道团委，全国民航团委，中直机关团工委，中央国家机关团工委，中央金融团工委，中央企业团工委，新疆生产建设兵团团委：

现将《关于发挥全国青少年井冈山革命传统教育基地作用加强青少年和团干部教育培训工作的意见》印发，请结合工作实际，认真贯彻落实，共同发挥好全国青少年井冈山革命传统教育基地在青少年和团干部教育培训中的作用。

关于发挥全国青少年井冈山革命传统教育基地作用加强青少年和团干部教育培训工作的意见

全国青少年井冈山革命传统教育基地（以下简称井冈山基地）是由中央领导同志倡导建立、团中央直属、目前唯一一家对青少年进行革命传统教育的全国性培训机构，旨在利用井冈山丰富而独特的教育资源帮助青少年深入学习党史，坚定理想信念，继承优良传统，为党的事业培养合格建设者和可靠接班人。为充分发挥井冈山基地作用，切实加强青少年和团干部教育培训，现提出如下意见。

一、充分认识中央建设井冈山基地的重要意义

青少年是祖国的未来，民族的希望；团干部是青少年工作的骨干。一直以来，党中央十分关心青少年成长、重视共青团和青年工作。今年5月4日，习近平总书记同各界优秀青年代表亲切座谈，希望广大青年一定要坚定理想信念，一定要练就过硬本领，一定要勇于创新创造，一定要矢志艰苦奋斗，一定要锤炼高尚品格。团十七大期间，习近平总书记在同团中央新一届领导班子成员集体谈话时强调指出，当前，全党全国各族人民正在为实现党的十八大提出的奋斗目标而奋发努力，正在朝着实现中华民族伟大复兴的中国梦而奋勇迈进。这是党和国家的工作大局，也是中国青年运动的时代主题。团的工作要把握住根本性问题，把培养中国特色社会主义事业建设者和接班人作为根本任务。要高举理想信念的旗帜，帮助广大青少年树立远大理想，坚定走中国特色社会主义道路的人生信念。同时，还对团干部提出了必须坚定理想信念、心系广大青年、提高工作能力、锤炼优良作风的期望。

长期以来，全国各级团组织在青少年和团

干部理想信念教育方面做出许多有益探索，取得了积极成效。但同时，也存在规划不系统、阵地缺乏、形式单一、针对性有效性不强、投入资源有限等问题。井冈山是中国革命的摇篮，是党的优良革命传统的发源地，教育资源丰富。党中央确定在井冈山建设面向青少年和团干部的教育培训基地，正是着眼于有效整合和充分利用井冈山丰富的教育资源，对青少年进行理想信念、革命传统和党的历史教育，传承井冈山精神，确保党的事业后继有人的重要政治考虑和战略考虑。井冈山基地建设规模大、接待人数多(占地 75 亩、总建筑面积 4.4 万平方米，可容纳 2000 余人同期培训)，经过一年的运营，已形成相对完善的课程体系和符合青少年特点及成长规律的教学模式，培训针对性强，培训成本较低，在一定程度上可以解决目前青少年和团干部培训中存在的资源不足、经费不够、形式不活等问题，推动青少年和团干部教育培训工作深入开展。

二、井冈山基地的基本定位、培养目标、班次设置和课程体系

(一)基本定位

作为目前团中央主管的唯一一家以青少年冠名、建设于红色革命老区的国家级培训机构，井冈山基地着眼于以下四个定位：各级团组织实施“青年马克思主义者培养工程”的重要依托；对大中小学生和青年干部进行革命传统和基本国情教育、思想品质和行为习惯培养、素质提升和作风锤炼的重要阵地；传播井冈山文化、弘扬井冈山精神的重要窗口；开展国内外青少年培训、交流与合作的重要平台。

在培训对象上，井冈山基地以大中小学生、共青团干部及青年干部、青年教师及高校学生辅导员、少先队辅导员、企事业单位青年员工及其他青少年群体为主要培训群体，遵循青少年认知特点和成长规律，开发一系列有针对性的课程、教材和活动；在培训内容上，立足于强化对学员的革命传统教育、理想信念教育、党性修养和作风锤炼教育；在培训方式上，立足于成为大中学校、企事业单位开展思想政治教育的延伸平台，使青少年在课堂和书本上学到的历史与理论知识在现实场景中得到深化，增强思想引导的有效性。

(二)培养目标

1. 坚定理想信念。抓住对于青少年来讲“最重要的任务是帮助他们深刻地理解中国共产党、坚定跟党走中国特色社会主义道路的理想信念”这一根本，以“井冈情・中国梦”主题教育活动为载体，既进行党史教育，也开展近现代史和基本国情教育，引导广大学员树立中国特色社会主义共同理想，进一步增强对党的信任、增进对党的热爱，毫不动摇地紧跟党走中国特色社会主义道路。

2. 加强党性修养。帮助学员认真学习井冈山革命斗争史，感悟伟大的井冈山精神，深刻理解党的根本宗旨、优良传统、历史使命，增强忧患意识、创新意识、宗旨意识、使命意识，把思想和行动统一到中央的决策部署上来，切实增强个人党性党风意识。

3. 改进工作作风。按照党的群众路线教育实践活动的要求，结合井冈山斗争时期党的群众路线的形成历程，教育学员牢固树立群众观点，力戒形式主义、官僚主义、享乐主义和奢靡之风，发扬实事求是、艰苦奋斗、依靠群众、勇于创新的良好作风。

(三)班次设置

按照中央领导对基地培训工作的有关指示精神，基地在招生机制上遵循组织调训为主、市场招生为辅的原则，在围绕全团重点工作举办部分主体培训班的基础上，也针对青少年和团干部开设各种形式的特色班、训练营等。主要设置以下班次：

1. 主体班。按照书记处提出的“直属单位要努力成为共青团重点工作载体的延伸”的要求，契合团中央的重点工作项目和工作对象确定的班次。主要包括：

（1）“加强党性修养、锤炼优良作风”团干部调训班。以省级团委中层以上干部、省行业厅局团委负责人、地市级团委负责人、高校团委负责人、企业团委负责人、县级和乡镇团委负责人为主要培训对象，课程内容以井冈山精神学习、理想信念教育、党性修养与作风锤炼、群众路线教育等为主，学制一般为7天。

（2）“井冈情·中国梦”暑期实践季。根据团中央“我的中国梦”主题教育实践活动的总体部署，利用暑期面向全国大中小学生举办。课程内容以井冈山精神学习、团队意识培养、价值观和社会责任感培养、社会实践活动、素质拓展和校际交流为主，学制一般为7－15天。

（3）中西部基层团干部培训班。根据团中央支持和推动中西部基层团组织建设以及加强民族地区团干部培训的总体要求，面向中西部地区基层团干部、中西部高校及中学中职团干部、中西部基层少数民族团干部开展培训，课程内容以井冈山精神学习、团务知识学习、领导力培养、工作经验交流为主，学制一般为7天。

（4）骨干辅导员培训班。根据团中央、全国少工委关于少先队辅导员培训的总体部署，面向获得省级以上荣誉的少先队辅导员开展培训，课程内容以井冈山精神学习、学科理论知识学习、工作方法技能训练、实训活动为主，学制一般为5天。

上述班次以有计划地组织调训为实施方式，培训经费由井冈山基地使用中央财政拨款予以保障。

2. 合作班。针对中央相关单位、各级团组织、大中小学校、企事业单位、解放军部队、两新组织等单位的青少年教育和青年干部培训需求，受各有关单位委托而专门开设的合作班次。合作班的培训主题和课程内容根据委托单位的需求进行个性化设计，学制可根据培训需求作适当调整。

3. 市场班。完全根据市场需求举办的训练营等，学制根据市场需求确定。

（四）课程体系

着眼于发挥井冈山及其周边教育资源的重要作用，以革命传统教育、理想信念教育、基本国情教育、时代精神教育等构建教学体系，强化体验教育、仪式教育、朋辈教育、快乐教育的特色，本着全程体验、全程互动，寓教于游、寓教于乐，寓理于情、寓理于史，教学相长、学学相长的培训理念，建立针对不同年龄段、不同类别青少年的教学课程体系。课程体系包括：

1. 课堂讲授类。以理论和历史知识学习为内容，主要课程有“井冈山斗争与井冈山精神”、“从井冈山道路到中国特色社会主义道路”、“党的十八大精神解读”、“中国梦与实干兴邦”、“毛泽东调查研究的思想和方法”、“井冈山斗争时期的共青团”、“从三大纪律八项注意到苏区干部好作风”等。此外，根据不同班次的培训需求，开设一批涵盖政治、经济、文化、社会等领域的备选课程。

2. 现场教学类。以参观井冈山及其周边地区的革命旧居旧址、了解革命史实为主要内容，把革命旧居旧址转化为室外教学的新课堂，结合历史人物与事件有侧重地突出现场讲授重点和主题。

3. 情景体验类。以场景置换、角色模拟为特点，组织学员亲身体验红军当年生活与战斗的场景，帮助学员感悟历史，锤炼作风。主要包括“红军的一天”情景教学、“三湾改编”情景教学、“红军运动会”、重走朱毛挑粮小道等培训项目。

4. 互动教学类。主要包括“与红军后代面对面”访谈式教学、“党史我来讲”、井冈知识“一站到底”、红歌音乐教学、井冈青年论坛、心得分享会等。

5. 素质拓展类。主要包括团队破冰训练、与红军战斗场景相结合的过“地雷阵”、走“梅花桩”、划“独木舟”、穿“烽火线”等素质拓展项目以及定向越野、河道漂流等户外项目。

6. 实践调研类。通过与周边市、县(区)建立稳定的长期合作,为学员深入农村基层、厂矿社区开展社会调查、生产劳动、生活体验等提供服务。

三、形成各级团组织共同支持井冈山基地发展的工作格局和长效机制

(一)整合优势资源与井冈山基地开展多种形式的合作与共建。各省级团委要充分发挥自身优势,结合本地区、本系统实际情况和井冈山基地的实际需求开展结对共建合作项目,集全团之力将井冈山基地打造为国内领先、国际一流的团属青少年教育培训机构。一是协调本地团校、青少年宫等团属培训单位,与井冈山基地建立固定的联合培训、交流培训等合作机制;二是以当前高校"两课"强化实践教学环节和中学新课改增设社会实践教学内容为契机,积极争取与本省(自治区、直辖市)教育主管部门、井冈山基地联合开展相关课改试点项目;三是协调本地区、本系统高校、国有企业在井冈山基地挂牌设点,建立合作培训关系。

(二)将井冈山青年干部教育培训纳入团干部培训整体规划。各省级团委在制定本地区、本系统年度干部培训计划时,要明确将井冈山基地作为开展团干部党性修养教育、优良作风锤炼和群众路线教育的重要培训地,把组织青年干部、少先队辅导员赴井冈山学习培训工作纳入团干部培训的统一规划,并建立相关制度保障。

(三)设计品牌活动动员广大青少年赴井冈山基地学习。各省级团委要充分利用井冈山基地的独特优势,与基地联合策划青少年喜闻乐见的品牌活动,使基地成为加强青少年理想信念教育、创新青少年思想引导工作的"第二课堂"。结合现有成熟工作项目,组织动员本地区青少年赴井冈山开展各种形式的主题教育实践活动,使"井冈之旅"成为全国青少年眼中的流行时尚。

(四)做好各期主体调训班次的组织协调工作。团中央组织部将把井冈山基地的主体调训班次作为重点项目纳入全国团干部培训规划中,在每年年初进行安排部署。各省级团委要高度重视、积极落实,明确与基地衔接的具体责任部门和工作人员,全面完成基地主体调训班次工作任务,同时,做好各合作班次的协调落实工作,确保每年有一定数量的学员赴井冈山基地参加教育培训。

共青团中央关于印发《共青团中央落实党的群众路线教育实践活动有关要求的几项规定》的通知

2013年12月18日

共青团各省、自治区、直辖市委,解放军总政治部组织部,全国铁道团委,全国民航团委,中直机关团工委,中央国家机关团工委,中央金融团工委,中央企业团工委,新疆生产建设兵团团委:

现将《共青团中央落实党的群众路线教育实践活动有关要求的几项规定》印发给你们,请参照执行。

共青团中央落实党的群众路线教育实践活动有关要求的几项规定

为把党的群众路线教育实践活动有关精神落到实处,结合团中央工作实际,就以下事项提出明确要求。

实奋斗的青少年典型。面向各行各业和基层一线，通过各级青年五四奖章、青年岗位能手、农村青年致富带头人、优秀青年志愿者、大学生自强之星、优秀少先队员等评选表彰活动，选树一批可信、可敬、可学的青少年典型，引导和激励广大青少年胸怀理想、矢志奋斗、报效祖国。“五四”期间，团中央在北京举办第十七届“中国青年五四奖章”表彰和“我的中国梦”青年汇活动。

二是广泛开展青春故事讲述活动。通过面对面交流、媒体访谈、“青春故事会”等形式，邀请各类青少年典型结合自身成长经历，向青少年讲述奋斗故事和对中国梦的理解，影响激励广大青少年尊重劳动、勇于创造、踏实奋斗。团中央依托中国青年报、中青在线、中国青年网等团属媒体，并联合社会媒体，定期开展青春故事讲述活动，全年重点宣传青年典型不少于100名。各省级、地市级、县级团组织要开展相关活动，重点宣传青年典型分别不少于20名、10名、5名。各基层单位团组织要积极选树青少年身边的好典型，并开展形式多样的青春故事讲述活动。

4. 大力开展“我的中国梦”新媒体系列活动

一是“千网联动”交流展示活动。“五四”期间，在中国青年网开通“我的中国梦”主题教育实践活动主网页，通过文字、视频、图片等形式集中交流展示各地活动情况，并联合腾讯、新浪等全国1000家左右有影响力的网站与主网页链接，吸引青少年参与，扩大活动影响，促进互动交流。

二是微博编创传播活动。围绕“我的中国梦”主题，充分发挥各级团组织、团干部、团的品牌工作、青年典型等6万多个共青团系统微博的作用，编创、征集一批生动解读中国梦和中国特色社会主义、激发青少年奋斗精神的博文，并设置专题页面进行展播推广，带动青少年“粉丝”利用微博进行转发、交流。定期开展专题“微访谈”活动，在网上凝聚实现中国梦的青春正能量。活动3月下旬启动，在“五四”、“七一”、“十一”等重大节庆日集中开展并持续全年。

三是手机报宣传交流活动。“五四”前，全团2000多个共青团手机报平台统一开设“我的中国梦”专栏，有针对性地宣传中国梦和中国特色社会主义相关内容，开展知识问答、话题讨论、梦想征集等活动，吸引青少年互动参与。

四是团属媒体集中宣传活动。“五四”前，各级团属媒体（包括报刊、杂志、网站等）要普遍开设“我的中国梦”专栏或专版，通过主题讨论、活动报道、人物专访、专题征文等多种形式，引导思想，交流工作，营造氛围。

5. 突出抓好青年学生和少年儿童的宣传教育

一是在大学生中，依托青年马克思主义者培养工程，将中国梦和中国特色社会主义的学习内容纳入全国、省级、校级三级大学生骨干培养学校核心课程，完成2013年度20万人次的培训计划。发挥大学生理论社团作用，开展全国高校百佳学生理论社团成果交流活动。开展主题社会实践和校园文化活动，促进大学生提升素质、锻炼成长。实施2013年度大学生志愿服务西部计划和中国青年志愿者研究生支教团工作，扎实开展优秀大学生西部基层建功计划，引导青年学生到西部基层建功立业、实现梦想。

二是在中学中职生中，开展“与人生对话——我的中国梦”系列活动。暑假期间集中开展主题寻访实践，团中央、省级、地市级团委分别组织中学生骨干实践寻访团进行示范带动。开展励志报告会活动，激励中学生树立理想、奋发成才、报效祖国，年内共开展不少于10万场。依托十八岁成人仪式、入团仪式等，强化中国梦的教育内容，引导中学生把个人梦想和中国梦更好地结合。重点开展好万场优秀中职毕业生报告会等活动。

三是在少年儿童中，开展"红领巾相约中国梦"活动。结合少年儿童思维特点，通过集中活动、少先队活动课程、假日暑期亲子活动等载体，以讲述中国故事、体验中国发展等为主要内容，使中国梦宣传教育以少年儿童能够理解和接受的方式融入少先队工作中。制定适合少年儿童的宣传教育提纲，征集、创作、推广少儿歌曲、格言和动漫宣传片，举办主题电视和新媒体活动。"六一"儿童节和少先队建队纪念日期间，全国少先队组织统一开展主题队日活动，激励少年儿童为实现中国梦做好准备。

6. 开展青春建功实践活动

一是在企业，深化青年岗位能手活动，依托第九届"振兴杯"全国青年职业技能大赛，重点组织1000场以上各级各类职业技能竞赛活动，影响带动百万青年职工参与，为青年职工提升职业技能搭建平台。发动全国各行各业10万个青年文明号集体，结合各行业实际开展岗位建功、为民服务创先争优活动。

二是在农村，充分发动各类青年致富带头人，示范引导农村青年学用科技、发展现代农业，为建设新农村、实现中国梦发挥更大作用。开展"保护母亲河·美丽中国梦"生态环保行动，引导青少年参与植绿护绿和环保实践，为生态文明建设作贡献。

三是组织青联委员、青年科技工作者、博士服务团成员等各类青年人才为实现中国梦献计出力。各级青联要开展"我的中国梦"青联委员走进青年、主题交流、志愿者艺术团主题慰问演出、"科技之光"青年专家服务团、2013海外学人回国创业周等活动，影响带动各界青年为实现中国梦贡献力量。

7. 为青少年圆梦提供帮助和服务

各级团组织要从青少年的实际需要出发，尽力为城乡青少年实现梦想、创业成才搭建舞台、创造条件。帮助青年进入企业上岗见习，继续为城市青年和农村青年提供创业贷款支持，开展农业实用技能培训。依托"面对面"活动机制和12355青少年服务台，在省、地市、县三级开展"倾听"活动，了解青少年所思所想所盼，积极争取社会资源帮助他们实现梦想。扎实推进共青团关爱农民工子女志愿服务行动、"希望工程·圆梦行动"等活动，努力为农民工子女等有困难的青少年群体提供帮助。围绕青年农民工在城市融入、婚恋交友、情感关怀、文化生活等方面的需求，提供力所能及的帮助和服务。

8. 开展团干部"学理论·强党性·铸信仰"活动

在青少年中开展中国梦和中国特色社会主义的宣传教育，广大团干部要带头真学、真懂、真信、真干。持续开展团干部"学理论·强党性·铸信仰"活动，组织广大专兼职团干部深入学习党的十八大精神和习近平总书记的一系列重要讲话精神，深刻领会中国梦和中国特色社会主义的精神实质和丰富内涵。各级团的领导机关围绕主题开展集中学习不少于2次，每名团干部至少阅读1本相关书籍、参加1次学习讨论或交流活动。将中国梦和中国特色社会主义的学习内容列入团干部教育培训核心课程，并依托党校、团校等阵地举办专题研讨班。要把开展"我的中国梦"主题教育实践活动的过程作为团干部提高新形势下青年群众工作本领的过程，作为增强党性修养、培养务实作风的过程，以更加积极的作为推动共青团工作取得新发展。

四、工作要求

深入开展"我的中国梦"主题教育实践活动，是全团当前和今后一个时期的重要政治任务。各级团组织要高度重视，按照全团总体部署认真制定工作方案，抓好工作落实。团的主要负责同志要亲自抓，团的各战线要分工协作、形成合力，宣传战线要发挥好协调作用。要注重面向基层，广泛发动基层团的组织，充分调动基层团组织的积极性、主动性、创造性。

要注重分类引导，充分考虑不同青少年群体的特点，切实增强工作的针对性和实效性。要注重增强时代感，多运用当前青少年喜欢的方式手段，增强活动的吸引力和感召力。要注重把握节奏，抓住“五四”、“六一”、“七一”、“十一”等重要时间节点，不断掀起活动热潮。要注重工作督导，5 月 10 日和 10 月 20 日前，各省级团委要分别将前一阶段活动开展情况报团中央宣传部，各战线同时报送本战线开展工作的情况。

在解放军和武警部队团员青年中开展中国梦和中国特色社会主义宣传教育的工作，由解放军总政治部组织部根据本方案精神作出安排。

共青团中央关于在广大青少年中开展“我的中国梦——奋斗的青春最美丽”系列分享活动的通知

2013 年 9 月 16 日

共青团各省、自治区、直辖市委，解放军总政治部组织部，全国铁道团委，全国民航团委，中直机关团工委，中央国家机关团工委，中央金融团工委，中央企业团工委，新疆生产建设兵团团委：

为深入贯彻党中央和习近平总书记对青年和共青团工作的重要要求和团十七大部署，落实全国宣传思想工作会议精神，将“我的中国梦”主题教育实践活动进一步引向深入，共青团中央决定，在广大青少年中部署开展“我的中国梦——奋斗的青春最美丽”系列分享活动。有关事宜通知如下。

一、活动的目的和意义

引导青少年自觉把个人梦想融入中国梦之中。把握中国梦是人民的梦这一本质属性，认识中国梦是每个中国人的梦、每个青少年的梦，认识“国家好，民族好，大家才会好”的道理。自觉把个人前途与国家民族命运结合起来，努力在推动实现中国梦中成就个人梦想。

引导青少年自觉增强奋斗精神。深刻理解习近平总书记提出的“现在，青春是用来奋斗的；将来，青春是用来回忆的”“只有进行了激情奋斗的青春，只有进行了顽强拼搏的青春，只有为人民作出了奉献的青春，才会留下充实、温暖、持久、无悔的青春回忆”“有梦想，有机会，有奋斗，一切美好的东西都能创造出来”等关于奋斗精神的一系列重要论述，引导广大青少年不怕挫折、不畏困难，顺境不骄、逆境不馁，让顽强奋斗、艰苦奋斗、不懈奋斗成为青春最厚重的底色，在全面建成小康社会的进程中书写青春华章。

引导青少年自觉抵制错误思想观念的侵蚀。通过一手抓正面引导，一手抓舆论斗争，开展有针对性的教育活动，引导青少年划清是非界限，澄清模糊认识，积极践行社会主义核心价值观，抵制极端个人主义、拜金主义、享乐主义等错误思想观念的影响，形成“奋斗的青春最美丽”的鲜明导向，把青少年对梦想的追求落脚和聚焦到扎实奋斗上来。

二、主要活动载体

（一）思想研讨系列

1. 团中央举办“奋斗的青春最美丽”专题研讨会、分享会，邀请专家学者、各时期各领域青年奋斗典型和普通青年代表进行研讨交流，旗帜鲜明地提出要在实现中国梦的进程中倡导奋斗精神，帮助团员青年牢固树立奋斗成就人生的价值观念。

2. 基层团组织围绕“奋斗的青春最美丽”这一主题举办主题团日、交流讨论、征文、演讲、撰写网络日志等各种形式的活动，开展思想交流讨论，澄清模糊认识，凝聚思想共识。学校、企业、社区、农村等不同领域结合不同青年群体的特点和思想实际设计开展活动。

3. 团属媒体大力营造氛围。中国青年报、中国青年网、中国青年杂志、中华儿女杂志等各级团属报刊、杂志统一开设“奋斗的青春最美丽”专题、专栏，通过刊发评论、专家访谈、主题讨论、活动报道等多种形式，大力营造“奋斗的青春最美丽”的舆论导向。

（二）奋斗故事分享系列

1. 团中央选取20名左右青年奋斗典型深入各地普通青年当中分享奋斗故事；团的各战线要结合本战线实际广泛开展青春奋斗故事分享活动。

2. 各省级、地市级、县级团委邀请本地青年五四奖章、青年岗位能手、农村青年致富带头人、优秀青年志愿者、大学生自强之星等青年典型，分别组织青春奋斗故事分享活动。

3. 各行业、系统团委邀请在本领域中有广泛影响的优秀青年典型深入基层，开展青春故事分享活动，与本行业本领域普通青年进行互动交流。

（三）新媒体活动系列

1.“千网联动”展示活动。在中国青年网推出活动专题网页，通过文字、视频、图片等形式全面展示活动情况；邀请嘉宾与青年进行线上交流，增强活动互动性和感染力。联合新浪、腾讯等全国和地方1000家左右有较大影响力的网站与主网页链接，扩大活动的社会影响力。

2. 微博专项活动。以共青团系统微博为基础依托，并在新浪、腾讯微博上开设微话题开展讨论，在人人网等青年聚集度较高的网站上建立主页，发布活动信息，吸引青少年互动参与。

3. 微信传播讨论活动。依托各地、各系统团组织开通的微信公共账号，传播活动信息，展播典型事迹，开展互动讨论，与网站、微博、QQ等平台实现互通互联，拓展传播途径。

4. 微寄语征集活动。邀请青年典型、青春偶像、网络名人和关心青少年工作的老同志等，围绕激励青少年昂扬向上、奋发进取、奋斗成才撰写微寄语，并在活动专题网页、微博、手机报等平台展示。

（四）文化活动系列

1. 主题微电影征集。面向青少年广泛征集“奋斗的青春最美丽”主题微电影作品，并对优秀作品进行重点推广。

2. 文化产品推介活动。围绕“奋斗的青春最美丽”主题，面向社会征集一批图书、影视、动漫、歌曲、游戏方面的优秀文化产品，从中遴选出部分具有丰富思想内涵、艺术水准较高、在青少年中反响较好的产品，向全国青少年推介。

3. 主题公益广告。以展示在全国有突出影响的青年典型的形象和奋斗故事为主要内容，制作“奋斗的青春最美丽”主题公益广告，集中在媒体展播。

三、工作要求

1. 高度重视。组织开展“我的中国梦——奋斗的青春最美丽”系列分享活动，是今年全团深化中国梦教育的一项重要工作任务。各级团组织要充分认识活动的重要意义，加强组织领导，做好任务分工，确保工作资源和力量投入，努力将活动办出成效、办出影响。

2. 贴近青年。全团在组织开展活动过程中，要注重牵动基层，注重带动广大普通青年参与。要鼓励基层团组织充分发挥主动性、创造性，围绕活动主题结合本地实际设计开展丰富多彩的教育活动。要注重运用青年的语言，运用青年喜闻乐见的时尚元素，增强活动对青年的吸引力和影响力。

3. 把握节奏。活动开展要注重把握节奏，逐次推进。9月中旬启动思想研讨系列活动；9月下旬启动新媒体系列活动；10月中旬启动青春奋斗故事分享系列活动和文化系列活动。

4. 形成合力。要积极调动整合团内外各种资源，打造活动品牌，提升社会影响。团的宣传部门要发挥牵头协调的作用，团的各条战线要积极协同配合。各级团组织要积极动员社会力量，充分运用社会资源，为开展好活动提供有力支持。

各省级团委要对本省（系统）活动的开展情况进行汇总，并于12月15日前将活动情况报团中央宣传部。军队青年的教育活动由解放军总政治部组织部根据本通知精神作出安排。

共青团中央办公厅关于大力加强中国青年报、中国青年杂志、中国共青团杂志等共青团宣传舆论阵地建设的通知

2013年9月18日

共青团各省、自治区、直辖市委，解放军总政治部组织部，全国铁道团委，全国民航团委，中直机关团工委，中央国家机关团工委，中央金融团工委，中央企业团工委，新疆生产建设兵团团委：

为深入贯彻党中央和习近平总书记对青年和共青团工作的重要要求，认真落实全国宣传思想工作会议精神和团十七大部署，充分发挥团属媒体作用，不断巩固壮大主流思想舆论，为实现中国梦汇聚强大青春能量，现就大力加强中国青年报、中国青年杂志、中国共青团杂志等共青团宣传舆论阵地建设有关事项通知如下。

一、充分认识中国青年报、中国青年杂志、中国共青团杂志等团属报刊对推动工作、引导青年和增强共青团影响力的重要作用

中国青年报是中央重要的主流媒体和团中央机关报，中国青年杂志是团中央机关刊，中国共青团杂志是团中央面向各级团组织和广大团干部的工作指导刊物。长期以来，团属报刊在宣传党的思想主张、推动团的重点工作、服务青年健康成长和为团的事业发展营造良好舆论环境方面发挥了重要作用。尤其是近年来，团属报刊进一步强化作为共青团重要工作手臂的功能，紧密围绕全团工作部署，加大和改进团的工作报道，生动反映青年风貌，为推动全团各项工作和建设作出积极努力。

在我国经济社会深刻变革、社会思想意识多元多样多变和信息技术特别是互联网技术快速发展的新形势下，媒体信息对青年思想和行为的影响愈显深刻。中国青年报、中国青年杂志、中国共青团杂志等团属报刊在共青团的传媒格局中具有重要地位和独特优势，对推动全团工作的深入开展、对引导青年形成正确的社会观察结论及思想认识、对增强共青团影响力承担着重要职能。各级团组织要共同努力进一步扩大团属报刊对基层团组织和广大团员青年的有效覆盖。

二、进一步办好中国青年报、中国青年杂志、中国共青团杂志等团属报刊

中国青年报、中国青年杂志、中国共青团

杂志等作为共青团的重要宣传舆论阵地，要按照全国宣传思想工作会议精神要求，切实增强责任感使命感，坚决贯彻党对宣传思想工作的要求，始终坚持正确舆论导向，努力提高舆论引导能力，充分反映团的工作，不断激励青年奋斗，为用中国梦打牢广大团员青年的共同思想基础贡献力量。

牢牢把握正确舆论导向。坚持正确导向是新闻宣传工作的首位要求，要始终绷紧导向这根弦，讲导向不含糊、抓导向不放松。要牢固树立政治意识、大局意识、责任意识、阵地意识，坚持团结稳定鼓劲、正面宣传为主的方针，把抓好导向落实到新闻采编的各个环节。要增强政治敏感性和政治鉴别力，强化社会责任感，严格宣传纪律，做到守土有责、守土负责、守土尽责，在重大问题、敏感问题、热点问题上把好关、把好度，更加自觉主动地服务改革发展稳定大局、服务青年健康成长。

提高新闻宣传工作水平。要围绕习近平总书记对青年提出的"坚定理想信念、练就过硬本领、勇于创新创造、矢志艰苦奋斗、锤炼高尚品格"的重要要求，深入研究把握青年的思想逻辑，善于把"大道理"转化为青年易于接受的"小道理"，善于引导青年透过纷繁复杂的社会现象形成理性全面的社会观察结论，善于运用生动真挚的笔触推动各类优秀青年典型走进普通青年。要积极做好"我的中国梦"主题教育实践活动等全团重要工作的报道，不断增强报道内容和传播方式的亲和力、感染力，进而推动提升团的吸引力和凝聚力、扩大团的工作有效覆盖面。

加强报刊内部自身建设。要深入学习全国宣传思想工作会议精神和部署，找准团属报刊在市场竞争中立足和发展的关键所在，积极稳妥地推进报刊改革发展。要十分重视手机、互联网等新媒体的运用，在把传统媒体内容资源优势与新媒体互动快捷传播特点有机融合方面加强创新探索，不断增强团属媒体在新媒体环境中的竞争力影响力。要牢树人才意识，加强队伍建设，培养和拥有一批优秀的采编人才和经营管理人才，促进办报办刊水平不断提升。

三、进一步扩大中国青年报、中国青年杂志、中国共青团杂志等团属报刊的覆盖面和影响力

各级团组织要认真贯彻落实"全团办，为全团"的方针，加强组织领导，争取各方支持，以高度的责任感大力抓好中国青年报、中国青年杂志、中国共青团杂志等团属报刊的发行工作，力争做到有团组织的地方就有团的报刊，更广泛地覆盖和服务于基层团组织和团员青年。要坚决贯彻执行党和国家有关报刊发行的各项规定。

抓好重点领域的征订发行工作。要在抓好普遍征订的同时，着力抓好机关、学校、企业、部队等系统和青年聚集度高的重点城市的征订发行工作，铁道、民航、金融和电信、餐饮、钢铁、煤炭等行业系统要大力推进基层单位及营业网点的征订工作。要巩固全国大中学校班级团支部和"青年文明号"集体、青少年宫、青年中心、青少年维权岗的报刊订阅工作。要按照团的宣传阵地紧跟组织建设的要求，结合近年来全团在乡镇"大团委"建设、"两新"组织团建、驻外团组织建设和行业系统团建等方面取得的新进展，做好跟进发行，更好地服务于新建团组织和聚集在其中的团员青年。

争取多方支持扩大征订赠订。要按照《关于团费交纳和管理使用的规定》等使用好订报订刊经费。要积极整合社会资源，面向缺少经费的基层团组织、经济困难学生、"西部计划"志愿者、大学生村官等青年群体赠订报刊。地市级以上团组织要积极向相关党政领导赠阅。要积极争取党委宣传部门和新闻出版行政主管部门支持，把中国青年报等团属报刊纳入"农家书屋"等公共文化项目。经济较发达地区团组织把赠阅报刊作为支持中西部地区团组织的重要内容。

善于运用团属媒体推动工作、服务青年。团的各级领导机关和广大团干部要注重通过学习阅读团属报刊，及时了解全团工作重要部署、加强全团重点工作研究、相互学习借鉴经验，更好地指导和推动工作。团的基层组织要结合青年关注的社会现象、社会问题和思想上普遍存在的困惑，通过开展读报讨论交流等活动，帮助广大团员青年释疑解惑，形成积极向上的思想认识。

少年报是中国少年先锋队的队报，中华儿女杂志是全国青联的机关刊。各级团组织要和少先队、青联组织一起，认真抓好中国少年报、中华儿女杂志的发行工作，充分发挥其在引导服务少年儿童、服务青联工作中的积极作用。

共青团中央关于印发《关于加强共青团网络宣传引导工作的实施意见》的通知

2013年10月29日

共青团各省、自治区、直辖市委，解放军总政治部组织部，全国铁道团委，全国民航团委，中直机关团工委，中央国家机关团工委，中央金融团工委，中央企业团工委，新疆生产建设兵团团委：

现将《关于加强共青团网络宣传引导工作的实施意见》印发，请结合实际，抓好贯彻落实。有关工作进展及时反馈至团中央宣传部。

关于加强共青团网络宣传引导工作的实施意见

在互联网迅猛发展，网络成为青少年主要信息来源和重要生活方式，成为社会思潮、社会舆论重要策源地和集散地的形势下，加强网络宣传引导工作，关系共青团组织履行根本任务、引导青少年健康成长，关系共青团组织承担政治责任、不断巩固和扩大党执政的青年群众基础。为贯彻党中央对共青团的要求和全国宣传思想工作会议精神，落实团十七大部署，推动共青团网络宣传引导工作扎实开展，特制定本意见。

一、共青团网络宣传引导工作的基本目标

共青团网络宣传引导工作要围绕践行社会主义核心价值体系，着眼于弘扬网络主旋律、在网上不断巩固和壮大主流思想舆论，着眼于引导青少年正确看待网络世界，形成正确的世界观、人生观、价值观，坚持一手抓面对面的思想引导，一手抓网络舆论引导，充分发挥团的优势，切实履行团的职责，为构建清朗网络空间、发展健康向上的网络文化、促进青少年健康成长作贡献。

二、构建共青团网络宣传引导工作阵地

按照“青年在网络空间的哪里聚集、共青团网络宣传引导工作就拓展到哪里”、“青年有什么网络需求，共青团网络工作就努力跟进”的要求，构建覆盖广泛、功能多样的共青团网络宣传引导工作阵地。

1. 加强团属网站和手机报建设

——中国青年网、未来网等各级各类团属网站，以及中国共青团移动频道等各级各类团属手机报，要适应青少年的信息需求和接受特点，找准功能定位，优化栏目设置，丰富服务产品，强化与青少年互动，努力增强对青少年的吸引力、亲和力。

——各地团属网站和手机报尤其要立足本地经济社会发展实际，结合青少年学习、生活、工作需要，推出便捷、高效、特色的服务版面、栏目，用丰富的图片、文字、音频、视频内容，向青少年提供学习就业、婚恋交友、文化娱乐、心理疏导等服务信息，提高网站的实用效果、感观效果，在满足青少年需求中不断提升人气。坚持线上线下联动，及时发布共青团组织的各项活动信息，方便青年了解和参与，不断提升服务青年能力。

——加强各地团属网站之间的互联互动，实现相互链接、资源共享、相互支持，提升团属网站整体影响力。

2. 加强共青团系统微博和微信公共平台建设

——扩大规模。要在近两年已经实现县级以上团的领导机关全面开通实名认证微博的基础上，继续推动县级以下团组织，学校、企业等团组织、团干部、团员青年开通微博；要在总结现有经验的基础上，大力建设共青团微信公共平台，不断提升共青团微信公共平台的影响力，将微信公共平台打造成为开展网络宣传引导工作的重要阵地；要推动共青团系统微博由新浪微博、腾讯微博、中青网微博平台扩展到微信公共平台、人民微博、央视微博等其他平台，通过同步功能实现各微博账号之间、微博与微信公共平台之间的联动，扩大共青团微博、微信公共平台的网络覆盖。

——提升影响力。要加强对共青团微博、微信公共平台的运营管理维护，加强内容更新，积极关注、回应一些社会关心、青年关切的问题，用客观的内容、合理的逻辑、鲜活的语言、生动的形式增强微博、微信公共平台的活力；要加强同青年网友以及青年关注度较高的政务微博、微信和社会组织微博、微信的互动，吸引更多青少年关注。

——增强互动联动。要加强团属微博、微信公共平台之间的互粉、互评、互转，形成共青团系统微博、微信公共平台旗帜鲜明、步调一致、影响持续的格局。

3. 加强与社会网站合作

——要面向人民网、新华网、新浪网、腾讯网、搜狐网、网易等青年聚集度高、各方面思想表达活跃的国家重点新闻网站和全国知名商业网站，面向人人网、百度贴吧、天涯社区、凯迪社区、猫扑论坛以及在各地人气较旺的网络社区，瞄准新闻跟帖和社区论坛，积极开展网络舆论引导工作。

——要积极联合在全国和各地有较大影响力的社会网站，共同开展专题、专栏、链接、网络直播、网络访谈等各种形式的主题网络活动，充分借助社会网络扩大共青团的影响力。

4. 充分运用移动互联网

——加强移动互联网嵌入式应用。要广泛与各类企业和社会组织合作，借助智能手机、平板电脑、电子阅读器、移动电视等移动互联网平台，向青少年推出健康积极的音乐、视频、公益广告、电子读物、网络游戏等文化产品，传播正面积极的思想内容。

——积极开发共青团面向团员青年的移动互联网应用。要加强团属移动 web 页面、移动频道、互动专区及其他移动应用产品的开发和推广，为广大团员青年的学习、生活和工作提供便捷服务，扩大共青团组织在移动互联网领域对青少年的影响力。

5. 广泛建设小型化、社区化、分众化的基层共青团网络宣传引导工作平台

广大基层团组织要适应新媒体“草根化”、“分众化”的发展趋势，利用微信群、QQ 群、飞信群、论坛、SNS 社区等资源，广泛设立以“网上熟人社圈”为基本特征，本地本单位团员青年乐于参与、便于参与的“网上之家”，将其作为团组织在网上联系、服务、动员、引导青年的基础阵地。

三、培育共青团网络宣传引导工作力量

将组织化动员和社会化动员相结合，立足团内，面向社会，打造一支强大的网络宣传引导工作力量。

1. 重点依托青年骨干力量

——要发动各级团干部、青联委员、各类青年典型、大学生骨干等广泛进驻各类社会舆论活跃的网络空间主动发声，引导网络舆论积极发展。

2. 发动广大团员力量

——要广泛发动广大团员到社会舆论最活跃的新闻跟帖、社区、微博等网络空间，发出正面声音，传播正能量。对于社会影响面大的热点、焦点问题，要在一定范围内集中发声，阐明理性认识。

3. 积极动员社会力量

——要紧密联系一批专家学者、党政干部、新闻工作者，为在网上阐释舆论关注的理论和现实问题提供具体指导和内容支持。

——要紧密联系一批新媒体从业人员，为开展网络宣传引导、构建清朗的网络空间提供人才和技术支持。团中央要建设好中国青少年新媒体协会。各地团组织可视情况成立本地的青少年新媒体协会、联谊会，并积极发挥作用。

——要积极联系一批形象正面的网络名人，在重大网络舆论引导中发挥他们的独特作用。各地团组织要注重与在本地有重大影响的网络名人加强联系，联合他们引导好本地网络舆论。

4. 鼓励成立专门工作机构

有条件的地方团组织，可成立实体化的青少年新媒体中心等专业机构，专门开展网络宣传引导工作。

四、扎实开展共青团网络宣传引导各项工作

1. 大力加强网上正面宣传教育

——要精心设计开展各类网络主题教育活动。善于抓住重大契机，抓住青年接受特点，在网上设计开展各种形式的科学理论宣传普及、党史近代史教育、发展成就教育、形势政策教育、公民道德教育、法制宣传教育等主题活动，推动中国特色社会主义理论体系和中国梦、社会主义核心价值体系、党和国家重大战略部署等为广大青少年所了解和掌握。基层团组织设计开展网络主题教育活动，要注重结合本地本单位中心工作和青年特点，使活动充分接地气，真正为青年所喜欢。

——要继续加强共青团重点工作的网络宣传，进一步扩大团的组织和团的工作在广大青少年中和社会上的影响力。

2. 积极开展网络舆论斗争

——要对网上模糊认识进行引导。对于观察、分析问题的思想方法和结论有偏差的网上言论，对于盲目跟风的网上不当言论，要有针对性地进行碰撞。要引导网友运用更全面、更理性、更客观的思维，多看全局、看主流、看本质而不能仅仅看局部、看支流、看现象，形成正确的社会观察结论。

——要对网上错误言论进行驳斥。对于违反重大原则的错误言论，要勇于进行驳斥，帮助青年认清重大是非界限。

——要对网络谣言进行澄清。对于与团组织、团工作和团员青年有关的网络谣言，以及已经被权威部门澄清的网络谣言，要利用团组织的社会公信力，在网上及时、广泛告知真相。

3. 扎实做好网上舆情收集工作

——要重点关注影响力较大的知名网站、博客、微博、论坛，以及有一定影响力的交友、游戏、文化类专业论坛，深入了解青少年的思想动态和流行信息。各地团组织要积极关注在当地有较大影响的社区论坛，重点收集青年聚集程度较高的板块中的相关信息，使网络宣传引导工作有的放矢。

——有条件的团组织可积极与社会机构

合作,利用现代化工具对互联网上与青年相关的数据进行梳理分析,为网络宣传引导工作提供决策参考。

4. 引导青少年提高网络素养

——要引导青少年文明上网、上文明网,网上发言遵守法律和道德底线,不造谣、不传谣、不信谣,远离暴力、色情等网上有害信息,远离网络沉迷。

——要帮助青少年正确认识网络的利与弊,正确认识网络世界与现实世界、网络生活与现实生活的关系,正确认识网络舆论与真实民意之间的关系,不断提高网络素养。

五、加强共青团网络宣传引导工作的机制保障

1. 明确责任,建立全团统筹协调工作机制

团的各级领导班子要加强对本地共青团网络宣传引导工作的领导,定期对网络宣传引导工作进行研究部署。团的宣传部门具体负责统筹、协调和督导,做好网络宣传引导工作的总体规划,提出指导意见和实施方案,组织开展示范引导活动,进行检查督导。团的相关部门要面向各自对象、结合各自工作,主动到网上拓展工作空间,参与网上思想碰撞,共同推动网络宣传引导工作。

2. 加强管理,建立网络宣传引导工作机制

——要建立团属网站、手机报,团组织官方微博、官方微信,基层团组织网络论坛、社区等共青团网络宣传引导阵地的管理机制,确保内容积极健康,不为错误思想提供传播阵地。

——要建立重大舆情引导的内容供应和渠道发布机制,做到基本内容准确、发布渠道通畅。

——要建立团组织网络宣传引导阵地之间的联动机制,努力形成整体影响力。

——要建立团组织与互联网信息管理部门等政府部门、主要网络运营商之间的联动机制,加强信息互动和工作协作。

——要建立风险评估和纠错机制,及时发现共青团网络宣传引导工作中存在的问题并予以纠正。

3. 加强培训,提高网络宣传引导工作能力

——要结合分级分类培训团干部、团的领导班子中心组学习、新任团委书记培训、团的领导机关年轻干部学习交流会等各种载体,不断加强对团干部开展网络宣传引导工作的培训。

——要不定期开展理论培训及微博、微信等网络工具应用专项培训,拓宽团干部的知识视野,提高团干部应用网络工具的技能。

各地要结合本地实际,制定本意见的具体实施办法。军队青年网络宣传引导工作,由解放军总政治部组织部结合本意见精神作出安排。

三、城市

共青团中央办公厅关于开展2013年度“见习助就业·牵手毕业生”活动的通知

2013年3月25日

共青团各省、自治区、直辖市团委，新疆生产建设兵团团委：

每年春夏两季是高校学生毕业和就业的高峰时期，为有效帮助青年增加就业劳动体验、增强就业创业技能，团中央决定在全团开展“见习助就业·牵手毕业生”活动。具体通知如下。

一、活动时间

2013年3至8月

二、活动主题

见习助就业·牵手毕业生

三、活动内容

此次活动共分为四个阶段进行：

（一）清理整改见习基地（3月至4月下旬）。各地团组织按照《关于印发〈共青团“青年就业创业见习基地”管理办法（试行）〉的通知》（中青办发〔2010〕50号）文件要求，本着“谁建立、谁授牌、谁使用、谁管理”的原则，根据2012年度各级见习基地运行情况，认真开展见习基地清理工作（团中央直接建立的见习基地委托所在地的省级团委清理），切实提高见习基地的建设和管理水平。对管理规范、成效突出且继续签约的见习基地，要通报表扬或升级授牌；对未完全履行合同约定、见习管理欠规范的见习基地，要责令限期整改；对未接纳青年见习、或违反相关法律法规、或假借见习低偿用工、或不再具备设立条件的见习基地，要及时予以摘牌。4月下旬，各地团组织要在重要媒体对2012年度工作成效显著的见习基地进行通报表扬，对符合升级授牌的见习基地进行统一授牌。4月30日前，各省级团委将2012年度工作成效突出且吸纳见习青年30人以上的见习基地名单汇总表（附件1），报送团中央城市青年工作部就业创业工作处。

（二）开展见习岗位对接（4月下旬至5月下旬）。各地团组织要把企业扩张性用工需求与组织青年上岗见习结合起来，根据本地产业特点和青年见习意愿，确定并推出一批高质量的见习岗位。要通过集中开展见习岗位进校园、进技能培训机构、进人才市场以及见习岗位双选会等有效形式，组织广大青年特别是高校毕业生、初高中两后生等上岗见习。5月20日至26日，全团集中启动“见习助就业·牵手毕业生”见习岗位对接、见习政策咨询等活动，地市级以上团委开展集中岗位对接活动平均场数应不少于3场，具体场次由省级团委根据实际情况进行省内调配。4月30日前，各省级团委将本地集中举行“见习助就业·牵手毕业生”岗位对接活动安排汇总表（附件2），报送团中央城市青年工作部就业创业工作处。

（三）加强见习过程管理（6月上旬至8月下旬）。各地团组织要加强对见习青年的管理和服务，督促见习基地规范协议签订、完善见习方案、保障见习条件、加强岗前培训、落实见习政策,为青年见习提供良好条件。要引导见习青年自觉遵守见习工作中各项管理规定,养成良好的劳动习惯,努力提升就业创业能力。同时,各地团组织要积极开通见习基地微博,通过开展"见习微生活"、"见习微感悟"、"见习微论坛"等网络互动活动,引导青年反映见习生活,分享见习感悟,激发见习热情。

(四)开展见习评估与鉴定(8月下旬)。各地团组织要根据见习青年的在岗现实表现,联合见习基地对见习青年进行考核鉴定,经鉴定合格的统一颁发《见习证书》。要对见习基地管理运行情况进行评估,总结工作经验,提出意见建议,不断提升见习基地的运行质量。要加强见习青年信息台账的录入与核查,做到档案资料清晰规范,积极与人社部门进行沟通,帮助符合条件的见习基地和见习青年享受相关政策。

四、活动要求

(一)高度重视,明确任务。各地团组织要充分认识集中开展"见习助就业·牵手毕业生"活动是深化见习基地工作、服务青年就业创业的重要载体,切实加强组织领导,强化工作措施,明确工作责任,确保各项任务目标落到实处。

(二)精心部署,务求实效。各地团组织要根据"见习助就业·牵手毕业生"活动的各阶段任务要求,细化工作方案,丰富活动载体,明确任务目标,狠抓工作落实,确保活动开展有形有效、有声有色。

(三)总结经验,加强宣传。各地团组织要认真分析工作不足、总结有益经验,不断深化就业创业见习基地工作,努力形成服务青年的社会功能。要及时上报工作信息,宣传典型事迹,注重应用新媒体手段扩大宣传效果,努力提高见习基地工作的社会影响力。

各省、自治区、直辖市团委要对2013年"见习助就业·牵手毕业生"活动开展情况进行全面总结,总结材料于9月15日前报送团中央城市青年工作部就业创业工作处。活动开展情况将纳入见习基地工作年度考核。

四、农村

共青团中央、中华全国供销合作总社关于共同促进基层组织建设帮扶农村青年创业就业的通知

2013年1月23日

各省、自治区、直辖市团委、供销合作社,新疆生产建设兵团团委、供销合作社:

为深入贯彻落实党的十八大精神,服务现代农业发展和农民增收,共青团中央、中华全国供销合作总社(以下简称供销合作总社)决定共同促进基层组织建设、帮扶农村青年创业就业(以下简称"帮扶工作"),现将有关事宜通知如下。

一、指导思想

贯彻落实中央关于“三农”工作的方针政策，按照推动城乡发展一体化的要求，切实发挥共青团组织体系和供销合作社系统流通网络的优势，以加强共青团和供销合作社基层组织建设为保障，以帮扶农村青年创业就业为着力点，引导农村青年在工业化、信息化、城镇化、农业现代化同步发展中建功立业，不断巩固党执政的青年群众基础。

二、主要内容

1. 扶持农村青年创业致富。依托农资、棉花、果品、蔬菜、茶叶、食用菌、蜂产品、再生资源等供销合作社主营的特色产业，因地制宜，结合实际，发挥业务优势开展创业培训和技术、营销服务，帮助农村青年在从事种植、养殖和农产品加工中节约成本、拓宽销路、用好科技、增收致富。探索出台优惠政策，鼓励、吸纳农村青年以资金、土地、技术等参与和加盟农村便民连锁超市、农村综合服务社、乡村集贸市场建设，拓宽农村青年创业就业渠道，夯实供销合作社基层经营服务基础。青年创业小额贷款、技能培训、就业见习基地等向供销合作社系统经营服务网络予以倾斜，帮助农村青年解决创业过程中遇到的资金、技术、技能经验等问题。鼓励各级供销合作社发挥自身优势，建立青年创业基金，扶持农村青年在农村流通、农业产业化经营、农业社会化服务等领域创业成才。

2. 引导青年创办农村专业合作组织。加强业务指导和政策扶持，鼓励和支持农村青年、大学生村官特别是团组织联系的各类农村青年能人，依托自身已有的产业、项目和基地，领办、创办一批专业合作社、协会。发挥供销合作社系统所属合作经济组织、行业协会、农业产业化流通企业等带动作用，促进农村青年兴办的专业合作组织之间的交流、联合与合作，推动标准化生产、品牌化经营。开展供销合作社系统青年示范社创建工作，遴选一批运作规范、示范作用强的专业合作社，给予一定扶持和政策倾斜。培训专业合作组织青年骨干，提高他们的经营管理能力。通过全国农村青年致富带头人评选表彰等活动，表彰、宣传一批带头致富、带动农民致富的专业合作组织负责人。

3. 加强供销合作社系统团建工作。与共青团层级化组织载体建设相结合，进一步健全省、地市、县级供销合作社联合社机关团的组织。坚持党建带团建，加强基层组织建设，大力推进各级联合社所属企业建立、健全团的组织；积极推进农村综合服务社等基层供销合作社团组织建设，将其纳入乡镇“实体化”大团委的直属团组织，注意把基层供销合作社青年负责人推荐为乡镇团委兼职副书记或委员。坚持组织建设和推动工作相结合，围绕农资使用、农业科技普及应用、农业标准化生产、市场对接等，联合开展多种形式的活动，活跃团组织的工作，发挥团组织的作用。

4. 推进流通领域行业协会建团工作。加大供销合作社系统行业协会的团组织建设力度，指导符合条件的行业协会建立团组织，推动省、地市、县农村合作经济组织联合会团建工作。找准共青团组织任务与行业协会功能相融合的切入点，开展团的工作，培育青年人才，充分调动青年人的积极性和创造性，以团建促进各项业务工作的开展。选择符合条件的供销合作总社主管的全国性行业协会，探索成立行业共青团指导和推进委员会，指导和推进协会会员企业建立团组织，扩大团组织覆盖面。

三、组织机构

1. 共青团中央、供销合作总社联合成立“帮扶工作”领导小组（成员名单见附件），由共青团中央和供销合作总社领导担任负责人，负责双方合作过程中重大事项的研究决策和组织协调。团中央农村青年工作部、供销合作总社合作指导部、社团管理部负责“帮扶工作”具体组织实施，建立定期沟通、通报制度，强化政策、项目等支持措施，推动工作落实。领导小组办公室设在团中央农村青年工作部。

2. 省、地市、县三级团委和供销合作社要成立相应领导(工作)小组,负责本地区、本层级工作的组织实施。团组织主要负责活动策划、人员组织、媒体宣传等,供销合作社系统主要负责相关技术服务、业务指导、项目和经费等支持。

四、有关要求

1. 加强组织领导。共同促进基层组织建设、帮扶农村青年创业就业是共青团中央、供销合作总社贯彻落实党的十八大精神、服务基层、服务农村青年的一项重大举措。各地团组织和供销合作社系统要高度重视"帮扶工作",加强组织领导,明确各自职责,形成统一安排、分工负责、合力推动的工作局面。

2. 认真组织实施。各地要因地制宜,研究制定"帮扶工作"实施方案,选好合作的切入点和突破口,明确合作项目和载体;要及时安排部署,加强指导,推动各项工作落实到基层。各地要在2013年3月底前将有关工作方案和工作机构人员名单报团中央和供销合作总社。

3. 注重总结宣传。要大力挖掘、树立城乡发展一体化进程中农村青年创业就业的优秀典型,激发广大农村青年的奋斗精神和增收致富意识。要注意总结各地共青团和供销合作社系统合作开展工作的好做法、好经验,通过各类媒体充分进行宣传,扩大社会影响和双方合作,营造关注、支持农村青年干事创业的浓厚氛围。

4. 建立工作机制。省、地市、县三级团组织和供销合作社系统要建立有效的沟通、督导机制,定期召开协调会议,对接、研究工作,解决实际问题;要以编发简报、联合调研等形式,及时反馈信息,指导和推动基层工作,确保各项任务落实。

附件1

共青团中央供销合作总社"帮扶工作"领导小组成员名单

组　长:骆　琳　供销合作总社理事会副主任
　　　　汪鸿雁　共青团中央书记处书记
成　员:郭祥玉　共青团中央农村青年工作部部长
　　　　刘进喜　供销合作总社合作指导部部长
　　　　李殿平　供销合作总社社团管理部部长
　　　　次旺平措　共青团中央农村青年工作部副部长
　　　　刘崇高　供销合作总社合作指导部副部长
　　　　管士萍　供销合作总社社团管理部副部长
办公室主任:郭祥玉(兼)

共青团中央、农业部关于加强涉农行业协会团建工作的意见

2013年2月3日

为充分发挥各级各类涉农行业协会在组织和联系广大青年方面的重要作用,全面提升涉农行业协会团建工作的整体水平,更好地引导和服务农村青年致富成才,现就加强涉农行业协会团建工作提出以下意见。

一、总体目标

坚持层级化与非层级化组织体系建设相结合的工作思路,把涉农行业协会团建作为农

村共青团非层级化组织体系建设的重点方向，进一步扩大团组织对农村青年的有效覆盖。按照推动城乡发展一体化的战略部署，找准共青团工作与涉农行业协会工作的结合点，搭建合作平台，创新工作手段，促进现代农业发展。结合共青团组织青年、引导青年、服务青年、维护青少年合法权益的基本职能，争取政策支持，丰富工作载体，促进农村青年致富成才。

二、工作任务

（一）大力加强涉农行业协会团组织建设

一是摸清情况，夯实基础。各级团组织、农业部门要加强合作与沟通，对区域内涉农行业协会的基本情况及时进行摸底统计，全面掌握协会数量、类别、会员组成和分布及分支机构设置等情况；积极与党委部门沟通，了解涉农行业协会党建情况；调查摸清涉农行业协会的青年会员情况、团体会员的团员青年情况和已有的团建基础。

二是试点先行，示范带动。在调查分析的基础上，省级团委、农业部门要联合出台关于加强涉农行业协会团建工作的指导意见，明确涉农行业协会团组织的组织架构、工作模式和建团路径，并选择“党建有基础、行业有资源、青年有规模”的协会开展团建试点工作；认真总结团建模式和经验典型，带动涉农行业协会团建工作全面展开。

三是分类引导，逐步推进。有党委的协会，如果没有分支机构，可对应成立团委；尚未建立党组织的协会可成立团委或团工委；成立团委、团工委须按有关规定批准。有团体会员的协会，可以在同级团组织和农业部门指导下，设立共青团工作指导和推进委员会，指导团体会员的共青团工作，不改变团体会员团组织原有隶属关系。

全国性涉农行业协会共青团工作指导和推进委员会设主任一名，由协会党组织负责人担任。设副主任若干。共青团工作指导和推进委员会日常工作机构为秘书处，秘书长可由协会分管共青团工作的负责人或协会团组织主要负责人担任，负责共青团工作指导和推进委员会的具体工作。地方各级团组织和农业部门可根据各行业协会特点，探索不同模式，使团建工作在区域内协会中逐步得到加强。

（二）积极推动涉农行业协会团组织发挥作用

涉农行业协会团组织的首要任务是增强对行业从业青年的吸引和凝聚，同时注重联系农村青年，保持对农村青年的合理、适度影响。要根据各涉农行业协会的特点，探索共青团组织性质、任务与涉农行业协会组织功能相融合的切入点，因地制宜地开展工作。一是引导观念。通过调研、座谈会等形式，了解行业青年思想状况，引导青年树立奋斗精神，坚定跟党走中国特色社会主义道路的理想信念。二是宣传政策。研究、宣传国家强农惠农富农政策，引导行业青年把握发展方向，实现增收致富。三是促进交流。搭建交流平台，为行业青年的内部交流和对外交往提供渠道和条件，增强组织认同感和凝聚力。四是提高技能。结合促进农村青年就业创业工作，辅助开展培训，培养和树立市场经济条件下所必需的竞争、创新、效率、风险等意识，提高行业青年实用技能。五是培养人才。建立团干部选拔、培养和使用机制，为行业协会培养复合型后备经营管理人才。六是维护权益。反映行业青年合理诉求，维护行业青年合法权益，推动建立有利于行业青年持续健康发展的制度体系。

三、工作要求

（一）提高认识，加强领导。各级团组织和农业部门要充分认识加强涉农行业协会团建工作的重要意义，将其作为联系和服务农村青年、促进行业协会持续健康发展的举措，高度重视，抓好落实。团中央、农业部联合成立专门机构，指导涉农行业协会团建工作。省级团委、农业部门要密切配合，联合成立加强涉农行业协会团建工作领导机构，对全国性协会当地分支机构、团体会员以及省属行业协会的团建工作进行指导；要根据本意见制定相应的工作方案，明确实施步骤，强化责任分工，统筹推进区域内涉农行业协会团建工作。

（二）勇于创新，注重实效。各级团组织和农业部门要按照有利于扩大团组织覆盖面、便于联系青年和开展工作的原则，大胆尝试，采取灵活多样的方式建团。要注重工作研究和总结，把握涉农行业协会团建规律，探索推进工作的有效途径。要将涉农行业协会团建工作与农村基层团组织建设、促进农村青年就业创业工作结合起来，探索共青团工作与行业协会工作的结合点，增强共青团组织活力，发挥共青团组织作用。

（三）强化督导，加强考核。各级团组织和农业部门要及时总结，加大宣传力度，推广团建工作的好经验、好做法。共青团中央和农业部将针对涉农行业协会团建工作开展督导检查，逐步建立健全考核机制，认定一批团建工作示范协会。省级团委、农业部门要加强对区域内涉农行业协会的督导力度，促进协会团建工作健康有序发展。

五、学校

共青团中央办公厅关于开展“高校对口中学团建促进行动”工作的通知

2013 年 5 月 15 日

共青团各省、自治区、直辖市委，新疆生产建设兵团团委：

为进一步贯彻落实全国中学共青团工作会议精神，统筹考虑学校战线团建格局，深入探索一体化分层教育体系，现就开展“高校对口中学团建促进行动”（简称“促进行动”）工作通知如下。

一、指导思想

深入贯彻落实全国中学共青团工作会议精神和教育规划纲要，遵循教育规律和共青团工作规律，通过工作项目结构调整和工作资源优化配置，引导高等院校结对帮扶中学团建，促进中学团组织活力和团干部能力的显著提升，促进共青团实践育人工作的深入开展，提升中学共青团工作的科学化水平，进一步巩固全团工作的基础和源头。

二、主要内容

根据全国高校类型，首先启动“211 工程”高校对口中学团建试点，每所高校择优推荐 5 个院系级团委，每个院系团委签约对接 1 个中学（普通高中或完全中学）团委，除此之外，各高校结合本校研究生支教团服务地及教育部“对口支援西部地区高等学校计划”工作可再选择结对 1 所中学，共计对接不少于 600 所中学。在试点工作取得一定经验后，进一步扩大高校对口中学数量，并推广至所有高校，覆盖全国所有普通高中和完全中学。

三、工作目标

1. 推动中学团的组织建设。针对中学团的工作基础相对薄弱的现状，通过高校、中学团组织共建等方式，帮助中学团组织建立健全各级组织架构，明确团员发展程序，规范中学生团校培训等工作，切实加强团的规范化建设。帮助中学团组织指导中学学生会、学生社团开展活动。帮助中学团干部开阔视野，更新观念，提高做好中学团学工作的能力和水平。

2. 加强中学团的育人工作。通过选派优秀大学生代表开展学习方法讲座、成长经历分享、大学生活介绍、职业生涯规划教育以及邀请优秀中学生代表体验大学生活等途径，帮助中学生进一步明确学习目标，改进学习方法，提高学习效率，激发学习兴趣和成才动力。通过指导或共同开展丰富多彩的主题教育活动、团日活动等，帮助中学生开展理论学习、强化团员意识，初步形成理想信念。通过共同开展志愿服务、社会实践、文艺演出、校园游戏等活动，帮助中学生增强实践能力，提高综合素质。

3. 拓宽高校团的工作平台。高校可通过共同开展大学生社会实践、科学技术服务、关爱农民工子女及留守儿童、心理辅导、扶贫支教、生态保护等活动，加强与对口中学的交流与合作，不断加强与基层的工作联系，提高服务基层的能力和水平，拓宽高校育人工作平台，增强学校在基层中学的美誉度和影响力。

4. 促进高校团学骨干培养。通过组织高校团学干部担任中学团建辅导员，高校优秀学生骨干担任对口中学学生会、社团指导老师等方式，密切高校和中学的联系，拓宽人才培养渠道和大学生社会实践途径，帮助高校团学干部了解国情民意和社会生活，增强高校团学干部理论联系实际的能力，不断提高自身团学工作水平。

四、结对安排

2013 年 6 月底前，完成“211 工程”高校与中学结对工作，结对安排如下。

1. 各“211 工程”高校团委在学校选派开展工作较好的 5 个院系团委提供给所在省级团委学校部；河北、山西、内蒙古、河南团省(区)委学校部各选 10 所中学(包括 6 所城市中学和 4 所农村中学)提供给北京团市委学校部；浙江、江西团省委学校部各选 10 所中学(包括 6 所城市中学和 4 所农村中学)提供给上海团市委学校部。

2. 各省(自治区、直辖市)团委学校部根据每个“211 工程”高校结对 3 个城市中学和 2 个农村中学的要求，按照就近原则，统筹协调本地区“211 工程”高校院系团委与本地中学团委完成一对一的对接工作。其中，北京、上海需完成本地对接工作以及完成上述外省中学对接工作(见附件 1)。为增加试点的样本性，城市中学的选择要兼顾重点中学和普通中学。

3. 在以上结对的基础上，各高校可结合本校第十四届研究生支教团服务地及教育部“对口支援西部地区高等学校计划”工作选择 1 所中学，完成结对工作(见附件 2)。

五、有关要求

开展“促进行动”是进一步推动学校战线共青团工作的重要举措，对激发学校共青团工作活力、整体提升学校战线共青团工作具有重要意义。各省级团委要高度重视、加强领导，指导对接单位结合“促进行动”工作项目参考(见附件 3)迅速开展工作。

各省(自治区、直辖市)团委在完成“211 工程”高校对接任务后，于 6 月底前将完成情况上报团中央学校部。同时，结合工作实际开拓创新，积极整合社会资源支持此项工作，多渠道筹集工作经费，营造良好舆论氛围。团中央学校部将对各地工作进展情况进行督导。

共青团中央、中共教育部党组关于2013年从全国高校选派团干部到县级团委挂职工作的通知

2013年8月20日

各省、自治区、直辖市团委、党委教育工作部门、教育厅（教委），新疆生产建设兵团团委、教育局，有关部门（单位）教育司（局），教育部直属各高等学校党委：

为贯彻落实党的十八大和团的十七大精神以及《关于加强和改进高校青年教师思想政治工作的若干意见》（教党〔2013〕12号）的工作要求，深入开展党的群众路线教育实践活动，在高校深化实施“青年马克思主义者培养工程”，同时进一步推动团的基层组织建设和基层工作，共青团中央、教育部党组决定2013年继续从全国高等学校（含民办高校、独立学院）中选派共青团干部到县级团委开展为期一年的挂职工作。现就有关事项通知如下。

一、选派工作的总体安排

1. 名额分配：2013年总计选派1000名（各地具体名额见附件1），各省级团委、教育厅（教委）根据本地实际情况将名额分配到相关高校。

2. 选派条件

（1）参加工作一年以上；

（2）大学本科以上学历；

（3）政治素质好，具备发展潜力和培养前途，作风过硬、能吃苦、有奉献精神；

（4）选派高校共青团干部以科级干部为主。

3. 选拔办法：采取个人报名与组织推荐相结合的方式，由本校团委按照分配名额，在校内组织报名和考察工作，经学校党委组织人事部门遴选审核后，报所在省（自治区、直辖市）团委和教育部门。

4. 挂职岗位：直辖市的县（区）团委副书记、副省级城市的县（区、市）团委副书记或书记助理，地级市（地区、州、盟）的县（区、市、旗）团委副书记。各省级团委、地市级团委要会同教育部门就挂职干部选派任免等事宜向当地党委组织部门汇报沟通，由组织部门按照相关规定履行选派干部的任免程序。

5. 人员安排：实行“本地为主，就近就便”原则，各省（自治区、直辖市）团委会同教育部门向本省（自治区、直辖市）组织部汇报沟通后，均在本省（自治区、直辖市）内安排选派干部；全国层面按照自愿原则重点招募50名左右高校团干部赴新疆挂职。

二、选派干部的工作任务

1. 推动基层工作。选派干部要对挂职所在县级团委及其基层组织建设和工作的情况进行扎扎实实的调查研究，积极协助所在县级团委做好重点工作推进，充分发挥自身知识和专业优势，为促进当地经济社会发展作出力所能及的贡献。

2. 提高综合素质。选派干部要充分利用基层挂职机会，在工作实践中了解基层的国情、社情、民情，在推动工作中提高调查研究、组织动员、沟通协调、规划实施、开拓创新等综合素质，不断增强开展群众工作本领和社会管理工作能力。

3. 切实锤炼作风。选派干部要结合党的群众路线教育实践活动，利用挂职契机，认真贯彻中央“八项规定”要求，牢固树立群众观点，深入基层、深入群众、深入青年，增进与普通群众的感情，力戒形式主义、官僚主义、享乐主义和奢靡之风，保持奋发有为、苦干实干的精神状态，在全身心投入工作的过程中锤炼作

风、经受磨炼、增长才干。

三、选派工作的具体规定

1. 选派工作于2013年9月底前完成，选派干部的挂职工作期限为2013年10月至2014年10月。

2. 选派干部在挂职期间，由派出单位、接收单位共同管理，以接收单位为主；不再从事原岗位工作，只转党、团组织关系，人事、工资关系不变。到新疆的人员，参照援疆干部的有关待遇规定执行。

3. 原则上不得中断选派干部的挂职工作或对选派干部进行人员调整，确因工作变动或其他特殊原因不能完成挂职任务的，须由派出单位另行安排符合条件的人员接替，并报团中央学校部备案。

4. 选派干部挂职期间，在原单位的职务予以保留，其职务升迁、专业技术职务评聘、工资福利待遇等不受影响；休假和探亲按国家有关规定执行；符合条件的选派干部可参加公开选拔和本单位的竞争上岗。

5. 选派干部在挂职期间参加接收单位的考核。挂职期满前，由接收单位作出鉴定，派出单位进行考核。选派干部的考核鉴定材料装入本人档案，作为今后安排使用的重要依据。

6. 选派干部的住宿一般采取寝办合一方式，用餐统一安排在机关食堂。派出单位可根据选派干部所到地区的不同类别给予适当生活补助。

7. 全国层面的新疆项目，以北京、天津、上海、江苏、山东、广东等地为主，面向全国高校，按照个人自愿申报，校级、省级团委推荐，团中央学校部汇总协调的方式，确定派出人选。

8. 各省（自治区、直辖市）团委要尽快与省级教育厅（教委）协商制定落实方案，确定选派干部人选及挂职所在地。工作落实方案及有关表格（见附件2、3）请于2013年9月25日前报团中央学校部。

四、有关工作要求

1. 积极支持选派干部开展工作。各省（自治区、直辖市）团委、教育部门和各高校要充分认识领会此次选派工作的重要意义，确保完成本地区所分配名额。要抓好选派工作的宣传动员、选拔审核等环节工作，保证选派干部的质量；协调好选派干部所承担的本职工作，确保选派干部的工作时间和精力投入；积极统筹各类资源，为选派干部开展工作提供保障支持，并对选派干部的生活给予必要的关心。

2. 加强对选派干部的教育引导。各省级团委要对选派干部进行集中培训，教育和引导选派干部强化服务意识，摆正位置，不给基层添麻烦；珍惜机会，虚心向基层学习，向群众学习，向广大团员青年学习，努力提高工作水平；扎实工作，多办实事，不自满，不畏难；自觉遵守纪律，搞好团结协作，推动工作顺利开展。

3. 抓好对选派工作的督导宣传。各省级团委要通过定期巡回督导、召开阶段工作总结会以及建立专题工作网站、QQ群等方式，加强对选派干部的督促和检查，促进选派干部之间的交流，及时协调解决有关问题。各省级团委、教育部门和各高校要充分运用所属各类媒体和其他宣传渠道，加大对选派工作的宣传。要注重发现、总结优秀选派干部的先进事迹，及时予以宣传报道。要大力推广各地在选派工作中形成的好做法、好经验，发挥典型的示范作用。

六、少年

共青团中央、全国少工委关于认真学习宣传贯彻习近平总书记在参加“快乐童年放飞希望”主题队日活动时重要讲话的通知

2013 年 6 月 8 日

各省、自治区、直辖市团委、少工委，解放军总政治部组织部，全国铁道团委，全国民航团委，中直机关团工委，中央国家机关团工委，中央金融团工委，中央企业团工委，新疆生产建设兵团团委、少工委：

在“六一”国际儿童节即将到来之际，中共中央总书记、国家主席、中央军委主席习近平5 月29 日下午来到北京市少年宫，同来京参加共青团中央、全国少工委组织的“红领巾相约中国梦”交流体验活动的全国 56 个民族、革命老区、灾区、患有先天性心脏病少年儿童和农民工子女，以及首都城乡少年儿童代表 1600 多人一起参加“快乐童年放飞希望”主题队日活动，以一个“大朋友”的名义，向全国广大少年儿童祝贺节日并发表重要讲话。

习近平总书记的重要讲话，言简意赅、内涵丰富，情真意切、语重心长，寄托了党对少年儿童一代的殷切期望，体现了党对少年儿童事业的高度重视，深刻指明了广大少年儿童的成长方向，并对少先队组织更好地为少年儿童服务提出了明确要求。

习近平总书记的重要讲话，是当代少年儿童健康成长的行动指南，是推动新时期少先队事业新发展的纲领性文献。各级共青团、少先队组织要高度重视、迅速行动，把认真学习宣传贯彻习近平总书记的重要讲话精神，作为当前和今后一个时期的重要政治任务，切实抓紧抓好。

一、深入学习领会习近平总书记重要讲话的丰富内涵

习近平总书记指出：“每个人都是从孩子长大的。实现我们的梦想，靠我们这一代，更靠下一代。少年儿童从小就要立志向、有梦想，爱学习、爱劳动、爱祖国，德智体美全面发展，长大后做对祖国建设有用的人才。”他对孩子们说：“生活靠劳动创造，人生也靠劳动创造。你们从小就要树立劳动光荣的观念，自己的事自己做，他人的事帮着做，公益的事争着做，通过劳动播种希望、收获果实，也通过劳动磨炼意志、锻炼自己。”“想象力、创造力从哪里来？要从刻苦的学习中来。知识越学越多，知识越多越好，你们要像海绵吸水一样学习知识。既勤学书本知识，又多学课外知识，还要勤于思考，多想想，多问问，这样就能培养自己的创造精神。”“大自然充满乐趣、无比美丽，热爱自然是一种好习惯，保护环境是每个人的责任，少年儿童要在这方面发挥小主人作用。”

要深刻领会党和国家对少年儿童的亲切

关怀和殷切期望，准确把握少年儿童健康成长的方向。

理解“立志向、有梦想”，要用中国梦激发孩子们心中的理想梦，使他们将来成为中国梦的建设者、创造者、贡献者。中国梦是构建孩子们理想梦的有力动力，也应该是孩子们理想梦的基本导向。除了培养孩子们心中的理想梦以外，还要教育孩子们“千里之行始于足下”，把梦想的实现蕴含在每一天学校学习和家庭生活的过程当中。

理解“爱学习”，要激发孩子们心中的科学梦，从根本上引导孩子们热爱学习、主动学习、快乐学习。关键是要让孩子们热爱科学、追求科学，也就是要让孩子们心中有一个科学梦。要让孩子们认识到，学习是每一个少年儿童成长、进步以及将来做好工作、报效祖国的基础。以后不管做什么，如果没有小时候认真学习打下的基础，纵然有很崇高的理想，也是没法实现的。要让孩子们结合自身情况，努力学好各种有益的科学知识。

理解“爱劳动”，要激发孩子们心中的创造梦，引导孩子们热爱劳动。孩子们的劳动观念主要是源于本身，源于他们的创造，源于他们对创造的一种追求，或者一种梦想。孩子的异想天开、奇思妙想往往是他们创造梦的萌发。要让孩子们认识到，我们现在吃的、穿的、用的所有东西，都是通过劳动创造出来的，让他们通过劳动感受到长辈工作的不容易，锻炼自己的动手能力。孩子们的主要任务是学习，也要做一些力所能及的具体劳动，比如帮助做小家务，积极参加少先队组织的劳动实践活动。

理解“爱祖国”，要激发孩子们心中的报国梦。要引导孩子们热爱祖国，把孩子们的英雄意识，或者他们的英雄梦，引导到为国为民的轨道上来，让他们立志长大做一个对祖国和人民有所贡献之人。要让孩子们认识到，现在幸福生活所依靠的一切，都是祖国提供给我们的。离开了祖国，我们就谈不上去实现自己的理想，过上幸福的生活。孩子们不仅要认识我们的国家，熟悉我们国家的历史文化，更重要的是从小德智体美全面发展，长大后把祖国建设得更好。

习近平总书记在讲话中强调：“孩子们成长得更好，是我们最大的心愿。党和政府要始终关心各族少年儿童，努力为他们学习成长创造更好的条件。老师、家长要承担起教育引导少年儿童成长成才的责任。少先队组织要更好地为少年儿童服务。全社会都要关心少年儿童成长，支持少年儿童工作。对损害少年儿童权益、破坏少年儿童身心健康的言行，要坚决防止和依法打击。”

要深刻领会少先队组织更好地为少年儿童服务，具有多方面的内涵，既有思想引导的服务，也有道德培养的服务、促进学习的服务、保护身心健康的服务、对少年儿童成长发展具体需求的服务、维护少年儿童合法权益的服务等等。从组织属性出发，少先队组织对少年儿童最重要的服务是按照党的要求，进行信仰启蒙教育，培养少年儿童对党和社会主义祖国的朴素感情，培养少年儿童重要的思想意识，团结、教育、引导少年儿童全面发展、健康成长。

二、迅速掀起学习宣传贯彻习近平总书记重要讲话的热潮

各级团的领导机关、领导班子成员和广大团干部要通过理论中心组、座谈交流等形式，认认真真学习习近平总书记重要讲话，并和学习习近平总书记在同各界优秀青年代表座谈时的重要讲话结合起来，和学习习近平总书记给石家庄一中学生来信的口头回复指示结合起来，和学习李源潮同志在陕西调研少先队工作时的重要要求结合起来，切实提高思想认识，把讲话要求转化为内心自觉。要将习近平总书记对少年儿童的要求与对青年的要求统一起来，深刻认识党把带好少先队的任务交给共青团的重要逻辑，深刻认识少先队工作在整个共青团工作中的基础地位，进一步从思想上、组织上、资源上积极支持少先队工作。

各级少先队组织和少先队工作者、辅导员要认真学习领会讲话精神实质，结合工作深入思考，通过交流、研讨和培训，把学习收获转化为工作成果，进一步丰富少先队教育载体，增强工作效果。

要组织少年儿童“好好学”，通过少先队组织生活，深入领会习近平总书记重要讲话的深刻含义。要组织少年儿童“认真做”，通过实践体验活动，不仅明白习近平总书记讲话的内涵，更重要的是认真做到从身边的具体事情做起。要组织少年儿童“齐分享”，通过少先队媒体传播和雏鹰争章活动，努力让更多少年儿童知道并做到习近平总书记的要求，确定今后的努力目标，一起学习、共同进步。特别是要把习近平总书记重要讲话精神融入少先队活动课程之中，通过经常性的教育引导，帮助少年儿童按照讲话要求健康成长。

三、把习近平总书记重要讲话精神扎扎实实地贯彻落实到新时期少先队工作中

各级共青团、少先队组织和广大团干部、少先队工作者要把习近平总书记对少先队提出的重要要求切实贯彻到工作和建设之中。

要围绕习近平总书记重要讲话精神，完善和落实少先队组织根本任务。注重党、团、队组织意识和教育内容的衔接，培养少年儿童对党和社会主义祖国的朴素感情，教育引导少年儿童立志向、有梦想，爱学习、爱劳动、爱祖国，德智体美全面发展，长大后做对祖国建设有用的人才，为实现中国梦做好全面准备。

要把习近平总书记重要讲话精神作为深入开展“红领巾相约中国梦”活动的灵魂。要推进少先队的理想教育和思想教育，为孩子们的人生观、世界观、价值观打好基础。要引导他们爱学习、爱劳动、爱祖国的情感，将来成为中国梦的建设者、创造者、贡献者。比如，开展适合孩子们特点的科学活动，培养他们对科学的兴趣；组织小发明、小创造活动，激发孩子们的创新意识。特别要把培养孩子们对国家、对人民的朴素感情作为工作的重中之重。

要按照习近平总书记关于少先队组织更好地为少年儿童服务的重要要求，抓好少先队服务能力建设。深入推进少先队学科建设、活动课程和载体建设、辅导员专业化职业化建设、少先队传媒体系建设，不断提高少先队服务少年儿童的工作水平。

各地学习宣传贯彻习近平总书记重要讲话精神的情况，请及时报全国少工委办公室。

七、权益

共青团中央办公厅关于开展“青少年权益工作创新”试点工作的通知

2013年9月13日

共青团各省、自治区、直辖市委，新疆生产建设兵团团委：

为深入贯彻落实团十七大关于青少年权益工作的精神要求和安排部署，团中央决定在部分城市开展“青少年权益工作创新”试点工作。具体安排如下。

一、工作目标

通过试点，推动青少年权益保护法律法规的落实，健全未成年人保护工作机构，构建社会化维权工作体系，形成一批可推广的工作经验和机制制度。既帮助青少年解决成长发展中的实际困难，又在整体上深化青少年权益工作、拓展维权工作空间，提升团组织履行维权职能的社会形象，实现维护青少年合法权益与党的领导、依法维权、促进社会和谐稳定有机统一。

二、试点方向

1. 促进未成年人保护工作机构有效运转。按照《未成年人保护法》的要求，健全职责明晰、程序规范的工作机构。根据各成员单位具体职能，建立信息共享、协调联动、个案转接等工作机制，主动参与促进青少年成长发展的政策研究和制定。强化未成年人保护工作机构的基础保障，推动落实有关机构设置、人员配备、资金配套、激励表彰等措施。

2. 探索青少年权益个案受理办理机制。在用好现有工作平台的基础上，探索建立共青团对于青少年权益个案的发现和受理机制。依托未成年人保护工作机构，协调相关成员单位做好分析、会商和分办工作，实现青少年权益个案的有效转接和跟踪处理。通过个案的有效办理，推动解决本地区青少年权益保护普遍性问题。

3. 探索建立社会化的维权工作体系。加强12355青少年服务台建设，提升服务能力、强化队伍管理、拓展服务领域，打造综合性公益服务平台。加强青少年社工队伍建设，稳定联系专家学者、公益人士、志愿者等，建立青少年权益工作专家咨询和顾问队伍。积极承接政府购买社会服务项目，建立稳定、开放的资源整合机制，主动联系和借助相关民间社会组织开展青少年权益工作。

4. 推进青少年权益工作的法制化进程。推动参与执法检查和专项行动，贯彻落实《未成年人保护法》、《预防未成年人犯罪法》等法律法规和相关政策制度。推动制定或修订地方性配套法规和有利于青少年成长发展的政策措施。深化青少年法制宣传教育，增强青少年法制意识，促进全社会关心和保护青少年健康成长。

5. 完善青少年权益工作的组织化机制。深化“面对面”活动，健全常态化倾听机制，加强与人大、政协的机制联系，抓好建议提案的办理落实。进一步强化综治委预防青少年违法犯罪专项组工作职能，加强对有不良行为青少年等重点青少年群体的教育、帮扶、矫治、管理工作。

6. 探索建立青少年权益典型案件和热点事件响应机制。取得党政的充分授权，针对青少年权益典型案件和热点事件，积极稳妥地发出团组织的“声音”，表明态度，提出建议。注意利用媒体和网络，借助专家力量，对舆论进行必要引导。主动协调相关职能部门，对典型案件和热点事件进行会商研究，推动问题得到妥善解决。

7. 建好用好青少年权益工作网络和新媒体平台。建设和运用网站、短消息、微博、微信等新媒体平台，把维护青少年权益与引导青少年形成正确社会观察、有序政治参与结合起来。把握新媒体传播规律，广泛开展青少年法制宣传、自我保护、心理健康和家庭教育等工作，提高共青团权益工作的实效和“能见度”。对于涉及青少年权益保护、易于形成社会热点的事件，做好前置性预案。

8. 探索建立青少年权益状况监测研究体系。运用现有的权益工作平台，借助专业机构和人员，利用相关职能部门数据信息，探索建立青少年权益状况舆情监测、信息汇总体系。准确把握青少年权益问题的现状和趋势，做好前瞻性分析研究，把监测结果和研究成果转化为制定政策或开展工作的重要依据。

9. 完善青少年权益工作考评机制。依托各级综治预防青少年违法犯罪考核体系，细化青少年权益工作的具体目标任务，探索建立科学的考评项目和考核指标。深化创建“青少年维权岗”工作，探索横向协调、联动未成年人保护机构成员单位的有效途径，形成青少年权益工作合力。

三、工作对象群体

为使试点工作形成必要的聚焦并科学评估试点成效，结合党中央对共青团重点工作对象的要求，试点城市应着重面向以下青少年群体开展试点，通过深化权益保护工作更好地服务青少年成长发展。

1. 未成年人群体。以中小学生、农村留守儿童为主体，侧重人身安全和身心健康，深化法制教育和自护教育，提升心理健康服务水平，推动整治校园周边和互联网环境，建立未成年人监护状况监测机制。

2. 城市和乡村间流动的农村青年。以促进社会融入为切入点，根据他们成长发展的具体需求和面临的实际困难，推动提高社会保障水平，加强就业创业帮扶工作，丰富精神文化生活，服务和引导职业发展。

3. 困难青少年群体。做好数据摸排、调查情况等基础工作，与相关职能部门建立信息共享、工作联系机制，在教育、就业、生活等方面开展有针对性的关爱帮扶工作。

四、确定试点城市

每个省级团委推荐 1－3 个试点城市。每个试点城市根据工作基础和本地实际，确定合适的试点方向（不少于 4 个，鼓励尽量多选）。团中央根据各地推报情况，统筹确定试点城市和方向（具体申报事项见附件）。

试点城市团委应具备较好的权益工作基础，在选定的试点方向方面有一定的实践探索，有较强的专业力量支撑，能够承担并完成试点任务。

各省级团委也可在本地区结合实际，参照开展省级试点工作。

五、推进步骤

1. 确定试点阶段（2013 年 9 月至 10 月）。团中央下发通知，各地按照通知要求进行申报。试点城市确定后，结合实际形成细化方案报团中央维护青少年权益部。

2. 第一轮推动阶段（2013 年 11 月至 2014 年 10 月）。各试点城市按照统一部署，有序推进各项试点工作，认真探索工作机制、完善工作载体，初步取得试点实效。

3. 中期检查评估阶段（2014 年 11 月至 12

月）。团中央开展督导检查，对试点情况、成效和经验进行阶段性总结评估，通报工作推进情况，提炼普遍性规律。

4. 第二轮推动阶段（2015 年 1 月至 2015 年 12 月）。充分利用已有的试点经验，逐步深化推进，拓展试点领域和工作范围，在条件成熟的地方试行区域性推广。

5. 评估总结阶段（2016 年 1 月至 4 月）。召开试点工作现场会，总结试点经验，为全面推动青少年权益工作奠定基础。

六、工作要求

各省级团委要以高度的责任感抓好试点工作，加强研究和部署，指导试点城市制定切实可行的试点方案，强化督导考核措施。试点工作情况纳入年终综治预防犯罪考核体系并占一定分值。

各试点城市团委要结合工作对象群体最为迫切的需求，积极探索、大胆创新工作载体和机制，为青少年成长发展提供帮助。要求真务实、真抓实干，把能否有效联系和服务工作对象群体作为检验试点成效的重要标准，不流于形式，真正把各项措施落到实处。

各地工作推进情况，请及时报团中央维护青少年权益部。

附件

“青少年权益工作创新”试点城市申报方案

一、申报内容

每个省级团委推荐 1 – 3 个试点城市。每个试点城市根据工作基础和本地实际，确定合适的试点方向（不少于 4 个，鼓励尽量多选）。

申报城市以地市级城市（包括直辖市的区、县）为主，也可以有少量副省级城市。

二、申报时间

2013 年 10 月 20 日前

三、申报试点方向的基本条件

（一）促进未成年人保护工作机构有效运转

1. 建立了未成年保护工作委员会或承担类似职能的联席会议等工作制度，团组织可以发挥联系协调作用。

2. 相关成员单位之间定期进行工作沟通和协商，能够建立信息共享、协调联动、个案转接等工作机制。

3. 团组织能够参与青少年权益保护重要法规政策、工作措施的研究、制定和落实。

4. 未成年人保护工作机构有相应的基础保障。

（二）探索青少年权益个案受理办理机制

1. 建立了有效联系青少年的工作阵地或平台，能够及时发现和受理青少年权益个案。

2. 未成年人保护机构运转正常，能够实现青少年权益个案的有效转接和跟踪处理。

3. 能够建立个案通报、会商等工作机制，推动相关部门解决本地区青少年权益保护普遍性问题。

（三）探索建立社会化的维权工作体系

1. 已建成独立运转的 12355 青少年服务台，有相应的工作队伍和规范的工作制度，定期开展专项活动。

2. 青少年社工队伍建设有一定的基础，能够联系专家学者、公益人士、志愿者建立青少年权益工作专家咨询和顾问队伍。

3. 有条件承接政府购买社会服务项目，能够整合社会资源开展青少年权益工作。

4. 本地区相关社会组织有一定程度的发育，能够通过主动接触和联系，探索共同开展青少年权益工作。

（四）推进青少年权益工作的法制化进程

1. 能够推动完善本地区《未成年人保护法》、《预防未成年人犯罪法》配套法规和实施细则，推动开展执法检查、专项行动等工作。

2. 能够了解、研究本地区青少年权益保护的突出问题，有针对性的推动相关政策措施的制定和完善。

3. 青少年法制宣传教育工作基础较好，有较为完备的工作队伍和工作阵地。

（五）完善青少年权益工作的组织化机制

1. 与同级人大、政协有比较完善的机制化联系，能够集中反映青少年普遍性权益诉求。

2. “面对面”活动正常开展，建立了常态化倾听制度，所提建议提案能够得到有效办理落实。

3. 预防青少年违法犯罪专项组运转良好，能够协调相关部门做好重点青少年群体的教育、帮扶、矫治、管理工作。

（六）探索建立青少年权益典型案件和热点事件响应机制

1. 能够及时关注本地区涉及青少年权益保护的典型事件和热点事件，适时、稳妥地介入、“发声”。

2. 有较为稳定的专家团队，在青少年权益典型案件和热点事件发生时，能够提供方向正确的专业意见。

3. 与相关部门建立联动机制，在发生青少年权益典型案件和热点事件时，能够各司其职、有效处理。

（七）建好用好青少年权益工作网络和新媒体平台

1. 建立了具有一定影响力的网络阵地，开通或正在筹划开通短消息、微博、微信等新媒体平台，有相应的人员、经费和制度保障。

2. 能够运用网络和新媒体渠道，开发、运用新媒体产品开展法制宣传、自护教育、心理疏导、家庭教育等工作。

3. 对于涉及青少年权益保护、易于形成社会热点的事件，能够做好前置性预案。

（八）探索建立青少年权益状况监测研究体系

1. 在舆情监测方面有一定的工作基础，能够依托综治建立的重点群体监测体系、社区网格化监测体系开展青少年权益状况监测工作。

2. 有较强的研究能力，能够对监测数据进行综合分析、形成研究成果，并将之转化为制定政策或开展工作的重要依据。

（九）完善青少年权益工作考评机制

1. 能够将青少年权益工作细化为科学的考核指标，纳入综治预防青少年违法犯罪考核体系，指导本地区团组织开展相关工作。

2. 能够深化创建“青少年维权岗”工作，实现对相关工作部门的横向协调联动。

四、申报材料

试点城市的申报材料应当包括以下 3 个部分：

1. 当地权益工作基本情况及试点方向、工作对象群体的考虑。包括申报城市基本情况，权益工作基础和力量配备、专家队伍等情况，申报试点方向的理由和依据。

2. 已有的实践探索和特色经验。包括已经开展的与试点方向相关的工作情况，机构、队伍、机制建设和争取政策、资金等方面的探索情况。

3. 开展试点工作的实施方案和时间进度。

如有典型工作案例等材料，也可一并报送。

五、申报程序

1. 各省级团委结合申报条件，对本地区地市进行评估和筛选，在充分征求当地党政领导意见基础上确定申报城市和试点方向，并将书面申报材料于 10 月 20 日前报团中央维护青少年权益部。

2. 团中央维护青少年权益部对各地申报材料进行初审，在与各省级团委沟通的基础上，统筹确定试点城市和试点方向，报团中央书记处审批后下发。

八、志愿者

共青团中央关于修订印发《中国注册志愿者管理办法》的通知

2013年12月9日

共青团各省、自治区、直辖市委，解放军总政治部组织部，全国铁道团委，全国民航团委，中直机关团工委，中央国家机关团工委，中央金融团工委，中央企业团工委，新疆生产建设兵团团委：

为贯彻落实党的十八大和十八届三中全会精神，引导广大团员青年和社会公众广泛参与志愿服务，根据团十七大及《中国青年志愿者行动发展规划（2014－2018）》要求，共青团中央对2006年颁行的《中国注册志愿者管理办法》进行了修订。新修订的《中国注册志愿者管理办法》对于进一步规范注册志愿者管理工作，大力弘扬“奉献、友爱、互助、进步”的志愿精神，推动志愿服务项目化运作、社会化动员、制度化发展，深化青年志愿者行动具有重要意义。现将新修订的《中国注册志愿者管理办法》印发给你们，请结合工作实际，认真组织实施。

中国注册志愿者管理办法

（2013年11月修订）

第一章　总则

第一条　为规范志愿者注册工作，加强注册志愿者管理，特制定本办法。

第二条　志愿者（英文名称为Volunteer）是指不以物质报酬为目的，利用自己的时间、技能等资源，自愿为国家、社会和他人提供服务的人。

第三条　注册志愿者（ChinaRegisteredVolunteer）是指按照本办法规定的程序，在共青团组织及其授权的志愿者组织注册登记、参加服务活动的志愿者。

第四条　志愿精神：奉献、友爱、互助、进步。

第五条　志愿者标识

注册志愿者标识（通称“心手标”）的整体构图为心的造型，又是英文“Volunteer”的第一个字母“V”，红色，图案中央是手的造型，也是鸽子的造型，白色。标志寓意为中国志愿者向社会上所有需要帮助的人们奉献一片爱心，伸出友爱之手，表达“爱心献社会，真情暖人心”和“团结互助、共创和谐”的主题（图案见附件1）。

第六条　每年3月5日是中国青年志愿者服务日，12月5日是国际志愿者日。

第二章　注册

第七条　基本条件

（一）年满十八周岁或十六至十八周岁以自己劳动收入为主要生活来源者；十四至十八周岁者，须经其法定代理人同意；未满十八周岁的在校学生申请注册的，按所在学校有关规定办理。

（二）具备参加志愿服务相应的基本能力

和身体素质。

（三）遵守国家法律法规和注册机构的相关规定。

第八条　注册机构

市（地、州、盟）、县（市、区、旗）、乡（镇、街道）以及大中专院校团组织及其授权的志愿者组织为志愿者注册机构。

第九条　注册程序

（一）申请人直接到开展志愿者注册工作的团组织、志愿者组织提出申请或通过网络、通讯等方式提出申请，填写《志愿者注册登记表》（参考式样见附件2）。

（二）注册机构对申请人进行审核。

（三）审核合格，注册机构向申请人颁发注册志愿者证章。注册机构可根据实际需要，为注册志愿者编制本地管理服务号码。

第三章　权利和义务

第十条　权利

（一）参加志愿服务活动。

（二）接受相关的志愿服务培训，获得志愿服务活动真实、必要的信息。

（三）获得从事志愿服务的必需条件和必要保障。

（四）优先获得志愿者组织和其他志愿者提供的服务。

（五）对志愿服务工作提出意见和建议。

（六）相关法律、法规、政策所赋予的权利。

（七）可申请取消注册志愿者身份。

第十一条　义务

（一）遵守国家法律法规及团组织、志愿者组织的相关规定。

（二）每名注册志愿者根据个人意愿至少选择参加一个志愿服务项目或活动，每年参加志愿服务时间累计不少于20小时。

（三）履行志愿服务承诺，完成志愿服务任务，传播志愿服务理念。

（四）自觉维护团组织、志愿者组织和志愿者的形象。

（五）在志愿者职责范围内，自觉维护服务对象的合法权益。

（六）自觉抵制任何以志愿者身份从事的赢利活动或其他违背社会公德的活动（行为）。

（七）依法应当承担的其他义务。

第四章　志愿服务

第十二条　志愿服务

（一）志愿服务是指志愿者不以物质报酬为目的，利用自己的时间、技能等资源，自愿为国家、社会和他人提供服务的行为。

（二）志愿服务主要领域包括：扶贫济困、助老助残、社区服务、生态建设、大型活动、抢险救灾、社会管理、文化建设、西部开发、海外服务等。

（三）团组织、志愿者组织根据服务对象的需求，向注册志愿者发布服务信息、提供服务岗位，志愿者按照相关要求开展志愿服务。注册志愿者也可按照相关规定自行开展志愿服务。提倡具有相同服务意向和志趣爱好的注册志愿者在团组织、志愿者组织指导下结成志愿服务团队开展服务。

（四）注册志愿者参加志愿服务，应通过与志愿者组织或服务对象签订服务协议书等形式，明确服务内容、时间和有关的权利、义务。未满十八周岁的注册志愿者可参加与其年龄、智力相适应的志愿服务；未满十八周岁的在校学生注册后，按所在学校有关规定参与相关志愿服务。

（五）各级团组织、志愿者组织可依托服务需求相对集中的社会公益机构，通过签定协议、命名挂牌等形式创建志愿服务基地，探索建立志愿者经常性、就近就便开展志愿服务的有效机制。

（六）各级团组织、志愿者组织要推进志愿服务平台建设，形成实体型、网络型、复合型平台。鼓励依托网络新媒体组织开展志愿服务活动，同时应面向社会公开相关信息，遵守有关法律规定。

第五章　组织与管理

第十三条　组织机构

（一）共青团中央、中国青年志愿者协会负责全国注册志愿者工作的规划、协调和指导。

（二）省级团委、志愿者协会根据本地区、本系统的实际，制定相应的实施细则，广泛推行志愿者注册制度。根据实际需要，也可直接开展志愿者注册工作。

（三）市、县两级团委应普遍建立志愿者专门工作机构和志愿者协会，安排专人负责志愿者注册和管理工作。

（四）县级以下基层团组织应通过建立志愿者协会、创建志愿者服务站、培育志愿服务伙伴、发展志愿者服务队和服务团队等形式，广泛开展志愿者注册工作，实现志愿者注册和服务的便利化。

（五）社区和机关团体、企事业单位、中学的团组织、志愿者组织（含志愿者服务站、服务队、服务团队等），经所在地注册机构同意可以开展志愿者注册工作。

（六）注册机构及其下属的团组织、志愿者组织负责志愿者的管理服务，建立健全宣传动员、注册登记、管理培训、考核评价、激励表彰、个人信息保密等制度。

第十四条　日常管理

（一）注册志愿者参加志愿服务后，由服务对象或组织者提供志愿者的服务时间、服务内容等证明，注册机构及其下属团组织、志愿者组织予以认定。服务时间为实际服务时间（不含往返时间），以小时为单位计量。

（二）注册机构应建立健全注册志愿者档案和信息管理系统，逐步实现网上注册和管理，促进管理工作的科学化、制度化、规范化。

（三）注册志愿者使用全国统一的标识。开展志愿服务活动时，注册志愿者应佩带以全国统一标识为主体图案的标志。志愿者旗帜和服装以红、蓝、白为基本色调。

（四）注册机构可在重大活动时或定期组织志愿者进行宣誓。志愿者誓词："我愿意成为一名光荣的志愿者。我承诺：尽己所能，不计报酬，帮助他人，服务社会，践行志愿精神，传播先进文化，为社会进步贡献力量！"

（五）注册志愿者培训工作主要由注册机构及其下属的团组织、志愿者组织负责，对注册志愿者申请人进行志愿服务基本理念培训，定期向注册志愿者提供志愿服务相关技能等方面的培训，向志愿者骨干提供专门的培训，提高志愿者的服务能力和综合素质。

（六）团组织、志愿者组织应探索和完善注册志愿者服务时间储蓄制度，使注册志愿者在本人需要帮助时，优先得到志愿者组织和其他志愿者的服务。

（七）对拒不履行义务的，注册机构可取消其注册志愿者身份。

（八）注册志愿者在志愿者组织安排的志愿服务过程中对服务对象造成损害的，由志愿者组织承担责任；志愿者组织承担责任后，有权向有故意或者重大过失的注册志愿者追偿。

（九）各级团组织、志愿者组织应逐步建立志愿者权益保障机制。依据有关法律法规、政策规定维护志愿者正当权益，推动建立志愿者保险和应急基金，做好相关救助和慰问工作。如服务对象在接受服务过程中对注册志愿者造成损害，志愿者组织应当支持受损害的注册志愿者向有关服务对象追偿损失，并提供必要的帮助。

第六章　激励和表彰

第十五条　团组织、志愿者组织应完善志愿者评价机制，组织实施星级认证制度，评选表彰和奖章授予制度等。

第十六条　星级认证制度

星级认证制度由省级团委、志愿者协会组

织实施。注册机构负责具体认证工作，根据志愿者注册后参加志愿服务的时间累计，认定其为一至五星志愿者。星级志愿者认定后，可由相关注册机构在其注册证上进行标注，并佩戴相应标志。

（一）志愿者注册后，参加志愿服务时间累计达到 100 小时的，认定为“一星志愿者”；

（二）志愿者注册后，参加志愿服务时间累计达到 300 小时的，认定为“二星志愿者”；

（三）志愿者注册后，参加志愿服务时间累计达到 600 小时的，认定为“三星志愿者”；

（四）志愿者注册后，参加志愿服务时间累计达到 1000 小时的，认定为“四星志愿者”；

（五）志愿者注册后，参加志愿服务时间累计达到 1500 小时的，认定为“五星志愿者”。

第十七条　评选表彰和奖章授予制度

各级团组织、志愿者组织主要依据注册志愿者的服务时间、服务业绩，根据有关规定，定期组织开展评选表彰活动，授予志愿者荣誉称号和相应服务奖章。共青团中央、中国青年志愿者协会定期组织开展中国青年志愿者优秀个人奖、组织奖、项目奖评选表彰活动。

第七章　附则

第十八条　长期在中国内地工作、学习、生活的港澳同胞、台湾同胞和海外华人华侨及外国人申请注册的，由注册机构会同有关部门按相关规定办理。

第十九条　本办法的修改、变更、解释权属于共青团中央青年志愿者工作部、中国青年志愿者协会秘书处。

第二十条　本办法自公布之日起施行。2006 年颁布的《中国注册志愿者管理办法》同时废止。

第四部分

重点工作概述

团中央直属机关深入开展党的群众路线教育实践活动

2013年7月以来，按照中央的统一部署，在中央党的群众路线教育实践活动领导小组办公室和中央第22督导组指导下，团中央直属机关作为第一批参加党的群众路线教育实践活动单位，按照“照镜子、正衣冠、洗洗澡、治治病”的总要求，以为民务实清廉为主题，以“反对‘四风’、服务群众”为重点，扎实开展党的群众路线教育实践活动。做到“环节不虚”、“内容不空”、“主题不偏”，深化了全体党员干部对马克思主义群众观点和党的群众路线的认识理解，加强了团中央书记处班子建设，锤炼了团干部队伍的素质能力和扎实作风，专项整治取得明显成效，进一步建立健全了作风建设的制度机制，形成了新时期共青团事业发展的总体思路，达到了预期目标，初步取得了自我净化、自我完善、自我革新、自我提高的效果。

一、“学习教育、听取意见”环节

（一）深入开展学习教育，把思想和行动统一到中央部署要求上来。一是书记处带头学习。团中央书记处通过理论中心组集中学习与自学相结合，认真研读中央领导同志重要讲话和中央文件精神，认真研读中央印发的学习资料，深入交流思想、沟通体会。二是丰富各类学习形式。召开马克思主义群众观点和党的群众路线专题学习讨论会，邀请中央党校原副校长李君如举办专题学习报告会，邀请中央政策研究室副主任、学习贯彻党的十八届三中全会精神中央宣讲团成员江金权作党的十八届三中全会精神专题报告，组织观看电影故事片《周恩来的四个昼夜》，提高学习的针对性和实效性。机关各部门、各直属单位通过年轻干部学习交流会、党支部“今日我开讲”、“一把手”讲党课等多种方式，努力增强学习教育效果。此外，还为直属机关所有党员购买发送相关学习资料。

（二）坚持开门搞活动，广泛征求意见建议，认真查摆存在的突出问题。从7月初开始，团中央书记处通过召开座谈会、发放征求意见函和通知等方式，围绕团中央直属机关、团中央书记处班子及班子成员作风方面存在的突出问题，向各省、自治区、直辖市党委、政府分管负责同志，有关部委分管负责同志，各省级团委，团中央委员、候补委员，机关各部门、各直属单位党的十八大代表、全国人大代表、全国政协委员、离退休老同志以及广大党员群众广泛征求意见建议。7月下旬到9月初，认真贯彻李源潮同志提出的“机关下基层、调研到支部”的重要要求，在全团深入开展“走进青年、转变作风、改进工作”大宣传大调研活动。团中央书记处全体同志带头参加，组成45个调研组，到全国31个省、自治区、直辖市开展宣传调研活动，各调研组深入走访企业、学校、社区、农村等各类基层单位1300多个，与学生、企业青年、农村青年、进城务工青年等1万多名各群体青年座谈600多场，一对一深度访谈2200多人，开展宣讲100多场，倾听青年呼声，分析查摆问题，总结工作经验，听取意见建议。召开“践行党的群众路线、做好青年群众工作”务虚会，征集“四风”方面存在的突出问题51个,反对“四风”方面的意见建议369条。

(三)扎实开展谈心活动,坦诚交换意见、明确问题不足。团中央书记处主要负责同志与班子每名成员之间、班子成员相互之间、班子成员与分管部门负责同志之间;各部门、各直属单位主要负责同志与其他班子成员之间、班子成员相互之间、班子成员与分管处室负责同志之间都广泛开展了谈心活动,相互沟通思想、交换意见,既肯定成绩、又指出不足,既讲自己的问题、又勇于指出对方的问题,既谈工作、又谈思想。同时,始终坚持“开门找问题”,通过“结大对、带小对、强作风、心连心”活动,机关各部门、各直属单位的283个党支部分别与农村、企业、社区、学校等领域的1个基层党组织结成“大对子”,2940名党员也分别与结对基层党组织的党员群众、团员青年结成“小对子”,继续听取基层群众对自己“四风”方面存在问题的意见和建议,深入查找工作和作风上的不足,及时了解普通青年的所思所想、所急所盼,保证团的工作能够把握青年脉搏、反映青年心声。

二、“查摆问题,开展批评”环节

(一)认真起草对照检查材料,深入查找和反对“四风”。一方面,根据中央有关部门、中央督导组提出的指导意见以及团中央书记处征求到的意见建议,书记处第一书记秦宜智同志和书记处其他同志全程参与了班子对照检查材料的起草工作,对班子对照检查材料集体研究,反复推敲,数易其稿;另一方面,书记处各位成员亲自动手撰写个人对照检查材料,一边写、一边继续听取意见建议、思考整改落实措施。在专题民主生活会前,团中央书记处班子及班子成员的对照检查材料均已经过中央教育实践活动领导小组、中央第22督导组审阅同意。

(二)严格按照中央要求,召开高质量的专题民主生活会和组织生活会。按照中央统一部署,经中央教育实践活动领导小组批准,团中央书记处于2013年10月29日至30日,利用两个半天的时间,召开了党的群众路线教育实践活动专题民主生活会。中央第22督导组组长刘德旺、副组长张海涛等督导组成员,以及中央纪委、中央组织部、中央直属机关工委有关同志参加会议。会上,团中央书记处每位同志以整风精神认真开展了批评和自我批评,敢于触及思想,勇于揭短亮丑,聚焦“四风”问题进行逐一对照检查,针对活动中查摆出来的“四风”问题,书记处坚持从主观上找根源,并明确今后将从10个方面加以改进。中央第22督导组对专题民主生活会给予了充分肯定,并对进一步开展好教育实践活动提出了建议。11月14日,召开了团中央书记处专题民主生活会情况通报会,秦宜智同志代表书记处通报了专题民主生活会情况,中央督导组有关同志,团中央直属机关党的十八大代表、人大代表、政协委员,团中央机关正处长以上干部、直属单位主要负责人和离退休党员代表参加会议。同时,以书记处专题民主生活会为样板,各直属单位党委(党组)领导班子都召开了高质量的民主生活会,直属机关全体党员都参加了所在党支部或党小组的专题组织生活会。

三、“整改落实、建章立制”环节

(一)认真开展专项治理,扎实改进自身作风。根据中央要求,团中央直属机关在认真做好“回头看”的基础上,把专项整治作为整改落实的重要途径和解决“四风”问题的有效方法,以中央教育实践活动领导小组群组发〔2013〕23号文件中提出的7个方面重点任务为导向,以《党政机关厉行节约反对浪费条例》为依据,针对群众反映突出的问题,结合工作实际,制定了《团中央书记处“四风”突出问题专项整治方案》和《团中央书记处党的群众路线教育实践活动整改方案》,梳理问题表现、分析问题根源,逐条明确目标要求、推进措施、完成时限,明确了以书记处各位同志为责任人、相关部门为责任单位的组织领导架构,并在征求机关各部门、各直属单位党员群众意见的基础上提出了进一步的细化方案，切实推进整改治理工作落到实处。

（二）完善团内规章制度，推动改进工作作风、密切联系群众常态化长效化。活动开展以来，团中央坚持教育实践活动边开展、边梳理制度的方法，对照中央有关制度规定，组织专门力量对团十六大以来与团干部作风建设相关的44项制度进行了集中梳理。结合查找出来的涉及“四风”方面的突出问题和工作实际，在梳理已有制度的基础上，研究提出了《团中央贯彻党的群众路线制度建设计划》，着力落实好实践证明行之有效、群众认可的制度，废止和宣布失效11项已明显不适应现实需要或已有新规定的工作制度，修改和完善7项已有制度，新制定（含拟）15项工作制度，努力以制度机制巩固作风建设成果，推动反对“四风”和改进作风的制度化、规范化、常态化。

四、加强活动督导，推动各部门、各直属单位活动扎实深入开展

团中央直属机关成立了12个督导工作组，面向机关45个部门和直属单位进行督导。教育实践活动开展以来，督导工作组在各个环节都严格按照中央的统一要求和部署，对直属单位教育实践活动实施方案、各环节工作安排、领导班子及成员对照检查材料、专题民主生活会方案及情况通报会通报材料、“两方案一计划”等重要材料逐一认真审阅把关，对剖析问题不深刻、整改措施不实在、整改责任人不明确的坚决推倒重来，保证规定动作不走样、活动效果不打折。同时，加大宣传力度，突出宣传效果，积极宣传活动中的好做法好经验，截至目前，团中央直属机关教育实践活动领导小组办公室共编发情况简报46期，中央媒体和团属媒体对团中央教育实践活动开展情况报道10余次。

“我的中国梦”主题教育实践活动

2013年，全团深入学习贯彻党的十八大和习近平总书记系列讲话精神，认真贯彻共青团十七大部署，牢牢抓住理想信念教育这个核心，在青少年中广泛开展“我的中国梦”主题教育实践活动，引导激励广大青少年敢于有梦、勇于追梦、勤于圆梦，为实现“两个一百年”的目标发奋成才、建功立业。据不完全统计，全团开展各类主题活动近400万场，覆盖青少年超过1.6亿人次。

一、发挥组织优势，广泛开展学习交流

邀请党政领导、青年典型、专家学者，深入大中学生、企业青年、农村青年等群体，普遍开展“与信仰对话”名家报告进校园、“与人生对话”中学生励志报告会、青年创业成才报告会、西部计划志愿者巡回报告团等活动，全团重点开展学习宣讲交流活动1万余场。在五四、六一、七一、十一以及少先队建队日等节点，发动各领域基层共青团和少先队组织，通过学习座谈、交流讨论、参观寻访、志愿服务、文艺演出等形式，普遍开展“我的中国梦”主题团日和“红领巾相约中国梦”主题队日活动，超过4000万团员青年和6614万少先队员参与。开展团干部“学理论·强党性·铸信仰”活动，围绕学习贯彻党的十八大精神、中国特色社会主义和中国梦相关内容，团中央书记处带头组织集体学习，各级团组织也普遍开展了团干部学

习培训、交流研讨和读书自学等活动。

二、突出榜样引领，开展“我的中国梦——奋斗的青春最美丽”系列分享活动

依托中国青年报和网络媒体开展“奋斗的青春最美丽”青春故事讲述活动，累计举办98期，重点宣传250多名青年典型，1800多家网站转载活动内容，网络媒体总点击量超过8.3亿次。中国青年网开展“我的中国梦”青春励志故事网络文化活动，推出100余位榜样人物专题，百余家网站同步转载，页面总点击量达数十亿次。开展“奋斗的青春最美丽”分享团走基层活动，组织大学生、企业青年、进城务工青年、农村青年等群体中的优秀基层代表，赴全国20个省份举办229场分享会，讲述个人奋斗历程和先进事迹。联合中国国家乒乓球队开展“奋斗的青春最美丽——国球走进青少年”系列活动，在各界青少年中传播爱国热情和奋斗精神。

三、大力创新载体，广泛开展系列新媒体和文化活动

开通“我的中国梦”活动主网页，与全国2616家网站进行链接，以“千网联动”形式展示中国梦宣传教育内容和各地活动情况。开展清明节“网上祭英烈·共筑中国梦”、五四专题宣传、“青年SHOW梦场”等活动，吸引大量青少年网友参与。依托共青团微博、微信、手机报等平台，发布“我的中国梦”主题微博325万条，超过6000万人次青年、3000万人次少年儿童参与话题讨论、知识问答、梦想征集等活动。各级团组织广泛与电视台、广播电台合作，推出210多个青少年电视固定栏目和广播节目。联合文化领域专业力量和市场力量，创作推介《青春雷锋》、《中国梦·青春梦》等一批电影、公益宣传片、动漫、舞台剧等文化作品。

四、紧抓重点群体，做好青年学生和少年儿童等群体的宣传教育

在大学生中，深化青年马克思主义者培养工程，全年培训全国、省、校三级大学生骨干近20万人次；以“实践激扬青春志，奋斗成就中国梦”为主题，开展2013年度全国大中专学生志愿者暑期“三下乡”社会实践，超过500万名青年学生参与。在普通中学和中职学生中，广泛开展“与人生对话——我的中国梦”、“彩虹人生——我的中国梦”等活动。在少年儿童中，突出“红领巾相约中国梦”主题，以“讲述中国故事”、“体验中国发展”等为主要内容，开展形式多样的活动，引导少年儿童为实现中国梦做准备。组织实施“青少年民族团结交流万人计划”，开展以“我的中国梦”为主题的各民族中学生暑期同心营、各族青少年手拉手夏令营等活动。

五、搭建实践平台，引导青年为实现中国梦贡献力量

在企业，深化青年岗位能手活动，举办第九届“振兴杯”全国青年职业技能大赛，组织110名全国“最美青工”对34万名青年开展1400多场岗位成才报告会。发动各地和20个行业（系统）10万个各级青年文明号集体和争创集体，开展主题思想教育、技能提升、服务示范、文化建设等活动。在农村，围绕“建设新农村、实现中国梦”主题，组织农村青年致富带头人开展培训学习、项目交流和参观考察，引导扶持他们发展专业合作、推广农业实用技术。开展“保护母亲河·美丽中国梦”生态环保行动，动员529.2万人次青少年参与，争取全军和武警部队官兵捐款7238万元用于青年林建设。组织大学生志愿服务西部计划和研究生支教团，派遣17500名大学生深入西部基层服务。开展博士服务团、“科技之光”青年专家服务团、海外学人回国创业周等活动，影响和带动各界青年到基层去、到西部去，为促进西部各项事业发展发挥积极作用。

六、帮助青年圆梦，为青少年实现梦想提供切实服务

大力促进青年就业创业，建设青年就业创

业见习基地，开展见习岗位对接活动2400多场，提供见习岗位42万余个，帮助21万余名青年获得见习机会。加强青年就业创业技能培训，全年培训青年240.15万人次。深化与金融机构合作，向20万城乡青年发放创业小额贷款100多亿元。帮助青年学习成才，2013年“希望工程”接受社会各界捐款12.75亿元，援建希望中小学357所，资助家庭困难中小学生11.5万人，“圆梦行动”资助贫困大学生10.7万名。围绕进城务工青年需求，开展“携手回乡”、“一起过年”、“大学圆梦”、“玫瑰之约”等活动。深化共青团关爱农民工子女志愿服务行动，开展“中国梦·七彩梦”主题活动，全年共与8000所农民工子女较集中的学校建立结对帮扶关系，新增结对农民工子女342万人，550多万名志愿者参与。省级团组织普遍开展“共青团与人大代表、政协委员面对面”活动，提出与青少年权益相关的提案、议案和建议共90件。联合有关部委开展全国“青少年维权岗”创建，加强共青团12355青少年服务平台建设，为青少年提供法律援助、心理咨询和信息服务。

加强团的基层组织建设和基层工作

2013年，全团紧紧围绕提高团的吸引力和凝聚力、扩大扩大团的工作有效覆盖面，全面推进党建带团建制度安排的有效落实、进一步扩大基层团组织网络的覆盖面、努力激发基层工作活力，取得了切实成效。

1. 全面推进党建带团建制度安排的有效落实。以市、县两级党建带团建的制度建设和政策落实为重点，消灭省级党建带团建制度建设空白点，全面推进党建带团建制度安排的有效落实。各地结合实际，在建立工作机制、带团干部队伍建设、带基层组织建设等方面出台了一系列规定。一是普遍建立了党建带团建领导责任制度、联席会议制度和联系点制度，把党建带团建工作纳入党建工作考核内容。二是进一步明确了带团干部队伍的具体措施，对团干部任职条件、配备标准、任职年龄、转岗年龄、职数等作出了明确规定。三是积极推动各级财政部门为基层团组织提供长期、稳定的工作经费支持。截至2013年底，全国共有27个省份和系统召开了党建带团建会议，30个省份和系统下发了党建带团建文件；召开会议和下发文件的地市分别为316个和325个，分别占地市总数的94.6%和97.3%；召开会议和下发文件的县区分别为2519个和2537个，分别占区县总数的88.3%和89%。

2. 进一步扩大基层团组织网络的覆盖面。全团按照“青年在哪里，团组织就建在哪里”的要求，坚持基层导向和青少年导向，着力创新基层团建思路和模式，进一步扩大基层团组织网络的覆盖面。一是探索城市街道区域化团建，累计建设10.3万个街道直属团组织，整合区域内青年工作的组织、资源、项目，广泛联系服务区域内青年。二是深入推进乡镇实体化“大团委”建设，累计建设直属团组织64.5万个，覆盖团员1069.5万人，联系青年2836.4万人；调整补充乡镇团委委员7.8万人，充实了力量，优化了结构。三是巩固深化非公有制企业和社会组织团建，全年新建非公有制企业团组织9.47万家，覆盖35岁以下青年257.4万人、团员125.9万人，新建社会组织团组织7980家。四是继续

建立直属团组织64.5万个,覆盖团员1069.5万人,联系青年2836.4万人;全国30个省份及兵团联合财政部门下发了专门文件,24790个乡镇已将乡镇团委工作经费纳入预算,占全国总数的74.1%;2665个县落实党建带团建制度,占总数的95.5%。部分省份还通过直接拨付经费或奖励优秀乡镇团委、配备电脑等设备、联合省直部门出台政策等方式,支持乡镇团委项目和资金。

2. 合作组织团建和涉农行业协会团建迈出新步伐。一是推动《加强农村专业合作组织团建工作的有关意见》的落实,梳理7种建团路径,提出团组织发挥作用的6方面切入点,积极推进合作组织建团。20个省份针对农村合作组织团建专门下发文件;部分省份推动团县委成立县域合作组织团工委,牵动县域内合作组织建团。目前,共在合作组织中建团60666个。二是与中华全国供销合作总社联合下发《关于共同促进基层组织建设、帮扶农村青年创业就业的通知》,加强供销合作社系统团建工作,推进流通领域行业协会建团。天津、内蒙古、广西、云南、青海等12个省份与农业、供销、科技、工商等部门联合下发文件,开展涉农行业协会团建工作。

3. 县、村团组织建设积极推进。一是着力提升团县委的工作水平。选树工作典型,继续办好"全国百名优秀团县委书记讲堂",推出2013年度入选团县委书记100人,集中展播工作视频,免费向所有县区团委发放视频光盘;推动各省加强对团县委书记的培训,提升其业务能力。二是探索创新村团组织建设。抓住村"两委"换届契机,推动各省同步开展村团组织统一换届。山西、吉林、云南已完成。

4. 运用新媒体手段推进基层团建作出新探索。一是推进农村共青团微信体系建设试点工作。在广东、北京、湖北等8个省份开展微信体系建设试点,按照向下覆盖一级原则,建设团中央、省、地市、县、乡镇团干部微信群;指导村团支部、直属团组织建立微信群。二是开展共青团农村基层组织网络建设试点。在8个省份,为县、乡、村三级团组织免费建设网页,展示基层团的工作,提高面上工作指导效率。三是建好"全国农村基层团建示范乡镇微博圈"。指导推动全国1000个"农村基层团建示范乡镇"通过微博发布工作信息,交流工作。四是发挥全国党员干部现代远程教育网作用。全年制播共青团系统专题教材30集,对农村基层团组织建设和农村青年就业创业进行指导。制作《我们走在小康路上(2)——农村青年"我的中国梦"专题片》,通过卫星直播、下载观看等方式,组织农村团员青年学习,在全国乡镇和村设置24万个会场,参加学习人数达684.5万人。

"与人生对话——我的中国梦"主题教育实践活动

2013年,作为加强中学生人生观教育的重要载体和全团"我的中国梦"主题教育活动的重要组成部分,中学共青团着力打造"与人生对话——我的中国梦"主题教育实践活动品牌。

1. 开展"与人生对话——我的中国梦"主题团日活动。"五四"前后,重点围绕当代中学生为什么要树立正确的人生观、怎样树立正确的人生观、树立一个怎样的人生观,什么是广大中学生的"中国梦"、如何为实现伟大的"中国梦”而奋斗等，在中学生中开展交流讨论、参观考察、演讲比赛、诗歌朗诵、故事讲述等形式的团日活动，引导广大中学生思考人生，认识自我，树立梦想。

2. 开展“与人生对话——我的中国梦”实践寻访活动。暑假期间，组织学生开展社会实践和梦想寻访活动。让学生在实践寻访活动中走向社会、接触社会、了解社会，感受我国经济社会发展取得的巨大成就，树立“劳动创造财富，奋斗成就人生”的价值观念，理解“我的梦”与“中国梦”的关系。

3. “开展与人生对话——我的中国梦”励志报告会。以“五四”、“六一”、“七一”、“十一”等节庆日为契机，邀请道德楷模、致富能手、技能人才、创业典型、优秀校友、学生家长和社会知名人士等围绕职业生涯规划和成才励志等内容，与中学生面对面互动交流，畅谈奋斗历程，分享人生经验，憧憬美好未来。团中央学校部联合新东方教育科技集团在全国组织了39场重点励志报告会，在广大中学生中引起了共鸣，社会反响较好。

4. 开展“与人生对话——我的中国梦”成人主题教育活动。在初中阶段，以14岁集体生日活动为起点，广泛开展主题为“告别金色童年，唱响青春梦想”的迈入青春门教育活动；在高中阶段，以18岁成人宣誓活动为标志，广泛开展主题为“树立远大志向，担当社会责任”的走好成人路教育活动。

青年马克思主义者培养工程

2013年，青年马克思主义者培养工程不断深化，在优化大学生骨干培养课程、扩大培养群体、加强理论研究等方面取得了新进展。

不断深化大学生骨干培养工作。一是举办中国大学生骨干培养学校第六期学员暑期实践锻炼活动。7月29日至8月9日，中国大学生骨干培养学校第六期学员在全国青少年井冈山革命传统教育基地和江西省吉安市开展了为期12天的“青马志鲲中国梦”主题实践锻炼活动。活动期间，学员们接受了红色教育，聆听了关于革命斗争史的报告，模拟“三湾改编”建立班级架构，在革命旧址开展现场教学等活动；学员们参加了生产劳动，分组赴江西吉安部分镇村，与当地村民同吃同住同劳动；学员们还开展了“我为新农村添砖加瓦”社会调查、“1+1结对励志助学活动”等活动。二是举办第六期学员结业活动。12月8日至9日，278名学员来京参加了党的十八届三中全会专题学习，并围绕三中全会精神和一年的收获体会进行了交流讨论。结业式上，4位学员代表从不同角度汇报了一年的学习收获和体会，团中央书记处第一书记秦宜智同志出席第六期学员结业暨第七期学员开班式并作重要讲话。三是举办第七期学员开班暨理论学习周活动。第七期于12月9日开班，招收了“211工程”高校学生会或研究生会主席团成员、省级大学生骨干培养学校优秀学员、少数民族大学生骨干等198名学员。学员们于12月9日至15日在北京开展为期一周的理论学习活动。期间，学校邀请军事科学研究院罗援少将、清华大学赵甲明教授、中国人民大学金灿荣教授等讲授《我国周边安全环境及软实力建设》、《当代社会思潮辨析》、《中国外交形势与外交政策》等9门课程，组织学员赴全国政协、国务院新闻办、商务部、国家海洋局、空间技术研究院等5家单位进行政务参访，围绕学习党的十八届三中全会精神等开展了4次专题讨论，围绕“中国梦”与大学生骨干成长等话题开展了2次论坛，还与往届在京学员开展了交流活动。团中央书记处书记傅振邦同志出席总结会并讲话。

加强高校团干部和青年教师培养。一是举办首期青年马克思主义理论工作者培训班。7月8日至13日，培训班在全国青少年井冈山革命传统教育基地举办。培训班共招收学员102人，主要包括部分高校优秀“两课教师”和从事马克思主义理论研究的青年教师、团干部等。培训班邀请了北京大学郭建宁教授、中国人民大学张雷声教授等作关于《马克思主义中国化前沿问题研究》、《马克思主义整体性发展》等报告，举办了“改进高校大学生思想政治教育的方法”研讨会、“马克思主义理论研究热点专题”研讨会等四场不同主题的交流会，邀请了腾讯公司有关专家就《新媒体传播和思想政治教育》与学员进行互动交流，还在革命旧址前开展了红色教育。同时，培训班还组织学员分赴井冈山市菖蒲村和渥田村进行实地考察，走进特色农业基地、走入普通农家，与普通群众和乡镇基层干部座谈，认真了解基层的社情和民情。二是继续推动高校团干部到县级团委挂职。选派1065名高校团干部到县级团委挂职，促进高校团干部了解国情民情，增进与基层群众的感情，在实践中坚定理想信念，提升综合素质，锤炼作风品质。

开展青年马克思主义者培养工程专项课题研究。围绕青年马克思主义者培养工程理论研究工作，面向全国高校青年教师和团干部征集了20个重点课题和52个一般课题，主要内容包括马克思主义理论传播实效性研究、高校新时期马克思主义大众化的认知和对策等。

“与信仰对话”主题教育活动

2013年，以“我的中国梦”主题实践教育活动为统领，高校共青团继续深化“与信仰对话”在高校思想引领工作中的品牌影响力。

1. 开展“我的中国梦”线上主题团日活动。5月3日，团中央学校部联合腾讯网和腾讯微博，通过高校团组织微博体系和腾讯专题空间（http://edu.qq.com/jjxy/t/cd.htm），开展了“青春中国志，腾飞中国梦”百万团支部线上主题团日活动，设立“传递中国梦”、“图话中国梦”、“争取五四达人勋章”等专区，组织基层团支部和学生在线上展示交流线下精彩活动，表达分享自己的梦想，研讨深化对“中国梦”的理解认识。据统计，线上主题团日活动参与量达651万，阅读与曝光量达1226万次。

2. 深入开展“与信仰对话·飞Young中国梦”名家报告进校园活动。2013年5月，共青团中央和中国电信集团公司签署了战略合作协议，重点合作项目是在全国高校联合开展全国举办100场重点报告会，其中团中央学校部直接组织20场，各省级团委学校部组织80场，各高校至少举办一场校级报告会。根据报告会不同的内容侧重点，百场重点报告会分为“中国梦鲛讲述”、“中国梦鲛道路”、“中国梦鲛奋斗”和“中国梦鲛奉献”四个主题篇章，邀请专家学者、青年榜样、文艺名人等深受大学生喜爱的社会知名人士与高校学子面对面互动交流，阐述对“中国梦”内涵的深刻理解，分享关于人生信仰的经验和体会，激励大学生树立正确的世界观、人生观、价值观，坚定理想信念。2013 年，全国重点报告会邀请了金一南、杨禹、杨杨、欧阳夏丹、康辉、“中国合伙人”剧组、国家海洋人物群体等一大批在大学生中有较高知名度且颇受欢迎的专家学者、青年精英走进高校，共话信仰和梦想，引起了较大的反响。2013 年，全国共组织各级报告会超过 3000 场，直接参与人数达 62.1 万人次，同时，团中央学校部在官方微博设立了“与信仰对话，飞 Young 中国梦”活动专栏，对各地活动进行宣传报道，平均每条微博阅读量超过 5 万次。

“红领巾相约中国梦”主题教育实践活动

2013 年以来，少先队组织以“讲述中国故事”“体验中国发展”“讨论中国现象”“漫游中国未来”“中国梦好少年”争章活动等为主要内容，在少年儿童中普遍深入地开展“红领巾相约中国梦”活动，教育引导少年儿童立志向、有梦想，爱学习、爱劳动、爱祖国，为实现中国梦做好全面准备。通过举办“六一”、“十一三”少先队建队纪念日主题队日活动，每周 1 课时的少先队活动课、课外和校内外实践体验活动，用中国梦激发孩子们心中的理想梦、科学梦、创造梦、报国梦。据统计，全年参加活动超过 3496 万人次。共青团中央、全国少工委面向社会，和中国移动、新浪网、腾讯网、未来网开展了“红领巾相约中国梦”一句话一首歌征集活动，超过 2800 万人次参加。

“快乐童年放飞希望”少先队主题队日活动

5 月 29 日下午，中共中央总书记、国家主席、中央军委主席习近平来到北京市少年宫，同来京参加团中央、全国少工委组织的“红领巾相约中国梦”交流体验活动的全国 56 个民族、革命老区、灾区、患有先天性心脏病少年儿童和农民工子女，以及首都城乡少年儿童代表，一起参加“快乐童年放飞希望”主题队日活动，以一个“大朋友”的名义，向全国广大少年儿童祝贺节日，发表重要讲话。30 日上午，团中央、全国少工委召开座谈会，认真学习贯彻习近平总书记重要讲话精神，团中央书记处第一书记秦宜智提出贯彻落实总书记重要讲话的要求。各地少先队组织认真学习贯彻习近平总书记“六一”重要讲话精神，好好学，认真做，齐分享，普遍开展主题鲜明、丰富多彩的少先队活动，教育引导少年儿童立志向、有梦想，爱学习、爱劳动、爱祖国，为实现中国梦做好全面准备。

“光盘行动”活动

2013 年，共青团中央联合教育部、腾讯校园共同发起了“光盘行动”活动，取得了良好的社会反响。“光盘行动”活动的主旨是倡议学生珍惜粮食、拒绝浪费，活动在线上线下同时进行。在线上主要是倡议青年学生通过腾讯网、专题微博、微信，以及团中央学校部和教育部新闻办官方微博等新媒体平台晒出自己厉行节约、反对浪费的图片和文字；在线下由腾讯微博校园大使在全国高校通过志愿服务、海报张贴等方式自下而上地宣传引导学生参与活动，探索线上线下相结合的有效传播模式。同时，主办方还通过网络连线、拍照倡议、趣味漫画、校园志愿者、发放微博勋章等青年学生乐于接受的方式进行引导参与，得到了学生及社会各界的一致好评。

1 月 23 日至 2 月 19 日，约 30 万学生在“光盘行动”话题下响应节约倡议发布宣言，平均每天都有万余人响应倡议，话题相关讨论 209 万，29 万用户参与“争做光盘达人，领取微博勋章”微博勋章佩戴活动。其中，在“我拍照我倡议”支线活动中，学生共展示自己在家中、饭店等地拍摄的“光盘”合影 1000 多张；在“晒晒我家的盘子”活动中，学生共展示餐前餐后、聚会前后盘子对比图片 2000 多张。

活动在腾讯网首页、腾讯教育和腾讯校园首页、腾讯微博等位置进行了推荐，曝光数达 5000 多万次，其中通过微博用户的裂变式传播曝光达 1300 多万次，发起单位三方倡议微博被转播近 2 万次，包括“徐侠客”、“黑板报”在内的多名具有影响力的微博认证账号参与了活动。

中国青年创业奖

1. 1 月 30 日，由共青团中央、人力资源和社会保障部联合举办的第七届“中国青年创业奖”评选正式揭晓，刘屹等 11 人荣获“中国青年创业奖”，丁瑞永等 16 人荣获“中国青年创业奖”提名奖。

2. 开展“我的中国梦”青年创业典型报告会活动。4 月 17 日下发通知，在全国范围开展“我的中国梦”千场青年创业典型报告会活动。4 月 25 日至 26 日，城市部组织 25 名历届“中国青年创业奖”和“中国青年创业奖”提名奖获得者组成报告团，分赴吉林、上海、山东、安徽、湖北、湖南等六省（市）开展巡讲报告 13 场。河南、贵州等 8 省与团中央同步开展活动，各省（区、市）相继开展活动。青年创业典型深入到大中专院校、企业、创业园区等，现身说法、传经送宝、交流感悟，进一步激发了青年艰苦奋斗、创业报国的热情。截至 6 月底，全国地（市）级以上团组织共举办报告会、宣讲会、经验分享、网络访谈等活动 1900 余场，57 万余人次青年参与。为进一步学习宣传贯彻习总书记一系列重要讲话精神，城市部组织参加五四活动的青年创业奖获奖者在所在地区开展报告会和座谈会等，传达习近平总书记同各界优秀青年代表座谈时的重要讲话精神，与团员青年分享参会感受，共计青年听众超1000人次。

城市青年创业小额贷款项目

2013年，继续推动各地团组织发挥自身优势，结合城市青年创业融资的特点和规律，通过深化与金融机构的合作、探索担保方式创新、采取非金融手段支持风险控制、依托团属青年创业阵地提供专业服务、完善工作推动机制等举措，扎实开展城市青年创业贷款工作。全年新增贷款项目33675笔，新增贷款金额520242万元，扶持创业青年33667人，带动就业131650人。

农村青年创业就业

2013年，农村青年创业就业工作以致富带头人培养为牵动动员农村青年投身现代农业发展，以创业就业培训为重点服务农村青年成长发展，注重整合各类强农惠农富农政策和社会资源，继续深化农村青年创业小额贷款等工作，推出了全国农村青年信息服务平台、微软培训项目、选派金融干部赴县级团委挂职等创新工作。

1. 农村青年创业小额贷款工作深入推进。全国共发放农村青年创业小额贷款250.1亿元，46.4万农村青年获得贷款。一是持续推动担保方式创新。巩固联保、互保、“公司+农户”担保、“合作社+社员”担保等多种担保形式。二是深化农村青年信用示范户工作。评定农村青年信用示范户7.3万户，发放贷款27.1亿元。广东、贵州等地制定了与银行业金融机构审贷标准相适应的农村青年信用示范户评价标准，减少内外评级差异带来的效率损失。三是加强工作机制建设。坚持月报制度，加强对数据库数据的分析，通过实地访查、抽样调查、电话检查等方式，对各省（区、市）小额贷款工作定期督导核查。四是试点开展选派银行业金融机构优秀青年干部赴县级团委挂职工作。联合银监会、中国人民银行、中国农业银行、农村信用社在江苏、浙江、陕西等9省份600个左右的县（市、区）试点开展，推动小额贷款工作在县一级不断深化。

2. 农村青年创业就业培训工作扎实开展。全国累计培训农村青年325.7万人，落实培训经费2.18亿元。一是争取政府部门项目和资金支持。联合农业部推进农村青年创业就业行动；联合科技部继续推进农村青年星火培训工程、科技特派员创业行动；联合国务院扶贫办推进“扬帆工程助学行动”，为中西部地区农村“两后生”提供2至3年的免费职业教育。重庆、河南、陕西等省积极拓展与农业部门的合作，增加培训名额；湖北、安徽等省与供销社联合培训青年农产品经纪人、专业合作社青年负责人、青年庄稼医生。二是推出一批示范性较强的培训项目。争取中国青年创业就业基金会、微软（中国）有限公司支持，投入1000万元实施青年创业就业信息技能培训项目，将在河北、吉林、山东、江苏、陕西等10省的23个县市，分3年培训青年4.5万人。继续联合美涂士公司、中英公司等企业开展示范项目，共培训88850人。广东实施农村青年“十百千万”网商培养工程；广西与区水库移民局合作建立自治区、市、县三级联动的水库移民青年培训工作机制；吉林、黑龙江、福建等省继续整合高校、科研院所的涉农科技资源开展农技推广和服务。

3. 农村青年致富带头人培养取得新进展。一是加强学习交流。在四川达州、湖北荆门、山东青岛、辽宁铁岭等地组织中国农村青年致富带头人考察交流活动，共有130余名协会会员参加。组织各省推荐农村青年致富带头人参加2012年度全国百强农产品经纪人综合排名和百佳农产品品牌评选活动，共有18位经纪人、14个品牌分别获得全国“百强农产品经纪人”和“百佳农产品品牌”荣誉称号。二是开展第二届政府部门与农村青年致富带头人“倾听心声、共促发展”集中活动月活动，了解和反映农村青年创业就业需求。联合有关专家和企业分赴湖南、吉林、山东等省分3个课题进行专题调研。各省通过搭建交流平台、开展专题调研、组织农村青年致富带头人与普通农村青年结对等方式，了解农村青年所需所求，解读宣传国家惠农政策，帮助解决实际困难，为政府部门提供政策建议。三是创新服务农村青年的载体。联合黑龙江及时雨农业科技有限公司在黑龙江、河南、甘肃等8个省份试点建设农村青年致富信息服务网，提供涉农信息分类发布、农业科技推广、电子商务平台等致富信息服务，切实提高团组织服务农村青年的针对性和实效性。四是动员农村青年致富带头人参与社会公益事业。争取民政部资金60万元，实施“携手同行、共奔小康”社会服务行动，在山西灵丘县、江西永新县、云南梁河县等8个贫困县，组织农村青年致富带头人开展农业实用技术推广、就业岗位见习、关爱农村留守儿童和空巢老人等活动。

共青团“青年就业创业见习基地”

为引导高校毕业生和城乡社会青年树立正确的择业观和职业观，提升职业素养和职业转换能力，逐步解决目前存在的中低端见习岗位比例偏高、见习补助等政策落实难、见习理念普及度不高的等问题，我们在近年见习基地工作的基础上，结合当前我国经济社会发展的新形势、新任务，重点着眼于青年人力资源再开发和青年职业转换能力提升，开展中国青年创业就业见习计划。重点在抓好政策落实、提升见习岗位质量、完善管理机制、提高社会知晓率和见习上岗率上下功夫。截止2013年底，全团城市战线使用中的见习基地32707个，各级团组织共开展各类见习对接活动2400余场次，4.7万余家企业提供见习岗位45万余个，活动直接联系青年约113万人，帮助23万余名青年获得见习机会，其中约5.8万名青年在见习结束后实现就业。具体做法如下。

1. 探索“整行业建基地”工作模式。提出“整行业建基地”的工作思路，与金融、通讯、大型人力资源企业进行反复沟通并达成初步合作意向，同时指导部分地区先行先试，开发出一批同质程度较高的优质见习岗位，有效提升见习的社会知晓度和参与度。

2. 拓宽见习对接渠道。各地团组织一方面通过组织见习基地进校园、进培训机构、进人力资源市场，举办见习岗位发布会、招聘会等活动，开展大规模集中对接活动；一方面依托青年就业创业指导中心、人力资源中介机构等专业机构，在求职青年集聚区建立青年见习受理平台，建立日常分散对接机制。部分省市团委还着力在资源整合上下功夫，从见习基地、高校、培训机构的各自需求和比较优势出发，探索校企对接、协作对接等对接方式。

3. 积极运用新媒体技术。一是搭建新媒体对接平台。各地普遍建立了见习基地工作专题网站和网页，开展线上对接工作。三是搭建见习理念传播互动平台。通过微博、微信等网络交流方式，设置“那一年，我们一起去见习”、“一起见习的日子”等微话题，组织开展“见习微生活”、“见习微感悟”、“见习微论坛”等网络互动活动，了解青年见习动态，分享青春见习故事，弘扬见习理念。

4. 开展见习基地清理整顿工作。各地根据《见习基地管理办法》的规定，普遍开展抽查、互评工作，责令未完全履行合同约定、见习管理欠规范的见习基地限期整改，对未接纳青年见习、违法违规的见习基地予以摘牌，进一步规范了对见习基地的管理。

5. 创新日常管理服务机制。一是制定工作流程图，加强对见习基地建设、岗位对接、岗前培训、见习鉴定、跟踪服务等环节的管理。二是建立指导员制度，按照属地管理、规模匹配的原则，由省、市、县级团委干部担任指导员，加强对见习基地的管理，每年实地督导2次以上。三是建立见习维权机制，依托12355青少年服务台和青少年维权中心，为见习青年提供法律咨询、维权服务。

6. 宣传推广力度进一步加大。为解决青

年与见习岗位对接不畅等问题，各地团组织通过宣传单、媒体广告、专题网页、见习基地微博圈、微信公共账号等方式，弘扬见习理念、发布见习信息。部分省市团委联合新闻单位开展典型选拔、系列报道。其中，湖南团省委联合省电台开展“最强实习生”选拔活动，为获胜者提供海外实习机会；湖北团省委联合湖北日报传媒集团开展青年见习故事系列报道，并从中选出典型故事举办专场报告会。

KAB 创业教育(中国)项目

2013 年，团中央、全国青联、全国学联、国际劳工组织联合主办了 KAB 年会、KAB 大讲堂、KAB 创业俱乐部主席暑期训练营、和创业计划书等一系列活动，这些活动主要由 KAB 全国推广办公室、中国光华科技基金会、KAB 创业教育中国研究所等机构联合承办。活动从创业教育入手，让有创业梦想的大学生对创业有一个相对完整的理解，在真正创业前做好各种准备，甚至提前尝试创业体验，提高大学生的创业成功率和抗风险能力。

截止 2013 年 12 月，KAB 创业教育项目在 1350 多所高校培训了 5880 师资(与去年相比新增 180 多高校 900 多名师资)，在 1180 多所高校开设《大学生 KAB 创业基础》(与去年相比新增 150 多高校)，在 250 多所高校创设 KAB 创业俱乐部(与去年相比新增 48 所高校)，2013 年约有 25 万名大学生参加了课程学习，上百万大学生参加了 KAB 项目相关创业实践活动。

百万青年创业就业计划

为进一步服务大学生创业就业，探索更好地利用新媒体开展思想引领工作的途径，共青团中央与中国移动集团签订了为期三年的《战略合作框架协议》，启动了百万青年创业就业计划公益项目。学校共青团依托中国移动的信息化服务平台，重点为青年大学生提供一系列免费的创业教育、培训和一定数量的创业就业岗位，共同帮助大学生参与创业就业实践并最终实现创业就业梦想，并创建基于移动互联网开展自主创业的环境和机制。

百万青年创业就业计划为青年学生提供了有效的创业帮扶。截至 2013 年底，共有超过 172.1 万青年报名参与，累计提交创业实践作品超过 109 万件，为 474 个优秀创业团队和个人提供了超过 1100 万的创业扶持资金，促成近 20 项的扶持合作意向，提供了大量的就业实践岗位。同时，在服务大学生基于移动互联网平台创业方面，进行了积极探索，提供了 700 余场免费培训指导，开发了新版《KAB 创业教育精讲教材》，全国范围建立了 200 个左右的实体基地和 27 所见习基地，帮助 1.7 万名在校学生实现就业见习。目前，活动已覆盖了全国 31 个省市、自治区、直辖市和 2000 多所院校。

维护青少年权益工作

2013 年，各级共青团组织按照“三个结合、一个制度性安排”的基本思路，落实中央综治委预防青少年违法犯罪专项组工作部署，扎实推进权益战线各项重点工作。围绕落实共青团十七大工作部署，认真思考和规划未来五年青少年权益工作，初步确立推进法制化维权进程、健全组织化维权机制、构建社会化维权体系的工作格局。

1. 继续深化“共青团与人大代表、政协委员面对面”活动。一是组织开展好集中活动。围绕“社会教育与青少年全面发展”主题，深入开展主题调研和集中活动，推动代表委员在同级“两会”上发出集中呼吁。省级团组织共提出提案、议案和建议90件，有的被列为重点督办提案。二是健全常态化倾听机制。定期深入青少年群体开展倾听工作，并力所能及地协调解决实际困难。有23个省（区、市）团组织建立倾听机制，至少每个季度开展一次倾听活动。广东、重庆、上海、浙江等地还积极运用微博等新媒体平台，拓宽听取青少年利益诉求的渠道。三是巩固与人大、政协的机制联系，按照规范化流程，健全反映青少年诉求的制度安排，部分团组织还推动在基层设立了代表、委员工作站。

2. 落实预防青少年违法犯罪工作任务。一是全面推广重点青少年群体服务管理和预防犯罪试点工作经验。与中央综治办联合召开工作推进会，将试点经验分三步走在全国范围内推广，努力在县级及县级以上地区建立比较完善的工作格局。二是完善未成年人权益法治保障。联合全国人大内司委开展未成年人法律法规实施情况调研，向全国人大法工委提交修改《预防未成年人犯罪法》立项报告。联合中央综治办、中国法学会开展“未成年人健康成长法治保障”系列活动，形成《预防未成年人犯罪法》、《未成年人保护法》、《儿童福利法》修法建议稿。三是加强专业工作力量建设。经中央人才工作协调小组办公室同意，会同中央综治办、民政部、财政部和人力资源社会保障部制定《关于加强青少年事务社会工作专业人才队伍建设的意见》。联合12家部委开展2013年度全国“青少年维权岗”创建活动，命名619家全国“青少年维权岗”。四是扩大社会影响力。联合中央综治办拍摄6集反映重点青少年群体试点工作《为了明天》专题纪录片，联合全国妇联录制《关爱明天——好家长大智慧》第二季节目。推动上海市闵行区“阳光下展翅行动·不良行为青少年教育帮扶项目”获第八届“中华慈善奖·最有影响力项目”。

3. 稳步推进12355青少年服务台建设。一是加强服务台基础建设。在全面普查基础上，研究确定服务台发展规划和工作定位。与中国心理学会合作，在昆明和广州面向西南和华南片区68个服务台152名心理志愿者开展专业培训。制定《12355青少年服务台工作队伍管理指导意见》，加强对专兼职工作人员、专家队伍和志愿者的管理。编辑《青少年自我保护知识通用手册》，涵盖家校场所安全、交通安全、灾难避险和其他安全等四大类366个知识点。二是集中开展专项服务。春节和寒假期间，以“青春自护·平安春节”为主题，联合全国铁道团委开展自护教育活动。暑假期间，围绕防溺水和交通、消防、饮食安全等开展自护教育。中高考前夕开展心理减压“阳光行动”，动员11629名心理咨询师走进社区、学校，举办讲座和咨询11013场，约有379.2万人次接受咨询服务。三是加强新媒体平台建设。新浪“共青团12355”微博粉丝量超过200万，各地12355青少年服务台开通工作和个人微博800余个，初步形成新媒体工作网络。

4. 加强权益工作规划和研究。一是开展“拓展维权工作空间”专题调研。围绕健全权益工作制度安排、构建社会化维权体系、针对青少年权益保护典型案例有效发出声音等内容，到全国总工会、全国妇联调研，访谈7个省级党委分管共青团工作的领导，分赴上海、广东、四川等省（市）举行座谈。二是研究制定《共青团权益工作五年规划》。明确推进法制化维权进程、健全组织化维权机制、构建社会化维权体系的基本工作框架，细化未来一个时期的重点项目和工作载体。三是启动实施“青少年权益工作创新”试点。确定9个试点方向，针对未成年人、城市和乡村间流动的农村青年、困难青少年等群体，在全国选择45个城市开展为期两年的试点。通过试点，探索落实五年规划的具体措施，进一步活跃全团维护青少年权益工作。

大学生志愿服务西部计划

2013年是西部计划实施十周年，团中央与教育部、财政部、人力资源社会保障部继续按照公开招募、自愿报名、组织选拔、集中派遣的方式实施大学生志愿服务西部计划，招募一定数量的普通高等学校应届毕业生，到西部基层开展为期1－3年的教育、卫生、农技、扶贫等志愿服务。按照中央领导同志的一系列重要指示精神，西部计划全国项目办认真落实团的十七大关于深入实施大学生志愿服务西部计划的工作部署和团中央书记处关于继续抓实抓好的相关要求，按照四部委联合印发的《2013年西部计划实施方案》和国家重大人才工程高校毕业生基层培养计划、统筹实施高校毕业生服务农村基层项目等工作要求，扎实有序推动西部计划各项工作。

继续实施基础教育、农业科技、医疗卫生、基层社会管理、基层青年工作、服务新疆、服务西藏等7个专项，保持西部计划总规模17500人左右。全面落实服务省面向全国高校开展招募选拔的相关安排，共有1743所高校的67415名应届高校毕业生报名参加，新录取10009名，其中本科以上7071多人，占总数的70.6%，中共党员3253人，占总数的32.5%。保持在少数民族地区服务志愿者1万人的实施规模，加大对服务新疆、服务西藏专项的支持，通过增加招募指标、下发专项通知、指导招募宣讲、开展对口招募等，共有31个省参与对口招募，服务新疆人数达到3894人，服务西藏人数达到451人。继续深化基层青年工作专项，派遣2100名志愿者到中西部2100个县级团委开展基层青年工作。辽宁等16省（区、市）继续实施西部计划地方项目，规模达8600人，组建联合支教队支持河北“太行山－燕山”计划。联合中央文明办、文化部、教育部选派517名志愿者到内蒙古等12个省（区、市）乡镇文化站开展西部文化建设活动。在教育部支持下，组建了170所高校1835人的第十六届研究生支教团。

召开“中国梦·西部情”西部计划实施十周年座谈会。9月1日，在新疆乌鲁木齐召开“中国梦·西部情”西部计划实施十周年座谈会，中共中央政治局委员、国家副主席李源潮同志，中共中央政治局委员、新疆维吾尔自治区党委书记张春贤同志出席并讲话。团中央书记处第一书记秦宜智主持会议，团中央书记处书记汪鸿雁介绍了西部计划实施十周年的有关情况。教育部、财政部、人社部以及新疆维吾尔自治区、新疆生产建设兵团负责同志参加会议。莫锋等9名志愿者汇报了在西部扎根奉献的经历。李源潮同志发表了题为《引导青年到祖国最需要的地方实现青春梦想》的重要讲话，高度评价了西部计划志愿者的优秀表现和积极贡献，充分肯定了西部计划实施十年来取得的显著成绩，要求各级党委和有关部门要按照中央领导同志的重要指示精神，深入实施西部计划。

组织开展“中国梦·西部情”西部计划实施十周年系列活动。按照“我的中国梦”主题教育实践活动统一部署，结合西部计划实施十周年，组织逾千场“中国梦·西部情”大学生志愿服务西部计划巡回报告团活动，推荐6名报告团成员作为全国优秀青年代表参加共青团“实现中国梦、青春勇担当”五四主题团日活动，许晓艳等向习近平总书记汇报了工作。总结汇编十周年工作，编印十周年纪念画册，制作十周年动漫宣传片，开设网络宣传专栏，展示西部计划实施十年来的成效。

加强西部计划日常管理服务机制建设。组织召开2013年西部计划视讯会议、部际联席会等工作会议，参与中央五部委统筹高校毕业生到基层工作协调机制会议，加强与中央有关部委沟通联系、协作配合，推动解决西部计划志愿者保障政策方面的突出问题。对西部计划服务县项目办、高校项目办和研究生支教团高校项目办进行年度绩效全面考核，评定65个服务县项目办和211个高校项目办为优秀等次。

西部计划实施十年来，紧密围绕国家党政大局，以志愿服务的方式，探索了鼓励和引导高校毕业生到农村基层服务创业的新途径，有效促进了区域协调发展；作为国家首个鼓励和引导高校毕业生到基层就业创业的项目，培养了一大批“懂国情、讲奉献、高素质”的综合型青年人才；西部计划志愿者以实际行动弘扬了“奉献、友爱、互助、进步”的志愿精神，有效推动青年志愿者事业的持续发展；西部计划作为新时期下共青团品牌工作，加强了基层团组织力量，促进了基层团建，为提高团的吸引力和凝聚力，扩大团的工作有效覆盖面作出了积极努力。

共青团关爱农民工子女志愿服务行动

2013年是共青团关爱农民工子女志愿服务行动实施的第4年，各级团组织按照机制、队伍、内容、阵地“四位一体”的工作要求，科学部署，创新机制，抓好落实，进一步推动这项工作深入持续发展。

拓展关爱行动覆盖面。省、市级团委认真落实党组负责制，全国2805个县市区旗普遍开展关爱行动。摸底农民工子女较集中学校57676所，摸底农民工子女1718万人，较上一年底分别增长了8.9%和9.1%；结对农民工子女1575万人，较上一年增长了12.2%，结对率达到90.5%。其中，北京、河北、内蒙古、辽宁、吉林、黑龙江、海南7省区市实现了结对学校全覆盖；19省市的农民工子女结对率均达到95%以上。

加强关爱行动组织化动员。通过统一部署、专题调研、辅导培训、合作交流等方式，加强对各地各级、社会各界的再动员，为深入推进关爱行动奠定基础。安徽、四川、重庆3省市将关爱行动列入党委政府民生工程。广东、吉林、湖南3省把关爱行动作为全民志愿服务内容、人才培养计划或文明城市考核验收指标体系统筹推进。同时，在保持与各合作单位良好的合作交流基础上，开创与中国建设银行、人保财保集团合作项目，推进关爱行动深入社会的新途径。

推动关爱行动队伍多元化。共组建基层志愿服务团队4.6万个，志愿者535万多名，志愿者人数较比去年底增长10.54%；全国31个省区市和兵团选拔配备项目专员4.9万人，基本实现了“1 队 1 人”的基本目标。其中,29 个省区市和新疆生产建设兵团团委组织了省级层面的项目专员集中培训,16 个省区市开展了市县一级的项目专员培训。内蒙古、辽宁、吉林、黑龙江、湖北、广东 6 省区和新疆生产建设兵团志愿者人数相比结对农民工子女数的覆盖率均在 50% 以上。同时,建立完善项目专员资格认证、服务管理、考核激励等制度,提升项目专员队伍专业化水平。

深化关爱行动服务内容。累计开展“七彩课堂”志愿服务达 256.8 万次,累计时长 1463 万小时,内容以学业辅导、亲情陪伴、感受城市、自护教育四大类为主,并将“中国梦”元素融入到七彩课堂当中。在“六一”国际儿童节和“12·5”国际志愿者日等重点主题活动中还开展形式多样的“讲梦”类活动、“晒梦”类活动和“圆梦”类活动 3 万余次。福建等 6 省区团委建立省级“七彩课堂”精品库,进行示范课程方案、PPT 及相关视频集中展示活动。

加强志愿服务管理制度和宣传阵地建设。制定《共青团关爱农民工子女志愿服务行动综合考核办法(试行)》、《中国青年志愿者政务微博体系管理办法》、《关于进一步加强共青团关爱农民工子女志愿服务行动项目专员队伍建设的指导意见》、“七彩小屋”管理办法等,提升关爱行动实施的科学化水平。加强中国青年志愿者网站、中国青年志愿者微博体系、《中国青年志愿者协会通讯》等宣传阵地建设,进一步健全涵盖全国、省、市、县 4 级协会和项目专员体系。截至 2013 年底,中国青年志愿者微博体系成员共发布信息 7.6 万条,被转发评论 75 万条,中国青年志愿者官方微博入选“全国百大政务微博”,在团委类政务微博中排名第 2 位。

中国青年志愿者海外服务计划

团中央、中国青年志愿者协会实施中国青年志愿者海外服务计划以来,累计选派了 590 名青年志愿者分赴亚洲、非洲、拉丁美洲的 22 个发展中国家,从事为期 1 年的汉语教学、医疗卫生、农业科技、体育教学、计算机培训、职业教育、工业技术、国际救援等近十个领域的志愿服务。

海外青年志愿者事业是党和国家对外友好事业的重要组成部分,也是培养优秀青年人才的途径和舞台。海外计划作为中国青年工作同国际接轨的一个切入点,探索了民间外交和外援工作的新途径,为促进受援国经济社会发展作出了积极贡献,有利于树立中国负责任大国的国际形象,为国家培养了一批既有国际视野又有社会责任感的优秀青年人才。

2013 年,海外计划稳步推进。全年共有 71 名青年志愿者在文莱、巴基斯坦、乌干达、塞舌尔、毛里求斯等 5 个国家开展志愿服务;圆满完成首次向巴基斯坦、乌干达和文莱派遣青年志愿者任务,扩大了实施规模和实施领域,为援外志愿服务探索了新经验;以中国青年志愿者海外服务计划工作调研会等多种形式,深化新形势下的海外志愿服务工作,进一步完善海外志愿服务工作机制和保障机制,提升项目实施的科学化水平;会同商务部提高了海外志愿者的津贴标准等保障条件,为海外计划的健康、可持续发展提供了基础;利用多维平台,大力宣传海外计划工作及志愿者典型,得到了国内外媒体的积极关注与评价，有效扩大了社会影响力，展示了中国青年志愿者的良好形象。

海外青年志愿者工作得到了中央领导同志的亲切关怀。中央政治局常委、国务院总理李克强，中央政治局常委、全国人大委员会委员长张德江在国事访问期间分别在文莱、乌干达亲切接见了我海外计划全体志愿者，对海外青年志愿者工作给予了高度评价和充分肯定。2013 年 4 月 5 日，文莱国家元首访华期间与国家主席习近平发表的《中华人民共和国和文莱达鲁萨兰国联合声明》提及："哈桑纳尔苏丹欢迎赴文莱工作的中国青年志愿者为文莱汉语学习和医疗科学所作的贡献"，对志愿者的服务给予了充分肯定。

中国青年志愿者行动实施 20 周年活动

2013 年是中国青年志愿者行动实施 20 周年，12 月 5 日是第 28 个国际志愿者日。在团中央书记处领导和部署下，10 月以来，各级共青团、青年志愿者组织围绕中国青年志愿者行动实施 20 周年开展了一系列工作，取得了重要阶段性成效，营造了良好社会氛围。

一是迅速掀起学习宣传贯彻总书记回信精神热潮。12 月 5 日，习近平总书记给华中农业大学"本禹志愿服务队"回信，肯定他们在服务他人、奉献社会中取得的成绩和进步，勉励他们弘扬志愿精神，坚持与祖国同行、为人民奉献，以青春梦想、用实际行动为实现中华民族伟大复兴的中国梦作出新的更大贡献。总书记的回信在各级团组织和团员青年、广大青年志愿者中引起强烈反响，各级共青团、青年志愿者组织迅速组织了形式多样的学习宣传活动。团中央书记处第一书记秦宜智同志在北京市西城区三井社区与基层青年志愿者一起参与关爱农民工子女等志愿服务活动，共同学习总书记回信精神。书记处其他六位同志以普通青年志愿者身份，分别到北京、广东、湖北、云南等地的城市社区、大学校园、企业一线、新社会组织中参加主题活动，学习宣传贯彻总书记回信精神。12 月 9 日，团中央下发《关于认真学习贯彻习近平总书记给华中农业大学"本禹志愿服务队"回信精神的通知》，就深入学习贯彻总书记回信精神、深化志愿服务活动作出进一步部署。各级团组织和青年志愿者组织通过座谈交流、传达贯彻、研讨学习等活动掀起学习宣传贯彻总书记回信精神的热潮。

二是集中开展主题突出的社区志愿服务活动。11 月，团中央办公厅即发出通知，对开展"青春志愿行 · 共筑中国梦"社区服务主题活动提出指导性意见。各级团组织和青年志愿者组织走进社区，开展关爱农民工子女等内容的志愿服务活动。22 个省区市团委在本级层面开展了集中性主题活动，其中，有 10 个省区市党政领导同志参加了集中性主题活动，江苏、广东、湖北、云南 4 省省委领导同志还作为普通志愿者参与了志愿服务活动。

三是举办中国青年志愿者行动 20 周年新闻发布会。12 月 2 日，团中央联合国务院新闻办公室举行"中国青年志愿者行动 20 周年"新闻发布会，团中央书记处书记汪鸿雁出席发布会，介绍了中国青年志愿者行动实施 20 年来的有关情况、中国青年志愿者行动发展规划（2014 - 2018）和新修订的《中国注册志愿者管理办法》，并就有关问题回答了记者提问。国内外46家媒体近80名记者参加了新闻发布会，中国新闻社、中国国际广播电台、国新办网站、中国青年网等多家媒体进行了网络直播。

四是多措并举，营造浓厚社会氛围。中青网、中国青年志愿者网、凤凰网等网络媒体开辟“中国青年志愿者行动实施20年”专题网页和志愿服务网络文化成果展，推出志愿服务优秀文化作品1106个。“中国青年志愿者”官方微博开通了“青年志愿者之歌”专栏，与各省级青年志愿者协会微博共同推出了300余名“志愿者微榜样”，发布的微博最高转发达8600余次，各级团组织发布的微博内容近3.7万条。北京、天津、上海、江苏、浙江、福建、湖北、湖南、广东、四川、陕西、甘肃、新疆等13个省区市团组织通过举办座谈会、注册宣誓、慰问志愿者、评选表彰等形式，宣传报道了大量基层志愿服务活动。围绕中国青年志愿者行动实施20周年，新华社、人民日报、光明日报、中国青年报、中央电视台等27家中央媒体共报道60余篇次相关活动讯息及有关情况。

中国青年志愿者优秀文化成果网络展

在中国青年志愿者行动20周年之际，为深入落实“我的中国梦”主题教育实践活动的总体要求，大力弘扬“奉献、友爱、互助、进步”的志愿精神，团中央青年志愿者工作部、中国青年志愿者协会秘书处举办了“青年志愿者之歌”——首届中国青年志愿者优秀文化成果网络展，并集中开展优秀青年志愿者典型宣传活动。此次青年志愿者文化成果网络展和志愿者典型宣传活动，旨在展示推广各地(系统)团组织在青年志愿服务宣传、文化建设工作方面做出的积极探索和取得的丰富成果，集中宣传优秀志愿者典型，促进各地(系统)团组织利用文化手段加强青年志愿服务品牌建设，推动工作开展，不断提高团的吸引力和凝聚力，扩大团的有效覆盖。

各地积极响应，作品形式丰富多样。本次网络展于2013年10月23日正式启动，活动自开展以来，得到了全团各级组织的大力支持和积极响应。网络展作品征集工作历时一个多月，范围覆盖全国31个省(系统)。截止至12月4日，收集各类作品共计1433件，数据量达47.7G，其中包括视频147部、各类图片709张、各类文字作品146件、音频作品95件、新媒体文化成果10件、优秀志愿者典型材料301份。

活动影响广泛，优秀作品层出不穷。网络展页面于12月4日在中国青年网正式上线，中国共青团网、中国青年志愿者网等官方网络平台在第一时间对此次网络展进行了重点推广；新浪网、新华网、凤凰网、奇虎360等诸多国内知名新闻门户网站在其首页和公益频道的主要位置对网络展进行了报道宣传；“中国共青团网”、“中国青年志愿者”等新浪官方微博账号与网络展相关的微博和话题引来网友纷纷评论和转发。截至2013年12月30日，本次网络文化展主页面访问量总计达到502700次。

在此次网络展文化作品集锦之中，涌现出了一大批志愿服务文化精品。华中农业大学的话剧《牵挂》以三名优秀志愿者代表——徐本禹、赵福兵和张瑜为故事原型，以主人公张福禹“支教”为主线，用艺术的手法、激荡的故事情节展现了新时代大学生的人生抉择和精神风貌，引发网友广泛共鸣；《希望树》等作品，通过微电影的形式，以独特的视角，刻画了志愿者无私奉献的光辉形象；诗歌《那一年》以质朴动人的语句，让网友感受了西部计划志愿者们对边疆那真挚的情、豪迈的心、坚定的行和无私的爱。

汇聚优秀典型，充分彰显榜样力量。此次志愿服务文化成果网络展从全国各省（系统）团组织征集了共计 301 名优秀志愿者典型进行了集中的网上风采展示。在各省（系统）提供的材料基础之上，经过遴选，凤凰网文化频道记者对周晓芬、谢歆、杨云大、郎坤、吴兴芬、陈允广六位优秀志愿者代表以电话采访的形式进行了深入的事迹挖掘；中青网选取了许晓艳、徐本禹、徐庆群、黄加荣、者连成作为志愿者典型代表进行重点宣传。同时，与中国网开展深入合作，将志愿者庞宇的优秀事迹作为素材，拍摄制作志愿服务主题微电影。301 名优秀志愿者典型，以自身数年如一日对志愿、对公益的坚持，向广大网友彰显着榜样的力量。

第九届“振兴杯”全国青年职业技能大赛

2013 年 6 月，第九届“振兴杯”全国青年职业技能大赛初赛启动。全国共有 29 个省（区、市）及铁道、钢铁、餐饮、港口 4 个行业系统团组织开展了省级初赛，吸引超过 460 万名青年职工参与。累计组织省级初赛 732 场，市级竞赛 1653 场，超过 460 万名青年职工参加了各层次的技能大赛，14703 名青年通过竞赛晋升了技术等级。

在往届大赛基础上，第九届“振兴杯”呈现出一些新的特点。一是进一步向基层拓展，不断完善竞赛机制及青年技能人才培养机制。北京针对技能竞赛建立了四级项目体系，安徽、海南、湖南等地在全省各地市（州）县建立了技能大赛组织机构，河南出台了《“我的中国梦”河南省岗位技能提升三年行动实施方案》。二是借助行业团建成果，拓展竞赛职业工种。广东、天津等地发挥行业团组织的专业化优势和行业资源力量，在全省范围内开展了百余个工种的技能竞赛活动。三是不断向非公领域拓展，进一步提升非公企业团组织活力。团甘肃省委联合省非公企业党工委、省人社厅等部门举办全省“振兴杯”大赛，海南国际旅游岛青年服务技能大赛、辽宁“幸福杯”青年现代服务业技能大赛等赛事，牵动基层非公企业团组织广泛参与。四是以赛促学、以赛促用、以赛促改的导向作用进一步显现。青海、上海、辽宁等地及钢铁行业团组织，在比赛工种选定、赛程内容设计等方面，紧密结合当前经济结构调整和企业转型升级的需要，通过大赛不仅有效提升青年职工的岗位技能，而且增强了青年职工的可持续发展意识。五是积极利用新媒体，不断提高赛事吸引力和影响力。各地方、行业（系统）团组织一方面广泛利用网络、微博、微信、微电影等新媒体手段进行赛事宣传，另一方面开始尝试在比赛形式设计上借助新媒体手段。全国铁道团委开发了铁路青年业务知识网络答题系统，山东通过打造“山东省青工技能网上拉力赛”，让更多青年职工参与到“大练兵”活动中来。

青年文明号活动

1. 开展“我的中国梦”青年文明号主题教育实践活动。根据全团总体部署，全国青年文明号活动组委会5月14日下发《关于开展“我的中国梦”青年文明号主题实践活动的通知》，动员各级青年文明号集体和创建集体，高扬“中国梦”的精神旗帜，围绕“学习引航中国梦、实干助推中国梦、文明点亮中国梦”三方面开展主题实践活动。各省级地方团委和20家成员单位以组织示范统一行动、设计主题载体、下发文件、会议部署等方式迅速落实。

一是加强思想引领。围绕增强青年对“中国梦”的内心认同，各地开展党史团史、国情社情、行业文化等内容的学习教育活动。全国铁道团委举办“我的中国梦”优秀青年事迹报告会，邀请全国青年文明号新老号长分享经验、畅谈梦想。上海举办岗位成才报告会180余场，覆盖团员青年40386人次。二是服务地方建设。立足发挥青年文明号的排头兵作用，各地广泛开展岗位比武和岗位建功行动，带领青年文明号为完成重点工程和重大任务当先锋。黑龙江组织青年文明号围绕全省“优环境、助发展”战略，开展各类创新创效、技能比武活动。江苏省镇江团市委建立73支青年突击队，在产业升级、城乡建设、创新创业、民生改善等660个专项课题中攻坚克难。三是竭诚为民服务。以为群众办实事，让群众更满意为目标，各地组织青年文明号通过结对帮扶、志愿行动、延伸服务等方式，为群众雪中送炭、排忧解难。工商银行开展“青年文明号优质服务月”，通过送金融服务进基层、普及金融知识万里行等活动提升服务满意度。青海青年文明号与乡镇（街道）、村（社区）、非公企业、农牧区专业合作组织的团组织结对132个，围绕政策助困、物资助困、服务助困，每月进行对口共建。

2. 5月9日，团中央联合公安部共同召开“2011－2012年度全国青年文明号命名表彰电视电话会议”。国务委员、公安部部长郭声琨，团中央书记处第一书记秦宜智会前接见公安系统青年文明号集体代表。郭声琨对深化公安系统青年文明号创建工作发表讲话。团中央书记处书记贺军科，公安部党委委员、政治部主任蔡安季等领导出席会议并讲话，进一步鼓舞和激励了广大青年干警的干事创业的热情。

3. 拓展青年文明号活动创建领域。一是9月联合注册会计师行业党委印发《关于在注册会计师行业开展创建青年文明号活动的通知》。10月11日，召开“注册会计师行业创建青年文明号活动推进交流会（视频会议），正式启动注会系统的创建活动。二是12月16日联合国家工商行政管理总局印发《关于在全国工商行政管理系统开展青年文明号创建活动的通知》。

4. 1月31日正式发布《共青团中央关于命名2011－2012年度全国青年文明号的决定》，共有1054个集体被评为2011－2012年度全国青年文明号。

保护母亲河行动

2013 年，共青团农村战线深入贯彻党的十八大精神，认真落实团中央书记处要求，以“保护母亲河，美丽中国梦”为主题，以筹资造林、社团培育和理念宣传为重点，创新载体、统一行动，进一步深化保护母亲河行动，在动员青少年植树、募集资金建设青年林上迈出新步伐。全年，全团共动员青少年 529.2 万人次参与保护母亲河行动；争取解放军和武警部队青年官兵捐款 7238 万元，河北赤城解放军青年林、黑龙江龙江武警青年林开工建设。

1. 募集资金支持基层植树造林力度加大。一是为基层团组织提供政策、项目和资金支持。联合全国绿委、国家林业局下发“2013 年度青少年植树行动”通知，24 个省(区、市)团委与绿化、林业部门联合发文。河南、广东、湖南、黑龙江等省份争取林业、绿化、环保等部门支持资金物资 1.11 亿余元，辽宁奖励 50 个“青年村屯绿化示范村”各 2 万元，吉林协调年度固定工作经费，湖北、福建将青少年植树活动纳入当地绿化工作总体规划。二是组织动员青年为保护母亲河行动捐款。争取解放军和武警部队青年官兵捐款 7238 万元，建设新一轮解放军青年林，启动河北赤城项目、黑龙江龙江项目。协调中国人民银行组织青年员工捐建“人行青年林”，启动宁夏西吉项目。山东、浙江、重庆等省份以“每人每天捐一角钱”、“我为家乡种棵树”义捐、“希望小水利”等“微捐”、“微项目”为主题，动员广大青少年参与公益环保活动。

2. 青少年生态环保实践活动广泛开展。一是开展全国示范性活动。联合全国绿委、国家林业局在广西南宁开展“保护母亲河，美丽中国梦”2013 年珠江流域青少年植树行动统一行动日活动，同步启动网络植树行动，珠江流域 6 个省份 136 个县开展统一行动。联合农业部投资 600 万元支持贵州 5 个县建设总面积 20 万亩的“保护母亲河——青年万亩示范草场”。二是组织青少年参与区域性、流域性植树造林活动。河北、辽宁、浙江、甘肃等省份集中开展“百万青少年绿动燕赵”、“百团大战绿辽宁”、“百万学子植树护绿”、“11151”工程等大型植树护绿活动。天津、山东、吉林、江西等省份整合资金建设青少年绿色家园、绿化基地等示范项目。三是开展生态实践特色活动。福建、山西、湖南、云南等省份开展“碳汇林”、“光盘行动”、“大学生环保创意大赛”等活动。河南开展青少年室内立体绿植种植大赛，广西邀请 45 所高校环保社团与珠江沿岸生态村屯进行“一对一”结对。四是把植绿护绿融入地方扶贫开发。广东开展“粤青帮帮林”帮扶贫困家庭种植经济林活动；海南、安徽、江西等省份开展了清洁乡村、“百企助百村”等活动。全年保护母亲河行动共吸引 529.2 万人次青少年参与。

3. 青少年绿色队伍进一步壮大。一是加强青少年环保组织体系建设。推动成立珠江流域青少年生态环保社团联盟，促进流域协同行动。河北、吉林、山东、陕西、江苏成立省级青少年生态环保社团联合组织。重庆 114 个青少年生态环保社团与社区共青团市民学校结对共建，黑龙江新建各级生态环保社团 172 个。二是开展青少年生态环保社团小额资助工作。资助 70 个社团实施环保项目，发挥示范作用。天津、湖南、陕西整合资金支持青少年环保团队开展活动。三是开展社团骨干和指导教师培训。举办 2013 年全国青少年生态环保社团指导教师培训班，江苏、天津、湖南、河南等省份培训环保社团骨干和指导老师

1000余人。

4. 生态文明理念宣传路径得到拓展。一是加强典型选树和宣传。加大第六届“母亲河奖”评选、表彰各环节宣传工作力度，举办表彰座谈会，组织系列事迹分享活动，联合湖南卫视《天天向上》栏目录制电视特别节目，扩大社会宣传和对青少年的影响。江苏、陕西、上海开展了省级“母亲河奖”评选。二是积极运用新媒体。提高全国保护母亲河行动官方微博和微博圈的活跃度，微博圈粉丝数增至100万。湖南、陕西等省份利用微博、微信、手机报、公交线路移动电视等，发布环保贴士、互动话题、活动公告。三是探索寓教于乐的宣传新载体。陕西制作青少年环保创意游戏，山东、福建、安徽举办青少年环保主题拍客、微动漫、微电影大赛。

第七届寻访“中国大学生自强之星”活动

由团中央、全国学联主办，中国青年报社和中国高校传媒联盟承办，新东方科技教育集团协办的寻访“中国大学生自强之星”活动，以“青年自强·圆梦中国”为主题，旨在鼓励更多青年大学生将自己的“青年梦”融入为国奉献的“中国梦”中，更好地承担起建设国家、服务社会的重任，报名阶段历时四个月。据团中央与中国青年报社的调查显示，报名同学覆盖了全国31个省级行政单位的千余家本科、专科院校，总人数达到9164人。较前一年的寻访活动总报名人数5206人有了较大提升。活动于2013年5月10日公布最终获奖名单，在近万名学生中10名学生脱颖而出，获得“中国大学生自强之星标兵”，他们中有将青春奉献给西南边陲教育事业的马成亮，一心追求食品“安全梦”，互联网“云”创业的张轩，肢体不便，却在求学之路屹立不倒的脑瘫博士张大奎等。为当代大学生树立了自强、艰苦、勤勉、奋斗的目标与榜样。2013年9月11日，中国大学生自强之星颁奖分享会在北京理工大学成功举行，团中央书记处书记傅振邦、中国青年报社副总编辑张坤、新东方教育科技集团董事长俞敏洪等领导参加颁奖分享会，并对自强之星标兵的事迹给予了充分的肯定与支持。在活动的参与方式上，继续使用微博“实名推荐”，在微博平台进行网络报名与传播。活动自开展以来，纸质类媒体、网络、新媒体平台均作为重要的传播渠道发挥作用。其中，以微博为主的新媒体在“中国大学生自强之星”选拔过程中起到了非常重要的传播作用，尤其在高校中，收到了良好的传播效果。相较于前一年，微博的使用程度更为广泛。在腾讯微博，有约42700条活动相关微博，远超前一年的15700条。而活动期间新浪微博活动相关信息也达17881篇。活动整体微博发布数量超过7万条。活动期间，官方微博@中国大学生自强之星发布的微博阅读数达到748443次。各高校、省、市、自治区的团委官方微博也全面参与到传播当中，在活动结果公布前就已有11个省(市)的团(市)省委学校部腾讯官方认证微博和127所高校团委认证微博发表了与活动相关微博，传播效果良好。同时，纸质媒体、网络(新闻网、论坛、贴吧)等平台也发挥了重要的传播作用。中国青年报、中青在线、凤凰网、网易、“天涯社区”等平台进行了大量的传播。

第十三届“挑战杯”全国大学生课外学术科技作品竞赛

2013年10月13日至18日，由共青团中央、中国科协、教育部、全国学联和江苏省人民政府共同主办，苏州大学、苏州工业园区承办，交通银行协办的第十三届“挑战杯”交通银行全国大学生课外学术科技作品竞赛决赛在苏州成功举行。

本届竞赛以“挑战创新路·共圆中国梦”为主题，自今年3月启动以来，全国近2000所高校开展了校级竞赛，向“挑战杯”官方网站报备了近2万件作品。经过省级比赛、全国复审，最终440所高校的1135件作品进入终审决赛。港澳地区14所大学的59件作品一并参赛参展。经过前期的网络初评和集中复评，以及决赛期间的作品公开展示和现场问辩，全国评审委员会最终评出北京大学《包含平面硒原子层的稀土硒化物及硒氧化物二维纳米晶：RESe2与RE4O4Se3的液相合成与性质研究》等特等奖作品34件，一等奖作品104件，二等奖作品288件，三等奖作品710件。上海交通大学、清华大学并列以总分480分获得本届“挑战杯”，北京理工大学、苏州大学等24所高校获得“优胜杯”，香港中文大学获得“港澳优胜杯”。北京、江苏等20个省级团委和苏州大学等142所高校分获省级、校级优秀组织奖。此外，各高校推报的200件作品获得了首次单独设立的“累进创新奖”和“交叉创新奖”。

本届竞赛开创了自1989年创办以来的多项新纪录：第一次由省属“211工程”高校承办；第一次在地级市举办；第一次采用校地合作的承办模式。竞赛期间，还将举办“累进创新奖”与“交叉创新奖”评选、“创新大讲堂”院士与青年学子面对面、“我的创新故事”视频展播、入驻全国大学生创新创业示范园区项目路演等活动。

决赛期间，内地及港澳地区450余所高校的4000余名师生代表参赛参展。来自全国各地的教育界、科技界、企业界、新闻媒体代表和当地中小学生观摩了作品展。近百家企业与所关注的参赛作品作者进行了投资意向洽谈，有的还现场签订了投资合作协议书。

经“挑战杯”竞赛全国组委会表决通过，广东工业大学作为承办单位、香港科技大学作为联合承办单位获得2015年第十四届“挑战杯”竞赛承办权。

全国青年安全生产示范岗

2013年4月，为激励引导广大青年职工强化安全生产意识，提高安全生产技能，参与安全生产管理，为企业安全生产作出积极贡献，努力为全面建成小康社会、实现中华民族伟大复兴的“中国梦”创造良好的安全生产环境，共青团中央、国家安全监管总局联合开展了“安全守护·中国梦——青安岗在行动”暨2013年度全国青年安全生产示范岗创建活动。全国32个省级团委和10个行业、系统团组织严格按照通知分配的名额要求，共推报创建集体214个。今年活动内容包括以下几点：

1. 突出创建主题，创造良好安全生产环境。创建集体围绕“安全守护·中国梦——青安岗在行动”创建主题，创新活动形式和活动内容，把安全生产宣传教育活动与“我的中国梦”主题教育实践活动结合起来。大力宣传党和国家的安全生产法律法规、方针政策和企业安全规章制度，普及安全知识，弘扬安全文化；大力开展“我的中国梦”主题教育实践活动，引导青年职工深刻认识到“中国梦”是民族的梦，也是每个企业青年的梦，自觉把个人理想融入共同理想。

2. 注重岗位实践，提升安全生产技能水平。创建集体积极开展“安全守护·中国梦——青安岗在行动”主题团日、“安全竞赛”和“青年创新创效”等有利于安全生产的活动，特别是要有针对性地开展了岗位练兵、技能比武等活动，着力提升青年职工安全生产技能水平，引导他们立足岗位，学技成才。

3. 强化安全规范，促进企业提高本质安全水平。创建集体结合企业实际和岗位特点，尊重青年职工的主体地位，发挥青年职工在推动企业安全生产、参与企业安全管理方面的积极性，围绕影响企业本质安全的各个要素，广泛开展合理化建议征集、安全生产小发明、小革新、小改造、小设计、小建议等活动，协助企业创新和改进不符合标准的安全管理制度、工艺技术、设备设施和作业环境。鼓励和引导青年职工发挥首创精神，积极为促进企业提高本质安全水平作贡献。

4. 完善管理体系，建立安全生产长效机制。创建集体制定岗位创建方案、创建目标、创建措施和创建考核评价标准，明确青年职工的安全生产责任。各创建集体安全生产活动有计划、有内容、有保障，落实到位，责任到人。创建活动记载翔实，工作台账清晰规范，确保出实效、出成绩。

各创建集体结合上述要求，在今年6月“安全生产月”期间，集中开展了“安全守护·中国梦——青安岗在行动”五个一活动，即开展一次安全生产宣传教育，开展一次安全隐患排查整改，开展一次安全生产知识培训，开展一次安全技能岗位练兵，开展一次安全生产“五小攻关”，引导和带动广大青年职工将安全生产知识内化为安全生产意识和安全生产行为。

寻找“最美青工”活动

寻找“最美青工”活动是共青团中央2013年发起的一项面向基层一线广大青年职工的思想引导和岗位实践活动。该活动以道德、技能、精神为标准，旨在寻找一批具有高尚职业道德、娴熟职业技能和高度职业精神的一线青年职工典型，以他们自身的成长历程、精神追求、模范行动，给广大青年以触动，做表率，引导广大青年职工树立劳动创造财富、奋斗成就人生的职业观念。

活动自7月16日正式启动，通过层级化的组织寻找和运用新媒体手段进行非层级化的自荐他荐，全国共有486名青工进入全国网络总投票。自9月26日全国投票启动以来，广大青工参与热情持续高涨，短短10余天的时间里，活动官方网站浏览量超过1.58亿次，465位候选人累计获得投票1.04亿张。结合投票情况和综合评议结果，最终产生了100名“最美青工”和10名特别关注“最美青工”。

与以往通过直接典型宣传对青年进行思想引导的运作模式不同，此次寻找“最美青工”活动之所以牵动吸引大批青工主动参与，自觉投票，积极互动，源于活动本身的3个突出特点。

一是寻找形式新颖。活动最大特点即突出了“寻找”的形式和过程。广大青工不但可以通过参与各级各类岗位实践活动，充分展示展示自己的一技之长，在组织层级化的选拔中脱颖而出；更能够最大程度地利用网络、微博、微信等新媒体手段，方便快捷地打通青年自荐、他荐等非层级化的寻找渠道，让“群众”有渠道直接推选自己身边的榜样，有效拓宽了活动的参与面、覆盖面。二是推广载体丰富。为扩大寻找“最美青工”活动的社会影响力，凝聚广大青工立足岗位建功立业，团中央、地方及行业各级团组织积极争取各种优势资源，采取线上线下全方位手段，在全国主流媒体和青年喜爱的时尚娱乐类节目中对活动进行广泛深入宣传。三是活动全程公开。在腾讯网开设了寻找“最美青工”官方网站、微博及微信，发布活动介绍，公开活动规则、日程、网友微博留言，及时更新各地活动开展动态、候选人事迹展播等信息，并全程对每一位候选人的得票情况进行监控。此外，活动还公开了监督举报电话和投诉邮箱，接受社会监督，保证了整个活动的公平公正。

全国大中专学生志愿者暑期“三下乡”社会实践活动

2013年中宣部、中央文明办、教育部、团中央、全国学联等部委继续组织开展2013年全国大中专学生志愿者暑期“三下乡”社会实践活动。活动以“实践激扬青春志，奋斗成就中国梦”为主题，组织青年学生利用所学专业知识，广泛开展“中国梦”基层宣讲、科技支农、教育帮扶、文化宣传、生态环保等多种形式的志愿服务活动。今年的工作主要有以下特点。

1. 做好筹备工作。2013年5月，团中央学校部发布了《关于2013年全国大中学生暑期“三下乡”社会实践筹备工作的通知》，就活动主题、开展社会实践基层需求调研和对接、重点团队安排进行了布置，发布了全国社会实践重点项目。同时，开展“三下乡”品牌塑造和传播推广，设计制作了全国大中专学生志愿者暑期‘三下乡’社会实践活动的标识系统，推广在全国广泛使用。

2. 广泛开展实践活动。2013年“三下乡”活动面向全国大中专院校组织近110000支实践团队，其中全国重点团队900支，省级重点团队9545支，校级重点团队97175支，基层宣讲社会实践团队11880支，科技支农社会实践团队11337支，文化宣讲社会实践团队16409支，医疗卫生社会实践团队8321支，生态环保社会实践团队10358支，其他类别团队12720支，吸引了全国900多万名青年学生志愿者参加。人民日报、新华社、光明日报、中央电视台、中国青年报、中国教育报等中央主要新闻媒体和新华网、中青网、新浪网等主要网络媒体分别对“三下乡”活动进行了全方位报道，地方各类媒体有关报道超过170000多条，产生了广泛的社会影响。

3. 积极整合社会资源。一是与中国电信集团公司合作，提供50万元在全国组建100支团队，开展“天翼与你同行”专项社会实践活动；二是指导开展人民网全国大学生社会实践评选、阿克苏诺贝尔全国大学生社会公益奖项目、索尼梦想教室全国大学生社会实践西部地区教育支持项目、远洋地产“探海者”第五届大学生社会实践奖项目、“快乐走你”全国大学生快乐健康发展挑战赛等项目，获得10余个社会支持项目，据初步统计，此类项目共涉及资金近100万元，参与学生近10万人次；三是协助指导全国10余所高校100多名高校大学生骨干赴沂蒙老区，参加临沂大学组织的暑期社会实践活动；四是协助组织全国6所高校50多名优秀大学生赴海南鹦哥岭开展暑期社会实践活动，受到团中央书记处、中宣部理论局、《光明日报》社、海南省委的高度重视，活动取得预期效果。此外，还参与组织了新华社、腾讯网等组织的社会实践项目等。实践证明，“三下乡”社会实践活动是大中专学校开展实践育人工作的有效载体，是青年学生检验真知、认识国情、接受教育、服务群众、增长才干、奉献社会的有效平台，是共青团组织和社会各界为青年学生搭建的圆梦舞台。

少先队辅导员专业化职业化建设

推动建立少先队辅导员参评中小学教师职称“双线晋升”机制。17个省份已经在教育或人力资源和社会保障部门的制度安排中，就少先队辅导员通过成果折算或以“少先队活动”科目参评中小学教师职称做出安排。完善和落实少先队总辅导员制度。28个省份配备了省级总辅导员，78个地市配备专职总辅导员。做好辅导员分级全员培训。在全国青少年井冈山革命传统教育基地，举办地市级以上少先队总辅导员培训班。继续实施“国培计划”骨干少先队辅导员培养项目。

少先队活动课建设

推动落实少先队活动课作为国家规定的必修的活动课。全国31个省份全部转发教育部文件或下发相应文件。各级少工委积极协调中小学校，把每周1课时少先队活动课努力落实到学校课表上。组织专家研究制定了《少先队活动课指导纲要（试行）》，在全国1313所中小学试点使用。组织开展少先队活动课教育研究。提供少先队活动课资源保障。围绕讲党、宣传党的十八大、“中国梦”教育等，制作动漫版队课教材。建设少先队活动课网络平台，进行信息发布、资源共享、案例征集等。研发推广辅导员用书，推广活动课案例、课件。

少先队学科建设

争取相关高校支持，在31个省份的41所高校教育学一级学科下设置“少年儿童组织与思想意识教育”二级学科，13所高校2013年招生，第一批录取硕士研究生54人。构建学科知识体系，形成系列教材（试用版），提供给相关高校使用。依托设立二级学科的高校建立少先队科研基地，筹措资金支持高校学科研究。通过参与高校科研、担任兼职导师、到高校办少先队工作讲座等，将优秀辅导员的宝贵经验转化为理论成果。发挥学科专家在辅导员培训中的作用。

全国青联活动

1.“走进青年、携手圆梦”主题活动

根据中央关于开展党的群众路线教育实践活动的要求，落实党中央和习近平总书记对青年工作的重要要求和团十七大部署，全国青联在各级青联组织中部署开展“走进青年携手圆梦”主题活动。各级青联高度重视，精心组织，充分发挥青联的组织优势和青联委员的桥梁纽带、示范带动作用，组织开展关爱帮扶、走访慰问、交流分享、文艺演出等活动，动员广大青联委员密切联系和服务所在地域、所在领域、所在界别的青少年，深入了解青年的利益诉求，千方百计为青少年圆梦成才多办好事实事，切实把党和政府的关怀、共青团和青联组织的关爱送到广大青少年之中。同时，通过开展活动，引导青联委员深入了解国情民情，积极转变思想作风，自觉承担社会责任，树立良好的社会形象。

11月9日，全国青联部分委员走进四川乐山市剑锋小学，看望了当地留守学生，为他们捐赠了价值20多万元的暖冬物资、课外书籍、慰问金、玩具和电影设备，献上集知识性、趣味性、艺术性、互动性于一体的精彩文艺节目，并组织开展了“我的中国梦——奋斗的青春最美丽”分享会。11月14日，全国青联社会科学界别在北京理工大学团委举办“我的中国梦——奋斗的青春最美丽”分享会，全国青联委员廉思与青年学生、青年职工、青年农民代表分享了青春奋斗的故事，共同探讨奋斗精神的时代内涵和重要意义。11月22日至23日，全国青联医药卫生界别赴河南省汝州市金庚康复医院开展“走进青年、携手圆梦”主题活动，来自医药卫生界别的青联委员以及北京市地坛医院、朝阳医院的青年医疗专家，为200多名脑瘫弃儿以及贫困家庭的脑瘫患儿免费义诊，并赠送感觉统合训练器材、奶粉童装等物品。12月14日，全国青联在河北保定开展“走进青年·携手圆梦”主题活动，委员们为500多名望都县的贫困学生和留守儿童捐赠价值30余万元的学习生活用品，带来了精彩活泼、别开生面的文艺辅导课，并与当地150多名青年致富带头人、创业青年进行了座谈交流。12月28日上午，全国青联新闻出版界在北京市密云县举办“走进青年携手圆梦”主题活动，走访慰问进城务工青年子女，赠送了图书和学习用品，并向他们致以节日的问候。

各地青联组织结合自身实际，开展了丰富多彩的主题活动。12 月 21 日，浙江省青联开展"爱心、青春、接力"三下乡活动，青年专家们来到洛舍镇卫生院开展义诊，为当地近 200 名村民开展了内科、外科、骨科、儿科、妇科等多个项目的医疗服务，帮助村民掌握正确的家庭保健、救护和卫生知识。1 月 16 日，宁夏回族自治区青联在银川市金凤区良田镇和顺移民新村举办了"送演出、送科技、送春联"移民新村慰问活动，为移民新村 180 名小学生赠送了爱心礼包，并为村民们献上一台精彩的文艺演出。1 月 17 日，安徽省青联组织青年志愿者赴六安市裕安区分路口镇开展"三下乡"志愿服务，开展了文艺演出、专家义诊、义写春联以及农业、科技、法律等咨询活动。

2. 团中央、全国青联志愿者艺术团慰问进城务工青年

1 月 28 日上午，团中央、全国青联志愿者艺术团在天桥剧场举办"我们一起过年"在京务工青年慰问演出活动。共青团中央书记处第一书记陆昊，共青团中央书记处常务书记、全国青联主席王晓与来自内蒙古、安徽、黑龙江等 18 省市的 1200 多名在京务工青年共同观看了演出。来自全国青联文艺界别的新老委员以及活跃在一线的著名艺术家奉献了一场精彩的文艺盛宴。演出由李杨、董卿、鲁健、春妮联袂主持，冯巩、韩红、王宏伟、谭晶、郃丽华、吕萌、李玉刚、卢庚戌、柏文、闫学晶、郭冬临、阿鲁阿卓、赵媛以及中国残疾人艺术团为现场的青年劳动者们献上了精彩的节目。除了奉献精彩的文艺节目外，团中央、全国青联还为现场每一位务工青年准备了一份节日礼包，向大家表达诚挚的新春问候。

3."未来因梦想而伟大·我的中国梦"主题活动

6 月 14 日，全国青联在清华大学新清华学堂举办"未来因梦想而伟大——我的中国梦"主题活动。整场活动由"筑梦、创新、未来"三个篇章组成，全程充分展现了"有梦·追梦·圆梦"的元素。郎朗、林丹、张靓颖、黄豆豆、陈鲁豫、马艳丽等全国青联委员，以及深受广大青年喜爱的周杰伦、徐小平、慕彦春、李小燕、华少等明星结合自身追逐梦想的历程与青年代表进行对话访谈。宋祖英、莫慧兰、黄晓明、孙周、江一燕等青联委员和明星，还通过录制视频的形式，与现场观众们分享了各自的奋斗历程和对"中国梦"的认识，激励广大青年敢于有梦、勇于追梦、勤于圆梦，自觉将"我的梦"融入"中国梦"之中，为实现中华民族伟大复兴的中国梦增添青春正能量。首都青年学生代表、青年工人代表、青年农民代表，以及来自河北、安徽、福建、河南、四川等地在京务工青年代表 2000 余人参加活动。

4. 全国青联十一届四次常委（扩大）会议

9 月 17 日，全国青联在北京召开十一届四次常委会议，深入贯彻落实党的十八大精神，认真学习贯彻习近平总书记等中央领导同志关于青年工作的一系列重要讲话精神，部署研究安排下一年度的青联工作。中共中央政治局委员李源潮出席会议并勉励青联委员，认真学习贯彻习近平总书记关于青年工作重要指示，充分认识当代优秀青年的时代责任，团结引领各族各界青年为实现十八大提出的目标任务和中华民族伟大复兴中国梦而努力奋斗。共青团中央书记处第一书记秦宜智出席会议并讲话。会议选举团中央书记处常务书记贺军科为全国青联主席，团中央书记处书记罗梅、汪鸿雁、周长奎为全国青联副主席。贺军科作了工作报告。

社团和民族宗教工作

一、青少年民族团结交流万人计划

2013年青少年民族团结交流万人计划包含9个交流项目，共有2200余名青少年参加活动。

1. 全国少数民族大学生骨干社会实践与社会观察活动。7月15日至21日，全国少数民族大学生骨干社会实践与社会观察活动在浙江省等地举办。本次活动以“汇聚中华情·共筑中国梦”为主题，来自新疆、西藏等西部9个省区的200名少数民族大学生骨干和全国重点高校、浙江省高校的140名优秀大学生骨干，组成10个实践团队赴不同地市开展了社会实践与社会观察活动。期间，各民族大学生一起聆听了“中华民族一体多元文化发展史”、“团结共筑中国梦”等理论辅导报告，参观了南湖中共一大旧址、南湖革命纪念馆等革命遗址，参观了钱江新城、江东新区、浙江博物馆以及雅戈尔集团、奥康集团等企业，赴基层参加了教育帮扶、文艺演出、生产劳动等社会实践活动，各族大学生还开展了学跳民族舞蹈健身操、学说各族最美语等新颖、灵活的民族文化交流活动。

2. 全国各民族中学生暑期同心营活动。7月26日至8月4日，全国各民族中学生暑期同心营活动在宁夏回族自治区举办。本次活动以“同心共筑中国梦民族团结一家亲”为主题，来自新疆、内蒙古等8个省区的140名少数民族中学生、宁夏140名中学生以及相关工作人员共330人参加了活动。期间，举办了民族团结知识讲座、党史讲座、“绿色通道”安全知识讲座和消防演练活动，参观了六盘山革命纪念馆、中华黄河坛、中华回乡风情园等，召开了“中国梦我的梦”、“民族情中华魂”等主题班会，还开展了家庭民宿体验活动。

3. 全国各民族中职学生暑期同心营。7月28日至8月6日，全国各民族中职学生暑期同心营活动在河南省举办。来自内蒙古、西藏等9个省份的130名少数民族中职学生，与河南省的130名中职学生结对，在郑州、洛阳、安阳、鹤壁等地开展了为期10天的交流学习活动。此次活动以“凝铸民族情，共筑中国梦”为主题，期间举办了习近平总书记“五四”重要讲话、团十七大精神以及民族团结主题讲座，组织了“彩虹人生——我的中国梦”演讲比赛、“同心共筑中国梦”联欢活动和民宿活动，考察鹤壁青年创业基地和郑州宇通集团有限公司，并与河南优秀中职毕业生进行了座谈交流会。

4. “红领巾相约中国梦”交流体验活动。5月27日至6月2日，来自全国各地56个民族的154名少年儿童相聚北京共同参加“红领巾相约中国梦”交流体验活动。各民族少年儿童代表在北京市少年宫新址开展了“快乐童年放飞希望”少先队主题队日活动，参加了天安门广场升旗仪式，瞻仰了毛主席纪念堂和人民英雄纪念碑，观看了国家博物馆“复兴之路”展览，在中关村第三小学与北京市少年儿童代表开展了手拉手交流活动，还参观了鸟巢、水立方和蓝天城职业体验馆。

5. 民族团结进步青年典型学习交流活动。8月17日至23日，来自内蒙古、广西等13个民族地区省区的110余名曾荣获地市级以上民族团结进步先进个人荣誉称号的青年代表齐聚中央团校，参加了民族团结进步青年典型学习交流活动。期间，学员们听取了中国梦与当代青年使命、党的民族宗教理论和政策等专题报告，以及国家民委相关司局负责同志介绍的民族团结进步创建工作情况，国务院第五次全国民族团结进步表彰大会模范个人刘希英与学员进行了分享交流。21日下午，中央统战部副部长斯塔与部分学员代表进行了座谈。20日下午，部分学员代表拜会了国家民委，国家民委副主任陈改户出席活动并讲话。此外，学员们还围绕“56个民族的中国梦”开展了分组讨论，参观了国家博物馆复兴之路展览、中央民族大学民族博物馆、中华民族园、故宫等文化场所。

6. 新疆青少年融情教育千人计划。六一儿童节前夕，355名新疆各民族少先队员在乌鲁木齐市参加了“红领巾相约中国梦”主题教育实践活动。8月8日至23日，天山学子心向党—新疆中学生“红色·融情”实践活动在北京、延安、西安、哈密四地举办，本次活动以“热爱党、热爱祖国、热爱家乡”为主题，围绕感恩融情、学习融情、交流融情、娱乐融情、成长融情五个版块，来自新疆各地的200名各民族中学生与内地的中学生一起开展了感恩演讲、参观红色教育基地、重走革命之路、重温入团誓词、民族才艺展示、主题话剧编演等丰富多彩的活动。

7. “中国梦·青春行”——西藏青少年民族团结交流活动。2013年下半年，来自西藏7个地市的近400名各民族青少年，分8批次赴北京、河北等对口援藏省份开展了主题交流活动。来自西藏各行各业的青年代表和中学（中职）生走进中山大学、复旦大学等内地高校，走进毛主席故居、西柏坡等爱国主义教育基地，走进中国移动、广汽集团、苏宁电器等知名企业和各地乡村，走进青年文明号、团委行政服务中心、青少年活动场所等共青团组织的品牌和阵地，走进各类文化场馆等，与内地青年学生进行了友好交流和深入互动，直观感受改革开放以来国家社会发展取得的伟大成就，加深对党领导各族人民取得革命胜利伟大历程的认识。

8. 藏传佛教青年代表人士学习考察活动。12月5日至11日，来自西藏的26名藏传佛教青年代表赴浙江学习交流。期间，拜会了浙江省佛教协会，听取浙江省佛教工作情况介绍，参观了灵隐寺、普陀寺等佛教名寺，与当地汉传佛教青年代表进行了友好交流和座谈。此外，还参观了德意集团、广博集团等知名企业，湖州南浔新农村建设以及浙江省博物馆等文化场馆。

9. 伊斯兰教青年代表人士学习考察活动。12月2日至8日，来自新疆维吾尔自治区各地州的30名爱国青年宗教人士赴河南开展学习活动。期间，青年代表们听取了当地民族宗教、经济社会发展等方面的情况介绍，拜会了河南省伊斯兰教协会，赴开封东大寺、郑州北下街清真寺、安阳清真寺等伊斯兰教活动场所，与当地伊斯兰教代表围绕活动主题和创建和谐寺观教堂、发挥宗教积极作用等进行了座谈交流。此外，还参观了红旗渠、二七纪念塔等爱国主义教育基地，富士康科技集团、好想你枣业股份有限公司等知名企业，以及有代表性的文化场馆和新农村建设。

二、培养计划

4月上旬至9月下旬，团中央实施了2013年“培养计划”，组织民族地区团干部到经济相对发达地区挂职锻炼工作，共有51名来自民族地区的少数民族团干部到北京、天津、辽宁、上海、江苏、浙江、山东、福建、广东、海南等省（市）进行了为期半年的挂职锻炼。9月23日至28日，2013年“培养计划”民族地区基层团干部学习考察暨挂职团干部总结培训活动在中央团校举办。来自13个民族地区省（区）的59名县、乡团委干部和挂职团干部一起参加了学习培训。期间，来自中央党校、中国社会科学院、中央民族大学、中央团校的多位专家学者为学员分别作了主题为《坚持贯彻党的群众路线》、《青年民族团结教育的战略性与现实性》、《党的民族理论与民族政策》、《团的十七大精神及当代青年使命》、《民族地区共青团工作》的专题报告，并组织全体学员结合学习内容就民族地区青少年思想引导工作和服务青少年成长成才工作进行了分组交流和讨论。在京期间，全体学员还参观了复兴之路展览、中华民族园、故宫等文化场馆。

截止2013年，已有1056名西部和民族地区团干部参与了“培养计划”挂职锻炼和学习考察活动。

三、宗教界青年代表人士学习考察活动

11月24日至30日，来自佛教、道教、伊斯兰教、天主教、基督教的50余名全国青联、各省（自治区、直辖市）青联的宗教界委员齐聚广东参加第十三次全国宗教界青年代表人士学习考察活动。本次活动以“发挥宗教积极作用 同心共筑中国梦”为主题，各位青联委员认真听取了党的十八届三中全会精神解读、中国梦的深刻内涵、党的宗教政策和广东省宗教工作等专题报告，围绕活动主题进行了深入的座谈交流，参观了中共三大会址、越秀公园五羊雕像和中山纪念碑、虎门海战博物馆等爱国主义教育基地，前往莲花山公园瞻仰了邓小平同志铜像。在粤期间，拜会了广东省佛教协会、广州市道教协会、广州市伊斯兰教协会等主要宗教团体，在光孝寺、三元宫、怀圣清真寺、深圳梅林堂等宗教场所与当地宗教界青年代表进行了友好交流；参观了广汽丰田汽车有限公司、深圳达实智能股份有限公司、东莞金洲社区、广东省博物馆等有代表性的企业、社区和文化场馆。为进一步提升各级青联组织宗教界别的工作，各位青联委员还围绕“进一步加强和改进青联宗教界别工作”深入研讨、建言献策，提出了宝贵的意见建议。

全国宗教界青年代表人士学习考察活动是团中央、全国青联的一项品牌工作。自2000年以来，已先后组织来自全国各地的佛教、道教、伊斯兰教、天主教、基督教等宗教界青年代表人士500余人参加了活动。

科技与海外学人工作

博士服务团

博士服务团是团中央配合中组部，贯彻落实西部大开发战略和人才强国战略的一项重要举措。自1999年以来，已先后从中央国家机关、部分企事业单位和东部8省市选派了14批、1834名博士服务团成员，服务范围包括西部12个省区市和新疆生产建设兵团，江西、福建两省的革命老区以及吉林延边、湖北恩施、湖南湘西三个少数民族自治州。选派单位扩大到45个中央部委、企事业单位、科研院所和北京、天津、辽宁、上海、江苏、浙江、山东、广东等8省市。多年来，博士服务团工作以服务西部、锻炼人才为目的，创造了人才工作服务西部大开发的新模式。先后到西部服务锻炼的一千多名青年博士，立足自身优势，充分运用所学专业知识，以饱满的热情、扎实的作风，在不同的岗位上拼搏奉献，在西部经济社会发展和科技进步中发挥了积极作用。

2013年，中央组织部、共青团中央选派了193名博士服务团成员赴西部地区、革命老区和边疆民族地区进行为期一年的服务锻炼。博士服务团成员平均年龄38.8岁，其中143人具有副高以上专业技术职务，整体素质较好、年富力强，大多是既有业务专长又有一定管理经验的复合型人才。在行前培训班上，组织方安排了西部大开发政策和西部地区经济社会发展总体情况、我国民族宗教政策、青年人才建功立业等专题讲座，往届博士服务团优秀代表介绍了工作经验。团中央书记处第一书记秦宜智出席培训班并讲话，中组部副部长潘立刚主持开班式，团中央书记处常务书记、全国青联主席贺军科参加。

海外学人回国创业周

改革开放以来，随着经济社会的快速发展和人才强国战略的深入实施，越来越多的中国青年走出国门、走向世界，同时，越来越多的海外留学人员顺应时代潮流、把握历史机遇，回到国内创业发展。在新的历史背景下，为了适应时代发展要求，充分发挥共青团、青联组织的广泛联系优势，为海外学人回国创业和为国服务牵线搭桥，从2001年开始，团中央、全国青联联合欧美同学会连续举办了13届以“创新创业·报效祖国”为主题的海外学人回国创业周活动，先后有来自美国、加拿大、日本、英国、法国、德国等26个国家和地区的5100多名海外学人回国开展产品发布、项目洽谈和交流，涉及计算机、通信、网络、医药、生物工程等众多领域，发布项目4000余个，签署意向性协议近千份。2013年12月25日至2014年1月4日，海外学人回国创业周活动分别在重庆、河北、广东和新疆生产建设兵团举行，来自美、英、法、德等16个国家的1200多位海外学人分赴各地考察交流、洽谈项目。此次活动着力打造项目对接、人才对接、信息交流功能平台，组织了海外学人回国创业座谈会、创业项目洽谈会、创新创业专题报告会、人才政策说明会、创业园区考察等活动。其中，河北以吸引落地项目为重点，组织了多场项目推介会；重庆和新疆兵团以展示地方经济社会发展建设为重点，组织海外学人参观考察经济技术开发区和团场建设等；珠海以引进人才为重点，打造了“首届中国留学生节”。此次活动期间共达成意向性协议10余份，覆盖到金融、科技、环保、生态等领域。

“科技之光”青年专家服务团

为深入贯彻科教兴国战略和人才强国战略，2005年以来，共青团中央、全国青联开展了“科技之光”青年专家服务团活动。活动旨在发挥青年专家尤其是青年农业、教育、医疗专家的人力智力优势，发挥共青团、青联组织的网络优势，积极探索共青团和青联组织深入基层、服务西部农村留守儿童和青年农民工的社会服务载体，广泛开展科技服务活动，努力为地方的经济社会发展提供实实在在的人才和智力服务，为推动社会主义新农村建设发挥积极作用。2013年，中国青年科技工作者协会从民政部申请到100万元专项经费，从社会募集到价值110万元的医疗器械，为四川、青海、贵州等三个省份的150个乡镇卫生院、街道卫生服务中心送去了26种价值163万元的医疗器械设备，为4405名特困青少年和青年农民工免费发放了41种价值47万元的个人小型医疗器械，为2683名青少年儿童和老百姓开展了现场义诊活动。来自北京协和医院、空军总医院、北京同仁医院等单位的68名全国和省市级青联委员、青科协会员以及部分“博士服务团”成员参与此次活动。活动联合空军总医院，为甘肃武威25名先心病儿童开展了免费救助。

对港澳青少年交流工作

1. 举办 2013 年"香港大学生暑期内地实习计划"

由团中央、全国青联和香港中联办共同举办的 2013 年"香港大学生暑期内地实习计划"于6月4日至7月31日北京、天津、上海、重庆、山东、江苏、浙江、福建、广东、广西、四川、湖南等省、区、市举行。来自香港各高校的 960 名大学生,分别到内地 211 个企事业单位开展了为期 1 个月至 1 个半月的实习。实习期间,还组织香港学生开展了丰富多彩的交流活动。

2. 内地杰出青年赴港交流活动

3 月下旬至 12 月下旬,团中央、全国青联组织了来自科技、教育、经济、金融、文艺、新闻出版、体育、医药和社会中介等界别的全国青联委员,围绕青少年健康成长、报效祖国的主题,以座谈会、分享会等形式,与香港青少年进行面对面的交流。累计开展了 105 场交流分享会。

3. 举办"香港 200"优秀中学生(领袖)培训计划

8 月 4 日至 8 日,2013"香港 200"优秀中学生(领袖)培训计划在广东省举行,参加该培训计划的 180 名师生访问了广州市。交流团分成 8 组赴广州市京溪街社区家庭综合服务中心等 8 个社区综合服务中心开展了为期三天的服务工作,参观了中山大学和广汽集团,并参加了"做一日广州人"体验活动。

4. 举办港澳青少年"红色之旅"系列活动

4 月 1 日至 7 日,香港学生领袖高阶培训计划一行 60 人赴北京交流。培训班参观拜会了国务院港澳办、中央人民广播电台、诺基亚等。4 月 12 日至 16 日,国际青年商会香港总会北京国情研习班一行 43 人赴北京学习交流。研习班在京期间举办了 4 场主题讲座,拜会了全国政协、国务院港澳办、联合国驻京办,参观了 798、未来城等。4 月 19 日至 25 日,第十五期国情研习班一行 51 名青年领袖赴北京交流学习,研习班全体成员拜访中国银行总部,进行了以"共话中国梦"为主题的座谈交流。11 月 1 日至 6 日,澳门青年联合会"第六届青年议政能力训练计划"访问团一行 39 人在北京、河北交流访问。交流团拜访了全国人大港澳基本法委员会、外交部、国务院港澳办等机构,参观了西柏坡纪念馆和新农村建设,在中国青年政治学院参加了专题培训,并与对外外经贸大学的研究生进行了座谈交流和联谊活动。11 月 3 日至 8 日,第十二届海外杰青汇中华交流团部分团员 33 人赴四川考察交流。

5. 开展内地大学生赴港交流实践项目

由全国青联和香港中联办共同主办的"内地大学生赴港交流实践"活动于 8 月 4 日至 10 日在香港举行。来自内地有关省区市的 70 名优秀大学生拜会了香港特区政府民政事务局、立法会,考察了香港的青年社团、青少年服务机构以及港资企业和在港中资企业,并与香港杰出青年代表及香港优秀大学生交流座谈。

对台交流工作

举办第十一届“海峡青年论坛”

6 月 15 日至 16 日，由中华全国青年联合会、中华全国青年交流协会、台湾青年创业协会总会等联合主办的第十一届“海峡青年论坛”在厦门举行。来自两岸四地的近千名青年代表共话中国梦、同叙中华情。福建省委常委、厦门市委书记王蒙徽、中华全国青年联合会副主席、中国科学院院士王曦、台湾中华青年交流协会创办人李钟桂、台湾青年创业协会总会总会长许旭辉、厦门市委常委、秘书长臧杰斌、厦门市副市长黄强、厦门大学党委副书记林东伟等出席论坛。福建省青联名誉主席何明华主持论坛。本届论坛还首次举办了“两岸青年创业家园论坛”，推出了“两岸青年创业基地”规划方案、优惠政策及扶持措施，同时还首次举办两岸青年金融峰会及两岸青年金融研讨会，就进一步加强两岸金融合作展开探讨。在论坛的主旨演讲中，全国青联委员、人民日报主任编辑赵亚辉、中华青年交流协会秘书长、台湾世新大学教授邱志淳、全国青联常委、福建网龙网络有限公司行政总裁刘路远、台湾青创协会总会副会长、鼎王企业有限公司总经理许登旺、全国青联委员、中国互联网信息中心执行主任李晓东等五位嘉宾分别结合自己的工作，畅谈了对“中国梦”的理解。他们说，中国梦是远大的，但又是具体的，与每个人息息相关，两岸青年应当以中华情凝聚为实现中国梦而努力奋斗的共识和力量，敢梦、筑梦、圆梦，追求一生伟大的梦想。主旨演讲结束后，五位嘉宾通过网络，就如何凝聚两岸四地青年力量、推动两岸合作共赢和网民进行了现场交流。

举办第八届“两岸青年联欢节”

8 月 3 日至 6 日，由中华全国青年联合会、国务院台湾事务办公室、福建省人民政府联合主办的，以“中国梦 · 中华情”为主题的第八届两岸青年联欢节暨 2013 年海峡青年节在福州海峡国际会展中心启动。全国政协原副主席张克辉为活动揭幕，团中央书记处常务书记、全国青联副主席贺军科、国务院台湾事务办公室副主任叶克冬、福建省委副书记于伟国、福建省委常委、福州市委书记杨岳、全国青联副主席、全国台联副会长纪斌出席开幕式。在海峡青年（福州）峰会上，全国青联副主席、国际奥委会委员杨扬、全国青联常委、香港凤凰卫视资讯台副台长吴小莉、国民党中常委、台北市议员吴志刚作了主旨演讲。两岸青年在形如“中国龙”的梦想墙上张贴“梦想龙鳞”，发出携手推动中华民族伟大复兴的中国梦的倡议。本次活动以“小规模、多场次、深交流”模式，包括海峡青年（福州）峰会、第五届两岸青年社团负责人圆桌会议、两岸青年联欢会、两岸青少年篮球邀请赛、“青春创想秀”暨两岸大学生社团活动策划大赛、两岸青年文创汇、两岸青少年夏令营、两岸青年人才创业交流大会等多个项目。通过举办各类趣味活动，让两岸青年在轻松的氛围增进交往、深入交流、培养友谊。

召开第五届“两岸青年社团负责人圆桌会议”

8 月 4 日，第五届两岸青年社团负责人圆桌会议在福州举行，两岸及港澳地区的 60 家青年社团负责人参加。团中央书记处常务书记、全国青联副主席贺军科出席并讲话，全国青联副主席、全国台联副会长纪斌出席会议。会上，两岸青年社团负责人对上一年度的两岸青少年交流活动开展情况作了回顾，以“新形势下两岸青年社团的交流合作机制”为主题交流了两岸青少年工作的经验，推动了对台重点工作省市团委与国民党部分地方党部建立对口联系。结合两岸关系发展格局和青年交流工作需求，研究确定了年度两岸四地青少年交流项目合作方案，在会议安排、议事规则、工作评估、合作机制等方面不断迈出新步伐，部分地方青联与台湾青年社团签署了社团交流和项目合作协议。

举办第九届“两岸校园歌手邀请赛”

8月19日，以“以歌为缘·圆梦鹭岛”为主题的第九届两岸大学校园歌手邀请赛在福建厦门启动。来自海峡两岸45所高校的62名选手参与角逐。赛事还精心设计了“乐游美丽厦门”系列配套活动，如“美丽厦门秀透透”、“两岸民俗讲透透”、“闽南小吃吃透透”、“闽南文化走透透”等，通过组织两岸青年共同开展寻根问祖、校园参访、社团交流等活动，促进两岸青年的交流。

举办“2013·两岸青年菁英交流研讨会”

9月下旬，由大陆杰出青年代表团与国民党青年部共同主办的“2013·两岸青年菁英交流研讨会”在台湾召开。人民日报总编室副主任胡果、新东方教育科技集团执行总裁陈向东、人民日报高级记者赵亚辉、对外经贸大学党委研究生工作部部长廉思等全国青联委员和台湾青年代表人士作了主题发言，双方围绕“如何弘扬中华传统文化”进行了交流探讨。

青年对外交流

1. 中日青少年交流。自2012年9月日本政府宣布购岛以来，中日两国关系陷入困境，对日青年交流受到严重影响，大规模青年交流连续两年暂停实施。作为中国政府负责青年交流的主要窗口单位，从维系对日交流渠道及团结日本民间友好力量的角度出发，我以全国青联的名义重点开展了以下交流活动。

8月8日至13日，全国青联接待了以日本创价学会青年部部长棚野信久为团长日本创价学会青年代表团一行20人。在华期间，团中央书记处书记汪鸿雁会见并宴请了代表团。代表团还拜会了中日友好协会副会长王秀云，参观了国家博物馆的复兴之路展览，并向中国人民抗日战争纪念馆敬献了花圈。此外，代表团访问了青海、上海等地。

11月26日至12月3日，应日本内阁府邀请，以全国青联副秘书长兼全国学联副秘书长贾波为团长的中国青年代表团一行30人访问了日本东京都和熊本县。在日期间，日本内阁府特命担当大臣森雅子、副大臣冈田广、大臣政务官福冈资磨、政策统括官武川光夫等分别会见了代表团主要成员。

12月5日至9日，应日本青年团协议会邀请，以全国青联国际部副部长张国来为团长的中国青年代表团一行6人访问日本东京、宫城。本次访问既维系了我与日本青年团协议会的传统友谊，又坚定了日本民间友好团体从事中日友好事业的信念。

12月12日至21日，应全国青联邀请，由日本内阁府派遣，以日本IBM公司顾问成田一郎为团长的日本青年代表团一行25人访问了北京、安徽和厦门。在华期间，团中央书记处书记周长奎会见代表团。代表团与北京林业大学、安徽三联学院和厦门大学分别以环保社团、文艺表演和志愿服务为主题开展了交流活动，参加了新徽商论坛并听取了中国高校教育改革情况的讲座。

为引导日本经济团体正确认识中日关系的历史和现实问题，为促进中日关系向前发展，8 月 27 日至 29 日，全国青联接待了以日中友好协会会长扬原安磨和 2013 年度会头小田宏介为团长的日本 JC 代表团一行 9 人访问北京；11 月 12 日至 14 日，全国青联接待了以日中友好之会会长长谷部亮平和 2014 年理事长菅原敬介为团长的东京 JC 一行 19 人访问北京。

2. 朝鲜百名青年访华。2009 年 10 月，温家宝总理访问朝鲜时，与朝鲜领导人达成共识，宣布自 2010 年起两国开展百名青年的隔年互访交流。

10 月 14 日至 19 日，应共青团中央邀请，以朝鲜金日成社会主义青年同盟（简称“朝青盟”）中央委员会委员长全勇男为总团长的朝鲜青年友好代表团一行 100 人访问了我国北京、沈阳和大连。在京期间，中共中央政治局委员、国家副主席李源潮会见了代表团主要成员并与他们合影留念。团中央书记处第一书记秦宜智会见并宴请了代表团主要成员；团中央书记处书记周长奎宴请了代表团全体成员。代表团考察了北京经济技术开发区及园区内企业，参观了国家博物馆“复兴之路”展览、中国（北京）国际园林花卉博览会。在辽宁期间，辽宁省副省长邴志刚会见并宴请了代表团主要成员。代表团参观了北陵公园，考察了大连港和沈阳第一机床厂，并与现场作业的青年工人进行了交流。代表团还与辽宁文艺界青年代表及大学生代表联合举办了一场精彩纷呈的中朝青年联欢晚会。

3. 中韩青少年大规模互访交流。根据 2012 年中韩两国政府签署的《中华人民共和国政府和大韩民国政府青少年交流协议》，双方于 2012 年至 2014 年每年互邀对方国家 500 名青年访问本国。

5 月 21 日至 28 日，应韩国女性家族部邀请，以中国青年政治学院常务副院长王新清为总团长的中国青年代表团一行 195 人对韩国首尔、丽水、顺天、束草、庆州、济州等地进行了友好访问。代表团访韩期间，韩国女性家族部青少年家族政策室室长权容贤、仁川亚运会筹备委员会委员长金永洙、国立外交院院长尹德敏、济州特别自治道知事禹瑾敏分别会见了代表团主要成员。代表团访问了 2014 年仁川亚运会筹备委员会，与韩国国立外交院教授就东北亚局势进行交流；考察了首尔青少年就业支援中心、首尔社会经济支援中心、首尔资源回收利用中心等社会机构；访问了浦项工科大学、顺天大学，并与大学生进行了座谈交流；体验了韩国传统面具制作、韩纸制作等民俗文化活动，还参观了顺天湾国际园艺博览会、韩国统一公园安保展示馆等。

6 月 13 日至 20 日，应全国青联邀请，以韩国女性家族部青少年家族政策室室长权容贤为总团长的韩国青年代表团一行 198 人，分两路访问了我国北京、太原、西安、合肥、南京等地。在京期间，共青团中央书记处书记、全国青联负责人周长奎会见权容贤室长及代表团主要成员，并宴请了代表团全体成员。代表团听取了国情讲座，考察了国家新媒体产业基地，参观了故宫、北京市民俗博物馆，与中国青年志愿者结对同游了北京。在各地，代表团访问了学校，走访了普通百姓家庭，与中国青年一起进行了交流座谈、文化体验和文艺联欢活动。

6 月 27 日至 7 月 6 日，应全国青联邀请，以韩国国立中央青少年修炼院顾客支援部部长金秉灿为团长的韩国青年代表团一行 37 人，访问了我国北京、天津、郑州等地。代表团此次访问系两国政府间的青年交流项目，成员由韩国各地大学生和高中生组成。6 月 27 日下午，中国国家主席习近平和应邀来华进行国事访问的韩国总统朴槿惠，在人民大会堂北大厅亲切会见了代表团及部分在京中国青年代表，与两国青年合影，并分别寄语两国青年。在京期间，代表团还拜会了全国青联，与全国学联驻会主席举行了交流座谈，赴进城务工人员子弟学校进行了志愿服务，参与了“与大学生志愿者同游北京”等活动。在地方期间，代表团进行了家访，访问了大学、企业和农村，并多次与中国大学生开展面对面交流。代表团成员认为，此次访问有幸得到了中韩两国最高领导人的会见，聆听他们的寄语，具有特殊的意义；在华其他日程安排丰富，交流深入，取得了很好的交流成果。

9月4日至11日，应全国青联邀请，以韩国女性家族部青少年政策官（相当于“正局级”）尹孝植为总团长的韩国青年代表团一行289人分三路访问了我国北京、济南、洛阳、徐州、上海等地。在京期间，共青团中央书记处书记、全国青联负责人周长奎会见了尹孝植政策官及代表团主要成员，全国青联副秘书长贾波宴请了代表团全体成员。代表团听取了国情讲座，与大学生进行了座谈交流，还与大学生代表结伴开展城市探寻。在各地，代表团访问了高校，参加了素质拓展训练，访问了普通百姓家庭，与在校大学生开展了文化体验和文艺联欢活动。

10月23日至30日，应韩国女性家族部邀请，以中华全国青年联合会副秘书长达娃次仁为总团长的中国青年代表团一行189人对韩国首尔、京畿道、高灵、济州等地进行了友好访问。代表团在韩期间，韩国女性家族部青少年政策官尹孝植会见了代表团主要成员，并为代表团举办了欢迎宴会。代表团分别听取了以中韩关系、韩国文化为主题的专家讲座，考察了首尔地区的残障人士就业工厂与青少年修炼馆等设施；参加了民宿，体验了传统饮食制作，参观了非武装地带和国立中央博物馆，观看了传统文化展示和糅合了当今社会流行元素的现代表演秀；访问了庆熙大学，与学校师生开展了主题座谈、分组交流等互动活动。

4. 蒙古百名青年访华。2010年6月，温家宝总理访问蒙古国时，在同蒙总理巴特包勒德会谈中表示，中方愿在今后5年内邀请蒙古300名青年访问中国。

11月14日至20日，应全国青联邀请，以蒙古国青年联合会（以下简称蒙青联）主席阿·孟和巴图，以及蒙古国外交部领事局副局长那·巴图为共同团长的蒙古国青年代表团一行99人访问了我国北京、青岛。在京期间，团中央书记处书记周长奎会见了代表团主要成员并宴请了代表团全体成员；中联部二局副局长袁智兵会见了代表团主要成员。蒙古青年联合会与我全国青联签署了两组织《友好交流谅解备忘录》。代表团听取了关于中国经济社会发展特点及中蒙关系的讲座，参观了国家博物馆“复兴之路”展览，与中国大学生志愿者共同游览了北京等。在青岛期间，青岛市委副书记王伟会见了代表团主要成员并宴请了代表团全体成员。代表团参观了青岛国家高新技术产业开发区，听取了关于中国宏观经济形势及青岛经济形势的讲座，参观了中国海洋大学崂山校区，并与中国海洋大学学生共同举办了中蒙青年友好联欢晚会。

5. 东盟青年干部培训班。为贯彻落实党和政府周边外交政策，培养东盟各国对华友好的青年一代，我自2002年3月起，在广西设立中国（广西）国际青年交流学院，并启动了东盟青年干部培训班项目。项目通过安排东盟各国青年干部来华开展教学、考察和交流活动，帮助他们深入了解中国国情，感受中国人民特别是青年的热情友好，增进中国与东盟各国青年之间的相互了解和传统友谊。参加培训的东盟各国青年绝大多数在其组织内担任一定领导职务，具有良好的发展前景。目前，已有部分学员在回国后担任重要领导职务。截至2013年底，我共举办培训班34期，为东盟10

国培训青年干部1451名。其中,2013年度我举办了4期东盟青年干部培训班,为东盟7国培训青年干部156名。

6. 中印大规模青年互访项目。2010年12月,中印两国政府发表《联合公报》,宣布双方今后五年内继续开展两国青年互访活动。为落实《联合公报》精神,全国青联继续与印度青年事务和体育部合作开展中印百名青年互访活动,旨在进一步加强中印两国青年之间的友好往来、相互了解和相互学习,引导两国青年为两国关系健康发展共同努力。

5月13日至21日,应全国青联邀请,以青年事务和体育部秘书尼塔·乔杜里为团长的印度青年代表团一行102人访问了北京、武汉和深圳。在京期间,中央政治局常委、国务院总理李克强会见代表团。团中央书记处书记周长奎会见代表团主要成员并宴请全体代表。代表团拜会了印度驻华使馆,参观了北京电子科技职业学院、国家博物馆和首都博物馆。在武汉,湖北省副省长梁惠玲会见代表团主要成员。代表团参观了武汉体育学院、湖北省现代农业展示中心、武钢博物馆、武汉市民之家、市规划展览馆和市青少年宫。在深圳,深圳市委副秘书长张戈会见代表团主要成员。代表团参观了深圳大学、南山区科技创业服务中心、腾讯公司、创维集团和大族激光科技股份有限公司。

11月6日至14日,应印度青年事务与体育部邀请,以团中央书记处书记徐晓为团长的中国青年代表团一行98人访问了印度德里、阿格拉和孟买。在德里,印度总理曼·辛格、接见了代表团全体成员。印度青体部部长吉·辛格、秘书古朴塔与代表团主要成员进行了工作会谈。代表团还赴内达吉·苏巴信息技术学院与德里选举委员会和当地师生进行了交流,在德里大学与印度国家服务计划项目官员和志愿者进行了座谈,拜谒了甘地陵,考察了德里登山协会,并观摩了尼赫鲁青年中心联盟配合德里选举委员会开展的选民意识教育游行。古朴塔秘书宴请了代表团,中国驻印度使馆为代表团举办了招待会,中印两国青年艺术家进行了文艺联欢。魏苇大使参加了上述主要活动。在阿格拉,代表团参观了尼赫鲁青年中心联盟创业培训基地。在孟买,代表团参观了印度最大企业信实集团和孟买证券交易所,与企业管理者、医疗科研工作者和金融分析师等分别进行了座谈。

7. 第四届东盟与中日韩青年事务部长会议。东盟与中日韩青年事务部长会议是东盟与中日韩政府间青年事务合作的重要机制。会议与东盟青年事务部长会议同期举办,前三届分别在新加坡、泰国和越南召开。各国均由负责青年事务的部长、副部长或部长代表率团与会。东盟秘书处也派副秘书长参加。

5月22日至24日,应文莱文化、青年与体育部邀请,以全国青联负责人周长奎为团长的中国青年代表团一行4人赴文莱参加第四届东盟与中日韩青年事务部长会议。根据轮流主办原则,本届会议由文莱担任主席国,日本担任共同主席国。在斯里巴加湾,文莱苏丹哈桑纳尔会见了各国代表团团长。文化、青年与体育部部长佩因·阿卜杜拉会见、宴请参加部长会议的各国代表,并主持部长会议。中国驻文莱大使郑祥林会见了中国青年代表团。代表团还赴文莱大学看望了中国援文青年志愿者一行23人。

8. 中国青年代表团50人访问尼泊尔。按照2009年《中尼联合声明》和《中尼两国政府关于加强青年交流的谅解备忘录》要求,中尼双方于2010年正式启动30名青年代表隔年互访活动。2012年,中尼两国政府再次发表《联合声明》,宣布将青年互访规模增加至50人。

5月29日至6月4日,应尼泊尔政府邀请,以中国青少年网络协会秘书长郝向宏为团长的中国青年代表团一行50人对尼进行了友好访问。在加德满都，尼青年和体育部秘书哈里·普拉萨德·尼帕尔偕大会党、共产党（联合马列）和民族民主党的青年党员代表与代表团进行座谈，我驻尼大使吴春太参加。尼青体部联秘山提·拉姆·沙玛、白昆塔·普拉萨德·卡夫列共同宴请代表团。尼青年组织协会主席戴夫·拉吉·巴拉德瓦基与代表团进行座谈。代表团参观了巴德岗古城，主要成员拜访了我驻尼使馆。在博卡拉，尼青年企业家论坛博卡拉分会副主席帕拉喀什·戴夫·帕利赫会同博卡拉商工会和旅游局的负责人与代表团进行座谈。

9. 第八届中国—东盟青年营。中国—东盟青年营是在中国与东盟（10+1）框架下连续举办的大规模青年友好交流项目，旨在促进东盟各国青年对华了解，增进东盟各国青年与中国青年间的友谊。自2006年以来，该活动已成功举办八届，在东盟各国青年中产生了广泛影响。

6月2日至8日，应全国青联邀请，来自东盟十国的87名青年代表来华参加第八届中国—东盟青年营活动，并访问了广西壮族自治区和广东省。本届青年营活动的主题为“感受中国文化，共筑友谊桥梁——纪念中国—东盟战略伙伴关系十周年”。各代表团团长由各国政府青年事务机构官员或政党青年组织领袖担任，其他代表团成员由青年媒体工作者、青年艺术家及其他各界优秀青年代表组成。在广西期间，代表团访问了南宁市和防城港市，参加了中联部举办的“中国—东南亚民间高端对话会”活动，团中央书记处书记、全国青联负责人周长奎在对话会活动期间会见了各国代表团团长，代表团参观了广西民族博物馆。在广东期间，广东团省委副书记、省青联副主席池志雄宴请了代表团，代表团访问了中山大学，与中国学生代表就共同感兴趣的问题进行了交流和探讨，参观了广州珠江啤酒集团有限公司，了解了我国深化改革、扩大开放和构建和谐社会所取得的辉煌成就。本次活动得到了中联部、地方党委、政府及相关部门的大力支持，取得了圆满成功，各国代表反响热烈。

10. 大湄公河次区域青年友好交流项目。2001年，我以全国青联名义与泰国社会发展与人类安全部合作，邀请越南胡志明共青团中央、缅甸联邦巩固与发展协会、老挝人民革命青年团、柬埔寨教育青年体育部共同参与，创意发起大湄公河次区域青年友好交流项目。该活动的主要形式是由各国派青年代表轮流访问大湄公河次区域各国，并开展青年论坛、环境保护、志愿服务、文化交流等活动，迄今已成功举办9届。

7月29日至8月8日，我与泰国社会发展与人类安全部、缅甸联邦巩固与发展党合作，共同举办以“大湄公河次区域合作——青年的期望与责任”为主题的第九届大湄公河次区域青年友好交流活动。来自大湄公河次区域六国的青年代表一行66人参加活动，并先后访问中国云南、缅甸仰光和泰国曼谷。

在中国云南，云南省委常委、省委高校工委书记李培，全国青联主席助理万学军，共青团云南省委书记杨军，红河州委书记杨洪波，泰国社会发展与人类安全部弱势群体权益保护、促进和能力建设局局长亚妮·勒塔拉共同出席活动开幕式和欢迎晚宴。各国青年参加了以“大湄公河次区域合作——青年的期望与责任”为主题的论坛，并听取了各国代表的发言。各国青年代表还共植了大湄公河次区域青年友好纪念林，参加了“保护生态环境、共建美丽家园”签名活动、篝火联谊晚会，参观了云南赢在协诚大学生就业创业服务有限公司、哈尼梯田等。

在缅甸仰光，缅甸联邦巩固与发展党中央常委、仰光地区主席乌敏苏会见并宴请各国代表，中国驻缅大使杨厚兰出席欢迎晚宴。各国代表参观了仰光大学、仰光大金寺、缅甸国家博物馆，并与仰光外国语大学师生进行了友好交流。在勃固省，勃固公民发展部部长乌叶敏屯、公共议会民意代表乌尼尼等与各国青年代表展开讨论交流。各国代表参观了勃应囊皇宫和卧佛寺等。

在泰国曼谷，泰国社会发展和人类安全部部长普拉温妮·洪赛库拉会见各国代表，副部长沃森·凯瓦特宋、顾问裴查瓦·瓦塔纳彭斯利库宴请各国代表。代表团在正大集团所属PIM学校听取校方简介，在能源部所在的能源综合楼听取环保技术介绍，在比森雅隆功学校学习泰国传统手工艺并种植红树林，参观了泰国第三频道(Chanel3)电视台、王国艺术展览和玉佛寺等。

11. 印尼百名青年代表团访华。2012年4月，原中共中央政治局常委李长春在访问印尼期间宣布，中国政府自2013年至2015年每年邀请100名印尼青年访华。为落实领导人倡议，进一步增进两国青年的相互了解和友谊，加强两国青年机构的交流与合作，全国青联邀请印尼青年与体育部组派百名青年代表团访华。

8月31日至9月9日，应全国青联邀请，印尼青年代表团一行99人于访问了北京、安徽和广东。期间，9月5日至7日，印尼青体部部长罗伊·苏尔约率副部长阿尔菲特拉·萨拉姆等一行7人访问了北京。在京期间，团中央书记处第一书记秦宜智会见并宴请罗伊·苏尔约部长一行，印尼驻华大使易慕龙参加。罗伊·苏尔约部长还参加了我组织的“与世界对话”活动。阿尔菲特拉·萨拉姆副部长参观了北京体育大学。代表团考察了团中央网络影视中心，参观了国家博物馆、北京规划展览馆、建国门街道社区历史文化与青年防震减灾教育博物馆、建国门街道社区中心等。在安徽期间，代表团参观了科大讯飞信息科技股份有限公司、奇瑞汽车公司、合肥市滨湖新区，在泾县宣纸文化园体验中国传统文化，访问安徽大学并与学生代表互动交流。在广州期间，代表团考察了广州市第二少年宫，与中山大学学生代表互动交流。

12. 团中央书记处第一书记访问俄罗斯、老挝。9月22日至29日，应俄罗斯青年联盟和老挝人民革命青年团邀请，团中央书记处第一书记秦宜智率中国青年代表团一行4人访问了俄罗斯、老挝。在俄期间，代表团分别会见了莫斯科国立大学校长萨多夫尼奇、俄罗斯教育和科技部副部长卡冈诺夫和俄国际人文合作署署长科萨切夫，与中俄两国大学生代表、俄青年企业家代表进行了座谈。在老期间，老挝人民革命党中央书记处书记、中宣部长征·宋本坎会见了代表团，老挝团中央第一书记维莱冯与代表团进行工作会谈、宴请代表团并与秦宜智同志共同出席《中国共青团中央和老挝人民革命青年团中央双边会谈纪要》签字仪式，老外交部、老中合作委员会、老中友协等部门代表出席；代表团瞻仰了老挝前国家领导人凯山·丰威汉主席铜像、敬献花篮并与老挝青年代表共植友谊树，考察了我方以前为老挝团中央开展培训工作而援建的中老青年友谊大楼、拟修复并作为未来中国赴老青年志愿者宿舍楼的房产设施、中资企业在万象开发的塔銮湖城市综合体项目和老挝青年企业家的家具生产企业。在琅勃拉邦省，省委书记、省长坎平会见了代表团，代表团瞻仰了老挝第一人国家主席苏发努冯纪念铜像，与老北部8省青年企业家和团省委书记围绕交流与合作项目开展了深入的交流座谈。老挝团中央第一书记维莱冯、副书记兼办公厅主任阿隆赛全程陪同代表团在老活动。

13. 中国青年代表团访问斯里兰卡。10月21日至25日，应斯里兰卡青年事务和技能发展部邀请，以团中央书记处常务书记、全国青联主席贺军科为团长的中国青年代表团一行5人访问了斯里兰卡。

在科伦坡，斯议长恰马尔·拉贾帕克萨礼节性会见代表团。青年部部长杜拉斯多次与代表团举行交流，并陪同赴马塔拉市参加了相关活动。青年部秘书提拉卡拉特聂与代表团举行工作会谈。总统之子、国会议员纳马尔·拉贾帕克萨率斯自由党青年组织部分国会议员和青年代表与代表团进行了交流。代表团还拜会了斯国家工商管理学院和职业技术培训学院。贺军科同志在斯青年议会发表了演讲。在高尔市，国会议员马努沙·纳亚卡拉和高尔市长克拉姆会见代表团。代表团听取了高尔市政理事会的情况介绍，并参观了郑和纪念馆。在马塔拉市，杜拉斯部长、马塔拉市长索新德拉和国会议员萨纳斯·贾亚苏里亚会见代表团，并就双方合作进行了探索。

14. 第二届中越青年大联欢。为落实习近平主席与越南国家主席张晋创2013年6月19日会谈时达成的重要共识，以及两国政府随后发表的《联合声明》精神，共青团中央牵头与中联部、外交部、广西壮族自治区党委和人民政府合作，由广西壮族自治区党委和人民政府承办，于2013年11月24日至27日在广西成功举办了第二届中越青年大联欢。

本届大联欢活动得到了中越两党两国领导人的高度重视。国家主席习近平和越南国家主席张晋创为活动发来贺信。中共中央政治局委员、国家副主席李源潮与越共中央政治局委员、越南祖国阵线中央委员会主席阮善仁出席联欢大会并发表重要讲话。

本届大联欢以“放飞青春梦想，共创美好未来”为主题，通过把友好传统教育融入到交流活动之中，旨在引导两国青年全面正确认识两国关系，尤其是两国之间广泛存在的共同利益，进一步强化两国青年永做“好邻居、好朋友、好同志、好伙伴”的“四好”精神，使中越世代友好深深植根于两国青年心中。活动期间，3000名越南各界青年代表应邀来华，分赴广西柳州、北海、防城港、钦州、贵港、玉林和崇左7市，与我国各界青年代表一起，开展了交流、家访、考察和联欢活动。26日，第二届中越青年联欢大会在南宁举行，两国近万名青年出席，并进行了精彩的文艺表演和互动联欢。

15. 柬埔寨百名青年代表团访华。2012年9月，原国务院总理温家宝在新疆会见来华出席第二届中国—亚欧博览会的柬埔寨首相洪森时，宣布中方将于2013年中柬建交55周年暨中柬友好年之际邀请柬埔寨100名青年访华。

12月4日至13日，应全国青联邀请，以柬埔寨青年联合会主席、国会议员洪玛尼为团长的柬埔寨青年代表团一行89人访问了北京、四川和深圳。在京期间，中联部副部长陈凤翔，外交部党委书记、副部长张业遂，全国青联主席贺军科分别会见代表团主要成员。全国青联副主席周长奎宴请代表团全体成员。代表团赴房山区长阳镇“中柬友好交流基地”瞻仰中柬友谊常青树并参观了主题文化宫，赴建国门街道考察了社区青年工作。在四川，省政府资政张作哈会见代表团主要成员。代表团赴成都大学、新希望集团与高校师生、青年企业家座谈交流，并赴汶川县映秀镇考察了灾后重建和青年志愿者工作。在深圳，市委常委、组织部长张虎会见代表团主要成员。代表团考察了创维集团、大族激光集团及腾讯公司，参观了深圳市博物馆改革开放及特区发展成果展。

16. 筹备“中俄青年友好交流年”。习近平主席于2013年3月访俄期间和普京总统共同宣布2014年至2015年中俄两国互办“青年友好交流年”。前期我担任“交流年”牵头单位，在商俄方和中方有关单位基础上，制定了“交流年”组委会方案（中方草案）和“交流年”总体方案（草案）并上报中央。2013年9月下旬，“交流年”中方组委会秘书处改为教育部后，我作为重要成员整合各方资源，制定了团中央、全国青联在“交流年”框架内的活动清单，按计划推进两国青年交流活动。

17. 中俄人文合作委员会青年合作分委会

有关活动。我按照刘延东同志提出的“广覆盖、宽领域、多层次、不间断”和“面向未来”的要求，利用中俄人文合作委员会，发挥统筹协调作用，注重规划设计和平台搭建，进一步丰富对俄青年交流格局。

3月20日至24日，全国青联副主席卢雍政赴俄参加“中国旅游年”开幕式期间会见了俄国家杜马青年议员、俄青年组织领导人，就加强务实合作交换了意见。

5月17日至21日，应俄罗斯青年联盟邀请，全国青联代表赴俄参加在俄乌里扬诺夫斯克举行的“大学生之春”艺术节展演。

8月13日，中俄人文合作委员会青年合作分委会(以下简称“分委会”)第三次会议在北京召开，分委会中方主席、全国青联负责人周长奎与委员会青年分委会俄方主席、俄教育和科学部第一副部长特列琪雅克·娜塔莉亚共同主持分委会第三次会议。会上，双方重点讨论了“中俄青年友好交流年”(以下简称“交流年”)有关事项，总结了2013年中俄青年交流情况和分委会工作开展情况，确定了2014年的工作重点，并就分委会第四次会议举办事宜达成了一致，双方签署了会议纪要。

9月23日至24日，全国青联副主席、中俄人文合作委员会中方委员周长奎赴桂林参加了中俄人文合作委员会第十四次会议。

11月18日至23日，应全国青联邀请，以俄罗斯青年联盟副主席特罗茨基·安德烈为团长的俄罗斯青年工作者代表团一行6人访问了北京和南京。代表团访华期间，中华全国青年联合会、中国国际青年交流中心和俄罗斯青年联盟签署了《关于筹备建立中俄青年企业家俱乐部的合作备忘录》。

此外，我还开展了中俄青年友好伙伴——地方青年组织结对交流活动和俄罗斯青少年中国文化游学活动。一年来，中俄毗邻地区的15个城市共开展18项青年交流活动，参与交流人数共计4764人次；近100名俄罗斯青年应邀来华游学访问。

18. 上合组织青年委员会有关活动。2013年，我依托上合组织青年委员会积极推动上合组织成员国多边青年交流。

1月24日至27日，应上合青委会吉尔吉斯斯坦联络处邀请，我委托新疆团区委派遣代表团一行4人赴吉参加上合组织青年旅游论坛。

8月19日至8月26日，应上合青委会俄罗斯联络处邀请，我派遣代表团一行4人赴俄参加上合组织青年记者论坛。

9月11日至15日，全国青联副秘书长董霞率工作组一行4人赴吉尔吉斯斯坦参加了上合组织青年委员会第六次会议。会议上各方通过了由我草拟的《上合青委会伙伴组织条例》草案。

12月15日至25日，应全国青联邀请，上合成员国哈萨克斯坦、吉尔吉斯斯坦、俄罗斯、塔吉克斯坦、乌兹别克斯坦五国青年领导人一行19人访问了北京和武汉并参加主题为“当代中国发展道路：机遇和挑战”的专题研修。

19. 中英高级别人文交流机制框架下青年交流活动。2012年4月，中英高级别人文交流机制正式建立，中英青年领导者圆桌会项目、志奋领青年领导人培训项目等作为青年领域重要活动被纳入机制框架。

1月16日，在英国国会议员代表团应中联部邀请来华出席第六届中英青年政治家论坛期间，我举办了中英青年领导者圆桌会议团员联谊活动。

7月5日至8月30日，根据我与英国驻华使馆协议，以山东团省委副书记、山东省青联主席任海涛为团长的中国青年代表团一行11人赴英参加第四期志奋领青年领导人培训项目。

5月5日至9日，为进一步丰富对英青年交流内容，拓宽交流渠道，我在京召开了中英地方青年组织交流合作洽谈会，邀请中英各10

个地方青年组织代表就建立交流合作伙伴关系进行了深入探讨，取得了初步成果。

10 月 28 日至 11 月 2 日，应全国青联邀请，英国文化委员会派遣英国青年工作者代表团一行 6 人访问了北京和厦门。

11 月 27 日至 12 月 1 日，应英国文化委员会邀请，中国青年代表团一行 6 人访问英国。

20. 中欧高级别人文交流对话机制框架下青年交流活动。2012 年 4 月，时任中国国务委员刘延东和欧盟委员会教育、文化、语言多样性及青年事务委员瓦西利乌在中欧高级别人文交流机制第一次会议上确认，在机制框架下举办中欧青年创业研讨会。2013 年 11 月 24 日至 29 日，应欧盟委员会教育文化总司邀请，以全国青联副秘书长、中青企协常务副秘书长鲁亚为团长的中国青年代表团一行 15 人赴比利时参加中欧青年创业研讨会。

21. 中德未来之桥。2011 年，时任国务院副总理李克强与德国副总理兼外交部长韦斯特维勒会晤时，共同提出举办“中德未来之桥青年领导者交流营”的倡议。该项目由全国青联和德国墨卡托基金会合作实施，自 2012 年起将连续举办 10 届，为中德青年领导者建立交流互鉴、共同发展的平台。

2013 年 5 月 29 日至 6 月 10 日，应德国墨卡托基金会邀请，以全国青联副秘书长董霞为团长的中国青年代表团一行 16 人访问了德国埃森和柏林，并参加了主题为“社会视角下的可持续发展”的第二届“中德未来之桥”青年领导者研修交流营活动。

22. 中美人文交流高层磋商机制青年领域交流活动。2013 年，团中央作为中美人文交流高层磋商机制中方成员单位，开展了以下活动：

参加第四轮中美人文交流高层磋商。11 月 19 日至 23 日，根据中美人文交流高层磋商机制总体安排，我参加了在美国举行的第四轮中美人文交流高层磋商。团中央书记处书记、全国青联副主席周长奎出席了 11 月 21 日举行的闭幕式全体会议及相关活动。全国青联工作组与美国国务院全球青年事务办公室负责人就加强中美青年交流等议题举行会谈，首次实现青年领域单独磋商，成为今年人文交流高层磋商的一大亮点。我并借此与美国国务院全球青年事务办公室建立联系，实现我与美国政府青年事务部门的有效对接。

实施中美青年政治家交流项目。2013 年，我与美国青年政治领袖理事会完成了新一轮中美青年政治家互访。5 月 11 日至 24 日，应全国青联邀请，美国青年领导人代表团一行 9 人访问了北京、湖南和广东。访华期间，我还举办了中美青年思想者圆桌会议，加强中美青年领袖之间的思想碰撞、交锋和交流。10 月 19 日至 11 月 2 日，应美国青年政治领袖理事会邀请，以团中央办公厅主任康国明为团长的中国青年代表团一行 8 人访问了美国华盛顿特区、艾奥瓦州和加利福尼亚州。

实施中美学生领袖交流项目。2013 年，我与美国常青藤联盟学生理事会完成了新一轮中美学生领袖交流项目。1 月 5 日至 12 日，应全国青联邀请，18 名美国大学生代表来华参加了第二届中美青年联合社会实践项目并访问了北京、山东和上海；8 月 17 日至 24 日，20 名美国大学生代表来华参加了第三届中美青年联合社会实践项目并访问了北京、安徽和上海。该项目通过体验学习、同伴学习、导师指导的方式，为两国青年学生分享经历、增进理解、建立友谊创造良好平台。10 月 4 日至 12 日，应美国常青藤联盟学生理事会邀请，以全国学联驻会执行主席江皇甫为团长的全国学联代表团一行 10 人访问了美国普罗维登斯、波士顿和纽约。

开展中美青年职业人士研修交流项目。2013 年，我与美国耶鲁大学合作实施“中国—耶鲁青年领导者对话”项目，该项目是全国青联暨 2007 年成功接待应胡锦涛主席邀请访华的耶鲁百名师生后，与耶鲁大学合作开创的务实培训项目。4 月 1 日至 12 日，应耶鲁大学邀请，以团中央机关党委副书记兼纪委书记章勋宏为团长的中国青年代表团一行 15 人访问了美国纽黑文、纽约和华盛顿，并参加了“中国—耶鲁青年领导者对话”项目。通过有针对性的课程设置和交流访问，代表团较为全面地学习了美国在政治、经济、金融、文化等方面的前沿理论研究及美国内政外交的有关情况。

23. 中拉青年政治家论坛。2013 年，为落实党和国家领导人指示精神，深入做拉美青年政治精英工作，促进中拉青年，特别是有发展潜力的青年政治家之间的了解和友谊，我举办主题为“促进青年参与，共创美好未来”的中拉青年政治家论坛。5 月 29 日至 6 月 5 日，应共青团中央邀请，来自拉美 8 个国家及伊比利亚美洲青年组织的青年政治家代表一行 32 人访问了北京、山东、江西和上海，并参加了中拉青年政治家论坛，与中国政界、商界及学术领域青年代表进行深入对话和交流。

24. 第四届拉美政党青年干部研修班。5 月 27 日至 6 月 7 日，

应中共中央对外联络部和共青团中央邀请，来自阿根廷、巴西、智利、墨西哥和秘鲁 5 国主要政党的青年干部和青年组织负责人一行 20 人来华参加了主题为“中共十八大和中国未来十年”的第四届拉美政党青年干部研修班，有效促进了拉美国家青年干部对中国的了解和认识，扩大我在拉美主要国家政坛的人脉资源。

25. 中美青年领导人社会建设培训项目。6 月 15 日至 30 日，应国际美慈组织邀请，以团中央宣传部副部长陈章乐为团长的中国青年代表团一行 19 人赴美国俄勒冈州波特兰市参加了第五期青年领导人社会建设培训项目。培训以“社会建设”为主题，通过前沿理论介绍、案例分析、课堂演练、小组讨论、实地考察等方式，围绕政府、企业和社会组织在社会建设中的作用，志愿服务和发展援助，社区动员，谈判技巧和领导力的构建等内容进行了学习、研讨和考察。

26. 中欧青年组织发展论坛。2013 年，我与欧洲青年论坛合作在华举办了第四届中欧青年组织发展论坛。3 月 20 日至 27 日，应全国青联邀请，以欧洲青年论坛副主席果达·洛曼奈特为团长的欧洲青年组织代表团一行 15 人来北京参加了主题为“自媒体背景下的青年组织传播战略”的第四届中欧青年组织发展论坛，并访问了长沙和上海。

27. 亚洲青年理事会年会暨亚洲青年论坛。5 月 30 日至 6 月 2 日，应亚洲青年理事会和柬埔寨青年联合会邀请，以全国青联副秘书长贾波为团长的中国青年代表团一行 6 人赴柬埔寨金边出席了亚青理会第十三次年会暨亚洲青年论坛。论坛主题为“青年与和平：通过教育促进和平、稳定与发展”。为支持柬青年组织建设和青年工作发展，我于访问期间向柬埔寨青年和体育部、柬埔寨青年联合会分别捐赠了物资。捐赠仪式在我驻柬使馆举办。

28. 世界青年学生联欢节。12 月 6 日至 12 日，应世界民主青年联盟邀请，全国青联代表团一行 5 人赴厄瓜多尔参加第 18 届世界青年学生联欢节。联欢节期间，厄瓜多尔总统科雷亚、国民代表大会主席瓦德内拉共同出席联欢节开幕式，并分别发表讲话。

29. 高校国际交流社团人才培养项目。12 月 19 日至 20 日，“第二届中国高校国际交流社团负责人和骨干培训班”在京举行。该培训班由全国青联主办，中国青年报社、中国高校国际交流社团联谊会承办，这是青年外事工作着眼中国与世界的未来关系、加大青年对外交往人才培养力度的具体举措。

来自全国 44 所高校的 60 余名国际交流类社团负责人和青年国际交流志愿者优秀代表参加了培训。培训期间，中国联合国协会、

中国公共外交协会、中国社科院有关专家为学员们授课并进行了座谈交流。学员们就高校国际交流社团的品牌活动和人才培养机制等议题进行了研讨。培训班还安排学员们现场观摩外交部例行新闻发布会并与外交部新闻发言人、青年外交官面对面开展交流。

30.“与世界对话”国家交流与传播系列活动。2013 年,全国青联与中国青年报社、中国高校传媒联盟继续合作举办“与世界对话”活动,全年共举办 24 场,直接参与的中国大学生人数为千余人,通过各大校园媒体和微博的广泛传播,间接影响百万中国青年。

第五部分

重 要 表 彰

中国青年五四奖章

第十七届"中国青年五四奖章"

（共 27 人，按姓氏笔画为序）

马剑霞（女，彝族）　四川省雷波县大坪子乡中心校校长

王秀杰（女）　中国科学院遗传与发育生物学研究所分子系统生物学研究中心主任

王灵光　河南德行丰民种植专业合作社理事长

王治国　中船重工集团公司第七〇一研究所高级工程师，航母特种装置工程副总设计师，辽宁舰系统主任设计师

牙生·吐尔逊（维吾尔族）　新疆维吾尔自治区尉犁县古勒巴格乡阿克其开村党支部书记、村委会主任、团支部书记

方文墨　中航工业沈阳飞机工业（集团）有限公司 14 厂钳工

冉　维　新华通讯社华盛顿分社记者

吕义聪　浙江金刚汽车有限公司总装分厂技术质量员

华　明　海军 92815 部队某潜艇艇长

刘　丽（女）　厦门三度足浴有限公司职工

刘　峰　北京理工大学雷达技术研究所副所长，北京理工雷科电子信息技术有限公司总经理

刘锦秀（女）　湖北省罗田县锦秀林牧专业合作社理事长，湖北省名羊农业科技发展有限公司董事长

米吉格道尔吉（蒙古族）　内蒙古自治区新巴尔虎右旗克尔伦苏木芒来嘎查党支部书记，芒来牧民养羊专业合作社理事长

李欣蓉（女，壮族）　广西壮族自治区忻城县马泗乡马泗村党委副书记，马泗乡大棚果蔬团支部书记

李　娜（女）　湖北省体育局网球运动管理中心运动员

张　华　武警河北省总队第三支队副参谋长

张　涛　中建八局第二建设有限公司玉树灾后重建项目部项目经理、项目党支部副书记

张　蕾（女，土家族）　铜仁学院党委组织部职员

陈斌强　浙江省磐安县实验初中教师

罗凌飞　西南大学生命科学学院教授

袁　虎　湖南省长沙市望城区隆平高科新康种粮专业合作社理事长

唐登平　中国电子科技集团公司第十四研究所机载雷达电源专业组组长

唐嘉陵　国家深海基地管理中心工程师

常国丽（女）　潍柴动力股份有限公司技术中心技术党总支副书记，三高试验队队长、党支部书记

植志毅（女）　广西壮族自治区贺州市公安局禁毒大队副政委兼八步分局禁毒大队副大队长

曾昇铨　解放军陆军军官学院学员

裴先峰　中国石油第一建设公司第三工程处

313 工程队电焊工

“中国青年五四奖章”集体

（共 2 个）

上海警备区特种警备团摩步三营八连

中国载人深潜蛟龙号海试团队潜航员部

加授“中国青年五四奖章”

（共 11 个）

李　征　中国航天科技集团公司第一研究院科研计划部高级工程师

赵志祥　中国航天科技集团公司第四研究院四十二所副主任设计师

龚德铸　中国航天科技集团公司第五研究院五〇二所主任设计师

邹江波　中国航天科技集团公司第九研究院七〇四所副总工程师

魏忠伦　中国科学院长春光学精密机械与物理研究所副研究员

孟庆薇（女）　中国航天科工集团公司第三研究院一一一厂副主任工艺师

周家喜　中国电子科技集团公司第三十八研究所副主任

王亚平（女）　解放军航天员大队四级航天员

陈　曦　解放军 63699 部队测控部门工程师

张智斌　解放军 63767 部队 9 室高级工程师

陶　金　解放军 63999 部队 1 室副主任

追授“中国青年五四奖章”

（共 3 个）

邱兴和　广州军区警卫营二连一班班长

刘洪坤　北京市石景山区公安消防支队司令部参谋长

刘洪魁　北京市石景山区公安消防支队八大处中队副中队长

加授“中国青年五四奖章”集体

（共 9 个）

中国航天科技集团公司第一研究院 CZ－2F 遥十火箭贮箱制造团队

中国航天科技集团公司第五研究院载人航天总体部载人航天器总体研究室

中国航天科技集团公司第六研究院十一所常温推进剂发动机总体研究室

中国航天科技集团公司第八研究院八〇四所综合电子专业部图像班组

中国科学院空间应用工程与技术中心有效载荷运控中心

中国航天科工集团公司第二研究院二十三所总体部

中国电子科技集团公司第四十九研究所 921 专项团队

解放军 63636 部队三室

解放军 63920 部队二室

全国优秀共青团员、全国优秀共青团干部、全国五四红旗团委(团支部)

2012年度"全国优秀共青团员"名单

(共171名)

王　靖(女)　北京灵之秀文化发展有限公司副总经理
勾志民　北京二商集团大红门京深海鲜批发市场有限公司治安管理部治安管理员
阚婧雅(女)　北京市第六医院神经内科医师
崔昊天　北京工业大学电子信息与控制工程学院学生
刘　坤(女)　中国联通天津市南开区分公司市场营销部移动业务主管
丁学博　天津医科大学医学人文学院学生
刘守成　河北省唐山曹妃甸港口有限公司弘毅码头分公司门机司机
李　宁　河北省饶阳县书两养殖场场长
杜　茜(女)　沧州师范学院法政系学生
裴建娇(女,满族)　河北畅达旅游文化产业开发有限公司舞蹈队队长
刘星超　河北省张家口通泰运输集团有限公司宣化分公司调度中心主任
刘翠敏(女)　河北省邯郸市阳光潜能教育学校教师
贾璐璐(女)　河北省保定市第一中心医院护士
申晋国　晋煤集团蓝焰煤层气有限公司漾泉分公司生产工区副区长
王至垚(女)　山西省朔州市朔城区第一中学学生
柴开明　山西大学美术学院学生
高　洋(女)　内蒙古自治区通辽市少年宫副主任
李万辉　武警内蒙古边防总队呼伦贝尔支队勤务中队下士
苏　宏(女)　内蒙古自治区乌海市海勃湾区东方红幼儿园教师
金羽麒(女,满族)　辽宁省电力有限公司锦州供电公司客户服务中心稽查信息组营销监控员
孙文章　大连理工大学工商管理学院学生
韩　洋　中国移动辽宁有限公司抚顺分公司营销宣传策划与管理
李　琳(女)　辽宁省铁岭市水利局农田基本建设工作办公室科员
于　戈(满族)　一汽模具制造有限公司模具调整钳工
马永鸿　吉林省长白山第二高级中学学生
赵振宇　吉林省通化市民政局财务科出纳员
石明珠　黑龙江省集贤县明珠畜禽养殖专业合作社理事长
郑姗姗(女)　黑龙江省肇州县棚室经济办公室副主任
郭　文　大兴安岭职业学院电子工程系学生
韩　铎　黑龙江省区域地质调查所办公室秘书
谢活勇　上海商务数码图像技术有限公司生产部副经理
阿不都热西提·阿斯兰(维吾尔族)　上海师范大学数理学院学生
朱　杰　上海市机械施工有限公司上海中心大厦钢结构工程项目部副经理
刘　星　南车戚墅堰机车有限公司铸铁公司职工
洪　诚　江苏省南通市公安局交巡警支队车辆管理所二级警员

葛　婷(女)　江苏省连云港市第一人民医院护士
李海平　江苏茉织华服饰集团有限公司总裁
费枫宇　武警江苏总队镇江支队扬中中队班长
罗　曼(女)　江苏省淮安市第一人民医院急诊科住院医师
赵苇航(满族)　河海大学环境学院学生
汤昕晨(女)　南京农业大学经济管理学院学生
孙　昕　南京工业大学土木工程学院学生
叶霄雯(女)　浙江省松阳县实验幼儿园教师
汤一泓(女)　浙江省天台中学学生
余　方　杭州杭帮农业开发有限公司执行董事
祝晓东　浙江省十里坪劳教所科员
陈　薇(女)　杭州萧山国际机场有限公司航空地面服务公司国际客运部国际客运员
丁漪怡(女)　浙江省上虞市崧厦镇人民政府纪委办公室工作人员
宁康乐　安徽合力股份有限公司桥箱事业部壳体总成班数控车工
姚德武　安徽省旌德县庙首镇庙首社区书记助理
程蒙蒙　皖北煤电集团朱集西煤矿生产技术部助理工程师
张少杰　中国科学技术大学火灾科学国家重点实验室研究生
刘　菲(女)　安徽省六安市独山中学学生
田亚茹(女)　安徽省亳州市第二完全中学学生
饶丽琼(女)　福建省连城县兰花股份有限公司财务副经理
叶伦勇　莆田学院土木建筑工程学系学生
张安涛　福建省南平市嘉顺物流有限公司业务副科长
郑星新　福建省古田县供电有限公司配电工区项目负责人
徐　旭(女)　翔业集团元翔地勤服务(厦门)有限公司值机服务部国际一组代理副主任
张秋香(女)　福建省宁化县医院护士
李建飞　江西省景德镇市丰元公路建筑工程有限公司董事长
武盼好(女)　华东交通大学软件学院学生
舒海波　中电投江西中电电力工程有限责任公司南昌分公司维护部机化专业技术员
索崇飞　南昌铁路局九江车务段孔垄站值班员
杨亚霖　山东省青岛市城阳区新市民家园副主任
李　涛　华能淄博白杨河发电有限公司检修部炉本体班作业员
李　浩　山东省枣庄市滕州市级索镇前韩村主任助理
刘彤彤(女)　山东省帛方纺织有限公司高级技师
张贡亮　山东太阳纸业股份有限公司采购专员
隗　欢(女,满族)　山东省威海市第十四中学教师
吕　玥(女)　山东省德州市德城区农村信用合作联社职员
杨　柳　山东省高唐县第一中学学生
焦石磊　中国移动山东有限公司阳信分公司渠道部渠道督导
刘建超　山东省菏泽市公安局开发区分局丹阳派出所民警
孟　良　中国石化胜利石油工程有限公司井下作业公司海洋试油作业大队试油1队工程师
屠　帅　济南铁路局济南西工务段枣庄车间检查组工长
袁飞帆(女)　河南省电力公司平顶山供电公

司市场营销部职员
赵　丹（女）　河南省驻马店市工商行政管理局新蔡县栎城工商所科员
刘玉洁（女）　河南省济源市黄河路小学教师
马腾达　河南日报报业集团印务中心印刷出版部技术员
陶　璞　河南省一养苑农民专业合作社连锁超市市场营销部经理
张　博　河南省许昌电视台新媒体中心主任
张菊平（女）　安阳职业技术学院学生
胡小虎　中铁七局集团郑州工程有限公司郑机项目部项目预算合同部部长
蒋超利　中信重工机械股份有限公司重型铸锻厂工人
魏　航（女，满族）　河南省南阳农业学校农学系教师
仰媛媛（女）　湖北安棉纺织有限公司工人
周　丽（女）　湖北医药学院药护学院学生
简曼丽（女）　湖北省远安县茅坪场镇人民政府党政办副主任
周　宇　武警湖北消防总队襄阳支队万山中队一班副班长
汪　芸（女）　湖北省荆州电视台首席主播
张　茜（女，土家族）　湖北省恩施土家族苗族自治州中心医院烧伤整形外科护士
童　津　湖北省潜江市志愿者协会秘书长
林彬彬　武警湖南消防总队湘潭支队韶山中队特勤班班长
孙　波（土家族）　怀化学院中国语言文学系学生
李　晶（女）　湖南省常德市妇幼保健院护士
许　栋　湖南省岳阳市中南工业学校学生
李　宽　湖南城市学院环境工程专业学生
沈　浩　中国石化长岭分公司动力厂电气车间主盘岗位班长
汤　磊　广东省公安厅刑侦局刑事技术中心科员
许　程　广东省广业资产经营有限公司建筑材料研究院科研检测员
朱国海　广东省机场管理集团公司电视新闻采编部编辑
谢颖君（女）　广东省深圳市福田区莲花街道办事处工作人员
崔丽霞（女）　广东省广州市番禺区小金雁社区公益服务中心总干事
朱鸣华（女）　中山大学旅游学院学生
金　笛（女）　广东外语外贸大学国际商务英语学院学生
周文艳（女）　广东商学院人文与传播学院学生
阮子洋　粤港汽车运输联营有限公司汽修厂电工班班长
林　选（黎族）　广东省汕头市公安消防支队特勤大队一中队班长
陈　珊（女）　广西壮族自治区钦州市公安局特警支队特警
李昌贤　共青团南宁市江南区委员会青少年事务社会工作者
刘地长　桂林电子科技大学商学院学生
肖蓉蓉（女，白族）　广西壮族自治区柳州市柳北区人力资源和社会保障局协办员
黄加荣　广西壮族自治区柳州市融水苗族自治县西部计划志愿者
林雨霄（女）　海南省海南中学学生
吴俊杰　重庆市涪陵区公安局治安支队民警
涂　腾　重庆市电力公司市区供电局物流分中心计划管理专责
聂江舟　四川美术学院环境艺术设计专业学生
杨　粤（女）　重庆市合川龙市中学学生
喻　丹（女）　四川省陆上运动学校射击运动员
梁中华　四川省凉山彝族自治州昭觉县庆恒乡人民政府工作人员

胡　吉　中国农业大学法律系学生

拥中占忙（女，藏族）　四川省阿坝师范高等专科学校双语教育系学生

孟庆津　中国工程物理研究院机械制造工艺研究所技师

贺　骥（土家族）　中国东方电气集团有限公司中央研究院智能装备与控制技术研究所工程师

欧泳志　四川省大竹县城乡居民社会养老保险局办事员

樊怡伶（女）　内江职业技术学院青年志愿者协会会长

雷鹏飞　西南民族大学管理学院教师

刘远宵　四川司法警官职业学院法学系学生

周　涵（女，藏族）　四川省绵阳市广播电视台新闻中心记者

任　锐（女）　四川省雅安市雨城区上坝路社区居委会副主任

杨艾菁（女）　贵州民族大学旅游与航空服务学院学生

龙见炳（苗族）　贵州群建精密机械有限公司技术部部长

潘茂海（苗族）　武警贵州总队安顺支队一中队炊事班长

刘丽娟（女）　贵州省贞丰县贞丰中学学生

杨慧琴（女，白族）　云南省西双版纳傣族自治州第一中学教师

和晓珍（女，纳西族）　云南省丽江市玉龙纳西族自治县第一中学学生

李　娟（女）　云南省临沧市民族中学教师

斯塔多吉（藏族）　西藏大学文学院学生

德金措姆（女，藏族）　西藏农牧学院环境与资源学院学生

赵娜娜（女）　陕西省渭南市华县高塘镇涧峪口小学教师

刘占一　中国航天科技集团公司第六研究院十一所设计员

古振川（壮族）　西安建筑科技大学给排水专业学生

李　超　陕西经贸管理学院安康高新中等职业学校教师

喻海龙　西安铁路局西安客车车辆段西安北动车组运用所动车组机械师

付冠男　兰州大学法学院学生

屈建玮　甘肃省武威第一中学学生

蔺姝玥（女）　青海制药（集团）有限责任公司生物药品厂车间职工

吴　鹏　宁夏回族自治区六盘山高级中学学生

裴　沛（女）　宁夏回族自治区吴忠市利通区人民法院政工干事

蒋义果（女）　中国石油西部管道分公司生产运行调度员

阿德里江·阿里木江（维吾尔族）　西部钻探克拉玛依钻井公司30586队技术员

高　亚（女）　新疆生产建设兵团建工师项目办大学生西部计划志愿者

徐立迪　中国人民解放军军乐团1队四级演奏员

史胜男　中国人民解放军96313部队93分队副班长

张广奇　中国人民解放军65543部队70分队战士

王腾腾　中国人民解放军73133部队74分队班长

朱柳勇　南昌铁路局福州动车段技术组技术员

费　凡（女）　兰州铁路局银川客运段列车长

晋　寅　中国国际航空股份有限公司华北空中交通管理局机务员

陈秀青（女）　中国国际航空股份有限公司华南基地客户经理

傅　健　光明网技术部研发室工程师

张天栩　首都大酒店信息部管理员

林　云（女）　云南华电鲁地拉水电有限公司

财务资产部会计
张　华　中粮集团中粮包装(天津)有限公司饮料一车间副主任
郑　芳(女)　中国银行徐州分行青年路支行大堂经理
王　俊　中国农业发展银行玉树藏族自治州分行综合管理部执行专员
朱荣鑫　济钢集团有限公司铸管公司保卫部巡逻班班长
李　惠(女)　眉州东坡餐饮管理(北京)有限公司招聘经理
张富魁　陕西陕煤澄合矿业有限公司王村煤矿综采一队副队长兼技术员
唐丽新(女)　致同会计师事务所广西分所项目经理

2012 年度“全国优秀共青团干部”名单

(共 130 人)

李月明(女,回族)　北京市邮政公司团委书记
张国富　中国人民大学信息学院党团学办公室主任
金鸿侠(女)　天津市司法局团委书记
刘　涛(女)　天津音乐学院团委书记
王　斌　东北大学秦皇岛分校团委书记
张　崇(女)　团河北省抚宁县委书记
曹建恩　冀中能源峰峰集团有限公司团委书记
王晓娟(女)　团河北省石家庄市桥西区委书记
吴　恺　山西省公安厅团委副书记
冯志慧(女)　团山西省定襄县委书记
高国峰(蒙古族)　内蒙古电力(集团)有限责任公司鄂尔多斯电业局团委书记
马亚圣(蒙古族)　团内蒙古自治区化德县委书记
路　佳(女)　团辽宁省锦州市委青工部部长
周志强(蒙古族)　辽宁工程技术大学团委书记
王　楠(女)　团辽宁省鞍山市千山区委书记
杨　雷　辽宁省本溪市卫生局团委书记
王嘉升　团吉林省德惠市委书记
姚毓春　吉林大学团委书记
冯　贺(女)　中国吉林森林工业集团有限责任公司团委副书记
李秀梅(女)　齐齐哈尔大学团委书记
王晓杰(女)　团黑龙江省穆棱市委书记
刘　威(女)　黑龙江省绥化市电业局团委副书记
于博瀛(女)　黑龙江大学机电工程学院团委书记
夏雅敏(女)　上海海洋大学团委书记
卢　瑶　上海市普陀区长征镇团委书记
唐　华　上海永达控股(集团)有限公司团委书记
程　磊　上海香雪海国际贸易有限公司团总支书记
王　晓　团江苏省无锡市委组织部部长
史幸君　团江苏省溧阳市委书记
曹　巍　江苏省电力公司南通供电公司团委书记
赵　鹏　江苏省镇江市公安局团委书记
夏　鸣　江苏省国信集团团委书记
宋　喆　南京师范大学团委书记
缪建红　南京理工大学团委书记
车雯婕(女)　嘉兴市广播电视集团团委书记
高　峰　浙江大学软件学院团委书记
杨立淮　温州大学团委书记
王　芳　团浙江省武义县委副书记
周骆斌　团浙江省杭州市委青工部副部长
常　海　团安徽省铜陵市委学少部(权益部)部长
徐　静(女)　皖能合肥发电有限公司团委副书记
付新宽　阜阳卫生学校团委副书记
陈力予　福建农林大学团委副书记

郑　宏　福建省电力有限公司漳州电业局团委副书记
卢荣斌　团福建省石狮市委书记
周　婷(女)　南昌大学团委书记
林忠明　江西江中制药(集团)有限责任公司团委书记
陈　建　江西省九江市庐山区虞家河乡团委书记
揭景军　江西省临川第二中学团委书记
黄洪占　团山东省济南市委研究室主任
邓迎迎(女)　山东财经大学团委书记
王延华　日照市住房和城乡规划建设委员会团委书记
王晓勇(女)　中国石化胜利石油管理局团委社会事务部部长
张　慧(女)　中建八局第二建设有限公司团委书记
李洪刚　团山东省广饶县委书记
张以山　河南驻广东团工委副书记
陈洪超　河南省叶县洪庄杨乡团委书记
马　莉(女)　团河南省驻马店市委学校部部长
张　扬　郑州大学体育学院团委书记
李　蓓(女)　湖北机场集团公司团委副书记
丁　莉(女)　武汉邮电科学研究院团委书记
何金晖　华中师范大学团委书记
肖太春　湖北驻浙江团工委书记
邹　文(女)　团湖南省长沙市望城区委书记
欧雪梅(女)　团湖南省衡南县委书记
谢　晶(女,土家族)　湖南湘西自治州民族中学团委书记
李志远　湖南驻广东深圳团工委书记
张相梅(女)　广州海关团委书记
刘海春　华南师范大学团委书记
陈　烯　团广东省广州市委青工青农部部长
王　闵　广东省人民政府国有资产监督管理委员会团委副书记
黄佩璋(女)　广东省东莞市长安镇团委书记
朱　娅(女)　美的集团团委书记、广东省佛山市顺德区北滘镇团委副书记
廖其智　广西壮族自治区钟山县公安镇廖屋村村委委员兼治保主任、公安镇团委副书记
姚贤良　广西驻北京团工委副书记、百色驻北京团工委书记
吴秋异(女,壮族)　广西华锡集团股份有限公司团委书记
麻民能(壮族)　广西师范大学团委宣传部部长
刘丹艳(女)　广西壮族自治区灵山县武利镇团委书记
唐毓京(壮族)　广西壮族自治区河池市第二高级中学团委书记
丁　斑　海南省人民政府国有资产监督管理委员会团委书记
张东凤　海南生态软件园投资发展有限公司团委书记
邓　立(女)　团重庆市九龙坡区委书记
李　洁(女)　团重庆北部新区工作委员会副书记
陈　科　重庆大学团委书记
李洛曼(女)　团重庆市荣昌县委书记
游小锋　团四川省自贡市委经济部部长
陈明伟　四川泸州驻广东中山团工委书记
张林园　四川化工职业技术学院经管系团委书记
刘忱忱(女)　四川省丹棱县张场镇团委书记
秦鸿美(女)　团四川省成都市青白江区委书记
邢曙光　团四川省攀枝花市东区区委书记
易中华　四川省达州市大竹县石河中学团委书记
刘光武　四川省巴中市职业中学团委书记
黄　成(苗族)　六盘水师范学院团委干部
刘希磊　贵州财经大学团委宣传部部长
李　娜(女,彝族)　团云南省澄江县委书记

杨从黎　团云南省保山市委办公室副主任
德　央(女,藏族)　团西藏自治区乃东县委书记
李　丹(女)　西藏大学理学院团委书记
吴国良　团陕西省凤翔县委副书记
王　越　中铁一局集团有限公司团委书记
段丽琨(女)　陕西省铜川职业技术学院团委书记
贺伯雄　甘肃驻北京团工委书记、甘肃定西驻北京团工委书记
草　珺(女)　甘肃政法学院团委书记
李文芳(女)　青海省高等级公路建设管理局团委书记
梁　妍(女)　青海省西宁市教育局团委书记
穆小平(回族)　团宁夏回族自治区固原市委办公室副主任
郭兆芹(女)　团宁夏回族自治区平罗县委书记
徐启天　新疆维吾尔自治区国家安全厅团委书记
查永杰　新疆生产建设兵团农一师一团团委书记
佘小波　新疆生产建设兵团农四师七十五团团委副书记
于晓冬　中国人民解放军 92132 部队 26 分队观通部门正连职副观通长
刘尚勤　中国人民解放军 66113 部队副政治委员、团委书记
毕德鹏　中国人民解放军陆军第 21 集团军政治部组织处处长
徐克强　中国人民解放军 71988 部队政治处组织干部股股长
李柳静(女)　中国人民解放军成都军区联勤部通信站话务连技术员
丁　锐　上海铁路局团委书记
周　超　北京铁路局团委书记
邓红缨(女)　中国民用航空飞行学院团委书记
王晓雷　中国航空油料集团公司团委副书记
刘　栋　全国政协办公厅团委书记
温　存　中国出版集团公司团委书记
陈　平(女)　民政部直属机关团委书记
赵晓东　国家知识产权局直属机关团委书记
杨金亮　中国证监会办公厅团支部书记
李　鹏　中国移动通信集团公司团委书记
何明新　中国南车集团公司团委书记
周　振　中国中煤能源集团有限公司团委书记
王树正　东风商用车公司团委书记
邹治宇　交通运输部直属机关团委书记

2012 年度“全国五四红旗团委(团支部)”名单

(共 346 个)

北京大学团委
北京市海淀区海淀街道团工委
北京金隅物业管理有限责任公司金隅环贸分公司团支部
安利(中国)日用品有限公司北京分公司丰台店铺团支部
北京市丰台区花乡新发地村团总支
北京市大兴区第八中学高三(1)班团支部
天津市北辰区天穆镇团委
天津工业大学计算机科学与软件学院动画专业 2009 级 5 班团支部
天津泰达市政公司团支部
中国石化天津分公司炼油部联合二车间团支部
河北钢铁集团邯郸钢铁集团团委
德龙钢铁有限公司团委
河北省石家庄市新华区赵陵铺镇团委
河北省石家庄市市容管理考评办公室团支部
河北省塞罕坝机械林场总场机关团支部
河北大唐国际张家口热电有限责任公司设备部团支部
河北省秦皇岛市住房保障和房产管理局房产

市场管理处团支部
河北省唐山市交通运输局公路管理站团总支
河北省廊坊市地方税务局团支部
河北省枣强县大营镇芍药村团支部
河北省石家庄市第五十七中学“雷锋班”团支部
山西省汾阳市贾家庄镇团委
中国北车集团太原轨道交通装备有限责任公司团委
山西省大同市第五人民医院团委
山西省运城中学团委
山西大唐国际临汾热电有限责任公司设备工程部团支部
长治清华机械厂总装事业部团支部
山西华洋工贸有限公司团总支
山西省榆次第一中学校高1101班团支部
山西建筑职业技术学院市政工程系团总支
山西三元煤业股份有限公司洗煤厂团支部
内蒙古自治区呼和浩特市第十四中学团委
内蒙古自治区包头市青山区富强路街道团工委
内蒙古电力集团包头供电局调度处团支部
内蒙古自治区科左后旗甘旗卡街道民族社区团支部
内蒙古自治区阿拉善额济纳旗农村信用合作联社团支部
内蒙古自治区阿尔山市第一中学团支部
中国石油辽河油田公司团委
沈阳大学团委
辽宁省电力有限公司葫芦岛供电公司团委
中国移动辽宁有限公司营口分公司团委
辽宁石油化工大学团委
中国石油抚顺石化分公司石油三厂分子筛车间团支部
辽宁省盘山县太平镇新村村团支部
辽宁中移通信技术工程有限公司二公司团支部
辽宁省本溪市公安局指挥中心团支部
辽宁省铁岭市环境保护局机关团支部
辽宁省营口市公安局老边区公安分局巡警大队团支部
吉林财经大学团委
吉林省吉林市公安消防支队团委
吉林省东北袜业纺织工业园团委
水利部松辽水利委员会直属机关团委
吉林省东丰县东丰镇府南社区团总支部
一汽铸造有限公司铸造一厂灰造车间团支部
吉林省延边朝鲜族自治州人力资源和社会保障局机关团支部
黑龙江省农垦总局共青农场团委
哈尔滨汽轮机厂有限责任公司团委
中国石油大庆炼化分公司团委
黑龙江黑河驻北京团工委
双鸭山龙唐供热有限公司生产团支部
黑龙江省大庆市大同区人民检察院团支部
黑龙江省鹤岗市东山区东方红乡兴华村团支部
黑龙江省铁力市铁力镇宏伟社区团支部
齐齐哈尔轨道交通装备有限责任公司货车分厂团总支
黑龙江省哈尔滨市佳音英语学校和兴分校团支部
黑龙江省克山县昆丰大豆专业合作社团支部
上海市宝山区淞南镇团委
上海市公安局交警总队团工委
解放日报报业集团团总支
上海美术设计有限公司团总支
上海市金山区枫泾镇中洪村团支部
上海琢玉教育软件科技有限公司团支部
上海市浦东新区下沙学校团总支
上海城投原水有限公司青草沙原水厂团总支
江苏农林职业技术学院团委
江苏省淮安市中级人民法院团委
江苏先声药业股份有限公司团委
江苏大学团委
江苏省靖江高级中学团委

江苏省无锡市崇安区广益街道团工委
徐工集团工程机械股份有限公司泵送机械制造中心装配分厂团支部
江苏省盐城地方税务局第二税务分局团支部
江苏省泰州市国土资源局姜堰分局团总支
江苏省南通市海门地方税务局团总支
江苏省高淳县国家税务局团支部
江苏笛莎公主文化创意产业有限公司团总支
常州海关团支部
中国电子科技集团公司第十四研究所总体研究部团总支
江苏省电力公司常州供电公司配电运检工区团支部
江苏石油勘探局地球物理勘探处 246 地震队团支部
东南大学计算机科学与工程学院 090093 班团支部
南京航空航天大学“飞行器动力工程培优班”团支部
南京特殊教育职业技术学院阳光学院团总支
中国船舶重工集团公司第七二四研究所鹏力科技集团团支部
江苏省宿迁汽车客运站团支部
中国石化镇海炼化分公司团委
浙江省舟山市定海区昌国街道团工委
宁波大学团委
浙江医药股份有限公司新昌制药厂团委
浙江省慈溪市逍林镇团委
浙江省温州市龙湾永强供电公司团支部
浙江省开化县城关镇桃溪村团支部
浙江省台州上药医药有限公司第一团支部
浙江省龙泉市剑池街道南秦社区团支部
浙江省杭州市地方税务局直属分局团支部
浙江省舟山市普陀区东港街道灵秀社区团总支
浙江省湖州市吴兴区月河街道铁路新村社区团支部
浙江省绍兴市元培中学青年教工团支部
浙江省武义县壶山街道上端头村团支部
浙江省宁波市江东区白鹤街道黄鹂社区团支部
浙江省平湖市职业中等专业学校教工团总支
安徽省庐江县矾山镇团委
安徽驻广东团工委
安徽省铜陵县东联乡团委
安徽省怀远县马城镇团委
中国邮政储蓄银行宣城市分行团支部
马鞍山统力回转支承有限公司团总支
安徽医学高等专科学校公共卫生与卫生管理系团总支
安徽省东至县财政局团支部
安徽华电宿州发电有限公司发电三团支部
安徽省滁州市琅琊区清流街道紫薇东村社区团支部
福建省宁德市蕉城区三都海上团委
国家电网福建省电力有限公司莆田电业局团委
福建省厦门市财政局团委
福建省发展和改革委员会团总支
福建省福州市鼓楼区东街街道军门社区团支部
福州大学数学与计算科学学院 2009 级综合班学生团支部
福建省南安市康美镇兰田村团支部
厦门大学材料学院 2010 级高分子班团支部
福建省寿宁县南阳青年义务消防队团支部
景德镇陶瓷学院团委
萍乡高等专科学校团委
江西省宜春市袁州区西村镇团委
东华理工大学海军后备军官学院国防生 10 中队“刘刚班”团支部
江西省江西赣东路桥建设集团有限公司团支部
江西省赣州市妇幼保健院团总支
江西驻上海团工委江西人在上海论坛团支部
江西省南昌县向塘广宥联合团支部

江西省鹰潭市经济技术开发区国家税务局团支部
山东省山东大厦团委
山东能源新矿集团翟镇煤矿团委
潍坊银行团委
山东省莒南县人民医院团委
华电国际邹县发电厂团委
山东省济南市科学技术局团支部
山东省青岛市12319服务热线管理中心团支部
山东省高青县供电公司营销部团支部
山东省滕州市西岗镇大学生村官团支部
山东省东营市河口区人民检察院团支部
烟台国际机场安全检查部团支部
山东省诸城市皇华镇大学生村官团支部
山东省东平县公路局团总支
山东省乳山市公安局巡警一大队团支部
山东国税12366日照呼叫中心团支部
山东泰山钢铁集团有限公司热轧部团支部
山东省庆云县国家税务局团支部
山东省聊城市东昌府区古楼街道湖北社区团总支
山东省邹平县国家税务局团支部
山东省鄄城县人民检察院团支部
胜利油田管理局胜利采油厂采油二矿采油二十五队团支部
河南警察学院团委
中国石化华北石油局团委
安阳师范学院团委
河南省电力公司漯河供电公司团委
河南驻浙江团工委
河南中原高速公路股份有限公司平顶山分公司团委
河南省济源第一中学团委
河南省新乡市市直第一幼儿园团总支
河南省正阳县真阳镇万宝聚社区团支部
焦作煤业(集团)有限责任公司赵固一矿综掘一队团支部
河南省辉县市峪河镇肖吕村团支部
河南省汤阴县公安局巡特警团支部
河南省商丘市第一中学教工团支部
河南省郑州市郑东新区商都路街道五州汇富社区团支部
郑州大学思源之家团支部
郑州海关缉私局团支部
许继电网保护自动化公司团支部
商丘师范学院环境与规划学院地理科学专业2009级1班团支部
河南省渑池县天池镇辣椒专业合作社团支部
河南周口驻北京团工委新发地保安团支部
中原油田勘探局采油二厂井下作业大队团总支
中国船舶重工集团公司第七〇一研究所团委
武汉理工大学团委
湖北省交通运输厅团委
湖北省荆州市妇幼保健院团委
湖北省鄂州市西山街道梁新屋村团总支
随州职业技术学院汽车与机电工程学院团总支
武汉铁路局武汉工务大修段焊轨车间团支部
湖北中医药大学2010级医学检验(2)班团支部
湖北省武汉市公安局出入境管理处团支部
湖北省英山县英山百丈河惠农养殖专业合作社团支部
湖北省十堰市人民医院天使服务队团支部
长沙麓山国际实验学校团委
湖南铁路科技职业技术学院团委
长沙海关机关团委
湖南师范大学团委
武警部队长沙市消防支队望城大队团支部
绿之韵生物工程集团有限公司团支部
湖南省湘潭市公安局巡特警支队团总支
南华大学附属第一医院外科团支部
湖南省邵东县人民医院团总支
湖南省岳阳县麻塘镇机关团支部

湖南省涟源市农业局团支部
北汽福田汽车股份有限公司南海汽车厂团委
广东电网公司团委
广东省人民医院团委
广东省东莞市塘厦镇团委
广东明阳风电产业集团团委
广东省汕头市澄海中学团委
广东省广州市南沙区人民法院团支部
广东省郁南县公安消防中队团支部
广东省粤北第二人民医院肺科团支部
广东省湛江市霞山区海滨街道海宁社区团支部
广东省茂名市交通运输局茂港分局团支部
广东省英德监狱五监区团支部
广东省潮州市湘桥区卫生局团支部
中国移动广东有限公司揭阳市区分公司团支部
广州铁路(集团)公司广九客运段高铁动车队团总支
中国人民解放军广州军区海防第二团北尖岛海防连团支部
华南理工大学基因组科学创新班团支部
广东技术师范学院管理学院团总支
广西柳工集团有限公司团委
广西壮族自治区来宾市兴宾区城东街道团工委
广西中医药大学团委
广西壮族自治区运德集团南宁风之岭汽车运输有限责任公司总支部
广西壮族自治区鹿寨县农村青年创业者协会团支部
广西壮族自治区百色市西林县马蚌乡鲁维村团支部
广西壮族自治区防城港市防城区港锋果蔬专业合作社团支部
海南省三亚市南山文化旅游区团委
海南省昌江黎族自治县石碌镇保梅村团支部
海南省五指山南圣华松蚂蚁鸡特种养殖专业合作社团支部
重庆市江北区观音桥街道团工委
重庆新华书店集团公司团委
重庆建工集团股份有限公司团委
重庆市渝北区地方税务局团支部
重庆市第三人民医院内科第一团支部
西南大学国防生模拟营二连团支部
重庆市铜梁县广播电视台团支部
重庆能源集团南桐矿业有限责任公司南桐选煤厂质检车间团支部
重庆市开县汉丰街道九龙社区团支部
内江师范学院团委
四川资阳驻重庆团工委
中铁二局集团四川遂宁绵遂高速公路有限公司团委
四川燕京啤酒有限公司团委
四川警察学院团委
四川省新津县邓双镇团委
中国石化西南油气分公司川西采气厂团委
四川省交通运输厅鹧鸪山隧道管理处团支部
四川省绵竹市绿鑫蔬菜种植专业合作社团支部
四川省成都市公安局交通管理局第四分局团总支
四川大英供电有限责任公司团支部
东方电气集团东方电机有限公司焊接分厂团总支
四川华西集团石渠灾后重建项目团支部
四川省攀枝花市妇幼保健院团总支
四川省古蔺县人民法院团支部
四川升元光正实业有限公司团支部
四川省岳池县青苹果职业技能培训学校团总支
四川省开江县永兴镇永兴社区团支部
四川省平昌县元山镇中岭村团支部
雅安荥经供电有限责任公司团总支
四川省安岳县岳阳镇石坝子社区团支部
中国移动贵州有限公司团工委

贵州省都匀第二中学团委
贵州省贵阳市云岩区田田外语学第一团支部
贵州省遵义市红花岗区红军街商业区团总支
贵州省金沙县交通运输局团总支
中共贵州省委宣传部团支部
贵州科特林水泥有限公司团支部
中航贵州飞机有限责任公司总装分厂团总支
昆明海关团委
云南省楚雄彝族自治州人民医院团委
云南大学公共管理学院团委
云南省个旧市金湖南社区团总支
云南电网公司普洱供电局变电管理所团支部
云南省曲靖市人民广播电台团支部
西藏自治区日喀则市城南街道团工委
拉萨远丰新型建材有限公司团支部
陕西省延川县文安驿镇团委
国家电网陕西省电力公司安康水力发电厂团委
中国电子科技集团公司第二十研究所团委
陕西省西安中学团委
西安开米股份有限公司团支部
中国石油长庆油田分公司第五采油厂堡子湾作业区团总支
陕西省宜君县绿佳源蔬菜专业合作社团支部
西北有色金属研究院西部超导材料科技股份有限公司团总支
陕西省留坝县中学教职工团支部
中国石油川庆钻探工程有限公司长庆井下技术作业公司工具研发制造中心团支部
陕西驻北京团工委“大秦之腔”北京青年研习社流动团支部
甘肃省张掖中学团委
兰州工业学院青年志愿者协会团支部
中国石油玉门油田分公司油田作业公司YL57201队团支部
国家电网青海省电力公司检修公司团委
青海省海西自治州人民医院团总支
西部矿业集团股份有限公司锡铁山分公司团总支
宁夏回族自治区灵武市崇兴镇团委
宁夏医科大学团委
宁夏回族自治区水文地质工程地质环境地质勘察院“9 +1”联创齐争暨宁南项目部团支部
中国石油吐哈油田分公司团委
新疆维吾尔自治区阿瓦提县巴格托拉克乡团委
新疆医科大学第一附属医院收费结算管理科团支部
新疆伊犁河流域开发建设管理局恰甫其海枢纽管理处团支部
新疆维吾尔自治区乌鲁木齐市西城热力有限公司团总支
塔里木大学动物科学学院团委动物医学专业2013 届 4 班团支部
中国人民解放军 61785 部队团委
中国人民解放军军事医学科学院附属医院团委
中国人民解放军 95478 部队团委
中国人民解放军 75211 部队团委
中国人民武装警察部队北京市总队第十三支队团委
中国人民解放军总装备部北京军事代表局勤务汽车分队团支部
海军辽宁舰航空保障部门第 3 团支部
中国人民解放军 94969 部队 61 分队团支部
中国人民解放军 96176 部队 69 分队团支部
国防科学技术大学人文与社会科学学院学员大队学员一队团支部
中国人民解放军 65667 部队 75 分队团支部
中国人民解放军 66481 部队 83 分队团支部
中国人民解放军 69316 部队 63 分队团支部
中国人民解放军 72681 部队炸焦队团支部
中国人民解放军 73022 部队 65 分队团支部
中国人民解放军 75150 部队 97 分队团支部
中国人民解放军 77656 部队 51 分队团支部
武警新疆总队喀什地区支队塔什库尔干县中队团支部

武警后勤学院学员 2 旅 23 队团支部
广州铁路(集团)公司团委
太原铁路局侯马车务段侯马北站团总支
成都铁路局成都车辆段成都东动车所"六位一体"团支部
北京首都国际机场股份有限公司团委
广东省机场管理集团公司团委
中国东方航空股份有限公司山东分公司地面服务部团支部
厦门航空有限公司飞行部团总支
国家广播电影电视总局直属机关团委
中华全国总工会组织部团支部
中华全国工商业联合会团总支
卫生部北京医院团委
文化部直属机关团委
最高人民检察院检察技术信息研究中心团支部
最高人民法院立案二庭团支部
交通银行电子银行部团总支
中国航空工业集团公司西安飞机工业(集团)有限责任公司团委
中国电力建设集团有限公司中国水电顾问集团成都勘测设计研究院团委
大庆油田有限责任公司第一采油厂第七油矿聚中十四队团支部
中国电子科技集团公司第二十九研究所微波集成中心团总支
广州港集团有限公司团委
神华集团公司团委
安阳钢铁集团股份有限公司焦化厂大学生青年联合会团支部
重庆陶然居饮食文化(集团)股份有限公司陶然大观园分公司团支部
上海瑞和众垚咨询机构联合团支部

全国青年文明号

2011—2012 年度全国青年文明号名单

(团组织独立开展的部分)

北京市

大兴区黄村镇综合行政服务中心
北京市非紧急救助服务中心
北京市建筑设计研究院有限公司方案创作工作室
北京现代汽车有限公司仁和工厂轿车 2 部总装车间底盘 2 班
北京同仁堂商业投资集团有限公司同仁堂药店西药部

天津市

中环天仪股份有限公司市场营销中心
天津钢管集团股份有限公司轧管一部 250 机组热轧作业区
天津市财政局预算编审中心
天津市社会保险基金管理中心北辰分中心支付管理科
安利(中国)日用品有限公司天津分公司

河北省

河北钢铁集团唐钢物流公司炼钢站 3277 包乘组
沧州市财政支付监督管理中心
唐山市民公共服务热线
保定报业广告公司
廊坊日报社新闻采访部
河北港口集团秦港股份第六港务分公司卸车

队

山西省

山西日报报业集团财务管理中心

吕梁市集中收费管理中心大厅收费科

山西省脑瘫康复医院针灸科

晋城市阳城县工商行政管理局

山西省就业服务局

内蒙古自治区

内蒙古博物院社会教育部

伊敏煤电公司发电厂检修部热工专业机控班

鄂尔多斯市东方房地产开发有限责任公司

内蒙古乌审旗怡海实业发展有限责任公司东（台阁）收费站

辽宁省

铁岭银行股份有限公司营业部

抚顺银行营业部

辽阳市宏伟区公共行政服务中心

鞍山市城市管理综合行政执法局曙光大队

营口中小企业创业园青年创业管理局

葫芦岛银行海滨支行

吉林省

长春市大众物流装配有限责任公司

长白山保护开发区管理委员会接待办公室

通化市人民检察院公诉处

吉林化纤股份公司长丝三车间加工生产线

辽源市宾馆

黑龙江省

哈尔滨市地产交易中心

牡丹江市国库收付中心

鸡西市市容环境卫生管理局行业管理收费处

哈尔滨市住房公积金管理中心办事大厅

绥化市海伦市财政局预算股

上海市

黄浦区光明村大酒家品牌服务组

上海浦东发展银行万里支行

上海汽车集团股份有限公司乘用车分公司临港基地发动机厂装配车间

上海市劳动保障监察总队四支队

上海金枫酒业股份有限公司市场部

今亚金店

上海普环实业有限公司第三分公司业务经营部

江苏省

南京地铁运营公司站务中心

徐州市国土资源局土地登记管理处

扬州市仪征市财政国库集中收付中心

苏州沙家浜旅游发展有限公司

宜兴市农村商业银行营业部

盐城市射阳港发电有限责任公司检修部汽机化学班

泰州市姜堰市预算外资金结算中心

浙江省

杭州市人才服务局办事大厅

宁波市鄞州区企业百事灵政策咨询中心

绍兴市第一中学生物教研组

湖州市社会保险管理局综合服务大厅

温州市龙湾区会计核算中心

杭州银行股份有限公司舟山分行营业部

浙江黄龙体育中心

安徽省

池州市国库集中支付中心

宣城市城市管理行政执法局开发区分局

安徽省煤田地质局第三勘探队 306 钻机

铜陵市政务服务中心

黄山旅游发展股份有限公司狮林大酒店总台班组

福建省

厦门市思明区人民检察院公诉科

福建中国闽台缘博物馆展览开放部讲解组

漳州市城区烟草专卖局城西专卖管理所

南平市青年服务中心

龙岩市长汀县国土资源局服务大厅

江西省

萍乡市上栗县天顺大药房

宜春市供水有限公司销售部收费班

九江银行长虹支行

上饶市上饶县国库集中收付核算中心
南昌市东湖区步行街管理委员会
江西省地理国情监测遥感院数字化二室

山东省

济南市润丰农村合作银行经七路支行
泰安市政府便民服务电话受理中心
山东省射击队
聊城市临清市人民检察院公诉科
烟台市行政审批中心工商登记窗口
威海市商业银行文登支行
济南市鸿腾家居广场有限公司

河南省

焦作市住房公积金管理中心综合服务大厅
濮阳市地产管理处
风神轮胎股份有限公司进出口部
河南电视台都市频道报道部
义马煤业集团跃进煤矿机修厂
河南省财政厅国库支付局

湖北省

武汉市地震监测中心
武汉卷烟厂制丝车间甲班制丝组
荆州市电视台《垄上行》栏目组
黄冈市东源大酒店
随州市广水市财政局国库收付中心
东方联君“安装之星”青年文明岗

湖南省

常德市澧县人力资源市场暨社会保障服务中心
株洲市政务服务中心国土资源分中心
郴州市住房公积金管理中心归集支取科
永兴县国库集中支付核算局
湖南空港实业股份有限公司乐翔贵宾分公司易登机服务部

广东省

广州开发区萝岗区行政服务管理中心
广东省食品药品监督管理局业务受理处
广东省路桥建设发展有限公司路达分公司梅州收费站
韶关市人力资源和社会保障局就业服务管理局就业服务大厅
东莞市长安镇财政分局收费处
深圳市地铁集团有限公司运营分公司车务部站务室罗湖站
广州市海珠区房地产交易登记所

广西壮族自治区

柳州市政府热线 12345
中国人民解放军第 5718 工厂电子车间光导组
北海伊甸园礼仪广告有限公司
广西华锡集团股份有限公司车河选矿厂选矿二车间铅锌承包组

海南省

海南老城经济开发区管理委员会项目投资服务中心
呀诺达雨林文化旅游区游客中心
黄金海景大酒店三十一楼旋转餐厅

重庆市

重庆保税港区开发管理有限公司
重庆千叶眼镜连锁有限公司第一连锁店
重庆百事达汽车有限公司
重庆晨报 966966 公众服务中心
重庆银行股份有限公司建新北路支行

四川省

华西集团有限公司第三建筑工程公司四分公司
四川大学华西医院急诊科
攀枝花市就业创业服务大厅
绵阳市市长公开电话值班室
遂宁市明星酒店有限公司
北星巴士有限公司 405 车队 52 路

贵州省

贵州茅台酒股份有限公司制酒八车间二十班
遵义市杂技团演员队
黔南州烟草公司卷烟营销中心

云南省

玉溪市人工影响天气中心
保山市施甸县善洲林场生态文明教育基地

西藏自治区

西藏电力有限公司昌都公司供电营业厅

中国人保财险西藏分公司出单管理中心

陕西省

陕西省财政厅社会保障处

陕西煤业化工集团彬长矿区物资供销有限责任公司大佛寺供应站

中铁第一勘察设计院集团有限公司线路运输处轨道设计研究所

煤炭科学研究总院西安研究院钻探技术研究所

延长油田公司定边采油厂东仁沟采油大队

甘肃省

金川集团股份有限公司铜冶炼厂铜电解二车间电调三班

酒钢(集团)天风不锈钢有限公司热轧生产线

兰州威程管业有限公司

青海省

青海油田四方服务公司敦煌石油宾馆

青海银行小企业信贷中心

青海盐湖工业股份有限公司化工分公司供热中心

宁夏回族自治区

南京证券有限责任公司银川中山北街证券营业部

宁夏宁东铁路股份有限公司机辆段检修车间

新疆维吾尔自治区

新疆维吾尔自治区第二测绘院遥感分院

新疆维吾尔自治区国土资源规划研究院数字化所

八音和酒店有限公司前厅部

新疆维吾尔自治区工商行政管理局 12315 投诉申诉举报指挥中心

新疆生产建设兵团

石河子开发区天业化工有限责任公司质量部

石河子天富农电有限责任公司 121 供电营业所高压班

中直机关

中央警卫团中南海新华门哨位

中国科学技术馆窗口服务青年先锋队

新华社总编室业务研究室

光明网新闻中心

中央国家机关

最高人民检察院国家赔偿工作办公室

全国人大常委会办公厅人民大会堂管理局餐厅处

国务院办公厅秘书一局信息处

国土资源部违法线索处理中心

国家气象中心天气预报室

全煤团指委

神华神东煤炭集团上湾煤矿连采一队

兖矿集团兴隆庄煤矿拓展训练中心

中国平煤神马集团平煤股份六矿综采四队大学生采煤班

中国煤炭科工集团西安研究院钻探技术与装备研发中心

金融系统

南京造币有限公司技术研发中心机械设计组

中国人民银行大连市中心支行货币信贷处

中国人民银行汉中市中心支行办公室

中国人民银行济南分行办公室

中国人民银行嘉兴市中心支行外汇管理科

中国人民银行眉山市中心支行调查统计科

中国人民银行泰州市中心支行营业室

中国人民银行营业管理部清算中心系统运行维护科

中国银行业监督管理委员会黑龙江大庆监管分局

中国银行业监督管理委员会山东淄博监管分局监管三科

中国华融资产管理公司广州办事处创新业务部

招商银行股份有限公司上海四平支行

招商银行股份有限公司大连分行营业部

中国民生银行江苏南京分行营业部

中国民生银行贸易金融事业部青岛分部

中国证券监督管理委员会创业板发行监管部

审核一处
中国证券监督管理委员会江苏监管局办公室
深圳证券交易所系统运行部
国家开发银行安徽省分行客户四处
国家开发银行新疆分行财会处
国家开发银行浙江省分行风险管理处
中国进出口银行浙江省分行公司业务二处
中国进出口银行成都分行公司业务二处
中国进出口银行公司业务部信贷业务五处
中国农业发展银行江苏省江阴市支行
中国农业发展银行河南省漯河市分行营业部
中国农业发展银行湖北省宜昌市分行营业室
中国工商银行天津开发分行黄海路支行
中国工商银行黑龙江大庆兴业支行营业部
中国工商银行福建宁德分行营业部
中国工商银行山东东营垦利县支行营业部
中国工商银行河南洛阳分行贵宾理财中心
中国工商银行湖北分行营业部十九街支行
中国工商银行贵州分行营业部贵溪文化路支行
中国工商银行陕西延安吴起县支行营业部
中国工商银行广东分行营业部天河支行营业室
中国工商银行电子银行中心
中国农业银行北京铁道支行
中国农业银行安徽阜阳颍州支行营业室
中国农业银行福建分行营业部营业厅
中国农业银行江西赣州章贡支行营业部
中国农业银行云南曲靖环城支行
中国农业银行新疆兵团石河子北泉支行营业部
中国农业银行天津翠亨广场支行
中国农业银行山西晋城晋煤支行
中国农业银行上海徐家汇支行
中国农业银行宁夏银川西夏支行营业部
中国农业银行浙江舟山普陀山支行
中国银行江苏无锡分行营业部
中国银行广东东莞分行长安支行
中国银行北京朝阳亮马河大厦支行
中国银行江苏苏州高新技术产业开发区支行
中国银行吉林延边分行营业部
中国银行四川分行营业部
中国银行天津河东天山路支行
中国银行上海分行资金业务部交易室
中国银行甘肃兰州东岗西路支行
中国银行宁波鄞州支行营业部
中国建设银行山西省分行晋城新市西街支行
中国建设银行安徽省分行合肥庐阳支行营业部现金柜
中国建设银行福建省分行福州城东支行理财中心
中国建设银行江西省分行万安支行营业室
中国建设银行河南省分行郑州金水支行营业部
中国建设银行湖北省分行武汉百步亭支行
中国建设银行湖南省分行芙蓉支行营业部
中国建设银行广东省分行广州登峰支行
中国建设银行重庆市分行渝中支行解放碑分理处
中国建设银行贵州省分行贵阳河滨专柜
交通银行北京林萃路支行营业室
交通银行上海交银大厦支行
交通银行江苏南京白下支行
交通银行河南洛阳分行营业部
交通银行湖南长沙北大桥支行
交通银行四川省分行都江堰支行营业部
交通银行云南昆明安宁支行
交通银行金融服务中心（南宁）营运部票据提回六班
中信银行股份有限公司四川成都东城根街支行
中信银行股份有限公司广东东莞分行东城支行
中信银行股份有限公司河南郑州分行南阳路支行
中国光大银行北京世纪城支行

中国光大银行广州分行营业部
光大证券股份有限公司运营管理总部
中国人民财产保险股份有限公司广东省中山市分公司小榄营业部
中国人民财产保险股份有限公司山西省临汾市开发区支公司
中国人民健康保险股份有限公司广东湛江中心支公司
中国人寿保险股份有限公司山东省威海市荣成支公司
中国人寿保险股份有限公司江苏省扬州市分公司客户服务中心
中国人寿财产保险股份有限公司江苏省分公司电话中心
太平人寿保险有限公司四川分公司个险管理本部
中国出口信用保险公司广东分公司广州业务处

民航系统

中航集团国航股份上海分公司"侬好"领班组
中国东方航空股份有限公司客舱服务部"凌燕"乘务示范组
中国南方航空股份有限公司客舱部"春风组"
海航三亚凤凰国际机场有限责任公司地面服务部贵宾室
厦门航空有限公司机务部航线维修分部
四川航空股份有限公司商务委员会客户关系部大客户中心
中国民航信息网络股份有限公司运行中心客户服务部在线服务部
华南蓝天航空油料有限公司湖北分公司武汉航空加油站
北京首都国际机场股份有限公司运行监控指挥中心
首都空港贵宾服务管理有限公司旅客服务部彩虹班组
河北机场管理集团有限公司石家庄国际机场分公司旅客服务公司服务分部
上海国际机场股份有限公司航站区管理部旅客服务科现场问询"翔音"组
新疆机场(集团)公司贵宾服务部要客服务室"心缘"班组
民航华北空管局终端管制中心进近管制二室
中国民航飞行学院洛阳分院航空站安检站

国家物资储备系统

黑龙江储备物资管理局二三五处业务科保管组
江西储备物资管理局六七三处物资保管班
湖南储备物资管理局一五五处消防队
宁夏储备物资管理局一七七处物管科
国家物资储备局上海九三六仓库

2011—2012年度全国青年文明号名单

（与各行业系统联合开展部分）

法院系统

北京市东城区人民法院民事审判第三庭
河北省廊坊市三河市人民法院燕郊法庭
山西省大同市灵丘县人民法院办公室
辽宁省鞍山市中级人民法院诉讼服务中心
江苏省苏州市虎丘区人民法院民事审判第一庭
福建省厦门市湖里区人民法院禾山人民法庭
江西省抚州市乐安县人民法院鳌溪人民法庭
山东省东营市东营区人民法院刑事审判庭
河南省新乡市辉县市人民法院司法警察大队
湖北省武汉市江汉区人民法院民意街人民法庭
广东省深圳市罗湖区人民法院立案庭
海南省澄迈县人民法院老城人民法庭
重庆市渝中区人民法院民事审判第一庭

公安系统

北京市公安局刑侦总队五支队三中队
北京市公安交通管理局勤务指挥处"122"交通事故报警服务台
北京市公安局朝阳分局出入境管理大队
天津市公安局东丽分局金钟派出所

天津市公安局河西分局特警支队一大队
河北省唐山市玉田县公安局刑警大队
河北省涿州市公安局交通管理大队挟河中队
河北省沧州市公安局新华分局刑警大队
山西省大同市交警支队一大队西门岗
山西省消防总队吕梁支队离石大队离石中队
内蒙古自治区呼和浩特市公安局交通管理支队新城区大队博北岗
内蒙古自治区巴彦淖尔市公安局出入境管理处
辽宁省本溪市公安局交警支队溪湖大队
辽宁省沈阳市公安局大东分局大东门派出所
辽宁省鞍山市台安县公安局巡特警大队
吉林省吉林市公安局交通管理支队昌邑大队一中队
吉林省松原市公安局指挥中心
黑龙江省哈尔滨市公安局指挥中心 110 报警服务台
黑龙江省鹤岗市公安局工农分局解放路派出所
上海市出入境管理局中国公民出国（境）证件管理处前台受理组
上海市公安局静安分局交警支队五中队陈栋岗组
江苏省盐城市建湖县公安局沿河派出所
江苏省镇江市丹阳市公安局指挥中心 110 指挥调度室
江苏省扬州市邗江区公安分局刑事科学技术室
浙江省湖州市公安局指挥中心
浙江省杭州市公安局西湖分局出入境办证中心
浙江省宁波市慈溪市公安局刑侦大队重案一中队
安徽省淮北市濉溪县公安局溪河派出所
安徽省宣城市广德县公安局交通管理大队城区中队（二中队）
福建省福州市公安局东街派出所
福建省泉州市晋江市公安局出入境接待大厅
福建省厦门市公安局指挥中心
江西省公安厅交警总队直属三支队第三大队
江西省消防总队南昌市消防支队特勤大队
山东省青岛市公安局交通警察支队市南大队宁夏路中队
山东省聊城市高唐县公安局人和派出所
山东省滨州市公安局交通警察支队西城区大队
河南省公安厅高速交警总队二支队
河南省许昌市公安局指挥中心
河南省商丘市永城市公安局芒山派出所
湖北省荆门市公安局交警支队东宝大队一中队
湖北省武汉市公安局巡逻民警处张家湾治安检查站
湖南省益阳市沅江市公安局巡警特警大队
湖南省常德市公安局交警支队办公室
广东省广州市公安局巡（特）警支队特警五大队
广东省汕头市公安局 110 报警服务台
广东省中山市公安局出入境管理支队
广西壮族自治区贺州市公安局交通管理支队八步大队信都中队
广西壮族自治区公安厅交通警察总队指挥中心
海南省公安厅出入境管理局办证科
重庆市消防总队特勤支队第二中队
重庆市水警总队朝天门派出所
四川省广安市公安局交警支队第一大队
四川省德阳市广汉市公安局特巡警大队
四川省成都市公安局交通管理局第一分局二大队
贵州省贵阳市公安局云岩分局北京路派出所
贵州省黔西南州兴义市公安局乌沙派出所
云南省昆明市公安局五华分局虹山派出所
云南省丽江市公安局交警支队城市交警大队东城区中队
西藏自治区昌都地区昌都县公安局马草坝派

出所
陕西省西安市公安局交通警察支队秘书处指挥中心
陕西省安康市石泉县公安局池河派出所
甘肃省酒泉市公安局肃州分局新城派出所
甘肃省兰州市公安消防支队城关区大队盐场中队
青海省刑警总队警犬基地
宁夏回族自治区中卫市公安局指挥中心
新疆维吾尔自治区公安厅网络安全保卫总队
新疆维吾尔自治区公安厅特别侦察队训练基地
新疆生产建设兵团农一师阿拉尔市城区公安局刑事侦查大队
南昌铁路公安局厦门公安处厦门车站派出所客勤一组
上海铁路公安局徐州公安处特警支队
昆明铁路公安局昆明公安处乘警支队一大队
长江航运公安局宜昌分局秭归派出所
民航四川机场公安局成都双流国际机场候机楼派出所
吉林省白石山森林公安分局白石山派出所
厦门海关缉私局海上缉私处一中队
吉林省公安边防总队长春边防检查站执勤业务二科
山东省公安边防总队青岛市边防支队中韩边防派出所
广东省公安边防总队第五支队一中队
河北省公安消防总队秦皇岛市支队北戴河区大队
湖北省公安消防总队武汉市支队江汉区大队江汉中队
广东省公安消防总队肇庆市支队四会市大队四会中队
上海边检总站上海机场边检站二队
深圳边检总站罗湖边检站五队

司法系统

北京市劳教人员调遣处二大队
天津市西青监狱五监区
山西省太原第一监狱运输科皮带维修组
上海市未成年犯管教所四管区
江西省女子监狱六监区
山东省邹城监狱财务科
湖北省襄南监狱直属分监区
广东省女子监狱四监区
重庆市垫江监狱九监区
青海省西宁监狱三监区
江苏省南京监狱八监区
新疆维吾尔自治区劳教局乌鲁木齐女子劳教(戒毒)所警戒大队

住房城乡建设系统

北京市通州区住房和城乡建设委员会执法监督科
北京市规划展览馆
北京市朝阳公园南门检票班
北京市住房公积金管理中心方庄管理部
北京市北海公园琼岛永安寺班
北京市天坛公园神乐署雅乐艺术团
北京金隅嘉业房地产开发有限公司管理部
北京建工置业有限责任公司建工大厦项目部
首开集团北京亿方物业管理有限责任公司通惠家园分公司工程部
天津市自来水集团供水服务热线网络中心
中铁十八局五公司海河隧道项目部
天津市规划展览馆
上海市排水管理处防汛与设施管理科(信息科)
上海老港废弃物处置有限公司生活垃圾运输五班
上海市普陀区房地产交易中心
上海隧道工程股份有限公司机械制造分公司技术中心
上海城投置业管理有限公司物业管理分公司
上海市测绘院浦东分院测绘一科
重庆市工程建设招标投标交易中心
重庆市路桥收费管理处收费服务中心

河北省建设信息中心
山西省太原市市政公共设施管理处桥梁养护管理所
山西省太原市房产交易服务中心
山西建筑工程(集团)总公司北京分部
辽宁省葫芦岛市房地产价格评估事务所
辽宁省鞍山市房产立山总公司青年突击队
辽宁省铁岭市市政管理维修处
辽宁省沈阳市房屋租赁管理中心稽查科
吉林省长春房屋置换股份有限公司
江苏省南京市市容管理收费处收费窗口
江苏省常州市规划馆
江苏省南通市如皋市自来水厂客户服务中心
江苏省南京市江宁区住房和城乡建设局办公室(12345 呼叫办理中心)
江苏省常州港华燃气有限公司博爱路客户中心
江苏省苏州市建设工程交易中心
江苏省南通安装集团股份有限公司第三分公司
江苏省镇江市自来水公司金西水厂中心控制室
浙江省杭州市城市基础设施建设发展中心大桥建设处
浙江省宁波市住房公积金管理中心办事大厅
浙江省嘉兴市城乡规划建设管理委员会服务窗口
浙江省杭州市城市规划展览馆服务部
浙江省台州市房地产管理处
安徽省芜湖市住房公积金管理中心信贷科
安徽省安庆市房地产产权产籍监理处交易大厅服务台
安徽省合肥供水集团有限公司营业大厅
福建省福州市闽江公园管理处
福建省厦门市国土资源与房产管理局综合服务大厅
福建省泉州市建设工程交易中心服务窗口
江西省上饶市房产交易中心
江西省九江市规划局报建信息管理中心
江西省新余市房地产交易登记中心
山东省济南市城乡建设委员会驻行政审批中心窗口
山东省济南市历下区城市管理监督指挥中心
山东省青岛市 12319 服务热线管理中心
山东省济宁市房产交易监理处
山东省日照市园林管理局
山东省泰安市环境卫生管理处“橘红”环卫服务中心
山东省滕州市房地产交易监理所
山东省东营市建设工程招标投标办公室
山东省烟台市城市排水管理处套子湾污水处理厂污泥处理车间
山东省潍坊市城市管理监督指挥中心 12319 市政热线
山东省泰安市建筑工程质量检测站
山东德建集团有限公司一建建设分公司
河南省开封市供水总公司水质监测站
河南省濮阳市公用事业局“老李服务热线”
河南省济源市风景园林管理局南蟒河管理组
河南省郑州自来水投资控股有限公司客户服务中心供水热线
河南省许昌市数字化城市管理中心
厦门水务集团(新乡)城建投资有限公司
湖北省武汉市洪山区住房保障和房屋管理局政务窗口管理办公室
湖北省宜昌市住房公积金管理中心一马路营业部
湖北省黄石市城管执法局机动大队
湖南省长沙市城市建设科学研究院
湖南省株洲市白蚁防治管理办公室防治科
湖南省衡阳市房地产产权监理处房屋产权交易服务中心
湖南省株洲市市政工程管理处路政管理大队
广东省广州市房地产交易登记中心业务受理部
广东省江门市房地产交易登记所

广西壮族自治区南宁市房屋产权交易中心登记科

广西壮族自治区柳州市政务服务中心房产分厅受理科

海南省建筑工程研究院

四川省峨眉山－乐山大佛风景名胜区管委会金顶管理处

贵州省建筑设计研究院设计六所

陕西省宝鸡市自来水有限责任公司营业所抄表收费班

甘肃省金昌市供水管理处

宁夏回族自治区银川市住房公积金管理中心区直分中心营业大厅

青海省西宁市住房公积金管理中心省直分中心

新疆维吾尔自治区昌吉州住房公积金管理中心

中建八局二公司王大勇项目经理部

中建三局建设工程股份有限公司（北京）安装经理部

交通运输系统

北京市地铁运营有限公司客运公司复兴门车站

北京首发集团机场南线收费所岗山收费站

天津市国腾公路咨询监理有限公司工程咨询部

唐津高速公路宁河、丰南西共管站

河北省高速公路石安管理处石家庄收费站

河北省邯郸市行政服务中心交通运输局窗口

邢临高速公路管理处邢台收费站

山西省大同高速公路有限责任公司大同北收费站

山西省晋中公路分局祁县公路管理段东观道班

内蒙古高路公司巴彦淖尔分公司五原高速收费所

辽宁省高速公路管理局营口管理处鲅鱼圈收费站

辽宁省锦州市公路客运总站“手拉手校园售票班”

吉林省长春市公路客运中心站服务乙班

黑龙江省收费公路管理局哈同管理处哈尔滨东收费站

上海宝山巴士118路青年班组

上海申嘉湖高速公路养护管理有限公司祝桥收费站

江苏苏通大桥有限责任公司服务区

江苏省南通汽运集团南通汽车站

浙江省宁波市港航管理局北仑管理所36524危货监管申报中心

浙江省杭州市公路路政管理支队高速公路路政管理大队

安徽省高速公路控股集团有限公司合肥管理处包河大道收费所

安徽省合肥市汽车客运有限公司合肥汽车站莹雪客服中心

福建省高速公路车辆通行费南平北征收管理所（中心所）

江西省高速集团景德镇管理中心景德镇北管理所

江西梨温高速公路公司鹰潭西收费站

江西昌泰高速公路有限责任公司泰和收费所

山东省青岛市公路管理局市区分局路政科

山东高速公路运营管理有限公司京台分公司济南北收费站

河南中原高速公路股份有限公司郑州分公司郑州侯寨收费站

河南省交通运输厅高速公路濮阳至鹤壁管理处濮阳收费站

河南省交通运输厅京珠高速公路新乡至郑州管理处圃田收费站

湖北省交通规划设计院第七勘察设计室

湖北省交通运输厅武黄高速公路管理处武东管理所

湖南省临长高速公路羊楼司收费站

湖南省洞新高速公路建设开发有限公司

京珠高速公路广珠段有限公司
广西运德集团南宁凤之岭汽车运输有限责任公司琅东汽车站服务一班
广西壮族自治区高速公路管理局百色路政支队田东路政大队
海南省公路管理局五指山公路分局路政股
重庆高速公路集团有限公司东北营运分公司天城收费站
四川省交通运输厅公路规划勘察设计研究院隧道研究设计处
四川省交通运输厅二郎山隧道管理处
贵州高速公路开发总公司贵阳北收费站
云南省公路路政管理总队盈江公路路政管理大队
陕西省高速公路建设集团公司服务区管理分公司秦岭服务区
陕西省交通建设集团公司绕城分公司西高新收费站
甘肃省高速公路管理局兰临高速公路收费管理所兰州南收费站
青海省高等级公路建设管理局曹家堡收费站
宁夏公路工程质量检测中心桥梁隧道检测室
新疆维吾尔自治区公路管理局乌鲁木齐公路管理局盐湖收费站
钦州海事局
秦皇岛北戴河海事处
上海海事局洋山港海事处政务中心
广东海事局巡查执法支队“海巡31”船
交通运输部东海救助局东海救201轮
交通运输部上海打捞局工程船队潜水队
芜湖海事局文化宣传中心
长江电子航道图研发运行中心
中国船级社上海分社建造和海工检验处上海——长兴厂区组
交通运输部公路科学研究院交通智能运输系统工程研究中心
人民交通出版社道路运输出版中心
内蒙古自治区乌兰察布市邮政报刊发行投递局投递组
中国邮政储蓄银行股份有限公司铁岭市天圣支行
吉林省长春市邮政局同志街邮政支局
上海市邮政公司黄浦区邮政局卢湾支局综合服务台
浙江省杭州市邮政局保俶路支局
中国邮政储蓄银行股份有限公司福清市支行营业部
海南省邮政11185客户服务中心
贵州省贵阳市邮政局中华南路营业部
宁夏回族自治区银川市邮政局西城分局大楼邮政营业厅
中国邮政集团公司邮票印制局制版中心图像制作班
江苏省邮政速递物流有限公司苏州分公司园区营业部国际大厦揽投部
江西省南昌市邮政局民德路支局营业厅
中国邮政储蓄银行股份有限公司郑州金水东路支行
湖北省邮政速递物流有限公司武汉市分公司江汉区速递分公司
湖南省长沙市邮政局南门口邮政所
广东省深圳市邮政局南山分局南油支局
顺丰速运广州区呼叫中心
上海圆通速递有限公司客户服务中心
武汉顺丰速运客服部
国家邮政局北京邮电疗养院前厅部
盐城民航站飞燕班组铁路系统
哈尔滨铁路局哈尔滨车辆段哈南上行运用车间一场二班一组
沈阳铁路局阜新车务段小东站
北京铁路局北京客运段D321/322次列车
太原铁路局太原站贵宾室
太原铁路局太原车辆段动车车间乘务组
呼和浩特铁路局包京车队K263/4次列车
郑州铁路局郑州车站供水车间
武汉铁路局襄阳电务段电子设备车间信息工

区
西安铁路局西安供电段商洛接触网工区
济南铁路局青岛客运段北京动车队
上海铁路局南京站“158”雷锋服务站
上海铁路局上海动车客车段上海南动车运用所检修组
南昌铁路局南昌车辆段动车组运用所地面检修一组
广铁集团广州电务段广州南高铁信号车间广州南集中检修工区
南宁铁路局南宁客运段 T5/6 次第二、五包乘组
成都铁路局重庆客运段 T9/10 次第四包乘组
昆明铁路局昆明电务段柏果信号工区
兰州铁路局武威南车务段武威南车站运转丙二调
乌鲁木齐铁路局乌鲁木齐客运段国际联运车队
青藏铁路公司西宁客运段拉萨车队第二包乘组
铁道第三勘察设计院集团有限公司建筑分院建二所
铁道部专运处列车段列车三班水利系统
黄河小浪底爱国主义教育基地展示厅
北京市密云水库管理处下会水文站
黑龙江省水文局水情处
江苏省江都水利工程管理处万福闸管理所
河南省石漫滩水库管理局石漫滩水利风景区
水利部水文局通信运行维护中心
长江科学院材料与结构研究所工程新材料研究室
黄河流域水环境监测中心业务室
水利部太湖局信息化工作领导小组办公室
上海市水务规划设计研究院水利所
山东省济南市水政监察支队征收一科
陕西水环境工程勘测设计研究院设计三室

商贸系统

安利(中国)日用品有限公司北京分公司
河北美食林商贸集团有限公司美食林商场
山西省太原市唐久超市有限公司
辽宁省本溪市华联超市总部店收银部
吉林省长春市欧亚商都男装鞋帽商场女鞋柜
黑龙江省牡丹江市海林市横道河子东北虎开发有限公司
上海开创远洋渔业有限公司开顺轮
上海科贸粮油食品质量检测有限公司检测实验室
中国外运长江有限公司集运事业部
安徽商之都滁州商厦有限责任公司
山东省潍坊百货集团股份有限公司滨州中百大厦
山东省济南阳光大姐服务有限责任公司业务管理部
广东省广州市广百股份有限公司天河中怡店礼仪服务台
四川省乐山三八商场连锁有限公司
重庆市外商投资促进中心
重庆市江北区观音桥商圈管理办公室
重庆糖酒有限责任公司酒类分公司配送中心

卫生系统

北京急救中心青年车组
首都医科大学附属北京中医医院针灸科病房
北京市红十字血液中心献血服务一科
首都医科大学附属北京安定医院二科三病房
天津市中心妇产科医院生殖医学中心
天津市南开医院第三外科(微创外科)
河北省第六人民医院早期干预科
河北省人民医院急诊科
河北医科大学第三医院创伤急救中心
山西省肿瘤医院生物治疗科
山西医科大学第二医院肾内科
山西省眼科医院角膜科
内蒙古自治区呼和浩特市卫生局审批办
内蒙古一机医院博爱阳光健康体检中心
辽宁省大连市中心医院心胸外科
中国医科大学附属第一医院心血管内科

吉林省吉林市中心医院手术室护理组
吉林省延边妇幼保健院注射室
黑龙江省大庆市人民医院儿科
黑龙江省牡丹江市传染病医院检验科
同济大学附属同济医院医学影像科
上海瑞金医院血液科
上海市疾病预防控制中心健康相关产品卫生评价科产品卫生评价组
上海市胸科医院肺内科
江苏省太湖干部疗养院健康管理中心
江苏省淮安市第一人民医院肿瘤中心
浙江省皮肤病防治研究所上柏住院部
浙江大学医学院附属妇产科医院门诊药房
浙江省人民医院检验中心
浙江省诸暨市中医医院重症医学科（ICU）
安徽省安庆市立医院药剂科西药房
安徽省马鞍山市疾病预防控制中心青年服务队
安徽医科大学第一附属医院成人输液厅
福建省妇幼保健院新生儿科（福建省新生儿救护中心）
福建省肿瘤医院 14 区护理组
福建省厦门市医疗急救中心信息调度科
江西省妇幼保健院妇科
江西省肿瘤医院放疗技术科
江西省儿童医院心脏病中心
山东省立医院（集团）手足外科
山东省滕州市中心人民医院手术室
山东省千佛山医院消化内科
山东大学齐鲁医院静脉药物配置中心
河南省郑州人民医院急诊科
河南省肿瘤医院肝胆胰外科
武汉大学人民医院（湖北省人民医院）眼科中心
湖北省武汉急救中心 120 指挥中心
湖南省人民医院心血管内科
南方医科大学珠江医院门诊部
广东省中医院骨一科
广东省珠海市第二人民医院急诊科护理组
中山大学肿瘤防治中心重症医学科（ICU）
广西壮族自治区贵港市人民医院骨科
广西壮族自治区北海市人民医院急诊科重症监护室
海南省皮肤病医院龙昆南门诊临床部
海南省疾病预防保健中心
海南省中医院妇产科
重庆市急救医疗中心院前急救部
重庆医科大学附属第一医院检验科
四川省医学科学院四川省人民医院城东病区急诊科
四川省肿瘤医院放疗中心技术组
贵州省人民医院急诊科
贵州省贵阳市妇幼保健院产科
云南省大理州人民医院干疗科
云南省第一人民医院药剂科
陕西省妇幼保健院辅助生殖中心
西安交通大学医学院第一附属医院重症医学科
甘肃省肿瘤医院乳腺科
甘肃省红十字血液中心体检采血科流动采血小组
甘肃省天水市精神病医院医学心理科
青海省中医院急诊科
宁夏回族自治区人民医院心血管内科
新疆医科大学第二附属医院药剂科
新疆维吾尔自治区人民医院重症医学二科（原外科 ICU）
北京大学人民医院心脏中心
国家食品药品监督管理局行政受理服务中心
中国中医科学院西苑医院综合内科病房护理组
中国中医科学院广安门医院门诊中草药调剂室
卫生部北京医院计财处挂号收费科门诊组
中日友好医院检验科
北京协和医院急诊科

阜外心血管病医院小儿外科中心 PICU
福建省晋江市中医院急诊医学部
重庆市中山医院重症监护室(ICU)

中央企业

中国核工业集团公司北京化工冶金研究院仪控公司
中国航天科技集团公司第一研究院北京航天自动控制研究所系统理论与仿真技术研究室姿态控制系统研究与设计工程组
中国航天科技集团公司第五研究院第 508 所回收着陆技术研究室
中国航天科技集团公司第八研究院第 808 所筛选试验组
中国航天科技集团公司第六研究院第 165 所一室测量组
中国航天科工集团二院北京航天长峰股份有限公司安保科技部
中国航天科工集团三院三十三所一室首次载人交会对接项目青年研制团队
中国航天科工集团四院南京晨光集团研发中心膜盒工部首次载人交会对接项目青年研制团队
中国航空工业集团公司西安航空发动机(集团)有限公司志愿者工作部
中国兵器工业集团公司五洲工程设计集团第一设计研究院化工所工艺室
中国兵器装备集团公司长安汽车股份有限公司江北工厂总装一车间“长安之星”生产线 A 工段
中国电子科技集团公司中电科技国际贸易有限公司驻巴基斯坦办事处
中国电子科技集团公司第十三所第十六专业部射频/微波滤波器产品组
中国石油天然气集团公司长城钻探工程有限公司钻井一公司长庆项目二部 32806 钻井队
中国石油天然气集团公司东方地球物理公司国际勘探事业部
中国石油天然气集团公司四川成都销售分公司蜀龙加油站
中国石油天然气集团公司兰州石化公司炼油厂常减压联合车间 500 万吨/年常减压装置
中国石油天然气集团公司大庆油田有限责任公司铁人王进喜纪念馆
中国石油天然气集团公司运输公司塔里木运输公司采油技术服务公司试采队
中国石油天然气集团公司塔里木油田分公司开发事业部塔中作业区
中国石油天然气集团公司广东销售广州分公司金龙山加油站
中国石油天然气集团公司宁夏石化公司化肥一厂合成一班
中国石油天然气集团公司新疆油田公司油气储运分公司彩南站
中国石油天然气集团公司长庆油田分公司第八采油厂樊学采油作业区学三计量接转站
中国石油天然气集团公司北京油气调控中心调度主控室
中国石油天然气集团公司中亚天然气管道公司中乌天然气管道项目首站(WKC1)
中国石油天然气集团公司伊拉克公司鲁迈拉项目部
中国石油天然气集团公司东方地球物理公司国际勘探事业部伊拉克项目经理部 8637B 队
中国石油化工集团公司齐鲁石化分公司胜利炼油厂催化裂化装置催化岗位
中国石油化工集团公司河南郑州石油分公司扬子路加油站
中国石油化工集团公司镇海炼化分公司化工部聚乙烯装置
中国石油化工集团公司北京石油分公司京石路加油站
中国石油化工集团公司中原石油勘探局塔里木钻井公司 70136 钻井队
中国石油化工集团公司上海海洋石油局钻井

分公司勘探三号钻井平台

中国石油化工集团公司云南石油公司昆明读书铺加油站

中国石油化工集团公司浙江杭州石油分公司杭州建国北路加油站

中国石油化工集团公司上海石油公司客户服务中心

中国石油化工集团公司管道储运公司南京输油处大榭岛油库青年突击队

中国石油化工集团公司胜利石油管理局新春采油厂春风联合站

中国海洋石油总公司南海东部石油管理局研究院番禺天然气勘探项目组

国家电网电力交易中心交易处

国家电网公司天津市电力公司城东供电分公司营销部营业三班

国家电网公司冀北公司张家口供电公司宣化客户服务分中心营业一班

国家电网公司江苏省电力公司常州供电公司配电运检工区电力110抢修班

国家电网公司江西省电力公司南昌供电公司东湖营业班

国家电网公司辽宁省电力有限公司沈阳供电公司客户服务中心营业及电费部营业二十五所

国家电网公司新疆维吾尔自治区电力公司乌鲁木齐电业局调度中心调度运行班

国家电网公司湖北省电力公司十堰供电公司客户服务中心95598远程服务班

国家电网公司宁夏回族自治区电力公司吴忠供电局秦蕊供电营业厅

国家电网公司浙江省电力公司舟山电力局客户服务中心定海营业厅

国家电网公司中国电力技术装备有限公司许继集团有限公司技术中心产品服务部

国家电网公司中国电力财务有限公司华东分公司直属营业部

国家电网公司江苏省电力公司镇江供电公司电力调度控制中心自动化运维班

中国南方电网有限责任公司广东电网公司中山供电局电力调度控制中心电网自动化班

中国华能集团公司山东公司黄台电厂继电保护班

中国大唐集团公司安徽电力股份有限公司淮南田家庵发电厂信息中心

中国华电集团公司华电国际电力股份有限公司华电青岛发电有限公司运行二期集控室

中国国电集团公司国电宁夏石嘴山发电有限责任公司(一发)发电部

中国电力投资集团公司中电投贵州金元集团股份有限公司贵州西电电力股份有限公司黔北发电厂生产一部锅炉四班

中国长江三峡集团公司三峡水力发电厂运行四值

中国神华煤制油化工有限公司包头煤化工分公司机电仪中心电气总变班

中国电信股份有限公司日照分公司海滨五路营业厅

中国电信股份有限公司上海邮电设计咨询研究院有限公司无线综合勘察设计院

中国电信股份有限公司杭州分公司武林门营业厅

中国电信股份有限公司海南公司114号百呼叫中心

中国电信股份有限公司泸州分公司大山坪商城营业厅

中国电信股份有限公司武汉分公司营业部洪山路综合营业部

中国电信股份有限公司六安分公司梅山路营业厅

中国电信股份有限公司大连分公司瓦房店市抱龙营业厅

中国电信股份有限公司重庆号百信息服务有限公司118114话务中心

中国电信股份有限公司兰州分公司广场西口营业厅

中国联合网络通信集团有限公司呼和浩特市分公司中山路营业厅

中国联合网络通信集团有限公司盘锦市分公司呼叫中心

中国联合网络通信集团有限公司济南市分公司八一旗舰营业厅

中国联合网络通信集团有限公司上海市分公司客户服务中心10010热线

中国联合网络通信集团有限公司湖南省分公司客服呼叫中心

中国联合网络通信集团有限公司北京市分公司车公庄营业厅

中国联合网络通信集团有限公司廊坊市分公司银河北路营业厅

中国联合网络通信集团有限公司伊春市分公司客服中心

中国联合网络通信集团有限公司阳泉市分公司信息导航业务中心

中国联合网络通信集团有限公司广州市分公司客服呼叫中心

中国移动通信集团公司北京有限公司10086区域呼叫中心

中国移动通信集团公司中国铁通山西太原分公司迎泽营业厅

中国移动通信集团公司重庆有限公司城区三分公司歇台子营业厅

中国移动通信集团公司河北有限公司邯郸分公司第二营销中心移动大厦营业厅

中国移动通信集团公司福建有限公司福州分公司湖东路营业厅

中国移动通信集团公司广西有限公司南宁市南区分公司银田营业厅

中国移动通信集团公司广东有限公司客户服务(东莞)中心

中国移动通信集团公司浙江有限公司财务部会计核算中心

中国移动通信集团公司江西有限公司上饶分公司集团客户部

中国移动通信集团公司江苏有限公司南通分公司人民路营业厅

中国电子信息产业集团有限公司南京中电熊猫公司熊猫电子制造有限公司制造中心贴片生产部

中国第一汽车集团公司一汽-大众发传厂发动机车间EA113装配B甲班

东风汽车公司东风汽车集团股份有限公司乘用车公司武汉工厂总装车间

中国第一重型机械集团公司核电石化事业部核电制造分厂组装工段核电一组

哈尔滨电气集团公司哈尔滨汽轮机厂有限责任公司冷作分厂焊接工段高压总装班

鞍钢集团矿业公司齐大山选矿厂二选车间二号浮选机台

宝钢集团有限公司上海宝钢工业技术服务有限公司检化验事业部硅钢检验队

武汉钢铁(集团)公司武汉钢铁股份有限公司能源动力总厂热力厂燃机热电车间燃机大班

中国铝业公司云南铜业(集团)有限公司金沙矿业滥泥坪公司

中国远洋运输(集团)总公司中远造船工业公司南通中远川崎船舶工程有限公司技术本部生技船体科

中国海运(集团)总公司中海工业有限公司中海工业(江苏)有限公司技术工艺部船体工艺室

中国中化集团公司中国中化股份有限公司沈阳化工研究院农药研究所新农药创制与开发国家重点实验室

中粮集团有限公司中粮地产(集团)股份有限公司长沙北纬28°项目

中国五矿集团公司五矿有色金属股份有限公司铜事业部

中国通用技术(集团)控股有限责任公司中国轻工业品进出口总公司纸张纸浆进出口公司纸浆部

中国建筑工程总公司中国建筑第二工程局有限公司核电建设分公司市场部
国家核电技术有限公司上海核工程研究设计院堆芯设计所核电厂概率安全评价室
中国商用飞机有限责任公司民用飞机试飞中心机务场务部
中国华孚贸易发展集团公司国内贸易工程设计研究院民用建筑设计所
中国中煤能源集团有限公司张家口煤矿机械有限责任公司一加工车间青年先锋排
中国煤炭科工集团武汉设计研究院中汉岩土分公司岩土室
中国机械工业集团有限公司中国农业机械化科学研究院北京卓众出版有限公司
中国冶金科工集团有限公司中冶长天国际工程有限责任公司建筑公司
中国盐业总公司中盐金坛盐化有限责任公司金赛盐厂
中国恒天集团有限公司经纬纺织机械股份有限公司青岛宏大纺织机械有限责任公司络筒机厂新机单锭班
中国中材集团有限公司新疆天山水泥股份有限公司天山公司一分厂制成车间水泥磨组
中国建筑材料集团有限公司北新集团建材股份有限公司综合商务部销售服务中心
北京有色金属研究总院北京康普锡威科技有限公司
中国北方机车车辆工业集团公司长春轨道客车股份有限公司高速动车组制造中心车电车间司机室接线班
中国南车集团公司南车青岛四方机车车辆股份有限公司技术中心车外开发部车下设计组
中国铁路工程总公司交通投资集团有限公司广西全兴高速公路发展有限公司兴安收费站
中国铁道建筑总公司中铁十一局集团有限公司武汉地铁二号线汉口站项目经理部
中国交通建设集团有限公司中交第三航务工程勘察设计院有限公司综合设计研究所岩土工程室
中国普天信息产业集团公司普天东方通信集团有限公司 T－PLUS 增值业务平台产品组
中国外运长航集团有限公司长航集团船舶重工总公司金陵船厂轮机车间钳工一组
中国医药集团总公司中国国际医药卫生公司国药嘉远国际贸易公司
新兴际华集团有限公司际华集团股份有限公司三五三四制衣有限公司三车间
中国航空油料集团公司中国航油集团石油有限公司重庆石油有限公司机场加油站
中国电力建设集团有限公司中国水利水电建设集团公司玉树地震灾后恢复重建现场指挥部
中国能源建设集团有限公司中国葛洲坝集团公司大岗山水电站大坝工程施工项目部青年突击队
中国广东核电集团有限公司中广核工程有限公司深圳中广核工程设计有限公司主控室与人机界面设计室
华侨城集团公司深圳华侨城大酒店有限公司房务部
中国西电集团公司西安西电开关电气有限公司总装二车间分装二组

海关系统

北京经济技术开发区海关报关厅
天津经济技术开发区海关查验科
太原机场海关
满洲里海关驻十八里办事处
大连机场海关
上海浦东国际机场海关旅检处旅检一科
常州海关报关厅
温州海关驻瑞安办事处报关厅
宁波保税区海关驻出口加工区办事处
武汉海关现场业务处通关科
长沙海关驻黄花机场办事处旅检科

铜陵海关报关厅
福州海关驻长乐机场办事处旅检岗
厦门海关驻同安办事处大嶝监管科
青岛大港海关进口审核放行科
广州白云机场海关旅检处
深圳海关办公室总值班室
汕头海关缉私局指挥中心
黄埔海关驻凤岗办事处通关二科
茂名海关水东办事处通关监管业务现场
南宁海关驻机场办事处
吐尔尕特海关

税务系统

北京市房山区国家税务局办税服务厅
北京市东城区地方税务局第三税务所
天津市西青区国家税务局第一税务所
天津市河西区地方税务局征收所
河北省承德市高新技术产业开发区国家税务局办税服务厅
河北省承德市承德县地方税务局高寺台分局
山西省晋中市平遥县国家税务局办税服务厅
山西省长治市潞城市地方税务局直属一分局
内蒙古自治区呼和浩特市回民区国家税务局办税服务厅
内蒙古自治区鄂尔多斯市东胜区地方税务局办税服务厅
辽宁省铁岭市银州区国家税务局铜钟税务所
辽宁省阜新市彰武县国家税务局纳税服务科
辽宁省本溪市桓仁满族自治县地方税务局计划征收科
辽宁省丹东市凤城市地方税务局通远堡分局
辽宁省铁岭市铁岭县地方税务局稽查局
吉林省长春市西新经济技术开发区国家税务局纳税服务科
吉林省松原市前郭县国家税务局纳税服务科
吉林省吉林市船营区地方税务局办税服务厅
吉林省四平市地方税务局稽查局
黑龙江省北安市国家税务局办税服务厅
黑龙江省富锦市国家税务局七星税务分局
黑龙江省哈尔滨市南岗区地方税务局办税服务厅
黑龙江省齐齐哈尔市富拉尔基区地方税务局办税服务厅
上海市嘉定区税务局第七税务所办税服务厅
江苏省张家港市国家税务局第八税务分局
江苏省南京市浦口区国家税务局第四税务分局
江苏省扬州市仪征市地方税务局第五税务分局
江苏省南通市通州区地方税务局稽查局
浙江省湖州市国家税务局办税服务厅
浙江省绍兴市新昌县国家税务局办税服务厅
浙江省杭州市地方税务局下城税务分局办税服务厅
浙江省绍兴市地方税务局第二税务分局
浙江省宁波市奉化市地方税务局莼湖税务所办税服务厅
安徽省淮南市谢家集区国家税务局办税服务厅
安徽省地方税务局直属局征收科
福建省龙岩市上杭县国家税务局古田税务分局
福建省武夷山市地方税务局景区分局
福建省三明市地方税务局办税服务厅
福建省漳平市地方税务局城关分局
江西省景德镇市乐平市国家税务局办税服务厅
江西省新余市地方税务局办税服务厅
山东省聊城市临清市国家税务局稽查局
山东省威海市经济技术开发区国家税务局纳税服务科
山东省青岛市地方税务局黄岛分局办税服务厅
山东省菏泽市成武县地方税务局成武中心税务所
山东省济南市地方税务局历下分局千佛山中心税务所

河南省新安县国家税务局磁涧税务分局
河南省巩义市地方税务局城关税务分局
湖北省武汉市汉阳区国家税务局办税服务厅
湖北省赤壁市国家税务局办税服务厅
湖北省竹溪县国家税务局蒋家堰税务分局
湖北省襄阳市老河口市地方税务局办税服务厅
湖北省鄂州市地方税务局葛店开发区分局
湖南省怀化市沅陵县国家税务局五强溪税务分局
湖南省常德市桃源县地方税务局第五税务分局
广东省广州市荔湾区国家税务局办税服务厅
广东省佛山市顺德区国家税务局办税服务厅
广东省广州开发区地方税务局西区税务分局
广东省佛山市禅城区地方税务局张槎税务分局
广东省清远市清新县地方税务局浸潭税务分局
广西壮族自治区南宁高新技术产业开发区国家税务局
广西壮族自治区南宁市青秀区地方税务局
海南省琼海市国家税务局纳税服务中心
海南省儋州市地方税务局纳税服务管理局办税服务厅
重庆市北部新区国家税务局办税服务厅
重庆市九龙坡区地方税务局办税服务厅
四川国税 12366 成都市呼叫中心
四川省汶川县国家税务局映秀税务分局
四川省绵阳市涪城区地方税务局南郊税务所
四川省地方税务局直属税务分局申报征收科
贵州省贵阳市花溪区国家税务局办税服务厅
贵州省安顺市西秀区地方税务局八分局
云南省怒江州福贡县国家税务局上帕税务分局
云南省昆明市地方税务局高新技术产业开发区分局办税服务厅
西藏自治区日喀则地区国家税务局办税服务厅
陕西省渭南市澄城县国家税务局办税服务厅
陕西省商洛市商南县国家税务局稽查局
陕西省西安市地方税务局高新分局高新路税务所
陕西省西安市碑林区地方税务局办税服务厅
甘肃省兰州市城关区国家税务局永昌路办税服务厅
甘肃省陇南市徽县地方税务局柳林征收管理分局
青海省海西州大柴旦行委国家税务局
青海省乐都县地方税务局办税服务厅
宁夏回族自治区中卫市沙坡头区国家税务局办税服务厅
宁夏回族自治区吴忠市利通区地方税务局金积税务所
新疆维吾尔自治区博州阿拉山口国家税务局
新疆维吾尔自治区石河子地方税务局征收管理局办税服务厅
辽宁省大连市普兰店市国家税务局纳税服务科
山东省青岛市市南国家税务局纳税服务科
浙江省宁波市鄞州区国家税务局城区税务分局办税服务厅
福建省厦门市国家税务局直属税务分局纳税服务科
广东省深圳市南山区国家税务局政策法规科

个私协系统

北京国邮通通信技术开发有限责任公司
小护士(天津)实业发展股份有限公司产业中心
上海快鹿投资(集团)有限公司
新疆百商电线电缆有限公司
宁夏回族自治区石嘴山市东方市政工程有限公司
内蒙古自治区乌兰浩特市大民种业有限公司
太平洋建设集团有限公司
吉林省四平市神农医院门诊部

河北省冀高电力器材开发有限公司
甘肃省兰州悦达通讯有限公司
河南省三门峡市华夏电器有限公司
湖南省邵永高速公路有限公司永州东收费站
山东省万德酒业集团有限公司
福建省武夷山市工商行政管理局景区工商所

质检系统

北京国际旅行卫生保健中心联络部
天津出入境检验检疫局国际贸易与航运服务中心办事处进口报检科
苏州出入境检验检疫局检务处
西安咸阳机场出入境检验检疫局旅检科
江西出入境检验检疫局政务大厅
喀什出入境检验检疫局红旗拉甫办事处
银川机场检验检疫局旅检科
莆田出入境检验检疫局检务科
安徽出入境检验检疫局报检大厅
上海市质量监督检验技术研究院食品化妆品质量检验所
江西省质量技术监督信息中心网站(江西质监网站)
北京市组织机构代码管理中心登记部
吉林省产品质量监督检验院业务窗口
潍坊出入境检验检疫局检验检疫技术中心
舟山出入境检验检疫局鉴定管理处
河口出入境检验检疫局北山办事处
上海机场出入境检验检疫局旅检处旅检一科
东渡出入境检验检疫局检务科
番禺出入境检验检疫局莲花山办事处
宁波国际旅行卫生保健中心体检科
额济纳出入境检验检疫局
南京市特种设备安全监督检验研究院
沈阳产品质量监督检验院食品安全所
山东省产品质量监督检验研究院工程安全节能检测中心
杭州市质量技术监督检测研究院业务管理部
中国质量认证中心深圳分中心“青年文明号”服务窗口

广电系统

中央人民广播电台音乐之声主持人工作室
中国国际广播电台英语环球传播中心
广电总局监管中心有线广播电视监测中心
天津广播电视台都市频道
河南省侯马市广播电视台广告部
辽宁广播电视台技术发展管理中心播出部
吉林人民广播电台音乐广播上午部
黑龙江人民广播电台交通广播编辑部
江苏省张家港市广播电视台新闻部
浙江省杭州市广播电视台交通经济广播咨询部
福建省泉州市广播电视台综合广播《政风行风热线》栏目组
山东电视台齐鲁频道
山东省青岛市电视台经济生活频道《生活在线》栏目组
湖北省武汉市广播影视局(总台)广播节目中心新闻频率
广东省江门市广播电视台《新闻共同睇》栏目组
广西壮族自治区来宾市广播电视台《政府在线》栏目组
广西壮族自治区广电网络南宁分公司葛村营业厅
重庆视美动画艺术有限责任公司
贵州广播电视台公共频道《百姓关注》栏目组
陕西广播电视台《都市热线》栏目组
甘肃广播电影电视总台农村广播节目部
新疆广电局2073台

旅游系统

首旅集团北京饭店餐饮部北京厅
首旅集团京伦饭店有限责任公司行政楼层商务中心班组
天津水晶宫饭店咖啡厅班组
河北省鹿泉市抱犊寨风景区管理处客运索道
山西旅游信息中心
内蒙古自治区铁道国际旅行社“草原之星”旅

游专列
辽宁省沈阳青年国际旅行社有限公司国内部
吉林省青年商务国际旅行社
黑龙江省哈尔滨市铁道国际旅行社有限责任公司出境旅游中心
上海市国旅入境旅游中心青年行动组
上海大厦前厅部大堂班组
江苏省泰州宾馆中餐服务组
江苏省南京国际会议大酒店前厅部总台
浙江省宁波市开元大酒店总台班组
浙江省天目山景区接待大厅
安徽省天柱山旅游发展有限公司山谷流泉文化园
福建省厦门市鼓浪屿游览区管理处游客中心
江西省宜春市明月山温泉风景名胜区票务中心
江西省萍乡市星球国际旅行社
山东省潍坊市东方大酒店B座宴会包厢
河南省旅游局信息中心
湖南省张家界市武陵源核心景区索溪峪门票站
湖北省新航线国际旅行社有限责任公司
广东省广州市白天鹅宾馆管家部机动综合班
广东省湛江市海滨宾馆六号楼服务班
广西壮族自治区桂林芦笛景区女子导游班
海南省三亚市珠江花园酒店锦绣珠江中餐厅
四川省九寨沟管理局专职消防队
重庆市旅游监察执法总队旅游市场执法科
贵州省山水国际旅行社外联接待中心
云南省昆明市石林风景名胜区管理局导游部
陕西省商洛市柞水县旅游公司导游部
甘肃省兰神国际旅行社有限责任公司国内接待中心
宁夏回族自治区中国国际旅行社外联接待中心
中国石油新疆油田接待服务总公司克拉玛依宾馆餐饮部
新疆维吾尔自治区伊犁大酒店客房部

海洋系统

国家海洋局天津海水淡化所海水淡化技术研究室
国家海洋信息中心海洋数据中心
国家海洋环境预报中心风暴潮海啸组
浙江省海洋监测预报中心预报室
中国海监北海维权执法支队执法队
国家海洋标准计量中心标准化管理处

供销系统

北京市昌平新世纪商城黄金部
天津市劝宝超市有限责任公司总店收银部
浙江省杭州市宝善宾馆客房部楼层班组
河南省南阳市建筑装饰材料大世界
云南省玉溪市百信购物广场
新疆维吾尔自治区棉麻公司阿克苏棉麻站
辽宁省沈阳市秋实物资回收连锁有限公司
安徽省辉隆集团瑞美福农化有限公司渠道部
河南省洛阳市聚客隆实业有限公司家电商场
广东省茂名市名湖百货有限公司副食品部收款组

中国青年创业奖

第七届“中国青年创业奖”名单

（共11名，按姓氏笔画为序）

刘　屹　安徽艾可蓝节能环保科技有限公司董事长

刘锦秀（女）　湖北名羊农业科技发展有限公司董事长

朱彦华　宁夏早康枸杞股份有限公司董事长

吴一奕（女）　重庆光大（集团）有限公司总裁

周檀煜　广州光为照明科技有限公司董事长

徐瑞明　山东机客网络技术有限公司董事长

郭　勇　四平年年文化传媒有限公司董事长

戚少猛　安徽省绿源集团公司董事长

黄政伟　湖南创想伟业集团公司董事长

谢应波　上海泰坦科技有限公司董事长、首席执行官

冀鹏华　山西省介休市益金煤化有限公司董事长

第七届“中国青年创业奖”提名奖名单

（共16名，按姓氏笔画为序）

丁瑞永　北京青蔬园农业发展有限公司总经理

王　新（满）　河北广盛居酒业有限公司董事长

王廷卫　南阳新新光电科技有限公司董事长

叶国富　广东哎呀呀饰品连锁股份有限公司董事长

叶海涛　海南兆涛科技发展有限公司董事长、总经理

田　宁　浙江盘石信息技术有限公司董事长、首席执行官

余育启　云南省文山市苗乡三七实业有限公司董事长、总经理

李孝轩　云南爱因森教育投资集团董事长

李剑飞　黑龙江至诚融金后勤管理服务有限公司总经理

李春霞（女）　内蒙古蒙羊羊业有限公司董事长

杨　震　成都炎兴科技有限公司总经理

沈　立　江苏森莱浦光电科技有限公司董事长

周月雅（女）　上海绿和园艺有限公司董事长

南宏海　鄢陵县林海园花木有限公司总经理

崔　成（藏）　西藏山南雅砻民族文艺有限责任公司总经理

梁　承（壮）　广西新胜利集团公司董事长

第六届“母亲河奖”评选表彰

“母亲河奖”设立于2000年，是我国青少年生态环保领域的权威奖项，每两年评选一次。该奖旨在表彰奖励在保护母亲河行动和国家生态文明建设中贡献突出的社会人士和组织，倡导尊重自然、顺应自然、保护自然的生态文明理念，激励和影响更多人为建设美丽中国贡献力量。2009年，在中央清理评比达标表彰活动中，该奖项作为青少年生态环保领域的

唯一奖项予以保留。

第六届评选表彰活动于2013年初启动。经过全国29个省份和新疆生产建设兵团团委推荐及民间环保组织、个人自荐,共有56名个人、60个组织参评。经过资格审查、初评和社会公示,其中27名个人、15个组织进入终评。活动组委会邀请保护母亲河行动主办部委、新闻单位、专家学者、爱心使者和往届获奖者代表等组成评委会进行了终评,以无记名投票方式最终评选出10名获奖个人和5个获奖组织,名单如下。

第六届"母亲河奖"获奖者名单

个人奖(10名)

马　军　公众环境研究中心主任

王国云　重庆市云阳县石云村农民

刘真茂　湖南省宜章县长策乡退休干部

鞠　鑫　江苏省靖江市第一高级中学教师

孔令韬　"更绿色的上海行动"创始人

钱亚超(女)　辽宁省大洼县环境科普公益协会会长

汪文胜　安徽省岳西县青天乡林业站站长

刘振刚　包钢集团公司生产部部长

朱再保　湖南省岳阳市军队干休所退休干部

张立强　陕西绿源治沙有限公司总经理

组织奖(5个)

解放军63712部队

西南大学附属中学中瑞"环境小硕士"项目组

湖北省襄阳市环境保护协会

南京农业大学绿源环境保护协会

黑龙江省双丰林业局

全国青年岗位能手标兵和全国青年岗位能手

全国青年岗位能手标兵名单

(30人,按姓氏笔画排序)

于　海　山东省济南市城肥清运管理二处工人

万文娜(女)　江西景德镇市艺术瓷厂艺术创作室主任

王　进　国网山东电力公司检修公司带电班主责

王　琪(女)　成都铁路局成都客运段列车长

王世磊　民航中南地区管理局海南安全监督管理局机场处副主任科员

王红凯　国网浙江省电力公司信息通信分公司网络组组长

叶朋云　铁二十五局集团第一工程有限公司铺架分公司经理

白晓卫　陕西煤业化工集团西安煤矿机械有限公司车工

印斯佳(女)　江苏省电力公司扬州供电公司营业与电费部副主任

朱光海(彝)　郑州宇通客车股份有限公司新能源技术部副部长

刘　娟(女)　招商银行股份有限公司青岛分行储蓄主管

刘世津　天津市公交集团三公司8路车队驾驶员

李　博　安徽省黄山国际大酒店大堂副理

李小龙　中国人民解放军73101部队86分队四级军士长

李芳芳(女)　北京公共交通控股(集团)有限公司第二客运分公司站务员

李茂林　山西焦煤集团西山煤电杜儿坪矿一

采区生产副区长
吴昊琛　福建省电力有限公司南平供电公司调度班长
沈永全　河北省永年县公安交通警察大队副大队长
张　枫　中国人民解放军63723部队3室四级军士长
陈洪禹　辽宁省鞍山市岫岩满族自治县岫岩供电公司经理
罗启典(壮)　广西南宁市高级技工学校教师
周啟龙(藏)　青藏铁路公司格尔木工务段工长
赵　宁　中国航天科技集团公司五院总体部主任设计师
赵明涛　大庆油田钻探工程公司钻井二公司1205钻井队队长
保丽霞(女)　上海市城市建设设计研究总院ITS研究与设计研究员
夏　磊　武汉钢铁股份有限公司冷轧总厂计算机中心程序开发员
浣　兵　湖南龙骧巴士有限责任公司11路线驾驶员
黑保军(回)　冀中能源股份有限公司邢台矿综采一队副队长
赛买尔江(维)　新疆乌鲁木齐市公安局交警支队天山区大队新华路中队民警
穆　龙　重庆市綦江区扶欢镇安育村党支部书记、城乡社区市民学校校长

全国青年岗位能手名单

(584人,排名不分先后)

北京

陈　云(满)　首钢京唐钢铁联合有限责任公司酸轧日修钳工
刘铭涛　北京市地铁有限公司运营四分公司南邵站区值班站长
邴　建　北京汽车股份有限公司汽车研究院B80V项目总工程师
赵　君　北京奇虎科技有限公司产品总监
郭　磊　揖斐电电子(北京)有限公司二厂维修钳工
王华蓬　安利(中国)日用品北京分公司业务支援助理经理
赵　鹏　北京市人民检察院第一分院二审监督处处长助理
孙东梅(女)　昌平区前锋学校任高中物理教师
吴　钶　北京市朝阳区疾病预防控制中心医师
王　祺　北京文汇中学教师

天津

胡会文　天津城建集团二公司机械施工分公司摊铺机班机长
慕建伟　天津市中环华祥电子有限公司技术中心主任
刘永娟(女)　中国农业银行天津市分行大港支行营业部综合柜员
王志文　中国天辰工程有限公司技术研发中心高级工程师
陈　思　天津住宅集团津城职业有限公司工长
所彤彤(女)　天津中新药业集团乐仁堂制药厂包装车间外包组组长
刘奇想　中国市政工程华北设计研究总院第三设计研究院设计师
才国伟　天津赛象科技股份有限公司操作工
张坤宇　天津卓朗科技发展有限公司总工程师
巩玉奎　西门子电气传动有限公司包装与发货车间经理

河北

崔　壮　河北省廊坊市邮政局投递班长
葛　玲(女)　承唐高速唐山管理处机场收费站副站长
刘　辛　南车石家庄车辆有限公司软件工程

师

李　凯　冀中能源峰峰集团万年矿副总工程师

马　明　邢台矿业工程有限责任公司主任工程师

杨晓亮(回)　河北省气象台中短期预报科工程师

庞印成　承德热力集团有限责任公司副经理

乔　辉　保定供电公司检修试验工区二次检修一班班长

侯晓霞(女)　河北省衡水市节能办公室工程师

任西栋　沧州大化股份有限公司聚海分公司扩建工程指挥部技术员

李东晓　河北联拓汽车贸易有限公司技术培训师

王玉柱　河北大唐国际张家口热电有限责任公司副值长

李冬浩　中国电子科技集团第五十四研究所副主任

山西

冉　楠(女)　中国东方航空股份有限公司山西分公司客舱部三分部副经理

王红星(女)　山西省长治金威大酒店主管

郭一峰　山西省晋城市阳城县公安局指挥中心副主任

梁桐栋　山西佳镜律师事务所律师

张晓兰(女)　大同新建康管理公司大同康复医院副院长

刘晋斌　山西晋煤集团赵庄煤业井下机电队机电副队长

唐晓龙　同煤集团外经贸公司市场开发部部长

彭　东　中铁十二局集团第四工程有限公司测量队长

朱瑞强　山西省电力公司晋中榆次供电公司客服中心主任

范毅飞(女)　中国民生银行股份有限公司太原分行党群工作部经理

内蒙古

李　新　内蒙古呼和浩特白塔国际机场有限责任公司主管

孙晶炜　北方联合电力有限责任公司内蒙古上都发电公司单元长

胡子明　内蒙古平庄煤业(集团)公司古山煤矿一井机电队钳工班班长

李　刚　呼和浩特铁路局集宁车辆段二连运用车间技术员

程金营　华能伊敏煤电公司露天矿电工

黄兴国　包钢(集团)公司保卫部科员

徐冰鑫　中国石油呼和浩特石化公司技术员

贺官武　内蒙古集通铁路(集团)有限公司大板机务段内燃机车司机

巩建新　内蒙古第一机械集团有限公司第四分公司406车间工人

辽宁

孙小聃　辽宁地质工程职业学院信息系党支部书记、副主任

邹德峰　沈阳急救中心主治医师

韩志强　东北特钢集团抚顺特殊钢股份有限公司锻造厂工程师

郑艳春(女)　辽宁爱尔创生物材料有限公司项目研发部经理

毛　毳(女)　辽宁大学外国语学院教师

孙　野　辽宁省铁岭市公安局工人分局春园社区警务室民警

樊宗昊　朝阳银行督查办主任

薛天志(满)　葫芦岛银行海滨支行行长兼党支部书记

申　朕(女,蒙)　沈阳铁路局沈阳通信段网管中心核心网工区工长

甘海博　辽宁紫澜门国际酒店有限公司厨师

吉林

高金玉　国网通化供电公司安全工程师

屈哲奇　一汽吉林汽车有限公司项目主管

孙丙松　中国移动松原分公司综合部经理

齐　峰　大唐辽源发电厂技术员
姜祥超　吉化公司乙烯厂工人
孙铁萌(女)　吉林省白城邮政局柜员
秦铭泽　国网长春供电公司业务员
代宝喜　吉林省四平市消防支队验收科科长
刘海涛　联通吉林分公司集团客户中心总监
刘世武　国网辽源供电公司安全监察
窦基刚　长春富士华眼镜公司配镜工

黑龙江

魏　巍　哈电集团哈尔滨电机厂汽发分厂下线工段转子下线一组组长
郭宗毅　哈电集团哈尔滨锅炉厂有限责任公司轻容分厂班组长
王文龙　中国第一重型机械集团公司核电石化事业部装配钳工
闫晓冬　黑龙江省龙建路桥第五工程有限公司项目经理
祁小乐　中国农业科学院哈尔滨兽医研究所副研究员
马　宁(女)　黑龙江佳木斯市中心医院护理部干事
李　强　哈尔滨铁路局三棵树车辆段质检员
孙　翠(女)　黑龙江七台河市精益眼镜验光师
姜　雯(女)　哈尔滨福星职业技能培训学校高级速录师
李春郊　鸡西矿业(集团)有限责任公司综合办公室主任

上海

吴建桔　上海航天局第805研究所主任设计师
刘　超　上海巴士二汽公共交通有限公司驾驶员
祝玉婷(女)　上海浦东发展银行上海分行理财经理
尤贞敏(女)　上海海事局船舶监督处船舶安检员
汤家力　上海飞机设计研究院强度设计研究部机翼强度室副主任
罗　鑫　上海市机械施工有限公司技术中心副主任
黄　鼎　中国福利会国际和平妇幼保健院妇产科临床医师
陈一介　上海老凤祥有限公司设计中心设计师
曹逸文　中国电信股份有限公司上海分公司网优工程师
沈彦俊　上海昊熠机械制造有限公司数控加工中心操作工

江苏

权太琦(女)　江苏连云港市海通快速公交公司公交客运科副科长
李连海　江苏核电有限公司运行处运行三值值长
杨斌中　石化扬子石油化工有限公司烯烃厂乙烯车间副主任
夏　萍(女)　中天钢铁集团有限公司机修厂铆焊工
沈　霁　中石化华东分公司采油厂采油三队维护组组长
孙艳秋(女)　东方航空江苏有限公司地面服务部生产协调分部高级副经理
朱夏军　中核苏阀科技实业公司核电阀门事业部数控一组组长
朱　煜　南通中远船务工程有限公司启东中远海工制造部项目经理
储祥冬　江苏中烟工业有限责任公司淮阴卷烟厂卷接维修工
王泽民　江苏省盐城技师学院教师
张守超　中能建江苏省电力建设第三工程公司焊工
王　安　国电泰州发电有限公司值长
陈　琛　江苏中能硅业科技发展有限公司生产七分厂装置负责人
朱加刚　江苏固丰管桩集团有限公司生产总监

杨凌虹(女) 无锡广播电视集团(台)新闻中心记者

浙江

胡春美(女) 浙江缙云县高新机械制造有限公司工程师

姚 琳 中国移动杭州分公司市场部呼叫中心质检员

陈宁宁 波博物馆讲解员

左 超 浙江嘉善海力达工具有限公司技术部经理

罗超华 中海石油舟山石化有限公司副经理

倪国明 浙江杭钢高速线材有限公司钳工

王 泽 台州发电厂检修分场焊工班班组技术员

吴 波 杭州萧山机场航空地面服务公司旅客服务部

方橹平 国网新源水电有限公司富春江水力发电厂

徐桂芳 中国石油浙江衢州销售分公司常山振华加油站加油工

陈跃峰 中国石化浙江石油金华分公司油库主任

徐 继 浙江省人民医院胃肠外科主治医师

沈鸣雁 浙江大学医学院附属第二医院护士

金 晶 浙江省嵊泗县出入境检验检疫局检务工作人员

胡国良 上海铁路局杭州电务段工长

安徽

杜 宇 安徽省池州市烟草专卖局专卖内管办主任

吴雄飞 合肥燃气集团管线运行公司蜀山区服务所维修班长

薛龙超 合肥市殡葬管理处火化班班长

吕菲菲(女) 徽商银行六安七里站支行柜员

王宏铭 中铁四局一公司郑机城际铁路项目部协理员

陈金平 中国人民解放军第五七二〇工厂十一车间钳工

徐景才 安徽六国化工股份有限公司生产部工艺室主管

江 文 安徽省淮南矿业集团谢一矿深部井采煤五队副队长

张婷婷(女) 徽商银行滁州分行龙蟠路支行营业部主任

李 芳 江汽集团公司安凯股份公司焊装一车间班长

朱珊珊(女) 安徽省宿州市砀山中学教师

刘婉春(女) 安徽省淮北矿业集团公司桃园煤矿保运一区班长

福建

管莉莉(女) 厦门航空有限公司空中乘务部乘务队副队长

付绪峰 中建海峡建设发展有限公司项目经理

陈雄才 福州供电公司配电运检中心带电三班班长

郑慧芳(女) 中国移动福建公司厦门分公司职员

林永森 漳州天福茶业有限公司蜜饯厂配送部主任

洪 娜(女) 福建南安农村商业银行股份有限公司总经理

黄燕玲(女) 福建三明市烟草公司城区分公司营销员

潘新辉 中国电信股份有限公司莆田分公司主任助理

王福珍(女) 福建省龙岩市第一医院肾内科主治医师

蔡 振 福建宁德核电有限公司启动值值长

李耀亮 华能国际电力股份有限公司福州电厂值长

潘奇闻 福建联合石化公司机械设备部储运设备经理

高小超 福建湄洲湾氯碱工业有限公司 DBO 车间副主任

陈龙玉 中国石油福建泉州销售分公司石狮

中心站油站经理

江西

陈景平　江西省基础测绘院分院院长

马鸿中　建五局江西分公司总经理助理兼工会副主席

江　雁（女）　九江市九江小学教务处副主任

徐　俊　鹰潭市月湖区供电有限责任公司副经理

吴海峰　江西省核工业地质局二六四大队地质调查院副院长

谭军山　江西精英建筑装饰有限公司重点项目经理、工程部总监

李归宁（女）　井冈山革命博物馆副主任

喻　湘（女）　江西移动临川区分公司员工

李　斌　南昌铁路局向塘机务段技术科副科长

山东

赵皎皎（女）　山东省立医院心内科主管护师

韩成功　万达集团山东耐斯特炭黑有限公司工程师

路庆彬　兖矿集团北宿煤矿通风工区副队长

隋淑静（女）　泰安市中心医院消化内一科主治医师

戚均乐　威海市联通公司运行维护部工程师

郭春力　日照钢铁有限公司第二炼钢厂炉长

卢红书（女）　华电国际莱城发电厂运行分厂机组长

王成和　临沂市天元集团六公司606项目部项目经理

秦立达　聊城市东昌府区妇幼保健院康复科治疗师

刘庆东　菏泽市路灯管理所维修组长

李连永　胜利油田临盘采油厂作业大队作业10队1班班长

李　佳　齐鲁石化第二化肥厂气体联合车间技术组长

哈小平　中建八局第一建设有限公司项目经理

张斌济　南市交通警察支队市中区大队大纬二路中队民警

河南

刘凯燕（女）　郑州市公共交通总公司71路车长

张明建　焦作煤业（集团）有限责任公司赵固二矿队长

李季节　中航工业新航平原航空设备公司机加分厂数控一组班组长

关科锋　一拖（洛阳）开创装备科技有限公司技术中心副主任

张　洋　郑州供电公司配电运检工区带电作业一班副班长

王国安　中铁隧道股份有限公司引洮供水一期工程项目部工程师

袁金芳（女）　河南省济源市公路局路畅养护处道班班长

孙建东　中国石化中原油田信息中心业务主管

张　滔　郑州煤炭工业集团告成煤矿综合自动化办公室主任

刘洪仁　河南能源开封空分集团有限公司设计院设计师主任

杨亮华　河南职业技术学院教师

李　强　河南油田第一采油厂江河油矿采油6队高级技师

湖北

方　可　富士康武汉科技园AP（I）涂装厂制工课课长

张小红（女）　襄阳市中心医院质控办公室主任、护士长

覃亚东　宜昌市劲森光电科技股份有限公司研发中心科长

冯喜成　东风德纳车桥产品研发中心工程实验室主任

李风标　葛洲坝集团柬埔寨达岱河水电站项目部工程师

李胜祖　国网武汉供电公司汉阳配电运检工

区带电班工作副班长
张　炜　中建三局建设工程股份有限公司项目经理
张　芳(女)　武汉铁路局宜昌车务段货运营销科货运组织员
王子宽　华烁科技股份有限公司工程师
黄伟利　中铁第四勘察设计院集团有限公司线路室副主任
雷山彬　湖北能源集团股份有限公司会计
闵雪琴(女)　卓尔控股有限公司汉口北集团副总经理

湖南

许　宁(女)　中建五局长沙河西交通枢纽项目部工程师
胡　军　长沙银行股份有限公司东城支行行长
徐毅夫　中建五局土木工程工程项目有限公司项目经理
谢　尹　中国南方航空工业(集团)有限公司钳工
罗　兰　湖南省第六工程有限公司工程师
刘伟文　湖南省建筑工程集团总公司工程师
郑建平　湖南邵永高速公路有限公司邵阳收费分中心副主任
肖　双　湖南空港实业公司机务服务分公司质量管理部副经理
陈星亮　湖南省电力公司东江水利发电厂水轮发电机检修专责
罗俊涛　湖南华菱涟源钢铁有限公司炼铁厂8#高炉炉内班长
彭　湘　江南工业集团有限公司数控加工分厂数控加工技术员
段相识　中国石油湖南销售衡阳分公司加油站管理部员工

广东

姚淑琴(女)　广州白云国际机场股份有限公司安检护卫部分队长
车智毅　中国石化茂名石化公司化工分部技术质量处副处长
石　艳(女)　广州海关《粤海新关》杂志编辑
朱伟英　广东省公安边防总队江门市边防支队崖西边防派出所副所长
吴漫东　中国电信股份有限公司揭阳分公司三级客户工程师
张　诚　中国移动通信集团广东有限公司珠海分公司室经理
李中定(回)　中建四局安装工程有限公司副总经理
李传龙　粤电集团广东粤华发电有限责任公司控长
李　艳(女)　广东汕汾高速公路有限公司办事员
杨　波　金发科技股份有限公司高级工程师
费英英(女)　广东省深圳市宝安区社会福利中心护理员
唐卫军　佛山市禅城区农产品质量安全监督检测中心检测员
黄松彬(女)　广东省河源市人民医院护士长
蔡浩辉　佛山市顺德区梁銶琚职业技术学校教师
雷　雨　南方日报时政新闻部记者

广西

赵立春　广西中医药大学附属瑞康医院副研究员
龙海靖　柳州市公安局柳南分局柳南综合大队民警
谢丹丹(女)　南宁市邮政局西乡塘分局营业员
韦小欢(女,壮)　广西来宾中兴汽车运输有限责任公司象州汽车总站职工
陈有凤(女)　贺州市国家税务局所得税科副科长
蒋利利(女)　南宁铁路局南宁火车站客运值班员
田光航(壮)　广西建工集团第一安装有限公司焊工

鲁　莹（女）　桂林市秀峰区文化馆副馆长

海南

胡剑琛　海南电网公司电力调度控制中心科长

贾雪莲（女）　海南康泰国际旅行社有限公司导游

张胜强　粤海铁路责任有限公司助理工程师

韩善剑　海南省公路勘察设计院副总工程师

肖树广　海南省公安消防总队海口支队秀英中队中队长

重庆

谭栋明（土家）　重庆广播电视技术中心卫星地球站机房副主任

刘春燕（女）　重庆高速集团有限公司南方营运分公司收费站收费员

朱峻永　国网重庆市电力公司南岸供电分公司调控中心副主任

幸宁波　重庆建设工业（集团）有限责任公司总装厂精度调校工

张树强　重庆机床（集团）有限责任公司齿轮分厂数控车工

洪海权　西南铝业（集团）公司压延厂精整制造部新横切班组员工

彭继勇　中建五局隧道公司重庆轨道交通六号线小什字项目总工

罗晓刚　重庆市科能高级技工学校焊接教师

廖　磊　重庆长安汽车股份有限公司汽车调试工

周金伶（女）　重庆市南岸区弹子石街道东山坪社区城乡社区市民学校负责人、“周幺妹”青年志愿者服务队队长

四川

丁理杰　国网四川省电力公司电力科学研究院系统技术室主任

彭一村（女）　攀钢集团钒业有限公司生产技术室副主任

李　云　中物院材料研究所708车间维修电工

卓　勇　东方电机股份有限公司重金工分厂镗铣二组工人

曾　娜（女）　泸州老窖股份有限公司品创公司副总经理

郭劲松　国网乐山供电公司通信运维技术专责

王　抒　中国电信资阳市分公司网络技术管理员

付　宇　四川宜宾市国家税务局货物和劳务税科科员

黄　予（女）　中国移动四川有限公司核心网维护工程师

程孝顶　成都市第二人民医院中医师

陈　丹（女）　四川一佳造型培训美发学校校长

李胜利　四川燕京啤酒配电站电气技术员

贵州

李　荣　贵州水矿股份集团老鹰山煤矿采煤三工区班排长

黄锦煌　黔西南安龙县博爱医院副总经理

汪　祥　中航工业黎阳航空动力有限公司试装分厂技术室主任

杨　敏（女）　安顺市紫云供电局变电专责

李培松　遵义日报社首席记者

段　丹（女）　贵阳银行股份有限公司汇通支行营业部主任

李学俊　贵州黔南蓝海湾房地产开发有限责任公司项目经理

勾朝毅（蒙）　毕节市烟草公司卷烟营销中心主任

云南

肖　强　云南驰宏锌锗股份有限公司技术员

杨雪莲（女，白）　云南省高速公路路政管理支队临沧大队财务科长

卿艳萍（女）　云南省第一人民医院主管护师

杨　博　云南省彝良驰宏矿业有限公司毛坪矿河西项目组安全负责人

张祥乐　云南省西双版纳傣族自治州人民医院医生

高保文　十四冶建设集团云南安装工程有限公司一分公司钳工

杨玉兰(女)　云南省芒市潇洒美业经理、美发师

闻慧溪(女)　云南省农村信用社联合社兰坪县农村信用合作联社会计

邢　山　一汽通用红塔云南公司工程车销售部服务备品室主任

胡明欣(哈尼)　云南省普洱市江城县供电有限公司生产设备管理部主任

张　骞　云南红河钢铁有限公司轧钢厂生产组长

西藏

王　彦(藏)　拉萨市堆龙德庆县公安消防中队抢险救援班班长

廖文政　西藏乃东县公安局泽当大道便民警务站民警

徐　辉(女)　西藏自治区生产力促进中心员工

白玛旺堆(藏)　西藏林芝地区水文水资源分局奴下水文站站长

陕西

孙军锁　宝鸡市中医医院手足显微骨科医生

郝　莹(女)　中国东方航空股份有限公司西北分公司客舱服务部乘务员

贾明明　陕西省第三测绘工程院工程测量工

刘　晶(女)　延安市杨家岭革命旧址讲解员

宋刚伟　陕西省电力公司安康水力发电厂电气值班员

王月月(女)　陕西建工第十一建设集团有限公司设备安装公司工程造价员

付　强　中国航空工业集团公司第一飞机设计研究院航空工程师

陈　锴　中交二公局广东华盟路桥工程有限公司项目技术员

刘晓波　中航工业陕西飞机工业(集团)有限公司技术员

熊鹏刚　陕西鸿金鹏饮食文化有限公司厨师长

青海

晋　霞(女)　西宁市公交二分公司三队2路驾驶员

任奎兴　青海省公路科研勘测设计院工程师

王明昭(满)　中国移动通信集团青海有限公司业务支撑中心副总经理

王秋保　青海油田天然气开发公司维护管理中心工业自动化工程师

王有银　中国铝业青海分公司第二电解厂工区长

谢　涛(藏)　青海省海西蒙古族藏族州海西电视台节目制作部主任

张　威　西宁中油商贸有限公司维修员

甘肃

孙　鹏　靖远煤业集团公司甘肃煤炭第一工程有限责任公司项目经理

黄玉明(回)　甘肃天水星火机床有限责任公司主任设计师

文玛兰(女)　长庆油田第二采油技术服务处元城作业区采油技师

吴永胜　甘肃张掖发电有限责任公司检修组长

赵富升　酒钢集团宏兴股份有限公司检修工程部焊工

王文刚　玉门油田分公司机械厂工具车间钳工

武艳有　兰州铁路局兰州西车辆段车辆钳工

常红军　甘肃天水华天科技股份有限公司技术主管

宁夏

韦　鹏　国网宁夏检修公司银川东换流站变电检修班工程师

权润平　神华宁煤集团汝箕沟分公司白芨沟采区综掘队助理工程师

王君普　中铝宁夏能源集团马莲台发电厂工

程师

唐　亮　宁夏回族自治区农牧厅农技推广员

孙彦军　宁夏宝塔石化集团设计院工程师

张晓炜　宁夏正丰建筑工程有限公司高级电工

刘文文（女）　石嘴山市地方税务局稽查局科员

新疆

张建民　特变电工进出口公司吉尔吉斯斯坦项目部经理

陈新豫　宝钢集团新疆八一钢铁有限公司焦煤集团矿山救护大队科员

周　燕（女）　吐哈油田公司机械厂加工车间车工

艾比布勒·赛塔尔（维）　国网新疆电力公司乌鲁木齐供电公司技术主管

任文博　中石化西北油田分公司塔河采油三厂油田研究所所长

刘友亮　新疆华电吐鲁番发电有限责任公司安监部主任

谭　兴　中国石油西部管道乌鲁木齐输油气分公司生产技术科科长

万金绪　新疆地质矿产勘查开发局第四地质大队班长

阿布都哈帕尔·伊米提（维）　喀什公路管理局塔什库尔干分局技术员

新疆兵团

邵旭鹏　新疆石河子开发区汇能工业设备安装有限公司电焊工

朱小林（女）　新疆辰茂伊力特酒店服务员

解放军、武警部队

景晓峰　南京炮兵学院训练部装备处火炮技术检查维修站四级军士长

肖海生　海军第330潜艇三级军士长

王　新　空军94647部队57分队四级军士长

王付忠　中国人民解放军96117部队246分队四级军士长

刘纪伦　中国人民解放军68302部队54分队三级军士长

姚安东　中国人民解放军78618部队4室主任兼工程师

樊孝云　武警西藏总队后勤部后勤基地修理所四级警士长

铁道

林文凤（女）　广铁集团广深铁路股份有限公司广州货运中心货运计划员

吕学文　中国铁路总公司运输局调度部调度处主任科员

孟　慧（女）　呼和浩特铁路局包头客运段列车长

郑小小　郑州铁路局郑州供电段郑州变电车间试验组副工长

刘　松　济南铁路局济南电务段泰山信号车间南驿信号工区工长

徐　凯　南昌铁路局南昌电务段电子设备车间工长

吴之军　乌鲁木齐铁路局乌鲁木齐机务段动车司机

刘小龙　铁三院集团公司工程实验室航遥测绘技术工程师

民航

单春禹　中国国际航空股份有限公司天津分公司飞行部飞行员

刘　伟　湖北机场集团公司武汉天河机场扩建工程指挥部工程师

熊　徽（女）　广州白云国际机场有限公司安检护卫部国际中队助理

刘　颖（女）　南京禄口国际机场运输服务部服务科广播问讯队带班长

杨　成　海南航空股份有限公司新疆分公司地面服务部经理

中直机关

焦　翔　人民日报社国际部记者

肖中仁　中国国际广播电台新闻中心采编部记者

黄小希（女）　新华通讯社国内部记者

佘惠敏(女) 经济日报社科技新闻部记者
王 浩 外文出版社有限责任公司翻译
徐国强 中国出版集团三联书店编辑

国家机关

唐金荣 中国地质调查局发展研究中心情报室主任
田 婵(女) 中国疾病预防控制中心病毒病预防控制所副研究员
王 翔 全国海关信息中心技术架构专家
李梦颖(女) 外交部北京外交人员服务局培训部副经理
毋 琦 环境保护部核与辐射安全中心电气设备室主任
张兴赢 中国气象局国家卫星气象中心研究所副所长
厉 征 中国税务报社记者
谭 林 公安部第一研究所物联网部主任

中央金融

兰璟露(女) 中国工商银行信用卡电话服务中心(成都)VIP座席组长
吕 涛 交通银行北京市分行东单支行市场推广经理
张明明(女) 国家开发银行股份有限公司北京市分行员工
易洪涛 中国民生银行零售银行部小微规划与营销策划中心经理
时国强 中国建设银行山东省分行潍坊经济开发支行业务员
王掌飞 中国银行陕西省分行西安长安路支行财管运营部信科经理
章亚君(女) 中国农业银行宁波市分行象山县支行副经理
周彩云(女) 中国人民财产保险公司包头市分公司出单分中心主任

中央企业

张 杰 中国航天科工集团第四研究院江北公司车工
陈国军 中国航空工业集团直升机公司研发中心工程技术部副部长
李 雨 中国电子科技集团公司第二十一研究所高级工程师
葛 磊 中国石油化工集团公司胜利石油工程有限公司黄河钻井总公司钻井五公司副经理
周 柯 中国南方电网公司广西电网电力科学研究院科研管理部主任
苏方伟 中国华能集团公司华能沁北电厂专工
李建华 中国华电集团公司国际电力股份有限公司邹县发电厂
刘 鹏 神华集团神东煤炭集团公司哈拉沟煤矿机电队技术员
符兴斌 中国电子信息产业集团中国软件与技术服务股份有限公司中软信息系统工程有限公司副总经理
路胜利 中国第一汽车集团公司一汽技术中心汽车设计师
张 衡 东风商用车有限公司技术中心室副主任
齐 赞 哈尔滨电气集团公司哈尔滨锅炉厂有限责任公司工人
仪晓文(女) 鞍钢建设集团有限公司特种结构厂特结分厂技术员
金 国 宝山钢铁股份有限公司硅钢部轧钢工艺主任工程师
肖弘明 武汉钢铁(集团)公司武汉钢电股份有限公司锅炉检修工
李 燚 中国东方航空股份有限公司上海飞行部飞行四部二分部机长
刘现辉 中粮集团有限公司屯河昌吉番茄制品有限公司主任助理
王 新 中国建筑西南勘察设计研究院有限公司院长助理
林鹏远 中国铁路工程总公司隧道集团二处有限公司项目经理
李设想 中国铁路物资总公司西安有限公司

部长助理

注册会计师团委

薛晓琳（女） 毕马威华振会计师事务所高级经理

朱　艳（女） 华普天健会计师事务所（北京）项目总监

徐宇清 利安达会计师事务所部门经理

屠晓峰 浙江德威会计师事务所高级经理

煤炭行业团指委

张贵文（满） 神华乌海能源有限责任公司苏海图煤矿综采一队技术员

刘玉华 中国煤炭地质总局江苏煤炭地质局长江机械化基础工程公司环境工程分公司经理

吴立忠 开滦唐山矿业分公司通风区监测队队长

朱英超 山西焦煤汾西矿业新峪公司信息中心车间工会主席

孙　彬 山东能源新矿集团协庄煤矿通防管理办公室技术员

熊祥林 中国平煤神马集团四矿掘进一队队长

餐饮行业团指委

张水清（女） 湖南省株洲市金龙大酒店副总经理

陈小霞（女） 徐州天勤后勤服务集团行政中心餐饮服务保障部宴会服务员

钢铁行业团指委

何腊梅（女） 重庆赛迪冶炼装备系统集成工程技术研究中心有限公司项目负责人

李博鹏 湖北新冶钢有限公司首席工程师

李　忠 江苏沙钢集团有限公司副班长

韩　宝 安徽马钢集团第四钢轧总厂炼钢分厂作业长

杨延鹏 西宁特殊钢集团有限责任公司原料分厂技术员

龙　广 杭州钢铁集团公司转炉炼钢厂主任技师

汽车行业团指委

赵尔相 中国重汽集团济南卡车股份有限公司见习副总经理

池贵义 华晨汽车集团控股有限公司华晨中华汽车公司值班长

邓留超 东风乘用车公司大区销售总监

港口行业团指委

逯志红 宁波港股份有限公司北仑第二集装箱码头分公司副班长

叶　军 中建港务建设有限公司项目经理

赵新华 天津港口医院麻醉科医师

国家级一类、二类技能竞赛及行业技能竞赛

李文远 广州市工贸技师学院计算机网络管理员

刘建亮 中航工业沈飞集团公司计算机网络管理员

翟靖轩 中国矿业大学科技园公共信息服务中心计算机网络管理员

崔升广 辽宁省交通高等专科学校计算机网络管理员

严宗浚 广州市工贸技师学院计算机网络管理员

张文良 沈阳东兴机电设备有限公司钳工

张旭光 天津百利机电集团钳工

吴狄江 苏昆山钞票纸业有限公司钳工

李　想 中航工业沈阳黎明集团公司钳工

李宗阳 中航工业沈飞集团公司钳工

石未华 金杯汽车股份有限公司汽车修理工

刘维利 天津市公共交通集团（控股）有限公司汽车修理工

刘国辉 金杯汽车股份有限公司

孙宝明 金杯汽车股份有限公司

廖诗忠 厦门辉达汽车修配有限公司

黄金玲（女） 悦翔沈阳分公司多媒体制作员

刘雯方（女） 北京市新媒体技师学院多媒体制作员

陈　矗 广州市工贸技师学院多媒体制作员

陈　莉（女）　本溪钢铁（集团）有限责任公司多媒体制作员
张智嵩　中航工业沈飞集团公司多媒体制作员
李英全　中航工业沈飞集团公司车工
王　伦　天津百利机电控股集团有限公司车工
周红亮　陕西秦川机床工具集团有限公司车工
迟振洋　沈阳鼓风机（集团）有限公司车工
余晓冬　江苏徐工集团随车公司车工
吴　东　江苏徐州机械工程有限公司机械设备安装工
代继业　辽宁丰田金杯技师学院机械设备安装工
孙海锋　江苏马恒达悦达（盐城）拖拉机有限公司机械设备安装工
赵　阳　中航工业沈飞集团飞机钣金工
王　宇　中航工业动力所飞机发动机附件试验工
邵志永　中航工业导弹院航空电器调试工
于得水（土家）　中航工业导弹院航空电器调试工
孙志强　中航工业沈飞集团航空电器调试工
王保利　中国铁路工程总公司中铁隧道装备公司技术服务分公司电工
赵江涛　中国铁路工程总公司中铁隧道装备公司技术服务分公司技术员
李　吉　中国铁路工程总公司中铁五局集团电务城通公司副部长
王英锋　中国铁路工程总公司中铁二局五公司精测队电工
梅建峰　中国铁路工程总公司中铁科工集团九桥公司电工
张立创　中国铁路工程总公司中铁宝桥集团有限公司道岔车间电工
门学刚　中国铁路工程总公司中铁大桥局一公司技术员
刘立正（土家）　中国铁路工程总公司中铁二局五公司精测队技术负责人
王光富　中国铁路工程总公司中铁大桥局一公司测量工
瞿　伟　中国铁路工程总公司中铁二局第五工程有限公司测量主管
杨　志　中国铁路工程总公司中铁一局第五工程有限公司高级技师
沈志强　中国铁路工程总公司中铁四局一公司精测大队
李朗焕　中国铁路工程总公司中铁五局电务城通公司副部长
龙　行　中国铁路工程总公司中铁五局电务城通公司盾构操作主管
崔岭峰　中国铁路工程总公司中铁二局五公司精测队副经理
刘琴梅（女）　中国铁路工程总公司中铁大桥局六公司高级技师
方苏波　中国铁路工程总公司中铁大桥局二公司实验室主任
邵　林　中国铁路工程总公司中铁四局四公司试验主管
曹国强　中国铁道建筑总公司中铁十二局集团三公司三淅高速公路项目部试验室副主任
陈玉达　中国铁道建筑总公司中铁十二局集团二公司计量试验中心科员
郑灿伟　中国铁道建筑总公司中铁十四局集团山东铁正工程试验检测中心建材室实验工程师
梁　迪　中国铁路工程总公司中铁九局集团工程检测试验公司检测部副部长
成鹏飞　中国北方机车车辆工业集团公司大同电力机车有限责任公司工艺技术与管理技师
李栋梁　中国北方机车车辆工业集团公司长春轨道客车股份有限公司铝车体二车间工人

唐建坤　中国北方机车车辆工业集团公司长春轨道客车股份有限公司高速动车组制造中心装配一车间工人

傅丽娜(女)　中国东方航空股份有限公司客舱服务部乘务四部客舱经理

赵婵雯(女)　中国东方航空股份有限公司西北分公司客舱服务部生产协调分部乘务长

武润泽　北京市测绘设计研究院工程师

瞿申润　广东省国土资源测绘院工程师

孙光文　河南省地图院工程师

任银萍(女)　江苏省测绘工程院工程师

向　勇　国家测绘地理信息局第三航测遥感院工程师

高何利　长江空间信息技术工程有限公司工程师

张　俊　上海中国青年旅行社导游

王　佳(女)　广东深圳市招商国际旅游有限公司导游

张　运　安徽马鞍山师范高等专科学校旅游与外语系教师

吴　怡(女)　江苏省南京江南贡院历史陈列馆讲解员

李德煜　浙江杭州市中国旅行社有限公司导游

李　涛　北京目的地国际旅游有限公司导游

焦永伟　神华准格尔能源有限责任公司

赵成龙　神华宝日希勒能源有限公司

韩映春　神华准格尔能源有限责任公司

于海洋　内蒙古霍林河露天煤业股份有限公司

王新刚　华能伊敏煤电有限责任公司

张　帅　中国平煤神马能源化工集团有限责任公司

马黎明　西山煤电(集团)有限责任公司

王锦根　大同煤矿集团有限责任公司

李　岗　霍州煤电集团有限责任公司

李　军　中国平煤神马能源化工集团有限责任公司

汤　帅　新汶矿业集团有限责任公司

王树元　山西潞安矿业(集团)有限责任公司

高　杰　西山煤电(集团)有限责任公司

闫业帅　中国平煤神马能源化工集团有限责任公司

葛阳辉　福建省福州市雷诺美的售后技术主管

刘跃跃　湖南宏福家居有限公司技术主管

安海峰　北京嘉誉永诚技术服务有限公司大修工

郭东方　郑州海星电器有限公司工程师

周　筠(女)　山东百特展览工程有限公司

苗　岭　复旦大学上海视觉艺术学院

李治锌　上海爱图平面设计有限公司

阿祖林(藏)　神华宁夏煤业集团矿山救护总队救护工

靳晓军　山西焦煤汾西矿业集团矿山救护大队救护工

李凤民　神华宁夏煤业集团矿山救护总队救护工

周朝杰　神华宁夏煤业集团矿山救护总队救护工

陈　刚　神华宁夏煤业集团矿山救护总队救护工

王　刚　神华宁夏煤业集团矿山救护总队救护工

包乃强　神华宁夏煤业集团矿山救护总队救护工

王　杨　山西焦煤汾西矿业集团矿山救护大队救护工

路　亮　山西焦煤汾西矿业集团矿山救护大队救护工

朱文艺　贵州省永贵能源公司矿山救护大队救护工

冀文俊　山西焦煤汾西矿业集团矿山救护大队救护工

廖丽娟(女)　中国兵器工业集团公司内蒙古

北方重工业集团有限公司
吴 旭 中国兵器工业集团公司内蒙古第一机械集团有限公司
戚瑛瑛(女) 中国兵器工业集团公司中国北方化学工业集团有限公司
方玉龙 中国兵器工业集团公司中国北方化学工业集团有限公司
王士良 中国兵器工业集团公司中国北方重工业集团有限公司
刘 枢 中国兵器工业集团公司江麓机电集团有限公司
邓 涌 中国兵器工业集团公司内蒙古北方重工业集团有限公司
霍志锋 中国兵器工业集团公司内蒙古北方重工业集团有限公司
刘永弟 中国兵器工业集团公司凌云工业集团有限公司
刘大鹏 中国兵器工业集团公司内蒙古第一机械集团有限公司
赵春萍(女) 中国兵器工业集团公司内蒙古第一机械集团有限公司
李吉东 中国兵器工业集团公司内蒙古北方重工业集团有限公司
李 明 中国兵器工业集团公司北方通用电子集团有限公司
麦子荣 广州南沙海港集装箱码头有限公司场桥司机
程 浩 连云港港口股份有限公司东泰分公司机械队吊车二班司机
姚 乐 南通港口集团有限公司集装箱分公司值班长
杜 勇 青岛前湾西港联合码头有限责任公司吊车司机
郭继铭 青岛前湾集装箱码头有限责任公司轮胎吊司机
李常乐 青岛前湾集装箱码头有限责任公司轮胎吊司机
苏 升 青岛港国际股份有限公司物流分公司叉车司机
唐海宁 青岛港国际股份有限公司大港分公司机械六队叉车司机
王加全 青岛港国际股份有限公司大港分公司机械二队吊车司机
成文日 照港集团岚山港务公司金海岸装卸公司司机
张永日 照港集团三公司设备二队内燃机械司机
高建强 威海港青威集装箱码头有限公司场内流动起重机司机
梁 洁 烟台港股份有限公司联合港埠分公司吊车司机
王俊杰 烟台港股份有限公司集装箱分公司场桥司机
于 洋 营口港务集团第六港务公司吊车司机

国家重点工程

“天宫一号”与“神舟九号”载人交会对接任务

顾华洋 中国航天科技集团公司第八研究院一四九厂主任工艺师
雷江利 中国航天科技集团公司第五研究院五〇八所副主任设计师
孙宝岗 中国航天科技集团公司第一研究院七〇三所主任工艺师
王健儒 中国航天科技集团公司第四研究院四十一所发动机总设计师
郭琳瑞 中国航天科工集团公司第三研究院三十三研究所副处长
袁再芳(侗) 中国航天科工集团公司061基地贵州梅岭电源公司一室主任
曹狄峰 中国电子科技集团公司第四十三研究所设计师
邵淑伟 中国电子科技集团公司第十二研究所管型组长

2013年全团“寻找最美青工”活动

刘昌武(女) 北京建工集团三建公司测量中心测量技师

郭岐顶　北京京煤化工设备开发公司装配班副班长

成卫东　天津港第一港埠有限公司拖头队副队长

罗朝辉　国网天津市电力公司城西供电分公司营销部高压电费抄收二班副班长

刘福霞（女）　天津天纺投资控股有限公司棉纺织工厂织布挡车工

张　楠（女，满）　河北省承德市国税局货物和劳务税科科员

贾向东　山西电建二公司高压焊工

王效时　辽宁联通物资采购与管理部信息化管理员

于　戈（满）　一汽模具制造有限公司钳工

孟庆鑫　哈电集团哈尔滨汽轮机厂有限责任公司工具处数控铣工

肖　碧　上海市公安局刑事侦查总队刑事技术法医

陈　维（女）　上海浦东海事局危管防污处工程师

李智慧（女）　江苏省盐城市城乡建设局市政设施管理处下水道班班长

陈　玲（女）　浙江省奉化市测绘院技术员

吴　杰　宁波广播电视集团编导兼摄像

邹宗伟　江西铜业集团公司德兴铜矿大山选矿厂钳工

付文韬　国家深海基地管理中心潜航员

郭　凯　青岛港集团有限公司前港分公司机械司机

常国丽　潍柴动力股份有限公司“三高”试验队队长

王晓菲　山东德棉集团有限公司操作员

胡洪炜　国网湖北检修公司输电检修中心运检三班副班长

刘仔才　中国能源建设集团广东火电工程总公司焊接公司焊接培训中心实操教师

柯　艺（女）　重庆西部公共交通有限公司465线乘务员

张艳芬（女）　中国石油云南销售公司昆明分公司经理

蒋卫真　西安昆仑公司车工

冯　攀　甘肃电投炳灵水电开发有限责任公司员工

周　欣　新疆天富热电股份公司热电厂检修分场汽机本体班副班长

刘　洋　武汉铁路局武昌南机务段西线车队机车乘务员

王晓睿　太原铁路局太原车辆段动车组随车机械师

黄国华　广州铁路公安处刑警支队广州站大队侦查员

李　松　中国北方机车车辆工业集团公司齐齐哈尔轨道交通装备有限责任公司方圆公司操作员

周　皓　阜新矿业集团（有限）公司机械制造分公司模锻分厂工人

王燕清（女）　内蒙古包钢医院护士长

万雪峰　鞍钢集团鞍山钢铁集团股份有限公司技术中心研发师

全国优秀少先队员、全国优秀少先队辅导员、全国优秀少先队集体

“全国优秀少先队员”名单

（297 人）

王彦博（女） 北京市通州区运河小学
冯浠堃（女） 北京市房山区良乡小学
庄泽轩 北京市东城区体育馆路小学
何欣然（女） 北京市大兴区第五小学
谷林晓（女） 北京市朝阳区呼家楼中心小学
陈希妍（女） 北京市门头沟区城子小学
欧丽曳（女） 北京市西城区黄城根小学
岳骏中 北京市延庆县十一学校
窦 睿（女） 北京市海淀区首都师范大学附属小学
张凯淋 天津市和平区昆明路小学
杨 帅 天津市河东区第二实验小学
石钊宁 天津市南开区中营小学
韩冠一（女） 天津市滨海新区塘沽浙江路小学
张 鑫（女） 天津师范大学第三附属小学
张治鹏 天津市北辰区华辰学校
张正伊（女） 天津市武清区杨村第八小学
宋梓璇（女） 天津市宁河县芦台镇第一小学
李欣然（女） 天津市蓟县实验小学
贾清慧（女） 河北省石家庄市富强小学
牛吉祥（蒙古族） 河北省承德市隆化县存瑞小学
傅贝麒（女） 河北省张家口市高新技术产业开发区宁远堡小学
董佳怡（女） 河北省秦皇岛市抚宁县茶棚学区前石河小学
刘益彰 河北省唐山市路北区西山路小学
杜 金（女） 河北省廊坊市安次区北史家务乡北史家务中心小学
赵一霖（女） 河北省保定市师范附属学校
田珊珊（女） 河北省沧州市孟村回族自治县育才小学
刘笑晗（女） 河北省衡水市冀州市第四中学
张春霖 河北省邢台市郭守敬小学
薛雅文（女） 河北省邯郸市磁县实验学校
李辰明 山西省太原市迎泽区朝阳街小学校
冯一凡（女） 山西省大同市新荣区第二小学
王少杨（女） 山西省朔州市怀仁县城镇第六小学校
石佳璐（女） 山西省忻州市实验小学
史浚杨 山西省晋中市榆次区寿安里小学
杨峰彬 山西省吕梁市交口县城关小学校
郭家旗 山西省阳泉市盂县实验小学
杜星月（女） 山西省长治市实验小学
程嘉伟 山西省运城市新绛县西街实验小学
阿日雯（女，蒙古族） 内蒙古自治区包头市青山区幸福南路小学
刘书源（女，蒙古族） 内蒙古自治区赤峰市喀喇沁旗锦山小学
马千里 内蒙古自治区鄂尔多斯市鄂托克旗实验小学
海日瀚（女，蒙古族） 内蒙古自治区呼伦贝尔市海拉尔区胜利街小学
朱天娇（女，蒙古族） 内蒙古自治区呼和浩特市新城区满族小学
唐桑琦乐（蒙古族） 内蒙古自治区呼和浩特市新城区北垣小学
刘 畅（蒙古族） 内蒙古自治区通辽市实验小学
李昕泽 内蒙古自治区乌海市海勃湾区第一完全小学
朝慕日丽歌（女，蒙古族） 内蒙古自治区乌兰

察布市集宁区实验小学

罗皓天　辽宁省沈阳市沈河区文艺路第二小学

秦艺函(女)　辽宁省大连市沙河口区中山路小学

张师丞　辽宁省鞍山市立山区中华小学

王思棋(女,满族)　辽宁省抚顺市第五十中学

徐晗熙(满族)　辽宁省本溪市南一小学

孙耀阳　辽宁省营口市老边区育才小学

张小芮(女)　辽宁省阜新市海州区西华园小学

于子航(满族)　辽宁省铁岭市银州区实验小学

王新圆(女)　辽宁省朝阳市北票市西关营镇中心小学

崔　宇(朝鲜族)　吉林省珲春市第一实验小学校

樊芷含(女)　吉林省延边自治州敦化市第二实验小学

侯天宇　吉林省白城市文化小学

刘松典　吉林省松原市宁江区实验小学

庞业诵　吉林省通化市梅河口市新合镇河洼小学

佟其远　吉林省第二实验高新学校

杨春白雪(女,满族)　吉林省长春市南关区树勋小学

张宇彤(女)　吉林省东北师范大学第二附属小学

朱祥瑞　吉林省吉林市昌邑区第二实验小学校

邓翔泽　黑龙江省牡丹江市穆棱市实验小学

何凯暄　黑龙江省鸡西市园丁小学

贺芃骅　黑龙江省齐齐哈尔市龙沙区龙沙小学校

李嘉欣(女)　黑龙江省大庆石化第七小学

娄宏伟(女)　黑龙江省鹤岗市绥滨县北山乡中心校

吕一鸣　黑龙江省七台河市第九小学

司尚萱(女)　黑龙江省迎春林业局第一中学校

王语涵(女)　黑龙江省绥化市靖宇小学校

于凯妍(女)　黑龙江省佳木斯市杏林小学

邵美仁余(女)　上海市黄浦区蓬莱路第二小学

张茗润　上海市市西初级中学

成奕颖(女)　上海市市北初级中学

郑科键　上海市民办新复兴初级中学

周泽一　上海市嘉定区普通小学

陆佳怡(女)　上海市洋泾中学东校

鲁　佳(女)　上海市金山区朱泾小学

黄一竹(女)　上海市松江区实验小学

朱清灵(女)　上海市崇明县实验中学

蒋　帅　江苏省南京市北京东路小学

万馨淇(女)　江苏省无锡市育红小学

郑昊冉　江苏省徐州黄山外国语学校

郑　斐　江苏省常州外国语学校

梁轩玮　江苏省连云港市东港小学

钱羽慧(女)　江苏省苏州工业园区星海小学

赵梓淳(女)　江苏省如皋市安定小学

刘　源　江苏省淮安市外国语实验小学

钱思璇(女)　江苏省盐城景山中学

沈凡力(女)　江苏省宿迁市实验小学

杨午祎(女)　浙江省杭州采荷第三小学教育集团

方　涵(女)　浙江省余姚市实验学校

黄天屹　浙江省温州市平阳县昆阳镇第一小学

俞启航　浙江省湖州市体育运动学校

余金梅(女)　浙江省嘉兴市海盐县行知小学

王雪世　嘉浙江省绍兴市塔山中心小学

陈冠奇　浙江省义乌市绣湖小学

方路文(女)　浙江省衢州市衢江区实验中学

吕臻琰(女)　浙江省舟山市普陀第二中学

吴易勋　浙江省龙泉市绿谷外国语小学

李　罕　浙江省金华市武义县壶山小学

叶舒文（女） 安徽省合肥市师范附属小学
杨妞妞（女） 安徽省淮北市濉溪县实验小学
陈秋宇 安徽省亳州市利辛中学
堵静怡（女） 安徽省蚌埠市淮上区曹老集镇中心学校
方玉格（女） 安徽省淮南市大通区洛河中心学校
陈璐瑶（女） 安徽省滁州市黄泥岗中心小学
丁浩然 安徽省芜湖市无为县实验小学
梅润韬 安徽省铜陵市实验小学
翟安熠 安徽省池州市青阳县蓉城镇第一小学
叶昕航（女） 安徽省安庆市怀宁县振宁学校
王俣珏（女） 安徽省黄山市屯溪大位小学
郑子伊（女） 福建省连江县教师进修学校附属小学
陈文婧（女） 福建省厦门市莲花中学
简羽希（女） 福建省漳州市南靖县书洋中心小学
郑　婧（女） 福建省泉州市第二实验小学
吴凌恺 福建省莆田市仙游县园庄中心小学
黄　逸 福建省三明市将乐县水南中学
吴永麒 福建省建瓯市实验小学
涂嘉晋（女） 福建省龙岩市长汀县城关中心学校
许振喆 福建省福鼎市桐北中心小学
涂　桦（女） 江西省南昌市阳明学校
李延禹 江西省九江市庐山区匡庐小学
吴湘楠（女） 江西省景德镇市第六小学
徐玮博 江西省萍乡市芦溪县芦溪小学
丁　卉（女） 江西省新余市第四中学
陈骥飞 江西省赣州市兴国县第五小学
吴佳嵘 江西省宜春市实验小学
宋语菲（女） 江西省吉安市峡江县实验小学
邓梦颖（女） 江西省抚州市南丰县实验小学
鞠兴浩 山东省临沂市临沭县临沭街道周庄小学
葛宸伶（女） 山东师范大学附属小学
韩江雪（女） 山东省聊城市冠县实验小学
程子扬 山东省枣庄市滕州市育才中学
崔雁翔（女） 山东省青岛市市南区第二实验小学
徐辰杰 山东省济宁市邹城市钢山街前八小学
姚晓晖 山东省泰安市东平县实验小学
宋曜伸 山东省菏泽市郓城县西关小学
李睿尧（女） 山东省淄博市高青县实验小学
刘子钰 山东省青岛市崂山区西韩小学
尹震怡（女） 山东省烟台市毓璜顶小学
王怡诺（女） 山东省潍坊市奎文区德润国际学校
张千一（女） 河南省郑州市中原区伊河路小学
蒋宛辰（女） 河南省郑州市管城回族区创新街小学
韩鑫雨（女） 河南省开封市尉氏县洧川镇育才小学
马弘光 河南省平顶山市郏县三立国际学校
丁晖原（女） 河南省新乡市育才小学
许梦娇（女） 河南省焦作市龙翔学校
史周丰 河南省濮阳市清丰县六塔乡初级中学
田家琪（女） 河南省许昌市毓秀路小学
姜　辉 河南省鹤壁市淇滨区吕庄中心校
王以宁（女） 河南省南阳市油田第八小学
张舒妍（女） 河南省驻马店市确山县靖宇小学
王一鑫 河南省济源市黄河路小学
王傲哲 湖北省宜昌市伍家岗区花艳小学
王昊楠 湖北省咸宁市咸安区西门小学
吴邦立（女） 湖北省仙桃市实验小学
张汶文（女） 湖北省武钢实验学校
李芮楠（女） 湖北省神农架林区实验小学
杜梓玮（女） 湖北省武汉市硚口区崇仁路小学
林雨婷（女） 湖北省荆州市太晖小学

耿一丹(女)　湖北省襄阳市枣阳市平林中学
商　祎(女)　湖北省武汉市武昌区水果湖第一小学
龚奕杉(女)　湖北省江汉油田实验小学
冯敬钊　湖南省衡阳市雁峰区环城南路小学
陈欣彤(女,土家族)　湖南省株洲市白鹤小学
何晨阳　湖南省湘潭市风车坪学校
文诺舟　湖南省常德市鼎城区武陵中心小学
王厚骅(土家族)　湖南省张家界市桑植县澧源镇第一小学
尤文杰　湖南省益阳市沅江市沅江政通小学
曹润晖(女)　湖南省郴州市汝城县卢阳镇一完小
唐睿翾　湖南省永州职业技术学院附属学校
曾歆贻(女,土家族)　湖南省怀化市宏宇小学
陈禹泽　湖南省娄底市第九小学
杨钦冰(土家族)　湖南省吉首市乾城小学
谭靖谊(女)　广东省广州市荔湾区沙面小学
古莉薇(女)　广东省深圳市南山区留仙小学
李晋涵　广东省珠海市香洲区第十七小学
郑　熙(女)　广东省汕头市长厦小学
朱梅兰(女)　广东省韶关市启智学校
林奕衡　广东省惠州市第十一小学
范子淳(女)　广东省阳江职业技术学院附属实验学校
詹　紫(女)　广东省湛江一中培才学校
胡锦鸿(女)　广东省肇庆市德庆县德城第一小学
邓洁钰(女)　广东省清远市连山县永和中心小学
黄尔东　广东省揭阳市榕城区红旗小学
陈昱熹　广东省华南师范大学附属小学
何　玥(女,壮族,追授)　广西壮族自治区桂林市阳朔县金宝乡中心小学
黄　婧(女,壮族)　广西壮族自治区百色市田林县乐里第一小学
刘济豪(壮族)　广西壮族自治区崇左市江州区江州镇中心小学
廖熙铭(瑶族)　广西壮族自治区防城港市防城区大菉镇米丰小学
黄丹琴(女,壮族)　广西壮族自治区河池市南丹县第四小学
廖泽龙　广西壮族自治区柳州市公园路小学
林心怡(女,壮族)　广西壮族自治区柳州市柳江县基隆开发区小学
杜　兵(壮族)　广西壮族自治区南宁市江南区富宁小学
黄可翔(女,壮族)　广西壮族自治区南宁市民主路小学
陈炫杏(女)　广西壮族自治区梧州市泗洲小学
杨心儿(女)　广西壮族自治区玉林市容县中学
王睿诚　海南省海口市第二十六小学
吴　东(女)　海南省海口市第十中学
陈沙沙(女)　海南省陵水县新村中心小学
崔蓝天(女)　海南省万宁市东澳镇中心学校
邓嘉慧(女)　海南省临高思源实验学校
粟雨虹(女)　海南省白沙县牙叉实验学校
魏　坤(女)　海南省琼海市嘉积镇第一小学
吴祖胤　海南省澄迈县城东小学
徐丽婷(女)　海南省儋州市那大实验小学
梁榆姗(女)　重庆市南岸区珊瑚实验小学
白翔瑞　重庆外国语学校森林小学
李春玲(女)　重庆市渝北区古路中心校
胡凌奂(女)　重庆市江津区菜市街小学
陈麒好(女)　重庆市合川区久长街小学
卫　勉(女,苗族)　重庆市彭水县森林希望小学
王榆涵　重庆北部新区星光学校
廖艺凡(女)　重庆市人民小学
赵舜楷　重庆市巴蜀小学
陈乐栩　四川省成都市龙泉驿区第一小学
杨韵荷(女)　四川省广元市旺苍县实验小学
沈子杰　四川省广安市广安区希望小学

南甲扎西(藏族) 四川省阿坝州壤塘县茸木达乡中心小学
李治枰(女,藏族) 四川省阿坝州金川县东方红小学校
黄天宇 四川省雅安市芦山县芦阳小学
颜玉宏 四川省宜宾市屏山县屏山镇福和希望小学
杨理吉 四川省乐山市犍为县新城小学
陈晓倩(女) 四川省巴中市南江县赶场镇小学
杨 越(女) 四川省泸州市纳溪区逸夫实验小学
张宇帆(女) 四川省遂宁市大英县蓬莱镇小学校
周成浩(羌族) 四川省绵阳市北川羌族自治县坝底乡中心小学
陈萍丽(女,彝族) 贵州省毕节市百里杜鹃县普底乡中心小学
黄治敏(女,苗族) 贵州省安顺市紫云自治县大营希望小学
杨 榕(女,苗族) 贵州省黔东南州剑河县城关第二小学
梁文静(女,壮族) 贵州省黔东南州从江县第二民族中学
蒲晨曦(女) 贵州省黔西南州贞丰县第一小学
唐青青(女,苗族) 贵州省福泉市马场坪中心小学
王秋雨(女) 贵州省遵义市绥阳县洋川镇城南小学
王艺锦(女,土家族) 贵州省铜仁市碧江区第二完全小学
谢秋毅(布依族) 贵州省都匀市第十一完全小学
左子晋 贵州省清镇市红枫第四小学
山 川(哈尼族) 云南省师范大学附属小学
田 娟(女,佤族) 云南省临沧州沧源县勐董镇中心完全小学
谢汉鼎 云南省玉溪市聂耳小学
徐芊芊(女) 云南省昭通市昭阳区第三小学
杨舒棋(女) 云南省文山州实验小学
杨银林(女,哈尼族) 云南省普洱市宁洱县磨黑镇第一小学
张 渝(女,纳西族) 云南省丽江市古城区福慧学校
张人之(傈僳族) 云南省怒江傈僳族自治州实验小学
赵沛棋(女) 云南省保山市施甸县示范小学
周谢祺(女) 云南省楚雄市南华县龙川小学
仁增群宗(女,藏族) 西藏自治区拉萨市达孜县桑珠林完全小学
格桑央金(女,藏族) 西藏自治区日喀则地区上海实验学校
益旺啦(女,藏族) 西藏自治区山南地区第一中心小学
白豆豆(女) 陕西省榆林市榆林实验小学
李柏霖 陕西省延安市延安职业技术学院附属小学
王子钰(女) 陕西省西安市蓝田县教师进修学校附属小学
娄馨月(女) 陕西省咸阳市咸阳天王小学
景晓悦(女) 陕西省渭南市白水县东风小学
臧屿珊(女) 陕西省西安交通大学附属小学
胡艺瀚(女) 陕西省商洛市商南县城关小学
来凌子(女) 陕西省宝鸡市凤县双石铺中学
罗曼琳(女) 陕西省安康市石泉县城关第一小学
蒽博斐 甘肃省武威市古浪县城关第三小学
梁培钰(女) 甘肃省陇南市陇南师专附属实验学校
马 宁(女) 甘肃省临夏市永靖县刘化中学
杨 帆(女) 甘肃省兰州市兰化公司中小学总校第一小学
新朝乐(蒙古族) 甘肃省酒泉市肃北蒙古族自治县蒙古族学校
张莹博(女) 甘肃省华亭县东华小学

杜兆泽川　甘肃省嘉峪关市迎宾路小学
何文兵(女)　甘肃省定西市通渭县文庙街小学
拉毛才让(女,藏族)　甘肃省甘南藏族自治州合作藏族中学
屈国勋(土族)　青海省西宁市城北区小桥大街小学
贾央卓玛(女,藏族)　青海省黄南藏族自治州尖扎县马克堂镇第二完全小学
田学英(女)　青海省德令哈市河西街道办事处甘南小学
扎西达哇(藏族)　青海省海南藏族自治州贵南县第二寄宿制小学
蔡发宁　青海省海东市互助土族自治县城南学校
勒毛措(女,藏族)　青海省果洛藏族自治州玛沁县大武镇第一民族小学
黄界然　宁夏回族自治区石嘴山市第十一小学
李　燕(女,回族)　宁夏回族自治区固原市原州区黄铎堡镇老庄小学
鲁　妮(女)　宁夏回族自治区吴忠市青铜峡市汉坝小学
杨子涵(女)　宁夏回族自治区银川市银川博文小学
雍镕源　宁夏回族自治区中卫市第六小学
张若显　宁夏回族自治区银川市宁夏长庆小学
阿格那尔・木拉提(哈萨克族)　新疆维吾尔自治区尼勒克县第二小学
刘一帆　新疆维吾尔自治区阿勒泰市第二中学
森巴提・别日克(女,哈萨克族)　新疆维吾尔自治区精河县第四中学
阿迪拉・卡哈曼(女,维吾尔族)　新疆维吾尔自治区库尔勒市第九小学
钟一鸣　新疆维吾尔自治区阿克苏市第四小学
开力比努尔・肉扎洪(女,柯尔克孜族)　新疆维吾尔自治区克州阿克陶县实验小学
古丽齐热・艾斯凯尔(女,维吾尔族)　新疆维吾尔自治区和田市皮山县县直九年一贯制学校
哈丽娜・木会提(女,哈萨克族)　新疆维吾尔自治区克拉玛依市第二十小学
艾丽菲热・艾克拜尔(女,维吾尔族)　新疆维吾尔自治区喀什市叶城县第四小学
康娅楠(女)　新疆生产建设兵团第一师高级中学
李婉滢(女)　新疆生产建设兵团第五师小学
雷梓彤(女)　新疆生产建设兵团建筑工程师第一中学
古丽米热・阿不都拉(女,维吾尔族)　新疆生产建设兵团第十四师四十七团红军小学

“全国优秀少先队辅导员”名单

(300 人)

何建雯(女)　北京市第二实验小学少先队大队辅导员
艾　明(女)　北京市第二中级人民法院未成年人综合审判庭审判长、少先队志愿辅导员
任　丽(女)　北京市朝阳区安贞里学区少先队总辅导员
麦振宇　北京市海淀区四季青学区少先队总辅导员
李　伟(女)　北京市大兴区少先队副总辅导员
沈洪鹏(女)　北京市昌平区昌盛园小学少先队大队辅导员
张均帅　北京市东城区史家胡同小学少先队大队辅导员

聂拥军　北京市密云县太师屯镇中心小学少先队大队辅导员

贾金锁　北京市平谷区少先队总辅导员

张文博　天津师范大学第二附属小学少先队大队辅导员

肖　彤(女)　天津市河东区少先队总辅导员

赵屏楠(女)　天津市木斋中学少先队大队辅导员

刘　迎(女)　天津市红桥区中心小学少先队大队辅导员

郑兆会(女)　天津市津南区双桥河第二小学少先队中队辅导员

李吉娜(女)　天津市北辰区大张庄小学少先队大队辅导员

张俊杰(女)　天津市宝坻区进京路小学少先队大队辅导员

张丽娜(女)　天津市静海县模范学校少先队大队辅导员

苏海龙　天津市宁河县大北涧沽镇人民政府团委书记、少先队志愿辅导员

牟　意(女)　河北省石家庄市桥西区少先队总辅导员

赵立纲　河北省廊坊市霸州市少先队总辅导员

宋立鹏　河北省邢台市巨鹿县华康牧业有限公司董事长、少先队志愿辅导员

潘增馨(女)　河北省石家庄市运河桥桃园联合小学少先队大队辅导员

王　琳(女)　河北省承德市实验小学少先队大队辅导员

许文杰(女)　河北省唐山市玉田县实验小学少先队大队辅导员

臧　辉　河北省保定市唐县第一小学少先队大队辅导员

吕继东(女)　河北省沧州市实验小学少先队大队辅导员

牛春梅(女)　河北省衡水市实验小学少先队大队辅导员

未建苗(女)　河北省邯郸市涉县龙北小学少先队大队辅导员

宋莎莎(女)　河北省保定市前卫路小学少先队大队辅导员

石继红(女)　山西省太原市小店区沙河街小学校少先队大队辅导员

乔光武　山西省太原市清徐县王答乡第二初级中学退休教师、少先队志愿辅导员

宋　娟(女)　山西省忻州市定襄县实验小学少先队大队辅导员

许　薇(女)　山西省晋中市榆次区太行小学少先队大队辅导员

薛晨霞(女)　山西省吕梁市离石区东关小学校少先队大队辅导员

武　剑　山西省长治市城区梅辉坡小学校少先队大队辅导员

李小军　山西省晋城市实验小学校少先队大队辅导员

冯　玲(女)　山西省临汾市蒲县城关小学少先队大队辅导员

王　琴(女)　山西省运城市盐湖区实验小学少先队大队辅导员

张丽梅(女)　内蒙古自治区呼和浩特市新城区少先队总辅导员

侯　磊　内蒙古自治区呼和浩特市赛罕区少先队总辅导员

车　龙　内蒙古自治区赤峰市敖汉旗下洼中心学校少先队大队辅导员

白　雪(女，满族)　内蒙古自治区呼和浩特市新城区满族小学少先队大队辅导员

郭萨日娜(女，达斡尔族)　内蒙古自治区呼伦贝尔市陈巴尔虎旗民族小学少先队大队辅导员

李潇琴(女)　内蒙古自治区通辽市科尔沁区铁路第一小学少先队大队辅导员

李　丽(女)　内蒙古自治区乌海市海勃湾区

第一完全小学少先队大队辅导员

乌云斯庆（女，蒙古族） 内蒙古自治区鄂尔多斯市乌审旗蒙古族实验小学少先队大队辅导员

常桂玲（女） 内蒙古自治区呼伦贝尔市莫力达瓦达斡尔族自治旗尼尔基镇敖拉社区党总支书记兼主任、少先队志愿辅导员

王　阳（女） 辽宁省沈阳市铁西区启工街第二小学少先队大队辅导员

滕文庆 辽宁省大连市甘井子区华西小学少先队大队辅导员

林　波（女） 辽宁省鞍山市铁东区少先队总辅导员

李金萍（女，满族） 辽宁省本溪市桓仁满族自治县东关小学少先队大队辅导员

殷丽娜（女） 辽宁省丹东市实验小学少先队大队辅导员

郑　丹（女） 辽宁省锦州市凌河区少先队总辅导员

张丽红（女，满族） 辽宁省盘锦市辽河油田胜利小学少先队中队辅导员

韩　雪（女） 辽宁省实验学校少先队中队辅导员

曹昕红（女） 东北师范大学附属实验学校小学部少先队大队辅导员

权　军 吉林省长春市小哥白尼杂志社发行部主任、少先队志愿辅导员

宋迎超（女） 吉林省长春市南关区少先队总辅导员

闫洪军 吉林省四平市梨树县蔡家镇中心小学校少先队大队辅导员

石范玉（女） 吉林省通化市少先队总辅导员

杨　冰（女） 吉林省长春市第一实验小学少先队大队辅导员

于合乐（女，蒙古族） 东北师范大学第二附属小学少先队大队辅导员

赵　明（女，蒙古族） 吉林省吉林市第二实验小学校少先队大队辅导员

赵欣欣 吉林省长春东师中信实验学校少先队大队辅导员

柴玮昆 黑龙江省齐齐哈尔市龙沙区龙沙小学少先队大队辅导员

单体强 黑龙江省哈尔滨市南马路小学校少先队大队辅导员

丁丽娜（女） 黑龙江省佳木斯市第六小学校少先队大队辅导员

金艺红（女，朝鲜族） 黑龙江省哈尔滨市道里朝鲜族中心小学校少先队大队辅导员

刘　洋（女） 黑龙江省牡丹江市清福小学少先队大队辅导员

尚　丽（女） 黑龙江省双鸭山市逸夫小学少先队大队辅导员

王　岩（女） 黑龙江省哈尔滨市花园小学校少先队大队辅导员

吴红杰（女） 黑龙江省黑河市第六小学少先队大队辅导员

张志福 黑龙江省伊春市伊春区第六中学退休教师、少先队志愿辅导员

赵国强 上海市少先队总辅导员

耿　愈（女） 上海市黄浦区卢湾一中心小学少先队大队辅导员

邵　红（女） 上海市徐汇区第一中心小学少先队大队辅导员

陈佳桦（女） 上海市五四中学少先队大队辅导员

孙赟珏（女） 上海市闸北区中山北路小学少先队大队辅导员

谈旻星（女） 上海理工大学附属小学少先队大队辅导员

郭敏怡（女） 上海市闵行区少先队总辅导员

倪红燕(女)　上海市毓华学校少先队大队辅导员
宋　蕾(女)　上海市崇明县东门小学少先队大队辅导员
方　舟　上海市奉贤区南桥镇人民政府机关党支部委员、少先队志愿辅导员
夏铜强　江苏省南京市雨花外国语小学少先队大队辅导员
侯瑞淑(女)　江苏省徐州市丰县华山镇中心小学少先队大队辅导员
计耀明　江苏省常州市溧阳市埭头中心小学少先队大队辅导员
张　剑(女)　江苏省苏州市阳光城实验小学少先队大队辅导员
张永海　江苏省如皋市公安局交通巡逻警察大队政治教导员、少先队志愿辅导员
许长春　江苏省淮安市少先队总辅导员
赵　涛　江苏省扬州教育学院附属中学少先队大队辅导员
张　悦(女)　江苏省镇江市润州区少先队总辅导员
张海涛　江苏省兴化市第二实验小学少先队大队辅导员
严　浩　江苏省广播电视总台电视传媒中心优漫卡通卫视频道《好朋友》栏目总制片人、少先队志愿辅导员
宓蔚嫣(女)　浙江省杭州市拱墅区少先队总辅导员
徐　立　浙江省嘉兴市少先队总辅导员
徐亚君(女)　浙江省台州市天台县少先队总辅导员
胡　敏(女)　浙江省宁波市鄞州区东南小学少先队大队辅导员
林志超　浙江省温州市苍南县龙港镇潜龙学校少先队大队辅导员
蒋建英(女)　浙江省绍兴市绍兴县中国轻纺城小学少先队大队辅导员
叶思佳(女)　浙江省金华市环城小学少先队大队辅导员
朱彩娥(女)　浙江省衢州市柯城区实验小学少先队大队辅导员
沈琪良　浙江省湖州市德清县中小学生实践教育中心副主任、少先队志愿辅导员
张　亮　浙江省丽水市消防支队遂昌中队指导员、少先队志愿辅导员
邵颖慧(女)　安徽省淮北市第三实验小学少先队大队辅导员
王　伟　安徽省亳州市蒙城县教育局办公室副主任、少先队志愿辅导员
牛焕娣(女)　安徽省宿州市第一小学少先队大队辅导员
朱文東(女)　安徽省蚌埠市高新区少先队总辅导员
张晓峰(女)　安徽省阜阳市阜纺小学少先队大队辅导员
赵龙梅(女)　安徽省淮南市田家庵区第十六小学少先队大队辅导员
郭　洁(女)　安徽省滁州市紫薇小学少先队大队辅导员
程　祥　安徽省马鞍山市采秣小学少先队大队辅导员
章盛清　安徽省宣城市宁国市西津小学少先队大队辅导员
刘　磊　安徽省安庆市岳西县毛尖山乡留守儿童服务中心主任、少先队志愿辅导员
洪科春　安徽省黄山市实验小学少先队大队辅导员、市少先队副总辅导员
谢林伟　福建省福州市仓山小学少先队大队辅导员
张　玮(女)　福建省厦门市湖明小学少先队大队辅导员
邹慧明(女)　福建省泉州市永春县桃城镇中心小学少先队大队辅导员
徐丽蓉(女)　福建省莆田市涵江区第二实验小学少先队大队辅导员

冯丽华（女） 福建省三明市梅列区实验小学少先队大队辅导员、市少先队副总辅导员

郭　忠 福建省福州铁路公安处武夷山车站公安派出所三级警长、少先队志愿辅导员

张　香（女） 福建省龙岩师范附属小学少先队大队辅导员、龙岩市少先队总辅导员

林奶良 福建省宁德市少先队总辅导员助理、福安市少先队总辅导员

林　娜（女） 福建师范大学附属小学少先队中队辅导员

龚全珍（女） 江西省萍乡市少先队名誉志愿总辅导员

谢俊江 西省南昌师范附属实验小学少先队大队辅导员

徐莉娜（女） 江西省九江市双峰小学少先队大队辅导员

付　洁（女） 江西省景德镇市实验小学少先队大队辅导员

周　燕（女） 江西省鹰潭市余江县第一小学少先队大队辅导员

王　雯（女） 江西省赣州市章贡区少先队总辅导员

张志红（女） 江西省宜春市袁州区少先队总辅导员

李　丽（女） 江西省上饶市第五小学少先队大队辅导员

高　斐（女） 江西省抚州市实验学校少先队大队辅导员

张　伟 山东省济南市济阳县少先队总辅导员

王俊荣（女） 山东省德州市陵县滋镇三联小学少先队大队辅导员

宋　华（女） 山东省东营市实验学校少先队大队辅导员

李　洁（女） 山东省平度市南京路小学少先队大队辅导员

李长娟（女） 山东省诸城市文化路小学少先队大队辅导员

赵　青（女） 山东省济南市营市东街小学少先队大队辅导员

赵　霞（女） 山东省莱芜市花园学校少先队大队辅导员

郑艺玲（女） 山东省烟台市莱州市实验小学少先队大队辅导员

林丽丽（女） 山东省日照市新营小学少先队大队辅导员

杨金珠（女） 山东省临沂市兰山区临沂第三实验小学少先队大队辅导员

解淑娟（女） 山东省滨州市滨城区第一小学少先队大队辅导员

韩其东 山东省淄博市青少年宫主任、少先队志愿辅导员

杨丽梅（女） 河南省郑州市惠济区少先队总辅导员

鹿　坤 河南省郑州市中原区少先队副总辅导员

范丰阁（女） 河南省登封市商埠街小学少先队大队辅导员

卞　东（女，回族） 河南省开封市第一师范附属小学少先队大队辅导员

卢静敏（女） 河南省洛阳市涧西区东升第二小学少先队大队辅导员

李　慧（女） 河南省新乡市红旗区少先队总辅导员

陈红桃（女） 河南省安阳市文峰区少先队总辅导员

李　丽（女） 河南省濮阳市实验中学少先队大队辅导员

张坤浩 河南省南阳市第三中学少先队大队辅导员

王　涵（女） 河南省商丘市第一中学少先队大队辅导员

王春华（女） 河南省周口市少先队总辅导员

黄　燕（女）　河南省信阳市第一实验小学少先队大队辅导员
万会琴（女）　湖北省天门市少先队总辅导员
方　颖（女）　湖北省襄阳市昭明小学少先队大队辅导员
王苗玉（女）　湖北省十堰市人民小学少先队大队辅导员
吴天祥　湖北省武汉市武昌区政府退休干部、少先队志愿辅导员
郑　洁（女）　湖北省宜昌市少先队总辅导员
姚小明　华中师范大学附属小学校长、少先队志愿辅导员
贺　波　湖北省荆州市实验中学少先队大队辅导员
徐　丹（女）　湖北省孝感市安陆实验小学少先队大队辅导员
敖艳梅（女）　湖北省随州市曾都区东关学校少先队大队辅导员
蒋兰波　湖北省武汉市硚口区星火小学少先队大队辅导员
陈　曦（女）　湖南农业大学子弟小学少先队大队辅导员
欧阳爱湘（女）　湖南省长沙市雨花区天华寄宿制学校少先队大队辅导员
卢新果　湖南省株洲市茶陵县解放学校少先队大队辅导员
吴　敏（女）　湖南省湘潭市岳塘区湘纺小学少先队大队辅导员
李　娟（女）　湖南省邵阳市邵东县两市镇二完小少先队大队辅导员
赵冰清（女）　湖南省常德市澧县第一完全小学少先队大队辅导员
李冬标　湖南省常德市桃源县陬市镇中心小学少先队大队辅导员
卢　涛（女）　湖南省益阳市安化县东坪完小少先队大队辅导员
陈　斌　湖南省郴州市桂东县沤江一完小少先队大队辅导员、县少先队总辅导员
李　红（女）　湖南省娄底市冷水江市冷水江街道办事处中心学校少先队大队辅导员
王光正（土家族）　湖南省湘西州保靖县实验小学少先队大队辅导员
洪小瑜（女）　广东省广州市海珠区晓港湾小学少先队大队辅导员
张茂东　广东省梅州市兴宁市第一小学少先队大队辅导员
王雪敏（女）　广东省汕头市澄海实验小学少先队大队辅导员
胡小燕（女）　广东省韶关市新丰县城第三小学少先队大队辅导员
曾文珍（女）　广东省中山市东区水云轩小学少先队大队辅导员
曾德统　广东省茂名市第十一小学少先队大队辅导员
陈楚琴（女）　广东省揭阳市实验小学少先队大队辅导员
刘　慰（女）　广东省深圳市新星工程造价咨询有限公司董事长、少先队志愿辅导员
梁伟强　广东省东莞市莞城少年宫主任、少先队志愿辅导员
李春玲（女）　广东省广州市白云区少先队总辅导员
连銮威　广东省佛山市少先队总辅导员
梁家基　广东省江门市少先队总辅导员
冯晶桦（女，壮族）　广西壮族自治区百色市百胜蓝天希望小学少先队大队辅导员
张　茵（女）　广西壮族自治区北海市少先队副总辅导员、海城区少先队总辅导员
甲世宝（壮族）　广西壮族自治区防城港市防城区那良镇中心小学少先队大队辅导员
叶丽艳（女）　广西壮族自治区贵港市港北区

贵城镇西江中心小学少先队大队辅导员

董燕云（女） 广西壮族自治区桂林市象山区少先队总辅导员

梁雪丽（女，壮族） 广西壮族自治区来宾市武宣县东乡镇中心校少先队大队辅导员

马雪芬（女，壮族） 广西壮族自治区南宁市明天学校少先队中队辅导员

莫烘霞（女） 广西壮族自治区南宁市天桃实验学校副校长、少先队志愿辅导员

劳进红（女） 广西壮族自治区钦州市灵山县实验小学少先队大队辅导员

欧延妮（女，瑶族） 广西壮族自治区梧州市藤县潭津中心校少先队大队辅导员

岑凤娱（女，壮族） 广西壮族自治区河池市天峨县三堡乡顶换小学大队辅导员

董 一（女） 海南省三亚市第七小学少先队大队辅导员

程春喜（女） 海南省琼海市第一小学少先队大队辅导员

邓梅荣（女） 海南省定安县思源实验学校少先队大队辅导员

黄 娇（女） 海南省临高县第一小学少先队大队辅导员

黄立业 海南省海口市灵山镇中心小学少先队大队辅导员

李玖日 海南省澄迈县第二中学少先队大队辅导员

林恩民 海南省海口市第三十四小学副校长、少先队志愿辅导员

林 山 海南省海口市第二十七小学少先队大队辅导员

吴天强（黎族） 海南省陵水县光坡中心小学少先队大队辅导员

廖 勇 重庆市渝中区人和街小学少先队大队辅导员

倪秀英（女） 重庆市大渡口区关工委副主任、秘书长、少先队志愿辅导员

胡 虹（女） 重庆市江北区洋河花园实验小学少先队大队辅导员

李妍妍（女） 重庆市九龙坡区谢家湾小学少先队大队辅导员

曹 焱 重庆市江津区四牌坊小学少先队大队辅导员

刘戒飞 重庆市綦江区营盘山小学少先队大队辅导员

逯丽平（女） 重庆市铜梁县少先队总辅导员

陶 丽（女） 重庆市云阳县少先队总辅导员

丁成浩 重庆市巴蜀小学少先队大队辅导员

史鑫成 四川省少先队总辅导员

舒 婧（女） 四川省成都市少先队总辅导员

罗升强 四川省广汉市向阳镇广兴小学校少先队大队辅导员

韩伟杰（女） 四川省眉山市东坡区东坡小学少先队大队辅导员

赵家骥 四川省教育学会副会长、乐山市关工委副主任、少先队志愿辅导员

何光萍（女） 四川省攀枝花市东区分局临江路派出所副所长、少先队志愿辅导员

何朝凤（女） 四川省南充市城北小学少先队大队辅导员

张 莉（女） 四川省自贡市自流井区少先队总辅导员

李 娜（女） 四川省达州市大竹县幸福街小学少先队大队辅导员

陈 琳（女） 四川省内江市威远县连界镇中心学校少先队大队辅导员

松生呷（女，藏族） 四川省甘孜州乡城县城区小学少先队大队辅导员

任 进（女） 贵州省遵义市东风小学少先队大队辅导员

金凯锋(仫佬族) 贵州省凯里市第五小学少先队大队辅导员
龙紫梅(女,黎族) 贵州省黔西南州册亨县公安局禁毒大队外勤民警、少先队志愿辅导员
谭丽娜(女) 贵州省贵阳市环西小学少先队大队辅导员
王 玲(女,苗族) 贵州省六盘水市少先队总辅导员
韩忠莲(女) 贵州省兴义市向阳路小学少先队大队辅导员
杨红林(女) 贵州省安顺市第八小学少先队大队辅导员
杨洪祥(彝族) 贵州省毕节市公安局七星关分局八寨派出所所长、少先队志愿辅导员
杨 艳(女,侗族) 贵州省贵阳市南明区第三实验小学少先队大队辅导员
张绍文(土家族) 贵州省铜仁市南长城小学少先队大队辅导员
刘 艳(女) 云南省西双版纳州少先队总辅导员
刘凤仙 云南省曲靖市沾益县德泽乡中心学校少先队大队辅导员
宋金友 云南省武警总队大理州支队副政治委员、少先队志愿辅导员
宋晓艳(女) 云南省楚雄州禄丰县金山镇小学少先队大队辅导员
唐晓琳(女) 云南省临沧市临翔区南屏小学少先队大队辅导员
王金花(女) 云南省建水县临安镇朝阳楼社区党总支书记、居委会主任、少先队志愿辅导员
杨丽涛(女) 云南省保山市实验小学少先队大队辅导员
俞 吉(女) 云南省德宏州盈江县第二小学少先队大队辅导员
曾云跃(傣族) 云南省玉溪市通海县高大中心小学少先队大队辅导员
张 红(女) 云南省昆明市五华区龙翔小学少先队大队辅导员
张利华(彝族) 云南省昆明市西山区棕树营小学少先队大队辅导员
段胜琼(女) 云南省德宏州盈江县苏典乡鲁苗小学少先队中队辅导员
次仁央宗(女,藏族) 西藏自治区少先队总辅导员
普布卓玛(女,藏族) 西藏自治区阿里地区札达县九年一贯制学校少先队大队辅导员
尼玛卓玛(女,藏族) 西藏自治区类乌齐县小学少先队大队辅导员
次仁罗布(藏族) 西藏自治区拉萨市第一小学少先队大队辅导员
旺 久(藏族) 西藏自治区林芝地区第二小学少先队大队辅导员
次仁嘎姆(女,藏族) 西藏自治区那曲地区第二小学少先队大队辅导员
次仁罗布(藏族) 西藏自治区山南地区实验学校少先队大队辅导员
王红茹(女) 陕西省榆林市府谷县委党校教师、少先队志愿辅导员
刘 强 陕西省延安市延长县小学少先队大队辅导员
鱼 洋(女) 陕西省咸阳市渭城区风轮小学少先队大队辅导员
寇妍燕(女) 陕西省西安市雁塔区大雁塔小学少先队大队辅导员
沈顺历(女) 陕西省西安市高新区第三小学少先队大队辅导员
王 莉(女) 陕西省东风机械厂子弟学校少先队大队辅导员
杨凯卫 陕西省西安小学少先队大队辅导员
张 妮(女) 陕西省汉中市青年路小学少先

队大队辅导员
姜浩平（女） 陕西省宝鸡市实验小学少先队大队辅导员
雒晓英（女） 甘肃省张掖市民乐县洪水小学少先队中队辅导员
李成敏 甘肃省武威市民勤县西关小学少先队大队辅导员
董军锋 甘肃省天水市实验小学少先队大队辅导员
段俊亚（女） 甘肃省庆阳市少先队总辅导员
拦继伟 甘肃省临夏市新华小学少先队大队辅导员
李艳君（女） 甘肃省酒泉市南关小学少先队大队辅导员
虎马平 甘肃省甘南藏族自治州舟曲县城关第二小学少先队大队辅导员
李惠玲（女） 甘肃省白银市白银区第三小学少先队大队辅导员
李 娜（女） 甘肃省兰州市城关区酒泉路小学少先队大队辅导员
张毓玲（女） 青海省西宁市城西区少先队总辅导员
布 毛（女，藏族） 青海省玉树藏族自治州红旗学校少先队大队辅导员
袁 芳（女，撒拉族） 青海省格尔木市中山路小学少先队大队辅导员、市少先队总辅导员
王好学 青海省海东市乐都县第八中学少先队大队辅导员
苏 莲（女） 青海省海北藏族自治州门源回族自治县城关第一小学少先队大队辅导员
曹 辉（女） 宁夏回族自治区固原市第一小学少先队大队辅导员
常红艳（女） 宁夏回族自治区石嘴山市第六小学少先队大队辅导员
范松枝（女） 宁夏回族自治区中卫市第五小学少先队大队辅导员
李永福（回族） 宁夏回族自治区吴忠市人民检察院书记员、少先队志愿辅导员
邵 晨（女） 宁夏回族自治区银川市兴庆区回民第二小学少先队大队辅导员
王 艳（女） 宁夏回族自治区银川市第二十一小学少先队大队辅导员
张菁杉（女） 新疆维吾尔自治区沙湾县一小少先队大队辅导员
努尔班·那赛（女，哈萨克族） 新疆维吾尔自治区阿勒泰市福海县解特阿热勒乡中心小学少先队大队辅导员
张江华（女） 新疆维吾尔自治区昌吉市一中少先队大队辅导员
赵志翔 新疆维吾尔自治区乌鲁木齐市第七十九小学少先队大队辅导员
巴哈德尔·卡德尔（维吾尔族） 新疆维吾尔自治区哈密边防支队下马崖边防派出所副营职副所长、少先队志愿辅导员
朱艳玲（女） 新疆维吾尔自治区巴州轮台县少先队总辅导员
黄小城 新疆维吾尔自治区阿克苏市第二小学少先队大队辅导员
阿依加玛丽·阿不力克木（女，维吾尔族） 新疆维吾尔自治区喀什地区伽师县少先队总辅导员
梁 玉（女） 新疆维吾尔自治区乌鲁木齐八一中学少先队大队辅导员
罗江江（女） 新疆生产建设兵团第三师伽师总场中学少先队大队辅导员
李 阳（女） 新疆生产建设兵团第六师共青团农场学校少先队大队辅导员
陶小平（女） 新疆生产建设兵团第七师一二七团学校少先队大队辅导员
王 华（女） 新疆生产建设兵团石河子第二小学少先队大队辅导员

“全国优秀少先队集体”名单

大队(200个)

北京市大兴区庞各庄镇第二中心小学少先队大队
北京市丰台区丰台第一小学少先队大队
北京市顺义区东风小学少先队大队
北京市海淀区翠微小学少先队大队
北京市朝阳区劲松第三小学少先队大队
北京第一实验小学少先队大队
天津市和平区岳阳道小学少先队大队
天津市河西区闽侯路小学少先队大队
天津市南开区中营小学少先队大队
天津市滨海新区大港第四小学少先队大队
天津市东丽区丽泽小学少先队大队
天津市静海县实验小学少先队大队
河北省石家庄市石家庄外国语小学晨曦少先队大队
河北省张家口市特殊教育学校少先队大队
河北省秦皇岛市昌黎县昌黎镇第三完全小学少先队大队
河北省唐山市曹妃甸区第一实验小学少先队大队
河北省沧州市沧县仵龙堂乡王官屯中学少先队大队
河北省邢台市马路街小学少先队大队
河北省邯郸市复兴区百花小学少先队大队
山西省实验小学少先队大队
山西省大同市矿区新胜第一小学少先队大队
山西省朔州市平鲁区启明实验学校少先队大队
山西省阳泉市新华小学校少先队大队
山西省长治市城区八一路小学校少先队大队
山西省运城市稷山县稷王小学少先队大队
内蒙古自治区呼和浩特市赛罕区东风路小学少先队大队
内蒙古自治区包头市九原区沙河第一小学少先队大队
内蒙古自治区呼伦贝尔市海拉尔区新桥小学少先队大队
内蒙古自治区巴彦淖尔市临河区第五小学少先队大队
内蒙古自治区鄂尔多斯市乌审旗第一实验小学少先队大队
内蒙古自治区赤峰市敖汉旗四道湾子中学少先队大队
辽宁省沈阳市皇姑区泰山路小学少先队大队
辽宁省鞍山市铁东区钢都小学少先队大队
辽宁省抚顺市望花区雷锋小学少先队大队
辽宁省锦州市实验学校少先队大队
辽宁省阜新市细河区民族街小学少先队大队
辽宁省铁岭市铁岭县凡河镇中心小学少先队大队
吉林省白山市抚松县泉阳镇中心小学少先队大队
吉林省吉林市吉化第一实验小学校少先队大队
吉林省辽源市实验小学校少先队大队
吉林省四平市铁西区地直街小学校少先队大队
吉林省松原市特殊教育学校少先队大队
吉林省白城市洮南市实验小学少先队大队
黑龙江省哈尔滨市经纬小学少先队大队
黑龙江省大兴安岭林业育才小学少先队大队
黑龙江省鹤岗市蔬园乡中心小学少先队大队
黑龙江省佳木斯市第二十小学校少先队大队
黑龙江省齐齐哈尔市铁锋区光荣小学校少先队大队
黑龙江省牡丹江市绥芬河市第三小学少先队大队
上海市长宁区绿苑小学少先队大队
上海市静安区教育学院附属学校少先队大队
上海市普陀区新普陀小学少先队大队
上海外国语大学附属民办外国语小学少先队大队
上海市浦东新区新世界实验小学少先队大队

上海市奉贤区实验中学少先队大队
江苏省南京市力学小学少先队大队
江苏省无锡市江南中学少先队大队
江苏省常州市实验小学少先队大队
江苏省淮安小学少先队大队
江苏省盐城市实验小学少先队大队
江苏省扬州市东关小学少先队大队
江苏省泰州市姜堰区实验小学少先队大队
浙江省杭州市胜蓝实验学校少先队大队
浙江省宁波市江北区中心小学少先队大队
浙江省嘉兴市秀洲区新塍镇中学少先队大队
浙江省衢州市实验学校少先队大队
浙江省舟山市普陀区沈家门小学少先队大队
浙江省温岭市锦园小学少先队大队
浙江省丽水市缙云县长坑小学少先队大队
安徽省合肥市西园新村小学少先队大队
安徽省淮北市淮海路小学少先队大队
安徽省宿州市雪枫小学少先队大队
安徽省淮南师范附属小学少先队大队
安徽省滁州市天长市城南小学少先队大队
安徽省芜湖市育红小学少先队大队
安徽省铜陵市铜陵县胥坝中心小学少先队大队
福建省福州市鼓楼第一中心小学少先队大队
福建省漳州市漳浦县绥安中心学校少先队大队
福建省泉州师范学院附属小学少先队大队
福建省莆田市城厢区筱塘小学少先队大队
福建省宁德师院附属小学少先队大队
福建省福州第一中学少先队大队
江西省南昌市南昌县莲塘第八小学少先队大队
江西省九江市长虹小学少先队大队
江西省萍乡市安源学校少先队大队
江西省新余市长青小学少先队大队
江西省赣州市瑞金市解放小学少先队大队
江西省吉安市遂川县水南明德小学少先队大队
山东省济南市槐荫区纬十路小学少先队大队
山东省青岛市市北区长沙路小学少先队大队
山东省枣庄市台儿庄区实验小学少先队大队
山东省潍坊市潍城区健康街小学少先队大队
山东省威海市荣成市实验小学少先队大队
山东省日照市金海岸小学少先队大队
山东省聊城市临清市逸夫实验小学少先队大队
山东省滨州市邹平县黄山实验小学少先队大队
河南省郑州市金水区优胜路小学少先队大队
河南省郑州市管城回族区东关小学少先队大队
河南省平顶山市新华区联盟路小学少先队大队
河南省新乡市新乡县小冀镇中街小学少先队大队
河南省安阳市人民大道小学少先队大队
河南省濮阳市子路小学少先队大队
河南省许昌实验小学少先队大队
河南省商丘市实验小学少先队大队
湖北省十堰市东风22小学少先队大队
湖北省武汉市新洲区邾城街中心小学少先队大队
湖北省黄冈市武穴市第二实验小学少先队大队
湖北省荆门市实验小学少先队大队
湖北省鄂州市新民街小学少先队大队
湖北省恩施市实验小学少先队大队
湖北省黄石市中山小学少先队大队
湖南省株洲市荷塘区博雅小学少先队大队
湖南省湘潭市和平小学少先队大队
湖南省邵阳市隆回县东方红小学少先队大队
湖南省岳阳市岳阳楼区朝阳小学少先队大队
湖南省常德市武陵区北正街小学少先大队
湖南省怀化市麻阳县吕家坪镇中心小学少先队大队
湖南省湘西市吉首大学师范学院附属小学少

先队大队
广东省广州市越秀区东风东路小学少先队大队
广东省珠海市斗门区实验小学少先队大队
广东省深圳市福田区园岭小学少先队大队
广东省韶关市乐城一小少先队大队
广东省汕尾市城区新港街道中心小学少先队大队
广东省江门市紫茶小学少先队大队
广东省阳春市实验小学少先队大队
华南师范大学附属小学少先队大队
广西壮族自治区百色市隆林各族自治县新州第一小学少先队大队
广西壮族自治区防城港市防城区那良镇滩散小学少先队大队
广西壮族自治区桂林市二塘中心校少先队大队
广西壮族自治区柳州市文惠小学少先队大队
广西壮族自治区南宁市清川小学少先队大队
广西壮族自治区钦州市灵山县实验小学少先队大队
广西壮族自治区梧州市振兴小学少先队大队
海南省海口市滨海第九小学少先队大队
海南省儋州市思源实验学校少先队大队
海南省定安县雷鸣中心学校少先队大队
海南省琼海市第一小学少先队大队
海南省三亚市第一小学少先队大队
海南省文昌市第一小学少先队大队
重庆市渝中区中华路小学少先队大队
重庆市江北区劳卫小学少先队大队
重庆市沙坪坝区南开小学少先队大队
重庆市南岸区南坪实验小学少先队大队
重庆市开县汉丰第五小学少先队大队
重庆市人民小学少先队大队
四川省成都市沙湾路小学少先队大队
四川省成都市棕北小学少先队大队
四川省广元市朝天区羊木镇小学少先队大队
四川省雅安市天全县城区第一完全小学少先队大队
四川省攀枝花市盐边县红格镇中心小学校少先队大队
四川省乐山市实验小学少先队大队
四川省内江市第十三小学校少先队大队
四川省宜宾市宜宾县柏溪镇育才路小学少先队大队
贵州省黔西南州安龙县招提二小少先队大队
贵州省安顺市若飞小学少先队大队
贵州省贵阳市南明区南明小学少先队大队
贵州省毕节市威宁县第一小学少先队大队
贵州省遵义市汇川区航天小学少先队大队
贵州省铜仁市石阡县汤山镇第一小学少先队大队
贵州省都匀市第三小学少先队大队
云南省楚雄州武定县近城小学少先队大队
云南省大理州实验小学少先队大队
云南省德宏州陇川县第二小学少先队大队
云南省迪庆州香格里拉县独克宗小学少先队大队
云南省昆明市五华区春城小学少先队大队
云南省曲靖市会泽县东风小学少先队大队
云南省玉溪市第四小学少先队大队
西藏自治区昌都地区第一小学少先队大队
西藏自治区拉萨市尼木县尼木乡中心小学少先队大队
西藏自治区林芝地区第一小学少先队大队
西藏自治区山南地区第一中心小学少先队大队
陕西省西安市莲湖中华世纪城小学少先队大队
陕西省西安市经发学校少先队大队
陕西省铜川市育才小学少先队大队
陕西省榆林市神木县第五小学少先队大队
陕西省汉中师范附属小学少先队大队
陕西省宝鸡市高新第一小学少先队大队
甘肃省武威市凉州区西苑实验小学少先队大队

甘肃省陇南市徽县实验小学少先队大队
甘肃省兰州实验小学少先队大队
甘肃省酒泉市玉门油田小学少先队大队
甘肃省甘南藏族自治州临潭县城关镇第三小学少先队大队
甘肃省兰州市七里河区七里河小学少先队大队
青海省玉树藏族自治州红旗学校少先队大队
青海省西宁市晓泉小学少先队大队
青海省玉树藏族自治州贵德县河阴小学少先队大队
青海省果洛藏族自治州玛多县花石峡镇藏文中心寄宿制小学少先队大队
宁夏回族自治区银川市实验小学少先队大队
宁夏回族自治区石嘴山市第二小学少先队大队
宁夏回族自治区固原市西吉县第二小学少先队大队
宁夏回族自治区长庆小学少先队大队
新疆维吾尔自治区巩留县第二小学少先队大队
新疆维吾尔自治区博乐市第一小学少先队大队
新疆维吾尔自治区哈密市第九中学少先队大队
新疆维吾尔自治区吐鲁番市鄯善县育才学校少先队大队
新疆维吾尔自治区喀什市第十小学少先队大队
新疆维吾尔自治区教育学院实验小学少先队大队
新疆生产建设兵团第十二师三坪农场子女学校少先队大队
新疆生产建设兵团第十三师红星学校少先队大队
新疆生产建设兵团第四师第一中学少先队大队

中队(182 个)

北京市石景山外语实验小学五(1)中队
北京市东城区板厂小学六(4)中队
北京市怀柔区第三小学四(1)中队
北京市房山区青龙湖中心校大苑村小学五年级中队
北京市海淀区太平路小学六(6)中队
北京市朝阳区十八里店小学六(1)中队
天津市河北区开江道小学五(1)“小海燕”中队
天津市红桥区工人新村小学二(2)中队
天津市东丽区实验小学四(4)中队
天津市津南区小站第一小学五(2)中队
天津市西青区杨柳青镇第一小学四(4)中队
天津市武清区杨村第七小学六(5)中队
河北省石家庄市东风西路小学四(3)中队
河北省石家庄市机场路小学“邱少云”中队
河北省承德市双滦实验小学四(1)中队
河北省秦皇岛市抚宁县留守营学区赵庄小学“梦之翼”中队
河北省廊坊市大城县城内第三小学四(1)中队
河北省保定市定兴县第三实验小学四(4)中队
河北省邯郸市马头生态工业城铁路小学五(3)中队
山西省太原市万柏林区大唐实验小学“松涛”中队
山西省忻州市云中路小学四(1)中队
山西省晋城市泽州县周村小学五(1)“感恩”中队
山西省吕梁市中阳县宁兴学校四(4)中队
山西省临汾市东关学校“太阳花”中队
内蒙古自治区包头市稀土高新区东方希望小学六(2)中队
内蒙古自治区锡林郭勒盟太仆寺旗宝昌第三小学五(1)中队
内蒙古自治区阿拉善盟孪井滩示范区九年一贯制学校五(3)中队
内蒙古自治区通辽市开鲁县黑龙坝镇中心校六(2)中队
内蒙古自治区包头市昆区钢铁大街第三小学

六(2)“雷锋”中队
内蒙古自治区巴彦淖尔市实验小学四(8)中队
辽宁省大连经济技术开发区湾里小学四(1)中队
辽宁省丹东市实验小学四(3)中队
辽宁省营口市盖州东市小学五(2)“孟亚萍英雄”中队
辽宁省朝阳市喀左蒙古族自治县大城子镇第二小学“光辉”中队
辽宁省葫芦岛市绥中县逸夫学校六(3)中队
辽宁省盘锦市盘山县沙岭学校六(4)中队
吉林省白城市洮北区铁路第二小学三(2)中队
吉林省长白山保护开发区池北区第三小学五(2)中队
吉林省长春市双阳区第二实验小学四(6)中队
吉林省延边自治州珲春市第十小学校三(1)中队
吉林省四平市中央东路小学校四(6)中队
吉林省通化市柳河县长青小学“雏鹰”中队
黑龙江省查哈阳农场第一小学“神鹰”中队
黑龙江省大庆市乘风第七小学三(1)中队
黑龙江省绥化市海伦市实验小学三(2)中队
黑龙江省双鸭山市饶河县第二小学三(1)中队
黑龙江省五大连池市第一小学四(5)中队
黑龙江省伊春市双丰林业局第一子弟小学五(2)中队
上海市第二初级中学八(1)“晨曦”中队
上海市延安初级中学七(5)“凌云”中队
上海市宝山区实验小学四(5)“石榴”中队
上海市闵行区实验小学三(7)“共进”中队
上海市嘉定区封浜小学四(4)“跳跳虎”中队
上海市金山区第二实验小学四(2)“太阳花”中队
江苏省无锡市五爱小学“彭雪枫”中队
江苏省徐州市光荣巷小学六(4)中队
江苏省常熟市沙家浜中心小学“石嘉梁”中队
江苏省连云港市东海县石湖中心小学三(1)“雷锋”中队
江苏省南通市通州区实验小学金田五(2)中队
江苏省镇江市中山路小学六(1)“快乐天使”中队
江苏省宿迁市宿城区龙河镇中心小学“朱瑞”中队
浙江省杭州市天长小学六(2)中队
浙江省温州市实验小学三(4)“七色花之家”中队
浙江省湖州市第五中学初二(4)中队
浙江省新昌县实验小学五(6)“快乐鸟”中队
浙江省金华市金东区东孝小学五(1)“快乐”中队
浙江省舟山市定海区舟嵊小学五(1)中队
浙江省台州市临海县哲商小学406旭日中队
安徽省阜阳市颍东区新西小学“新西之星—星星”中队
安徽省滁州市来安县第三小学五(1)中队
安徽省六安市人民路小学二(4)“迎春”中队
安徽省马鞍山市南山小学“明日星”中队
安徽省宣城市泾县城关第三小学六(3)中队
安徽省池州市青阳县丁桥镇中心小学四(2)“春笋”中队
安徽省黄山市歙县城关小学六(2)中队
福建省厦门市江头中心小学六(1)中队
福建省永安市实验小学五(4)中队
福建省南平市邵武市通泰中心小学三(4)中队
福建省宁德市霞浦县盐田中心小学六(2)中队
福建省福州市平潭县城关小学五(1)中队
福建省福州实验小学六(2)中队
江西省南昌市育新学校六(3)中队
江西省九江市九江小学六(3)中队
江西省鹰潭市余江县平定乡中心小学六(5)中队
江西省宜春市宜丰县新昌镇第六小学六(1)中队
江西省吉安师范附属小学二(6)中队
江西省抚州市南城县盱江小学四(8)“爱心”中队

山东省济南市天桥区黄台小学五(1)中队
山东省青岛市市南区大学路小学四(1)中队
山东省潍坊市滨海开发区锦海小学四(3)中队
山东省济宁学院第二附属小学六(1)中队
山东省泰安市宁阳县实验小学四(4)中队
山东省临沂市兰山区临沂第四实验小学“集邮”中队
山东省德州市德城区新湖南路小学四(2)“向阳”中队
山东省菏泽市成武县鲁能成武希望小学“雏鹰”中队
河南省开封市新区水稻乡陈坟小学“快乐阳光”中队
河南省洛阳市实验小学凯东校区三(3)中队
河南省漯河小学五(5)中队
河南省三门峡市渑池县陈村乡黄花小学五(2)中队
河南省周口市七一路第一小学四(5)中队
河南省驻马店市第十一小学五(5)中队
湖北省黄冈市红安县列宁小学六(1)中队
湖北省荆门市京山县曹武镇中心小学四(2)“雷锋式”中队
湖北省武汉市黄陂区前川街第五小学“小脚丫”中队
湖北省孝感市应城市城北中心小学四(1)中队
湖北省潜江市第二实验小学“七色花”中队
湖北省黄石市老虎头小学五(1)中队
湖北省襄阳市枣阳市第三实验小学五(1)“雄鹰”中队
湖南省长沙市麓山国际实验学校“独一无二”中队
湖南省长沙市实验小学六(3)中队
湖南省株洲市贺家土小学四(1)中队
湖南省湘潭市韶山县韶山学校小学部“白求恩雷锋”中队
湖南省邵阳市邵东县两市镇第二完全小学 65 中队
湖南省岳阳市云溪小学六(2)中队
湖南省郴州市湘南学院附小 163 中队
广东省广州市执信中学初二(2)中队
广东省惠州市第二小学五(2)中队
广东省东莞市樟木头镇中心小学五(8)中队
广东省中山市民众镇浪网小学“书香”中队
广东省顺德区伦教培教小学三(2)中队
广东省湛江吴川市长岐中心小学少先队四(1)中队
广东省清远英德市第五小学六(1)中队
广东省潮州市潮安县庵埠镇维文小学 401 中队
广西壮族自治区桂林市中华小学“风帆”中队
广西壮族自治区崇左市天等县民族小学四(2)“向阳花”中队
广西壮族自治区贺州市昭平县昭平镇第二小学六(2)中队
广西壮族自治区来宾市武宣县武宣镇中心校四(2)中队
广西壮族自治区柳州市融水苗族自治县民族小学 09(1)中队
广西壮族自治区南宁市横县莲塘镇杨彭中心小学三(1)中队
广西壮族自治区玉林市容县容州镇中心学校“花儿乐园”中队
海南省文昌市树芳小学五(3)中队
海南省万宁市新中中心学校五(1)中队
海南省儋州市洋浦第一小学五(2)中队
重庆市涪陵城区实验小学二(4)中队
重庆市北碚区朝阳小学五(1)中队
重庆市璧山县实验小学四(9)中队
重庆市城口县实验小学三(9)中队
四川省成都市邛崃市火井小学四(1)中队
四川省宜宾市人民路小学六(5)“梦想”中队
四川省阿坝州汶川县漩口小学“彩虹”中队
四川省遂宁市安居区安居小学三(7)中队
四川省德阳市绵竹市广济学校五(2)“雏鹰”中队
四川省雅安市芦山县芦阳小学五(3)中队

贵州省黔南州都匀市第二小学六(1)中队
贵州省铜仁市江口县第二小学六(1)中队
贵州省六盘水市六枝特区第一小学五(1)中队
贵州省六盘水市水城县第二小学六(4)中队
贵州省遵义市桐梓县山关镇将军希望小学五(6)中队
贵州省贵阳市修文县实验小学五(1)中队
云南省红河州开远市灵泉小学四(3)中队
云南省丽江市宁蒗县城关第一小学五(4)中队
云南省怒江州实验小学三(2)中队
云南省普洱市宁洱县直属小学六(5)中队
云南省文山州坪寨 CPA 春蕾小学三年级中队
云南省西双版纳州景洪市第一小学五(7)中队
西藏自治区林芝地区广东实验学校六(1)中队
西藏自治区日喀则地区小学六(1)中队
陕西省杨凌示范区杨凌高新小学五(5)中队
陕西省延安市富县富城镇北教场小学四(3)“七色花”中队
陕西省渭南市临渭区闫村镇中心小学“太阳花”中队
陕西省商洛市丹凤县西街小学五(1)中队
陕西省安康市旬阳县城关小学五(1)中队
陕西省咸阳市淳化县枣坪小学四(3)中队
甘肃省张掖市临泽县五三小学四(2)班中队
甘肃省武威师范学校附属小学四(3)“蜜蜂”中队
甘肃省金昌市实验小学四(2)中队
甘肃省甘南藏族自治州合作市勒秀乡中心小学“向日葵”中队
甘肃省酒泉市敦煌市西关小学六(3)中队
青海省西宁市大通回族土族自治县桥头第一小学五(4)中队
青海省海北藏族自治州海晏县民族寄宿制完全小学三(7)中队
青海省海东市循化撒拉族自治县西路军红军小学“我是红色接班人”中队
宁夏回族自治区银川市第二十一小学四(3)中队
宁夏回族自治区石嘴山市第七小学六(3)中队
宁夏回族自治区吴忠市红寺堡区红寺堡中心小学五(1)中队
宁夏回族自治区中卫市中宁县第三小学五(3)“阳光”中队
新疆维吾尔自治区塔城市乌苏市第四小学五(2)中队
新疆维吾尔自治区吉木萨尔县第一小学“小蜜蜂”中队
新疆维吾尔自治区乌鲁木齐市九十二中七(3)中队
新疆维吾尔自治区克州阿克陶县皮拉勒乡第二中学“少先队”中队
新疆维吾尔自治区克拉玛依市独山子区第五小学六(2)中队
新疆生产建设兵团第二师三十六团中学三(1)中队
新疆生产建设兵团第十师北屯中学六(5)“阳光”中队

第八届中国青少年科技创新奖

第八届中国青少年科技创新奖获奖学生名单

（共 100 人）

北京

熊　坤　北京市白家庄小学五年级学生

胡炜轩　北京市第一七一中学初中三年级学生

荣之昊　中国人民大学附属中学高中二年级学生

倪　俊　北京理工大学机械与车辆学院 2009 级本科生

张金松　清华大学物理系 2008 级博士生

天津

顾文星　天津理工大学化学化工学院 2009 级本科生

宋叙言　天津大学管理与经济学部 2012 级博士生

马天翼（回族）　南开大学化学学院 2008 级博士生

河北

索耀瑨　河北省衡水中学高中三年级学生

赵亚硕（女）　河北师范大学生命科学学院 2012 级博士生

山西

暨嘉镕　山西省太原市青年路小学三年级学生

杨正茂　太原科技大学机械工程学院 2012 级硕士生

内蒙古

高俊杰　内蒙古工业大学机械学院 2010 级本科生

辽宁

霍明浩　辽宁省鞍山市华育高新区学校初中二年级学生

宋晓龙　辽宁工程技术大学机械工程学院 2010 级本科生

黄寅鹏　辽宁医学院研究生院 2011 级硕士生

陈　霄　大连理工大学化工与环境生命学部 2010 级博士生

吉林

樊明远　吉林大学附属中学初中三年级学生

李仲达　吉林大学附属中学实验学校高中二年级学生

杨东红（女）　长春工业大学基础科学学院 2010 级本科生

黑龙江

吴皓博　黑龙江省牡丹江市光华小学六年级学生

段若男（女）　黑龙江省哈尔滨市第三中学校群力校区高中一年级学生

万　龙　哈尔滨工业大学材料科学与工程学院 2009 级本科生

帅　领　东北农业大学研究生部 2011 级博士生

上海

刘奕麟　上海市杨浦区控江二村小学四年级学生

张億一（女）　华东师范大学第二附属中学高中三年级学生

祁小龙　同济大学医学院 2007 级本科生

任　东　复旦大学化学系 2009 级本科生

邬咲博（女）　上海中医药大学基础医学院 2010 级硕士生

江苏

郑　斐　江苏省常州外国语学校初中一年级学生

胡博文　江苏省扬州市竹西中学初中二年级

学生

徐佳茗(女) 江苏省南京外国语学校高中二年级学生

傅利萍(女) 江苏师范大学化学化工学院2010级本科生

袁建宇 苏州大学纳米科学技术学院2011级硕士生

赵伯特 南京工业大学化学化工学院2011级博士生

浙江

郑钧兮 浙江省台州市第一中学高中一年级学生

林贤丰 温州医科大学第一临床医学院2008级本科生

沈李东 浙江大学环境与资源学院2009级博士生

安徽

焦 忠 安徽理工大学机械工程学院2009级本科生

梅占龙 合肥工业大学生物与食品工程学院2011级硕士生

张 尧 中国科学技术大学微尺度物质科学国家实验室2011级博士生

熊梦华 中国科学技术大学高分子科学与工程系2007级博士生

福建

黄同舟 福建省福安师范学校附属小学六年级学生

李超予 福建省厦门市第一中学初中三年级学生

李 阳 厦门大学生命科学学院2010级硕士生

江西

白彩全 南昌大学经济与管理学院2009级本科生

山东

徐书晗(女) 山东省临沂市沂州实验学校小学五年级学生

李晓红(女) 山东中医药大学基础医学院2009级本科生

孙朝阳 山东科技大学机械电子工程学院2009级本科生

马衍东 山东大学物理学院2011级博士生

河南

侯九霄 郑州大学机械工程学院2009级本科生

王蒙蒙(女) 华北水利水电大学信息工程学院2010级硕士生

湖北

柯 帅 湖北省水果湖第二中学初中三年级学生

杨婧雅(女) 华中师范大学第一附属中学高中三年级学生

李占鹏 武汉船舶职业技术学院动力工程学院2010级专科生

赵云龙 武汉理工大学材料科学与工程学院2012级博士生

武文博 武汉大学化学与分子科学学院2011级博士生

湖南

黄子晋(苗族) 湖南省长沙市麓山国际实验学校高中二年级学生

龚 勋 湖南科技大学机电工程学院2010级本科生

金冠华 中南大学化学化工学院2011级硕士生

广东

张国卿 华南师范大学附属小学五年级学生

苏思元 广东省佛山市南海区罗村一中初中一年级学生

刘 聪 广东省珠海市拱北中学初中二年级学生

李伟国 广东省机械技师学院2010级专科生

林江豪 广东外语外贸大学管理学院2010级硕士生

段春晖 华南理工大学材料科学与工程学院2010级博士生

卢锡洪 中山大学化学与化学工程学院2008

级博士生

广西

韦杰宁（壮族） 广西南宁市第三十一中学初中三年级学生

刘仁路 广西师范大学生命科学学院2010级本科生

刘　佩 广西师范大学化学化工学院2011级硕士生

海南

陈　镛 海南省海口市海南中学高中三年级学生

丁家乐（女） 海南师范大学美术学院2009级本科生

重庆

项　嘉 华重庆市渝中区人和街小学五年级学生

徐紫宸（女） 重庆市第八中学校高中二年级学生

叶海波 重庆医科大学第二临床学院2009级本科生

王　瑞（女） 重庆大学经济与工商管理学院2012级硕士生

四川

熊震雨 四川省成都市高新实验小学六年级学生

刘丛志 西南交通大学机械工程学院2009级本科生

周圣涛 四川大学华西临床医学院2011级博士生

贵州

马千理（回族） 贵州省安顺市第二高级中学高中二年级学生

云南

郭江语 云南师范大学附属小学六年级学生

张皓昱 云南省昆明市第十中学初中三年级学生

普文杰（哈尼族） 云南民族大学哲学与政治学学院2010级本科生

西藏

梅卫龙 西藏大学工学院2010级本科生

陕西

刘昕蕴（女） 陕西省西安市铁一中学高中二年级学生

金　杰 西安电子科技大学电子工程学院2010级本科生

田　琳（女） 西安交通大学材料学院2011级博士生

甘肃

杨　帆 兰州大学信息科学与工程学院2009级本科生

青海

孟凡奥 青海民族大学物理与电子信息工程学院2010级本科生

宁夏

孙利鑫 宁夏大学农学院2009级本科生

新疆

艾力·如苏力（维吾尔族） 新疆农业大学机械交通学院2009级本科生

杨红英（女） 石河子大学机械电气工程学院2010级硕士生

解放军

张俊杰 中国人民解放军第二炮兵工程大学应用核物理专业2010级本科生

欧阳雪（女） 国防科学技术大学计算机学院2012级硕士生

许河秀 中国人民解放军空军工程大学防空反导学院2011级博士生

香港特别行政区

谭芷莹（女） 岭南大学会计学系2012级本科生

何宏章 香港浸会大学化学系2011级博士生

赖成迪 香港大学工程学院电机电子工程学系2011级博士生

郭子豪 香港中文大学工程学院2009级博士生

王　琳（女） 香港科技大学物理学系2009级博士生

第六部分

省级团委工作简介

北京团的工作

在市委、团中央的领导下，北京共青团牢牢把握首都发展的阶段性特征，紧紧围绕市第十三次团代会作出的各项工作部署，在构建复合型组织体系、创新全媒体引导方式、拓展社会化服务职能、加强多领域国际交流和提高团建科学化水平方面迈出坚实步伐。

一、以社区青年汇为重点，全力构建复合型组织体系，不断扩大团组织的有效覆盖面

1. 大力巩固基层团组织建设。不断加强企业、农村、社区、学校等传统领域团建工作，成立机关工作部；对接高校、企业等资源，深化乡镇实体化“大团委”建设；加强非公团建，全年新增非公有制企业和社会组织建团3444家。制定出台《关于加强新形势下中学共青团工作的若干意见》；持续推进“达标创优”、“百万青工岗位建功”、青年文明号、青年岗位能手、青年突击队、青年安全生产示范岗、青年商店联盟、新闻发言人进高校、“团建十佳”、“千优带队”等品牌项目，促进团的基层组织活力不断增强。

2. 着力推进社区青年汇建设。适应首都青年构成、分布、聚集的新特征，全年建成社区青年汇350家，覆盖85个青年流动大学毕业生聚集区，探索以“生活空间”为载体建立基层青年组织和活动平台的新模式。推动北京市社会建设工作领导小组出台《关于进一步加强社区青年汇工作的意见》，通过政府购买服务方式，为青年汇配备350名专职青年社工，主导成立北京厚德社会工作事务所，与香港社工机构合作建立专业督导体系。开展多期社区青年汇专职社工集中训练营，与清华大学、北京大学合作开设青年社工研究生及专升本课程班；筹备成立北京青少年社会工作协会，构建团市委、团区县委、街乡团(工)委、社工事务所、总干事和专职社工分层管理体系；通过招投标方式引入第三方评估机构，开展社区青年汇考核工作。初步形成由全市性统一活动、全市性可选活动、区县层面活动、青年汇特色活动组成的社区青年汇活动体系，全年围绕学习培训、志愿公益、参观实践、创业就业、普法维权、运动健康、婚恋交友、文艺娱乐8个方面，开展活动超过9300次，参与青年24.4万人次。

3. 持续加强青少年社会组织建设。立足组织覆盖、文化引领、切实服务等三个方面，研究制定《北京青少年社会组织三年行动规划(2013至2015年)》，强化对各类青少年社会组织的联系、服务、管理和引导。加强青少年社会组织联盟建设，在国学传承、骑行推广、环境保护等领域建立10类青少年社会组织联盟，培育示范青少年社会组织50个。推动政府购买青少年社会组织项目，获批购买项目28个，资金总额近500万元，覆盖人群5万多人，获批项目数和资金数在全市“枢纽型”社会组织中排名第一。按照选好地、找好人、建好机制的原则，安全、高效、环保、特色筹建北京国际青年营，全年共接待各类培训44批近5000人次，积极探索社会企业持久公益运营的创新

模式。

4. 不断完善志愿者组织体系。健全组织网络，全市16个区(县)、320个街(乡)均建立了志愿者组织，发挥"枢纽型"职能，初步形成"横向到边、纵向到底"的市、区(县)、街(乡)三级复合型志愿者组织网络体系。全年150多万名志愿者参与志愿服务，服务时间1.8亿小时，实名注册志愿者2314136名，注册志愿者组织12882个，发布志愿项目15148个。培育发展22支专业志愿者队伍，注册志愿者达到35万；推进应急志愿者队伍建设，培训应急志愿者骨干3000人，轮训应急志愿者6.8万人，组织应急志愿者参与"4·20"四川雅安抗震救援工作；大力推进中学生志愿者实名注册和计时工作，共587个中学注册成立校级志愿者组织，注册志愿者达224548人。全年完成包括APEC非正式高官会议、第九届中国(北京)国际园林博览会、第二届中国(北京)国际服务贸易交易会、中国网球公开赛等18个大型活动志愿服务项目，参与志愿者20088人，服务时间166.5万小时；毛主席纪念堂、西部计划等16个"志愿北京"市级示范项目持续深化。

5. 积极推进其他青少年组织建设。加强市青联建设，全年共安排17个界别815名委员开展60余次类型多样的界别活动，举办北京国际长走大会，吸引3万余名社会各界人士及长走爱好者参加；开展"共创新世界共筑中国梦"香港大学生在京暑期实习、京澳小学生交流营等活动，增进首都青年与港澳台地区青年之间的交流融合；成立中关村青联，不断拓展青联的组织建设。加强市学联建设，加大对各学校学生会、研究生会及社团组织工作指导力度，加强对高校学生社团的引导、管理和服务。加强少先队建设，研究制定《关于进一步加强北京少先队工作的意见》，突出全团带队职能，全面加强全市少先队的建设和工作。同时，积极推进青年商会、青年企业家协会建设，引导青年企业家参与公益活动，履行社会责任。

二、以思想引导为目标，创新全媒体引导方式，不断提高团的吸引力和凝聚力

1. 以"中国梦"为统领，牢牢把握青少年思想引导主动权。努力引导广大青年坚定跟党走中国特色社会主义道路的理想信念，把个人梦想融入到中国梦中。组织全市青少年学习宣传"中国梦"，举行"我的中国梦"五四青年节主题团日活动等，全市6万多个基层团队组织和青年组织参加；组建"我的中国梦"北京青年宣讲团，开展市级示范宣讲30多场；举办"寸草报春晖共圆中国梦"全国电视演讲大赛北京赛区比赛，选拔队员获全国决赛总冠军、特等奖；推出"弘扬中国精神共筑青春梦想"北京青年微电影大赛；举办"红领巾相约中国梦"活动，全市少先队员60余万人次参与，向团中央未来网上传作品4331件。邀请各界人士与全市青少年交流"中国梦"，开展"奋斗的青春最美丽"青年分享会，组织各界青年代表及国内著名航天专家走进高校、企业与青年交流；邀请各历史时期7位"雷锋班长"到京开展"北京青年与雷锋班长对话"活动，与海军西沙水警区合作共建，举办十佳天涯哨兵"英雄父母首都行"及"西沙天涯哨兵与北京青年面对面"活动，打造位于祖国南海的爱国主义教育平台。

2. 完善全媒体工作格局，形成整体联动的工作声势。完成报纸、广播、电视、网络、期刊等9类媒体工作布局，初步形成北京共青团的全媒体引导格局。继续用好传统媒体平台，把握新闻宣传的主动权，在重点媒体刊发1100多篇全团重点工作报道，与北京人民广播电台、北京交通广播、BTV合作推出《美丽中国年》、《美丽北京青年力量》等宣传片。充分发挥新媒体的正面作用，举办全国大学生新媒体发展论坛，发布《2013中国大学生微博发展报告》，在新浪、腾讯、人民网开设"@青年说"政务微博，梳理并带动2000个骨干微博组成的

微博矩阵，举办“全媒体前沿讲坛”，获评新浪微博“最具青年影响力奖”。

3. 推进网上正向引导，营造积极向上的网络文化氛围。探索通过网络开展青少年思想引导工作的有效方式。开展网上正能量传播，举办“正能量随手拍”主题活动，发布微博5899条、微视1972条，带动社会面参与327万人次，微博阅读量近3亿次；摄制“靠谱青年”系列微视频和“人在北京”系列微电影。不断丰富网络引导形式，联合全市社区网、社区青年汇共同举办社区邻里节活动，线上覆盖超过200万人，线下近15万人次实地参与；联合中央国家机关团工委等单位共同开展“首都青少年最喜爱的APP和网络小说评选活动”，举办2013“中国青少年网络春晚”，协助举办2013“央视网络春晚”；推出“青年应用汇”项目，编印网络动态参考读物《世说新网》57期，发布《新媒体环境下青少年网络使用情况调查及引导对策研究报告》。

4. 搭建文化传播平台，引领青少年培养新生活态度。广泛开展各类青少年文化交流活动，把提升首都青少年文化艺术素养落到实处。注重从“内容供应”向“产品供应”的转变，推动北京青少年艺术服务中心建设，开展京剧、曲艺进校园、进青年汇等演出活动20多场；举办第9届北京新春音乐会，以“在希望的田野上”为主题，关注弱势群体，奏响中国梦乐章；参与2013中国网球公开赛筹备组织工作，举办第二届“兰亭北青杯”北京中小学生书法大赛，举办2013北京青年艺术节，开展第三届“青春艺术奖”评选，组织开展“青年汇·中国梦”2013社区青年汇K歌大赛等青少年喜闻乐见的文化活动。广泛开展以时尚、绿色、健康新生活为主题的实践活动。

三、着眼青少年的实际需求，不断拓展社会化服务职能，切实提升服务青少年的实效性

1. 服务青年创业和就业需求。加强北京青年创业就业基金会建设，建立北京青年创业工作联席会议制度，广泛联系北大校友创业联合会、清华科技园等各类创业服务社会机构30余家；制作北京青年创业活动“海报”地图12期，开展青年商会赴高校专场招聘会，提供400余个工作岗位、2000多个实习机会。推进YBC（中国青年创业国际计划）、北京农村青年创业就业培训、小额贷款、就业创业见习基地、北京青年“创业公开课”等重点工作项目，全年累计成立YBC基层服务站44个，扶持青年创业项目481个，发放扶持资金1743万元；“贷动青春”共服务创业青年750人，发放贷款金额9800余万元，带动就业2500余人；农村青年创业就业培训57788人，实现就业3000余人。

2. 维护青少年的合法权益。以制度建设为保障，积极推动《北京市关于进一步建立和完善办理未成年人刑事案件配套工作体系的若干意见》及相关配套文件出台，构建办理未成年人刑事案件1+6配套体系。以社会力量为依托，提升未成年服刑人员帮教转化工作水平，联合市司法局、市监狱管理局在北京市未成年犯管教所成立“为了明天——青少年成长指导中心”，开通“警官妈妈”工作室视频聊天系统、12355心理疏导专线，引入专业资源帮助未成年服刑人员制定职业发展规划，开展刑释解教青少年的跟踪帮教工作。以4+N工作队伍为主体，壮大预防青少年违法犯罪工作力量，全市备案法制校长达到1650名，实现了全市中小学配备率100%的目标；扩充未成年人法律援助律师团队，公益律师团律师人数达到171名；从全市团干部、社工、教师、基层组织代表、律师等人员中选聘合适成年人近1000人；青少年心理公益服务团已形成200人的专业队伍，全年深入各中小学开展公益心理讲座近20场。

3. 解决青少年的实际困难。健全党委政府青少年事务协调机制，构建北京共青团与人大代表、政协委员“面对面”长效机制，积极组织开展代表、委员调研和倾听等活动，推动针对流动青年、特殊青少年、问题青少年等重点群体的服务工作；开展“温暖衣冬”捐赠活动，累计接收社会各界捐赠棉服18.6万件；全力打造“希望工程”、“善薪计划”等爱心捐助品牌活动，共接收社会各界捐款、捐物合计4026.9万元；12355北京市青少年呼叫中心正式上线运行，开通1个主叫中心和5条专业热线，全年呼入量总计10666通，为青少年解答问题7312件。

四、围绕世界城市建设，全面加强多领域国际交流，大力培养青少年国际化素养

1. 开展丰富多彩的青少年外事交流活动。全年组派各类青年交流、培训团组17个，与首尔、美国、加拿大、澳大利亚、巴西五个国家青年组织签订友好合作意向书；接待来访团组26个。做好在京外国机构和外籍青年的服务工作，利用2013中国网球公开赛的契机，积极开展“中网外交”，邀请23个国家参赞以上级别的官员到现场观赛；与国际广播电台联合举办“我是北京控”有奖征文，与中国人民广播电台联合开展“醉美味——我眼中的中国美食”中国饮食文化体验，与市贸促会联合开展“APEC未来之声”北京赛区的选拔活动，举办“Iam-Beijinger”中外居民过大年等活动。

2. 打造有影响力的国际青年组织。拓宽青年外事交流渠道，优化外事工作格局，举办“2013国际青年组织论坛暨北京友好城市青年交流营”，邀请26个国家30个友好城市的202名中外青年参与活动，在青年多边外交中发出声音、赢得话语权。举办“欢动北京”2013国际青少年文化艺术交流周，来自以色列、韩国等10个国家的优秀青少年艺术团队以及中国23个省市的2000余名青少年参与活动，增进不同国家青少年的艺术交流。

3. 加强志愿服务组织间的国际交流与合作。举办2013年中国志愿服务国际交流大会，深化联合国合作项目“通过公民参与、地区及国际合作加强北京志愿服务发展”的实施，与澳大利亚志愿者协会签署合作框架协议，在应急志愿服务等领域建立新的合作关系，目前与联合国志愿人员组织、德国勃兰登堡州体育联合会、英国海外志愿服务社等31个国家的47个组织建立稳定的合作关系。全年接待国内外志愿者组织来访87批次、国际来访21批次；选派30余名志愿服务管理人员、志愿者领袖和骨干到京外、港澳台和海外学习。

五、全面提高团的建设科学化水平

1. 深入开展调查研究。高度重视调查研究工作，按照中央、市委的要求，全力开展北京青年流动大学毕业生群体、北京青年流动人口调研工作，书记会成员带队分成7个小组深入“蚁族”聚居区，与流动大学毕业生同吃、同住，面访6500余人，召开座谈会50余场，掌握大量一手资料，为市委市政府做好青年流动人口工作提供了科学的决策依据。开展北京流动人口二代、北京青年人才住房、北京青少年社会组织生存状况、北京社区青年汇专职社工队伍等课题研究；启动北京共青团“青年群众”大调研活动，将全市青少年人口分为39类特征群体，全面掌握首都青少年的发展需求。两年来，先后完成市委交办的调研课题3项、全市调查研究重点课题2项、团中央交办课题1项，联合相关单位或自主开展调研课题14项，共计发放各类调研问卷10万余份，召开各类座谈会80余场，深度访谈1000余人，支持基层调研课题90多项，形成各类调研报告100余万字。

2. 切实转变工作作风。以社区青年汇工作和教育实践活动为抓手，深入开展走进基层、服务青年的工作，推进团市委“10+10”工程，组织团干部深入350家社区青年汇驻点，累计完成3724个驻点单位时间，撰写驻点日志3724篇，形成联系青年记录3377篇，与青年汇工作团队交流4254次，与街乡领导面对面沟通交流924次，与街乡团(工)委负责人研讨

青年汇工作1847次，帮助组织青年汇活动2623次，对接1459个青少年社会组织，机关干部在青年汇驻点微信群中发布驻点动态、工作建议共5615条。团市委“10+10”工程获得了市直机关工委党建科学化“十佳案例”。

3. 着力加强青年人才和团干部队伍建设。落实人才培养计划，与市委宣传部联合下发《首都宣传文化青年英才培养工程实施方案》，全年安排青年骨干挂职交流90人次，并选派青年干部45人到区县基层挂职锻炼；完成第27届北京青年五四奖章评选工作，评出30名获奖青年。分层分类开展团干部培训，分领域举办团青工作队伍和创业青年培训共41个班次，培训团青骨干1万余人次；选派20余人次机关干部参加市委组织部、市人力社保局举办的主体班、专题班、选修班、研修班、新任职培训班学习；举办青年文明号服务大赛、青年建筑设计创意大赛等10项市级青年职业技能大赛，对全市100余万人次青年工人开展岗位培训；继续开办红领巾学校、少年先锋团校、中学生业余党校，区县团教工委、少工委办公室共计培训近万人。

六、深入开展党的群众路线教育实践活动

按照中央、市委的统一部署，团市委深入开展以为民务实清廉为主题的党的群众路线教育实践活动。

认真学习，切实增强了对党的群众路线的认识。先后组织13次全体干部集中学习、14次团干部座谈会，举办区县局级团干部集中学习研讨班和北京共青团学习贯彻十八届三中全会精神创新社会治理研修班等，并组织团干部到社区青年汇驻点，通过学习教育，团干部精神面貌得到明显改变，政治责任感、使命感不断增强。

深入查摆，进一步明确了北京共青团在“四风”方面存在的问题。开门纳谏，广泛征求意见，累计召开征求意见座谈会12场，71家单位151名青年代表参加座谈，发放《征求意见表》1172份，征得意见建议883条，通过群众提、自己找、上级点、互相帮，归纳总结出“四风”问题在北京共青团的12项突出表现。

切实改正，及时制定整改落实方案并努力形成长效机制。团市委及时制定整改落实方案，从立行立改、短期整改、中长期整改三个方面，提出17项整改任务和37项具体措施，就精简会议文件、深入调查研究、密切联系青年等涉及全团性的工作，及时出台文件规定，努力形成长效机制，切实改进全市团干部的工作作风。

天津团的工作

一、青少年思想道德建设

1. 深入开展“我的中国梦”主题教育实践活动。组织面对面交流、媒体访谈、“青春故事会”等多种活动，开展各类“中国梦”宣讲活动1100多场，覆盖青年36万人。以五四、七一、十一等重要节日为契机，发动基层团组织开展志愿服务、文艺演出、参观寻访等主题团日活动4200多场，覆盖青年120万人。组织各级青年文明号集体和争创集体开展服务质量展示，开展青年安全生产示范岗创建活动，激励广大青年立足本岗、创先争优。

2. 深化分类引导青年工作。在中学生中开展18岁成人主题教育活动、中学新团员入团宣誓仪式，激发中学生爱党爱团热情。在少先队员中开展“庆‘六一’主题队日”和“光荣、服务、成长”少先队队长培训活动，广大少先队员对党和祖国的朴素感情不断增强。在大学生中举办300余场“名家报告进校园”活动，开展纪念“一二九”运动78周年主题团日活动，组织全市高校近百名学生骨干赴井冈山革命教育基地进行理想信念教育，实施大学生志愿服务西部计划。联合市总工会召开了天津市加强青年职工思想政治教育工作座谈会，制定下发了《实施意见》，从深化形势政策教育、加大关心帮扶力度、加强心理健康教育等六个方面强化思想教育工作。

3. 积极创新思想引导的方式方法。注重发挥新媒体作用，举办天津青年新媒体创意创业节，参与投票及留言达27万人次；启动微博宣传活动，在腾讯、新浪官方微博发布信息374条，被转发近万次；编发《天津城市青年手机周报》、《天津市12355手机报》106期，直接覆盖青年14万人。积极打造文化产品，拍摄了以“奋斗的青春最美丽”为主题的微电影《蜗牛的家》，以预防青少年违法犯罪为主题的微电影《暖冬》，荣获全国彩虹行动微电影大奖赛三等奖。提升团属报纸杂志质量，重新改版《天津青年工作》，加大对全市共青团和青年工作的宣传报道。

二、青年创业建功活动

1. 全力推动美丽天津建设。制定下发了《关于深入贯彻落实市委十届三次全会精神组织动员全市广大团员青年积极投身加快建设美丽天津的实施意见》，重点实施美丽家园创建行动、青年创新创效行动、青少年生态保护行动、青少年综合素质提升行动、青少年文明示范行动等五大行动。开展“美丽乡村、青年先行”农村卫生环境清整百日行动，安排多名干部全力推进“结对帮扶困难村”活动，筹措50万元为两个困难村解决了吃水难、路灯少、流转土地等难题。召开社区青少年交流倾听座谈会，组织心理专家讲师团进社区开展“青少年心理减压疏导”活动。以“共建美丽天津、共享美好生活”为主题，开展了“文明缅怀、倡导新风”绿色祭扫活动、青少年植树护绿行动、“文明从我做起”红领巾交通安全文明宣传等实践活动，营造了崇尚生态文明、共建美丽天津的良好氛围。

2. 深化促进科技型中小企业发展工作。召开了天津共青团促进科技型中小企业发展工作会议，联合市科委成立了天津市科技型中小企业青年服务队，开通了专门网站，为全市科技型中小企业提供全方位服务。开展了“杰出青年民营企业经营者”和“杰出青年科技创业新锐”评选活动，挖掘科技创业项目近500个，树立青年科技创业典范200多名。2013年，全市共青团组织共引进、培育1006家科技型中小企业。

3. 开展招商引资活动。充分发挥市青联、市青企协的组织优势，举办了“魅力天津发展梦”天津青年主题科技招商（粤港澳）推介会、“走进京冀”、“2013菁英汇——首届津台青年圆桌会议”等多项招商引资活动，组建青年招商团队先后赴北京、上海、深圳、浙江和港澳地区开展招商推介会，共引进20多个大中型优质投资项目。

4. 推动青年岗位建功。持续推进“迎接‘十二五’新挑战、青年突击队建新功”活动，深化青年职工百千万工程，全面推进“三区联建大团委、青春建功新城镇”活动，组织青年企业家直接服务各区县经济发展，融入城乡一体化进程，推动了滨海新区、中心城区、各区县三个层面联动发展。

三、青年志愿服务行动

圆满完成了第六届东亚运动会、第七届中国企业国际融资洽谈会、2013天津台湾名品博览会等10余个大型展赛会的志愿服务工作，为竞赛组织、会务翻译、场馆运行、后勤保障、新闻宣传等各项工作提供了优质服务。健全青年志愿者行动“三级网络”，在各区县、院校、系统建立青年志愿者组织200多个,在街道、乡镇、学校建立各类青年志愿者服务站近6000个,各级各类青年志愿服务队5.6万支,累计注册青年志愿者达65万人,广泛弘扬了志愿服务精神。

四、青少年维权工作

加强“共青团与人大代表、政协委员面对面”活动机构建设,共建立街乡镇青少年事务工作中心238个,社区村青少年事务工作站1265个,在全市企事业单位建立青少年事务联络站422个,在全市挂牌成立了99个青少年社会教育基地。通过市、区两级人大和政协组织以提案建议的形式,使42个涉及青少年诉求的问题得到妥善解决。加强全市12355青少年综合服务平台建设,在区县青少年集中的休闲聚集场所探索建立平台分中心,以项目运作方式,打造服务青少年的总前台。针对中、高考学生和家长的需求,组织专家队伍深入全市200多个社区村居和100多所学校开展了“2013阳光行动公益大讲堂”、“轻松备考12355与你同行”等活动。

五、青年创业就业

成立了“天津市青年创业宣讲团”,深入各高校开展了26场专题报告会,编印了《中国梦创业梦——天津市青年创业宣讲团巡回报告会实录》一书。联合天津广播电台滨海频道开播“天津好青年”栏目,宣传天津干事创业青年典型近30期。联合中央电视台举办了《中国创业榜样》走进天津专场活动,天津市2名创业青年在千余名选手中脱颖而出,入选2014年全国总决赛。整合全市50个、总计18万平方米的青年创业基地,召开了服务大学生创业对接会,编制了《天津青年创业基地引才引智手册》,开通了天津青年创业网及青年创业微信平台。与市人社局、市教委联合出台《关于进一步加强服务大学生自主创业的实施意见》,建立了天津市大学生创业指导服务中心,在政策解读、资金帮扶、实践培训等方面为大学生创业提供服务。针对青年创业过程中缺项目、缺资金等难题,举办创业项目推荐会22场,成功推荐创业项目311项;开展SYB创业培训74期,累计1.2万人;举办金融服务对接会39场,覆盖青年1.7万人。

六、服务青年成长成才

1. 加大对青年农民工的帮扶力度。联合市公安局开展“天津市杰出(优秀)进城务工青年”评选活动,为10名“杰出进城务工青年”办理了本市常住户口,为100名“优秀进城务工青年”办理了本市蓝印户口。扎实推进共青团关爱农民工子女志愿服务行动,与全市480所农民工子女较集中的学校开展了结对帮扶,建立“七彩小屋”300多个,开展“七彩课堂”活动1.7万次。启动了“艺术教育助梦工程”,出资20万元为农民工子女免费进行艺术培训。开展了“百万基金圆千个梦想”活动,为2000多名困难青少年圆梦。

2. 加强了对重点青少年群体的管理和服务。开展了“城市边缘青年群体”专题调研工作,对青年群体现状、特征、诉求进行调研分析,形成了专题调研报告,从五个方面提出了加强天津边缘青年群体服务和管理的建议。圆满完成了《天津市预防未成年人犯罪条例》立法工作预备项目的各项任务,顺利进入审议项目。向市人大提出关于加强社会教育及对有关社会群体权益保障的执法检查等提案建议,得到市人大的高度重视。健全完善了全市重点青少年动态信息管理系统,启动了“阳光助力工程”,全面推行“四有两无”青少年零犯罪社区创建和《社区重点青少年帮扶管理手册》。成立了阳光助力义工服务队,全市青少年犯罪率呈现连年下降的良好趋势。

3. 加大青年典型培养选树力度。经团市委推荐,天津市青工罗朝辉荣获全国特别关注“最美青工”,刘福霞、成卫东当选全国“最美青工”。天祥水产有限责任公司董事长苗建生当选全国农村青年致富带头人协会理事。南开大学大学生创业典型郭鑫受到习近平总书记接见，入选团中央“奋斗的青春最美丽”宣讲团，全面展示了天津青年的创业风采。五四期间，评选表彰了11名“天津青年五四奖章”、707名“天津市新长征突击手”和235个“天津市新长征突击队”。培养选树了十杰百优农村青年致富带头人，示范带动农村青年创业致富。评选表彰了10名天津市优秀青年志愿者标兵和476名先进个人、68家先进集体，吸引数万名青年加入志愿服务活动。

七、基层团组织建设

1. 全力推进团的组织建设。推进非公有制经济组织和社会组织团建工作，新建非公企业团组织2260家，社会团组织30家，新覆盖团员7.1万人，35岁以下青年4.1万人。加强各级驻津团组织建设，协助团安徽省委、团福建省委、团陕西省委成立了省级驻津团工委并纳入团市委工作体系，促成多个区县局级团委与地市级、县级团委签订了合作共管协议。开展“三区联建”大团委工作，建立了区县直属农业团工委、示范工业园区团工委和社会服务团工委，建立乡镇直属团组织3046个，增加专兼职团干部3747人，覆盖团员3.2万人，35岁以下青年7.1万人。深化高校对口中学团建促进行动，选取部分高校基层院系与河北、新疆和天津市的37所中学团委开展了“一对一”团组织共建。

2. 大力加强团干部队伍建设。深入开展团市委系统党的群众路线教育实践活动，增强全系统党员干部贯彻群众路线的自觉性。团市委领导班子共征求意见建议700多条，认真查找“四风”突出问题，召开了高质量的专题民主生活会，明确了15个方面的整改措施并认真抓好落实。开展了“走进青年、转变作风、改进工作”大宣传大调研活动，形成了90多篇高质量的调研报告。继续深化驻点工作，选派8名团市委机关干部到区县团委指导工作，选派20名高校团干部到河北省及全市各区县挂职锻炼。加强团干部的教育培训，组织各区县局团委开展各类培训班176期，培训各级专兼职团干部8345名。联合天津师范大学举办了工商管理硕士专业学位研究生班，为团干部在职教育创造了条件。圆满完成团十七大代表的选举工作。召开了共青团天津市代表会议，选举产生了29名天津出席团十七大的代表，组织天津代表团出席团十七大，圆满完成了大会选举等各项任务。

河北团的工作

2013年，河北共青团在省委和团中央的正确领导下，紧扣习近平总书记提出的两大战略性课题，牢记根本任务，紧跟时代发展，把握青年脉搏，紧紧围绕团的四项基本职能，坚持“4+1”（我的中国梦主题教育实践活动、助力四大攻坚战、加强团的基层组织建设和基层工作、青年就业创业和团的自身建设）总体工作格局，突出重点，狠抓落实，各项工作取得显著成效，全省共青团呈现出蓬勃发展的良好局面。

一、着眼不断提高团的吸引力和凝聚力，以加强青少年理想信念教育为核心，青少年思想引导工作取得新成效

1. 强化青少年理论武装工作。以学习中国特色社会主义理论体系为重点，举办各级各类培训班150多期，直接培训青年骨干近2万人。通过举办座谈会、报告会、讨论会等多种形式,积极发动各级团组织和各界青年学习宣传贯彻习近平总书记系列重要讲话精神,覆盖青年10万余人。

2. 用中国梦的共同理想感召青年。结合习近平总书记给石家庄一中学生的回信精神,大力开展"中国梦·学子行"、"红领巾相约中国梦"、"我的中国梦"青春故事讲述等主题教育实践活动,坚定广大青少年对中国特色社会主义的道路自信、理论自信、制度自信,打牢广大青少年的共同思想基础。认真落实总书记回信指示的具体举措得到了习近平、刘云山、刘延东、刘奇葆、栗战书等中央领导的重要批示。

3. 在广大青少年中培育和践行社会主义核心价值观。通过积极开展道德模范宣讲活动、努力建设"奉献型"青年文明号、广泛动员青少年积极参加学雷锋、志愿服务等活动,帮助广大青少年在道德实践中培育和践行社会主义核心价值观。

4. 用先进典型激励广大青少年向上、向善。开展"与信仰对话飞 young 中国梦"名家报告进校园活动200余场;"我的中国梦——奋斗的青春最美丽"分享会20场;全省评选"燕赵青春追梦之星"100名、"最美青工"100名、青少年"自强之星"30名,通过榜样力量积极引领广大青少年投身"青春建功中国梦"的伟大实践。

5. 注重运用新媒体开展青少年引导工作。顺应时代的发展和青少年群体聚集方式的变化,成立河北省青少年网络工作办公室。全省共青团开通官方微博225个,个人微博2113个,"河北共青团"新浪微博发布信息2.8万条,粉丝数达52.2万余名,腾讯微博发布信息1.9万余条,粉丝数达24.9万余名。"河北共青团"微博被评为"十大共青团微博"、"2013年度河北十大影响力政务微博","石家庄共青团"微博入选"中国政务微博百强",并位居全国共青团系统第一名。开展"习近平同志在正定"、"同呼吸才能心相印"、"我为河北科学发展献良策"、"我的最美乡村梦"等线上微博活动,参与人数达20余万人次,评论数达10.9万余次;开展"我身边的青年朋友—青春的故事"摄影·微电影大赛,收到摄影作品1615幅、微电影作品106部;开展"阳光少年善行故事"网络征文大赛,在微信公众平台开设"团情微报"、"读书·励志"、"美丽河北"等栏目,定期发布"讲文明树新风公益广告"、"微提醒"等微话题,传递青春正能量。

二、着眼有效服务党政工作大局,以助力四大攻坚战为重点,组织动员广大青年在推动经济社会发展中实现新作为

1. 围绕沿渤海地区率先发展,开展"走出去"、"走下去"解放思想大讨论活动,培养广大青年的沿海意识和开放意识。开展"助力四大攻坚·沿海行、企业行"系列活动,邀请省内外优秀青年企业家、青联委员开展各类考察对接、招商洽谈等活动100余场次。成功举办海外学人回国创业周活动,来自13个国家和地区的海外学人参加活动。

2. 围绕环京津优势发挥和扶贫攻坚,筹建省级青年人才数据库,吸纳各界优秀青年320名。实施"太行山-燕山"计划扶贫志愿服务项目,选派60名西部计划志愿者和16人组成的研究生支教团到河北省贫困地区开展扶贫攻坚工作。组建272支省级重点团队、2233支校级团队,深入开展大中专学生志愿者"三下乡"社会实践活动,引导广大青年在环首都经济圈建设和扶贫攻坚示范区建设中积极作为。

3. 围绕县域经济和县城建设,大力开展"青春建功行动"、"一县一品"工程、"村企对接"、"科技专家区县行"、企业青年创新创效、农村青年致富带头人评选等活动,助力县域经济发展。举办"青春致富大讲堂"活动3120场,培训农村青年30余万名。搭建"团银"合作平台,评定农村青年信用示范户3781个,发放贷款1.5亿元，发放政策性贴息贷款3856万元，促成民生银行与曹妃甸区政府签订600亿授信贷款协议，促成国开行发放青年创业扶贫贷款2600万元。以“投身改造提升建设美丽乡村”为主题，募集资金1000万元扶持基层工作，大力开展助力农村面貌改造提升行动。

4. 围绕工业转型与环境治理，开展“百万青少年绿动燕赵”植树护绿行动，筹集绿化资金200万元，创建100个“青年绿化示范村”，建立1000支植树护绿小分队。保护母亲河行动解放军青年林赤城项目取得良好成效，共造林8000亩，植树59.2万株。开展防治大气污染、节能减排等环保志愿服务活动，成立农村环境整治青年志愿者服务队729支，参与人数达10万余人。

三、着眼不断扩大团的工作有效覆盖面，以增强团组织活力为重点，团的基层组织建设和基层工作再上新台阶

1. 继续扩大团组织网络覆盖面。大力推进县、乡、村三级团组织规范化和乡镇实体化“大团委”建设，全省累计建立乡镇直属团组织4.1万个，覆盖团员43.3万人，联系青年100余万人。深化非公企业团建，扎实推进驻外团工委、农村专业合作社团组织建设。2013年，新建非公企业团组织7787家，覆盖35岁以下青年19.3万人，其中团员9.1万人；新建省级驻沪团工委1个，市级驻外团工委6个，县级2个，农村专业合作社团工委6个。

2. 激发基层工作活力。坚持党建带团建，加大经费支持力度，配齐配强团干部。全省工作经费达10万元以上的县、区118个，达2万元以上的乡镇、街道783个；市级团委书记、班子和机关干部配备率分别为90.9%、90%、82.9%，县级分别为91.9%、88.7%、85%。部分市、县将党建带团建纳入地方党委考核范畴，推优入党、团委书记列席党委会等逐渐形成常态。先后选派两批共90名驻点干部到县级团委指导工作。

3. 注重抓好新兴领域和新兴青年群体的服务工作。加强对共青团参与社会治理的研究，积极发挥共青团组织在各类青年组织中的主导作用，通过政府购买的方式，承接政府青少年事务，强化对社会组织的联系、服务和引导，影响更多的青年。借鉴北京青年汇、上海自组织孵化基地、浙江网格化管理、广东枢纽型组织等有效做法，积极探索青年自组织团建工作。社区、网络团建有序推进。

4. 注重加强学校共青团和少先队建设。在高校中广泛开展“我的团日我做主”自主团日活动，覆盖高校所有基层团支部；开展“挑战杯”河北省大学生课外学术科技作品竞赛，覆盖人数近19万，直接参与活动人数超过3.5万；举办大学生校园歌手大赛、高校辩论对抗赛等活动，掀起了广泛的关注热潮，高校共青团活力进一步增强。推进少先队学科建设，河北大学和河北师范大学把“少先队硕士研究生专业”列入2014年招生计划。

四、着眼青年民生需求，以促进青年就业创业为重点，服务青年工作开创新局面

1. 着力促进青年就业创业。打造“1+7+N”工作体系，开展青春大讲堂、青年创业报告会近万场。开展2013赛季中国（河北）青年创业创新大赛，653个项目参赛，为获奖项目提供1800万元的股权投资和融资机会。开展青年职业技能大赛、“青年创业奖”评选、“寻找身边的80后创业者”等活动，彰显河北青年创业先锋的榜样力量。举办“见习促就业·牵手毕业生”活动及各类招聘会100余场次，4.3万名青年参与。开展金融知识培训658期，培训农村青年5000余人。成立河北省青年创业服务中心，为创业青年提供“创业苗圃”、“创业加速器”等帮扶手段。

2. 帮助青年学习成才和关注弱势青少年群体。开展“希望工程圆梦行动”，省本级全年筹资4218.9万元，全省各级希望工程援建希望小学15所，资助贫困学生22439名，捐建希望图书室、希望厨房等180个,培训希望小学教师1476名。开展“蓝色梦想·牵手未来”河北青少年助学励志行动,累计为750名学生发放助学金75万元。全省企事业团体和志愿者组织与农民工子女集中学校结对2436对,志愿者与农民工子女结对39.6万对,建立关爱农民工子女志愿服务基地1128个。

3. 维护青少年合法权益。深化“共青团与人大代表、政协委员面对面”活动,建立健全12355综合服务平台运行机制。开展“青少年维权岗”行动月活动130余场次,各类禁毒、防艾活动90余次,覆盖青少年3.3万余人次。“青春自护·暑期安全”自护教育系列活动覆盖中小学生23万人次。青少年法制宣传、法制建设等工作取得新进展,国家级“青少年权益工作创新”试点工作稳步推进。

五、着眼建设一支“能干事、会干事、干成事”的青年干部队伍,以扎实开展党的群众路线教育实践活动为重点,团的自身建设取得新成就

1. 深入开展党的群众路线教育实践活动。创新性推出“青春互助1+1”活动,结成互助对子26个,增强学习的针对性和实效性。创新开展以隐去身份、隐去职务,融入青年之中,与青年同学习、同劳动、同生活为主要特点的“一融三同”活动,累计参与青年活动41次,召开座谈会12场,解决实际问题60余件,撰写活动日志235篇,形成调研报告12篇。团省委领导班子对照检查材料在省活动办审核把关中一次性通过,领导班子及成员在民主测评中取得了全优的好成绩。中央政治局委员、国家副主席李源潮同志在《人民日报内参》刊载的“隐身基层问计青年——河北团省委扎实开展群众路线教育实践活动”一文中作出重要批示:“河北团省委机关干部在教育实践活动中真下、真融、真同很好。努力使‘三门’干部成为‘三懂’干部的做法值得提倡。”省委书记周本顺同志、团中央书记处第一书记秦宜智同志、省委副书记赵勇同志和省委常委、组织部长梁滨同志都对此项工作予以肯定并作出重要批示。

2. 大力开展团干部能力成长工程。深入开展“青春导航”活动,扎实推进青年马克思主义者培训工程。省、市、县三级对专职团干部、大学生骨干、少先队工作者、乡镇(街道)团(工)委书记等开展有针对性的培训,共开展培训2211期,培训团干部6.8万余人次。

3. 进一步完善团内作风建设规章制度。研究制定《共青团河北省委关于切实改进工作作风、密切联系群众的规定》,为加强作风建设提供制度保障。落实三公经费公示要求,继续深化改进文风、会风、学风等方面的相关制度,确保良好作风的形成。

4. 开展直接联系普通青年活动。建立健全直接联系普通青年制度,深入推进团干部“四带头、四表率”活动,开展“联系周边识青年”、“深入基层找青年”、“搭建平台聚青年”系列活动800余场,进一步拓展团干部直接联系青年的新渠道。开展“中国梦·青年友”主题征文大赛等活动,收到征文作品2823篇。

此外,青少年理论研究工作取得新进展,河北省青少年理论研究会作用得到进一步发挥,大学生“调研河北”社会调查活动,共收到申报作品2660项,405项准予立项;撰写的《河北青年创业情况调查报告》、《解放思想大讨论活动赴广东调研组调研报告》得到省领导的重要批示。青联、学联、少先队工作蓬勃开展。青年统战和青年外事工作不断拓展,与港澳台地区青年组织的交流合作进一步密切,团属事业稳步推进。

山西团的工作

2013年，山西共青团紧紧围绕省委、省政府和团中央的决策部署，认真履行团的职能，扎实推进组织青年、引导青年、服务青年、代表和维护青少年合法权益、团干部队伍建设等各项工作。现将具体情况汇报如下：

一、青少年教育引导工作扎实深入

1. 理想信念教育扎实深入。一是深化党的十八大精神的学习宣传，开展宣讲活动816场，青少年现场参与12.37万人次；发表"感悟十八大·青春正能量"主题原创微博2.36万条，转发及评论3.83万条；十八大知识网上竞赛参与青少年13.81万人次；山西青年报转载发表相关文章318篇；编发"青春共话十八大"手机报186期，覆盖226万人次，青少年进一步增强"三个自信"。二是开展"我的中国梦"、"三观"、"三热爱"等主题教育活动，举办"梦想引领未来"——山西青年创业创新展示会；开展"我的中国梦"主题团日活动4.36万场；开展"三观"、"三热爱"、"山西精神"和中华优秀传统文化宣讲832场；举办"山西青年大讲堂"、"山西国学大讲堂"、"与信仰对话"等形势教育宣讲活动1257场。三是推进"青年马克思主义者培养工程"，围绕红色教育、红色足迹、红色记忆、红色竞赛等专题，分期组织23196余名大学生骨干、青年志愿者、大学生村干部等参加培养。

2. 思想道德建设进一步强化，推动学雷锋活动在青少年中常态化开展。全省各级共青团、少先队组织以"学雷锋纪念日"为契机，精心组织，统一行动，启动"学雷锋月"活动，各级各战线充分发挥组织优势，将学雷锋活动与创先争优活动、团的品牌工作、选树青年典型等紧密结合，在全省青少年中掀起了"弘扬雷锋精神，争当雷锋传人"的热潮。

3. 分类引导工作深入推进。按照《思想引导大纲》，运用党课、团课等推动分类引导青年工作在基层不断深化，切实提高团组织引导青年工作的针对性、适用性和普遍性。特别是注重运用新媒体手段，在新浪、腾讯网上开通"山西共青团"、"山西青年"微博，各级各条战线团组织也都开通了微博，实现了微博全覆盖。团山西省委新浪、腾讯网上的官方粉丝数分别达到94160和132687人次。

4. 大力弘扬中华传统文化。发挥《山西青年报》团属媒体作用，在《山西青年报》开设医德、师德、官德专版，宣传青年典型400余人。选树各类奋发有为青年典型64人，赴全省各地开展"奋斗的青春最美丽"分享会318场，现场参与青少年5.78万人次。

二、团的自身建设成效明显

1. 扩大团组织有效覆盖。一是推进党建带团建，市、县两级全部召开会议并下发相关文件，圆满完成县乡村三级团组织和省市县三级少工委集中换届。二是推动非公企业团建，成立省行业协会团建工作指导委员会，建立市级非公团工委8个、县级非公团工委37个，新建非公企业团组织3627个。三是深化乡镇实体化"大团委"建设，建立乡镇直属团组织24259个、农村专业合作团组织4815个，覆盖团员26.28万人，联系青年75.30万人，形成活动开展、经费保障、工作考核等直属团组织建设长效机制。四是加强驻外团工委的建管工作。驻京团工委先后举办"中国梦·山西梦·我的梦"主题宣讲教育、第四届山西IT大会。驻广东团工委召开第一次全委会议，完善组织架构，明确职责任务。建立市级驻外团工委4个，县级31个。

2. 对基层的支持力度持续加大。继续在人员、经费、培训等方面向县、乡两级倾斜。一是继续为县级团委配备1名大学生志愿者，选派56名省、市团委机关干部赴56个县区团委驻点，选派30名高校团干部赴30个县区团委挂职副书记，选调12名基层团干部到团省委机关挂职锻炼，建立跟踪考核制度，及时了解驻点工作。二是为县乡两级团委划拨工作经费，激发了基层活力，促进了基层工作。

3. 强化团干部素质。一是扎实深入开展党的群众路线教育实践活动。扎实开展学习教育，广泛征求意见建议。过网上开设征求意见栏、发放征求意见表、座谈会、个别谈话等多种形式，共征求到对团省委班子及班子成员的意见和建议176条，其中“四风”方面55条；认真查摆问题，自觉开展批评与自我批评。班子成员自觉深入群众中间，认真开展谈心谈话活动76人次，查找各类问题52个，其中“四风”方面14个。在党组民主生活会上开展批评与自我批评，发言36人次，提出批评意见30条；狠抓整改落实，注重建章立制。针对查摆梳理的14个突出问题，立整立改，修订完善各项针对性的制度19个。其中9个已经修订完成，7个正在修订完善，3个等待上级有关部门修订出台后3个月内完成。二是组织开展团干部培训。市、县两级共举办315期培训班，完成乡、村两级2.3万名团干部的全员培训，团省委分两期完成市、县两级团干部全员培训。省少工委在全委会期间以会代训完成市县两级少先队工作者集中培训。

三、青年就业创业工作亮点频现

促进青年就业创业是我们作为民生工程着力推动的一项重点。针对2013年全省就业工作面临经济放缓、就业总量增加、结构性矛盾突出的三重压力，团省委多次专题研究，着重抓了四个方面。

一是观念引导。组织创业成功青年举办创业报告会176场，参与人数达2.83万人次。通过共青团网站、官方微博等新媒体和《山西青年报》等传统媒体宣传就业政策、提供就业信息、开展观念引导。

二是资金扶持。深化青年创业小额贷款项目，动态考核发放钱数和受益青年人数，不断完善青年创业贷款服务，继续加强与金融机构的合作，多渠道搭建融资平台，探索贷款风险担保方式，优化贷款申报审核程序，努力扩大青年创业贷款的覆盖面。全省共为3.14万个农村青年创业项目发放小额贷款25.16亿元，带动4.75万名青年实现就业。为城市青年创业发放贷款4860笔。

三是技能培训。深化与人社、农业等政府部门的合作，采取政府买单、与专业培训机构合作、自主培训等多种模式，开展青年就业创业技能培训。共培训农村青年4.39万人、进城务工人员1.08万人，落实培训资金24.1万元、培训机构52个。

四是岗位提供。创新“共青团劳务输出大篷车”的农村劳动力转移就业品牌，依托互联网，直接把15000个用工信息通过乡村两级团组织送达农村青年，帮助1.43万人达成用工意向，4963人实现就业。举办各类青年就业招聘会138场，帮助3.58万人达成用工意向，2.62万人实现就业。规范青年就业创业见习基地建设，全年共帮助5894名青年和2.02万名大学生上岗见习。

四、维护青少年合法权益工作不断深化

1. 青少年维权机制日趋完善。一是开展“面对面”活动。与人大、政协建立常态化联系制度，由以往的单向联系转变为双向联系。全省各级开展“面对面”活动257次，县级覆盖96%，有效畅通和拓宽了青少年利益诉求表达渠道。二是推进青少年维权关爱行动。组织优秀“青少年维权岗”单位、专家团队深入社区、农村、务工青年聚集地，为青少年提供安全自护、法律心理咨询与援助服务8.6万人次。三是拓展12355青少年公共服务平台的功能和渠道。依托新媒体，将12355建设为集热线、短信、网站、QQ、微博为一体的综合服务平

台，不断创新服务领域，丰富服务内容，在部分高校、大型国企建立工作站，进一步完善专家和志愿者队伍管理机制，举办了“12355 公益大讲堂”、“12355 心理督导沙龙”、“轻松备考 12355 与你同行”、“百名专家进社区”系列活动 246 场，为青少年提供法律维权、心理疏导等服务 1.55 万人次，为广大青少年提供了切实有效的服务。

2. 预防青少年犯罪工作力度进一步加大。一是加强工作机构建设。牵头召开了全省重点青少年群体服务管理和预防犯罪工作推进会，明确了各成员单位职责任务和分工，形成有效的联动机制。推动市县“两办”、共青团权益工作机构和 12355 青少年公共服务台（站）建设。二是开展青少年法制教育。举办了第三届山西省大学生模拟法庭大赛，通过以案说法、知识竞赛、演讲比赛、警示教育等多种形式的宣教活动，增强了广大青少年的法制意识。三是引深重点青少年群体教育帮扶试点工作。组织专项督导检查，进行阶段性总结，逐步完善了重点青少年群体信息监测管理系统，理清了重点青少年群体服务管理和预防犯罪工作的理念思路、体制机制和方法手段，增强了工作的针对性和实效性。

3. 关爱农民工子女志愿服务行动持续推进。通过“志愿服务组织 + 农民工子女 + 接力”服务，结对农民工子女 19.91 万对，提供服务 13.99 万人次，参与志愿者 6.68 万名、志愿服务组织 1010 个。

五、共青团品牌工作有序推进

希望工程推出“一元捐”活动，共筹资 1148 万元，资助贫困学生 2149 名，援建希望小学 5 所，希望图书室、体育园地等 21 个。服务安全生产“五个一”活动，通过建立一套工作体系、创建一批工作典范、建设一支人才队伍、培养一种安全文化、贡献一份青春才智五项举措，促使青工强化安全意识，提升安全技能。开展“投身转型跨越、奉献美丽山西”主题系列活动。一是开展青工职业技能大赛，涵盖 18 个工种的 1.12 万名青工参与，4 名参加全国“振兴杯”技能大赛；二是开展“青春建功中国梦”主题微视频征集活动，共收到 19 个弘扬青工“艰苦奋斗、奋发有为”精神的微视频；三是开展寻找“最美青工”活动，2 名入选全国特别关注“最美青工”。青年文明号开展“岗位学雷锋，行业树新风”为主题系列活动，进一步提升社会影响力。保护母亲河行动组织动员黄河、汾河沿线 2.6 万青少年开展植树造林活动，实施“美丽山西、微力行动”主题青少年环保公益活动，以青少年的微言微行，传播生态文明理念，倡导建设美丽山西。大学生“挑战杯”竞赛向全国组委会推荐作品 35 件，获奖 25 件。大中专学生“三下乡”活动以社会需求为导向、以专业知识为优势、以“践行山西精神、推动转型跨越”为主题的，全省 3.98 万名大中专学生参加。青少年对外交流派遣 212 名青少年出访学习，接洽 109 名外籍青少年来访。开展“双心双实”工程，这是围绕总书记对共青团自身建设的重要指示和团十七大的安排部署，结合全省转型跨越和青年成长实际，实施的系统化工程。要求各级团的机关干部深入基层，融入青年，与基层团干部心贴心、与基层青年心贴心，进一步夯实基层组织建设，抓实青年就业创业，提升团干部群众工作能力。开展“一张纸、一份爱”志愿公益活动，动员全社会捐献废旧纸张，换算善款帮扶困难青少年健康成长。通过电视台公益广告、设置 2042 个捐赠点，累计受捐废纸 501.77 吨，换算善款 25.27 万元。

内蒙古团的工作

2013年,共青团内蒙古自治区委员会按照团中央、自治区党委要求部署,紧紧围绕中心,紧密结合实际,全面履行职能,团的建设和各项工作实现了新的发展。

一、突出主题,教育引导青少年工作取得新成效

围绕党的十八大、团的十七大精神和自治区“8337”发展思路,持续深入开展青少年理想信念、思想道德和民族团结进步教育。一是大力开展理想信念教育。全区各级团组织开展“我的中国梦·幸福内蒙古”、“放飞青春梦想·聚力8337”、“历史照进现实·梦想引领未来”、“红领巾相约中国梦”、“与人生对话”、中华传统文化公益讲堂等主题教育活动5.3万场次,吸引97万名青少年参与,引起良好社会反响。深入实施青年马克思主义者培养工程,累计培训青年骨干5300人次。二是积极推进思想道德教育。开展“三观”、“三热爱”、“做一个有道德的人”、“敦品励学、成才圆梦”等主题教育,通过学雷锋志愿服务等形式,引导青少年在实践中锤炼良好品德。三是深化民族团结进步教育。将民族团结进步教育贯穿各项工作始终,依托《花蕾》、《内蒙古青年》杂志,构建面向蒙古语授课学生的教育平台,免费赠阅294万册。播出动画片《兄弟姐妹一家亲》(蒙汉版)、在《花蕾》杂志开设专栏,开展“民族团结一家亲”主题活动,推动“三个离不开”观念在各族青少年中入脑入心。四是积极选树青年典型。开展“寻找最美青年”等活动,组织全区优秀共青团员(团干部)、全区五四红旗团委(团支部)、“全区农村牧区青年致富带头人”等评选表彰活动,为广大青少年树立学习榜样。内蒙青年米吉格道尔吉荣获“中国青年五四奖章”。五是充分利用新媒体开展工作。推进共青团“千网联动”工程,全区178家网站加入,总点击量超过36万次。搭建“内蒙古共青团”微博发布厅,开展“草原儿女献礼十八大·青春力量建功内蒙古”、“放飞青春梦想·聚力8337”等大型主题博文编创活动,创作和传播微博作品3万余条,制作主题新媒体宣传片13部并在各类媒体滚动发布3000余次。深化学校共青团“红网工程”,设计研发集思想引导、个性化服务、互动交流于一体的“内蒙古自治区高校共青团公共信息服务平台”,在全区26所高校投放200台,覆盖影响36万名大学生。该平台的创立,受到团中央高度评价,在全国高校共青团工作研讨班上作了经验介绍。

二、服务中心,为自治区经济社会发展作出新贡献

紧紧围绕贯彻落实自治区“8337”发展思路,动员全区广大青年积极投身经济社会发展。一是激励青年爱岗敬业。深化青年文明号、青年岗位能手、青年安全生产示范岗创建活动,举办青年职业技能大赛,全区共举办30多个工种、累计151场技能比武活动,3万余名青工参赛。大力培养选树青年致富带头人,带动农村牧区青年在发展现代农牧业、建设社会主义新农村、新牧区中发挥作用、增收致富。深入开展青少年科技创新大赛、“挑战杯”全区大学生课外学术科技作品竞赛等活动,促进更多创新型青年人才成长进步。在第十三届“挑战杯”全国大学生课外学术科技作品竞赛决赛中,内蒙古代表队取得了历史最好成绩。二是组织青年奉献社会。深化青年志愿者行动,开展关爱农牧民工子女志愿服务活动,977个志愿者组织、14.6万名志愿者参与,募集爱心款物434万元,结对学校977所,服务农牧民工子

女24.2万人，自主研发推广“七彩课堂”软件，获得团中央高度评价。深化“保护母亲河”行动，全区各级团组织投入资金1300多万元，动员42万多名青少年植树造林9800余亩、植树128万余株，丰富完善了各级各类青少年生态实践基地功能。重点打造“蒙京津冀青少年生态实践基地”，高标准完成了规划设计，争取北京、天津、河北和中直机关、中央国家机关、中央企业团组织的支持，合作共建。积极参与抗灾救灾工作，开展“传递青春能量·情暖冰雪草原”两节“送温暖”活动，全区各级团组织为四川雅安和内蒙古通辽地震灾区筹集救灾款物价值216万元。三是动员青年投身基层。新招募291名大学生西部计划志愿者、123名研究生支教团成员到33个旗县开展志愿服务，争取自治区政府支持，将西部计划志愿者生活补贴标准提高到1500元/月。举办2014年全区青年志愿者协会重点项目发布会。组织30万名大中学生，开展“三下乡”和“四个一”社会实践活动，引导广大学生在基层服务中做贡献、长才干。

三、注重实效，服务青少年成长成才

以青少年普遍性需求和特殊困难群体为重点，为他们成长成才、身心健康、创业就业、社会融入、维护权益办实事。一是以青年创业就业“东西互助”行动为统揽，大力促进青年创业就业。项目启动以来，累计转移4.6万名东部地区青年到西部相对发达盟市创业就业。重点面向大学生群体，积极推动自治区制定并落实针对贫困家庭、蒙语授课学生的优惠政策，组建导师团，开展创业就业典型进校园、报告会等活动，引导大学生树立正确择业意识，转变就业观念，培育创业能力。联合6个盟市面向大学毕业生举办专场招聘会，签约率达到35%。与金融机构合作，向全区1.98万名青年发放贷款7.8亿元，带动就业3.3万人；培训青年8万多人，实现就业27114人，新建青年创业就业见习基地1568个，提供见习岗位1.5万个，4.4万名青年上岗见习，1453名青年被见习企业聘用。二是深入实施希望工程。募集捐款1077.1万元，援建9所希望小学和1所希望幼儿园，为27所学校改善教学条件，资助大中小学生1万多名。三是积极维护青少年合法权益。围绕“促进社会教育与青少年全面发展”和“大学生创业就业”两个主题，开展“共青团与人大代表、政协委员面对面”活动，形成提案20件，反映青少年诉求，并推动全社会关注和解决。发挥12355青少年公共服务平台作用，研发手机应用软件—“奔跑吧少年”，为高中考学生开展心理减压、考试咨询等服务。针对重点青少年群体，开展预防违法犯罪工作，联合自治区综治办召开工作推进会，推动形成了各负其责、各司其职的工作机制。深入开展“青春红丝带”青少年防治艾滋病、“青少年远离毒品”等宣传教育活动。四是探索推进青少年专业社会工作服务。成立全区首家青少年社会工作服务中心，试点建立了1个分中心和3个社区服务站，通过政府购买服务等方式为青少年和社区群众提供专业化社工服务，并逐步推广，为承接政府青少年事务探索了有效路径。

四、重心下移，团的基层组织建设和基层工作得到进一步加强

创新基层团建思路和模式，努力扩大基层团组织的有效覆盖，增强基层工作的活力。一是加强党建带团建。狠抓近年来自治区团委联合相关部门出台的政策性文件落实，推动基层团组织制定实施办法，全区12个盟市、97个旗县（市、区）团委推动召开党建带团建会议，各盟市全部下发了支持苏木乡镇团委工作经费的文件，为基层团组织推进工作提供了实实在在的支持。二是进一步加强“两新”组织团建工作。新建非公企业团组织2004家、驻外团工委17家、青年社团团组织5099个，农村牧区专业合作组织建团968家，团组织覆盖面进一步扩大。三是实施“团干部素质提升工程”。

调动各级团组织力量大规模培训、轮训团干部,选拔高校团干部、盟市以上团委机关干部深入旗县帮助工作。狠抓团干部作风建设,结合中央八项规定和团中央、自治区党委相关规定,制定并严格落实《内蒙古团委关于转变工作作风、密切联系青年的规定》,广泛开展"两进三带四增强"活动,引导广大团干部走进基层、走进青年,增强与青年的血肉联系,自觉树立团干部的良好形象。把少先队建设作为团建源头,推动1839所中小学将少先队活动课落实到课表,出台了少先队辅导员参评中小学教师职称制度,在自治区、盟市、旗县设立了专兼职总辅导员,少先队工作进一步活跃。

五、团的外围组织活力进一步增强,团属阵地进一步巩固

组织青联委员、青年企业家开展"边防行"、"盟市行"活动。组织内蒙古青年代表团赴蒙古国,与蒙古国青年联盟共同举办了"同欢乐·共发展"——中蒙青年友好交流系列活动,签署了《中国内蒙古自治区青年联合会·蒙古国青年联盟友好合作备忘录》,出访活动受到蒙古国社会各界的广泛关注,得到了中央领导同志的肯定和好评。青企协、学联等组织活力进一步提升。内蒙古团校(内蒙古师范大学青年政治学院)办学水平不断提升,"双基地"作用得到充分发挥。《这一代》、《北方少年报》和共青团网站、手机报、官方微博等舆论阵地坚持弘扬主旋律,在教育引导青少年工作中发挥了重要作用。

六、扎实开展党的群众路线教育实践活动

按照中央和自治区党委关于开展党的群众路线教育实践活动部署,提出了"两个提高"、"三个务求"、"四个增强"的工作思路,聚焦"四风"问题,扎实开展教育实践活动。一是狠抓理论武装。采取"两个集中、一个自主"学习法,通过中心组学习、专题讨论会、报告会、交流会等多种方式,认真学习规定内容,结合实际学习自选内容,机关系统干部职工进一步坚定了对中国特色社会主义的道路自信、理论自信、制度自信,增强了服务青年、改进作风的自觉性。二是坚持领导带头。领导班子成员带头参加学习、深入基层、征求意见、查摆问题、开展批评、整改落实,带动机关系统教育实践活动扎实有序开展。三是深入调查研究。组成16个调研组,深入基层、深入青年,走访群众3865人,与360名基层团干部、4100多名普通青年进行面对面交流,发放调查问卷近万份,收集整理意见建议131条。四是召开专题民主生活会。书记班子会前进行4轮谈心交心,反复修改完善对照检查材料。会上以反对"四风"、服务青年为重点,认真开展了批评和自我批评,研究提出了加强领导班子建设的思路举措。机关各支部和二级单位也召开了高质量的组织生活会和民主生活会。五是认真抓好整改落实。针对查摆出的"四风"问题,研究制定了整改落实"两方案一计划",明确52条整改项目,开展26个方面专项整治工作,推进18项制度建设,建立了长效机制。自治区团委教育实践活动得到了自治区督导组的高度评价,《中国青年报》和自治区主要媒体对自治区团委活动开展情况进行了专题报道。在此基础上,自治区团委紧紧围绕团中央、自治区"8337"发展思路和自治区"四大行动、六大工程"的有关要求,出台共青团"六大行动方案",即青少年思想引导行动、青年创业就业"东西互助"行动、青少年科技创新行动、"青春绿伞"青少年生态文明实践行动、推进青少年事务社会工作行动、团的自身建设行动。重点办好九件实事:一是"蒙京津冀青少年生态实践基地",打造共青团参与生态文明建设的示范项目;二是推广青少年社会工作服务中心建设;三是以大学毕业生为重点,通过岗位对接、信息发布、举办招聘会等形式,每年直接帮助不少于1万名青年实现就业;四是建好内蒙古青年创业服务中心;五是发挥内蒙古青年创业就业基金的作用,协调金融部门,每年力争为青年创业提供不低于2亿元的低息贷款和6亿元的小额贷款;六是建好用好“12355”青少年维权与心理咨询公益服务平台;七是向全区蒙古语授课青少年免费赠阅《内蒙古青年》、《花蕾》杂志不少于25万份;八是建好高校共青团公共信息服务平台,实现全区高校全覆盖;九是通过希望工程,每年资助家庭贫困学生不少于3000人,新建或改善办学条件的希望小学不少于20所。通过这些举措,切实为青少年办好事、做实事、解难事。

辽宁团的工作

2013年,辽宁各级团组织在辽宁省委、省政府和团中央的领导下,深入贯彻落实党的十八大、团的十七大精神,团结带领全省广大青年围绕中心、服务大局,大力加强青少年理想信念教育,有效服务青少年成才成长,切实维护青少年合法权益,团结带领广大青年践行“中国梦”,组织动员广大青年为建设富庶文明幸福新辽宁贡献青春和力量。开展“我的中国梦,青春聚力新辽宁”主题教育实践活动,使青少年对“中国梦”有认知、有信念、有行动、有实践;举办农技赛、振兴杯、幸福杯、青创赛、挑战杯等五项大赛活动,推动了青年人才培养的产业化、规模化和示范化。市、县两级团干部配备、振兴杯冠军数量和整体成绩、挑战杯报备作品数量、辅导员双线职称评定、国家节约型公用机构示范单位创建、未来网动态排名、十二运志愿者服务、预防青少年违法犯罪和关爱农民工子女行动等13项工作实现全团排名第一,赛会志愿者管理培训等工作在全国率先创新开展,获得省领导、团中央领导的批示肯定共计10次。团省委机关还荣获省直属单位年度“文明机关”称号,被省直机关工委评为年度目标绩效考核先进单位,被省扶贫办评为年度扶贫先进单位,并作为唯一一家省级团委获得“全国节约型公共机构示范单位”。

一、夯实组织工作基础,提高团建科学化水平

1. 推进团的基层组织建设。积极借势,不断扩面,强化机制,夯实团组织工作基础。借助全省村“两委”换届契机,全力推进全省村级团组织集中统一换届工作,通过3个途径推动村团组织负责人进入村“两委”班子:一是“选进去”。村团组织负责人通过选举程序进入村“两委”班子。二是“任上去”。村“两委”班子中符合条件的成员兼任村团组织负责人。同时,村团组织配备专职副书记,增强工作力量。三是“结合进去”。在村“两委”换届之间环节,推动村“两委”班子交叉人选成为村团组织负责人。实现全省村级团组织负责人100%进入村“两委”班子,100%设置组织委员、宣传委员和权益委员。换届后班子平均年龄34.1岁(上届35岁),大专以上学历47%(43.6%),中专(高中)学历24.2%(29.9%),年龄结构、学历层次较往届得到优化,也为基层党组织储备了人才资源。

扎实开展乡镇团的组织格局创新和实体化“大团委”建设,新增乡镇直属团组织近2.9万个;新建市级驻外团组织37个、县级驻外团组织110个。通过“省级制度安排、各级狠抓落实”的有效办法,实现全省所有乡镇(街道)团组织年工作经费达到2万元以上。

2. 加强团干部队伍建设

以干部配备为基础,以提升素质为着力,以深入基层深入青年为途径,切实提高团的队伍整体能力水平。通过建立领导工作责任制和干部配备工作双月通报督查等保障机制,推动市、县两级团的领导机关干部配备。全省830名市、县团的领导机关干部的基本信息都已录入团干部信息库,并且做到了动态更新,市、县两级团的机关干部信息清晰、明了。截止到2013年12月末,辽宁市级团委书记配备率为100%,市级书记班子配备率为96.2%,市级团委机关干部配备率为98.0%;县级团委书记配备率为99.0%,县级书记班子配备率为97.1%,县级团委机关干部配备率为98.6%。在全国《市、县级团的领导机关干部配备情况通报》(2013年1月至12月)中,持续位居全国首位。

大规模培训团干部,全年累计举办各类团干部培训班568期,培训3.4万人次。制定下发《关于增强团干部运用新媒体开展工作的意见》,提高团干部适应新时期运用新媒体开展工作的意识和能力。市、县(区)全部配置总辅导员,成功探索少先队辅导员职称"双线晋升"机制,团中央书记处书记罗梅两次专门批示,要求在全队推广。

3. 扎实开展党的群众路线教育实践活动

按照做"深"、做"细"的原则,把握基础、过程和效果的思路高质量推进活动。在学习教育、听取意见阶段,通过以"学习型机关"创建活动为牵动,开展观看影片谈感受、开辟影像专区网上学、图书漂流分享学、设定题目大家辩等活动27场次,机关干部自学约6830学时,推进学习常态化;采取座谈与实地访谈相结合、支部讨论与书面反馈相结合、网上互动与网下征集相结合等方式,针对不同群体召开座谈会27次,面对面访谈450人,发征求意见函114份,网络征集意见建议近千条,打牢教育实践活动基础。在查摆问题,开展批评阶段,构建了"走进青少年"收集意见建议、利用新媒体手段征集意见建议、敞开门把青年请进来征求意见建议的机制化找问题体系,梳理归纳4大类25项问题,基层团组织定期汇总问题603个,敞开门听取意见并解决问题26个;建立了多轮次、广覆盖的谈心谈话制度,通过实行党组带头开展批评与自我批评来查摆问题,抓住教育实践活动的关键。在整改落实,建章立制阶段,立行立改解决基层具体问题568个,专项整治解决"文风会风"等重点问题,建章立制完善出台了22项工作制度和规定解决长远问题,确保教育实践活动落到实处。同时,团省委立足青年,以"转作风、四服务——走进青少年"(四服务是指立足岗位服务、主动上门服务、优化公共服务、推进阳光服务)、"在职党员进社区"等活动为载体,突出团干部和团员青年特点,坚持高水平推进服务和整改。教育实践活动以来,团省委机关党员干部对群众观点、宗旨意识的认识达到新高度,工作能力实现新提升,共青团系统作风建设迈上新台阶。

二、围绕中心工作,组织青年创业建功

1. 推动青年服务区域协调发展。围绕地区需求和满足青年为社会发展作贡献的愿望,引导青年到需要的地方建功立业。扎实开展"辽宁青年服务区域发展行动",围绕三大区域发展战略,整合青联、青企协资源,共促成118个市级以上项目对接落地,实际到位资金251.3亿元。引导高校毕业生投身欠发达地区贡献青春才智,选拔派遣520名大学生志愿者赴祖国西部和辽西北地区开展"三支一扶"志愿服务。

2. 服务青年科技创新。引导广大青年强化创新意识,投身创新实践,服务辽宁经济加快走上创新驱动内生增长轨道。围绕创新型辽宁建设,举办第三届"中国(辽宁)青年科技创新创业大赛",大赛着重瞄准服务产业集群,选拔项目集中在新能源、电子信息、生物医药、

农业科技、智能装备、新材料、节能环保、设计创意等8个领域。在参赛的队伍中，既有辽宁本地科研院校和企业，也有清华大学、中国科学院等省外知名高校院所，以及日、韩等国家的海外研发团队。近6万人次报名参与，入库项目6085个，实现青年科技项目与资本有效对接，落地项目投资额13.8亿元。举办第十一届“挑战杯”辽宁省大学生课外学术科技作品竞赛，首次实现园区、企业全过程参与，12件优秀作品直接落地转化，省内58所高校近10万师生、2万余件作品参与，创历史之最。在全国竞赛中，辽宁在广泛动员的基础上实现质量跃升，报备数量全国第一，蝉联全国“优胜杯”，问鼎特等奖。

3. 助力青年技能提升。在扩大参与面的基础上，加强机制建设，广泛开展一、二、三产业青年技能大赛活动。围绕辽宁“一县一业”产业发展布局，举办了第二届“辽宁农村青年技能比武大赛”，187家农村专业合作组织、5万余人次直接参与，影响覆盖40余万青年。承办第九届“振兴杯”全国青年职业技能大赛，辽宁省获三个比赛项目中的两项冠军，蝉联团体成绩第一名，团中央书记处第一书记秦益智出席“振兴杯”大赛闭幕式并对大赛给予高度认可和肯定。重点围绕辽宁生产性服务业，开展第二届“幸福杯”辽宁青年现代服务业职业技能大赛，6万青年积极参与，影响覆盖50万青年，有效促进了青年技能提升。

4. 动员青年投身生态文明实践。以“百团大战绿辽宁”和“爱护辽河凌河”两项行动为抓手，继续深化“保护母亲河行动”。从参与村屯绿化入手，开展“百团大战绿辽宁”活动，全省70万青少年已建设青年林（路）2.9万片（条），栽植树木近470万株，绿化面积3万亩以上。深化“爱护辽河凌河”行动，全省230个志愿服务队近3.6万余名青少年，浇灌树木6.5万株，有效地改善了辽河、凌河流域的生态环境。

5. 组织青年参与十二运志愿服务。针对大型赛事特点，探索志愿服务规律，全面统筹十二运志愿者工作。狠抓“岗位设置、培训演练、规范管理”三大关键环节，首创实施志愿者点位管理图、“TLC”三位一体培养模式（即Train培训 + Learn实地观摩 + Check实习演练）、打造“V”文化品牌、弘扬正能量，带领全省1.2万名赛会志愿者、1.6万名城市志愿者、200万名社会志愿者，坚守在59类岗位、600个城市志愿服务站，开展了1000个社区志愿服务项目，累计提供志愿服务超过4000万小时。十二运志愿服务得到省委、省政府和团中央的高度肯定，隶属于联合国的联合国志愿人员组织（UNV）专家给予了“为中国志愿服务发展留下宝贵财富”的高度评价。

三、增强思想认同，引导青少年开风气之先

1. 引领青年共筑中国梦。辽宁各级团组织和广大团干部立足于把“我的中国梦，青春聚力新辽宁”主题教育实践活动推向新高潮的实际，深入学习宣传贯彻习近平总书记五四重要讲话精神，切实把团中央书记处第一书记秦宜智在团中央全国青联全国学联座谈会上的讲话和给鞍钢集团公司团委的回信精神与实践活动结合起来，把辽宁省委副书记许卫国在“我的中国梦，青春聚力新辽宁”全省各界团员青年代表纪念五四运动94周年座谈会上的讲话精神和实践活动结合起来，分阶段统筹推进。采取形式多样、青少年喜闻乐见的宣传教育和实践活动，为青年梦想实现搭建展示、交流、分享的平台，引导青少年自觉把个人梦想融入“中国梦”之中，用中国梦聚起满怀激情、干事创业、求真务实、勇争一流的青春力量。强化各类主题教育实践活动的针对性和有效性，用中华民族伟大复兴中国梦凝聚广大青年。组织团员青年深入学习宣传贯彻党的十八大和团的十七大精神，深入开展“我的中国梦，青春聚力新辽宁”主题教育实践系列活动，召开辽宁共青团纪念“五

四”运动94周年座谈会,通过“微博上墙”实现场内外青年深度互动;针对大中小学生不同特点,开展“与信仰对话”、“与人生对话”、“彩虹人生”、“红领巾相约中国梦”系列活动1.6万场次,未来网参加活动总人次全国动态排名第一。深入开展“青马工程”,四级分层培养体系更加完善,培训领域重点向青年教师拓展,率先在全国实现高职院校全覆盖,全年共培训各类青年骨干5.8万余人次。

2. 结合实际开展特色活动。团省委机关各部门深入基层,结合实际,突出特色,在全省范围内大力开展了“我的中国梦,青春聚力新辽宁”主题教育实践活动。组织部开展了“携手中国梦,走进青少年”活动,全省800余名团的领导机关干部走入青年中,撰写调研报告700余篇、民情日记1500余篇,总结提炼典型经验1600余个;宣传部开展了“劳动・创造・奋斗——我的中国梦”青春故事讲述活动,开展活动900余场,参与活动的团组织3000余个,覆盖近90万人;统联部开展了“辽宁青联千人圆万梦”活动,组织省市5000名委员与青年结对,帮助青年解决就医就学难等问题,提供1000个见习上岗机会;城市部开展了“百团千人万场青年创业典型报告会”,成立115个报告团,报告团成员1000余人,在全省累计开展报告1万场以上;农村部开展了“争当好青年,共圆中国梦”等活动,开展活动800余场,参与活动的团组织为700余个,覆盖6万人;学校部开展了“与信仰对话飞Young中国梦——名家报告进校园”等活动,开展活动1300余场次,直接参与学生逾11万人;少年部开展了“红领巾相约中国梦文明幸福伴成长”主题教育实践活动,开展活动6679场,参加总人次2258万次;权益部开展了625场“我的中国梦,青春聚力新辽宁”主题倾听活动,倾听青年诉求,共话中国梦;机关党委通过印发《“中国梦”学习读本》为团干部学习好中国梦提供了充分的学习素材,通过建立微信讨论群为团干部学习中国梦的感悟与理解提供良好的交流平台,营造了学习“中国梦”良好氛围和舆论氛围;志工部开展了“微笑空港青春力量”等志愿服务活动,开展活动200余场,参与活动的团组织为700余个,覆盖15万余人;希望办开展了“我的中国梦——希望工程快乐体育”等活动,促进学生健康成长。

3. 强化新媒体和文化产品建设。充分体现文化、艺术、时尚元素,综合运用新媒体和文化手段引导青少年。全省共建立共青团系统微博4.6万个,粉丝量累计突破1010万;在实现高校团支部全部开通微博的基础上,在全国率先通过制度性安排提升微博的活跃度;设立辽宁共青团微信公共平台,加大手机报的开发应用;组织青年续写“雷锋微日记”37万余篇,促进学雷锋活动常态化。在全团率先运用“MPR”纸质数码技术开发有声宣传读物,将“中国梦”的教育内涵转化为儿童化的具体表达,覆盖少先队员270万人。通过与专业、市场力量的合作,各级团组织制作文化产品708个,其中图书类152个、影视类279个、歌曲类258个、动漫游戏类19个,形成了百花齐放,百家争鸣的总体态势。

四、把握青年脉搏,服务青年成长成才

1. 服务青年就业创业。针对岗位需求下降,就业供给增加的现实,着力解决青年就业创业资金和经验不足的现实问题。开展大学生就业创业报告季和青年就业见习招聘月活动,针对心理期望、实践经验、就业市场的实际,用青年喜欢乐于接受的语言和方式,开展宣讲284场,举办各类就业招聘会50余场,为毕业生提供各类就业见习岗位3.4万个,全省新增见习基地上岗青年9493人。通过强化宣传、对接、培训、引导和目标管理“五项措施”,就业创业技能培训青年2.9万人。加强小额贷款扶持力度,实现新增城市小额贷款6.1亿元,农村发放小额贷款5.2亿,为青年创业提供资金支持。

2. 维护青少年合法权益。加强传统载体工作内容和形式创新，为青少年利益诉求表达提供更多渠道。深入开展“为了明天——预防青少年违法犯罪工程”，在中央综治委综治考核中，辽宁省预防青少年违法犯罪工作连续三年获得满分，位居全国第一，团辽宁省委被评为“全省综治工作先进单位”。运用微博、微信等新媒体手段开展网络“面对面”活动，提交提案、议案、建议248件。在全国率先利用新媒体手段打造省、市两级联动的微博12355综合服务平台，完成青少年维权实事60件。

3. 帮扶特殊青少年群体。区分不同特殊青少年群体需求，开展有针对性的帮扶活动。在全国率先实现并保持青年志愿者与农民工子女结对帮扶100%覆盖，机制、内容、队伍、阵地“四位一体”工作格局不断完善。全省希望工程共募集资金2888万元，资助贫困大中小学生4.3万余人次，援建希望小学4所。“8·16”抚顺洪水灾害发生后，开展“紧急救灾专项行动”，第一时间整合省青基会、省青联、青企协和省少工委等组织的力量和优势，根据灾区实际需要，广泛募集善款和物资。在灾区尚未通车通路的情况下，派出由重型挖掘机、铲车和翻斗车组成的大型机械抢险服务队赶赴灾区，同时向灾区捐赠价值230余万元的物资并争取到财政部、团中央80万元的修缮基金，大大加快了灾区的生产自救进程。

4. 搭建青年对外交流平台。加强国内外青年互动交流，促进青年互相学习、共进步共成长。组织20名优秀青年代表赴韩国、印度、日本进行友好交流，进一步增强了辽宁省青年对国外经济和社会发展情况的了解；接待美中关系全国委员会“公共学者项目”代表团一行12人和朝鲜青年友好代表团一行100人，通过参观考察、座谈讨论，对文化、就业、社会组织等问题进行交流，并就未来几年双方青年交流互访、学习培训等初步达成合作意向，为辽宁青年开阔视野创造了条件。

吉林团的工作

团吉林省委以强化团的基层组织建设和基础工作为核心，以着力抓好青年思想引领、就业创业、权益维护和志愿服务为主线，坚持“推动工作项目化、功能化、品牌化发展，锻造阳光、实干、高效的团干部队伍”的主要思路，振奋精神，积极创新，突出重点，狠抓落实，团的各项事业得到了新的发展，为加快推进吉林全面建成小康社会做出了积极贡献。

一、加强青少年思想道德建设，奋力实现中国梦，引导青少年成长成才取得新成效

1. 思想引导工作全面深化。深入开展“我的中国梦”主题教育实践活动，组织宣讲交流活动580余场、主题团日活动5000多次、青春故事讲述活动650余场、青春建功实践活动400多次，覆盖青少年300多万人次。开展“奋斗的青春最美丽”主题系列活动，组织座谈会500多场、奋斗故事分享活动600多次，挖掘青少年奋斗典型100多人。开展“高举团旗跟党走，奋力实现中国梦”主题团日活动超过1000场，覆盖青少年50多万人次。开展团的十七大精神宣讲报告活动，参会基层团干部、青年代表超过4000人。举办形势政策宣讲报告会210场、分类引导面对面座谈会205场，覆盖青年10余万人次。扎实推进“青年马克思主义

者培养工程”，组织58所高校的200名大学生骨干参加学习培训和实践体验。“红领巾相约中国梦”主题教育活动蓬勃开展，参与少先队员超过150万人次。

2. 团属新媒体建设稳步前进。积极改版吉林手机报——青年版，增设针对性、服务性更强的大学生专栏。实施“微博活跃年”活动，上线吉林共青团微信公众平台、吉林团干部微信工作交流群、中学共青团工作微博群，开通“我的中国梦”、“奋斗的青春最美丽”、“我的青春奋斗故事”等微话题，积极与网友在线互动交流，共话人生美好梦想。全省通过官方认证的团属微博达到5000多个，累计编发微博微信1100多条、转发评论近5万条次，编发手机报200余期、微信专刊50余期，影响和覆盖粉丝300多万人，全省共有846所中学开通了中学微博。

3. 搭建青年锻炼和展示自我的平台。启动“放飞青春绽放梦想”首届吉林省青年微电影大赛，累计收到参赛作品138部。组织开展“精品文化惠青年”等活动，进一步推动团属青少年活动阵地规范化建设。结合“三下乡”社会实践活动，实施“百基千队服务万村行动”，全省共组建国家级重点实践服务团队32支、“百基千队服务万村行动”重点团队400支、校级重点团队600余支，全省11余万名大中专学生志愿者参与到实践活动中来。广泛开展保护母亲河行动，组织植树88万株、面积11626亩，在11个县（市）建设了青年纪念林。

二、服务经济社会发展，推动青年就业创业，促进民营经济又好又快发展取得新进展

1. 突出抓好青年就业创业见习基地建设。针对青年群体的不同特点和需求，重点开发中、高端见习岗位，共建共管，不断提高见习基地质量。发挥社会动员优势，利用报纸、电视、网站等新闻媒体，鼓励企事业单位建立基地。广泛动员党政机关开展“走进党政机关”就业见习活动，为大学生提供机关见习岗位。号召青联委员、青企协会员企业建立高端见习基地。同时，发挥组织动员优势，鼓励市（州）团委在开展非公建团的同时，在有意愿建立见习基地的企业广泛开发见习岗位。全省见习基地动态保持700家，服务见习青年3532名，聘用率达到70%。

2. 竭诚服务青年就业创业。深化建设吉林青年创业园，全省13家省级青年创业园现有在园企业1382家，2013年实现产值12.6亿元，用于扶持青年创业就业等公益活动支出累计达到1166.4万元，带动青年就业3.5万人。全省累计建立农村青年创业创富示范基地80家，选拔90名农村青年科技特派员。进一步完善吉林省大学生创业俱乐部。将“创投广场”引入“挑战杯”竞赛，4个创新项目实现市场转化。继续深化实施青年创业小额贷款项目——“吉青时贷”和“青创时贷”，全年累计发放贷款6.3亿元，带动就业24503人。

3. 大力加强青年人才培养。启动实施城市青年创业型和技能型人才培养计划。遴选4136名优秀创业青年，纳入城市青年创业人才数据库，与团干部进行“一对一”结对帮扶，累计解决青年创业问题2万余件。面向贷款青年举办SYB培训班220期，累计培训青年8000名。评选“吉林省杰出青年岗位能手”和“吉林省青年岗位能手”共计300名。深入推进“村村青年致富星火培养计划”，选拔9496名星火带头人动态管理，开展包保团干部与培养对象“面对面”活动。优先向金融机构推荐有贷款需求的培养对象，将培养对象全部纳入农村青年信用示范户的评定范围。

三、围绕党政中心工作，推动吉林全面振兴，服务经济建设发展繁荣取得新成绩

1. 积极搭建经贸合作平台。组织承办第六届“东北亚青年企业家发展论坛”。围绕“资本携手实业，创新实现共赢”主题进行深入交流研讨，加强东北亚区域间交流合作，促进青年企业家共同成长，探讨新形势下资本与实业如何更加有效对接。论坛期间，与省邮政储蓄银行签订了《战略合作框架协议》，五年授信100亿元用于支持青年创业。省青年联合会与俄罗斯滨海边疆区、韩国光州地区和蒙古国中央省等青年组织机构签订了《友好交流协议书》。

2. 不断深化青年科技创新行动。开展第七届“挑战杯”吉林省大学生创业计划竞赛，共有27所高校近万余名大学生参加了竞赛，报备作品450件，进入省级决赛265件，内容涉及多个领域。在苏州大学、苏州工业园区承办的第十三届“挑战杯”全国大学生课外学术科技作品竞赛中，吉林省获得特等奖2项、一等奖2项、二等奖7项、三等奖24项，团省委荣获全国“优秀组织奖”，为历史最好成绩。

3. 举办高峰论坛推动经济发展。以第八届东北亚投资贸易博览会为契机，邀请来自国外和境外的130多位青年代表来吉参观考察、投资兴业。成功举办“吉港菁英合作新趋势高峰论坛”，吉港两地知名企业家、专家学者发表主旨演讲，搭建了两地优秀青年企业家之间交流合作平台，吸引香港优秀青年投资吉林、共谋发展。

四、发挥共青团职能作用，增强组织凝聚力，促进社会和谐做出新贡献

1. 深入开展“三帮扶”工作。扎实开展党团员志愿者结对帮扶低保对象工作，全年累计捐款捐物1631.2万元。推进共青团关爱农民工子女志愿服务行动，全省692支志愿服务团队、53197名志愿者参与共青团关爱农民工子女志愿服务行动，结成帮扶对子7.1万个。深入实施希望工程，全年新建“希望小学”共5所，总捐助资金168万元，累计撬动投入资金1150万元，共有2000余名师生从中受益。扎实开展“圆梦大学”爱心助学活动，共筹集善款371万元，资助了798名大学新生。

2. 带领广大青少年在抗震救灾中多做贡献。雅安地震发生后，紧急调拨10万元特殊团费支援抗震救灾，募集捐款100余万元。在松原前郭县地震后，开展以“全民爱心温暖吉林”为主题的冬衣捐赠公益活动，共筹集御寒物资4000余件，筹资80余万元。

3. 扎实开展青年志愿者工作。圆满完成第九届中国－东北亚博览会、长白山国际生态论坛志愿服务工作，累积服务时间达到9万余小时。加强“吉林省志愿服务网”的推广与使用，以3·5中国志愿者日为契机，组织开展“一分钟注册”活动。制定下发《关于进一步加强“吉林省志愿服务网”注册工作的通知》，分阶段、分批次组织志愿者进行网上注册。截至2013年，网上注册志愿者人数30.2万人，注册组织3113个，发布志愿服务项目59个。深入实施大学生志愿服务西部计划，选拔招募了153名志愿者赴新疆、宁夏及省内开展志愿服务。

4. 青少年维权工作成效显著。进一步深化“共青团与人大代表、政协委员面对面”活动，开展“共青团倾听恳谈暖心活动”，积极了解和反映青少年普遍性利益诉求。实施“轻松备考12355与你同行”阳光行动，为全省17万名中高考学生及家长提供服务。吉林省未成年人保护基金救助服刑人员困难未成年子女、重大疾病儿童、受灾家庭未成年人等490人。以《预防未成年人犯罪法》、《未成年人保护法》为重点，开展“青少年法制宣传周”活动。完善“绿色家园”建设模式，将五类重点青少年群体纳入全省综治信息平台，发挥青少年权益代言人士队伍作用，切实加强重点青少年服务管理和预防犯罪工作。加强青少年自护教育，深入开展了“青少年远离毒品”和“青春红丝带”行动。

5. 切实保障青少年文化权益。完善“吉林共青团周末文化驿站”建设，加大全省青少年群体有效覆盖面，共开展“共青团周末文化驿站”2000场次，惠及10万余人。在全省范围内开展“筑梦青春全民悦读”主题阅读活动，为青少年群体发放书籍10余万册。

五、坚持改革创新，夯实工作基础，基层组织建设和基层工作得到新加强

1. 抓好团的组织建设。成功召开共青团吉林省第十五次代表大会，选举产生新一届团的领导机构。做好第二轮第三、四批团干部驻点工作，驻点干部访谈团员青年3000余人，召开座谈会40余场。建立"四岗"AB角制度，明确了街道团委副书记来源及分工。按照"五有四好"的标准，建立乡镇直属团组织12200家。编发《吉林省共青团工作年历》，统一制作街道团工委工作展示板，对街道团工作进行具体指导。

2. 稳步推进重点领域团建工作。建立团建指导员制度，为全省3160家规模以上企业配备创先争优指导员560名。集中力量在9个国家级开发区及54个省级开发区中开展了团建工作。全年新建非公企业团组织1917个，新建新社会组织团组织242个，建立省、市、县三级驻外团工委277家，派生基层团组织464个。

3. 进一步加大对基层的支持力度。协调支持基层资金640余万元，协调发放贷款近1000万元，组织参与创业就业培训3000人次。为每个街道团工委下拨工作经费1万元，为组织格局创新工作顺利开展提供切实保障。继续贯彻落实《关于从全国高等学校中选派共青团干部到县级团委挂职工作的通知》，确定14所学校的15名高校团干部赴县（区）团委挂职，充实县级团委工作力量。

4. 不断强化团干部队伍建设。举办全省市、县两级团委书记培训班和乡镇（街道）团委书记培训班，联合省委组织部、省委党校共同开设优秀青年干部在职研究生班，提高了团干部的学历水平、业务素质、综合层次。建立团干部配备情况数据库，每偶数月月末对市县两级团干部编制配备情况进行动态更新。全省市、县两级团干部整体配备率均达到在90%以上。

5. 机关作风建设取得显著成效。深化"知名人士进机关"、"人人论坛"等机关建设品牌。深入开展以为民务实清廉为主要内容的党的群众路线教育实践活动。按照全团大宣传大调研活动要求，组成44个小组，深入全省39个县（市、区）的126个乡镇（街道）开展工作，召开宣讲51场次，帮助基层团组织、团员青年解决实际困难500余件，参加劳动59场次，召开座谈会106场次，开展有针对性的交流2200人次，与49个基层单位结为"大对子"、与187名青年结为"小对子"，与各地党政领导沟通53次。在学习教育、联系群众、考核评价、监督约束、治理文风会风等方面共出台了《团省委班子成员联系基层制度》、《团省委机关干部考核办法》等19份文件，为机关各项工作的有序开展提供了重要依据。开展文风会风集中治理，及时废止3个失效文件，合并会议5项，精简简报26种，公开了团省委系统"三公"经费。

黑龙江团的工作

2013年，黑龙江省各级团组织在团中央和省委的领导下，坚持抢抓机遇、把握重点，主动融入龙江发展大局，竭诚服务青年现实需求，着力加强组织建设和作风建设，扎实推进青春筑梦工程、团建活力工程、青春建功行动和青春护航行动，各项工作取得了积极成效。

一、不断丰富思想政治工作的方式和手段，青少年思想引导的吸引力和感染力进一步提升

1. 通过实践育人加强思想引导工作。广

泛开展"我的中国梦"主题团队日、"我的青春·我的中国梦"入团宣誓仪式、"红领巾相约中国梦"、"中国梦·微梦想"圆梦活动等"我的中国梦"系列主题教育实践活动。积极组织青少年爱国主义教育阵地参观体验活动,深入开展大中专学生"三下乡"社会实践,在实践体验中深化了青少年理想信念教育。

2. 通过文化影响加强思想引导工作。不断丰富青少年业余文化生活,举办了"我的中国梦——光荣梦想·青春绽放"微电影大赛、"美丽青春"全省青年摄影大赛、全省大学生纪念"一二·九"运动78周年诗歌朗诵比赛和"中国梦·龙江抗洪"图片高校巡展等活动,并定期为进城务工青年及其子女免费开放团属文化活动场地。坚持为青少年提供优秀的文化产品,编写出版了《黑龙江优秀精神青少年读本》。广泛开展十八大团萱漫画观看活动,以时尚的动漫文化载体为广大青少年解读会议精神。

3. 通过媒体传播加强思想引导工作。加强与主流媒体合作,制作播出《光荣梦想》系列节目46期、《赢在未来》访谈节目30期。加强团属微博微信平台建设,黑龙江共青团官方微信平台编发团讯、时事等信息260余条;黑龙江共青团新浪、腾讯官方微博群发起"微锋暖龙江"好人好事分享等微话题活动26次,发送微博5804条,在全国共青团系统排名大幅提升,在黑龙江省政府机构微博排行榜中名列前茅,获得了全省十佳政务微博奖,团省委学校部官方微博获中国优秀政务微博称号。伊春团市委与伊春广播电视台合作,在全省各市(地)首先开播了《共青团在线》栏目,牡丹江团市委开通了《牡丹江共青团之声》广播栏目,每周播报青少年喜闻乐见的新闻内容。大庆团市委积极与新浪网、腾讯网等主流网络平台合作,在全省率先成立了新媒体协会,在青少年聚集的新媒体阵地发出了团的声音。

4. 通过榜样示范加强思想引导工作。培育选树各类青年典型,30人获全国大学生自强之星奖,30人获得省级青年五四奖章,115人获省级优秀青年志愿者称号。发挥青春榜样的示范带动作用,组织邀请青年典型深入学校、农村、企业、社区,举办"劳动·创造·奋斗——我的中国梦"青春故事讲述和"我的中国梦——奋斗的青春最美丽"分享活动240场,发起推动"圆梦龙江·榜样力量"青年励志典型故事网络微话题活动,参与互动青年30万人次。

二、紧密围绕党政大局发挥组织优势,在经济社会发展中的参与度和贡献度进一步提高

1. 发挥联系广泛优势,推进共青团助力产业项目建设年活动。努力为产业项目争取投资,依托青联、青年商会组织积极开展各类招商引资活动;组织各市(地)团委,联合商务和招商部门,先后赴沈阳、北京、天津、济南等地开展商贸推介活动。截至目前,全省各级团组织引资项目已开工36个,到位资金13.48亿元。努力为产业发展提供人才支撑,联合16个厅局、行业举办了46个工种的青工岗位技能大赛,吸引5万余名青年参加,全省各级团组织共举办各类岗位技能大赛452场次。着眼于优化发展环境,组织动员全省12个行业系统青年文明号集体开展"优环境、促发展"主题实践活动,着力解决了一批影响企业发展和群众反映强烈的突出问题。

2. 发挥联络协调优势,整合资源促进青年创业。协调工信、人社等7个部门,以营造青年创业氛围、强化青年创业本领、优化青年创业环境为主要工作目标,启动实施了龙江青年创业助航计划。组建省级和9支市地级青年创业导师团队,首批聘请创业导师197名;推动建立了一批青年创业培训学校和青年创业基地;为全省近1.78万名城乡青年提供创业贷款7.87亿元。哈尔滨团市委与银行和贷款担保公司紧密协作,推行"一站式"办公,为农

村青年创业提供了简便快捷的金融服务。

3. 发挥组织覆盖优势，服务现代化大农业发展。围绕特色种植养殖、机械化生产、规模化经营，加强了对农村青年致富带头人的培养、选树力度。持续推进“万名大学生进万村”社会实践服务行动，3500 余名大学生深入乡村，帮助解决了农业生产技术问题 830 项。增强农村青年实用技能培训针对性，培训农村青年 3.3 万人次。新发展棚室 150 栋，培育农村青年发展棚室示范户 160 户。组建各类农村青年专业合作组织 103 个，辐射带动农村青年 5000 余人。在全国率先创建了农村青年信息服务平台，引导农村青年发布农机买卖、农产品销售、土地流转等信息，实现了线上交易。

4. 发挥传统品牌优势，组织青年投身生态建设。深化“保护母亲河”行动，共协调各方面资金 350 万元，动员 5 万人(次)青少年植树 70 万株。全国首个武警青年林项目在齐齐哈尔市龙江县正式启动，伊春市双丰林业局被评为全国第六届保护母亲河奖称号。成立生态环保社团 172 个，会员人数达到 3500 人，开展环保宣传活动 500 次，影响带动社会群众 25 万人。

5. 发挥社会动员优势，深化青年志愿者工作。发动青年志愿者 12 万人(次)，开展抗低温、除灾害、保春种活动。组建抗洪救灾青年突击队 1581 支、志愿服务队 994 支，14.2 万名青年参与抗洪救灾工作，省委书记王宪魁同志视察哈尔滨市防汛大堤时，对抗洪抢险青年志愿者给予了高度肯定。积极承担集中性志愿服务任务，圆满完成了哈洽会、中俄文化大集等大型展会的志愿服务工作。持续推进“平安龙江”志愿服务行动，在社会治安综合治理中发挥了积极作用。

三、竭诚为青少年成长发展办实事，服务维权工作的针对性和实效性进一步增强

1. 服务青少年的普遍性需求。与省电台 97 频道联合播出《12355 青少年成长导航》49 期，为青少年提供了法律咨询、心理疏导、成长指导等切实服务。举办见习基地进校园、进社区、进园区活动，全省 1227 家用工单位提供见习岗位近 1.35 万个，8179 人成功见习就业。在中小学持续深化“关注 48 个生活细节”养成教育活动，为少年儿童成长发展奠定了良好基础。举办第十三届“挑战杯”等系列赛事活动，并在全国“挑战杯”竞赛中实现历史性突破，43 件作品入围决赛，荣获特等奖 1 项、一等奖 2 项、二等奖 6 项、三等奖 27 项，在大学生中营造了竞相学习成才的浓厚氛围。

2. 关爱困难青少年群体。深入开展共青团关爱农民工子女志愿服务行动，700 余个青年志愿者组织与 1000 余所农民工子女较集中学校建立了稳定联系，志愿者与农民工子女结对数超过 15 万。以下岗失业青年、贫困大学生、农民工子女等为重点，开展困难群体慰问活动，各级团组织累计捐款捐物 90 余万元，各级青联组织累计捐款捐物 100 余万元。持续深化希望工程，2013 年度募集善款 1654 万元，资助困难家庭学生 5472 名，援建希望小学 10 所，捐建希望厨房 10 个，省青少年基金会透明指数位列全国首位。

3. 维护青少年合法权益。与省人大、省政协联合下发《关于开展共青团与人大代表、政协委员面对面活动的意见》，完善了与人大、政协有关工作机构的合作机制。加强重点青少年群体服务管理和预防犯罪工作。推进青少年法制教育工作，深入学校、社区、农村开展法制宣传活动近 1200 场，直接参与青少年近 40 余万人次。牡丹江市创新开展未成年人“五进一助”社区实践系列活动，被团中央确定为全国“青少年权益工作创新”试点城市。

四、着力巩固和扩大团建成果，基层团组织的活力进一步显现

1. 增强组织有效覆盖。开展乡镇实体化大团委“增活力·促活跃”达标创建活动，累计开展活动 12 万余次，吸引青年 60 余万人次。

推动乡镇、街道团建工作步入标准化、规范化、制度化、长效化轨道，全省乡镇、街道团委“五制一管理”实施率分别达到98%和95%。巩固了1.86万个乡镇直属团组织团建成果，覆盖团员11.3万人，联系35周岁以下青年27.6万人。新建街道基层团组织3104个，非公企业团组织3417家，有效覆盖团员青年20余万人。推进农村专业合作组织团组织建设，新建农村专业合作组织团组织300个，组建涉农行业协会团组织90个。

2. 下大力气支持基层。帮助全省乡镇团委争取工作经费，省级1万元经费拨付率达100%，市县1万元经费配套率达88%。选派省市两级63名团干部开展第二轮驻点工作，实现了全省128个县(市、区)两轮驻点工作全覆盖。选派30所高校的36名团干部到县级团委挂职，充实了基层工作力量。

3. 加强基层团干部队伍建设。加强市、县两级团委干部配备工作，综合配备指数位列全国第四位。创新开展团干部教育培训工作，举办街道社区团干部培训班28批次，培训基层团干部1200余人，全省街道社区团干部培训覆盖率超过30%。举办全省团干部创新培训计划试训班，实施“四化五法”培训法(师资队伍专业化、培训内容模块化、培训方法实战化、效果考评规范化;综合运用课堂宣讲法、行动学习法、观摩体验法、模拟演练法、案例讲评法)，有效地提高了培训质量。团大庆市委积极争取党委重视和支持，落实团干部教育培训专项经费20余万元，为教育培训工作提供了有力保障。

五、抓住深入开展党的群众路线教育实践活动的重大契机，团干部作风实现切实转变

1. 以团省委机关扎实开展党的群众路线教育实践活动为示范，推动团干部作风转变。按照中央、团中央和黑龙江省委的安排部署，团省委通过加强学习教育，面向基层团干部和青年广泛征求意见建议，集中查找了团干部在“四风”方面存在的突出问题，并认真制定了整改方案，集中进行整改落实，树立了敢于揭短亮丑，勇于革故鼎新的良好风气，为市(地)团委开展第二批教育实践活动打下了坚实基础。

2. 以开展“接地气、通下情、转作风、强服务”主题教育活动为牵动，推动团干部作风转变。组织团的领导机关干部深入基层一线开展大调研活动，问计于基层、问需于青年，通过与青年同吃、同住、同劳动，拉近了同青年的距离，增进了与青年的友情。坚持每月组织团的领导机关干部开展倾听活动，深入到青年群众当中，了解青年现实需求，力所能及地为基层、为青年解决实际问题，得到了基层团组织和青年的认可。

3. 以制度建设为途径，推动团干部作风转变。认真贯彻落实中央八项规定和黑龙江省委、省政府九项规定，修改制定了《团省委改进工作作风七项措施》，并作为团干部作风建设的重要制度性安排下发全团。通过对制度的不断完善和严格执行，提升了各级团组织为民、务实、清廉的自觉意识，推动了全省团干部作风的显著转变。

经团中央和黑龙江省委批准，5月13日至5月15日，共青团黑龙江省第十三次代表大会在哈尔滨市召开。大会全面总结了过去5年黑龙江团的工作，研究部署了今后五年全省团的工作，选举产生了共青团黑龙江省第十三届委员会，新一届团省委常委会和书记、副书记，实现了各项预期目标。

上海团的工作

2013年，是上海共青团事业承前启后、继往开来的一年。团的十七大和市第十四次团代会胜利召开，描绘了未来五年上海共青团事业发展的新愿景、新方向。全市各级团组织和广大团员青年在市委和团中央的正确领导下，以大力加强新形势下青年群众工作能力建设为统揽，按照“顶天、立地、强自身”的总体思路，将团的十七大和市第十四次团代会的各项部署真正落到实处、推向前进。

一、提升共青团思想教育的感召力，激励青年为实现中国梦而奋斗

1. 广泛开展主题教育活动。以“我的中国梦”为主题，开展“青春梦·中国梦”五四主题集会、“寻访祖国的成长印记”升国旗仪式，在全团广泛开展主题团队日活动4万余场、宣讲交流活动1100余场，覆盖青少年219万人次，引领广大青少年以“青春梦”托起“中国梦”。按照分层分类引导方式，向少年儿童征集“美丽少年梦”，发放“梦想风车”110万套；开展“与信仰对话”、“与人生对话”和“彩虹人生”系列活动，鼓励大中学生通过实践寻访等形式树立共同理想；引导百万职业青年立足岗位、劳动创造，以实际行动响应“青春建功中国梦”的号召。党的十八届三中全会召开后，举办“青年看全会·理论与实践的对话”系列分享会，聚焦经济、政治、文化、社会和生态五大领域，引导团员青年在第一时间关注改革、理解改革、支持改革。

2. 大力拓展价值传播新途径。利用新媒体技术，开创团青互动的新空间。不断升级完善以“青春上海”为品牌，涵盖微博、微信、手机报、APP的新媒体产品建设。截至目前，全市各级团组织共开设官方微博1.1万个，团组织和团干部实名认证微博粉丝数达427万，“青春上海”微信公众号有近1.1万人关注。“我的中国梦”主题微博活动覆盖逾1000万人次，吸引超过18万人次参与互动。整合各类媒体资源，制作和播出优秀思想文化产品。国庆期间，《青春上海——青年梦想分享会》登上荧屏，7位来自不同领域的优秀青年代表，向公众传递“奋斗成就梦想”的青春正能量，全国逾350万人次通过电视收看了节目。为纪念社区青少年工作十周年，拍摄微电影《我有阳光》，在网络视频播放平台上点播150万余次。《超级家长会》邀请知名公众人物，以电视公开课的形式，探索对少年儿童进行价值引领的新方式。

二、提升共青团服务大局的动员力，汇聚青春力量投身城市发展

1. 主动服务创新转型。广泛动员青年投身经济建设主战场。结合上海青年突击队、青年工程立功竞赛30周年，开展“青春铸辉煌·建功十二五”职业青年建功行动，发动3942个集体创建市青年文明号，组建4656支青年突击队。围绕自贸试验区建设，深入开展人才需求调研。实施“走进区县”、“凝聚·服务”系列活动，服务区县经济转型，对接中小微企业融资需求4.8亿元。合作举办“经济转型与人才战略”2013沪港澳青年经济发展论坛，接待境外来访团队21批631人次，为深化国际交流合作做出积极贡献。着力激发青少年创新创造的潜能。打造以“创想码头·魔盒嘉年华”为重点的创意汇系列活动，吸引近3.6万人次青少年参与。开展“科技启明星”争章活动、“创新，我们在行动”科普创新活动和青少年科技创新市长奖评选，组队参加全国大学生课外学术科技作品竞赛，上海交通大学以历史最好成绩蝉联“挑战杯”，并获永久杯。

2. 积极引领社会风尚。大力倡导城市文明新风。落实市政府实事项目——青少年“城市文明新约”推广计划,组建350支、逾1.1万人的队伍,开展宣传倡议、文明劝导等活动3100余次,收到良好的社会评价。开展“书香上海·悦读青春”、“美丽上海·青春同行”、“微行动,大改变”等活动,在青少年中推广“深阅读、雅志趣、简生活”的理念。努力开创志愿公益新局面。评选推出“青年影响社会”十大青年公益项目,承接杨浦延吉、徐汇凌云等7个社区志愿服务中心运营工作,支持青年社会组织、学生社团进入社区、服务社会。开发建设“智慧公益”平台,搭建公益项目和志愿力量供需对接的枢纽,吸引近1万名志愿者实名注册。以纪念赴滇扶贫接力计划十五周年和西部计划、博士服务团十周年纪念为契机,进一步深化上海共青团对口援助项目,选派201名优秀青年奔赴祖国各地奉献青春。此外,为雅安地震灾区筹集善款187万元;开展希望工程圆梦行动,资助200名贫困大学新生;向云南捐献170万元,用于500个希望水窖建造;用“希望心”活动点亮云南先心病儿童生命之光。

三、提升共青团面向青年的服务力,为青年成长发展加油助力

1. 大力促进青年成长成才。研究制定“上海青年英才开发计划”,形成青年人才工作总体思路。面向学校,深化“三下乡”、“知行杯”等系列活动,全市8339支团队、18万名大学生在社会实践中历练成长。面向企业,实施青工技能振兴计划,为职业青年岗位成才提供平台。面向社会,推出《梦想创业团》电视创业大赛,为创业青年打造“追梦”舞台,节目收视率稳居频道前两名。全年累计为青年提供创业咨询服务1万余人次,协助发放青年创业小额贷款逾1.1亿元,帮助1800多人成功创业。此外,开展“上海市青年五四奖章”、“上海十大杰出青年”等一系列评优表彰活动,继续加强各专业领域的青年人才协会建设,为青年人才脱颖而出创造了良好环境。

2. 努力服务青年民生需求。实施扶持青年就业“启航”计划,举办“青春扬帆·梦想启航”大学生就业专场招聘会,全年提供超过12万个就业岗位,帮助6703名青年成功就业、3601名毕业生上岗见习。推出“快乐追梦想,开心过暑期”6大系列百余项活动,让青少年度过一个安全、健康、快乐的暑期。举办“12355益友嘉年华”等系列交友活动,全年服务青年逾1万人次。设立“为了孩子”、“关爱留守儿童”等专项基金,开展“冬日阳光”、“七彩爱心课堂”等活动,募集、整合资源逾千万元,为十余万困难青少年送去温暖和关怀。

3. 着力维护青少年合法权益。积极推动市区两级青年工作联席会议制度建设,开展《上海市青少年发展“十二五”规划》中期评估和指标监测工作。承办团中央“为了明天——预防青少年违法犯罪论坛”,开展社区青少年底数排摸和生存发展状况调研,推动预防青少年违法犯罪工作向重点青少年群体延伸。在“共青团与各级人大代表、政协委员面对面”工作中开展“倾听”活动,在市区两级“两会”上共提交140份提案和书面意见,覆盖青少年14000余人次。提升12355中心对青少年权益问题的介入、转置与处理能力,全年累计服务青少年及家长10.9万人次。全市每10万名青少年拥有青少年事务社工数,比“十一五”期末增加了2.68人。

四、提升共青团组织的凝聚力,进一步加强团的自身建设

1. 不断深化基层组织建设。联合市委组织部向155家市属党团组织书面反馈意见,进一步推动落实基层党建带团建工作。深化街镇团组织格局创新,扎实推进乡镇实体化“大团委”建设,确保街镇团组织工作经费平均达7.3万元,全市新建乡镇直属团组织2604家,新建两新组织团组织2287家,新增联系团员14.1万人、青年65.8万人。在扩大非公团建、

驻沪团组织建设有效覆盖面的基础上，大力实施团组织活力和团干部能力建设工程，努力实现“建活并举”目标。依托“高校对口中学团建促进行动”、“互学互检”活动等载体，加强中学中职团建工作。市青联、市青企协等顺利完成换届，进一步凸显了青联组织和团属社团的“枢纽”功能。

2. 切实强化团干部队伍建设。团市委机关深入开展党的群众路线教育实践活动，推出21项整改落实举措，建立了团市委机关密切联系基层制度，促进机关干部走进青年、转变作风、改进工作。创新团干部培训工作，引入卡内基、德鲁克管理培训课程，与井冈山培训基地达成战略合作协议，并深化了“团干部党性教育班”等主体班次的品牌效应。建立团干部挂职锻炼长效机制，全年共选派42名高校团干部赴各地挂职、10名团市委机关干部下基层驻点。举办第五届团干部运动会，1200余名团干部在同场竞技中联情联谊、团结凝聚。

此外，上海青年管理干部学院、青年报社、市青少年活动中心、青年实业集团、青旅集团、城市实业、出入境服务中心等团办实业也都在新形势下实现了新的发展，综合效益得到不断提升。

江苏团的工作

2013年，江苏全省新发展团员282882人，团员总数达5076487人，占14～28周岁青年总数的27.2%，经团组织推优入党的团员有81498人，占团员入党总数94%。全省现有基层团(工)委16700个，团总支16430个，团支部235434个，共有团干部303444人，其中专职团干部23912人。

一、在广大青少年中唱响永远跟党走的主旋律

1. 突出主题活动教育青年。抓住重要时点，广泛开展覆盖全体青少年的主题教育活动。五四期间，集中开展“我的中国梦”主题团日活动，全省各级团组织开展各种形式宣传教育活动3.8万场次，参加人数超过1500万人，团省委举办了“共筑中国梦毅行青春路”主题活动，来自全省各界青年代表近2000人参加。六一期间，以“红领巾相约中国梦”为主题，全省五百万少先队员参与到丰富多彩的队日活动和校外实践体验活动之中。七一期间，深化“学党史、知党情、跟党走”主题教育活动，进一步坚定全省青年爱党、颂党、跟党走的理想信念。

2. 突出思想理论武装青年。把学习宣传贯彻党的十八大、十八届三中全会精神和习近平总书记系列重要讲话精神作为首要政治任务，引导广大青年原原本本地学、对照分析地学、联系实际地学，力争学全、学深、学精、学透精神实质，切实将思想与行动统一到中央和省委的决策部署上来，不断增强广大青年对中国特色社会主义的道路自信、理论自信、制度自信。深入实施“青年马克思主义者培养工程”，7月17日—22日，举办第七期菁英培训班，近200名大学生参加。培训将理论讲座、社会观察、团体辅导等作为集中学习阶段主要科目，将政治生活锻炼、挂职实践、村官结对、志愿服务及课题调研作为自主学习阶段主要内容，通过一年的学习实践持续对大学生进行跟踪培养。

3. 突出分层分类培育青年。注重抓住抓好学校阶段教育，根据不同年龄段学生特点，有效开展理想信念和价值观教育活动。在少先队员中开展红领巾系列寻访活动，引导广大少先队员爱祖国、爱人民、爱学习、爱劳动、爱社会主义；在中学和中职学生中分别开展“与人生对话”、“彩虹人生”为主题的教育实践活动8000余场次，覆盖学生150万人次以上，引导树立正确的世界观、人生观、价值观；在高校开展“与信仰对话”、“我的青春故事”报告会、菁英人才培训等活动800多场，130多万大学生参与，进一步坚定中国特色社会主义理想信念。

4. 突出优秀典型影响青年。认真做好第十七届“中国青年五四奖章”申报参选、第八届“江苏青年五四奖章”评选表彰等工作，本省唐登平同志荣获第十七届“中国青年五四奖章”，9人获评“全国优秀共青团员”，王成万等10名同志被授予第八届“江苏青年五四奖章”称号，300名团员被授予“江苏省优秀共青团员”称号；联合省文明办、省人才工作领导小组办公室等单位举办省第十四届“十大杰出青年”评选活动，吸引近295万人次参与，产生广泛的社会影响和良好的典型示范效应。组织开展“百网联动、千博互动推荐我们身边的好青年”活动，继续坚持“多数人选多数人”和“不求高大全而求真善美”的原则，省内外300家各类网站积极联动，2000余个团组织和团干部微博率先发声，专题网页访问量达1100万人次，8126名充满生活气息、独具时代特色的青年被推荐上来，经过评审最终产生包括最敢创业、最善创新、最勤敬业、最图自强、最乐奉献等类别的2013江苏好青年百人榜。

5. 突出新媒体手段引导青年。建立新媒体机构，率先在全团成立新媒体发展中心，建立覆盖各级团组织的新媒体工作网络。打造新媒体平台，形成机构微博、团干部微博、微信群和网站“四位一体”的工作格局，全省地方共青团和团干部实名微博总数达2259个，微博粉丝总数超过700万人。

二、团结带领广大青年在“两个率先”生动实践中建功立业。

1. 打造青年创业服务链。开展创业培训，形成了团属阵地培训、订单定向培训、联合职教中心培训、龙头企业因岗培训、本土式实用技能培训、加盟式创业致富培训等六种模式，培训人次超过30万人；实施项目孵化，青年小微创业“千人计划”为1000名青年或团队提供创业实践，举办青年创业项目大赛，共有800多个项目参加，其中24个项目获得优胜奖；做好贷款支持，2013年，全省各级团组织主导发放的青年创业小额贷款项目9413个，发放贷款15.17亿元；选树创业典型，104名青年参评第二届“江苏青年创业奖”，进一步弘扬创业精神和创业理念。

2. 争当青年创新助推器。以少年科学院“小院士”课题研究活动增强少年儿童的科学素养，2013年全省共有64名少先队员获得中国少年科学院“小院士”称号；以“未来杯”中学生创意大赛带动青少年参与科技创新，全省有5名青少年荣获科技创新奖；以“挑战杯”竞赛引导和激励高校学生实事求是、刻苦钻研、勇于创新。省7所高校捧得“优胜杯”，9件作品获得特等奖，14所高校取得“发起高校”资格，11所高校获得校级优秀组织奖，总成绩全国第一；以青年创新创效活动引领广大青年人才开展技术、管理、营销、服务创新，助推经济社会事业发展。倡导青年创优新风尚。

2. 引导青年立足本职岗位创造一流业绩。深入推进青年文明号创建工作，开展以“一套工作制度、一种创建氛围、一些团的活动、一次创新行动、一项公益项目”为主要内容的“五个一”创建活动；联合开展全省青年职业技能大赛，123名选手参加多媒体作品制作员、车工、机械设备安装工3个竞赛工种竞赛；在全省寻找“最美青工”，15名青年职工脱颖而出。引导青年在服务社会中创造一流业绩。深入实施大学生志愿服务西部计划、苏北计划,累计有7071名大学生奔赴祖国西部和苏北地区开展志愿服务;按照“微志愿微公益微服务”的思路,在青年中提倡“日行微善”,全年开展志愿服务对接活动208次,对接团队项目1397个,对接物资和资金合计1580万元;深入开展“保护母亲河”行动,组织广大青少年参与“我为家乡添片绿”植绿护绿活动,大力推进红色纪念林建设,各省辖市全年至少建设200亩,提高青少年环保意识。

三、构建青少年公益服务体系

1. 抓好服务项目。关注不同青年群体微需求,形成体现时代特点、具有社会功能、满足青年需求的微项目。省团代会召开前,组织千余名团代表与团干部开展走访活动1215场次,走访青少年9545人,征集各类“微心愿”1万多个,通过团代表和团干部认领方式帮助解决;针对家庭经济困难大学生,深入开展希望工程“圆梦行动”,累计募集助学资金1.05亿元,资助3万名贫困新生入学深造;针对城乡困难青少年,在元旦、春节期间开展“暖冬行动”,全年共发放送温暖物资500多万元,惠及青少年近20万人;针对农民工子女,广泛开展城乡结对“手拉手”活动,结对率达到100%;针对重点青少年群体,联合14个部门实施“成长护航工程”,合力打造政策、经费、组织、信息、阵地等“五大保障体系”。

2. 建好服务平台。联合苏州团市委开展试点,进一步拓展12355的内涵和外延,打造成青少年公益综合服务平台,重点是吸引各方资源加入,形成青少年维权岗职能部门、加盟合作专业服务单位、舆论媒体监督机构、志愿者服务公益群体四个不同的合作维度。到年底,苏州12355合作加盟单位达72家,服务台网站点击量突破30万人次。开发运行“PU—江苏大学生成长服务网络平台”,集成省内大学教育资源,通过信息交互、资源共享,服务大学生第二课堂和日常生活,实现对大学生群体的有效覆盖和服务。建设“希望来吧”实体化阵地,为青少年提供课业辅导、救助帮扶、心理疏导、亲情陪护、自护教育、绿色网吧、才艺学习等服务,全省共建成标准化“希望来吧”253个,开展关爱活动近5000次,直接服务青少年超过80万人次。

3. 用好服务力量。以孵化和集聚青年社会组织为重点,延展共青团工作手臂。开展青年社会组织专题调研,关注它们反映出来的普通青年的需求、主张和愿望;推进“青年社团之家”建设,作为凝聚各类青年社团的有效载体;加强对青年社会组织的指导,组织学习相关文件,有效提升服务能力。积极推进青少年事务社会工作试点,常州市试点运行“阳光天地”青少年事务服务中心,聘请专职社工开展青少年事务服务;南通市成立首家民办非企社工事务所——“南通心灵家园社会工作事务所”,通过建立专业化青少年事务社会组织,逐步建立起一支专业化、职业化的青少年社会工作队伍;苏州市通过政府购买形式实现专职社工驻校服务,拓展青少年事务社工的资金保障渠道。

四、抓住群众路线教育实践活动契机进一步密切团青关系

1. 找准突出问题,立行立改。团省委是省委常委、组织部长杨新力同志教育实践活动的联系点,从一开始,就坚持开门搞活动,采取多种形式广泛征求意见建议,共征集到221条。综合分析,全省团干部“四风”方面存在的突出问题集中体现在“浮”、“虚”、“怕”、“娇”四个方面。对此,结合实际列出25项具体整改任务,每项任务均明确责任领导、责任部门和整治时限,由具体责任部门制定详细整治方案,确保及时整治到位。同时,着眼长效,围绕改进机关工作作风、规范机关部门工作、规范团务工作、推动工作转型、加强机关干部队伍建设建章立制,新建、修订各项制度近20项。

2. 全力支持基层,激发活力。重点做到

"四个支持",即:经费支持,每年安排100万元资金对优秀基层团组织予以奖励,充分调动基层工作积极性,狠抓《关于开展基层党建带团建"三结对一创争"活动的意见》在基层的落实,工作经费达到2万元以上的乡镇(街道)占比超过95%;干部支持,认真做好高校团干部到县级团委挂职和抽调地市以上团委干部到县级团委驻点工作,全省共选派70名高校团干部到县级团委挂职,选派7名厅局级干部、27名省市团委干部到县级团委驻点;人才支持,建立省、市青联委员挂钩联系基层团组织制度,联合开展选派金融机构优秀青年干部赴县级团委挂职工作,着重培育了以万名大学生村官团干部、万名乡镇(街道)专兼职团干部、万名规模以上非公企业团组织负责人、万名小型分散新兴领域团组织负责人为主要对象的"四支万名团干部"队伍;项目支持,推动实施"一团干一项目"、"一乡镇一品牌"活动,筹集资金360多万元,实施各类项目4.5万个,培训基层团干部25726人次。

3. 创新有效载体,改进作风。针对团干部深入基层、深入青年的不足,在总结近年来全省团干部基层大走访等活动经验的基础上,部署开展以"走基层、听建议、转作风、办实事"为主要内容的"青春邀约走基层·服务青年听转办"活动,作为开展群众路线教育实践活动的一项重要的创新动作,推动全省2万多名团干部走向基层、走到青年中去,开展团课微讲堂、主题微调研、实现微心愿、青年微联系、就业创业微助力、才艺微舞台、环保微行动、心理微疏导、志愿微公益等9个微活动,探索建立多渠道、常态化联系服务青年的机制。"走听转办"活动开展以来,全省各级团干部与青年开展面对面交流活动13401场,直接联系青年197436人,按"能为可为"的原则,帮助团员青年实现微心愿30464个。其中,团省委机关党员干部共召开专题座谈会107场,参加座谈人数达1156人。

五、重点青少年群体"成长护航工程"

为更好地贯彻落实中央和省委关于加强和创新社会管理、深化平安江苏建设的有关要求,省综治委预防青少年违法犯罪工作领导小组、省综治办决定于2013—2015年在全省实施"为了明天——江苏省重点青少年群体成长护航工程"(简称"成长护航工程"),面向有不良行为青少年、闲散青少年、流浪乞讨未成年人、服刑强戒人员未成年子女、流动留守儿童等五类重点青少年群体,全面开展排查摸底专项行动、管护行动、牵手行动、回归行动、阳光行动、关爱行动等"六大行动",合力打造政策保障、经费保障、组织保障、信息保障、阵地保障等"五大保障体系",逐步完善覆盖城乡、条块结合、纵向到底、横向到边的重点青少年群体服务管理网络。排查摸底专项行动由团省委牵头,省公安厅、省检察院、省法院、省司法厅、省民政厅、省教育厅、省人社厅、省妇联等部门参与,在全面排查的基础上,建立重点青少年群体基础信息数据共享平台,完善各地重点青少年群体信息排查和动态监测机制;管护行动由团省委牵头,省法院、省检察院、省教育厅、省公安厅、省民政厅、省司法厅、省财政厅、省关工委等部门参与,抓好青少年不良行为转化的临界预防,引入专业力量加强对有不良行为青少年的教育矫治;牵手行动由团省委牵头,省教育厅、省司法厅、省民政厅、省人社厅、省住建厅、省关工委等部门参与,建立社会正面力量接触联系机制,通过分类管理和服务着力加强对闲散青少年的教育管理;回归行动由省民政厅牵头,省公安厅、省教育厅、省住建厅、团省委、省妇联等部门参与,共同做好流浪乞讨未成年人的救助保护;阳光行动由省司法厅牵头,省教育厅、省民政厅、团省委、省关工委等部门参与,帮助服刑强戒人员未成年子女走出心理阴影;关爱行动由省教育厅、省妇联牵头,省人社厅、团省委、省关工委等部门参与,抓好校内、校外两个时段，以校内教育管理为主，校外关爱帮扶为辅，促进流动留守儿童平安健康成长。按照省级指导、市级统筹、县级铺开的要求，齐抓共管，分层负责，创新发展，力争用两年的时间，努力在全省建立起比较完善的重点青少年关爱帮扶工作格局和工作体系，实现青少年犯罪率、涉罪率、重新犯罪率等重要数据指标逐年下降。

浙江团的工作

全省各级团组织紧紧围绕省委和团中央的工作要求，认真按照团省委十三届四次、五次全会工作部署，强化责任、优化服务、深化建设、固化机制，全面推进浙江共青团“六大工作体系”建设，扎实开展党的群众路线教育实践活动，团的各项工作取得新成效。

一、始终坚持增强团的吸引力和凝聚力，思想引领的针对性和有效性有力提升

不断深化主题教育实践活动。以学习宣传贯彻党的十八大精神、习近平总书记系列重要讲话精神和省委十三届三次、四次全会精神为重点，广泛开展“青春中国梦”、“三观三热爱”、“争做精神富有的浙江青少年”等活动，进一步深入推进中国特色社会主义理论宣传教育。省本级举行“青春中国梦”五四运动纪念大会，全省各级团组织共开展各类主题教育实践活动50余万场，参与团组织14.6万个。

坚持分层分类正面引导。开展各类“最美”青少年典型宣传选树活动，征集基层一线青少年典型事迹503个，采用朋辈教育方式，开展“先进青年典型进校园”、“奋斗的青春最美丽”系列分享活动，全省举办各类分享会527场。面向青年工人，开展寻找“最美青工”活动，52人当选全省“最美青工”，4人当选全国百名“最美青工”；面向青年农民，开展“村村都有好青年”人才发展计划，共推荐“农村好青年”2.1万名；面向青年学生，继续深化文明寝室创建活动，开展“中国梦·民族情·红船行”全国少数民族大学生骨干社会实践与社会观察活动，扎实推进大学生青年马克思主义者培养工程；面向少先队员，开展“学做最美浙江人，争当美德好少年”活动，全省涌现美德好少年2.3万名。

大力加强网络宣传引导。构建共青团网络宣传引导阵地，各级团组织在新浪和腾讯开通官方微博2.2万个，开设共青团微信公众平台94个，开发共青团工作手机报161个。组建共青团网络宣传引导队伍，目前，全省共青团联系的网络评论员近3000人、高校微记者近2000名，在去年应对“菲特”台风网络舆情方面发挥了积极作用。发挥各级网络文明志愿服务队伍作用，目前，全省有网络文明志愿服务队伍862支、人数8.1万余人。开展网络引导主题活动，通过“网上提议、网下参与”的方式，开展“让网络空间清朗起来，我们在行动”等活动，共发布微博298.9万余条，转发评论3982万条。

二、始终坚持围绕中心、服务大局，共青团生力军和突击队作用发挥更加凸显

1. 积极服务经济转型升级。深入推进浙江青年网商创业行动，实施“十百千万”工程和“电子商务进万村”工程，建成22个县级服务中心、2900个村级服务点，下拨1400万元补助资金，培训电商创业青年30488人，其中

32.5%参加培训的青年新开网店创业；认真贯彻“治水倒逼转型升级”工作要求，部署开展“助力治水青春建功”志愿服务、产业示范、倡树新风三项行动，在温州召开现场推进会，推广共青团治水护水“段长”负责制、“小鱼治水”的做法，服务“五水共治”工作；扎实推进新生代浙商发展计划，联合浙江大学成立新生代浙商学院，深入开展青年企业家走进市县活动。

2. 积极服务社会和谐发展。深入推进志愿服务行动，出台实施《浙江省志愿服务事业发展纲要（2014—2017年）》，一年来，共组织567万余人次，志愿服务时间累计2536万余小时，大力弘扬社会文明新风；组织开展青年文明号促“两富”活动，将青年文明号倡导的职业文明与践行社会主义核心价值观有机结合起来；参与交通拥堵治理，通过小手拉大手，全年开设“文明出行”主题团队课3万余堂，参与青少年120余万名；打造青年文化产品，开展青年微电影节、大中学生社团文化节等活动，创作推介当代浙江人共同价值观漫画版图书、《青春第一步》等共青团标识的优秀文化作品。

3. 围绕急难险重任务力作贡献。面对“三改一拆”攻坚战，共组建拆违青年突击队1577支，广泛开展政策宣讲，积极参与拆违行动；面对“菲特”强台风，主动参与抗台防汛救灾工作，共组织志愿者队伍2600多支、志愿者5.5万人、青年突击队2000多支，筹措资金810余万元；面对持续旱情，组织成立青年突击队主动参与防旱抗旱工作。

三、始终坚持以青年为本，服务青少年健康成长的项目社会功能日臻完善

1. 大力服务青年就业创业。进一步深化新苗人才计划，省级财政投入1000万元，择优扶持2024个学生科研项目，举办“挑战杯”科技竞赛，42件作品入围全国决赛，获历史最好成绩；深化小额贷款服务青年创业工作，全省发放贷款43.3亿元，扶持青年3.8万人，带动就业人数12.5万人；举办第二届长三角农超对接洽谈会，在省农博会期间，设立共青团馆，为农村创业青年解决产品销售难题；深化青年就业创业见习基地建设工作，为1.1万名青年提供见习岗位。

2. 全力帮扶困难青少年群体。全省结对留守儿童、新居民子弟学校1756所，覆盖72.1万人；开展“流动少年宫活动进农村（社区）活动”650余场，覆盖45万人次；开展公益夏令营2000余场，覆盖12万人次；实施“心灵书屋”计划，募集图书11万余册，建成书屋33个；新立项希望小学7所、幼儿园6所，捐建希望书库等21个；助困助学助医专项基金资助经济困难青少年7913人次。

3. 全面维护青少年合法权益。认真履行省综治委预防专项组组长单位职责，下发《关于进一步深化推进预防青少年违法犯罪工作的实施意见》和《关于全面推进重点青少年群体服务管理和预防犯罪工作的实施方案》，深化30个县（市、区）的省级试点探索，抓好重点青少年群体数据管理的平台建设，目前，排查录入重点青少年23.3万余人；推进“面对面”活动，围绕“社会教育与促进青少年精神富有”主题，全省共提出提案建议238件；推进12355青少年服务台建设，开展专项活动1268场，全年受理咨询案例3.19万件；推进“青少年维权岗”创建，26个基层单位被评为2013年度国家级“青少年维权岗”。

4. 不断优化青少年成长环境。广泛开展各类有益于青少年学习成长、交流交友、互动联谊、身心健康等活动，召开省青少年工作领导小组第三次全体会议，出台实施《浙江省青少年学生校外活动场所建设和发展纲要（2014－2017年）》，推动全省青少年工作实现新发展。

四、始终坚持扩大团的有效覆盖，团的基层基础不断夯实

1. 扩大基层团组织网络的覆盖面。在农

村，全省建立乡镇直属团组织24481个，覆盖团员青年226.4万人。在社区，按照“小区域、大统筹、网格化”的工作思路，推进社区团组织区域共建。在学校，坚持全团带队，出台加强少先队工作的制度化文件，推进少先队学科建设；坚持中学共青团源头地位，推进全省中学共青团示范学校建设；坚持推动高校共青团工作的全面活跃，加强对高校学生思想研判和共青团工作指导。在巩固国有企业团建基础上，以“青春党建”带动“青春团建”，对150家省级重点非公企业团组织实行双重管理，目前，全省共建非公企业团组织48562个，新社会组织团组织5527个。

2. 扩大网格的覆盖面。全省共划分网格45536个，组建网格团组织28049个，组建青少年专业服务队和网格青少年日常管理服务团队40390支，培育网格青年骨干62135名，吸引凝聚了11491个青年社会组织纳入网格工作范围。

3. 努力激发基层工作活力。继续推进“五有五好”基层活力团组织创建活动，编印《浙江省基层活力团组织创建工作百例》、《非公有制企业活力团组织建设“十策百例”》，为基层活力团组织创建提供鲜活案例。

4. 切实加强对基层的扶持力度。从省、市两级团委选派30名机关干部到县级团委驻点，从48所高校选派53名高校团干部和青年教师到县级团委挂职；招募132名大学生志愿者奔赴省内26个欠发达县（市、区）从事志愿服务；联合省财政厅加大政策督查落实力度，2万元团工作经费纳入财政预算的乡镇已达1206个，占全省乡镇总数的90.13%。不断加强青联建设，突出青联组织的统战功能，进一步吸引凝聚各界别青联委员服务大局、服务青年；不断加强学联建设，充分发挥自我教育、自我管理、自我服务的功能，进一步增强其在青年学生中的影响力和凝聚力；不断加强省青年企业家协会建设，成功召开省青企协第九次会员大会，创新相关机制，进一步增强了青企协的贡献力、凝聚力和发展力。

五、始终坚持问题导向，党的群众路线教育实践活动扎实推进

一年来，根据中央和省委的部署要求，团省委认真贯彻“照镜子、正衣冠、洗洗澡、治治病”的总要求，坚持问题导向，聚焦作风问题，以“倡导求真务实，反对形式主义；倡导青年为本，反对官僚主义；倡导埋头实干，反对享乐主义；倡导勤俭朴素，反对奢靡之风”为主要内容，扎实开展教育实践活动。

深化思想教育。团省委书记班子带头坚持理论中心组集体学习，处级及处以上干部集中学习12天，普通党员集中学习5天半，通过认真学习，进一步坚定对中国特色社会主义的道路自信、理论自信、制度自信。

切实改进作风。通过“三进三服务”、“万名团干联帮促”、“走亲连心”等活动，推动团干部下基层、接地气、受锻炼。团省委书记班子、各部门共到105个基层联系点调研147次，开展各类青年恳谈活动，召开26个恳谈会，恳谈387名各类青年对象，共征求意见建议56条（244条次），推动团省委机关干部进一步了解基层实际，总结一线经验，发现突出问题，锤炼自身作风，取得了显著成效。

强化班子建设。团省委书记班子深入查找自身“四风”方面存在的突出问题，充分用好批评与自我批评这一思想武器，深入开展谈心交心活动，认真撰写对照检查材料，召开好班子民主生活会，进一步增强了领导班子的团结和谐，坚定了干好事业的信心和决心。

狠抓整改落实。坚持“三句话整改思路”，对于能够立刻进行整改的，做到立说立行、即整即改，让青年直接感受到作风变化；对于常规性问题，扎实开展制度的“废、改、立”工作，废止35项制度，新出台12项制度；对于一时不能解决的意见建议，由团省委书记班子各自牵头负责、分层分类抓好落实。通过教育实践活动，进一步提高了政治纪律观念和党性修养

水平，坚定了理想信念、宗旨意识和群众观点，提振了团干部的精气神，强化了制度管事管人的执行力。与同期相比，2013 年团省委会议活动减少 36.7%，“三公”经费、会议经费支出减少 68.5%，印发文件减少 26.9%，简报减少 34.8%，表彰项目减少 55.6%，出访活动减少 33.3%，出访经费减少 11.9%。同时，认真指导下属单位、团杭州、宁波市委开展好教育实践活动，示范带动全省各级团干部抓思想、转作风、强队伍，团组织的战斗力得到进一步提升。一年来，全省各级团组织深入开展“三进三服务”大走访活动，走访调研 17321 个行政村（社区）、5173 家企业和 2496 所学校团组织，帮助基层团组织解决 2653 个难点问题，联系 50935 名普通青年，看望困难青少年 4213 人，取得了扎实工作成效。

此外，围绕服务党政外交和统战大局，积极做好青年统战和青年外事工作。全年共接待日本等 1 批 31 人次国外青年考察团，应邀选派 3 批、44 人次赴澳大利亚、新西兰、日本、朝鲜、韩国、印度等国家以及 3 批、14 人次赴港澳台地区进行访问交流，积极参与 2013 年香港大学生暑期内地实习工作，不断深化与日本静冈的青年交流项目。省团校从服务共青团中心工作和满足团青干部、各类青少年的全面需求出发，各项工作扎实推进。青年时报积极探索“全媒体运作、跨媒体经营”的发展路径，体制机制改革力度进一步加大。省青少年事务所积极稳妥地开展各项青少年公益事业和事务性工作，社会影响力进一步提升。中国钢笔书法杂志社稳步推进改制工作。中青旅继续保持良好增长势头。

安徽团的工作

2013 年，共青团安徽省委深入推进中国特色社会主义理论体系的宣传教育，加强对习近平总书记系列重要讲话精神的学习，深入学习党的十八大、十八届三中全会和共青团十七届二中全会精神，打牢广大团员青年、团干部走中国特色社会主义道路、为中国梦而奋斗的理想信念根基。

一、开展理想信念教育

1. 扎实开展“我的中国梦”主题教育实践活动。省本级开展了“我的中国梦——安徽青年汇”、“红领巾相约中国梦”等主题团（队）日活动。全省各级团组织以“高举旗帜跟党走、奋力实现中国梦”为主题，先后开展主题团日活动和主题教育实践活动 10612 场次，覆盖团员青年 320 万人次。各级少先队组织以“红领巾相约中国梦”为主题，开展了主题队日活动、少儿文化作品征集等活动，全省 1237 个少先队大队、76 万名少先队员直接参加活动。举办校级以上“与信仰对话”主题教育活动 1643 场次，覆盖在校学生 54 万人次；开展青年马克思主义者培养工程，累计培训大学生骨干 12 万余名，其中省级培训 1515 名；创新开展“百校万名大学生骨干在线教育”，全省 108 所高校 24771 名学生骨干参加了学习。加强对外出务工青年的联系和引导，开展驻外皖籍青年携手创未来行动，指导驻外团组织开展以“美丽中国——皖籍青年在行动”为主题的志愿服务、文艺演出、公益救助、维护权益等活动。

2. 构建新媒体阵地。“青春安徽”移动手机频道向全省处级以上专职团干部免费赠阅

71期。省、市、县三级团组织建立各类网站、手机报、官方认证微博3451个,安徽共青团腾讯、新浪微博粉丝突破82万;高校各级团学组织建立各类微博1.21万个,学生粉丝超过100万。2013年12月,人民网舆情监测室、腾讯微博共同发布了《2013年腾讯政务微博和政务微信发展研究报告》,团省委腾讯官方微博影响力跃居全团首位。开展学习团的十七大精神微博大赛,编辑出版了《我的中国梦心语集》、《我的中国梦青春故事汇》,举办微访谈直播11期,890万名粉丝围观,征集微电影作品128部。

二、服务青年成长成才

1. 加强扶持青年创新创业体系建设。以“中国梦·创业行——安徽青年在行动”为主题,建设教育培训、项目孵化、资金融通、政策扶持、人文关怀服务体系和省级青年创业园等“五个体系、一个平台”为保障,全方位服务各类青年创新创业需求。举办了“我的中国梦”青年创业典型报告会、青年企业家进校园、青年创业事迹报告会200多场次;在安徽大学等5所高校开设《KAB创业基础》公共课,组建了青年创业导师团;开展了青年科技创新“双百”示范点评选、“安徽省青年创业奖”、“安徽优秀青年企业家”评选。联合人社、农委、教育等部门,开设了SYB、CEFE、返乡农民工等创业技能培训课程,直接培训农村青年4.08万人,促进就业1.59万人。举办了第三届安徽青年创业大赛、“MM百万青年创业计划”、第五届“挑战杯”全省大学生创业计划竞赛、大学生网商创业大赛、“青苗杯”项目资本群英会等活动和比赛。举办了“见习助就业·牵手毕业生”和服务青年就业专场招聘会50余场次,提供就业(见习)岗位2.75万余个。争取中国青年创业就业基金会315万元支持安徽青年创业,争取省财政设立了150万元青年就业创业专项经费。联合省经信委、省财政厅、徽商银行,实施青年创业贷款担保风险池项目。联合金融机构实施了农村青年信用示范户创建、青年创业小额贷款、万名农村青年创业信贷扶持计划等工作,共为1.32万名青年发放贷款11.6亿元,带动3.23万名青年就业;继续实施皖北地区青年创业贷款财政贴息工作,共为1534个项目提供贴息资金1000万元,直接撬动贷款1.96亿元;实施大学生村官创业兴皖富民行动,为大学生村官创业提供贴息和补助资金100万元。发挥大学生创新创业促进会作用,成立了省青年创业者协会大学生村官分会,市、县两级分别成立了6个、38个青年创业者协会,会员达到5000名。

2. 激励青年立足本职岗位创先创优。举办岗位成才报告会15场次,组织各级青年文明号集体和争创集体开展服务质量展示,举办了第十届安徽省青年职业技能大赛,开展了“中国梦·青春风采展示”、寻找最美青工等活动,联合省安监局等单位开展“安全守护·中国梦——青安岗在行动”青年安全生产示范岗创建活动。动员青年主动投身基层一线建功立业,组织青年在重点工程、重大项目、自然灾害、突发事件等急难险重任务面前,发挥突击队作用。

3. 引导青年投身社会公益活动。各级团组织共开展学雷锋活动和主题队日1.03万场次,参与团员青年212万人次。共组建国家级、省级、校级社会实践重点团队2700余支,分赴全国各地开展形式多样的社会实践活动。选拔236名西部计划大学生志愿者和青年卫生志愿者赴新疆、陕西、广西等地和安徽省基层开展志愿服务。深入推进青年环保行动,持续开展“生态安徽青少年活动月”、保护母亲河行动,积极参与美好乡村建设、千万亩森林增长工程建设,全省共组织30余万名青少年参加植树造林活动,植树154.5万棵,绿化面积13.3万亩。

三、基层组织建设和基层工作

1. 以制度落实固化团建成果。坚持党建

带团建，深入推进《关于加强新形势下基层党建带团建工作的实施意见》、《关于加强基层团组织工作经费保障的通知》和《关于加强中学共青团工作的意见》等文件的贯彻落实。开展以“团的建设科学化”为主题的青少年课题研究。推进少先队学科建设，配合安徽师范大学完成“少年儿童组织与思想意识教育”研究生招生工作；配合合肥师范学院完成“少年儿童组织与思想意识教育”本科专业选修课程110名学员的招生、结业工作。实施“少先队活动”课程建设试点工作，并在全国少工委六届四次全会上作了典型交流发言。起草完善《关于进一步加强少年儿童和少先队工作的意见》。

2. 扩大团组织有效覆盖面。继续推进层级化和非层级化组织载体建设，巩固乡镇团的组织格局创新和实体化“大团委”建设成果，认真开展“回头看”，已建并录入乡镇直属团组织2.71万个，吸纳团员38.68万名，联系35岁以下青年110.16万人。巩固深化非公企业和社会组织团建，推动3662家非公企业和245家新社会组织建立团组织。深入推进农村专业合作社团建工作，建立合作社团组织1845个，覆盖团员青年6.91万人。巩固驻外、行业组织团建成果，累计建立省、市、县三级驻外团工委8个、64个、173个，派生基层团组织575个，联系团员青年180多万人。

3. 加强对基层工作的支持力度。建立团的领导机关直接联系服务基层机制，完善团的各级机关干部基层联系点1522个，从地市以上团的机关选派2批53名干部到县级团委驻点指导工作，选派第3批63名高校团干部到县级党政综合部门和基层团组织挂职一年，选派73名大学生志愿者到县级团委帮助工作，充实了基层工作力量。发挥省级财政210万元支持基层团组织经费的杠杆拉动作用，全省有96个县（市、区）将乡镇（街道）团（工）委每年2万元工作经费纳入了财政预算。深化“百企助百镇”青年徽商携手基层促发展公益行动，募集款物640万元，拨付到位530万元，147个企业结对支持519个乡镇（街道）团（工）委工作。

四、重点青少年群体帮扶教育

1. 维护青少年合法权益。集中举办“共青团与人大代表、政协委员面对面”活动，省、市两级人大代表、政协委员350余人参加活动，召开面对面座谈会94场次，提出涉及青少年的提案、议案、建议49件。开展青少年法制宣传月、青少年维权岗创建、第八届“全省未成年人保护十大事件”评选等活动，推广试点工作经验，全省第一批8个县区全面推进重点青少年群体教育管理和预防犯罪工作。完成了《安徽省未成年人保护条例》第42条配套办法的制订工作；中央预防青少年违法犯罪专项组对安徽省工作考核成绩并列全国第4位。

2. 关爱帮扶教育重点青少年群体。希望工程省本级筹资超过3100万元，新建希望小学13所，资助各类困难学生9740名。深入推进关爱农民工子女志愿服务行动，发挥“幸福欢笑365”活动阵地和“七彩小屋”示范基地作用。继续开展阳光关爱行动，对848名服刑人员未成年子女进行了帮扶。加强青少年自护教育，开展校园自护情景剧表演比赛、“青少年远离毒品”、“青春红丝带”等活动，加强青少年事故预防及自救知识的宣传。加强12355青少年服务台建设，省本级接听热线2238起，建立了团组织与未成年人保护志愿律师协调人对接制度，招募未成年人保护志愿律师402名，对41例典型个案进行跟踪处理，初步形成了省、市、县三级未成年人保护维权网络。

五、加强团干部队伍建设

1. 深入开展党的群众路线教育实践活动。以“青春筑梦——敢于有梦、勇于追梦、勤于圆梦”为主题，顺利完成了各个环节的工作。活动中，深入基层调研走访147人次，走访慰问困难群众140人，结对帮扶困难家庭24户，结对共建基层党组织4个，提出重点整改措施

235 条，形成了具体制度 50 项。

2. 加强团干部教育培训。完善机关中心组理论学习和机关大讲堂等各项学习制度，团省委连续 3 年在全省干部网络教育平台学习中通过率和人均学时均名列安徽省直机关第 1 名。加强对各级团干部的培训，累计培训专兼职团干部 2.3 万余名。统筹部署“下基层、访青年、送服务”活动。

3. 加强团的机关自身建设。严格执行中央“八项规定”和省委省政府、团中央相关规定精神，加强对《团省委关于改进工作作风、密切联系青年的实施办法》贯彻落实情况的监督检查。团省委班子成员为机关和各级团干部做好表率。加强机关效能建设。加强团干部思想政治建设、作风建设和能力建设，落实好团干部协管职责。2013 年，安徽省委组织部对 89 个有干部任免权的省直及事业单位党委（党组）干部选拔任用工作进行评议，团省委“干部选拔任用工作总体评价”、“履行选人用人工作职责”等 6 项指标的平均满意度均名列前 3 位。

福建团的工作

2013 年，在省委和团中央的正确领导下，福建共青团认真学习贯彻习近平总书记系列重要讲话精神，深入贯彻落实省委和团中央一系列重大决策部署，牢牢把握团的四项基本职能，全面实施“六大青春战役”，突出重点，狠抓落实，推动全省共青团事业迈上了新台阶。

一、认真学习贯彻党的十八大、十八届三中全会和团的十七大等一系列重要会议精神和习近平总书记系列重要讲话精神

先后召开团省委常委会、常委（扩大）会议进行专题学习，通过理论中心组、晨会、领导干部上党课等载体，组织机关干部进行学习交流。召开团省委十三届二次全体（扩大）会议，对全省各级团组织学习贯彻团十七大精神工作进行部署。充分运用网站、微信、手机报、即时通讯等新媒体手段开展学习宣传。在团省委官方微博发起“学习十八大·青春促跨越”、“感悟十八大·青春正能量”等微话题讨论，引导青少年广泛参与。组织各类青少年群体观看《团萱漫画——感悟十八大》等 9 部青少年网络宣传片，全省组织观看活动 10966 场次，覆盖 74.5 万多人次。此外，各地团组织还通过党课团课、辅导报告、座谈交流、理论研讨、主题团日活动等形式，在广大团员青年中掀起学习热潮。

二、坚持不懈用社会主义核心价值体系和中国梦凝聚青年共识

以“中国梦·青年说”走进青年为重点，扎实开展“我的中国梦”主题教育实践活动。五四期间，全省各地团组织开展“与信仰对话——飞 YOUNG 中国梦”、“与人生对话——我的中国梦”、“青春建功中国梦”报告会和“我的中国梦”青年创业典型报告会等活动 108 场，吸引 2 万多名青少年参与；以“劳动·创造·奋斗——我的青春故事”活动为重点，广泛开展“三观”、“三热爱”主题教育实践活动。以“雷锋榜样进校园”活动为重点，深入开展“青春雷锋·美丽福建”主题教育实践活动，全省开展学雷锋志愿活动共 5398 场，17.7 万多人次参与；各级共青团、少先队组织学雷锋主题团、队日活动 54526 场，288 万人次参与。在高速公路广告和公交车站宣传栏刊登“学习

雷锋好榜样”公益广告。大力加强共青团新媒体建设，承办全国高校共青团新媒体工作研讨推进会，积极推广福建师范大学“五微五阵地”做法，推动高校团组织微博体系建设。全省各级团组织开通手机报30多种，“共青早读”等团系统微信公众平台37个，通过认证的各级专职团干部微博1102个，以组织名义及工作品牌开设的团学系统微博656个。与社会力量合作建设海西青少年成长服务平台，在中国网络电视台开通了福建青年频道。成立高校网络志愿者队伍，大力加强网络正面引导和网络舆论斗争。

三、积极引领青年在推动福建科学发展跨越发展、实现“百姓富、生态美”中建功立业

联合省交通厅等单位在全省75个高速公路服务区和450个中石化、中石油加油站设立“青年驿站”，为来往旅客提供免费热水、应急医疗、简易检修等服务。招募600名大学生志愿者为第十一届“中国·海峡项目成果交易会”提供会务接待、礼仪引导、外事翻译等志愿服务；选拔350名大学生志愿者赴西部和福建省欠发达地区开展为期2年的支教、支医、支农等志愿服务。在全省12000多家青年文明号集体中开展“青春光盘”、优质服务示范月、“青心同行”等活动，用青春打造优质软环境。联合省教育厅、省科协举办第十一届“挑战杯”福建省大学生课外学术科技作品竞赛，参与高校数、申报作品数均创历届之最。成功举办第七届中国青年科技创新馆，共征集、展示青年科技创新创业项目300多个，促成了一批成果对接。举办“海西测绘地理信息杯”、海峡两岸信息服务创新大赛等5项省级职业技能大赛，全年累计开展各类职工技能竞赛130余场，吸引了40多个职业（工种）4000多名青年职工参与。深入开展“保护母亲河·2013年度青少年植树行动”，广泛发动团员青年、志愿者和少先队员植树11.5万株、面积3140多亩。开展“低碳环保·主播邀您同行”环保公益骑行活动，建立“发现美丽乡村”青年微电影创作基地，并启动首届微电影邀请赛，在青少年群体中积极传播生态文明理念。成立省级青少年生态环保社团联盟，吸引71个青少年生态环保社团2万多人加入，并开展小额资助青少年生态环保项目活动。开展青年学生入伍宣传动员工作，在福建师大、厦门大学举办入伍动员晚会，联合东南网制作“学子携笔从戎圆‘从军梦’”视频访谈节目，制作了《军营小时代》摄影、《将参军进行到底》漫画、《小君、小川入伍攻略》宣传手册等文化产品，在高校、公交移动频道、火车站、网站、微博等媒体上投放，积极发动适龄青年、青年大学生踊跃应征入伍。

四、突出重点竭诚服务青少年成长成才

深入开展服务青年就业创业工作，培训城乡创业青年37638名，组织4480名青年到就业创业见习基地上岗见习。“银团合作”模式得到团中央书记处第一书记秦宜智的批示，并在全团进行推广，选派新一批54名金融机构年轻干部到县级团委挂职。评定农村青年信用示范户676户、发放贷款2197万元。组织21家初创小微企业入驻省青年创业服务中心。开展第二届大学生“创业之星”评选活动，为117个优秀创业项目提供补助。深入开展中国青年创业国际计划，共帮扶青年创业项目125个，发放免息创业贷款501万元。开展福建省青年创业奖评选活动，选树了一批青年创业典型。开展重点青少年群体排查摸底工作，全省共摸排五类重点青少年11.8万多人，召开重点青少年群体服务管理和预防犯罪座谈会，为做好下一步的对接帮扶工作打下坚实基础。深入开展希望工程“圆梦行动”，筹集爱心款3000多万元，援建希望小学7所，资助困难大学新生4747名、家庭困难中小学生53名。组建志愿服务队1622支，招募志愿者174944人，与1447所农民工子弟学校和391253名农民工子女结对开展帮扶活动。筹集202.8万元款物，帮助农民工子女实现“微心愿”20069个。举办“红领巾讲坛”及家长课堂70场。举办“亮彩青春”千人交友活动，吸引了1600多名机关、企事业单位青年员工参与。在“两节”期间开展“2014青春同行”进基层送温暖统一行动，筹集慰问物资737万元，赠送毛毯5万条。建立特困家庭青少年档案15248份，发动1万多个基层团支部与特困家庭青少年结对。深化青少年维权工作，成立12355省级呼叫服务中心和市级分办服务中心，开展“轻松备考12355与你同行”阳光行动，举办各类讲座384场、153400多人次参与，接听考前咨询电话1952人次。重新启动“青少年维权岗”创建工作，积极开展青少年权益工作创新试点工作。深入开展“共青团与人大代表、政协委员面对面”活动，向省“两会”提交了3份建议提案。召开2013年省综治委预防青少年违法犯罪工作领导小组全体会议暨重点青少年群体服务管理和预防犯罪工作推进会，不断健全省市县三级预防青少年违法犯罪工作机制。

五、持续深化闽台青少年交流

成功举办第十一届海峡青年论坛，吸引了来自两岸四地的近千名青年代表参加主旨论坛、青年创业家园论坛、闽台青少年项目交流会、两岸青少年社会教育工作研讨会等活动。成功举办第八届两岸青年联欢节，来自台湾的1252名青年学生和福建各界青年共同参加2013年海峡青年节、第九届两岸大学校园歌手邀请赛、第八届海峡两岸青少年排球邀请赛、第二届百名台湾大学生八闽行夏令营等7个交流活动。成功举办第五届“阳光海峡—两岸快乐小天使活动营”，100名来自海峡两岸的小朋友赴福建各地开展体验中华传统文化之旅。启动“台湾青少年福建行”项目，采用组织化和社会化动员相结合的方式，邀请1082名台湾青少年到福建交流。加大入岛力度，在岛内举办两岸青年金融峰会、两岸青年金融研讨会，近百名来自两岸银行、证券、保险等金融界的青年嘉宾代表参加会议；在岛内举办第十二届“闽南风·海峡情”两岸青少年文化交流活动，200多名两岸青少年参加了闽中西南美术主题交流、“嘉庚建筑”交流等活动。与台湾青年创业协会总会合作，在每期《创业天下》杂志开辟“台湾青创”栏目，服务两岸青少年就业创业。成功举办第五届两岸青年社团负责人圆桌会议，两岸有关青年社团签署了5项合作协议。此外，闽港澳青少年交流有新拓展，举办“2013香港大学生暑期内地实习”活动，共接收来自香港树仁大学、香港城市大学等高校的31名香港大学生来闽实习。组织闽籍奥运冠军和省青联界别委员开展以“八闽健儿香江行”为主题的内地优秀青年代表与香港青年学生面对面交流活动，与1500名香港青少年进行面对面的交流。组织省青联代表团赴港澳走访闽籍社团，举办港澳青联界别政协委员联谊活动，引导他们积极参政议政，关心支持省青少年事业发展。

六、大力加强团的基层组织建设和基层工作

完善党建带团建工作机制，联合省委组织部下发《关于健全完善基层党建带团建工作机制的意见》，明确提出“原则上按照每个乡镇（街道）团组织工作经费每年不少于3万元标准列入县（市、区）财政预算”，为基层团组织开展工作提供政策保障。加大团建力度，全省新建非公企业团组织3457家、新社会组织团组织154家、省级行业团组织3家、省市级驻外团组织7家。开展乡镇团的组织格局创新和实体化“大团委”建设“回头看”工作，深化城市街道区域化大团建，全省街道团组织联系的基层团组织达3573个。实施福建共青团“基层组织服务青年能力激励计划”，对8个县级团委工作项目给予105万元补助。组织102个省直单位团组织和23个沿海经济较发达县（市、区）团委，对23个省级扶贫开发工作重点县共青团工作进行帮扶，选派31名高校团干部到县级团委挂职，重点向省级扶贫开发工作重点县倾斜。完成第二轮设区市以上团委机关干部到县级团委驻点工作任务，为驻点干部和金融挂职干部配套工作经费135万元。以送课下乡和免费培训方式，培训各级各类团干部1500多名、大中队少先队辅导员700多名。启动“年度团委书记”评选表彰活动，激励广大团干部增强责任感和使命感。深化全团带队，福建师范大学教育学院、厦门大学公共事务学院招收了第一批17名“少年儿童组织与思想教育”方向硕士研究生。积极争取省教育厅、省公务员局等单位的支持，有效推进少先队活动课程建设和少先队辅导员职评改革工作。

七、扎实推进党的群众路线教育实践活动

认真制订细致的学习方案，组织机关干部认真学习党的群众路线教育实践有关文件材料。举办专题讲座9场，其中由班子成员主讲授课6场，组织外出参观群众路线教育实践活动专题图片展2次，观看《苦难辉煌》、《苏共亡党亡国二十年祭》等教育纪录片10集。深入开展“走进青年、转变作风、改进工作”大调研和“四下基层”活动，共走访乡镇（街道）62个、调研点138个，召开各类青年座谈会128场，面对面深入访谈团员青年855人，发放调查问卷3611份，帮助基层办实事46件。结合征求到的意见建议，逐条对照检查，剖析思想根源，研究整改落实措施，提出整改时限要求，并开展集中专项整治工作和制度梳理修订工作。总结教育实践活动成果，制订出台《落实党的群众路线教育实践活动有关要求的几项规定》，从调查研究、学习、交友、生活、公务接待等方面入手，加强对团干部的教育管理，引导团干部树立清新形象。

江西团的工作

2013年是团江西省委的换届之年。一年来，在团中央和中共江西省委的领导下，按照党的十八大、十八届三中全会的总体部署，深入学习贯彻省委十三届七次、八次全会和团的十七大、省第十五次团代会精神，坚持继承与创新，围绕中心，服务大局，突出重点，狠抓落实，在把握根本性问题、突破关键性领域、转变团干部作风上真抓实干，实现了换届以来开局良好。

一、深入学习习近平总书记系列重要讲话精神

习近平总书记的系列重要讲话特别是关于青年和共青团工作的一系列重要论述，深刻阐述了新形势下青年和共青团工作的重大理论和实践问题，是指导青少年成长和开展共青团工作的根本遵循。江西各级团组织坚持把学习习近平总书记系列重要讲话作为首要政治任务来抓。

1. 领导班子带头学。坚持班子带头、领导示范，推动习近平总书记系列重要讲话精神入心入脑。经常参加省委专题学习。根据省委安排，团省委班子成员去年先后参加了全省领导干部学习贯彻党的十八大精神研讨班、学习贯彻习近平总书记在同团中央新一届领导班子成员集体谈话时重要讲话精神座谈会、全省学习贯彻党的十八届三中全会和习近平总书记系列讲话精神专题研讨班、全省市厅级干部学习贯彻习近平总书记系列讲话精神研讨班等专题学习共7批次。认真组织党组中心组学习。制度化常态化开展党组中心组学习，围绕党的十八大、十八届三中全会、团的十七大和习近平总书记系列重要讲话精神，一年来团省委组织党组中心组专题学习10次。特别是在党的群众路线教育活动中，团省委把习近平总书记系列重要讲话作为查摆“四风”的一面镜子，对照要求，查摆不足。期间共用8天时间组织了6次党组中心组学习，并结合工作深入交流学习心得。结合工作坚持自学。通过反复研读原文、摘抄学习笔记、参与微讨论等形式，深入自学习近平总书记系列重要讲话、十八大和十八届三中全会精神，并在中国共青团杂志、江西日报、大江网上刊发了学习体会文章。

2. 推动各级团干部深入学。要求各级团干部先学一步、学深一层，全面把握习近平总书记系列重要讲话的深刻内涵。开展主题座谈。围绕习近平总书记关于中国梦的重要论述、在同各界优秀青年代表座谈时的重要讲话以及给北京大学学生回信、“六一”重要讲话、在同团中央新一届领导班子成员集体谈话时重要讲话等，省、市、县联动，组织团干部代表、少先队员、少先队工作者代表深入学习座谈。开展团干部大宣讲。团十七大和省第十五次团代会闭幕后，第一时间组织参会团代表深入学校、企业、社区、农村，面向青年大力宣讲会议精神。团省委机关通过年轻干部讲坛、晨会讲堂开展学习宣讲81期。

3. 引导广大团员青年广泛学。坚持团内与团外相结合、网络与现实相结合、传统媒体与新兴媒体相结合，引导广大青年广泛学习习近平总书记系列重要讲话精神。团省委召开了江西各界青年学习团十七大精神座谈会，组织团干部和青年典型，广泛开展了“我的中国梦——奋斗的青春最美丽”交流分享、“改革共识与青年行动”百场宣讲交流等活动，引导青年按照习近平总书记系列重要讲话要求成长。同时，依托《江西团讯》、江西共青团网、江西共青团手机报、江西共青团公众微信号推出专栏专刊，形成了浓厚的学习氛围。

二、成功召开了江西省第十五次团代会

1. 选举产生了新一届团省委领导班子。认真做好代表选举产生、委员会构成、大会选举等工作；充分发扬团内民主，代表构成更加丰富；成功选举产生了新一届委员会、常委会和团省委领导班子，为今后五年江西共青团工作发展提供了组织保障。

2. 科学谋划了未来一段时期江西共青团工作。在认真总结过去五年工作的基础上，按照系统性、前瞻性和实践性相统一的原则，进一步理清了今后五年全省共青团工作思路，明确了工作方向。一是在工作目标上，牢牢把握中国青年运动的时代主题，从党对共青团工作的新要求和共青团的根本职责出发，坚持围绕中心、服务大局，提出了要“用中国梦引领团员青年为实现江西与全国同步全面建成小康社会展现青春作为”的总目标。二是在工作思路上，立足江西共青团工作实际，经过深入调研，在总结过去五年工作的基础上，集思广益，明确提出了“构建四大体系，实现四个发展”的工作思路。即：构建青少年教育引导体系、青年建功发展体系、青少年成长服务体系、枢纽型青年工作体系，实现全省共青团事业科学发展、创新发展、务实发展、跨越发展。三是在工作要求上，要求各级团干部践行“四种精神”：践行伟大的井冈山精神，做到讲政治、重创新、接地气、转作风；践行实干的“钉钉子”精神，做到能干、坚持实干、持续接力干；践行团结的“大雁精神”，做到勇于担当、善于包容、团结协作；践行清廉的“莲花精神”，做到慎始、慎微、慎独，树立团干部良好形象。

三、以真抓实干的状态贯彻落实团中央和省委的决策部署

紧紧围绕团中央、省委的总体部署和工作要求，努力找准全省共青团工作的切入点、结

合点和着力点。

1. 弘扬时代主旋律，坚定青年跟党走中国特色社会主义道路实现中国梦的理想信念。把理想信念教育作为青少年思想引导工作的先导和重点。一是深入开展“我的中国梦”主题教育活动。把“我的中国梦”主题教育活动作为全省青少年思想教育引导工作的主线。积极承担和参与了全省“中国梦”主题宣传教育27项活动中的11项，按照“成长梦”、“创业梦”、“幸福梦”、“公益梦”4个系列设计了16项活动，开展了宣讲交流活动11626场，主题团日活动13551场，开设微话题3627个、发送原创微博60余万条，参与青少年320余万人次。二是大力开展“学习龚全珍、争当青年友”主题教育活动。率先在全省开展了“学习龚全珍、争当青年友”主题活动，结合党的群众路线教育实践活动，召开了学习龚全珍专题研讨会，举办了学习龚全珍交流培训班，组织观看了龚全珍先进事迹报告会，开展了与龚全珍女儿面对面访谈交流，在团干部中开展了为民务实清廉大讨论，组织全省少先队辅导员向龚全珍同志学习，争当最美少先队辅导员，在全省团干部和青少年中掀起了学先进、做先锋的热潮。三是深化青年马克思主义者培养工程。充分利用江西丰富的红色文化资源，提升“青马”工程培养效果。在举办了第七期“井冈之星”——江西省大学生骨干培养班，将参训对象进一步扩大为全省73所高校的学员，进一步坚定了青年大学生的人生信仰与理想信念。四是广泛开展“与信仰对话”、“与人生对话”报告会。省领导亲自深入高校作专题报告6场，全省高校共举办“与信仰对话”报告会405场，各中职学校和设区市团委举办优秀中职毕业生报告会242场。扎实推进报告会导师库建设，在全省遴选了专家学者、优秀团干部、优秀大学生、青年企业家共计41人组建了报告会导师库，建立健全报告会效果反馈机制，切实提升报告会质量。

2. 积极服务全省经济社会发展，助推发展升级。重点围绕推进昌九一体化发展，全力支持共青城发展，着力协助抓好支持共青城发展第九次领导小组会议确定的支持事项的落实。重点推进了共青团展览馆设计、希望工程阳光成长中心二期建设，积极协调青年创业大厦、大学城项目落户共青城。与中青企协、北京、广东等地青企协加强联系，大力宣传推介，特别是加大共青城电子商务和手机动漫产业的推介力度。全面参与和谐社会建设，深入实施希望工程、1%工程、江西希望之星成长计划等品牌项目，全年筹集款物突破5000万元，资助贫困学生2173人，江西省青基会被授予“全国希望工程影响力奖”。高位推动重点青少年群体服务管理和预防犯罪工作，第一轮实施的33个县（市、区）工作稳步推进。积极做好瑞金市沙洲坝乡清水村包村扶贫工作，确定兴国县为全国希望工程重点实施县，切实支持赣南等原中央苏区振兴发展。

3. 竭诚服务青年成长发展，助推小康提速。以满足青年多元化需求、服务青年成长发展为目标，着力增强团组织的吸引力和凝聚力。针对青年就业创业需求，联合有关部门进一步完善了青年创业政策体系，通过建立青年创业孵化基地、就业创业见习基地、组建创业导师队伍、发放创业贷款、举办“赢在江西”青年创业大赛等，初步构建了青年参与、企业家资助、金融机构扶持、团委搭建平台、职能部门支持的“五位一体”青年创业支持体系。针对青少年城市融入需求，深入推进“杜鹃花行动”——关爱农民工子女志愿服务行动，结对学校2075所，结对帮扶80余万人，累计捐赠款物450余万。针对青年婚恋交友需求，常态化举办“爱的约定”交友活动，吸引8.3万余名青年参与。针对青少年权益保护需求，树立大服务、大维权工作理念，加大青少年法制教育、自护教育和心理教育力度，在全国率先启动实施单亲家庭未成年子女援助计划，争取政府公益创投项目资金给予基层经费支持，共青团与人大代表政协委员面对面活动广泛开展。

4. 主动参与生态文明建设，助推绿色崛起。广泛宣传、广搭平台，教育引导青少年争做生态文明的宣传者、实践者。在宣传引导上，依托青少年生态环保社团、环境文化警示教育节以及世界水日、世界环境日等平台和契机，加强青少年和全社会生态意识教育，大力倡导绿色生活理念。在环保实践上，着力抓好全省"五河一湖"和东江源头生态环保，深入实施"青少年节能减排行动"，广泛开展江西高校环境文化节和江西青年绿色讲坛活动，推广红领巾乡村文明理事会、青少年环保监护站等经验做法，动员青少年积极参与生态环保实践。

四、以改革创新的精神推动江西共青团工作新发展

认真贯彻落实十八届三中全会精神，以改革创新精神全面加强共青团工作，形成了一批党政认可、青年欢迎、影响广泛的工作项目。

1. 着力创特。针对青年向网络聚集的实际，依托省内各大网站、论坛，建立网络团组织48个，覆盖网络青年200余万，网络团建工作在全国走在前列，得到了团中央主要领导充分肯定。围绕践行社会主义核心价值观，动员青少年常态化开展学雷锋活动，办好"身边的雷锋"广播栏目和官方微博，设立总额350万元的"雷锋基金"，开展各类学雷锋活动36000余场，直接参与青年330万人，推动形成了良好社会风尚。狠抓工作落实，健全了每月调度、每季排名、年中述职、年底考核工作机制，完善了重点工作每季评议通报制，建立了年终重点工作评议情况向同级党委反馈制，在全省各级团组织中形成了抓落实、守纪律、重执行、讲成效、争先进的良好导向。

2. 大力创新。创新农村共青团工作载体和抓手，围绕和谐秀美乡村建设，根据生态、文明、团建三大标准，在全省开展了共青团生态文明示范村创建，整合投入款物300万元，探索出新时期农村共青团工作的新载体和总抓手。创新青少年法制教育，规范化配备法制副校长3541名，实现全省乡镇中心小学全覆盖。联合制作并每周定期播出"护航青春梦、成长启示录"青少年法制教育电视专栏，取得了良好的社会效应。

3. 努力创优。"挑战杯"大学生课外学术科技作品竞赛获得历史最好成绩，实现了特等奖零的突破。新媒体工作成果获得好评，团属网站、微博、微信、手机报等"四位一体"的新媒体工作体系进一步完善，团省委官方微博被评选为2013年华东地区十大优秀宣传系统机构微博、江西十佳政务微博。完善了青年统战外事交流工作格局，"青年汇聚2013——赣港龙情"活动促成300余名港澳地区青少年来赣参观考察，形成了赣港澳青年互访互动交流机制。

五、在改进团干部作风中促进团干部健康成长

坚持在工作中培养干部，紧紧抓住作风建设这个龙头，有效促进团干部树立科学的发展观、正确的成长观。

1. 大培训，提高团干部政治水平和业务素质。下发了《全省团干部年度常态化教育培训工作实施方案》，团干部培训工作进一步常态化、制度化、规范化。举办了全省团干部专题培训班，举办了"青春路上党旗扬"远程教育网络主题报告会等活动，组织了"传承井冈精神 践行群众路线"千人井冈山主题培训活动，分领域、分战线组织各级团干部、少先队辅导员开展了各类集中培训。全年省级层面共面对面培训团干部3053人次，通过远程教育培训8万人，市县两级培训团干部4916人次，团干部理论素养和团务水平得到新提升。

2. 大调研，推动团干部下基层、接地气、受锻炼。在党的群众路线教育实践活动中，扎实开展了"走进青年、转变作风、改进工作"大调研，组织省、市两级团干部走访了53个县区、

72 个乡镇(街道)、64 个村、22 所学校、58 家企业、39 个青年组织,召开了 71 场座谈会,现场访谈青年 2696 人次,完成了“办实事”、“同劳动”、“交朋友”、“结对子”等各项规定动作,并形成了 11 个方面的专题调研报告。团省委主要负责人以“争做青年挚友,服务兴赣大业”为主题,与网友在线交流,收到网友留言 900 余条,有 210 万网友收听收看,针对网友提出的问题,经分类整理按类别分 5 批进行了公开回复。

3. 严要求,树立团干部良好形象。团省委领导班子带头查摆“四风”方面的突出问题,带头落实整改。加强对各级团干部的教育、管理和监督,严格遵守中央“八项规定”以及省委、团中央加强干部作风建设的系列要求,积极履行协管职责,在落实工作、服务青年中锤炼优良作风,展现了团干部务实、进取、坚韧、自律的良好形象。

山东团的工作

2013 年,在团中央和省委的领导下,全省各级团组织全面贯彻党的十八大和十八届二中、三中全会精神,深入学习贯彻习近平总书记系列重要讲话精神,认真落实省委十届七次、八次全会和团十七大、十七届二中全会精神,按照省第十三次团代会确定的“一二三四五六”工作思路,重点实施青春导航、青春建功、青春创业、青春同行、青春绿色“五项行动”和助力县域科学发展、服务青年项目创新“两项工程”,全面加强自身建设,团的各项工作取得新的进展。

一、把牢根本任务,青少年思想引导工作取得新成效

围绕培养中国特色社会主义事业建设者和接班人,重点实施青春导航行动,不断增强引导工作的吸引力、凝聚力和感染力。

1. 深入学习贯彻党的十八大、十八届三中全会精神和习近平总书记系列重要讲话精神。围绕学习贯彻党的十八大和十八届三中全会精神,先后召开团省委常委(扩大)会议、团的各级领导机关干部会议传达学习,举办“山青学堂”和各级团干部培训班开展专题辅导,持续兴起学习贯彻热潮。围绕学习贯彻习近平总书记系列重要讲话精神,第一时间举办市级团委书记和大学生骨干培训班,开展主题团日活动 15.1 万场次,覆盖青年 779.6 万人次。在思想认识和具体实践中,深刻把握总书记关于团的根本任务、政治责任、工作主线三个根本性问题以及提高团的吸引力和凝聚力、扩大团的工作有效覆盖面两大战略性课题的重要论述。围绕学习党章、团章和团十七大、十七届二中全会精神,先后召开全省共青团工作会议、十三届二次全委(扩大)会议,研究贯彻落实措施;向专职团干部配发团章,集中开展学习团章活动,形成深入持久学习氛围,努力廓清本源。

2. 不断加强青少年理想信念教育。以“我的中国梦”为主题,广泛开展“青春建功中国梦”、“奋斗的青春最美丽”、“红领巾相约中国梦”等系列活动 18.9 万场次,覆盖团员青年 867.2 万人次。组建“梦想导师团”,举办“梦想导师—对话青春”交流会 18.7 万场次,结成帮扶对子 1241 个,直接覆盖团员青年 511.7 万人次。在高校举办“与信仰对话”主题教育活

动300场次，青年学生参与10万人次。深入推进青年马克思主义者培养工程，全省培养大学生骨干、高校团干部和青年教师22.9万人次。

3. 广泛开展青少年道德规范教育。坚持以“三观”、“三热爱”为主线，着眼于培养和践行社会主义核心价值观，广泛开展“山东青年五四奖章”、“山东十大杰出青年”、寻找“最美青工”等评选活动和“道德榜样面对面”、“学习雷锋，爱在齐鲁，做山东好青年”等道德实践活动，带动广大青年寻找身边榜样、学习身边榜样。抓住烟台大学7名餐厅保洁员吃学生剩饭引发热议的契机，深入推进“光盘行动”，广泛开展“倡导节约、反对浪费”大讨论。

4. 创新引导青年的方式方法。建设“团”字号微博体系，开通团组织、团干部实名认证微博1.5万个，“山东共青团”新浪官方微博粉丝量达200万。实施微博矩阵“双百”计划，分别在新浪、腾讯开通100个团组织微博和100个团干部微博。建立省级微信公众平台和微网站，组建青年网络评论员队伍，“网上祭英烈·共铸中国梦”、“中国梦想·青春出彩”等微话题讨论，影响覆盖青少年1780万人次。开通“我的中国梦”专题网页，各级手机报平台发布专题内容1.5万余次。

二、紧扣工作主线，助力经济社会发展创造新业绩

紧紧围绕中心、服务大局，重点实施青春建功、青春绿色行动，组织动员广大青年为加快建设经济文化强省作贡献。

1. 积极投身经济强省建设。着力提高青年劳动者素质，深化青工技能振兴计划，创新实施百万青工岗位大练兵活动，举办市级及以上青年职业技能大赛75场次，参赛人数达7.2万。承办寻找“最美青工”暨第九届“振兴杯”全国青年职业技能大赛展示活动。围绕山东半岛蓝色经济区、黄河三角洲高效生态经济区、省会城市群经济圈、西部经济隆起带等重点区域带动战略，深入实施“助力县域科学发展工程”，组织大批青年突击队投身重点工程、重大项目建设，组建981支团队1.1万人次大学生“调研山东”。深入实施“青年人才工程”，在全省范围内选拔1799名优秀青年，建立起省级网络版青年人才库。

2. 大力服务文化强省建设。创新开展大学生科技文化艺术节、“三下乡”等青少年文化活动，深化青年文明号等群众性精神文明创建活动。深入推进“花YOUNG年华欢乐送”青少年公益文化活动，使14.4万名贫困家庭青少年免费享受到公益文化服务。开展“送文化下基层”公益文化活动，组织1600个困难家庭免费观看“十艺节”剧目演出。开展“发微博、游家乡”等主题文化活动，参与青年70万人次。推进文化产品创作，举办首届山东青年动漫创意大赛，制作中国梦系列公益宣传片。

3. 广泛参与社会治理创新。举办首届青年社会组织优秀公益项目评选活动，吸引400多家青年社会组织关注参与。设立2200万元的省青联公益发展基金，扶持青年社会组织开展公益活动。深入推进志愿者行动，组织1万名志愿者服务第十届中国艺术节，推动5.7万名志愿者参与“平安行·你我他——青年志愿者在行动”活动。深入实施大学生志愿服务西部计划，选派784名志愿者赴西部8省区开展志愿服务。

4. 扎实服务生态山东建设。深化保护母亲河行动，组织开展“青春汇绿美丽山东”青少年植树行动，动员218.8万人次青少年植树784.8万棵。联合省林业厅命名创建18处省级青少年绿化基地。成立省青少年绿色联盟，首批吸纳184个社团加入，吸引1万名青少年广泛参与。组织开展“青春绿动中国梦”摄影及微电影（动漫）大赛和“湿地寻梦”随手拍活动，吸引35万青少年关注参与。探索利用移动互联网终端吸引青少年关注绿色环保，首次推出“指尖上的绿色”手机APP公益软件。

三、坚持青年为本,服务青少年成长成才实现新提升

深刻把握巩固和扩大党执政的青年群众基础这一政治责任,围绕服务青年需求,深入实施青春创业、青春同行行动,使团组织成为广大青年遇到困难时想得起、找得到、靠得住的力量。

1. 积极服务青年创业就业。一是激发青年创业创新意识。举办第二届全省青年创业大赛、"挑战杯"省大学生课外学术科技作品竞赛和第二届全省大学生创意文化节,评选山东青年创业奖。"联通未来青春创业社"吸引740支团队、8000名大学生进驻创业。二是服务青年创业就业现实需求。深化青年小额贷款项目,争取并发放各类小额贷款18.2亿元,带动7.1万名青年创业就业。新增创业就业见习基地913个,"百校千企送岗"活动直接为应届毕业大学生提供就业岗位6.1万个。加强农村青年创业就业培训,落实培训经费640.5万元,培训农村青年19.6万人。三是力所能及地降低青年创业风险。加强青年创业导师队伍建设,省、市两级575名青年创业导师帮扶2070名创业青年。组建青春创业俱乐部,吸纳1326名初创业青年抱团取暖。选派第二批128名金融机构优秀年轻干部到县级团委挂职,发放小额贷款6.3亿元,帮扶1.6万名农村青年创业就业。用好每年省级300万元青春创业贴息专项资金。11月7日,团省委在全省创业创新工作会议上作典型发言。

2. 竭诚服务重点青少年群体。集成服务青年项目品牌,在全省范围内深入实施"服务青年项目创新工程"。深入推进"心愿直通车"少年儿童关爱行动,筹集款物1138万元,累计服务农村留守儿童、进城务工人员子女和贫困家庭儿童24万人次。稳步推进"青春助力"——山东共青团关爱农民工子女志愿服务行动,全省结成帮扶对子53.3万对,惠及60.7万农民工子女。希望工程募集资金5370万元,援建希望小学40所,资助贫困学生1.3万名。

3. 切实代表和维护青少年合法权益。全面部署开展重点青少年群体服务管理和预防犯罪第一轮推动工作。推动"共青团与人大代表、政协委员面对面"活动向县一级延伸,各级团组织"两会"期间举行座谈和集中见面会105场,提出建议、提案182份。建立健全"走进青年——人大代表、政协委员调研日"活动机制,省政协副主席许立全两次带队开展调研。依托12355平台,广泛开展阳光行动、12355"三进"等系列活动,发送"彩虹伞"青少年自护提示短信3000万条。

四、抓基础强作风,团的自身建设和团属事业迈上新台阶

坚持党建带团建、团建抓创新,积极扩覆盖、提活力、强队伍,不断扩大团的工作有效覆盖面。

1. 全面加强基层组织建设和基层工作。一是努力扩大组织覆盖。推进乡镇实体化"大团委"建设和"回头看"工作,建立乡镇直属团组织2.9万个,覆盖团员青年273.8万人。新推动6061家非公有制企业、1043个乡镇金融机构、2862家青年农民合作社建立团组织,组建县级以上驻外团工委151家。集中开展县乡团委换届工作,全省共有80个县(市、区)、1048个乡镇(街道)完成换届。二是着力提升组织活力。遵循不同领域团的工作内在规律,有重点地将团的特色工作和品牌活动嫁接到企业和镇域团组织中去,大力开展"特色支部"、"活力支部"等活动,使新建基层团组织走出"建了瘫、瘫了建"的恶性循环。三是充实工作力量。推动1768名青年民警兼任乡镇团委副书记、1031名乡镇金融机构优秀青年兼任乡镇团委委员。新选配市、县团委班子成员93名。选派69名高校团干部、128名金融干部到县级团委挂职,组织37名团干部到县级团委驻点。

2. 狠抓团干部队伍建设。一是切实转变团干部作风。团省委机关以各项工作走在前列为标准深入开展党的群众路线教育实践活动。以此为契机，启动全省共青团作风建设年活动，按照“头脑始终牢记信念，心里始终装着青年，眼睛始终盯着基层，肩上始终扛着责任，胸中始终燃烧激情”的要求，狠抓专职团干部作风。组织团省委机关干部直接联系县（市、区），近距离观察县级团委书记的精神状态和工作业绩，形成了“逐级抓工作、隔级盯作风”的工作态势。广泛开展“走进青年、转变作风、改进工作”大调研、全省团员发展管理和少先队工作开展大样本调研和“走进青年”团干部恳谈日活动，推动团干部下基层、访青年、办实事。二是狠抓团干部学习。举办“山青学堂”，定期邀请专家通过视频会议系统为省、市、县三级团干部授课，全年共举办 25 期，2. 3 万人次参加学习。加强团干部培训，举办各级团干部培训班 497 期，培训基层团干部 1. 9 万人次。三是积极加强制度建设。从严落实中央八项规定和省委、团中央实施办法，出台团省委具体实施办法。加强团干部协管，建立县级团委班子成员变动情况向团省委备案制度。

3. 推动团属事业蓬勃发展。胜利召开省第十三次团代会、省青联十二届一次全委会和省学联第十一次代表大会，圆满完成省青少年研究会、省宫协、省青企协等 6 个团属青年社团的换届工作。成功承办第九届中国青少年发展论坛，举办首届山东青少年发展论坛。青少年对外交流交往进一步扩大，与港澳台交流的内容、层次和规模实现新的突破，同德国、意大利、韩国等国家的交流渠道进一步拓宽。山东青年杂志、山东青年报和齐鲁少年报办刊质量不断提高，报刊发行量、覆盖面及各项经济指标稳中有增。省青少年活动中心、素质教育中心在服务质量、综合管理、基础设施和阵地建设等方面实现新突破，社会影响不断扩大。省中国青年旅行社不断拓宽经营范围，加强对外合作，扎实推进省当代青年艺术交流中心筹建工作。

河南团的工作

2013 年，在省委和团中央的正确领导下，全省各级团组织认真贯彻落实党的十八大、十八届三中全会和团十七大精神，认真贯彻省委书记郭庚茂在省委常委会上提出的“共青团要切实把握团的工作的根本性问题，与时俱进、创造性地开展工作”的新要求，围绕全面实施三大国家战略规划和打造“四个河南”，以深入开展党的群众路线教育实践活动为契机，启动实施“河南共青团青春点亮行动”，服务大局，凝聚青年，转变作风，扎实工作，团结带领广大团员青年投身加快中原崛起河南振兴富民强省的具体实践，推动团的事业取得新的发展。

一、突出主题，广泛宣传，为实现中国梦凝聚思想共识

全省各级团组织紧紧围绕实现中华民族伟大复兴的中国梦，通过开展贴近时尚、青年喜爱的活动，引导广大青少年坚定走中国特色社会主义道路的理想信念。一是深入开展“我的中国梦”主题实践教育活动，结合十八大、团十七大精神和习近平总书记一系列重要讲话精神的学习宣传贯彻，通过举办青春故事讲述、青春励志演讲、“我的中国梦”微博宣传、

“红领巾相约中国梦”少先队活动课、“中原骄子·梦想行”、“学理论·强党性·铸信仰”征文演讲等活动，教育引导青少年将个人梦融入中国梦之中，全省共举办座谈、演讲、培训等活动48.2万次，覆盖青年723万。二是利用互联网向广大青少年发出“新春有节、圆梦崛起、情系雅安、学习英雄、抵制网谣、投身改革”等“团递正能量”系列倡议书，在不同的时间节点引导青少年积极践行社会主义核心价值观，影响和覆盖青少年超过448万。三是充分利用河南共青团智能工作终端、QQ群、微博、微信等新媒体平台，相继开展“感悟十八大·青春正能量”、“奋斗的青春最美丽”青春励志视频演讲等活动，覆盖青年800余万。四是开展了“与信仰对话飞Young中国梦”名家报告进校园活动，共举办报告会466场，营造了良好的教育氛围。

二、围绕中心，服务大局，组织青年立足本职建功立业

各级团组织围绕全省经济社会发展大局，持续品牌工作，不断扩大成效，团结带领广大团员青年在加快中原崛起河南振兴富民强省的具体实践中展现了青春风采。一是引领青年在经济建设中奋发有为。发挥广大青年的生力军和突击队作用，开展了河南青年“三夏”建功行动，组建“三夏”青年突击队1450余支，参加各类服务活动52万人次；举办河南省青年人才产学研合作对接、青年企业家服务中原经济区建设县区行系列活动，组织100多名青年企业家参加中部博览会、第八届豫商大会等经贸活动；推动省青客商协会在第八届中博会上签约投资项目2个，投资额达2.4亿元。二是持续推进促进青年就业创业工作。开展大学生村干部创业培训、“阳光工程”、新型青年农民培训等活动，累计培训农村青年10万余名；开展“青年岗位技能提升三年行动”，实施“百万青工技能振兴计划”，培训技术工人22.6万名，高技能人才9260名；开展“河南省大学生暑期见习万岗行动”，9260名在校大学生实现见习上岗；启动“百场河南青年企业家创业励志讲堂”系列活动，先后邀请100多名有全国影响力的河南青年创业典型讲述创业历程和人生感悟，引导青年树立正确的就业观和创业观；开展“河南青年助业贷款工程”，累计向1946家企业发放贷款67.5亿元，向创业青年发放小额贷款41.8亿元。三是引领青年在生态文明建设中积极作为。深化保护母亲河行动，启动实施2013年“行知大河”——青少年生态环保实践系列活动，举行“植树护绿告别雾霾”万人签名活动，持续开展春季植树、立体植树行动，环保志愿者专项行动等活动，植树面积约1.2万亩。四是维护民族团结，扩大对外开放度。举办2013年全国各民族中职学生暑期同心营，开展民族团结讲座、传统文化体验、红旗渠精神教育、家庭民宿体验等活动；深化“青春谊站”活动，接待7个外事及港澳台青年团组400余人次来访，派出30余名青年代表出访，不断提升河南省共青团对外开放水平。五是做好定点扶贫村工作。援建希望小学，修建公路，开展项目对接，资助100名西华学子圆梦大学。

三、维护权益，持续关爱，服务广大青年成长成才

各级团组织和广大团干部以解决青少年最迫切的现实困难为出发点，反映青年呼声，服务青年利益诉求，更好地维护合法权益。一是开展“河南青年英雄共青团帮扶行动”，创建了全省青年英雄帮扶信息库，设立了“河南青年英雄帮扶基金”，招募1200余名青年志愿者组成132支志愿服务队，与132位青年英雄建立了“一对一”长期帮扶机制，形成了关心青年英雄群体、弘扬青年英雄精神的良好氛围。省市县三级团组织开展慰问活动200余次，送去各类慰问物品价值19.4万元，累计开展志愿服务活动380余次，提供4800余人次、超过1.5万小时的志愿服务。二是深化“共青团与人大代表、政协委员面对面”活动，组织开展倾听活动148场，直接覆盖人数1.3万余人。三是完善青少年维权机制，加强12355青少年服务台建设，切实为青少年提供法律援助、心理咨询、应急救助等服务。今年以来举办讲座368场，走进学校、社区445次，接听咨询电话29855人次，27万余名青少年和家长参加了活动。认真总结重点青少年群体服务管理和预防犯罪试点工作，推动全省首批49个县（市、区）进行经验推广。四是持续开展“共青团关爱行动”，志愿者结对农民工子女较集中学校2860所，结对农民工子女732917人，募集资金2515万元。依托进城务工人员子女学校、社区活动中心、青少年活动中心等建设“七彩小屋”、“微笑吧”310个，各类关爱阵地3955个，累计开展“七彩课堂”活动21.77万次约132.4万小时。五是发挥希望工程品牌效应，建立微公益网络筹资平台，筹资4052万元，新建希望小学12所、希望书屋31所、希望体育室5所，资助贫困大学生1.1万人。筹款140多万元，用于雅安紧急救灾助学行动。

四、健全组织，带强队伍，不断夯实基层基础

全省各级团组织持续深入推进团的基层组织建设和基层工作，切实加强团员、团干部队伍建设，为提高全省共青团工作科学水平提供坚强的组织保证。一是继续深化基层团组织建设，一年来调整驻外团工委23个，重建35个，规范98个；驻外团工委新建团组织1000余个，流动团员推优入党1000余名；对全省各乡镇团委和5.8万个直属团组织通过“五看五查”逐一进行核查，夯实团的基层组织建设和基层工作；推行“4+X”团建模式，新建非公团组织5716家；新建农民专业合作社团组织9867个，覆盖青年近30万人。二是加强团干部队伍建设，召开全省四个片会，传达学习党的十八大和团十七大精神，通过举办培训班、外出学习等形式，培训市县乡三级团干部348期20337人、村（社区）团组织负责人580期4.68万人、非公企业和新社会组织团组织负责人50期4179人，全省共举办培训班1058期培训79032人；组织领办“共青团工作与中国梦实现”等青少年工作研究专项课题341项；选派59名高校团干部到59个县级团委挂职工作一年。三是提升团属事业发展水平，团校、团报、团刊坚持正确的办校办报办刊方向，在开拓创新中不断提升活力和影响力；河南青发中心持续推进重点项目建设，运行机制不断完善；青旅、新媒体中心积极开拓市场，在改革中取得了新的发展。

五、真抓实做，立行立改，切实加强团的作风建设

团省委以党的群众路线教育实践活动为契机，通过完善制度建设、开展“走转改”调研、加强廉政教育，狠抓团的自身建设，广大团干部的党性得到锻炼，作风明显改善。一是扎实开展党的群众路线教育实践活动，通过召开党组会、中心组扩大会议、部门负责人会、全体党员干部会，反复学习中央、省委领导讲话和系列文件精神，特别是学习习近平总书记一系列重要讲话精神，不断提升践行群众路线的思想认识；广泛征求“四风”方面的意见建议1083条，梳理归纳出40条普遍性问题，分别召开团省委书记班子和23个党支部专题民主生活会，开展批评与自我批评；以“一学三促四抓”为抓手，针对突出问题，班子成员明确“四抓”事项29项，纳入“三件事”56项，一件一件整改，一件一件落实；制定下发《关于进一步改进工作作风、密切联系青年的实施细则》，完善了党组会、书记办公会、民主生活会、团的领导机关基层联系点、团干部定期下基层、团员经常性教育等制度，编印《共青团河南省委工作制度规范汇编》，规范权力运行，加强制度建设。二是建立完善学习制度，制定下发了《团省委系统党员干部学习制度》，通过每日1次的共青晨课、每周1次的共青夜校，每月2次的党

组中心组（扩大）集中学习、每月2次的机关读书交流会、每季度1次的基层调研"行动学习"，每年2次的团干部专题培训，不断增强了党员干部的宗旨意识和求真务实作风。三是深入开展大调研活动，以开展"走进青年、转变作风、改进工作"大宣传大调研活动为统揽，以"搞一次宣讲、作一次交流、办一件实事、交一批朋友、结一个对子、做一次沟通""六个一"为内容，发放调查问卷33920份，举行团十七大精神宣讲315次，形成调研报告40篇，整理汇编《全省团组织"走进青年、转变作风、改进工作"调研活动成果集》。四是扎实推进党风廉政建设，认真贯彻落实中央八项规定和省委省政府20条意见，相继完善《团省委党组用人失察追究制度》、《团省委重大事项请示报告制度》等，健全了提醒谈话、诫勉谈话和函询制度，团务公开和团员青年民主恳谈制度，团的重点工作报告制度，认真开展违规办公用房、"小金库"和公车治理等工作，扎实推进团省委系统党风廉政建设和反腐倡廉工作。

六、理清思路，着眼重点，谋划实施"青春点亮行动"

为巩固全省共青团系统党的群众路线教育实践活动成果，充分发挥党联系青年的桥梁纽带作用，围绕习近平总书记提出的"提高团的吸引力和凝聚力"、"扩大团的工作有效覆盖面"两大战略性课题，启动实施了"河南共青团青春点亮行动"。以点亮团干部理想信念为重点，通过共青晨课、共青夜校、学习交流会、专题培训、观摩学习等形式，进一步强化理想信念教育，将信仰植入团干部心中；以点亮共青团员意识为重点，通过开展"我为团旗添光彩"、"我的中国梦"等主题教育实践活动，以及举团旗、戴团徽、唱团歌、上团课、学团章等形式，增强广大团员的荣誉感、使命感；以点亮普通青年人生之路为重点，有针对性地提供职业生涯规划、就业技能培训、求学求知援助、心理问题疏导、自身权益维护等方面的关爱服务，点燃他们就业创业、创新创造的激情；以点亮青年典型的青春正能量为重点，通过嫁接团的工作项目和品牌活动，发挥他们在各自领域、区域的典型示范作用，传递正能量，带动更多青年树立正确的世界观、人生观和价值观；以点亮团组织活力为重点，通过对基层团组织整建提升、对青年社会组织进行引导，增强基层组织的工作活力和影响力，延展工作手臂，拓展工作空间。团省委机关率先开展试点工作，各部门各单位与基层团组织的60多个支部、200多名青少年结成对子，为"青春点亮行动"在全省铺开做出了示范、积累了经验。

湖北团的工作

2013年，全省各级团组织坚持以邓小平理论、"三个代表"重要思想、科学发展观为指导，深入学习贯彻党的十八大、十八届三中全会、团的十七大和十七届二中全会精神，围绕"建成支点、走在前列"的总目标，根据省第十三次团代会的总体部署，坚持培养中国特色社会主义事业建设者和接班人的根本任务，坚持巩固和扩大党执政的青年群众基础的政治责任，坚持围绕中心、服务大局的工作主线，全面履行团的基本职能，积极创新团的各项工作，团结带领全省广大青年为建设"五个湖北"、实现中国梦"湖北篇"作出了积极贡献。

一、强化思想引领,坚定青年理想信念有新成效

坚持以理想信念教育为核心,牢牢把握分类引导规律,精心策划主题教育活动,充分运用新媒体开展工作,青年思想引领的针对性和实效性不断增强。

1. 青年理论武装不断加强。以“学习贯彻十八大争创发展新业绩”为主题,以党的十八大精神研修班、十八届三中全会精神宣讲团、青年马克思主义者培养工程、“共青求是”大讲堂、荆楚英才学校等为载体,采取报告会、培训班、宣讲团等形式,切实用中国特色社会主义理论体系武装团员、教育青年,不断增强广大青年对中国特色社会主义的道路自信、理论自信和制度自信。

2. 主题教育活动不断丰富。紧扣“我的中国梦”主题,精心策划开展湖北共青团纪念五四运动主题团日、“百万学子追寻中国梦”、“青春建功中国梦”、“奋斗的青春最美丽”、“青春建功新农村同心共筑中国梦”、“美丽志愿心‘V’动中国梦”等内容丰富、特色鲜明的教育实践活动800余场,吸引10余万青年踊跃参与。坚持分类引导,扎实开展“与信仰对话”、“与人生对话”、“红领巾相约中国梦”、“彩虹人生——我的中国梦”等活动,进一步激发了广大青少年爱党、爱国、爱人民、爱家乡的热情。

3. 教育引导方式不断创新。广泛开展湖北青年相亲文化节、大学生志愿者文化艺术节、大学生话剧艺术节、大学生社团文化节、乡村青年文化节、青年摄影暨微电影大赛、青年书香号创建等系列文化活动,开展青年思想文化项目竞赛,营造了浓厚的文化教育氛围。成立团省委文化传媒中心,联合中国青年报、湖北日报推出《青春·湖北》、《青春志》特刊,编印《青年网络舆情》16期,编发青春湖北手机报40余期,巡回放映《青春雷锋》电影100余场,打造了一批青年喜爱的文化产品。构建“青春湖北”微博圈、微信圈,省市县三级开通近9000个共青团官方微博;开展“我的中国梦”、“青年心·中国梦”、“党在我心中·青春正能量”主题微博编创传播活动,原创微博2.9万条。

4. 各类青年典型不断涌现。发挥李娜、徐本禹、刘锦秀、王治国、程威、陈晨等湖北“青年群星”的示范带动作用,广泛培养选树宣传青年五四奖章获得者、优秀青年企业家、青年岗位能手、农村青年致富带头人、农村好青年、优秀大学生村官、杰出青年志愿者、大学生自强之星等各类青年典型,在广大青年中形成了见贤思齐、拼搏奉献、争先创优的热潮。

二、突出青年参与,服务经济社会发展有新作为

坚持以“建成支点、走在前列”为统揽,找准工作切入点,发挥生力军作用,共青团服务经济社会发展的参与度和贡献率不断提升。

1. 全面融入“一元多层次”战略体系。与黄石、十堰、荆门等地方政府签订战略合作框架协议,深化8个地区的试点工作,全力支持地方青少年事业发展。组织港澳青联委员、台湾青年企业家和省青联委员等走进市县,开展经贸考察和项目对接活动,支持各地经济社会发展。深入实施“博士服务团服务基层计划”,选派第二批103名青年博士到四个集中连片特困地区开展为期一年的服务锻炼。在全省共青团系统开展“三进三送三创”活动,成立工作组117个,走访慰问农村贫困青少年6.2万人,指导创建青年文明示范户5.2万家,联系基层团组织1.3万个。通过123所高校团委与106个县(市、区)、315所中小学、171家企业、372个社区团组织结对共建,共组建2万余支大中专学生实践团队进行“三下乡”社会实践,招募341名“西部计划”、“三支一扶”志愿者服务农村基层。开展“保护母亲河”、“3·5学雷锋”和“爱我千湖”志愿服务系列活动,整合资金107万元,广泛建立省级生态文明教育基地,动员54万青少年植树3.2万余亩,进一步强化了青少年生态环保意识。

2. 激励青年建功成才扎实有效。以青春建功为主题,组织举办青年职业技能大赛,吸引近10万青年参与各级劳动竞赛、技能比武活动;选送9名优胜选手参加第九届“振兴杯”全国职业技能大赛并取得优异成绩;开展省级青年文明号创建、青年安全生产示范岗评选、寻找湖北最美青工等活动,一大批品德高尚、技能过硬、勇于创新的青年人才和青年集体脱颖而出,青年职工爱岗敬业、建功成才的氛围进一步浓厚。深化农村青年“双带双新”工程,大力培育农村青年致富带头人,成立全省农村青年致富带头人协会,吸纳会员206人;组织全国农村青年致富带头人“中国农谷行”、中部现代农业发展对话等活动;举办2013年政府部门与农村青年致富带头人“倾听心声、共促发展”恳谈会、湖北青年现代农业发展高级研修班、大学生村官学历学位教育班。激发青年创新活力,深入开展企业青年创新创效活动,成功举办湖北省第九届“挑战杯”大学生课外学术科技作品竞赛,在第十三届“挑战杯”全国大赛中荣获团体第五的好成绩。

3. 参与社会治理创新成效明显。坚持以志愿服务为载体,推动各级团组织、广大团员青年参与和促进社会治理创新。以学习宣传贯彻习近平总书记给华中农业大学“本禹志愿服务队”回信精神为契机,广泛开展“荆楚志愿潮・星耀中国梦”系列主题活动,通过座谈会、成果展、达人会等多种方式纪念中国青年志愿者行动20周年;同时,招募419名志愿者参与首届楚商大会和第十七届国际潮团联谊年会志愿服务,组织志愿者积极参与4・20雅安地震和7・22定西地震抗震救灾活动。以培育青年社会组织为重点,开展“志愿服务V站”试点工作,建立全省青年社会组织孵化中心,引导青年社会组织有序参与社会公共服务。以帮扶困难青少年群体为抓手,实施农村留守儿童“阳光家园”、社区青少年“希望家园”项目,整合资金790万元,建成“阳光家园”2176所,组织600余名团干部、6000余名志愿者开展功课补习、兴趣培养、安全自护等活动,惠及10.5万留守儿童。

三、关注青年民生,服务青年成长发展有新举措

紧紧围绕青少年最现实、最紧迫、最普遍的需求,以促进青年就业创业为重点,进一步整合资源、搭建平台,努力为青少年成长发展办实事、做好事、解难事。

1. 服务青年创业就业多措并举。以“青创工程”为统揽,全方位、全过程促进青年创业就业。省青年企业孵化器先后吸纳83家企业和大学生创业团队入孵,孵化东湖高新“3551”人才计划、“千人计划”项目13个;建成省级青年企业孵化器(创业园)12个,总面积达5万平方米;建成市县级青创中心、创业园、农村青年“双带双新”基地75个,服务创业青年77740人。举办“新春送万岗”、“百企万岗”、“就业见习双选会”等公益招聘会20余场,建立见习基地1462家,提供就业岗位28.2万个、见习岗位6557个;发放城乡青年创业小额贷款24.9亿元,带动就业人数达12.1万人;组织农村青年技能培训21.9万人次。开展青春创业季、高校毕业生创业扶持计划、百万青年创意创业计划、大学生创业大赛、农村青年创富大赛、“中三角”青年创新创业大会等活动,争取省政府2000万元专项资金无偿扶持高校毕业生创业,帮助青年创业者获得风投资金1100余万元,为100名大学生村官发放200万元“扬帆计划”创业资金。评选宣传青年创业人物、青少年科技创新奖,举办创业大讲堂、创业典型报告会、田园小康现代农业培训班、岗位成才报告会、创富先锋精英训练营等活动百余场次,进一步营造了关心、支持和促进青年创业就业的良好氛围。

2. 关爱行动蓬勃开展。大力实施少年儿童爱眼护眼关爱行动,广泛开展公益宣传、主题logo设计、编发漫画书、观看舞台剧、眼科专

家进校园等少年儿童喜闻乐见的活动。以“送温暖、助成长”为重点，在留守儿童、农民工子女、困难大学生中广泛开展关爱农民工子女志愿服务行动、“送农民工回家过年”、“青年文明号真情助困进万家”、“城乡少年手拉手红领巾送温暖”、“七彩小屋”、青少年法制与自护教育、“用我的声音做你的眼睛”、“学堂情爱心行”大礼包捐赠等活动，其中，关爱行动吸引52万志愿者参与，结对帮扶农民工子女47万余名，“七彩小屋”项目荣获全省首届慈善公益项目策划大赛金奖。

3. 希望工程成绩斐然。举办第四届湖北希望工程慈善晚会，募集善款4088万元；指导带动襄阳、宜昌、十堰举办慈善晚会，实现“省市联动、百花齐放”的良好局面。省青基会全年筹集善款7027万元，通过“十四助贫困大学生”及资助“希望之星”等活动，资助贫困大中小学生10997人次；在建希望小学45所，建成音乐教室、体育园地、图书室等希望工程项目43个。积极参与援建西藏、新疆希望工程项目，筹集爱心款物683万元援助雅安地震灾区。在大别山、武陵山、秦巴山、幕阜山扶贫连片区建成1026个希望厨房，惠及70万名山区青少年。投放100余台“希望工程多媒体爱心捐零箱”，以“微公益”拓宽大众参与渠道。

四、倾听青年呼声，维护青少年合法权益有新亮点

以五类青少年群体为重点，多措并举维护青少年合法权益，推动维权和预防工作相互促进、融合发展，切实为青少年健康成长营造良好环境。

1. 加快法制化维权进程。积极推动青少年立法，《湖北省预防青少年违法犯罪条例》已纳入省人大常委会2013－2017年立法工作规划。以“法制在心中共圆中国梦”为主题，大力开展“12·4”全国法制宣传日活动，综合运用橱窗、展板、现场咨询、发放资料、广播电视、手机短信、微博、微信等多种手段，集中开展以《宪法》、《刑事诉讼法》、《预防未成年人犯罪法》、《未成年人保护法》和《湖北省实施<未成年人保护法>办法》等为重点内容的法制讲座120余场，参与青少年达11万余人次。

2. 加强组织化维权机制。发挥省预防领导小组协调作用，首次推出并有效落实了预防青少年违法犯罪工作10件实事。联合省综治办建立信息系统，基本摸清了全省五类重点青少年群体的底数，这一经验得到中央综治办、中央预防办的充分肯定并在全国推广。推动14个市州（林区）成立未成年人保护机构，全省未保工作体系进一步完善。开展“面对面”活动，全省各级团组织向本级人大、政协提交建议提案267件。

3. 加速社会化维权步伐。在全省集中开展了“轻松备考12355与你同行”阳光行动，组织600余名专家开展各类活动1674场次，覆盖初高中学校809所，服务中高考毕业班学生40万余人，接听并回复各类咨询电话4132人次。全年创建省级优秀青少年维权岗180家，实施青少年向阳计划，帮扶360名不良行为青少年和闲散青少年。不断深化“四无”社区创建，100个省级“四无”示范社区均已实现“四无”工作目标。

五、夯实基层基础，团的自身建设有新突破

坚持以实现团的组织和团的工作有效覆盖为目标，不断加大对基层的联系指导和支持投入，团的基层基础得到夯实，团建科学化水平稳步提升。

1. 团的组织覆盖进一步扩大。联合省委组织部启动实施“双带双促”工程，以“带强组织、带好队伍，促功能优化、促活力提升”为主题，进一步完善党建带团建工作机制。争取省财政支持，拨付乡镇（街道）团的工作经费1083万元；各级团组织积极协调落实配套经费，基本实现了乡镇（街道）共青团工作2万元经费保障。开展乡镇实体化“大团委”建设“回

头看”和“四个一百”团建示范点创建，深化乡镇团的组织格局创新成果，新建和巩固乡镇直属团组织 2.3 万个。新建非公有制企业和社会组织团组织 4781 家、农民专业合作社青年示范社 200 家。加强驻外团组织建设，累计建设省市县三级驻外团组织 1375 个，联系在外务工青年 50 余万人。

2. 团干部队伍建设不断加强。以选优配强团组织书记为重点，推动各地贯彻落实团干部配备要求，全年省、市、县团的领导机关干部和乡镇（街道）团委书记、副书记配备率保持在 90% 以上。按照分类培训、分级负责的原则，指导市、县两级团组织加强团干部教育培训和实践锻炼，共培训各级团干部、少先队工作者 3.1 万人次。选派两批省市团委机关 45 名团干部驻县级团委工作，选派 57 名高校团干部到县级团委挂职工作，选聘大学生村官 2200 余名，进一步充实了基层团的工作力量。

3. 党的群众路线教育实践活动扎实开展。以为民务实清廉为主要内容，在团省委直属机关扎实开展党的群众路线教育实践活动，通过学习教育、听取意见，查摆问题、开展批评，整改落实、建章立制，进一步明确了做好新时期党的青年群众工作的目标任务和措施载体。同时，在全省各级团组织中开展“交青年友、问青年计、筑中国梦”活动，动员省市县乡 3573 名专职团干部、1656 个工作组集中一个月的时间，深入田间地头、街道社区、车间班组、“阳光家园”等地，调研基层团组织 1.4 万个，访谈青少年 7.3 万人，慰问困难青少年 1.7 万人，收集意见建议 110 条，整理形成专项整治方案，为推动团的事业科学发展、跨越式发展奠定了坚实基础。

4. 调研信息工作和团属事业稳步发展。围绕党政关注的重点和青年关心的热点，深入开展调查研究，形成了一大批优秀调研成果。充分发挥“湖北共青团”网站、《青年工作纵横》、《团的情况》、《青联人》等团属宣传阵地的作用，及时发布团情信息，交流团的工作。省青联、省学联、省少工委、省青企协、省志愿者协会按照各自章程组织开展了一系列卓有成效的工作和活动，为共青团和青少年事业开辟了新的发展空间。湖北青年职业学院（省团校）、省中青旅、省青年人才交流培训中心等团属事业健康发展。

湖南团的工作

2013 年，共青团湖南省委牢牢把握团的根本性问题，紧扣提高团的吸引力和凝聚力、扩大团的工作有效覆盖面两大战略性课题，认真贯彻省委、团中央的决策部署，坚持分类指导，注重以点带面，狠抓工作落实，各项工作取得了新的成效。

一、牢牢把握团的根本任务，思想引领工作不断强化

1. 深入学习宣传贯彻中央、省委一系列重要精神。紧紧围绕党的十八大、十八届三中全会、习近平总书记一系列重要讲话精神、团的十七大精神和省委十届七次、八次全会精神，狠抓学习宣传贯彻工作，把团干部、团员青年的思想和行动统一到党中央精神和省委的决策部署上来。一方面，通过多种形式组织团干部认真学习，找准切入点、着力点，加大探索创新的力度。另一方面，加强对青少年的宣传引导。各级团组织、青联、学联、青企协、少先队

组织统一行动,通过报告会、座谈会、主题团日活动等多种形式,充分运用新媒体,使学习宣传工作覆盖到支部,影响到广大青年。将团十七大精神的学习宣传贯彻工作与开展党的群众路线教育实践活动紧密结合,全年共组织宣讲团深入基层开展宣讲活动 1391 场,现场参与青年 15.3 万人,通过新媒体覆盖青年 319 万人次;发布微博 43500 条,覆盖 332 万人次,发送手机报 758 期,覆盖 27.3 万人次。

2."我的中国梦"主题教育实践活动在青少年中产生广泛影响。按照团中央的统一部署,围绕"我的中国梦"主题,以理想信念教育为核心,以增强青少年的责任感、使命感和奋斗精神为重点,深入开展了"我的中国梦"宣讲交流、"我的中国梦"主题团日、"劳动·创造·奋斗——我的中国梦"青春故事讲述、"红领巾相约中国梦"等系列活动,全省各级共青团组织共开展"我的中国梦"宣讲活动 1856 场次,开展"我的中国梦"主题团队日活动 81246 场次,参与青年近 702 万人,引导广大青年坚定中国特色社会主义理想信念。突出抓好青年学生和少年儿童的宣传教育。在大学生中,深化青年马克思主义者培养工程,全年完成 1 万人次的培训计划,举办"与信仰对话"主题教育活动 1100 余场次,参与人数 40 余万人次;在中学中职生中,开展"与人生对话——我的中国梦"主题团日、励志报告会等活动 5000 场,参与人数近百万人次;在企业,开展"我的中国梦"岗位成才报告会 292 场,覆盖青年 39000 人;在少年儿童中,开展"红领巾相约中国梦"系列活动,活动覆盖率 98% 以上。开展"我的中国梦"新媒体系列活动,与中国电信湖南公司签订合作协议,推动"我的中国梦"系列活动的宣传。

3. 青少年思想道德建设取得新成效。各级团组织以"三观""三热爱"教育为主线,坚持分类引导,针对不同青少年群体的思想特点,有针对性地开展思想引导工作。深入开展"青年文明号""雷锋家乡学雷锋""手拉手""三下乡""争当两型小先锋"等多种形式的道德实践活动,组织引导青少年从小事做起、从身边做起,践行基本道德规范,弘扬社会文明新风。充分发挥青年典型引领作用,以纪念五四运动 94 周年为契机,开展"湖南青年五四奖章""湖南最美青工"等评选表彰活动,共选树省、市、县三级各类青年典型 1150 名,其中"最美村官"秦玥飞、"最美青工"浣兵、"最美小伙"付辽宇等在青少年中产生了良好影响。运用互联网、手机等新媒体开展青少年思想道德教育,引导青少年树立绿色文明上网新风尚。

4. 运用新媒体推动引导青年方式创新。扎实推进共青团新媒体格局系统化建设。全省各级团组织在中国青年网、新浪、腾讯、人民网等微博平台开通的官方品牌工作微博和团干部、青联委员等个人微博近 11000 个,团省委腾讯官方微博青少年粉丝量达 15.8 万。维护和升级团省委腾讯微博发布厅,增加发布厅入驻单位。新浪官方微博"@共青湖南"入驻湖南省政务微博发布厅。开通官方微信平台,扩宽联系青年的渠道。开展各类新媒体活动,围绕"我的中国梦"主题,策划、组织开展"我的中国梦"——湖南创业青年谈创业、五四期间优秀青年典型谈我的中国梦等微博访谈、湖南优秀创业青年访谈等微视频系列活动,社会反响良好。

二、围绕中心、服务大局,服务全面建成小康社会迈出坚实步伐

1. 紧紧围绕党政中心,探索分类指导服务经济社会发展。一是积极探索分类指导工作方法。团省委认真贯彻落实省委十届七次全委(扩大)会议精神,深入基层调查研究,提出分类指导广大青年服务全面建成小康社会的工作思路。根据长株潭地区、环洞庭湖地区、湘南地区、大湘西地区四大经济板块的发展战略定位,集中工作资源、工作载体、工作力量有针对性地组织动员青年服务经济社会发展。

重点开展对全省市县级团委书记的指导、培训工作，引导掌握分类指导工作方法，把工作重点集中到围绕中心、服务大局上来。二是搭建工作平台。充分发挥省青联、省青企协的作用，切实搭建青年建功立业、发挥作用的平台。组织开展青联委员永州行活动、“美丽中国梦·相约湘西行”湘西州经贸项目招商洽谈会等活动，推动省青联委员、青年企业家参与支持区域经济发展。深入开展“转作风、解难题、抓落实、见成效”活动，强化问题导向，狠抓工作落实。三是深入开展调查研究。联系北大博士生服务团深入长株潭地区和大湘西地区开展深入调研，形成高质量的调研报告，得到省委主要领导肯定。围绕青年创业主题，委托社会专业调查机构开展调查研究，全面摸准青年创业的现实需求，为下一步推进青年创业工作做准备。

2. 深化团的品牌工作和活动，凝聚青年创新创业创优力量。以团的品牌工作和活动为载体，找准切入点和结合点，加大工作推动力度。深入开展青年文明号、保护母亲河行动、青年岗位能手、青年志愿者行动、青年科技创新行动、青春建功新农村行动等工作，引导青年立足岗位建功立业。扎实服务青年就业创业。全年共培训各类青年17万人次，积极联系帮扶农村青年专业合作经济组织9200家。把强化青年自主创业、艰苦创业、敢于创业的意识作为创业培训主要内容，全省共有5100名青年参与创业意识教育培训。加强就业创业见习基地规范化建设，建立长效运行机制，对全省已建立的1330家各级各类见习基地进行回头看。全年共提供见习岗位3435类，各见习基地提供见习岗位数为6.04万个，新增见习青年5810名。加强大学生创业培训工作，为4.36万名大学生提供免费培训。省青年就业创业基金会安排400万元无偿资助青年创业项目68个，探索“青年创业金融服务”项目，为青年联系贴息创业贷款5227万元。联合省扶贫办支持国家、省级贫困县团组织每县15万元，三年共计2640万元资金。深入推进“保护母亲河行动”。推进雷锋号志愿者工作站创建活动，遍布全省城乡的志愿者工作站阵地体系已经初步形成。深化大学生志愿服务西部计划。

3. 加强青年人才工作，着力开发青年人力资源。为争取省委组织部将“湖湘青年英才”支持计划评审领导小组办公室设团省委，做了大量扎实的前期工作。加强对青年企业家的联系服务，开展多次高层次的培训，为青年企业家搭建学习交流平台。加大对选调生、“大学生村官”“西部计划”志愿者和“三支一扶”人员的服务、管理和教育力度，加强引导，帮助他们成长成才。深化博士生服务团、青联委员经贸考察等活动，为青年人才参与经济社会建设实践搭建平台。筹备成立湖南省农村青年致富带头人协会，有效凝聚农村青年创业致富人才。加强青年人才对外交流，全年出访15批次，共115人次；接访14批次，共713人次。

三、紧贴青年需求，服务青年成长成才做得更实

1. 着力帮助困难青少年群体。按照“抓两头，带中间“的工作思路，重点关爱帮扶困难青少年群体。深入开展共青团关爱农民工子女志愿服务行动，全省各级团组织、志愿者组织与农民工子女较集中学校结对2827所。全面开展关爱留守儿童暑期关爱活动，全省共组织动员11500名志愿者开展暑期安全自护教育。大力开展“手拉手”贫困疾患少年儿童医疗救助活动，协调省扶贫办安排救助资金500万元，救助贫困疾患少年儿童690余人。希望工程扎实推进，奖励资助大中小学生、团队及老师9557人次，共计资助困难大中小学生8598人次，同比增长16%，援建希望小学10所，配置各类升级项目168个。扩大“芙蓉学子”项目助学范围，全国2004名大学生个人和团队得到奖励资助。微益中国项目被评为全国青基会共同体“希望工程创新奖”和湖南首届十大网络公益事件。省青基会再次入围《福布斯中国慈善基金会透明度排行榜》中国最透明的25家慈善基金会。开展“青联新·温暖身边青少年”主题活动，动员号召各级青联和青联委员以实际行动帮助2000多名困难青少年实现了新年心愿。

2. 有效维护青少年合法权益。依照“三个结合、一个制度性”的工作思路，以“知情、牵头、协调、监督”为总要求，积极参与社会管理创新，依法有序维护青少年合法权益。推动全省各级建立办理未成年人刑事案件专门机构，健全办理未成年人刑事案件的协调和监督机制。指导14个市州开展第二批省级重点青少年群体服务管理和预防犯罪试点工作，健全并完善了全省重点青少年群体信息动态排摸机制。以“社会教育与青少年全面发展”为主题，深化“共青团与人大代表、政协委员面对面”活动，建立倾听恳谈机制。通过纳入综治预防工作考评、实地调研、项目督查等方式，已推动长沙市、益阳市、常德市澧县建有专门（工读）学校，其他市州也分别以市委常委会会议纪要、领导批示等方式明确专门（工读）学校建设工作。

3. 深化拓展服务青少年的工作载体。成功举办第十届“挑战杯”湖南省大学生课外学术科技作品竞赛，项目现场签约6000余万元，实现成果转化历史突破。广泛开展大中专学生“三下乡”暑期社会实践服务活动，组建基层宣讲服务团、科技支农服务团、教育帮扶服务团、医疗卫生服务团、生态环保服务团以及城镇信息化服务团等重点服务团队近4000余支，其中全国重点团队32支。组建梦想导师团，聘请100名党政领导、院士专家、企业精英、青年典型在内的行业精英组成“筑梦导师团”，服务大学生成长成才和创新创业。积极开展湘籍特困大学生群体的就业帮扶工作，通过举办“职场挑战赛”“与青联委员面对面”等活动搭建用人单位与求职学子“绿色通道”，帮扶贫困大学生转变就业观念。开展“湘疆红领巾，相约中国梦”湖南新疆两地纪念中国少年先锋队建队64周年主题大队会，中央、省内媒体广为报道。深入开展“学习雷锋好榜样，争戴闪闪雷锋章”活动、“争戴两型章，争创两型特色中小队”活动。省青少年活动中心坚持“重公益、聚人气”，全年共举办一百多场次公益活动，参与青少年达40万人次。“青春有约·缘来是你”单身青年相亲活动、全省首届青年文化艺术节、第四届少儿才艺大赛等活动的举办，在全省产生了广泛的社会效应。开展“青少年网络荐书读书活动”，向广大青少年推荐了一批动漫、影视、图书、音像、游戏等文化产品。推进“县县建协会”工作，15个市级团委、122个县级团委全部建立了青年志愿者协会。

四、狠抓团的自身建设，团的工作活力不断增强

1. 扎实深入开展党的群众路线教育实践活动。按照中央、省委部署，7月份以来，团省委机关扎实开展了党的群众路线教育实践活动，切实按照省委的要求抓好了七个环节的工作。一是认真开展学习教育，集中时间深入学习辅导材料和有关文献，开展了4次集中学习，机关各支部集体学习3次以上，党员干部共集中学习6天。二是深入调查研究，党组成员带头，全体机关党员干部组成15个调研组开展为期三周的“走进青年、转变作风、改进工作”大调研活动，各市州也开展了相应的调研活动，形成了25份调研报告。三是广泛听取意见建议，通过发函、召开座谈会、设置征求意见箱、公布电子信箱等方式向市州团委和机关、事业单位全体党员干部征求意见。在机关党员干部和团市、县委书记中开展了问卷调研，发放了230份问卷，全面系统地收集当前机关及基层共青团工作中存在的问题，形成了团省委机关建设问卷调查分析报告。四是认

真查摆问题,不回避问题和矛盾,坚持做到红红脸、出出汗、排排毒,聚焦“四风”问题,分析查找工作中存在的突出问题,梳理出意见建议135条。五是召开了高质量的党组领导班子专题民主生活会,批评和自我批评比较深刻,党组成员都能认真查摆“四风”问题,不回避,不遮掩,并认真分析了存在问题的原因,提出了今后的努力方向和整改措施,查摆问题比较准,分析问题比较深,整改措施比较实,对干部提出的意见,都有正确的态度,并实事求是地做出了回应。六是从严从实推进整改工作,对存在的29个方面的突出问题,制定了详细的整改方案,狠抓工作落实,对干部关心的中层干部转岗、干部成长、学习培训、机关文化建设等问题高度重视,制定了详细的整改方案,逐一狠抓落实。对干部群众反映强烈的“三公经费开支过大”“人情消费”“职务消费”等七个方面的问题确保12月份已整改到位。七是抓好整章建制工作。针对突出的“四风”问题,坚持少而精的原则,加强制度建设,对以前的制度进行了系统梳理、修订、精简,新建7项制度,从制度上促进作风改变。通过党的群众路线教育,团省委领导班子对“四风”问题进行了一次大排查、大检修、大扫除,增强了群众观念,改进工作作风,建立了密切联系青年的制度性安排,做青年友,不做青年官的责任感和紧迫感,对今后工作的努力方向进行进一步的明确,领导班子和队伍建设得到有力加强。

2. 加强团的基层组织建设。一是积极推进乡镇“实体化”大团委建设。开展全省乡镇实体化“大团委”直属团组织数据自查自纠和“回头看”工作,省财政厅1500万元党建带团建专项经费已逐步落实到位,全省123个县市区已有90%以上落实乡镇团委2万元工作经费。二是积极推进驻外团组织建设。全省累计建立驻外团工委177个,驻外基层团组织1029个。开展外出务工青年文化节、“湘音嘹亮”联欢会等活动,影响服务近10万外出务工青年。三是积极推进非公有制企业团建和街道团建工作。全年已建非公企业团组织5110家,覆盖团员青年11万余人,完成团中央下发目标任务的127.8%。联合省工商局、湘菜协会等推动行业团建,带动894家会员企业建团;在77个经济园区建立团工委,带动园区企业1530家建立团组织。重点推进协会团建,目前已建立11个行业协会团委,并带动在协会会员企业中建立1207家团组织,扩大了团组织覆盖面。四是加强对基层的支持。面向全省高校遴选了45名高校团干赴县级团委挂职,选拔两批驻点干部支持县级团委工作。推动落实乡镇共青团工作经费制度化,继续争取省级财政部门的支持,明确了经费保障机制,省财政从2013年起采取奖补结合方式对部分困难地区基层团组织工作经费予以适当支持。

3. 加强青联、学联和少先队组织的自身建设。一是加强青联自身建设,根据委员分布地域性差异情况,合理优化了界别设置,重新划分了小组,更好发挥界别、小组的组织作用。强化了秘书处的服务、协调、组织等功能,完成了湖南省青联APP新媒体平台开发。加强对全省青年自组织进行调研和联系,制定并完善了《省青联活动制度》《省青联评议制度》《省青联委员发展、卸免制度》等多项制度。二是加强省学联自身建设。加强省级学联秘书处工作,面向全省高校学生骨干公开选拔23名优秀的学生干部到省学联秘书处轮岗值班。制定《湖南省学联秘书处学生干部内部管理条例》,规范工作制度。三是加强少先队自身建设。扎实推进少先队工作,制定出台了《关于进一步加强少先队辅导员队伍建设的意见》。《少先队活动》作为必修课正式列入中小学课表。在全国率先开展“少先队活动”专业初、中、高级职称评聘。在两所高校设立了“少年儿童组织与思想意识教育”二级学科,已开始招生。成功召开省第六次少代会,选举产生了新一届少工委。

4. 督查推动制度性文件的落实，优化基层工作环境。结合“走转改”调研和乡镇大团委“回头看”工作，对《中共湖南省委办公厅关于进一步加强新形势下基层党建带团建工作的意见》（湘办发〔2012〕41 号）、《中共湖南省委组织部共青团湖南省委员会印发 <关于进一步加强全省共青团干部队伍建设的意见> 的通知》（湘组【2013】20 号）等文件的贯彻落实情况进行了有力督查。加大团干部交流和转岗力度，全省各级共青团机关新进工作人员普遍实行公开选调；省委组织部及时督促市、县组织部门尽快配齐市、县两级团委班子；加强与省委党校的衔接，进一步加大共青团干部培训力度，将共青团工作基本理论纳入党校主体班外请报告课程；将党建带团建工作纳入基层党建工作的考核内容等建议形成了会议纪要，作出了制度性安排。一些市县对照文件精神，根据实际情况，出台了相关制度性文件。文件的贯彻落实，对规范和加强基层党建带团建工作，加强干部队伍建设发挥了重要作用。

5. 以作风建设为重点，加强团干部队伍建设。按照习近平总书记对团干部提出的“坚定理想信念、心系广大青年、提高工作能力、锤炼优良作风”的要求，加强队伍建设。开展分层级、分类别团干部培训，省本级全年培训团干部 1200 人，市县两级及高校企业共培训团干部 9200 人次。加强对市州团干部的协管，严格落实（湘组【2013】20 号）文件精神，严格按规定、按程序加强对市州团干部的协管工作。坚持“宽选、高进、严管、精育、优出”的原则，加强团省委机关团干部队伍建设，下大力气推动中层干部转岗，积极争取省委组织部支持，推动形成中层干部转岗的制度性安排，目前工作已得到相关领导的支持。加强机关文化建设。建立市县两级团的领导机关干部配备情况通报制度。推动团的机关干部参与一定时间的志愿服务活动，形成制度性安排。

广东团的工作

在省委和团中央的正确领导下，2013 年以来，广东共青团围绕全省工作大局和团中央重点工作，着力巩固和扩大党执政的青年群众基础，努力为省委做好新形势下的青年群众工作，团结带领广大青少年为广东实现“三个定位、两个率先”总目标作贡献。

一、深入学习贯彻党的十八大和团的十七大精神，以“中国梦”引领广大青年

一是开展宣讲。在全省各地组织 200 多场专题研讨会，邀请青年典型、党政领导、专家学者组成青年讲师团，走进校园，深入各领域基层组织开展主题宣讲，为广大青年解读党的十八大和团的十七大精神。举办“广东共青团转型发展专题研讨班”、“大型骨干企业团干集训营”、广东基层团干部农村工作培训班，帮助各级团干部准确把握共青团工作面临的新问题、新情况。二是开展“我的中国梦”主题教育实践。围绕中国梦与当代青年责任，开展“共筑中国梦”、“与人生对话”、“与信仰对话”、“青春故事会”、“梦想分享会”等 1751 场学习交流，影响覆盖青少年 72.79 万人次。开展“高举团旗跟党走 · 奋力实现中国梦”主题团（队）日活动，引导 1072 万团员和少先队员在实践活动中坚定理想信念，增强奋斗精神。举

办广东网络“五四”青年节，打造“青春励志梦”、“青春创富梦”、“青春公益梦”、“青春微梦想”等线上活动，帮助青年实现“微梦想”。三是开发“中国梦”系列文化产品。创作《中国梦·青春志》、《红领巾心向党》、《青春启航》、《志愿者》《为了明天》等纪录片和动漫宣传片。搭建广东共青团新媒体和文化工作交流平台，向社会征集青年文化产品1146件，网站浏览量达到283万。联合广东青少年网络电台动漫和游戏企业开发《青春逗》等时尚鲜活的网络游戏和动漫产品。成立广东青年文化创意联盟，每月定期举办青年文化创意市集活动，吸引540个本土文化创意界青年社会组织参与展示，超过20万名青少年参加现场活动。四是深化大学生“青年马克思主义者培养工程”。推动“青马工程”在全省高校实施，聘请国内知名院校专家学者、党政机关干部和政协委员、企业家、青年领袖组成“青马导师团”，对来自全省高校的大学生骨干进行集中培训，引导大学生坚定跟党走中国特色社会主义道路。

二、紧扣团的主业构筑平台，提升青年人才在经济社会中的贡献率

一是实施“领航100”计划助推青年领军企业实力提升。联合省内13个厅局联合推出提升企业竞争力“十大措施”，打造银企合作、政策对接、青年企业家素质提升、企业精神塑造等“四大平台”，每年面向全省遴选帮扶100家高成长性亿元级青年领军企业，助推中小企业加速发展。首批130家入围企业已与多家银行达成战略合作并获得1300亿元融资授信，“广东青年领军企业政策服务云平台”正式建成并投入使用，200名“青年科技特派员”和“青年工业设计特派员”正式到位“上岗”。二是成立青年网商联盟培育电商菁英人才。推出“青年网商菁英计划”，联合阿里巴巴集团建立“淘宝大学”，每年培养1万名初级网商、1000名中级网商及100名家青年网企；邀请阿里巴巴网、华南理工大学电子商务专家，向全省100多名年销售额100万以上的青年网商提供为期6天的培训，课程包括电商运营、电商营销、电商企业文化建设、电商团队打造等。面向普通农村青年，开展“百万农民学电脑”培训服务，重点培训1200多名农村青年网络经营带头人，培训新型“农民网商”。三是深化粤港澳台和海外交流合作促进青年融合。实施香港大学生暑期在粤实习计划，组织香港高校学生在广州知名企业开展为期1个月的上岗实习。组建“爱我中华”两岸四地青年大汇聚火车团，实施开展“中国心·粤澳情”粤港青少年交流、“香港200”优秀中学生培训计划，举办“高飞远翔”粤港青年明日领袖培训计划，丰富三地大学生交流形式。四是开展青年环保系列行动促进生态文明建设。广泛开展“美丽乡村·身边增绿”、“保护母亲河”、“我为家乡种棵树”、“珍爱国土·青年担当”等志愿生态宣传活动，投身美丽中国建设。

三、推动共青团转型发展，延伸手臂助力社会管理创新

一是开展枢纽型组织建设。实施“好社会·亲青汇”广东青年社会组织培育发展计划，建立广东青年社会组织联合会，筹集了2715“种子”基金和项目对接基金，创建了1005家“亲青家园”，成功注册了235家团属青年社会组织。实施竞争培优机制，推动了青年社会组织“抢接政府订单”超过6000万元。推出了“亲青议事”、“亲青汇训练营”等系列平台，联系凝聚社会组织骨干超过1.8万人次，牢牢掌握覆盖“社会领域”青年的主动权。“好社会·亲青汇”项目获得“广东省社会管理创新奖”，中山市建设枢纽型组织成果获“中国社会管理创新奖”优胜奖，成为唯一获奖的团属工作项目。二是强化共青团组织维护青年合法权益职能。将预防青少年违法犯罪纳入“平安广东”考核范围，经验举措得到团中央的肯定和推广，实施“阳光行动——广东省青少年健康成长守护工程”，用三年时间在全省各地社区、街道按照统一规范广泛建立“阳光之家”服务阵地，打造学校、家庭、社会“三位一体”的重点青少年群体教育、管理、服务、维权工作网络。三是大力发展志愿服务工作。打造公益志愿文化节、学雷锋全民志愿服务行动月、南方公益志愿大讲堂、志愿服务广交会等品牌；联合省民政厅、省文明办出台全国首个针对社工与志愿者联动工作的政府文件——《关于推进社会工作者与志愿者联动工作的实施意见》，建立志愿者工作指标和考核办法，纳入全省社会建设综合指标体系；扎实开展志愿服务活动：组织“健康直通车”连续第6年服务新疆、西藏等地区；指导广州、珠海等地市团委招募选派34名志愿者赴塞舌尔、文莱等国开展海外志愿服务。四是广泛动员青年团员志愿者投身抗灾救灾。先后组织超过137支公益组织和志愿者队伍，逾10万人次赴一线抗洪救灾，整合1100多万元资金和物资支援各地防汛救灾。

四、紧扣青年“脉搏”，深化服务青年民生品牌项目

一是服务青年就业创业。实施“展翅计划”大学生就业创业能力提升行动，整合资源提供8万个实习岗位，吸引了包括港澳、海外高校在内的318所高校参与，6万多名大学生报名并成功配岗，其中返乡实习的大学生比例超过70%，服务粤东西北基层地区的学生占总人数的50%。成立广东青年创业就业联合会，开展广东青年连锁创业项目扶持计划，与省人社厅、省邮储银行联合打造支持青年创业的综合性平台，获得省人社厅的贴息政策支持和省邮储银行专项低息小额贷款，争取哎呀呀饰品、邓老凉茶等品牌连锁企业提供2000个青年创业免费加盟项目，提高青年创业成功率。

二是提升青年发展潜力。实施新生代产业工人骨干培养“圆梦计划”，今年共资助1万名青年产业工人读大学。举办第七届广东大学生科技学术节，吸引了来自全省和港澳30多万学生的关注和参与。实施MM大学生创业计划，以中国移动应用商场（简称MM）为依托，在高校创建MM百万青年创业计划孵化基地，为大学生提供就业创业见习岗位，开展免费的创业培训和应用开发技能培训。

三是促进青年实践成长。开展广东大中专学生志愿者暑期文化科技卫生“三下乡”社会实践活动，共组织近40万名大中专学生志愿者走进粤东西北农村。联合省信访局联合开展“民生事·学子心”大学生信访工作志愿者行动，选拔中山大学“青马工程”学员到信访部门开展志愿服务，参与处理848份信访案件，审核131件待办结案件，编写4份《网信摘报》，获得省委胡春华书记、团中央书记处第一书记秦宜智批示肯定。

四是关爱困难青年群体。实施“育苗计划”，依托各地青少年宫、青少年活动中心，为全省1万名异地务工人员子女、留守少年儿童、困难少年儿童免费提供才艺培训公益学位，帮助他们提高才艺技能，打通他们实现“才艺梦想”的向上通道。开展第四届留守少年儿童福彩夏令营，帮助2200多名留守少年儿童拓宽视野，健康成长。在元旦春节期间深入开展“青春情暖”系列关爱行动，筹集整合各类资源共计3486万元，针对新生代产业工人、留校大学生、农村青少年、留守少年儿童等群体开展包括“与您吃顿团年饭”、“为你拍张全家福”等慰问关爱活动，组建志愿者服务队为异地务工人员春节返乡提供春运志愿服务，发挥驻粤团工委力量在春节期间与留粤外来务工青年共同举办新年联谊会。继续组织开展“南粤会亲”、“青春情暖”、“周末剧场”、“留守少年儿童夏令营”、“红领巾幸福大礼包”等项目，让广大困难青少年群体切实感受到党和政府的温暖。

五、着力加强自身建设，努力提升共青团的吸引力和凝聚力

一是加强团的基层组织建设。加大两新组织团建力度，截至第三季度新建非公企业团组织5218家，推进国有企业、非公企业建设

“四有四好”团组织，提升组织活力。加强驻粤团组织管理，目前已在全省建立17个省级、161个市级、546个县（区）级驻粤团工委，整合活动项目经费465万元支持市、县、镇团委及乡镇直属团组织建设。二是推动共青团网络化发展。启动广东共青团“智慧团建”工程，以广州为试点，探索搭建基于社交网络和移动互联技术的团务管理系统、青少年服务系统、资源整合系统，构建团组织的智能化、立体化的网络阵地和精细化、动态化管理的团建工作模式，努力实现“网络连支部，服务聚青年，团就在身边”的工作目标。开发广东共青团掌上会议系统，实现“无纸化”会议并向地市推广。三是扎实开展党的群众路线教育实践活动。不折不扣落实中央八项规定和省委实施意见，开展针对“四风”问题的集中整治，制定出台团的活动效果评价、科学民主决策、团干部作风考评、青年意见建议常态化收集以及办公经费、公务车辆、公务接待管理等制度文件，狠抓干部队伍作风转变。活动开展以来，团省委会议开支经费同比下降40%，发文数量同比下降24.2%，公务接待费用同比下降82.3%。四是深入开展“两进三同四争先”活动。以“做青年友，不做青年‘官’”为主题，深入开展“两进三同四争先”（走进基层、走进青年，与青年同劳动、同学习、同生活，争当坚定理想之先锋、争当服务青年之先锋、争当务实实干之先锋、争当勤俭廉洁之先锋）活动。组织全体团干部每季度抽出5天时间，深入1个以上团支部、青年社会组织，参与当地青年学习、生活、劳动，通过体验实践加强与青年联系，努力做广大青年值得信赖的贴心人。7月以来，团省委机关100多名党员干部先后前往各地开展“两进三同四争先”活动，与2700多名游离在党团组织之外的基层青年建立直接联系。五是组织开展共青团工作重点问题大调研。围绕广东共青团重点工作和重点领域青少年群体发展现状，邀请省内知名高校专家、学者组成15个专题调研组，以驻点的方式，深入各地基层单位开展为期三周的专题调研。先后开展调研活动76次，访谈青年群众1000多人次，面向基层群众下发调查问卷16000余份，在此基础上形成30篇共50余万字的调研报告，全面分析广东共青团发展的普遍性问题、规律性经验。

广西团的工作

在自治区党委、政府和共青团中央的正确领导下，共青团广西区委认真学习宣传贯彻党的十八大、十八届二中、三中全会和团的十七大精神，围绕中心、服务大局，认真履行团的四项基本职能，开拓创新、扎实工作，各项工作和建设取得显著成效。

一、深入开展主题教育实践活动，青少年思想引领凸显新成效

1. 大力开展理想信念教育。以理想信念教育为主线，深入开展“我的中国梦”主题教育实践活动，积极开展“与信仰对话”、“与人生对话”、“红领巾相约中国梦”主题队日、“红领巾相约中国梦”一句话一首歌征集、“中国梦我心中的家园”书画、诗歌、散文征集主题活动等，深入实施青年马克思主义者培养工程，引导广大青少年坚定跟党走中国特色社会主义道路的理想信念。结集出版《中国梦我心中的家园——广西少年儿童优秀书画作品集》，自治

区党委书记彭清华参观作品展并给予肯定。

2. 创新大中学生思想引领方式。以“锻炼成长在基层，青春梦想绽光芒”为主题，以践行“中国梦”和开展“美丽广西·清洁乡村”活动为契机，探索实施广西大、中学生“1+1”基层培养计划工作，向全区42个县(市、区)选派近2000名学生，到户籍所在地乡镇(街道)团委挂职锻炼，受到了大中学生和挂职单位的广泛好评，中国青年报头版予以报道，自治区副主席李康作出重要批示予以肯定。

3. 注重发挥榜样的示范引领作用。成功举办了首届广西青少年榜样评选活动，选树了“桥兄弟”、何玥、谢强华等11名广西青少年榜样。“最美女孩”何玥荣获“2012中华儿女年度人物”，并成为“感动中国——十大年度人物”评选活动举办以来广西唯一获奖者，也是年纪最小的一位。大学生村官李欣蓉和青年民警植志毅荣获了第17届“中国五四青年奖章”，受到了习近平总书记的亲切接见。

4. 充分发挥新媒体的思想引领作用。加强团属网站、官方微博、微信、QQ群等新媒体平台建设，创建八桂青年信息交流平台，开通广西共青团手机报，推动各级团组织和团干部开通认证微博。通过开设#感悟十八大·青春正能量#、#说说你身边的榜样#、#畅想我的中国梦#等微话题讨论引导青年。广西共青团官方微博收听人数接近230万，在1734家广西政务微博中影响力排名第二。其中，广西共青团新浪微博粉丝数已达102万，在新浪省级团组织微博中位列第六，在新浪十大团组织微博中位列第八。

二、扎实推进开展“广西青年创业创新年”，服务青年成长取得新突破

1. 大力推动创业创新年活动开展。将2013年确定为“广西青年创业创新年”，成立广西青年创业创新协会和基金，聘请一批全国知名企业家担任名誉会长和创业导师；打造青年创业创新交流平台，每周三定期举办青年创业创新沙龙活动，自治区党委副书记危朝安出席共青团电子商务扶持青年创业主题沙龙，并对活动给予高度评价。

2. 深化青年文明号、青年岗位能手等传统工作品牌。开展广西青工技能振兴计划和技能大比拼，培养重点产业技能创新型青年人才。在团中央举办的“寻找最美青工”活动中，广西有4名青年荣获“最美青工”称号。其中，黄建峰成为全国边防战线唯一受此殊荣的青年代表。

3. 加强对农村青年创业致富的帮扶力度。联合自治区扶贫办、农业厅、水库移民管理局开展农村青年职业技能培训，全年选送贫困地区7万多人次农村青年接受学历教育；联合邮储银行等金融机构积极探索“信贷扶持+财政贴息+技能培训+绿色通道”四位一体创业扶持模式，向6000多名青年发放贷款1.5亿元，带动3万多名青年就业创业；编辑出版并向全区14376个行政村免费赠阅《我的致富经——广西农村青年创业成才案例汇编》。

4. 做好促进高校毕业生就业工作。组织开展“百企入校——广西青年企业家协会高校毕业生就业专场招聘”活动，全区各地组织专场招聘会15场次，300多家企业进校招聘，提供就业岗位5000多个，吸引了上万名毕业生前来应聘。自治区党委副书记危朝安、自治区常务副主席黄道伟分别作出重要批示给予表扬。

5. 大力支持青少年科技创新活动。广西3名青少年荣获中国青少年科技创新奖，受到了刘延东、李源潮等中央领导同志的亲切接见。深入开展“挑战杯”学术科技作品竞赛活动，推动2项成果与企业签约，在全国“挑战杯”竞赛中，团区委荣获省级优秀组织奖。

三、大力推进团的基层组织建设，组织青年着眼发展谋求新作为

1. 扎实推进党建带团建——团建基础工程。认真贯彻落实全区《关于进一步加强新形势下党建带团建工作的意见》的精神和有关要

求，协助党委组织部门配好配强市级团委书记班子，建立市县两级团的领导机关干部配备情况报送和通报制度。大力推进团干部驻点工作，全年组织选派59名市以上团委机关干部驻县级团委指导工作。全面落实每个乡镇、街道每年不低于2万元共青团工作经费和2万元预防青少年违法犯罪工作经费，人均工作经费全团第一，出台《广西乡镇、街道共青团工作经费管理办法》，指导基层团组织管好、用好工作经费。

2. 切实做好团干部教育培训工作。深入实施广西"青春引擎"全员培训计划，全年投入项目经费688万元，培训基层团干部或青年致富带头人1.5万名，首次开展了3期城市社区团干部培训工作。在大中专学校特别是高校校园普遍开展了学术研究、科技创新和文化交流活动；举办高校团干部培训班，加强对高校学生思想研判和共青团工作指导。

3. 全面活跃基层团的工作，延伸团的工作手臂。深入开展创先争优活动，召开广西纪念五四运动94周年交流座谈会，表彰了一批先进青年典型。重点实施"强乡活村"工程。整合人社、农业、文化等24个部门和大学生志愿者力量，深入农村开展政策宣讲、结对帮扶、团务培训等"七个一"活动，整改直属团组织1673个，巩固现有直属团组织25382个。以基层团组织为依托，组织开展了"让温暖一起回家——广西服务万名外出务工青年春节返乡"、"清洁乡村·青年当先"、"保护母亲河，美丽中国梦"及"两会一节"志愿者服务等活动，促进基层团组织全面活跃。筹建广西青年智库、广西青年摄影家协会、广西青年书画家协会等机构，加强与青年自组织的联系，进一步做好城市特殊青年群体的联系和服务工作，拓宽团组织的有效覆盖面。

四、充分发挥青少年生力军和突击队作用，服务党政中心工作取得新成绩

1. 主动服务国家周边外交战略，成功承办第二届中越青年大联欢活动。第二届中越青年大联欢活动由团中央、中联部、外交部及自治区党委、政府共同主办，由共青团广西区委牵头做好活动各项具体筹备工作。11月24日，以"放飞青春梦想，共创美好未来"为主题的第二届中越青年大联欢在广西举行，3000名越南青年代表到广西开展了为期4天的考察、交流及联谊活动，全面实现"安全、顺利、圆满"的目标。国家主席习近平、越南国家主席张晋创为大联欢活动发来贺信。中共中央政治局委员、国家副主席李源潮和越共中央政治局委员、越南祖国阵线中央委员会主席阮善仁亲自率团出席大联欢并对承办工作给予高度评价，自治区党委书记彭清华和自治区主席陈武分别对大联欢活动作出重要批示予以肯定。

2. 积极响应"美丽广西·清洁乡村"号召，深入开展"清洁乡村·青年当先"活动年工作。将2013、2014年定为"清洁乡村·青年当先"活动年，发动全区各级团组织和广大青少年奋力投身"四个美丽"建设（即美丽广西、美丽乡村、美丽西江、美丽北部湾）。全区14个市111个县区上下联动，组织全区大、中、小学生志愿者积极开展"三清洁"、结对帮扶、入户宣传、"最美乡村"青少年微作品大赛等系列主题活动。一年来，全区共创建119个"青年生态示范村"，组建了18733支青年志愿者服务队，发动青少年40.3万人担任志愿者，参与活动200多万人次，募集广西青少年"清洁乡村"专项公益基金121.6万元。自治区党委副书记危朝安、自治区副主席蓝天立分别对团区委组织开展的"清洁乡村·青年当先"活动作出重要批示给予肯定。

3. 服务国家珠江—西江经济带战略部署，成功承办"保护母亲河，美丽中国梦"2013年珠江流域青少年植树行动统一行动日主会场活动。发动全国27所高校的环保社团成立珠江流域青少年生态环保社团联盟。广西珠江流域11个市83个县（市、区）团组织组织3.6

万名青少年植树 10 万余株,团中央书记处书记徐晓作出重要批示予以肯定。团区委《关于建设青少年西江千里绿色走廊的提案》被评为自治区政协重点提案。

4. 深化实施“美丽广西”青少年造林绿化行动。联合林业、国土、住建、水利等部门共组织青少年 105 多万人次,植树造林 1020 万株;联合林业厅开展“千万珍贵树种送农家”活动,向农村青年赠送 500 万株珍贵树种;组织泛北部湾地区和东盟国家青年开展“美丽广西 · 美丽北部湾”青少年行动,建立全国首个“泛北部湾青少年生态文明实践教育基地”。团区委被评为全区“绿满八桂”造林绿化工程先进单位。

5. 服务国内区域青年交流合作和青年外事工作成效显著。开展了中国—东盟青年艺术品创作大赛、中国—东盟青年营、中国青年企业家东盟行等有特色的青年友好交流活动。以中国(广西)国际青年交流学院为主阵地,举办 4 期东盟青年干部高级研修班,累计培训东盟青年干部 156 名;加快推进中国—东盟青少年交流活动中心建设,项目列入 2013 年广西区统筹推进的重大项目,与扶绥县人民政府签订 500 亩项目用地合同,争取财政划拨 1000 万元作为项目前期启动资金。努力推动成立中国—东盟青年联谊会,在李克强总理和东盟各国领导人的共同见证下,中国和东盟 10 国青年代表在第十届中国—东盟博览会、中国—东盟商务与投资峰会开幕式上共同倡导成立了中国—东盟青年联谊会。深化与港澳台青少年的交流与合作,积极配合自治区党委、政府举办“桂台经贸文化合作论坛”,组织广西青联分团赴台开展桂台青年创业合作之旅活动;成功举办 2013 年香港大学生广西实习活动;举办香港青年企业家代表团广西考察活动,自治区党委书记彭清华会见代表团一行。

6. 青少年志愿者工作取得进展。动员大学毕业生积极投身西部、建设西部,招募了 850 多名西部计划志愿者,超额完成了团中央下达的任务。推动学雷锋常态化工作,开展关爱农民工子女行动,服务农民工子女成长。组织志愿者服务第十届中国—东盟博览会、中国—东盟商务与投资峰会,招募选拔了 1300 多名大学生志愿者为“两会”提供翻译、礼仪接待、后勤保障、应急支援等志愿服务。团中央书记处第一书记秦宜智亲自看望并慰问“两会”志愿者,自治区副主席张晓钦对“两会”志愿者工作给予高度评价。

五、切实服务青少年健康成长,促进社会和谐建设迈上新台阶

1. 大力加强青少年维权工作。探索建立青少年维权工作长效机制,创立“广西未成年人保护基金”,重点帮扶家庭特别困难的农村留守儿童等特殊人群。联合自治区司法厅在南宁、玉林和来宾三市试点建设“广西未成年人教育矫治中心”,对违法犯罪不予刑事处罚、未满 16 周岁的未成年人实行封闭式管理和全方位的矫治教育。加强青少年维权和预防犯罪宣传教育工作,编印 2 万本《乡镇预防青少年违法犯罪工作指导手册》、《青少年自护手册》和 1.5 万多张宣传海报、动漫视频光盘发放到校园、社区和工地。加强青少年维权工作平台建设,全区 14 个市均开通了 12355 青少年维权热线,组建了 124 支青少年 12355 维权热线志愿者队伍。深化青少年法制宣传教育,联合广西电视台打造未成年人权益保护公益类精品节目《与爱童行》,拍摄关爱青少年的微电影,共青团广西区委创作的微电影《梦想的重量》获得第二届全国“为了明天—关爱青少年彩虹行动”微电影大赛唯一的特等奖。2013 年,在团中央“面对面”专项考核中,广西荣获满分,排名全团第一。

2. 搭建少年儿童成长成才平台。推动少先队活动课建设,编辑出版《红领巾相约中国梦——广西优秀少先队活动课例汇编》。巩固和深化少先队学科建设,在广西师范大学创建了“少年儿童组织和思想意识教育”二级学科,首批硕士研究生入学就读。进一步加强辅导员队伍建设。争取自治区职改办下发通知,将辅导员工作成果普遍纳入中小学教师职称评审,得到了团中央书记处书记罗梅的肯定性批示。深化希望工程,全区现已建成希望小学1036所,广西希望高中成为全国最大的公益性高中。加大对贫困青少年群体的帮扶力度,广泛开展"我的微愿望"征集活动,发动社会各界的力量为1320名贫困少年儿童圆梦;与广西图书馆联合开展"捐一本好书·圆一个梦想"活动,在各市图书馆、团委长期设立"爱心图书接收点",目前累计将10万多册图书送到贫困农村孩子手中;组织开展百场"一个阅览室·一支小牙刷"主题活动,为全区每个县(市、区)的一所乡村学校建设一个梦想书屋,并向该校的每位小朋友赠送一套生活卫生小套装,得到了爱心企业家和社会热心人士的积极响应,获赠爱心款60余万元、图书3万余册和卫生小套装2万多件,活动覆盖2万个农村家庭。

3. 拓宽青年沟通交流渠道。充分发挥共青团组织的桥梁和纽带作用,组织开展了4场"青春相约·情聚八桂"青年联谊活动,为近500名广西选调生和部队青年干部搭建婚恋交友平台,不满足青年相互交往的现实需求,受到了广西军区、自治区党委组织部领导和广大单身青年的广泛好评。

六、积极推进党的群众路线教育实践活动,团的自身建设呈现新气象

1. 抓思想。深入推进学习型团组织建设,坚持开展"六个一"学习活动,坚定团干部对中国特色社会主义的道路自信、理论自信、制度自信。团区委机关组织集中学习20次,举办专题讲座6次,发放征求意见表1100多份,召开征求意见座谈会30多次,进行实地调研60多次,征集到各类意见建议96条。经过综合梳理,对集中反映的8个方面问题,提出了30多条整改措施,建立健全了团区委机关管理制度12项。组织开展广西共青团理论与实践课题研究,立项支持62项研究课题。

2. 改作风。深入开展以"为民务实清廉"为主题的党的群众路线教育实践活动,着力加强团干部作风建设。深入开展"走进基层、转变作风、改进工作"大宣传大调研活动,组织全区副处级以上团干部深入基层"办实事"、"同劳动"、"交朋友"、"结对子",贴近基层实际、总结一线经验,发现突出问题,锤炼自身作风,取得了显著成效。建立了团干部联系青年制度,每名专职团干部联系不少于30名青年,要求必须覆盖不同行业、不同领域、不同阶层的青年,做到每天联系青年一次、每周汇总青年意见一次、每月开展一次青年主题活动、每季度为青年办一件实事,切实联系和服务好青年。

3. 强队伍。加大对团干部的教育培训力度,团干部的综合素质和业务水平切实提升,严格执行中央关于反腐倡廉、厉行节约的有关制度规定,在团干部中大兴艰苦奋斗之风,团干部吃苦耐劳、乐于奉献的意识明显增强。加大团干部的转岗力度,2013年全区共青团培养输送10名处级干部到党政领导岗位,团区委机关引进2名年轻处级干部,招录2名清华、北大硕士选调生,选派了36名高校团干到基层挂职锻炼,进一步促进了干部年轻化和整体素质提高。

海南团的工作

2013年海南各级团组织切实履行四项基本职能，紧贴中心求作为，紧贴青年促发展，紧贴基层抓建设，团的各项工作和建设都取得了新成绩。

一、持续思想凝聚，凸显主题，青少年思想引领的针对性和实效性不断增强。坚持加强中国特色社会主义理论教育，引导青少年积极培育和践行社会主义核心价值观，筑牢为实现中国梦而奋斗的共同思想基础。

1. 丰富理想信念教育形式。抓住党的十八大，十八届二中、三中全会召开等重要契机，组织广大团员青年以报告会、座谈会、主题团日、群众性文化广场活动等形式，深入开展了“青年马克思主义者培养工程”、大学生“与信仰对话——校园人生分享会”、中学（中职）学生“与人生对话”主题教育活动等系列活动，引导青少年进一步坚定了跟党走中国特色社会主义道路的信念。全省共开展十八大精神宣讲活动452场次，主题团日活动460余次，参与人数超过11万。

2. 开展“我的中国梦”主题系列活动。围绕“中国梦・我的梦”主题，举办2013“影动青春，成就梦想”海南微电影全国征集大赛、主题团日（队会）、全省大学生演讲比赛、国际旅游岛首届班级文化节和城乡少年手拉手等系列活动，筑牢广大青少年为实现中国梦而奋斗的共同思想基础。微电影大赛在全国广泛征集225部作品基础上，重点推动16部优秀作品在全省青少年中广泛展播，共组织作品展播、主题座谈、主题团日等活动5200多场，参与人数达80.6万余人次，有效加强了对青少年的思想教育和梦想引导。大学生演讲比赛参与人数近15万名，覆盖全省18所高校3730个团支部；班级文化节共有65所学校、1500个班级近10万人参加，大赛官网点击率超过120万次。城乡少年手拉手活动共推动34所城市和农村小学少先队大队完成结对，结对少先队员达4万多名。

3. 加大青少年典型宣传力度。开展鹦哥岭自然保护区管理站青年团队先进事迹宣传推广活动，协调纪实剧《执着》在京汇报演出和省内巡演，举办“鹦哥岭自然保护区全国大学生社会实践基地”设立暨2013年暑期社会实践活动和“全国大学生代表学习鹦哥岭青年团队先进事迹座谈会”，编发《我们身边的青春榜样——鹦哥岭自然保护区管理站青年团队纪实》，在全省青少年中营造了扎根基层、奉献青春的良好氛围。开展海南五四青年奖章评选、寻找海南“最美青工”，第四届全国道德模范推报和“道德模范与青少年话成长”学习宣传等活动，为青少年成长成才树立了榜样。

4. 积极运用新媒体引导青少年。创新推进共青团系统微信应用工作。在全国省级团委率先运用微信作为组织、引导和服务广大团员青年的重要载体，建立健全内容发布、管理员职责、工作进度核查等工作机制，推动微信工作常态化开展。各级专兼职团干部均开通了个人微信账号，各级团组织、各品牌项目、重点工作微信公众平台达126个，初步建成了覆盖全省53.7万团员青年的海南共青团微信网络体系，依托该体系传递即时信息、传播正能量，增进各级团组织、团干部与团员青年的工作、情感交流。陵水用微信指导村级团组织换届工作，三亚用微信及时传递青年服务技能大赛的精彩瞬间，海南大学的“青春校园”、海南师范大学的“美丽海师”微信群等拓展了信息传播的渠道，海南共青团系统微信群已成为广大团员青年和大学生学习、交流的重要平台。

巩固提升微博引导工作。开展“感悟十八大·青春正能量”和“我的中国梦”微话题主题微博编创传播学习活动，团省委、基层团组织官方微博和团干认证微博累计发布专题微博52.5万余条。全省团属官方微博和团干个人微博共1146个，各级团组织官方微博粉丝数达50万人。2013年海南共青团新浪微博获评海南省政务微博影响力第一名。

二、强化活动引领，深化品牌，服务经济社会发展的作用进一步发挥。科学把握共青团组织服务党政工作大局的切入点，巩固工作载体，深化活动品牌，团结带领广大团员青年在推动海南经济社会发展中发挥生力军作用。

1. 着力促进志愿服务常态化。就全省志愿服务常态化发展作出制度性安排，努力把海南建成“志愿之岛”。开通“志愿海南”网站，创建全省志愿服务综合信息平台，规范志愿者注册、认证、计时和评价工作。完成省志愿者协会换届，评选表彰全省志愿服务先进个人（集体），举办全省志愿者工作培训班，统一全省志愿者标识，提升志愿服务整体化水平。加强大学生志愿者工作，推动在校大学生全员注册志愿者；推动高校在《思想道德修养与法律基础》课中讲授志愿服务内容，将学生志愿服务活动折算成社会实践学分。持续推进中西部计划、关爱农民工子女和环保、支教、扶贫等常规项目，重点推进旅游、社区和交通项目，拓宽志愿服务项目领域。以元旦、3·5学雷锋日、国庆、12·5国际志愿者日、春节等为契机，集中开展各类志愿服务活动，提升志愿服务工作影响力。其中，春节期间各地开展的咨询向导、购票引导、维持秩序、赠阅报刊等便民助民服务，受到游客广泛好评，临高向旅客赠阅团报团刊的做法在全省推广，海口春运志愿者通宵奋战服务群众，三亚景区景点服务丰富多彩，全省共设服务站点55个，参与志愿者达3000余人次。截至目前，全省注册志愿者22.6万人，全年参与志愿服务活动11.7万人次，服务时长152万小时；中西部计划在岗志愿者450名，服务于18个市县的130个乡镇345个单位；272所农民工子女较集中学校与志愿者组织结对，结对农民工子女达5.3万人。

2. 深化开展“青春绿化宝岛”行动。继续整合资源，实施“青春绿化宝岛”——2013年度青少年植树行动，集中建设“共青林”，全年共完成植树造林2.35万亩、建设“共青林”72片。组织全省高校开展主题宣传教育活动，共举办100余场“绿化宝岛”专题报告会，参与学生3万余人次。结合暑期三下乡社会实践活动巩固绿化宝岛“校地结对”活动，利用海南大学等5所高校与全省18个市县团委结对的形式，从人才和技术等方面对市县进行支持。推动绿化生态环保志愿辅导员工作，18个市县和洋浦全部完成绿化生态环保志愿辅导员聘任工作，覆盖1237所中小学校。初步形成了“青春绿化宝岛”行动宣传教育、示范建设和志愿服务长效建设体系。

三、坚持青年为本，整合资源，服务青少年、维护青少年合法权益的社会环境不断改善。准确把握青少年需求状况，增强服务意识，提高服务能力，扎实做好多位一体的服务工作，努力为青少年提供更好服务和更多帮助。

1. 持续推进青年创业就业工作。举办2013海南国际旅游岛青年服务技能大赛，共有800多家涉旅企业开展岗位练兵、技术比武等活动820多场次，1032名选手报名参赛，影响企业青年11万余人，在社会上产生广泛影响。持续开展小额贷款、技能培训、见习基地和海南青年创业平台建设等工作，协调发放小额及青创担保贷款超过3.40亿元，直接受益青年9223人；完成技能培训1.33万人次，其中大学生创业培训1600人次；海南青年创业平台入驻企业达30家，吸收就业青年300余人；培养选树农村青年致富带头人3666名。积极开展大学生暑期三下乡社会实践、"挑战杯"大学生系列竞赛和2013年"优秀大学生西部基层建功计划"等活动，其中，在"挑战杯"全国竞赛中，海南省作品获二等奖1件、三等奖10件。

2. 切实维护青少年合法权益。开展"社会教育与青少年全面发展"和"校园安全与未成年人权益维护"全省调研，两篇省级调研报告均获全国二等奖。开展"共青团与人大代表、政协委员面对面"主题活动，促成人大建议和政协提案共10个。深入开展预防青少年违法犯罪工作。推动17个省直部门共同建立未成年人保护协调联席会议制度，制定未来五年工作规划；开展预防青少年违法犯罪基础数据统计，总结推广试点工作经验，在全省三分之一的市县建立比较完善的重点青少年群体服务管理和预防犯罪工作格局和体系；推动"青少年权益工作创新"试点工作；开展普法文化沙龙、高校禁毒流动讲堂、青少年假期自护教育、防艾公益讲座等法制宣传教育活动，集中开展宣传活动170余场次，创新制作并发放法制宣传资料6万余份，招募大学生禁毒志愿者3000多人。广泛开展12355服务台工作。全年共接待来电来访20904人次，举行团体咨询、沙龙研讨321次；不断活跃海南12355微博，粉丝达25万人；定期开展"海青缘"文明交友活动，网站注册青年达5000余人。

3. 深入推进希望工程行动。精心筹备开展了"爱心圆梦想——让贫困家庭的孩子走进艺术殿堂"帮扶圆梦活动、"一切为了灾区孩子"希望工程紧急救灾助学行动、"圆梦行动·爱心助考"高考服务行动、"德行天下·幸福中华"公益大讲堂等系列公益活动。设立"微公益"网络捐赠平台，动员企业设立长效助学基金。全年共筹集捐款3366万元。其中，希望工程圆梦行动捐款2166万元，资助贫困大学生4662名，创下圆梦行动开展11年来筹款和资助人数最多的纪录。海南省青少年希望基金会被评为2013年度"最美海南人"。

四、着力改进作风，完善机制，团的基层组织建设和基层工作不断加强。抓住深入开展党的群众路线教育实践活动的重大契机，以聚焦作风建设为切入点，着力改进工作作风，不断完善团的机制建设，努力提升团组织的吸引力和凝聚力。

1. 深入开展党的群众路线教育实践活动。按照省委统一部署，结合海南共青团实际，把教育实践活动当作促进团干部成长和推动共青团事业发展的难得机遇，认真对照为民务实清廉的标准，切实抓好学习教育、听取意见，查摆问题、开展批评，整改落实、建章立制等规定环节工作的有效落实。团省委共组织专题学习、专家辅导等活动18场次，召开各类座谈会14场次，领导班子带队调研12次，与基层干部群众个别谈话84次，征求各种意见53条，梳理完善机关各类制度性文件56项。同时，把教育实践活动与当前团的各项重点工作有机结合，落实7个"自选动作"，增强了活动效果；在团省委机关副处以上干部中开展为期3周的"走进青年、转变作风、改进工作"大调研活动，转变了干部作风，深入基层、服务群众的工作力度明显增强，密切了与基层青年群众的感情。团省委获得2013年全省党群机关部门党风政风行风建设社会评价综合得分第四名。

2. 健全基层组织网络。继续深化乡镇、街道团组织格局创新，重点开展乡镇直属团组织活力建设，2013年全省各市县、乡镇团委及其直属团组织共开展活动1.27万场次，参与人数达32万余人。紧抓"两委"换届契机，将全省村级团组织换届工作纳入"两委"换届总体格局，全省18个市县3030个村（社区）团组织全部完成换届，村级团组织负责人平均年龄33岁，2209名35岁以下优秀团员青年进入两委班子。继续推进非公企业团建工作，全年新建非公团组织554家，完成年度任务138.5%。

3. 强化团干部队伍建设。采取驻点蹲点、挂职锻炼、结对帮扶等多种形式,到基础差、发展慢、问题多的地方,帮助基层理清思路、破解矛盾、推动工作,锻炼提升干部素质。安排机关处级以上干部每人联系1至2个直属团组织,派遣4名干部分别到儋州、屯昌等地进行驻点挂职,选拔10名优秀基层团干部到团省委机关跟班学习,调任两名团县委负责人到团省委工作。继续加大团干部培训力度,全年各市县基层团组织共举办市(县、区)、乡镇、农村团干部培训班214期、培训9725人次。建立并实施青年人才工作重大事项信息通报制度,做好"完善青年科技人才激励保障措施"和第十五批"博士服务团"申报工作。

此外,青年统战和青年外事工作不断拓展,组织3批优秀青年代表出访韩国、香港等地,接待香港青年学生"海南文化体验之旅"交流团来琼参观考察,组织青联委员、青企协会员赴台湾开展考察交流活动;青联梦想服务团关爱行动蓬勃开展。深化开展高校共青团系统"四进四同"活动。推动海南师范大学"少年儿童组织与思想意识教育"二级学科建设,稳步推进《少先队活动课指导纲要(试行)》试点工作。

重庆团的工作

2013年是全面贯彻落实党的十八大精神的开局之年,也是新一届团市委工作的起步之年。一年来,在团中央和市委的坚强领导下,团市委按照市第四次团代会确定的"154"总体思路,紧紧围绕"科学发展、富民兴渝"总任务,助推五大功能区域发展战略,大力实施"四大行动",团结带领全市广大青年为实现中国梦而努力奋斗。

一、大力实施"青春导航"行动,教育引导青少年坚定理想信念

1. 深化主题教育活动。全市各级团组织深入开展党的十八届二中、三中全会和市委四届三次、四次全会以及团十七大、十七届二中全会精神宣讲活动。开展"我的中国梦"主题教育实践活动40余万场次,覆盖青少年600多万人。中共中央政治局委员、市委书记孙政才出席"我的中国梦"——重庆市各界青年座谈会,勉励全市各族各界青年勇担时代使命,投身实现"中国梦"的伟大实践。开展24所高校1700余名准录用公职人员"步入社会·廉留心中"警示教育活动,制作全市首部青年反腐倡廉宣传片《青春的走向》。

2. 坚持以文化人。推出全国首部以"我的中国梦"为主题的大型儿童情景舞台剧《七彩梦》,受到市委副书记张国清高度肯定。举办全免费、无门槛的"中国梦·少年强"重庆市青少年电视才艺大赛、"书画中国梦·文化少年强"青少年书画大赛,参赛人数均超过10万人次。其中白血病少年罗鑫昊在团市委支持帮助下勇斗病魔、坚持参赛的感人事迹在社会上引起强烈反响,受到孙政才同志的充分肯定。积极协办重庆广播电视集团(总台)打造的全国首档真人秀影视新星表演类栏目《奇迹梦工厂》。第32届"校园之春"文化艺术活动吸引全市64所高校12万青年大学生直接参与,传统品牌焕发新的活力。

3. 深化直接联系工作。在全团率先落实习近平总书记关于做好新兴青年群体工作要求,积极联系、引导、服务流浪歌手和独立音乐人、网络作家和网络意见领袖、"黄漂"等新兴

青年群体，团市委党组成员带头与包括“中国好声音”节目中涌现出的优秀歌手在内的新兴青年进行“面对面·碰思想”活动。突出做好“走进基层、转变作风、改进工作”大调研大宣传活动和“问需于青年·问计于青年”10万青年访谈活动，团中央书记处第一书记秦宜智批示充分肯定，调研成果收录进《2014年中国重庆发展报告》。巩固高校意识形态阵地，着力加强青年教师的教育引导工作，严格高校学生政治理论型社团管理。

4. 加强新媒体引导。在全团率先研发开通集信息发布、反馈交流、调查统计、移动支付等多功能为一体的“重庆共青团——青年近卫军”微信公共平台。作为全国8个试点省份之一，率先建成逐级覆盖区县团委、乡镇团委和直属团组织负责人及普通团员青年的农村共青团微信体系。各高校院（系）、班团组织全部开通官方微博，微博活跃度居全团前列。利用新媒体开展“微传递·巨能量”、“网上祭英烈·共筑中国梦”、“空盘进校园”等活动，吸引15万名青年参与，主动占领新媒体舆论阵地。

二、大力实施“青春建功”行动，助推重庆科学发展和社会和谐

1. 深化青年创新创业创优工作，引导青年争做科学发展的积极推动者。一是狠抓意识培养。积极推动全市超过2/3的高校开设创新创业创优课程，超过1/2的学校纳入学分管理。市直属中学全部开设学生创新实践“第二课堂”。市人民小学开展的以创新创业创优为主题的少先队活动课受到孙政才同志的充分肯定。二是狠抓能力提升。积极促成中科院与市政府主办、团市委与南岸区等单位具体承办的第一届中国大数据技术创新与创业大赛，获得业界一致好评。在大渡口区主办面向全球的青年规划和建筑设计大师赛，吸引13个国家和地区、92个团队的近300名青年设计师报名参赛。建成市级创新创业基地5个，引进美国硅谷研发团队，促进IT和文化创意类创业项目落户。与市工商局、微企办签署促进青年创新创业合作协议，共同扶持青年创办微型企业5.2万户。联合相关部门在渝北区开展重庆市第二届青年职业技能大赛，在全国率先搭建获奖选手职业资格等级晋升的“绿色通道”。“挑战杯”全国大学生课外学术科技大赛的总评分、获奖数和发起高校数首次在西部地区位居首位。与两江新区联合开展全国“海外学人回国创业周”活动。三是狠抓环境营造。组织市青联、市青企协和市青商会开展“助推区县、助推园区发展”系列活动，先后促成綦江最大的城市综合体红星美凯龙、涪陵30万辆华晨汽车等一批重大招商引资项目落户。中国青年创业国际计划（YBC）重庆办公室提前一年顺利通过评估认证。YBC项目和“未来企业家培养青锋计划”累计整合资金2200余万元，为创业青年提供回捐型资金支持，带动就业2279人，预计扶持企业今年产值可达2.2亿元。联合市科委举办第二届青年农业科技创新创业大赛，获奖项目共获得315万元创业资金。四是狠抓典型选树。4名大中小学生获第八届中国青少年科技创新奖，居西部地区首位。以纳税额和慈善公益捐赠额两项“硬指标”排名，评选出公认度极高的首届“重庆市十大杰出青年民营企业家”。在全市征集青年创新创业创优典型个人（团队）83个，发掘典型经验和成功做法53条。

2. 大力建设城乡社区市民学校，引导青年争做社会和谐的积极构建者。一是强化平台建设。在以推动人的城镇化为核心的新型城镇化进程中，我们以促进农民市民化、市民文明化为目标，以社区和谐促进社会和谐为宗旨，建成街居型、乡村型、小区型、公租房型市民学校2140所，吸引89.9万团员青年、社区居民注册成为志愿者，总服务时长超过246.9万小时。綦江区扶欢镇安育村市民学校得到孙政才同志的高度肯定。二是创新服务项目。用沙画、快板等群众喜闻乐见的形式，在城乡社区广泛宣传党的十八届三中全会精神、重庆“五大功能区域发展战略”和“城乡22件民生实事”,凝聚群众对深化改革的共识。“孝心佳节”感恩教育活动影响20万青少年,在青少年中传递了孝道文化的正能量。“漂书角”项目引导青少年将阅读分享培养成为生活习惯。“让有爱心的人在一起”单身青年联谊活动让青年在共同的志愿服务中收获爱情。市民学校以群众满意不满意作为评价工作效果的主要标准,利用新媒体帮助农民售卖滞销蔬菜,组织志愿者关爱空巢老人、留守儿童、残障人士等为群众办实事、引领社会风尚的做法,得到张国清副书记、谭家玲副市长等领导的充分肯定。一些工作扎实的市民学校更被基层干部群众誉为“两个离不开”:街道、社区离不开,老百姓离不开。三是探索长效机制。争取市政府在《关于加强公租房社区建设工作的意见》中明确公租房社区要建设市民学校。首次争取到市民学校建设项目纳入中央财政资金支持的社会力量购买公共服务项目,推动相关区县将购买市民学校公共服务的专项经费纳入财政预算。指导专业社工机构在市民学校中探索“社工+志愿者”运行模式。挖掘培育了一批社区骨干志愿者,激发社区内生动力。成立重庆市青年志愿服务基金会和重庆市青年志愿者学院,为市民学校建设提供了资金支持和人才储备。团中央书记处第一书记秦宜智视察市民学校后给予高度评价,要求认真总结经验予以推广。中共中央政治局委员、国家副主席李源潮同志在团十七届二中全会上对市民学校工作给予了表扬!

三、大力实施“青春圆梦”行动,切实服务青少年成长成才

1. 助力青少年圆求学成才梦。市青基会共募集资金1832.7万元,资助学生4590人。截至2013年底,市青基会在全国3000多个基金会透明指数排名(FTI)中并列全国第一。

2. 助力青年圆就业自强梦。重庆青年创新创业基金会2013年被评为全市仅有的三个5A级社会组织之一。建成“青年就业创业见习基地”882个,全年组织6923名青年上岗见习。开展“农村青年创业小额贷款保证保险”试点工作,联合人行重庆营管部公示首批青年信用示范户20322户。“新芽计划”免费培训农村青年44720人次。

3. 助力青少年圆爱心奉献梦。主动争取市文明办支持,合力推进志愿服务立法,《重庆市志愿服务条例》(草案)已纳入市人大2014年立法审议项目。圆满完成2013年西部计划招募志愿者工作,首次招募赴西藏、新疆志愿者。第四批援毛里求斯志愿服务队工作得到孙政才、张国清、谭家玲、姜平等领导的充分肯定。应急志愿者总队积极参与“4·20”雅安抗震救灾工作,医治受伤群众65人,发放价值210.7万元的救灾物资。着力打造“冬日阳光·温暖你我”新春公益行动品牌,通过微信支付、网上商城等新媒体手段,个性化征集并通过社会化动员实现留守儿童新年心愿54546个,《中国青年报》头版头条予以深度报道。30余万名大中专学生利用暑期参与“三下乡”社会实践活动,结对帮扶农村留守儿童20867名,资助困难学生13908名。

4. 助力青少年圆权益保护梦。以“为了明天·彩虹帮教”为重点,资助有不良行为的贫困未成年人到就业率和转化率均达100%的行知学校接受职业教育,得到中央综治委和团中央高度重视。发挥12355窗口服务功能,开通24小时在线高考减压服务。维护涉案未成年人合法权益,建成全国首个省级合适成年人库。

四、大力实施“青春聚力”行动,扎实推进团的自身建设

1. 扎实开展党的群众路线教育实践活动。按照市委要求不折不扣开展教育实践活动,将“深化全市专兼职团干部领创办城乡社区市民学校”作为开展党的群众路线教育实践活动的有效载体,3144 名专兼职团干部深入自己居住的小区或社区领创办市民学校,《中国青年报》头版头条予以专题报道。积极开展“走进青年、转变作风、改进工作”大宣传大调研活动,党组成员带头用 3 周时间蹲点区县社区、农村、企业,全市 47 个由处级以上团干部带队的调研组深入 712 个团组织,与 3548 名青年进行“面对面、一对一”深入交流。团市委开展的教育实践活动受到市委第一督导组充分肯定。

2. 加强团的组织建设。持续优化基层团建工作环境,全市所有区县团委书记固定列席区县常委会议,推动区县将留存党费的 3 - 5% 用于基层团建工作。激发基层团组织活力,实施第二批千名团建工作指导员计划。以全市村、社区“两委”集中换届为契机,开展村级团组织集中统一换届工作。继续推进乡镇实体化“大团委”建设。积极推动新社会组织、流动青年群体、行业协会等新兴领域团建工作,新增“两新”团组织 2350 家。

3. 加强团的队伍建设。加强自律,严格执行中央和市委关于反腐倡廉、厉行节约的有关制度规定。在全团首创将入团积极分子学雷锋、践行志愿精神作为入团考察重要内容,受到团中央领导充分肯定。全市所有区县团委书记、班子、全体机关干部配备率均已超过 90%。争取高校党委支持,选派团干部和青年教师到区县团委挂职锻炼。

4. 加强团的能力建设。创新举办 6 期“重庆青年学习大讲堂”。扎实开展团干部教育培训工作,举办 12 期市级培训班、392 期区县级培训班,全市 1.5 万余名团干部参加了各级培训。

5. 加强青联组织建设和青年对外交流。圆满完成市青联、市学联、市青企协、市青商会换届工作。全市已有 17 所高校建立青年联合会。积极推动市政协共青团、青联界别发挥作用,市政协主席徐敬业批示肯定。邀请港澳台工商企业青年领袖来渝访问,组织实施 2013 年香港大学生暑期内地实习计划,接待港澳台来访人员 90 人次。累计选派 6 批、30 名优秀青年代表赴毛里求斯、泰国等国家参加交流访问和志愿服务。

6. 做好少先队工作。成功召开市第四次少代会。推动中小学少先队活动课程落实到教育部门文件和中小学课表中。举办第五届重庆市少先队辅导员职业技能大赛、第五届十佳红领巾小记者和第二届十佳红领巾小主持评选活动,受到社会广泛关注。

7. 推动团属产业发展。不断壮大作为团属经营性资产运营主体的青春实业公司规模。推动重庆青年职业技术学院学科发展,新增专业 3 个,用人单位对学院 2013 年毕业生满意度达 98%。支持市少年宫筹建教育发展管理有限公司,在多方共赢下实现品牌效应的最大化。改造后的市少年宫南湖野营基地着力打造“亲亲世界”青少年素质拓展基地,受到社会一致好评。支持《少年先锋报》“抢滩”少儿财商意识、创新创业创优意识培养等新兴市场,《少年先锋报》第三次荣获中国优秀少儿报刊金奖称号。在传统媒体发展不景气的大背景下,新版《重庆青年报》发行征订数量较上一年度逆势增长 66.5%。重庆青年旅行社营业网点扩展至 82 家,营业额同比增长 60%。促成佳青科技公司与重庆电信、通卡等公司的合作,首期 5000 张带移动支付功能的电信手机卡发卡面市,市场供不应求。

四川团的工作

2013年,四川各级团组织认真学习宣传贯彻党的十八大、十八届二中、三中全会和团的十七大、省委十届三次全会精神,特别是习近平总书记一系列重要讲话精神,按照省第十三次团代会提出的“三个一”工作思路,切实发挥组织、引导、服务青年和维护青少年合法权益的职能作用,积极服务中心工作,特别是在“4·20”抗震救灾、“7·18”抗洪抢险等工作中,组织带领广大团员青年勇于担当、奋力作为,谱写了壮丽的青春之歌,团的工作迈上了新台阶,团的事业实现了新发展。

一、扎实开展青少年思想引导工作,巩固了广大团员青年团结奋斗的共同思想基础

1. 以“实现伟大中国梦、建设美丽繁荣和谐四川”为统揽,在全省企业、农村、机关、学校、社区等领域集中开展“青春共话十八大”“青春V动力·汇聚正能量”等形式多样的主题活动。深入实施美丽家乡、青春励志、爱心公益、幸福爱情、成长成才五大青春“圆梦”行动,广泛开展“奋斗的青春最美丽”“与信仰对话”“与人生对话”“红领巾相约中国梦”等系列活动,举办各类交流、报告、座谈会6700余场,放映励志影片1000余场,累计覆盖400万余人(次)。

2. 积极探索贴近青年的有效引导路径,依托网络、微信、手机报等新媒体,开展“百网”联动、“千博”互动等活动;创新推出《团团》系列原创漫画作品,将《兄弟姐妹一家亲》动画片翻译为藏语版在藏区广泛播出;成立“四川省共青团新媒体中心”,有力构筑了共青团新媒体信息发布、舆情研判和对外宣传平台。

3. 由共青团四川省委推荐的李娜等6人被评为四川省“4·20”芦山强烈地震抗震救灾先进个人;开展第十六届“四川青年五四奖章”“两红两优”等评选表彰活动,组织马剑霞、赵海伶等青年典型与团员青年分享交流,切实发挥了青年典型的示范、引领和带动作用。

二、围绕中心、服务大局,团结带领广大团员青年在建设美丽繁荣和谐四川的征程中发挥了生力军作用

1. 务实推进民生改善,积极承接社会事务,超额完成中共四川省委、四川省人民政府年度民生工程任务,在贫困地区新建希望小学12所、共青水池400口,培训农村青年2.6万人,参与实施藏区“9+3”免费教育计划,建设藏区青少年活动中心75个。

2. 引导青年创新创效,开展了青年文明号创建、青年职业技能大赛、寻找“最美青工”等活动,依托“青春创业大讲堂”“青春榜样伴成长”“农村青年致富带头人系列事迹报告会”等,积极引导青年投身经济建设主战场,有效凝聚了创新发展的青春共识。

3. 组织第十三批“博士服务团”入川服务,在全省高校组织34支全国重点团队、100支省级重点团队、1000支校级重点团队,近30万大中专学生参与“三下乡”社会实践,新招募1539名西部计划志愿者参与地方经济建设。

三、冲锋在前、勇于担当,为夺取抗震救灾阶段性胜利和助推灾后恢复重建做出了积极贡献

1. “4·20”芦山强烈地震发生后,全省各级团组织第一时间启动应急预案,奋力投身抗震救灾,累计筹集救灾资金物资1.4亿元,登记储备志愿者3万余人,派遣志愿服务团队700多支共计1.8万余人。

2. 助推灾后重建,牵头灾区社会管理服务工作,建立雅安社会组织和志愿者服务中心,

吸引中国扶贫基金会等47个社会组织入驻，联系社会组织243个，对接社会公益项目588个共计13.2亿元，深入开展心理抚慰、留守学生关爱、基础重建等工作，受益群众达100万人(次)。

3. 参与灾区社会治理，第一次搭建了党政部门、专家学者、社会组织和志愿者应对灾害的跨界平台，第一次将总预算1.2亿元的社会管理服务项目纳入灾后重建总体规划，第一次发挥了“大群团”格局在应对自然灾害中的积极作用，全省抗震救灾体系第一次将社会组织和志愿者纳入工作力量范畴，初步形成了“党政领导、群团实施、社会协同、公众参与、法治保障”的灾区社会管理服务“雅安模式”，为开展重大自然灾害社会管理服务、加强灾区社会治理提供了有益经验和鲜活样本。

四、坚持青年导向、需求导向，尽心尽力帮扶青年所急所盼，竭诚服务了青年成长发展

1. 就业创业持续加强，扎实推进青年就业培训、创业小额贷款、青年创业带头人等工作，深入开展“挑战杯”系列竞赛、高校毕业生创业大赛、“爱心圆梦”专场网络双选会等活动，全年发放青年小额贷款9.2亿元，累计培训各类农村青年13万人(次)，扶持2.9万人创业发展，带动10万余名青年就业创业。针对大学生“史上最难就业季”打开就业绿色通道，开展“见习助就业·牵手毕业生”活动，全省1414家青年就业创业见习基地接收见习青年7500余人(次)。

2. 关爱工作更加务实，实施“我要上大学”助困入学关爱行动，为2488名贫困大学生提供入学资金1244万元。持续发挥“快乐学校”“圆梦行动”品牌效应，累计组织61万名青年志愿者结对帮扶留守学生137万人，全年新建留守学生之家300所。

3. 权益维护有序推进，打造12355青少年服务平台，联系服务青少年60万余人(次)。全面深化“共青团与人大代表、政协委员面对面”活动，共向市、县“两会”提交提案、建议78篇。承办全国重点青少年群体服务管理和预防犯罪工作会议，“五步工作法”得到了团中央和中央综治办的高度肯定。

五、坚持党建带团建，做到眼睛向下、重心下移，基层团组织建设不断夯实

1. 推动省委出台《关于进一步加强和改进新时期工会、共青团、妇联工作的意见》，实现团的工作目标任务纳入省委对市(州)绩效考核内容，全省17个市(州)召开了党建带团建工作会议，建立了政府与群团组织联席会议机制，16个市(州)出台了具体贯彻落实文件。

2. 全省4395个乡镇集中推进乡镇直属团组织建设工作，通过乡镇团的组织格局创新和实体化“大团委”建设“回头看”工作，巩固乡镇直属团组织5.7万个，新建非公企业团组织4938个，完成街道社区团组织建设7494个。选派54名高校团干部到县级团委挂职。

3. 大力推动市、县两级政府按照所辖地区青少年人口总数，以每人每年不少于1元的标准安排共青团工作经费并纳入同级财政预算，全省132个县(市、区)3633个乡镇落实了2万元工作经费，加强了共青团工作推进的制度化保障。

六、抓住党的群众路线教育实践活动重大契机，大力加强团干部队伍建设，在改进工作作风上取得实效

团省委在全省第一批党的群众路线教育实践活动中，聚焦“四风”问题，重点对改进文风会风、规范办公用房、精简公务接待等方面提出了45项整改措施；广泛开展“两深入、四同、一带头”和“问需于青年、问计于基层、问效于社会”调研活动，走进农村、企业、社区“接地气”，主动与团员青年“交朋友”，结对帮扶7900余人，走访慰问2万余人，并建立健全了加强调查研究、规范干部管理、强化机关建设等长效机制，不断巩固深化教育实践活动成果，团干部为民务实清廉形象明显提升。同时，还深入开展基层团干部培训，举办省级培训班15期，共培训1240人。

贵州团的工作

2013年是深入贯彻落实党的十八大精神的开局之年，也是我省各项事业取得新成就、营造新风气、迈出新步伐的一年。一年来，在省委和团中央的领导下，全省各级团组织紧紧围绕提高团的吸引力和凝聚力、扩大团的工作有效覆盖面两大战略性课题，坚持与党同心、与时俱进，突出"青春聚力·赶超跨越"主题，扎实做好党的青年群众工作，主动承接政府青少年事务，团的各项工作取得新的显著成效。

一、实施"青春向心力"工程，进一步引导广大青少年真心实意坚定不移跟党走

1. 深入开展"点燃青年的激情与自信——中国特色社会主义教育"和"我的中国梦"主题实践活动。组织全省各级团组织学习宣讲中国梦、党的十八届三中全会、省委十一届四次全会和团十七大精神，推出"青春建功中国梦"、"我的最美乡村梦"、"与信仰对话——飞young中国梦"、"红领巾相约中国梦"、"祖国好、家乡美"、"最美青年"评选等活动，通过"青年马克思主义者培养工程"、"奋斗的青春最美丽"分享会、主题团日、微博沙龙等形式，累计开展各类活动8000余场次，覆盖影响青少年3198万人次。"千校万师"培训工程连续两年纳入中央文明委未成年人思想道德建设测评体系，"贵青杯"青少年公益艺术大赛、"同在蓝天下·携手共成长"公益夏令营影响覆盖青少年50余万人次。"青年自信度调查"被新华社《国内动态清样》等报道。

2. 加强运用新媒体和文化手段引导青少年。出台《贵州共青团加强运用新媒体引导青少年工作方案》，以"@青春最黔线"为总载体打造贵州共青团运用新媒体引导青少年的"升级版"，推动全省团组织和团干部微博、微信工作体系建设，开通新浪、腾讯、人民网微博13947个，微博粉丝总数达840余万。推出以阿里木、钟晶、顾久等先进青年和专家学者为原型的系列卡通作品以及《北漂鱼》等电影和以大学生梦想为主要内容的系列微视频。《团青融合中新媒体作用》课题获全团青少年工作研究课题优秀成果奖，实现历史性突破。省学联编印了学习贯彻十八届三中全会精神大学生手绘本，省属高校团委以漫说、涂鸦、文化长廊等形成宣传十八届三中全会精神被《光明日报》等报道。

3. 弘扬中华民族优秀传统文化。围绕培育和践行社会主义核心价值观，以弘扬优秀传统文化为切入点，联合有关部门出台《关于在全省青年干部中弘扬优秀传统文化带头推动文明婚庆的意见》，发出向婚礼中存在的奢侈浪费、红包不堪重负等现象宣战的倡议。举办"孔学堂新婚礼"微博沙龙，《中国青年报》、人民网、新华网等223家媒体持续关注、多轮报道，团中央官方微博首次对省级共青团话题发起专题讨论，260万人次网友关注，300多对新人承诺文明节俭办婚礼。

二、实施"青春争先力"工程，进一步组织广大青年在同步小康实践中建功立业

1. 深入推进"千支突击队·立功献青春"

活动。在产业园区、农业示范园区、旅游景区、示范小城镇、城市综合体建设中，广泛开展立功竞赛活动，建立各类青年突击队2190支，完成突击项目2554个，突击队员达44474人，覆盖青年521752人。成功举办第九届贵州省青年职业技能大赛，搭建省、市、县三级竞赛平台，211名优秀选手获职业技术等级晋升资格，为历届大赛中参赛人数最多、决赛工种最全的比赛。

2. 竭力服务青年创业就业。联合有关单位成功举办“2013年贵州首届创业投资博览会”，现场签约项目协议资金3.8亿。依托大学生创业园、返乡农民工创业园、青年创业卡等项目载体，促进大学生、进城务工青年等青年群体创业就业。开展大学生职业生涯规划课堂、“挑战杯”大学生课外学术科技作品竞赛，4个社会实践项目入围全国微公益创业大赛100强。全年发放帮扶资金280余万元，通过银团合作协调创业贷款7.35亿元，累计培训青年1.15万人次，帮助实现新增就业创业1.67万人。

3. 着力提升基层团组织服务经济社会发展的战斗力。重点推动县乡两级团组织在干部配备、工作经费等方面的保障，开展乡镇实体化“大团委”建设“回头看”，加强城市社区、产业园区、非公企业、新社会组织等领域的团建工作，夯实服务地方经济发展的基层组织基础。26名基层年轻干部到团省委机关挂职学习，选派16名高校团干部、青年教师到基层团委挂职，实现基层和机关的互动融合。

三、实施“青春攻坚力”工程，进一步组织动员团员青年在参与扶贫攻坚中勇作奉献

1. 扎实推进“贵州山区希望工程”。着力提高“山区希望工程——幸福校园计划”项目实施的透明度和公信力，全年希望工程累计筹资1.52亿元，资助各类贫困学生9320余名，援建希望学校、希望宿舍、希望食堂和希望厨房83个，探索建立“乡村童园”。支持配合中国发展研究基金会推广“山村幼儿园计划”，启动100个“希望童园”建设。省青基会荣获天涯公益“2013最受网友信任公益组织”奖。

2. 深化拓展春晖行动。将春晖行动聚焦扶贫攻坚，着力提升“春晖家园计划”、“春晖行动——致公学生培养计划”、“春晖助学计划”、“春晖亲缘招商”、“春晖黔归计划”等项目质量。全年实施春晖家园计划项目44个，直接受益群众48790人，辐射带动人数216880人。成功举办首届“寸草报春晖·共圆中国梦”全国电视演讲大赛。春晖行动荣获第七届“中国地方政府创新奖”。

3. 着力培养农村青年致富带头人。成立省农村青年致富带头人协会，评选首届农村青年致富带头人，增强农村青年致富带头人的凝聚力和影响力，鼓励和支持带动更多青年致富。在省政府关心支持下，与贵阳市政府、中国美术学院开展战略合作，共同参与贵州“美丽乡村”建设，目前已完成贵阳市10个“美丽乡村”规划。

四、实施“青春感染力”工程，切实维护青少年合法权益

1. 完善关爱留守儿童长效机制。探索在留守儿童自立自强中心设立包括管理办公室、兴趣爱好室、心理咨询室、亲情聊天室和劳动实践基地的“四室一基地”，推广“管理标准化、工作规范化、关爱常态化、运行项目化”模式。全省建立留守儿童自立自强中心57个，惠及儿童1.8万人。《贵州省留守儿童权益保护调研报告》被团中央评为省级二类调研报告。39支大学生志愿者服务队开展“携手成长·青春黔行”关爱留守儿童活动。

2. 深化青年志愿者行动。着力提升西部计划、“三支一扶”、研究生支教团等项目质量，研究生支教团从9支增加到26支，西部计划志愿者报名人数连续两年列全国第一。完成海外服务计划援乌干达项目，完成旅交会、科

协年会、酒博会暨泛珠论坛等志愿服务工作，11.6万余名大学生参与暑期志愿者“三下乡”社会实践活动。全省注册志愿者147万人，参与志愿服务达700万人次。

3. 深化青少年维权工作。开展“共青团与人大代表、政协委员面对面”集中倾听日活动。举办全省少年儿童禁毒知识竞赛活动，开展“花季护航——百场万人家庭教育公益大讲堂”、“轻松备考12355与你同行”、“校园安全自护、“少年儿童平安””等活动，累计影响青少年23万。毕节市成为团中央“青少年权益工作创新”试点城市。贵州首部预防青少年违法犯罪题材微电影《愿望锁》，荣获“为了明天——关爱青少年彩虹行动”微电影大奖赛二等奖。

五、扎实开展党的群众路线教育实践活动，跨越型团组织建设取得新进展

根据中央和省委的安排部署，按照“照镜子、正衣冠、洗洗澡、治治病”的总要求，深入实践“忠实务实实干兴省，同心同苦同步小康”的总载体，以“两进三强四带头”为主题，创新开展具有贵州共青团特色群众路线教育实践活动，学习型、服务型、创新型、发展型、凝聚型、实干型马克思主义青年组织建设取得新成效。通过活动开展，增进了群众感情，转变了工作作风，实现工作和活动两不误、双促进，做到善始善终、善做善成。中央督导组全程参与团省委党组专题民主生活会并给予充分肯定。

1. 加强学习。组织100名基层团干部赴井冈山革命传统教育基地开展党性修养培训，举办3期“共青知行大讲堂”，开展“走进青年、转变作风、改进工作”大宣传大调研活动，形成调研报告14篇。

2. 强化服务。建立密切联系基层青年制度，团省委班子成员和部门负责人每季度下基层不少于6天，联系至少30名不同类型的普通青年；18名机关、直属单位的处级干部和市县团组织负责人进行为期一月的“角色互换”，实现了换位思考。

3. 鼓励创新。开展“解放思想十破十立”大讨论，通过网络、手机报、微博、微信等新媒体，加强与网络青年的互微互粉，开展网上青年群众意见收集和评议活动。

4. 助推发展。开展“活动载体大梳理”，按照“总量控制、党政关心、青年需要、确有实效”的原则，取消合并形式大于内容的活动5项，充实调整21项，活动载体精减10%，让活动更实在，更符合发展大局和青年要求。

5. 凝聚人才。通过青联、青商会、青企协、团属基金会、博士服务团等开展活动，发挥驻外团工委、春晖使者的外联优势，为党政集聚各类优秀人才。

6. 真抓实干。开展制度建设，新建和修订34项制度，推进机关效能建设，督查督办重点工作，严格考核结果运用，确保省委和团中央要求一张蓝图绘到底。

过去的一年，在全省各级团组织的共同努力下，贵州共青团工作思路更加清晰、工作举措更加扎实、干事创业激情更加高涨，在实践中培养和锻炼了一支讲团结、能吃苦、能战斗的团干部队伍。运用新媒体引导青少年、预防青少年违法犯罪、乡镇实体化“大团委”建设等全团重点工作取得了积极成效，推动文明婚庆、创建社会企业、举办创博会、建设留守儿童自立自强中心等工作做出贵州特色。据不完全统计，省级以上新闻媒体报道我省共青团工作800余次，其中《人民日报》5次，中央电视台24次，新华社《国内动态清样》1次，《新华每日电讯》1次，《中国青年报》26次（其中头版头条9次），《贵州日报》头版15次，贵州电视台63次，团中央手机报193条次（其中导读102条）。

云南团的工作

2013年,在省委和团中央的坚强领导下,共青团云南省委始终高举中国特色社会主义伟大旗帜,全省各级团组织深入学习宣传贯彻党的十八大、十八届三中全会、习近平总书记系列重要讲话精神,全面落实省第九次党代会、省委九届七次全会、省委工青妇工作会议和团十七大精神,努力将中央、省委和团中央的要求内化于心、外化于行,认真履行组织青年、引导青年、服务青年和维护青少年合法权益的基本职能,团结带领全省各族团员青年狠抓落实、开拓进取,为云南科学发展和谐发展跨越发展作出了积极贡献。

一、深化理想信念教育

广泛开展"我的中国梦"、"云南青年志在四方"、"红领巾相约中国梦"、"信仰指引人生路"、"三观三热爱"、"学雷锋"、"手拉手"、"我与祖国共奋进"、"与信仰对话"等主题教育实践活动,影响青少年达500多万人。大力推进青年马克思主义者培养工程,举办培训班300期,分级分层培训4万多人。组织近5万名农村青年集中收看《我们走在小康路上——农村青年"我的中国梦"专题片》。邀请团中央分享团赴云南开展"我的中国梦——奋斗的青春最美丽"分享活动11场;邀请各级领导、专家学者、获奖者、"中央博士团"成员深入各类青年群体开展宣讲活动1200多场。

二、强化传统舆论阵地与新媒体的有机结合

加强与中央、省内外媒体的沟通合作,制作各类文化产品、宣传片20多部,开通团属微博8000多个,影响青少年500多万人。通过云南青年信息网、微博、微信、手机报等方式积极开展"奋斗的青春最美丽"、"聚焦两会"、"做好事做善事做志愿者"、"我的中国梦"、"群众路线"等一系列微讨论、微小说、微视频、微话题和微访谈。成功举办"我的中国梦——云南精神伴我成长"云南青年网络视频演讲大赛。新建云南青年志愿者网络平台,启动云南共青团官方微信平台。

三、组织青年服务社会奉献爱心

组织1万多名志愿者圆满完成南博会、亚艺节志愿服务工作。开展"做好事做善事做志愿者"主题实践活动800多场次,发动青少年30多万人。大力实施农民工子女志愿关爱行动,广泛动员志愿者与2559所学校52万多名农民工子女开展结对帮扶。组织开展"七彩课堂"学业辅导4762次,亲情陪伴3928次,自护教育2684次,感受城市2061次,爱心捐赠74499次,共建设"七彩小屋"30所。4300名西部计划志愿者深入129个县(市、区)开展志愿服务工作。组织4万多名大学生参加"三下乡"社会实践活动。

三、激励青年创新创优

充分发挥"青字号"品牌作用,2012—2013年度云南省被共青团中央命名全国青年文明号2家(玉溪市人工影响天气中心、保山市施甸县善洲林场生态文明教育基地)。开展寻找"最美青工"活动,评选出云南省"最美青工"获得者30人,其中全国"最美青工"获得者2名(张艳芬,中石油云南销售昆明分公司高新加油站经理;郭键飞,云南省云龙县公安局曹涧派出所教导员)。评选出2013年"云南青年五四奖章"获得者10人、提名奖20人。授予222名共青团员2012年度"云南省优秀共青团员"称号、188名共青团干部2012年度"云南省优秀共青团干部"称号,授予167个基层团委2012年度"云南省五四红旗团委"称号、201个基层团组织2012年度"云南省五四红旗团支

部”称号。成功举办第七届云南高校青年学术科技节,积极组织优秀大学生参加第十三届“挑战杯”科技创新作品竞赛。在全省青年团员中树立了先进典型,形成了创先争优、比学赶超的良好氛围,有效激励和调动了各级团组织、广大团员和团干部的积极性和创造性。

四、带领青年建设美好家园

广泛发动青少年参与“七彩云南保护行动”、“森林云南”建设和“美丽乡村”建设,不断深化九湖生态监护、保护母亲河行动。启动珠江流域青少年植树行动青年示范林建设项目,组织在珠江流域范围内的26个县(市、区)7000多名青少年和志愿者开展保护母亲河活动,广泛开展植树造林、爱绿护绿宣传、抗旱送水、森林防火宣传、节能减排宣传、河道保洁清扫、高原九湖保护、社区环境整治等工作,各地植树合计2万多株,发放宣传资料2万余份,形成了良好的宣传声势。积极参与全省扶贫攻坚,进一步加强独龙江乡整乡推进整族帮扶工作,对500多名独龙族青年进行了外出务工常识、法律知识以及种植、养殖、机电技术等培训。

五、推动青年对外交流合作

大力开展对东南亚、南亚青年交流,成功承办第九届澜沧江湄公河青年友好交流活动,启动老挝青年农科技术培训项目,圆满完成老挝青年代表团、澳门青年代表团、柬埔寨青年干部代表团、苏丹全国大会党干部考察团访华在滇接待工作。积极推报、组织云南青年参与国家青年外事活动,先后完成组织云南青年随团出访印度、尼泊尔、韩国、泰国、朝鲜和香港、澳门等多个国家和地区的组织推报和相关服务工作。组织青联委员到临沧、怒江等地,开展招商引资工作,为推动当方经济社会发展、服务青联委员自身发展提供力所能及服务。

六、全力推进青年创业就业行动

成功举办第五届“云南青年创业省长奖”评选活动,评选出获奖者10人、提名奖20人。全年开展“创业英雄论坛”310场,新建各级“青年就业创业见习基地”90家,提供就业见习岗位2265个。扎实做好青年创业小额贷款工作,帮助14016名青年、59户企业获得贷款8.8亿元,带动3万人实现就业。创建全国青少年农业科普示范基地5个,培养农村各类带头人1.5万人。深入开展农村青年致富带头人“倾听心声,共促发展”活动,积极扶持大学生村官创业发展。大力开展青年创业就业、职业技能培训,全年培训青年5.4万人次。

七、深入推进关爱帮扶行动

希望工程全年筹款8700多万元,援建希望小学35所,援建希望厨房13个、希望鼓号队3个、体育礼包50个、希望图书室3个、希望电脑教室5个。资助大中小学生7363人,培训山区教师17期992人。“希望心”(先心病患儿)生命救助行动救助215名先天性心脏病患儿。50余名大学生志愿者到希望小学开展体育、音乐、防灾教育等方面开展公益支教活动。启动共青团希望水窖“1+X”公益活动,全年共筹款2800多万元,援建希望水窖9100多件,直接受益农户达8000多户4万余人,参与公益影响人群上千万。

八、切实维护青少年合法权益

全面推广重点青少年群体全国试点及省级试点经验,配合省人大常委会对《云南省预防未成年人犯罪条例》进行执法检查。云南省预防青少年违法犯罪工作会议在楚雄州楚雄市召开,省人大常委会副主任、省社管综治委副主任、省社管综治委预防青少年违法犯罪专项组组长张百如同志出席会议并讲话。深入开展“共青团与人大代表、政协委员面对面”和“共青团倾听日”活动。在省级“两会”期间,代表、委员们向大会提交了17个有关青少年的提案、建议。大力提升12355品牌功能,开展心理咨询、法律咨询、志愿者沙龙、知识讲座进校园进社区等一系列活动。全省16个州(市)12355青少年服务台全部成功开通。

九、努力激发基层团组织活力

积极探索城市街道区域化团建模式，深入推进乡镇（街道）实体化“大团委”建设，累计建设乡镇直属团组织2.7万个，覆盖团员32.1万人、35岁以下青年104.78万人。全年农村专业合作组织建团2134个，“两新”组织建团1484家，建成驻外团组织164个。全面推进基层党建带团建文件的贯彻落实，努力实现基层团组织工作资源保障的制度化安排。抓好基层共青团工作经费纳入财政预算，帮助乡镇（街道）团组织落实每年2万元工作经费。

十、深入开展党的群众路线教育实践活动

根据中央、省委的安排部署，以为民务实清廉为主要内容，按照“照镜子、正衣冠、洗洗澡、治治病”的总体要求和“两提、三同、四联、五争优”的活动目标，以解决“四风”问题为切入点，深入开展党的群众路线教育实践活动，进一步加强团干部队伍建设。第一，抓思想建设，着力建设学习型团干部队伍。团省委党组带头认真学习中央、省委关于开展教育实践活动的相关会议、文件精神和习近平总书记系列重要讲话精神，机关全体干部职工始终保持与时俱进、求真务实的态度，采取多种方式扎实开展马克思主义群众观点和群众路线专题学习、讨论，不断提升工作能力，进一步坚定理想信念。全省各级团组织切实加强对团干部和团员青年的培训教育，不断营造刻苦学习、终身学习的良好氛围。团省委全年直接培训团干部3000多人，培训少先队辅导员老师800多人。第二，抓作风建设，着力建设服务型团干部队伍。团省委领导班子成员多次带领机关各部室工作人员深入挂钩扶贫点开展“四群”教育，切实查找自身“四风”方面存在的突出问题。针对团干部存在的“飘、虚、懒、散、粗、怯、奢”七个主要问题，团省委班子及机关各支部召开民主生活会开展了全面深刻、坦诚相见的批评与自我批评，在广泛深入听取意见，深刻剖析对照检查的基础上，明确了3方面20项66条整改措施，在整改过程中坚持从严抓落实，坚持边查边改、立行立改，切实达到解决突出问题，锤炼干部作风，提高服务青年能力的良好效果。第三，抓制度建设，树立为民务实清廉的团干部形象。团省委广泛征求各条战线团干部、团员青年代表的意见和建议，梳理汇总出需要“废、改、立”的制度57项。并结合共青团工作特点，以团干部作风建设、文风会风、“三公”经费管理为重点，围绕9个方面29条措施开展专项整治。新建立了团干部培训教育五大机制、团干部随机调研联系青年制度，修订完善了公务用车、“三公”经费管理制度，为建设为民务实清廉的团干部队伍打下了坚实基础。

西藏团的工作

2013年，西藏各级团组织在自治区党委、政府的坚强领导下，全面贯彻落实党的十八大和十八届二中、全中全会精神，贯彻落实习近平总书记系列重要讲话精神、特别是“治国必治边、治边先稳藏”的重要战略思想和俞正声主席“依法治藏、长期建藏”的指示要求，贯彻落实区党委八届四次全委会和团十七大精神，全面落实自治区团九大确定的目标任务，坚持教育引导青少年和服务青少年成长成才两条主线，切实履行团的根本职责和基本职能，不断提高团的吸引力和凝聚力，努力扩大团的工作有效覆盖面，团的各项工作和建设取得新突破、实现新发展。

一、以青少年思想引领为重点，引导各族青少年坚定跟党走有中国特色、西藏特点发展路子的理想信念

1. 加强团员青年理论武装工作。党的十八届二中、三中全会、团的十七届二中全会、西藏自治区党委八届四次全委会召开后，团西藏区委高度重视，精心部署，通过干部带头、典型引导、专家辅导、座谈交流等形式，迅速组织全区各级团组织开展了认真学习。要求各级团组织在自身学好学深学透的基础上，坚持组织化动员与社会化动员方式相结合，切实把全会精神准确、广泛、有效地传播到广大青年中去。团西藏区委利用下乡调研机会，通过举办报告会、宣讲会和“面对面”交流，积极开展富有实效的学习宣传工作，把党中央和区党委精神迅速传递到广大青年中去，进一步打牢各族团员青年、广大团干部走中国特色社会主义道路、为中国梦而奋斗的理想信念根基。

2. 以“中国梦、青春行”为统揽，以爱国主义、民族团结和反分裂斗争教育为重点，采取形势报告会、青年论坛、演讲会、座谈会、红歌会、知识竞赛等形式，深入各类青年群体，广泛深入开展各类主题教育实践活动 2850 余场次，覆盖青少年 34 万余人次。

3. 大力开展青少年励志教育、道德教育、优秀传统文化教育，深入开展学雷锋志愿服务活动，选树“最美少年”“最美青工”等身边道德模范，引导各族青少年在服务社会的实践中传播社会正能量。

4. 突出骨干引领作用，大力实施青年马克思主义者培养工程，采取集中培训、挂职锻炼、社会实践、考察交流等形式，全年共培训高校团组织负责人、青年理论工作者和大学生骨干 3000 余人。

5. 以“各族青少年民族团结进步”为主题，选派 30 余名青年农牧民致富带头人、优秀青年学生、宗教界青年代表赴内地参观学习考察，促进各族青少年交流交往交融。

6. 高度重视新媒体和文化建设工作，开设“青春牵手新西藏”广播电视报纸专栏，制作播出青少年励志专题片，建立西藏青年移动阅读平台，加强青少年微博建设，举办“中国梦、西藏梦”手机视频原创大赛，覆盖青少年 35 万余人。

7. 突出学校的战略性基础地位，广泛组织开展了“红领巾相约中国梦”、“与人生对话”、“彩虹人生”、“与信仰对话”等教育活动，覆盖青少年 12 万多人次。

二、围绕党政工作大局，组织动员广大青年为全面深化改革、推进跨越式发展和长治久安贡献力量

1. 组织各级青年文明号和争创集体开展服务质量展示，深入开展青年安全生产示范岗创建活动，积极开展“岗位技能促振兴，青春建功中国梦”系列活动，实施中小学生素质拓拓展计划，创新开展全区“成才杯”大学生创业计划大赛和课外学术科技作品大赛，引导青年立足岗位、建功成才。

2. 深入开展志愿服务活动。大力实施大学生志愿服务西部计划西藏专项，2013 年西藏总体实施规模达到 476 人。围绕服务社会管理创新，组织青年志愿者参与维稳处突、抗灾救援、大型赛会、扶危济困、“光彩事业”等重要工作和重大活动中展现青春风采。

3. 广泛开展“保护母亲河行动——高原绿色希望工程”，深入推进青年环保活动，积极参与美丽乡村建设，全年共组织 1 万余名青少年参加各类植树环保活动 32 场次，植树 136900 余株，新建地区级青年林 1 个，以实际行动服务美丽西藏建设。

4. 动员全区广大团干部、各族团员青年积极投身驻村驻寺、“先进双联户”创建评选、城镇网格化管理、社会治安综合治理等工作，服务平安西藏建设。

三、突出民生导向，竭诚服务广大青少年就业创业和成长成才

1. 持续推进青年就业创业工作。通过协调请示团中央，中国青年就业创业基金会批复基础资金1000万元、团中央决定匹配500万元专项，并申请自治区政府支持，拟建立西藏青年农牧民创业就业基金，以扶持、培训、资助等方式对全区青年（农牧民）开展全方位的就业创业服务。以“订单式”培训为主，持续实施好西藏希望工程苗圃职业教育培训项目、共青团青年农牧民技能培训项目等，全区共青团系统共投入培训经费390.15万元，培训青年农牧民2560人，其中团组织单独培训1586人，与政府部门合作培训974人，实现转移就业447人。争取自治区党委组织部专项培训资金61万元，对全区550名优秀城乡青年、大中专毕业生开展SYB创业专项培训。深化高校毕业生就业创业见习基地工作，今年共新增5家见习基地，实现800余名青年参与上岗见习，其中52名青年留用就业。进一步加强与银行业金融机构沟通联系，拓宽青年创业贷款渠道，为27名青年农牧民发放贷款66万元，带动就业人数22人。

2. 努力帮助青年学习成才。深入开展共青团关爱农民工子女志愿服务行动，全年新建“快乐之家”7个、集善之家2个、七彩小屋6个、爱心电脑室1个、爱心图书室1个，为开展关爱行动提供了有力阵地支撑。深化农民工子女与志愿者结对活动，全年共与47所农民工子女较集中的学校建立结对帮扶关系，结对农民工子女3125人。组织41名高校心理专业志愿者深入6地市20所高中为近3000名高三学生答疑解惑，着力打造“迎高考，促成长”心理咨询志愿行活动品牌。加大希望工程筹资力度，全年共接受社会捐款1015万元，援建希望小学1所，新建第三批希望工程职业教育培训项目9个，培训希望小学教师44人，发放圆梦助学金357万元，资助各类学生1209人。成功举办以“同心共筑中国梦，青春建功新西藏”为主题的全区第三届大学生校园文化艺术节，动员5000余名在校大学参与各项活动，服务高校育人根本职能和促进大学生健康成长成才。

3. 扎实做好青少年权益维护工作。围绕“加强法律保护，保障未成年人安全和身心健康”主题，深入开展“共青团与人大代表、政协委员面对面”活动。以“青春与法同行——青少年法律大课堂”为统揽，联合拉萨市城关区法院制作关于维护青少年权益的法制节目，组织青少年维权志愿者开展“青春与法同行——青少年法律大课堂”活动，开展“平安自护促成长、同心助力中国梦”城乡青少年平安自护活动，覆盖青少年10多万人。稳步推进重点青少年群体教育帮扶和预防犯罪工作，在全区普遍开展相关试点工作初步形成信息统计、结对帮扶、志愿服务、定期督导等工作机制。编发青少年法律知识和未成年人自护知识读本，健全完善“青少年维权岗”创建机制，以“三下乡”活动为契机专题开展共青团“倾听日”活动，青少年维权载体不断丰富。

四、夯实工作基础，努力建设联系和服务青年的坚强组织堡垒

1. 换届工作圆满完成。根据有关章程规定并报请西藏自治区党委批准，于2013年5月召开西藏自治区第九次团代会，圆满完成团区委的换届工作。督促指导全区7个地市团委按期完成本级换届工作。

2. 党建带团建工作全面深化。督促指导各地市团委召开党建带团建会议，出台有关工作文件，完善了党建带团建工作制度。采取电话了解、实地调研、现场督导等形式，对全区基层党建带团建工作进行了督导检查，推动各项政策落实到位。

3. 基层团组织建设逐步推进。巩固乡镇团的组织格局创新成果，统筹推进县乡村层级团组织建设。深入推进乡镇实体化“大团委”

建设,全年新建直属团组织1151个。加强农村专业合作组织团建,全年集中新建一批农牧区专业合作组织团组织138个,有效覆盖青年8791人,覆盖团员1342人。巩固和深化以非公企业团建为重点的企业团的建设,全年新增非公企业团组织45家,超额完成团中央目标任务数50%,实现直接管理非公企业团组织278家。全年落实培训资金100多万元,举办各种形式培训班23期,培训团干部和少先队辅导员1582人,完成全年计划的120%。

4. 支持基层力度不断加大。推动全区692个乡镇街道团委2万元基层团组织建设专项落实到位。制定下发《关于进一步支持和推动共青团基层组织建设和基层工作的决定》,对57个县级团委、266个乡镇(街道)团委分别给予54万元、76万元专项经费支持。各地市、县团委也相继争取到本级财政支持130.5万元,主要用于支持乡镇实体化大团委建设。通过提供工作菜单等形式,明确乡镇团委和直属团组织的工作内容,促进基层团组织规范化运行和提升活力。编发1.6万本《西藏共青团基层团组织实用手册》,探索建立基层团组织典型案例库,强化工作指导。募集社会资金45万元,集中为部分艰苦偏远基层团组织和新建直属团组织统一配备团务用品,为全区3000余名专兼职团干部免费提供1年的“西藏青年移动阅读平台”服务。

5. 少先队和学校团建工作迈出新步伐。确定首批少先队活动课试点学校23所,将“每周一课时”的少先队活动课落实到中小学课表。推进少先队二级学科建设,协调推动西藏大学、西藏民族学院设置“少年儿童组织与思想意识教育”专业并纳入研究生招生计划。加强少先队辅导员队伍专业化、职业化建设,推进少先队辅导员“双线晋升”,推动七地团委专职总辅导员配备完成。定期召开全区高校共青团工作联席会议,切实发挥高校维稳联席会议机制作用,加强对高校维稳工作和共青团工作指导。

6. 团属各项事业稳步发展。各级青联学联组织规模逐年壮大,作用进一步发挥。自治区青少年实践教育基地、西藏青年报社、西藏中国青年旅行社等团属事业取得新进步。

五、抓住开展党的群众路线教育实践活动的重大契机,大力加强团干部队伍建设

1. 着力抓好领导班子建设。书记班子成员带头深入学习、带头听取意见、带头查摆问题、带头整改落实,深挖思想根源,切实查找自身“四风”、“两问题”方面存在的突出问题,在对照检查、剖析原因的基础上,明确了15个方面的整改措施。在专题民主生活会上,各位同志拿起批评与自我批评的武器,以整风精神开展深刻诚恳的批评与自我批评,真正做到了红红脸、出出汗、治治病的效果,达到了“团结——批评——团结”的目的,把专题民主生活会形成了一次增强班子战斗力、维护班子团结的会议。带头推动学习型党组织建设,以普通党员身份参加机关支部学习活动,碰撞思想、交流认识、探讨工作。

2. 着力加强团干部队伍建设。扎实开展党的群众路线教育实践活动,教育引导团干部深入学习领会党的理论和路线方针政策,继承和发扬党的优良传统,进一步坚定理想信念,做到讲党性、讲原则、讲纪律。集中20左右时间深入全区7个地市、34个县、51个乡(镇)、39个村居、36所大中小学校、6个社区、27家企事业单位、18个农牧民专业合作组织、27个共青团项目实施点,采取问卷调查、座谈交流、个别访谈、听取汇报等主要方式,深入扎实开展了“走进青年、转变作风、改进工作”大宣讲、大调研活动,推动团干部下基层、接地气、受锻炼,取得了显著成效。积极为干部职工创造机会、提供平台,压担子、给任务,干部队伍的整体素质大幅提升。

3. 着力抓好党风廉政建设。坚持聚焦“四风”、“两问题”,认真落实党中央“八项规定”

和区党委“约法十章”、团中央实施办法，突出抓好整改落实，深入开展专项整治，要求团干部加强自律，严格执行中央关于反腐倡廉、厉行节约的有关制度规定。开展经常性的廉政教育活动，教育引导干部职工增强危机意识、服务意识、勤政意识和廉洁意识，筑牢防线，做到防微杜渐。

4. 着力抓好建章立制工作。对团西藏八大以来与团干部作风建设相关的18项制度进行了集中梳理和完善，建立完善了共青团组织突发事件应急机制、团干部学习研究、教育培训机制、转变作风密切联系青年长效机制，实施了团干部设岗定职、任期承诺、培养锻炼、沟通协调、工作决策、激励保障等制度，探索建立了团的活动青年满意度评价制度，进一步规范了机关内部管理和促进了工作作风转变，让干部职工真切感受到了教育实践活动带来的新变化、新气象。

陕西团的工作

2013年，陕西共青团按照陕西省委和团中央的总体部署，以邓小平理论、“三个代表”重要思想和科学发展观为指导，深入贯彻落实党的十八大、十八届三中全会和习近平总书记系列重要讲话，以及陕西省委十二届四次全会、团十七大精神，按照“围绕一个目标，实施四项计划，狠抓五个着力”的工作思路，秉承“创新奋进、先思先行”的工作理念，全面履行团的四项职能，狠抓落实，积极作为，努力构建党政认可、社会关注、青年关切、共青团力所能及，经得起历史评判的工作格局，圆满完成了各项工作任务，书写出无愧于时代的优美乐章。

一、全力以赴做好陕西省委7号文件贯彻落实，着力加强少年儿童与少先队工作

陕西省委《关于进一步加强少年儿童和少先队工作的意见》（陕发〔2013〕7号）出台后，迅速组织传达学习。在主流媒体、团队重要刊物和阵地加大宣传力度，及时制定下发贯彻落实意见，联合相关厅局出台有关文件，解决制约少年儿童和少先队工作发展的突出问题。加强对市县团委工作督导，推动市县少工委换届，全省已配备市县级少先队总辅导员52名。

二、启动枢纽型组织建设，积极探索共青团参与社会治理新模式

坚持把阵地建设作为构建枢纽型组织和参与社会治理的重要载体，通过建阵地、定制度、孵化项目和支持资金等，实现了“用阵地吸引固化一批青年社会组织，用制度培育提升一批青年社会组织，用项目催生孵化一批青年社会组织，用资金扶持整合一批青年社会组织”，初步形成了“青年组织+青年阵地”参与社会治理新模式，延伸了团的工作手臂。

三、扎实开展党的群众路线教育实践活动，狠抓团干部作风转变

坚持开门搞活动，围绕“四风”问题，广泛征求意见，召开专题民主生活会，制订28条具体整改措施，创新开展“团干部到社区团支部报到”活动，制定出台落实中央八项规定实施细则和加强思想作风建设意见。在各级专职团干部中实行工作地点、实名微博、手机号码、电子邮箱和联系社区点“五公开”，深入开展“四进三问三提升”和“走进基层、转变作风、改进工作”大调研活动，开展“亲青连心行动”，推行“一线工作法”，切实转变团干部作风。

与此同时，统筹推进四项计划的实施，各项工作取得了良好成效。

1. 实施青春导航计划，青少年思想教育引导工作获得新成效。坚持把培养中国特色社会主义事业建设者和接班人作为根本任务。站在理想信念制高点，高举理想信念旗帜，增强团的吸引力和凝聚力。

一是认真学习宣传党的十八大、十八届三中全会精神。广泛开展了"万名团干宣讲十八大"活动，与青年面对面学习交流。运用网络、微博、微信、手机报等新媒体手段，发挥《团萱漫话——感悟十八大》等青少年网络宣传片作用，广泛开展"百网联动学习十八大""感悟十八大·青春正能量""青春共话十八大"等主题活动，将学习宣传工作引向深入。

二是组织"我的中国梦"主题教育实践活动。以"我的中国梦"为主题，开展各类宣传教育活动3800余场次，成功举办了少年儿童绘画征文大赛和"一首歌一句话"征集活动。打造了"外来务工青年梦想艺术团"，举办了"乐动青春"系列音乐会和陕西外来务工青年新春大联欢等活动。设立省级青少年教育基地108家，向青少年免费或优惠开放。青少年主题教育实践活动等两个项目分获全省宣传思想文化工作创新奖。

三是扎实开展青少年思想政治教育。广泛开展了"三观""三热爱"、"红领巾大讲堂"、"青春雷锋耀三秦"等主题教育活动。青年五四奖章、"中国梦·青年志——寻找身边的好青年"等评选引入新媒体元素，纪念建团91周年歌会成功举办，推出了沈星纪录片等一批优秀文化产品。"青马工程"省级示范培养185人，全省培养大学生骨干13000人。团省委被省委、省政府授予"2013年度陕西省未成年人思想道德建设先进集体"荣誉称号。

四是积极运用新媒体和文化手段开展工作。共青团微博活跃度和影响力进一步提高，团省委官方微博粉丝达到35万，获2013年全国共青团十大微博机构奖。陕西省首家"微公益"平台正式上线，在西部省份率先挂牌成立陕西青少年新媒体事业发展中心。一批团字号的微博微信群组、手机报、QQ群组等新媒体工作平台相继开通，启动了农村QQ群团建、微信体系建设试点。成功举办了首届陕西省大学生话剧节、第二届陕西省青少年数字影像大赛、西部儿童微电影大赛和"三秦青年读书节"等青少年文化活动。

2. 实施建功成才计划，投身党政工作大局做出新贡献。坚持把围绕中心、服务大局作为工作主线，搭建有利于青年成长成才的平台，引导团员青年积极创业创新创优。

一是深入开展青年就业创业行动，努力服务富裕陕西建设。开展"青年创业典型报告会"系列巡讲活动，2045名创业青年的1115个项目参加全省首届青年创业大赛；建立青年见习基地1314个，培训青年9.5万人次，为1.48万名青年发放小额贷款9.93亿元；命名青年文明号集体142个，培养青年岗位能手270名；举办"挑战杯"大学生课外学术科技作品竞赛、全省青工技能大赛等活动，评选了第八届青年创业奖，在全国青年职业技能大赛中取得历史最好成绩。服务三农大局，实施了"雨露计划·扬帆工程"，继续向大型畜禽养殖场、百强合作社派驻大学生助理，农村青年致富带头人与政府部门"倾听心声·共促发展"活动深入开展。

二是切实帮助困难青少年群体，积极推动和谐陕西建设。希望工程品牌影响力不断扩大，全年募集各类捐款、捐物1910万元，捐建希望小学、希望卫生室等30个，资助学生7397名，提供爱心助学岗位1000个，在抗击雅安地震和延安特大暴雨灾害中发挥了积极作用。"关爱农民工子女志愿服务行动"为全省1535所学校的38.2万名农民工子女提供帮助。利用"3·5""12·5"等志愿者纪念日，广泛开展了各类志愿服务活动；招募服务西藏、新疆和陕西省西部计划志愿者1530人。抓信息、建机制、勤研判,积极做好高校大学生维护社会稳定工作。成立网络评论员队伍,主动发声,传播正能量。

三是不断深化保护母亲河行动,广泛参与美丽陕西建设。加强与有关部门合作,开展“保护母亲河,美丽中国梦”系列青少年生态环保行动,全省青少年植树26.4万株;广泛开展各类生态环保宣教活动,3500多名志愿者开展秦岭环保志愿行动,青少年累计参与20多万人次。资助青少年环境保护项目55个,成功开发陕西省首款青少年环保游戏,绿色联盟网站平台注册青少年环保社团192个。

四是围绕青年现实需求,切实维护青少年合法权益。集中开展市级以上“面对面”活动11场次,建立以“倾听日”活动为载体的与人大代表、政协委员长效沟通交流制度。下发《2013－2016年陕西省重点青少年群体服务管理和预防犯罪工作计划》,充分发挥青少年维权岗、12355服务台等社会力量作用,帮助广大青少年解决成长发展中的现实困难。西安市被列为全团权益工作创新试点城市。

3. 实施枢纽构建计划,服务青年载体建设有新突破。坚持把竭诚服务青年作为一切工作的出发点和落脚点,形成以共青团为主导、为龙头的青年社会组织工作格局。

一是构建枢纽型组织工作体系。全面启动“枢纽构建计划”,下发实施意见,成立工作领导小组,统筹全省各级团组织“枢纽构建计划”工作。召开全省“枢纽构建计划”实施情况展示座谈会,全面总结、展示和推动工作。

二是发挥阵地吸引、凝聚青年社会组织的作用。全省已建成青年社会组织培育发展中心6个、青春驿站84个,总建筑面积5485平方米;在建发展中心7个、青春驿站76个,面积8236平方米。364家青年社会组织先后入驻,通过服务、引导与管理,初步形成了以团组织为“龙头”“核心”的枢纽型组织。

三是不断强化对青年社会组织的影响力。举办青年社会组织培训活动,交流工作经验,提升各类青年社会组织的可持续发展能力。发挥共青团的品牌效应,扶持了一批具有发展潜力的青年社会组织,帮助开展义务支教等相关社会公益服务活动。开展了青年社会组织团建试点。

4. 实施固本强基计划,基层组织建设和基层工作取得新成绩。坚持把巩固和扩大党执政的青年群众基础作为政治责任,持续加强团的基层组织建设和基层工作,不断提高团建科学化水平。

一是认真做好团十七大各项工作。严格履行组织程序,推选陕西省参会代表43名。切实履行代表职责,圆满完成各项议程,展示了陕西经济社会发展和共青团工作亮点。第一时间向省委汇报会议情况,及时举办团省委委员、候补委员团十七大精神培训班,带动全省团组织深入学习贯彻团十七大精神。

二是全力推动党建带团建制度落实。对全省基层党建带团建工作进行检查,争取市县两级党委支持,落实有关政策。突出团员培养教育,扎实开展“推优入党”工作。落实团干部协管要求,加强督促通报,市县两级团委书记、班子和机关干部配备率均达到90%以上,团的工作力量得到加强。

三是团的基层组织建设得到强化。完成省青科协、青企协、青志协换届;新建乡镇直属团组织21063个、非公企业团组织2642个、各级驻外团工委28个、行业团组织3个。印制简明工作手册3万本,下发所有乡镇直属团组织。创建合作社青年示范社12家,与农业、供销部门推动涉农行业协会建团。

四是支持基层工作力度得到加强。下发《关于支持乡镇、街道团委工作的意见》,拿出30万元资助100个乡镇街道开展活动,动员54个青年文明号集体与乡镇街道团委结对,向448个乡镇街道配备了团务电脑。按照分级分类培训原则，组织团干部培训496期、35522人次。选派108名机关和高校团干部到县级团委驻点和挂职，推动大学生村官、西部计划基层青年专项志愿者参与团的工作，督导县级财政落实乡镇街道团委每年2万元专项工作经费。

五是团属事业稳步发展。省青联“青春讲堂”每月坚持举行，首届青年书法篆刻大展圆满落下帷幕，先后接待台湾青年代表团等1070人次，与韩国童军京畿北部联盟签订了友好协议。省学联推行实体部门建设改革，建立健全学联工作制度。陕西青年职业学院全面完成转制，新校区建设取得了突破性进展。《少年月刊》《当代青年》全年发行320.2万册，办刊质量和经济效益稳步提升。第二轮《陕西省志·共青团志》的编写有序推进。

2013年是陕西共青团历史上值得纪念的重要一年。中央政治局委员、国家副主席李源潮，省委书记赵正永，团中央书记处第一书记秦宜智等中省领导先后调研指导陕西共青团和青少年工作，对相关工作给予充分肯定并作出重要批示，使我们倍受鼓舞。我们将在今后的工作中进一步抢抓机遇、改革创新，团结带领全省团员青年在富裕陕西、和谐陕西、美丽陕西建设中发挥生力军和突击队作用，按照党中央、省委和团中央对当前青年和共青团工作的新要求，围绕中心，把握大局，服务青年，推动共青团事业实现新突破。

甘肃团的工作

2013年，在省委和团中央的坚强领导下，团甘肃省委高举中国特色社会主义伟大旗帜，认真贯彻党的十八大和十八届二中、三中全会精神，按照习近平总书记系列重要讲话精神和团的十七大、省第十二次党代会工作部署，牢牢把握培养中国特色社会主义事业建设者和接班人这一根本任务，切实履职尽责，主动融入大局，立足服务青年，坚持面向基层，勇于开拓创新，各项工作呈现出良好的发展态势。

一、引导青少年树立和坚定在中国特色社会主义道路上实现中国梦的理想信念，动员广大青年在建设幸福美好新甘肃宏伟征程中建功立业，团的吸引力和凝聚力不断增强

1. 以“中国梦·陇原情——学子返乡”活动为牵引，“我的中国梦”主题教育实践活动不断深化。一是把“学子返乡”活动作为“我的中国梦”和“三观”、“三热爱”教育的重要载体，引导青年脚踏实地，扎根基层，热爱家乡，建设甘肃，以“中国梦”引领“甘肃梦”、“家乡梦”和个人梦想。注重宣传引导，发布“我的中国梦”原创微博9万多条，转发、评论近20余万次，影响覆盖粉丝100多万人，拍摄了“学子返乡”公益宣传片，在网上吸引了40多万人次观看，利用“五四”、“六一”等节点，开展以“我的中国梦”、“红领巾相约中国梦”等为主题的基层团日活动10万多场次，影响覆盖500多万青少年。加强典型引领，举办省级“学子返乡”报告会13场，校级优秀返乡校友报告会80场，组织举办“我的中国梦”青年创业典型报告会97场次，激发了青年学子创业梦想。搭建载体平台，积极开展“三下乡”活动，组建“学子返乡”省级重点服务团500余支，动员10余万青年学生赴基层服务，派遣西部计划志愿者288

人,研究生支教团 137 人;举办"学子返乡"校园招聘会,提供就业岗位 5000 个,搭建了企业、学校、基层与青年学子之间的联系桥梁;深化"学子返乡"调研工作,了解青年所需,梳理现有政策,提出对策建议。形成全团联动,全省各级团组织通过典型选树、演讲报告、电视辩论等多种形式,激发青年热情,引导青年返乡发展,同时,积极争取地方党委、政府支持,为返乡学子创造良好环境。二是着眼引导青少年培育和践行社会主义核心价值观,持续开展"奋斗的青春最美丽"分享活动、初高中学生"迈入青春门、走好成人路"主题教育、少年儿童"传统文化你来讲文明风尚我能行"等教育实践活动,积极参与"圆我中国梦传播正能量"讲文明树新风公益广告传递,掀起了传播新风尚、弘扬主旋律的热潮。三是着眼青少年民族团结教育,深入甘南藏区,与青年学生、牧民、僧人等不同群体访谈交流,开展问卷调查,初步形成《甘南藏区青少年思想引导手册》;深入临夏回族自治州各地,了解信仰伊斯兰教青少年的思想状况。四是建设青少年教育培养新阵地,依托"两当兵变"革命遗址,推动建成了建筑面积 1167.4 平方米,占地 4.5 亩,总投资 1200 万元的两当县青少年教育基地,由团中央命名为全国青少年教育基地。五是深化青年马克思主义者培养工程,培训大学生骨干 2 万人次。

2. 牢牢把握围绕中心、服务大局这一工作主线,着力发挥青年在全省经济社会发展中的生力军作用。主动融入全省大局,紧紧围绕省委"3341"项目工程建设、"1236"扶贫攻坚和双联行动,组织动员青年在经济、文化、生态、扶贫攻坚等各领域建设中贡献力量。一是助力党委、政府招商引资。组织全国 46 家企业、83 名青年企业家走进兰州新区,联系中央各大金融机构青联委员、安徽青年企业家来甘参观考察、洽谈项目,举办了兰洽会青年企业家签约专场,促成价值 110 亿元的青年汽车项目在兰州新区落地、30 亿元的光热发电项目在敦煌落地,积极筹建甘肃青年实业集团,全年团系统参与联系协调的招商引资项目 121 个,签约金额 241 亿元,落地资金 56.39 亿元,建成市级青年创业园 12 个,县级 2 个。二是带领青年植绿护绿。深入开展"美化家乡·身边增绿"活动,推动实现每个团组织每年建设 1 片青年林、美化 1 条城市主干道、组建 1 支青年绿色志愿者队伍,每个团员青年每年栽活 5 棵树,全省团系统每年植树 100 万棵的目标,全年共发动团员青年植树 340 万株,建设青年林 239 片,美化身边路 311 条,组建"青年绿色志愿者"队伍 452 支。开展环保专家进校园暨低碳生活校园巡回宣讲活动 90 余场次,引导团员青年积极参与环保实践。三是着力新媒体建设与引领。成功复刊《甘肃青年报》,开办了全国第一家由省级团委主办的网络电视台,积极协调争取,成立甘肃共青团新媒体中心,"一报一网一台一刊"(甘肃青年报、甘肃青年网、甘肃青年网络电视台、新一代杂志)新媒体平台初步形成,"甘肃共青团"新浪微博影响不断扩大,关注人群突破 20 万,增长超过 100%,全省团组织共建立微博平台 1336 个。四是扎实推进"5 个双联"。以"人才双联"为基础,启动实施农村青年致富带头人"千人培养计划",组织 120 名农村青年致富带头人参加培训,帮助他们了解惠农政策,提升致富能力;以"资金双联"为突破,与中央金融团工委联合开展"送金融知识下乡"活动,与省农行合作,每年安排 10 亿元信贷额度,扶持农村青年创业发展,与人行系统联合评定农村青年信用示范户 52093 户,授信额度 12.5 亿元,发放贷款 5.7 亿元,全省各级团组织筹集帮扶资金 358.09 万元;以"技术双联"为抓手,组织农技专家开展培训,帮助贫困青年掌握科学种养殖技术,共培训 29141 人;以"市场双联"为引领,启动全省农村青年信息服务平台建设试点工作,统筹团系统信息资源,帮助农村青年把握市场动态,拓宽致富门路;以“项目双联”为配套,开展“科技图书进双联”、“爱在路上·心在远方”送文具到西部等活动,争取中国光华科技基金会捐赠了价值2000万元的图书、争取上海自驾旅行网等企业捐赠了价值77万元的文具,组织“暖冬行动”,协调国芳集团捐赠了价值600万元的衣物,全省团系统协调各类帮扶项目50个,项目金额2620.966万元。在行动中,团省委机关带头示范,帮助联系点天祝县西大滩乡加快发展,邀请“当代雷锋”郭明义及其爱心团队先后2次赴双联点,为困难学生捐资30万元;联系慈善组织澳门善明会,捐资30万元帮助西大滩乡实施人畜饮水项目改造工程。

3. 把服务青年成长发展作为基层团组织的工作立足点,不断增强团的吸引力和凝聚力。以青少年普遍性需求和有特殊困难青年群体为重点,竭诚为青少年成长发展服务,以服务吸引青年,以服务活跃组织,以服务增强基层团组织的凝聚力。

一是服务在校青年,助力就学就业。建设希望小学15所,募集援建资金783.1万元,学生资助金1791.72万元,资助学生20013名;组织第九届“挑战杯”竞赛,吸引38所高校825件作品进行申报;推进大学生就业创业KAB项目,覆盖省内8所高校;举办44场次“见习助就业·牵手毕业生”活动,建立青年就业见习基地1914个,提供见习岗位6692个,上岗见习13750人;协调出台文件,为解决“西部计划”大学生志愿者服务期满后就业安置问题提供政策支持。二是服务城乡青年,助力创业发展。针对城乡青年创业发展、脱贫致富等需求,举办2期高级家政服务师培训班,帮助90多名未就业青年掌握高级家政技能;加强金融支持青年创业工作,分别发放城市青年小额贷款3977万元,扶持创业青年736人,农村青年小额贷款3.87亿元,扶持创业青年6625人。三是服务企业青年,助力创效创优。举办了第八届“振兴杯”全省青年职业技能大赛,命名表彰了10个省级青年安全生产示范岗;开展寻找“最美青工”活动,推报10名全国“最美青工”候选人;加强青年文明号动态管理,44家青年文明号集体通过审核成为2013－2014年度全国青年文明号创建集体。四是维护青年权益,助力健康成长。组织“共青团与人大代表、政协委员面对面”集中倾听活动127场次,200多名人大代表、政协委员参加;开展“甘肃省百场青少年学法、守法、用法”法律知识巡讲,举办讲座371场次,组织“甘肃省百万青少年学法、守法、用法”知识竞赛,吸引近百万青少年参加;10个市州、11个行业(系统),42家基层单位参与了年度国家级“青少年维权岗”创建,选报团中央的15家全部获批;发挥“甘肃省青年农民工维权工作站”作用,受理维权案件120件,追讨涉案金额302万元。五是推动志愿服务,助力价值体现。启动万名青年志愿者学雷锋活动,组织青年志愿者在“平安春运”、大型节会赛事服务等工作中亮出风采;推进关爱农民工子女志愿服务行动,摸底学校2439所,结对农民工子女542180名,结对率达91.07%;开展“托起爱心·放飞梦想”关爱留守儿童公益行动,募集资金、物资共计70.5万元;启动“青春志愿行·共筑中国梦”社区志愿服务月活动,动员青年志愿者走进社区进行服务;针对青年参与“微公益”的愿望,建成希望工程微公益网络平台,发布项目165个,发起“一元抗旱微公益行动”,募集善款111.78万元,实施了9个抗旱爱心项目。

二、着眼巩固和扩大党执政的青年群众基础,延伸手臂、增强活力、壮大力量,团的工作有效覆盖面不断扩大

1. 夯实基层基础,健全组织网络。一是加大对基层的支持力度。强化督促,推动《关于进一步支持和加强共青团基层建设和基层工作的意见》有效落实,全省14个市(州)团委都已联合财政局下发了解决乡镇团委工作经费的文件,共有31个县(区)按标准纳入财政预算,其中24个县(区)按标准实际落实到位;二是加强乡镇街道团组织建设。活跃乡镇"大团委"工作,新建1360个、整改4891个直属团组织,目前全省共有25680个乡镇直属团组织,覆盖26.3万名团员和84.9万名35岁以下青年,扩大街道团组织影响,全省106个街道共建立、联系和管理2219个基层团组织;三是健全村级团组织网络。下发《关于开展全省村级团组织换届选举工作的通知》,推动全省村级团组织换届工作,村级团的组织网络更加完善;四是探索基层团组织工作新模式。支持基层团组织结合实际,创新组织和工作模式,如庆阳团市委推动建立农村"青年能力工作小组"、陇南市成县抛沙镇东罗村团支部以党建带团建,依托专业协会、农家乐、村办企业等阵地建"团小组",有效打开了工作局面。

2. 拓宽工作领域,联系服务新兴青年群体。一是推进非公团建。出台《关于支持非公经济跨越发展的工作意见》,新建非公经济团组织1339个,超额完成了团中央要求的800个的建设任务;二是加强驻外团建。新建驻外团组织57个,省、市、县三级共建驻外团工委206个,与2012年相比,增幅达38.26%;三是加大农村专业合作组织团建力度。与省农牧厅、省林业厅、省供销社联合下发《关于加强涉农行业协会团建工作的意见》,2013年新建农村专业合作组织团组织2411个,目前全省共建农村专业合作组织团组织5768个;四是密切与网上青年公益自组织的联系。依托微博平台,与"爱·尚微公益"团队、益润陇原公益团队等一大批网上青年公益自组织建立了联系,支持他们开展微公益活动。

3. 抓好源头工作,推进少先队、中学、大学共青团建设。

一是加强少先队建设。与西北师大共同制定了2014年"少年儿童组织与思想意识教育"二级学科的研究生招生计划,努力推动将少先队活动"成果折算"纳入全省中小学教师职称评定体系,督促中小学将"少先队活动课"写入课表,目前已覆盖100%。二是重视中学共青团工作。认真贯彻落实《关于加强中学共青团工作的意见》,全力支持中学团的基层组织建设。三是推动高校团的建设。建立了全省高校四级微博体系,校级和二级学院微博覆盖率均达100%,学校团组织网络化转型不断向纵深发展。

三、以深入开展党的群众路线教育实践活动为契机,进一步加强团干部队伍建设

1. 深化理论学习,坚定理想信念。认真学习了党的十八大、十八届二中、三中全会精神和习近平总书记系列重要讲话精神,学习了省第十二次党代会、省委十二届六次全委扩大会和团十七大、十七届二中全会精神,分级分类开展培训,共举办党的十八届三中全会精神、习近平总书记系列重要讲话精神、党史团史、招商引资、金融知识、公文写作等各类培训班597期,培训团干部28404名;发挥省团校职能,打造"送团课下基层"培训品牌,共举办培训22期,培训2050人。

2. 狠抓教育活动,切实改进作风。党的群众路线教育实践活动开展以来,团省委认真贯彻中央、省委和团中央要求,确定了"改进作风形象、顺应青年期待、唱响青春梦想、助力富民兴陇"的活动主题,坚持高起点谋划、高标准要求、高质量推进,活动取得了积极成效。开展"以讲促学"活动16期,由班子成员和处级以上干部为机关干部轮流辅导,推动形成勤学、爱学、善学的良好风气;深入开展大宣传大调研活动,倾听青年心声,把握青年关切,采取省直意见发函听、市州意见普遍听、基层意见蹲点听、青年意见座谈听、干部意见随时听、社会意见网上听等"六听"举措,广泛征求和收集各方面的意见建议289条,梳理归纳72条;从实查摆"四风"问题,深刻剖析根源,坦诚谈心谈话,召开专题民主生活会,切实开展批评和自我批评,认真制定了19条整改措施,推进24

项长效制度建设；加强机关内部管理，严明考勤、开会、组织三项纪律，坚决整治迟到早退、慵懒散慢、推诿扯皮、逃避等靠等不良现象，有效扭转了机关作风。

3. 加大转岗输送，优化队伍结构。先后两批共选派40名省市团委机关干部驻县级团委工作，选派15名高校团干部到县（区）团委挂职锻炼，选派3名团省委机关干部到贫困村任职；积极汇报协调，促成团省委机关3名厅级干部、9名处级干部顺利转岗，转岗数量为历年最多，市、县两级团委班子中45人实现转岗；坚持团的领导机关干部配备情况通报制度，市、县团委书记配备率分别达92.9%、88.4%，班子配备率分别达95.2%、97.3%，在团中央通报的全团排名中，此项工作由2012年的第22位上升至第12位；在全团第一家制定出台了《关于进一步规范市（州）、直属高校和企事业单位团委换届工作的意见》，规范了团干部协管流程和团委换届程序，协助地方党委有力指导了临夏、平凉、庆阳、武威4个市（州）团委顺利换届，新任职市（州）团委班子成员18人。

4. 勇于攻坚克难，加强实践锻炼。岷县漳县6.6级地震发生后，迅速派遣团干部奔赴一线，靠前工作，在团中央和中国青基会的支持下，团省委建成了灾区第一所板房学校，建立了38所帐篷学校，发动了2630多名志愿者投入一线开展服务，全省团系统募集资金770.937万元，接收各类物资价值约566万元，促进团干部冲锋在前，历练成长。勇于攻坚克难，积极解决团省委机关和下属单位历史遗留问题，努力营造安定有序、团结和谐的良好氛围，多方协调，以人为本，筹资20多万元，解决了省青年宫职工医疗保险金问题；提升管理，改善经营，青年旅行社业绩倍增，员工待遇得到提高；沉着冷静，有效应对，全年处理各类债权债务司法诉讼27起，审结11起，依法收回了甘肃青旅大厦所有权。

一年以来，全省团组织充分发挥在青联组织中的核心作用，推动青联在强化思想引导、拓宽委员参与、活跃界别工作、加强自身建设等方面进行制度和载体创新。指导学联组织突出思想引领，切实服务学生成长，合理有序表达和维护学生权益，不断加强和改进自身建设。认真履行全团带队职责，少先队工作有了新进展。

青海团的工作

2013年，全省各级团组织深入学习贯彻党的十八大、十八届三中全会、团十七大和省委十二届四次、五次全会精神，紧紧围绕党政中心，切实履行基本职能，扎实开展党的群众路线教育实践活动，不断提高团的建设科学化水平，带领广大团员青年为推动青海经济社会发展做出了积极贡献。

一、以“中国梦·我的梦”为统揽，切实加强青少年思想引导工作

1. 加强正面宣传教育引导。广泛开展“我的中国梦”主题教育实践活动，举办了“传承五四精神唱响中国梦”大学生校园文化节，主要开展了“我的中国梦”主题团日活动、“我的青春我的梦想”歌手大赛、团学干部趣味运动会等系列活动。联合青海日报、人民网青海频道开展了“我的中国梦”主题征文比赛，征集作品230余篇，评审获奖作品50篇。在全省中小学广泛开展“迈入青春门，走好成人路”、

“与人生对话——我的中国梦”和“红领巾心向党相约中国梦”等活动，增进了青少年学生对“中国梦”的理解、认同和情感。少先队建队64周年之际，集中开展了“红领巾相约中国梦——手拉手民族团结一家亲”主题队日活动，全省共600余所学校的少先队组织、近18万名少先队员参与其中。广泛开展“我的中国梦欢乐中国行”活动，举办各类座谈会207场次、报告会81场次、宣讲会93场次，开展主题团日活动314场次、宣传活动261场次，参与团员青年达32万人次。

2. 改进和创新方式方法。结合民族地区青少年思想实际，启动实施了“青海青年英才工程—未成年人思想道德建设骨干教师培训”，充分发挥一线教师在青少年思想引导中的关键作用。累计开展7期，培训735人次。建设并运用好微博、微信、QQ群、飞信等新媒体工作平台。通过每周编辑发行《青海共青团手机报》，重大节庆时点联合主流媒体开展微访谈、微直播等活动传递青春正能量，引导广大青少年加深对党团的认识和感情。着力推进青年文化工作，积极组织开展青少年优秀文化产品推介，通过“我的青春我的歌”原创歌曲征集等方式，帮助青少年将优秀文化作品推向市场。

3. 注重发挥典型的示范引领作用。“五四”期间，大力选树和表彰了一批优秀青年示范群体，评选表彰“全省五四红旗团委”等先进集体213个、“青海青年五四奖章”等先进个人209名。联合省文明办、省委教育工委、省教育厅广泛开展寻访“青海高原好少年”、“青海雷锋好少年”活动，评选表彰“雷锋式”好少年300名。大力推进“寻访自强之星”、“奋斗的青春最美丽”等励志教育活动，挖掘和选树自立自强的优秀大学生典型16名。

二、围绕党政中心，服务发展大局，组织动员青年积极投身青海“三区”建设

1. 为建设循环经济发展先行区贡献力量。深化“青海高原青年文明号”创建活动，评选表彰青海高原青年文明号136个，新确定创建集体100个；在玉树灾后重建企业中开展争创“青年突击队”活动，评选表彰灾后重建青年突击队21个。深入开展“青工技能振兴计划”，积极组织青年参与职工技能大赛，共有13万余名青工参加了94个工种的竞赛；并选派5名优秀青工参加第九届“振兴杯”全国青年职业技能大赛决赛。广泛开展“岗位技能促振兴青春建功中国梦”寻找“最美青工”活动，累计15万余名青年参与其中，评选“最美青工”10名，青海省1名同志荣获全国“最美青工”称号。积极配合政府做好招商引资工作，邀请全国各地130余名青年企业家代表参加了2013年青洽会。

2. 为推进生态文明先行区建设发挥作用。深化“爱我三江源、保护母亲河”行动，组织团员青年植树造林400余亩，植树10万余株；不断加大宣传力度，组织开展宣传活动近千场次，参与团员青年8万余名。加大项目申请力度，由西宁市自筹800万元、团中央支持200万元，建设面积为4000亩的“全国保护母亲河解放军青年林”项目、建设面积为200亩的同仁县“绿色家园”项目获得团中央建设批准。结合西宁市创建国家卫生城市、文明城市，广泛开展绿色文明宣传教育，培育和扶持了一批青年环保志愿者和环保社团，动员青少年积极开展节能减排、绿色环保志愿服务等活动，在全社会营造了保护生态环境的良好氛围。

3. 为创建民族团结进步先进区积极作为。按照省委创建民族团结进步先进区的总体部署，结合实际，制定了《共青团深入贯彻落实〈青海省创建民族团结进步先进区实施纲要〉的实施方案》，编制发放《民族地区团干部教育读本》1000本。深入开展青少年思想状况摸底调研，召开各类座谈会、交流会70余场次，发放调查问卷5万余份，形成了《中学中职学生思想状况调查报告》。推动并完善团的领导干部联系宗教界青年代表人士制度，制定下发《共青团联系宗教界青年代表人士方法路径指南》，56 名团的各级领导干部与 115 名宗教界青年代表人士结成了联系对子。招募西部计划、青南计划、基层青年专项行动等志愿者 712 名，有序选派到基层帮助开展工作。广泛开展全省大中专学生暑期文化科技卫生“三下乡”社会实践活动，组织 8 所高校 80 余支团队赴省内部分县、乡、村和学校开展社会实践服务活动；组织 24 名少数民族学生参加暑期同心营和社会实践观察活动。

三、立足现实需求，改善青年民生，竭尽所能为青少年解难事办实事

1. 大力促进青年就业创业。扎实推进青年创业园二期建设，认真做好园区企业孵化、服务、管理等工作，年内新入驻企业 32 家、希望之星办公室 11 家，新带动青年就业 200 余人。持续实施青年创业小额贷款项目，积极推动小额贷款贴息政策落实，年内开展金融知识培训班 14 期、发放贷款 2332.5 万元。深入开展农牧区青年信用户工作，评定信用示范户 237 户。深入开展青年就业创业见习工作，新建青年就业创业见习基地 8 家，举办各类培训班 206 期，培训青年农牧民 12526 名。广泛开展“见习助就业牵手毕业生”活动，开展岗位对接 12 次，帮助 745 名大学毕业生实现上岗。实施帮扶大学生村官创业项目，累计培训大学生村官 499 人次，被团中央评为全国优秀项目实施省份。

2. 不断帮助青少年学习成才。持续实施希望工程，筹资 1972 万元，建设希望小学 7 所，资助贫困学生 2375 名；多方筹资，争取广东团省委、广东青基会援建玉树项目资金 848.9 万元，确定了称多县青少年活动中心、杂多县瓦河村希望小学等项目。实施“圆梦大学行动”，筹资 549.1 万元，开展圆梦助学项目 7 个，资助贫困学生 1534 名；积极争取 20 万元，新增世纪佳缘“希望之星”高中班 3 个。积极拓展希望工程新领域，联合西宁中油燃气公司成立了卓燃铁人爱心基金，募集善款 83.95 万元，资助学生 116 名；募集价值 372.9 万元的物资为西宁市部分小学配备了教学设备，为贫困学生家庭免费安装了燃气壁挂锅炉。争取实施希望工程配套项目建设，筹资 160 万元，建设村级希望卫生室 5 所；筹资 50.68 万元，为 18 个希望厨房配置了设备。开展“希望工程—明日之星”希望音乐教育公益捐资及送教到校活动，为基层学校捐赠了价值 593 万元的学习机、书籍、乐器等物品。

3. 切实维护青少年合法权益。认真履行“两办”职责，从健全体系、完善机制、履职尽责入手，健全了省、市州、县（市、区）三级工作体系，推动了各项工作的贯彻落实。深入开展“共青团与人大代表、政协委员面对面”、“倾听日”及专题调研活动，广泛收集意见建议，形成上报专题调研报告 10 篇。深入开展“青春与法同行”青少年法制宣传教育，以《青海省未成年人保护条例》为重点，通过巡回宣讲、征文比赛、家长“大讲堂”、开发动漫宣传片等多种形式，集中开展宣传月活动，覆盖青少年 4000 余名，参与家长 1000 余名。

4. 服务特殊青少年成长发展。深入开展共青团关爱农民工子女志愿服务行动，按照 5 万元的标准给各市州拨付“关爱之家”建设经费，各市州按县均 2000 元标准拨付关爱农民工子女志愿服务活动经费。年内，申报各类关爱项目 38 个。广泛开展“共青团周末剧场”，为农民工及其子女免费放映青春励志电影 107 场，观影青少年 5.7 万余人。扎实推进重点青少年群体教育管理和预防犯罪工作，开发了信息管理系统，建立了重点青少年数据库。成立了省内首家“未成年服刑人员社会帮扶教育示范基地”，累计捐赠生活用品和图书价值 6000 余元。积极组织开展“红丝带健康包百校进千企”、“12·1”世界防艾日等主题宣传教育活动，发放“红丝带健康包”2000余件、法制宣传资料20余万份。

四、夯实组织基础，提升基层活力，扎实推进团的工作科学化发展

1. 按期召开省第十三次团代会。在省委和团中央的高度重视和亲切关怀下，省十三次团代会于5月底胜利召开。大会全面总结五年来青海共青团工作取得的成绩，科学分析共青团和青年工作面临的新形势，明确提出今后五年全省共青团工作的指导思想和目标任务，取听和审议了第十二届团省委工作报告，选举产生第十三届团省委委员42名、候补委员18名、青海省出席团十七大代表19名；申红兴当选为第十三届团省委书记，王华杰、高波、韩海宏当选为副书记。

2. 切实加强团的基层组织建设。扎实开展乡镇团组织格局创新和实体化“大团委”建设“回头看”工作，整改直属团组织903个、新建390个，全省累计建成7833个；充实乡镇团委委员639人，乡镇党政班子成员兼任团委书记的有290个，占78.6%。加强乡镇共青团工作经费规范化管理使用，下发《青海省乡镇共青团专项工作经费管理使用办法（试行）》，明确了各级团组织在经费管理、使用及监督方面的责任。大力推进街道团组织建设和非公企业团建工作，新建街道直属团组织690个、非公企业团组织428家，拨付支持非公企业团建经费7.2万元。有序推进驻外团组织建设，全面开展驻外团建“回头看”工作，下拨驻外团建专项经费11.6万元。

3. 全面提升基层工作活力。坚持眼睛向下，重心下移，不断向基层倾斜工作资源。在团省委本级经费紧张的情况下，主动压缩工作成本，向各市州拨付工作经费4.8万元，向内各高校拨付工作经费约5万元，向省内57所小学拨付少先队工作经费6.9万元，全力支持基层开展工作。积极整合资源，为全省103所中学（中职）免费订阅了《中国青年报》，为省内16所小学各配发了价值1万元的鼓号队设备，为农牧区18个县50个乡镇卫生院和村卫生室配发了价值56万余元的医疗设备，向1450个困难青少年家庭配发了价值14万余元的小型医疗器材。

4. 狠抓团的干部队伍建设。持续实施“青海青年英才工程”，不断提高团干部队伍整体素质。年内举办各类培训班25期，培训专兼职团干部1856名。按照省委和团中央统一部署，扎实开展党的群众路线教育实践活动，切实转变团干部作风。以“下基层、接地气、办实事——我做基层团支书”活动为载体，有序安排机关干部深入基层、深入青年，积极与十个不同类型的青年交朋友，全面了解掌握基层存在的困难和青年群众的现实需求，努力在引导和帮助青年的实践中提升自身本领，锤炼工作作风。年内，累计选派机关干部40余人次，下基层时间平均达到20天，累计交朋友500余名。

5. 团的外围组织和团属阵地进一步巩固。按照青联、学联各自章程，成功召开了青海省青年联合会第十届委员会第一次全体会议和学生联合会第九次代表大会，选举产生第十届省青联委员200名，常委务员51名，主席1名、副主席7名；选举产生了第九届省学联委员会和主席团，副主席单位15个、主席单位1个，青海民族大学当选为第九届省学联主席单位。省少工委、青少年发展基金会、青年企业家协会、青年志愿者协会、青年创业园等外围组织作用进一步发挥。省团校、青少年活动中心、青年报社等团属阵地在助力共青团事业发展方面也取得了显著成效。

宁夏团的工作

2013年,在自治区党委和团中央的正确领导下,共青团宁夏回族自治区第十一次代表大会和自治区第六次少代会胜利召开,自治区党政军领导及其他方面的领导出席开幕式并亲切接见与会代表,崔波副书记代表自治区党委致祝词,发表重要讲话。我们成功承办了2013中阿青年企业家峰会,团中央书记处第一书记秦宜智同志亲临会议,并会见了与会的中外青年企业家代表。在过去的一年里,自治区党委政府领导同志多次参加了纪念五四、庆祝六一等活动,对贯彻落实团十七大精神、网络新媒体、志愿服务、青年社会组织、青年创业就业、社会闲散和困难青少年帮扶等工作先后给予了18次重要批示,为我们进一步做好新形势下的青年和共青团工作指明了方向。围绕自治区党委、政府的一系列部署要求,我们全面履行职能,狠抓任务落实,取得了新的成绩,有创新、有特点、有影响力。重点开展了以下工作。

一、青少年思想引导工作取得新成效

突出理想信念教育,以"我的中国梦"为主线,全区各级团组织广泛开展了"同心共筑中国梦青春建功新宁夏"等主题宣传教育活动2200多场(次),覆盖青少年170多万人次,教育引导广大青少年坚定跟党走中国特色社会主义道路的人生信念。重视发挥实践育人优势和榜样带动作用,大力开展青少年思想道德建设,累计开展学雷锋志愿服务活动140多场次,捐赠各类物资总价达80余万元。评选青年五四奖章、最美青工、优秀共青团员等各类青少年典型900多名。固原市命名了"学雷锋示范街"。强化民族团结宣传教育,举办了全区"我的中国梦"青年党外人士座谈交流会,中卫市开展了"弘扬雷锋精神维护民族团结"、原州区开展了"民族团结一家亲"等活动。神华宁煤集团公司狠抓企业青年民族统战工作,得到了团中央的肯定。承办了团中央2013年全国各民族中学生暑期同心营活动。积极探索网络新媒体工作,加强微博和手机报建设,推动各级团组织和团干部开通实名微博1046个、手机报28个。石嘴山市拍摄了全区共青团系统首部微电影《石青中国梦》。开展了为期4个月的"青春约你看宁夏"微博系列活动,在网上唱响了热爱宁夏、赞美宁夏、宣传宁夏的主旋律,吸引近6000万网民点击关注,参与讨论转发6.95万余次。宁夏共青团官方微博粉丝数由活动开展前的4万增至目前的62万。创办了宁夏青年微博达人俱乐部,吸纳区内外微博达人成为会员。

二、服务经济社会发展做出新贡献

深入开展青年文明号、青年安全生产示范岗等工作,动员青年在经济社会发展主战场作贡献。全年共命名青年文明号169个、青年安全生产示范岗51个,评选"宁夏最美青工"20名,张晓炜等2人获得"全国最美青工"荣誉称号。积极服务中阿博览会,承办了中阿青年企业家峰会和中国青年企业家宁夏行活动,来自20多个国家的220名青年企业家和相关机构代表来宁开展了主题演讲、对话交流和经贸考察等活动,为促进中阿合作,搭建了新平台,拓展了新通道。精心打造志愿者工作品牌,对志愿者标识、形象、服装、口号、志愿礼等进行重新设计。把"红枸杞"确定为宁夏志愿者卡通形象,并进入商标注册程序。建设了宁夏志愿者综合信息管理平台。深化大学生志愿服务西部计划,全区共有975名西部计划志愿者在基层服务。招募420名志愿者为中阿博览会等大型节会提供服务。石嘴山市成立了志愿者培训学院、盐池县成立了全国首个“志愿者之家”。争取资金160万元为2个基层青少年活动阵地配备文体设备。深化保护母亲河行动,争取资金240万元,实施了小渊基金中日青年示范林惠农区、太阳山开发区三期和央行西吉青年林项目,植树3000亩。各级团组织广泛开展了植树造林、倡导绿色、感恩母亲河、光盘行动我参与、生态环保进农村(社区)等活动。

三、服务青少年成长成才工作再上新台阶

大力开展创业就业培训,培训青年4252人。实施青年创业小额贷款项目,全年发放小额贷款8400万元,扶持创业青年1563人。首次举办了全区高校毕业生专场招聘会,动员240家企业,提供9000多个岗位,帮助3200多人实现就业。开展了青年五四奖章获得者、最美青工巡回报告会进校园、进企业活动。深入推进希望工程,全年募集款物3532万元,资助家庭经济困难学生8148名,配置爱心课桌11452套,援建希望小学3所,配赠图书6.2万册。募集资金70万元,实现“共青团班”资助项目五市全覆盖。广泛开展“下基层送温暖”活动,筹集款物160多万元,慰问各类困难青少年1800多人。全力办好银川百年职校,首批72名学生到企业带薪实习,第二期100名学生教学工作顺利推进。深化共青团关爱农民工子女志愿服务工作,结对农民工子女学校451所,结对农民工子女69434人。全面推进帮扶社会闲散青少年工作,全区专职团干部“一对一”结对帮扶128人,42名闲散青少年已经复学就读或接受技能培训。银川市被团中央确定为“青少年权益工作创新”试点城市。积极反映青少年普遍利益诉求,以“社会教育与青少年全面发展”为主题,通过个案访谈、“倾听日”等形式,深入社区、少管所等不同青少年群体中组织开展“面对面”活动25次,形成调研报告10篇。

四、团的自身建设实现新突破

推动《关于加强新形势下基层党建带团建工作的实施意见》在基层的有效落实,乡镇(街道)团委每年2万元工作经费和村(社区)团支部书记每月100元岗位津贴制度性安排落实到位。新建乡镇“实体化”大团委直属团组织3538个,非公企业团组织503个,新社会组织团组织42个。广泛接触各类青年社会组织,给自治区党委形成了有价值的调研报告。切实履行全团带队职责,少先队学科化和活动课建设积极开展,协调捐建了价值400万元的数字图书馆。认真做好团员发展工作。各级团组织开展了“下基层”、群众评议机关和干部作风、“走进青年、转变作风、改进工作”大宣传大调研活动,区直机关团工委坚持每年组织机关年轻干部开展“三同”实践锻炼。举办了2013年宁夏青年干部暨市、县(区)团委书记培训班,全区共培训团队干部近5000人次。

五、党的群众路线教育实践活动扎实开展

按照“照镜子、正衣冠、洗洗澡、治治病”的总要求,把学习教育、查摆问题、整改落实贯穿始终,认真开展了“四查三对照”“四项清理”活动,结合查找出的问题,制定了有针对性的整改措施。狠抓整改落实、建章立制,将自治区团委原有的16项表彰活动清理为3项;对机关财务管理、公务接待等38项内部管理制度进行了修改完善。机关干部下基层达120多次,累计达到95天440多人次。积极做好扶贫联系点工作。严格落实中央八项规定,狠抓会风、文风、“三公”支出等群众反映强烈的问题,全年召开全区性会议次数及天数、下发各类文件数、公务接待支出等情况均比去年有明显下降。制定下发了《关于改进工作作风密切联系群众的若干规定》。进一步改进调查研究,健全完善了直接联系服务团员青年和基层团建联系点制度。团干部的党性修养、群众观念、工作作风得到进一步锤炼。

新疆团的工作

全区各级团组织按照自治区党委和团中央的部署要求，认真学习宣传贯彻党的十八大、十八届三中全会和自治区八届五次、六次全委（扩大）会议、团十七大精神，深刻把握新形势下党和青年群众对共青团工作提出的新要求，立足新起点，谋划新蓝图，以新的理念、新的作风创造性开展工作，团的各项事业取得明显进步。

一、深刻学习领会中央、自治区和团中央一系列会议精神

党的十八届三中全会是在中国改革开放事业进入到关键时刻召开的一次重要会议，对实现中华民族伟大复兴的中国梦产生重大而深远的影响。全区各级团组织把学习、宣传、贯彻会议精神作为当前和今后一个时期的重要政治任务，通过原原本本传达学习党的十八届三中全会和自治区党委八届六次全委（扩大）会议上的重要讲话和有关文件，组织专门力量，梳理出《决定》中涉及青年切身利益和青年高度关注的有关内容，形成整套学习材料，帮助青年更好的理解会议精神。在团十七大结束后，全区各级团组织把学习贯彻团十七大精神作为重要政治任务，一是及时对各地州、县市团委书记进行培训，召开全区电视电话会议，第一时间把会议精神传达到基层团组织。二是组织力量将团的十七大主要会议材料翻译成维吾尔、哈萨克两种文字，及时下发给全区各级团组织学习贯彻。三是开展形式多样、富有实效的宣传教育活动。按照“到人、管用、有效”的原则，广泛开展“走进青年”活动。四是以团的十七大精神为指导，认真疏理重点工作，着力加强青少年思想引导、新媒体、青年社会组织、基层基础等工作。

二、切实履行基本职能，以改革创新精神全面推进新疆共青团事业实现新发展

全区各级团组织加强组织领导，科学制定规划，合理配置人力，狠抓工作落实，不断深化和推进团的各项事业发展。

1. 以“现代文化与青年同行”为统揽，加强青少年思想引导，抵御宗教极端思想渗透。针对新疆部分地方宗教氛围浓，非法宗教活动多发频发，对青少年思想毒害深、影响大的现状，提出了以“法制意识、科学精神、融情教育”为主要内容，以“现代文化与青年同行”为统揽的主题教育活动。一是广泛开展“法治大讲堂”活动，帮助青少年辨别是非，遵守法律法规。组织开展“法制宣传365”青少年法制大讲堂活动。充分发挥和整合各级政法、司法干部以及律师协会作用，组建青少年法制教育和权益维护志愿者队伍，广泛开展了“法制宣传365”青少年法制大讲堂活动，突出以案说法，增强互动交流，增强法制教育的说服力。二是积极开展知识竞赛、科技体验、文艺文体活动，引导各族青少年树立科学的世界观，自觉抵制各种宗教思想的渗透。一年来，全区各地团组织开展各类文体活动8500多场次，参与青年群众73万余人次。三是深入开展融情实践活动，选送318名中学生赴内地开展“天山学子心向党—红色融情实践团”；9.46万名少年儿童开展了“你来我家吃馓子，我到你家吃月饼”、“我在城里（农村）有个家”等融情实践活动，引导各族青少年尊重差异、包容多样、相互欣赏。

2. 为深入贯彻落实党的十八大精神和习近平总书记关于“中国梦”重要讲话精神，结合新疆实际开展了“青春追梦·美好新疆”主题教育活动，开展了针对不同青少年群体的“成长季、公益季、融情季、志愿季、民生季、乡村季”等六个单元的宣传教育活动。深入基层与24.31万青年面对面开展了1740余场的座谈会、报告会和宣讲会，宣传“中国梦”，播种梦想；举办了5.2万场次以“中国梦”为主题的团队日活动，讲解“中国梦”，点燃梦想；利用“青年之声”大喇叭、“拍家乡、晒变化”等活动，解读青年心中的“中国梦”，诉说梦想，以这些形式多样的学习宣传活动引导青少年敢于有梦；组织各族各界优秀青年代表召开“传递正能量，远离极端宗教”座谈会，遏制极端宗教思想对青少年的渗透。开展“传递青春正能量、寻找新疆好青年”活动，选树了100余名青少年可学、可亲、可敬的草根典型。举办了新疆青年五四奖章、青年岗位能手、农村青年致富带头人、优秀青年志愿者、最美新疆青年、优秀少先队员等评选表彰活动，选树了1289名为实现“中国梦”勤奋学习、努力奋斗的青少年典型，激励青少年向典型学习，敢于追逐梦想。开展了包括“红领巾相约中国梦”主题实践活动、“保护母亲河・美丽中国梦”生态环保活动、冬季温暖包爱心接力活动、“希望工程・圆梦行动”，将实现“我的中国梦”融入建设美好新疆的实践当中，带动青少年勤于圆梦。“十一”国庆期间，在全区广泛开展了“我与国旗合个影，我给祖国说句话”活动，通过实地合影、书写祝福、佩戴党徽团徽、线上互动等方式，表达祖国的美好祝愿，得到了区内外新闻媒体和广大群众的积极关注。

3. 实施“牵手行动”参与社会管理创新，服务新疆长治久安。在全区范围内全面启动实施服务管理和预防犯罪“牵手行动”工作，对闲散青少年、受救助的流浪未成年人、农村留守儿童、进城务工跟随人员未成年子女等9类重点青少年群体开展关爱帮教活动，累计与重点青少年完成牵手结对1660对；面向重点青少年开展关爱活动2200人次，开展帮教转化活动855人次；帮助80人上岗就业，12人实现创业；面向重点青少年群体开展济困活动500余人次，助学活动1100余人次。“牵手行动”的品牌知名度和社会影响力进一步扩大。一是“牵手行动”工作队伍不断壮大。积极发挥公检法司专业队伍和基层干部、社工、志愿者等社会其他力量的作用，目前，全区已招募基层团干部、公检法司、教育、社会爱心人士、志愿团队力量3037人。二是服务管理工作制度日趋完备。围绕“牵手行动”目标定位开展大量有针对性、富有成效的探索和实践，形成了一些重要的工作机制，如实行分类建立重点青少年群体工作档案制度、定期培训制度，综合引导制度，分析研判制度，选树典型制度等。三是进一步营造青少年健康成长的社会氛围。将每年6月确定为“青少年健康成长月”，整合社会资源形成共同关爱青少年健康成长的合力。6月，各地围绕“关心成长、关爱你我”主题，全区各地开展关注学习、关注科普、关注融情、关注心理、关注安全、关注网络为内容的“六个关注”活动，营造了全社会关注青少年健康成长的浓厚氛围。

4. 抓好基层基础工作，激发和提升基层团组织活力。坚持眼睛向下，重心下移，将有限的工作经费向基层倾斜、将有限的工作力量向基层集中，从“制度、经费、组织、队伍、阵地、活动”等方面上集中力量激发基层团组织活力。一是坚持党建带团建，高位推动基层团的建设。积极落实《关于加强新形势下基层党建带团建工作的意见》，督促各地州出台相关文件，争取本级党委对共青团工作的支持，健全党建带团建长效工作机制。目前，14个地州市全部出台党建带团建工作文件。自治区团委每年拨付200万元用于基层团组织建设。按照每个县市3万元，每个乡镇（街道）1万元的标准，争取到的自治区财政374万元、团中央297万元，共671万元全部拨付给全疆95个县市和南疆三地州、国家级贫困县乡镇（街道）团委。二是巩固传统领域团组织建设。继续深入实施“三三三”工程，开展“基层活力建设年”工作。确定第二轮重点推进的473个乡镇、街道团组织，集中精力重点整顿软弱涣散团组织。提出并组织实施基层团组织“一村一阵地”、“一月一活动”、“一人一技能”工作。按照有固定场地场所、有明显团的标识、有文体活动设施、建立“青春档案”、设立“青年能人榜”的要求分批建设“青年之家”6064个；第二批重点推进的乡镇、街道在“新疆共青团信息报送系统”录入活动信息2.1万条，平均每个村(社区)录入活动信息4条。开展乡镇团的组织格局创新和实体化“大团委”建设“回头看”工作。开展青年技能培训和青年富余劳动力转移，落实培训资金4248万元，对9.2万名农村青年开展实用技术和技能培训。继续巩固和推进大中院校、中学中职、国有企业、机关事业单位等传统领域团建工作，启动实施中学、中职共青团试点工作；在区直机关团组织开展“圆梦行动”，广泛征集、认领、实现贫困学生的梦想。积极推进少先队学科建设，“少年儿童组织与思想意识教育”专业已正式进入新疆师范大学学术型硕士研究生招生目录，首批招收5名研究生。三是拓展新兴领域团的组织覆盖。继续推进非公企业和新社会组织团建工作，完成“两新”组织新建团900家。发挥新疆青年社会组织促进会作用，开展青年社会组织专题调研，采用沙龙、论坛、项目展示对接、培训等面对面的活动形式，增强与各社会组织的联系。成立新疆青年社会组织发展基金，开展“传递青春正能量”微公益项目大赛，促进青年社会组织的培育孵化、组织培训和规范发展。四是以“六个一”为载体“走进青年”，丰富基层工作载体。以“开展一次访谈活动、撰写一本‘青年民情日记’、现场指导基层团支部开展一次团日活动、给基层团员青年做一场宣讲或上一堂团课、为青少年办一件实事好事、挖掘选树一批青年典型”为载体，深入开展“走进青年”系列活动，近万名团干部走进青年，联系青年14.37万人，撰写“青年民情日记”47.44万篇，收集反映青年诉求16143条，为青年办实事7723件。五是积极做好重要节点社会稳定工作。4月、6月，新疆巴楚县、鄯善县分别发生一起严重暴力恐怖袭击案件，和田县发生一起群体持械聚集闹事事件。为贯彻落实中央和自治区党委关于维护新疆社会稳定工作的一系列指示精神，新疆团区委及时向全区团组织下发了《关于各级团组织在维护当前社会稳定工作中切实发挥作用的通知》，要求全区各级团组织做好青年思想引导和情况摸排工作，切实发挥生力军和突击队作用。各级团组织广泛开展了慰问一线维稳力量工作。六是加强教育培训，提升团队干部综合素养和工作水平。每年300万元团队干部培训经费中单列100万元专门用于乡镇、村队团干部培训。自治区团委本级全年举办主体培训班20期，培训团队干部1630余人；各地州、县市和各战线举办培训班315期，培训团队干部5986人次。在自治区团队干部主体班次管理上，严格把关课程内容的实用性和针对性，责任部室安排专人从头到尾跟班，及时掌握学员参训情况，确保培训工作质量。

5.“助力行动”帮助青年，力推青年就业创业。整合多方资源，多措并举，倾力推动新疆青年就业创业工作。一是围绕创业理念教育引导。突出抓好“奋斗的青春最美丽”主题宣讲活动，选树一批具有代表性、可学性的创业典型在主流媒体上开设专栏，联合新疆电视台制作了“青春榜样”公益宣传片在新疆电视台播出，扩大创业理念教育的社会覆盖面。共推出典型人物943人，举办巡回宣讲、创业沙龙138场次，覆盖青年2.6万人。开展第四届农村青年致富带头人评选。二是围绕提升创业能力，突出抓好专业化培训服务。为了更好地提升青年创业能力，在成功举办112期创业培训班的基础上，注册成立了新疆青创培训学校，开展青工职业技能大赛，举办创业培训5172人次。同时，组织48万名城乡青年参加技能培训，开展了“科技播火”专家行1868期，覆盖农村青年20.1万人次。试点推行农产品电子商务工作，在阿克苏、伊犁等地开办青年农产品电子商务培训班，指导开办淘宝新疆特产店铺。三是围绕提升服务能力，突出抓好新疆青年人才市场和新疆青创基金会两个平台建设。发挥新疆青创基金会和新疆青年人才市场作用，通过人才市场，建立起共青团就业创业见习基地785个，举办系列招聘会110场，直接帮助3.3万名青年实现就业。利用新疆青创基金会这一融资平台，为城乡青年协调创业贷款，帮助2215名青年申请发放创业小额贷款8610万元。

6. 引导和推动广大青年为建设美好新疆建功立业。围绕“五位一体”总布局，按照规范化建设、项目化推进、社会化运作的要求，引导和推动广大青年为共同建设美好新疆发挥作用。一是继续深入推进青工振兴计划。提升“青”字号品牌工作影响力，在青年文明号、青年安全生产示范岗集体和青年岗位能手广泛开展立足岗位服务群众、开展结对帮扶、开展形象展示、勇担安全卫士等活动。二是推动青年志愿者工作提质扩面。承办团中央“中国梦·西部情”大学生志愿服务西部计划十周年座谈会。举办大学生志愿服务西部计划服务新疆专项十周年座谈会、西部计划志愿者集体婚礼、改版新疆志愿者网站等系列活动，庆祝西部计划服务新疆专项实施十周年。三是深化保护母亲河行动。持续开展春、秋季青少年植树造林活动，广泛开展便于青少年参加和体验的植绿护绿活动。

三、共青团新疆维吾尔自治区第十二次代表大会胜利召开

2013年是自治区团委换届之年。共青团新疆维吾尔自治区第十二次代表大会于4月26日至4月28日在乌鲁木齐市召开，来自全区各地、各条战线的500名正式代表参加会议。中共中央政治局委员、自治区党委书记张春贤出席会议并作重要讲话。团中央书记处书记罗梅宣读团中央贺信。会议通过了《团结聚力实干担当创新有为为实现新疆跨越式发展和长治久安作出青春贡献》的工作报告，选举产生了新一届委员、候补委员。会议全面总结了过去五年的工作，客观分析了当前的形势，提出了未来五年科学发展的总体思路、发展战略和主要工作任务。按照自治区党委领导指示精神，对全区学习贯彻落实第十二次团代会精神进行安排部署，掀起学习热潮，进一步统一思想、凝聚力量、推动工作。

四、以开展“走进青年、转变作风、改进工作”大调研为契机，深入开展党的群众路线教育实践活动

2013年7月启动党的群众路线教育实践活动以来，自治区团委从共青团和青年工作的实际出发，在做好“规定动作”基础上，切实找准切入点，突出团的特色。一是切实抓好学习教育和思想理论武装这一首要任务，通过多种方式开展群众路线教育实践集中学习14次。二是牢牢把握作风建设的重点任务。由三名副书记和机关骨干力量组成的3个工作组在伊犁、喀什、和田驻点工作，对19个县市，54个乡镇、街道进行走访和督导，面对面指导基层工作。活动中，自治区团委还组成6个群众路线教育实践活动工作调研组，分赴11个地州市开展“走进青年、转变作风、改进工作”大调研，书记班子牵头领办起草了青少年思想引导、基层组织活力建设、就业创业、新社会组织服务管理等8个重点课题，为科学谋划工作奠定了基础。通过各种方式，广泛征求意见和建议，收集汇总意见和建议159条，梳理分类问题17条。三是认真落实“照镜子、正衣冠、洗洗澡、治治病”的总要求，精心组织、认真准备，召开了自治区团委党的群众路线教育实践活

动民主生活会。四是坚持把制度建设贯穿教育实践活动始终。认真做好建章立制等后续工作，建立改进作风、规范工作等制度8个，并对机关各项工作制度进行了清理。

新疆生产建设兵团团的工作

2013年兵团共青团紧紧围绕兵团党委中心工作，按照“凝聚力量，勇当先锋”一大主题，抓好“组织建设年”、“制度建设年”两件大事，坚持“社会化、项目化、市场化”三种理念，实施“四项行动计划”，推进“五项重点工程”的发展思路，围绕“事业凝聚、思想凝聚、服务凝聚、组织凝聚和机制创新”的工作格局，凝聚力量、勇当先锋，各项工作都取得了新进展。

一、在思想教育方面，以青春导航工程为统揽

一是活动引导。开展以“凝聚力量，勇当先锋”为主题的十八大精神学习活动305场次，以“青春兵团，薪火相传”为主题的“三观”、“三热爱”主题教育活动279场次，“与人生对话”、“与信仰对话”、“共享成长－与杰出青年面对面”进校园活动19场次。开展了“红领巾心向党”、“兵团精神伴我成长”、“红领巾相约中国梦”等系列主题教育活动2400多场次。举办了“我是兵团小战士”军事夏令营。联合教育局、文明办开展了“中国梦·兵团情”演讲比赛，全兵团共有2000多名少年儿童参加了比赛。开展了民汉青少年“手拉手”活动，结对1026对。二是载体创新。创办“兵团青年讲坛”，邀请到吴曼青、俞敏洪、赵振华、汤姆·克里斯滕森等权威专家学者做客讲坛，5000余名团员青年通过现场、视频、网络微直播等方式聆听讲座。开展11场优秀中职毕业生事迹报告会、座谈会，参与学生6000多人次。三是骨干培养。举办了第六期“青年马克思主义者培养工程”大学生骨干培训班，培训高校团学干部301名。在中央团校举办了团十七大精神专题研讨班，开展了基层团场、企业、社区、少数民族团干部、少先队辅导员培训班共7个班次培训，参训学员300多人次。

二、在服务大局方面，以青春建功工程、青春人才工程为统揽

一是以实施“青年创业增收”引领计划和“青年文明社区”创建计划为重点推进青春建功工程。筹集近800万元资金，成立了兵团青年创业增收基金会，全年帮助1734名团场青年落实小额贷款9033.8万元，带动青年就业创业2351人。开办金融知识讲座，培训基层团干部60人。转移少数民族劳动力1200人。联合兵团民政局出台了《关于实施“青年文明社区”创建计划的意见》，以“六清”、“五个一”为基本要求，在年初50家创建单位基础上，命名兵团级“青年文明社区”30家。二是以“西部计划”为重点推进青春人才工程。开展“西部计划”实施十周年系列纪念活动，举办“青春梦·兵团情”百名志愿者集体婚礼。与自治区团委共同承办了“中国梦·西部情”西部计划十周年座谈会，中央政治局委员李源潮及自治区、兵团、团中央主要领导出席了会议。新招募志愿者1106名(含“三支一扶”)，在岗志愿者人数首次突破1600名，加强了有针对性的培训，举行了隆重的出征仪式。另外，还组建全国重点“三下乡”社会实践团队5个，兵团级重点团队100个。评选表彰“兵团青年五四奖章”10名、提名奖10名。举办第八届“挑战杯”大学生课外学术科技作品竞赛。邀请40余名海外学人参加“放眼丝路，聚焦兵团—2013年海外学人回国创业周兵团行”活动。协助完成第14批博士服务团9名成员对接安置工作。表彰兵团级“青年文明号”39个，“三化”建设青年积极分子93名，命名“农产品标准化青年示范基地”10个。

三、在组织建设方面，以青春堡垒工程为统揽

1.完成换届任务。一是召开了兵团青联第二次全体会议暨学联第二次代表大会。兵团科技、经济、医药卫生、文艺体育等15个界别的260名青联委员和各类高校、中等学校的100名学联代表出席了会议，举办了“中国梦·青春梦”委员代表论坛，选举产生了新一届领导机构。二是召开了兵团第三次少代会。166名代表出席了大会，开展红领巾提案征集发布，选举产生了第三届兵团少工委。三是召开了兵团青年科技工作者协会第一次会员大会。吸纳9大科技领域的146名会员，选举36名理事和理事长班子。

2.加强基层组织建设。新建团场直属团组织1952个，改建团支部120个，覆盖团员23726人，联系青年73169人；新建社区团组织101家、非公企业团组织195家。成立了兵团驻吉尔吉斯斯坦团工委、驻北京团工委和兵直教育团工委，各师在乌鲁木齐、阿克苏、哈密等地建立了11个驻外团组织。

3.激发基层工作活力。联合兵团党委组织部出台《关于加强新形势下基层党建带团建工作的意见》，召开兵团基层党建带团建工作电视电话会议。联合兵团财务局出台《关于进一步支持和推动兵团共青团基层组织建设和基层工作的意见》，明确了师、团场共青团工作经费最低额度，列入同级财务预算，兵团本级再给予经费补贴，对经费落实及使用情况进行督查。110个基层团支部开展了支部书记公推直选、8个团场团委书记开展差额选举试点。评选表彰兵团级五四红旗团委30个、五四红旗团支部（总支）69个，优秀共青团员57名、优秀共青团干部36名。

四、在服务青年方面，以青春服务和维权工程为统揽

一是实施青年信息网络发展计划。在已有的兵团团委网站，“兵青在线”、“青春万岁”QQ群基础上，开通了“青春兵团”微博群和微信公众平台，发布微博近2000条、微信120多期。二是实施“爱心兵团”公益慈善计划。全年募集希望工程资金1036.44万元，资助学生1981人次，建设希望小学（希望工程双语幼儿园）5所，希望工程素质教育活动中心和快乐中心各1个。启动“363”项目，首批培训教师及医务工作者164人。三是深化青少年维权工作。建立了维权服务热线（0991－2890355），开展了“共青团与人大代表、政协委员面对面”活动。推报评选国家级“青少年维权岗”15个，兵团级30个。开展五类重点青少年群体数据库建设工作。组织3万余人次志愿者参与关爱农民工子女志愿服务行动，新结对农民工子女12670对，为各类青年群体解决了不少现实困难和问题，提供了不少有益帮助和支持。

五、党的群众路线教育实践活动

一是抓思想，加强学习、坚定信念。团委党组带头坚持理论中心组集体学习，采取多种方式认真学习中央和兵团党委部署要求和必读书目，进一步坚定了对中国特色社会主义的道路自信、理论自信、制度自信。二是改作风，推动下基层、接地气、受锻炼。书记班子成员带队，机关全员下基层，组建了4个调研组分赴九师161团、十三师柳树泉农场、二师38团、四师77团等偏远团场开展了为期21天的“走进青年、转变作风、改进工作”大调研活动，发放了366份调查问卷，组织了45次座谈会，访谈了459名青年，深入了解青年的所思所想所需，了解基层工作实际状况，取得了良好效果。三是强班子，着力抓好队伍建设。坚持开门征求意见，召开了基层团队干部座谈会和新老团干座谈会，开通了网络、微博、微信征求意见平台，公布邮箱、设立专线、开辟专网，“面对面”、“背对背”全方位征求意见建议396条。在对照检查、剖析原因的基础上，明确了9个方面的整改措施，召开了专题民主生活会和专题组织生活会，以整风精神开展深刻诚恳的批评与自我批评。四是带队伍，进一步完善规章制度。印发《兵团团委党组关于改进工作作风、密切联系群众

的规定》，要求各级团干部以身作则，切实改进作风。不断规范和改进机关建设，全面提高工作效率和服务青少年的本领，编印《兵团团委机关制度“一本通”》。要求团干部加强自律，严格执行中央关于反腐倡廉、厉行节约的有关制度规定。

军队青年工作

2013年，全军青年工作认真贯彻落实党中央、中央军委的决策部署，按照全军政治工作部署要求和团中央有关安排，坚持以党建带团建、以活动促活跃、以创新求发展，充分发挥部队共青团的助手和生力军作用，进一步凝聚起了强军兴军的青春能量。

一、围绕强军目标抓工作主线鲜明、措施得力

年初召开全军青年处长座谈会，认真学习党的十八大精神和习主席重要指示，深入分析青年工作面临的新情况新问题，集中研究以强军目标统领军队青年工作问题。在军报和中青报开设“牢记强军目标，努力学习成才”等3个专栏，通过4期《组工情况》刊发21个单位经验做法，推动青年官兵兴起学习贯彻习主席重要讲话、积极投身强军实践的热潮。部队各级始终把实现强军目标作为青年工作的“魂”和“纲”，采取多种形式引导青年官兵牢记强军目标、坚定强军信念、献身强军实践。总参开展“高举旗帜跟党走、奋力实现强军梦”教育活动，总后组织“铸军魂、话成长、作贡献”、兰州军区举办“红色基因代代传”群众性知识竞赛，海军开展“放飞青春梦想·建功万里海疆”主题实践活动，空军对6000余名青工干部和团支部书记进行培训，第二炮兵组织“忠诚履行使命，献身强军实践”砺剑尖兵评选活动，国防大学对所属团组织设置作出调整，军事科学院、成都军区和武警部队结合下连当兵帮助基层团组织解决工作不规范不经常问题，沈阳军区自下而上开展“中国梦、强军梦、我的梦”群众性演讲活动，北京军区专门组织学习贯彻习主席重要讲话经验介绍和研讨交流，南京军区开展“同心共筑强军梦”群众性实践活动，广州军区举行“学习邱兴和、强军当先锋”主题大团日活动，有效激发了青年官兵实现强军梦、青春勇担当的激情动力。

二、开展青年工作品牌活动有声有色、富有成效

坚持以活动促活跃，在学雷锋、学习成才和“保护母亲河”行动等军队青年工作的特色品牌活动上持续用力。一是精心组织纪念学雷锋50周年系列活动。召开全军深入开展新形势下学雷锋活动座谈会，通报表彰29个全军学雷锋先进单位和34名先进个人；出版发行《永恒的丰碑——雷锋日记和雷锋故事集》，下发传真电报要求部队组织官兵学习，该书入选国家新闻出版广电总局向全国青少年推荐的百种优秀图书；持续推动40军工兵团与北大团委学雷锋共建共育工作，扩大对社会辐射带动作用。总装组织“雷锋精神网络传递拉力”活动，空军、沈阳军区召开纪念学雷锋50周年大会，济南军区开展“雷锋激励我前行”主题实践活动，广州军区组织“最美鲜花献英雄”活动，国防科技大学开展“雷锋家乡学雷锋”系列活动，全军部队持续兴起学雷锋、当传人的热潮。军委、总政和团中央领导分别作出批示，对今年军队学雷锋活动给予肯定表扬。二是持续深入开展学习成才活动。组织人员赴5个师旅团级单位进行专题调研，了解掌握部队开展活动情况，就聚焦强军目标推动活动深入发展提出思路对策。组成评选委员会，通过审查申报材料、观看事迹录像片、实名投票的方式，评选第十四届全军学习成才标兵。组织全军学习成才标兵基层行活动，遴选16名典型代表分赴11个师旅团级单位，与基层官兵面对面交流学习体会，分享成长经验。总政领导与标兵代表座谈时称赞这次活动是传经送宝之旅、学习充电之旅、弘扬新风之旅。各部队聚集能打仗、打胜仗，推动学习成才活动深化具体化。北京军区部署开展“五好”活动，南京、成都军区开展“学习当标兵、打赢当先锋”岗位实践活动，浓厚了部队练兵打仗氛围。三是启动新一轮解放军青年林建设。在解放军报和中国青年报刊发综述，对14年来全军和武警部队团员青年投身保护母亲河行动、建设解放军青年林情况进行梳理总结。组织全军和武警部队团员青年交纳7238.15万元特殊团费建设新一轮解放军青年林，会同团中央研究制订《解放军青年林建设实施管理办法》，在河北和黑龙江分别举行解放军和武警2个青年林建设开工植树活动，总政、团中央和有关省市领导参加，取得了良好的社会反响。

三、组织参加共青团十七大严谨细致、圆满顺利

认真做好代表选举工作，下发《关于军队选举出席共青团十七大代表的通知》，明确代表资格条件、名额分配和产生程序办法；与大单位反复酝酿协商代表人选，指导部队按程序组织选举，保证了78名代表的资格和结构均符合要求。周密协调组织军委、总政和团中央领导接见军队代表活动，军委许其亮副主席作重要讲话，对围绕强军目标抓好军队共青团建设和青年工作提出明确要求，给广大青年官兵以极大鼓舞。严密组织各项会务工作，召开解放军代表团成立会议；协调总政领导和400名官兵参加大会开幕式，组织代表参加全体会议、主席团会议、全委会、分组会、参观活动等26次，全部圆满顺畅。经报总政领导并征求武警部队和军委法制局意见，对《团章》涉及军队的内容提出修改意见，进一步明确了军队团组织与党组织关系和军队团组织开展工作的依据，理顺了武警部队共青团工作隶属关系。积极做好军队团中央委员、候补委员候选人的宣传推介工作，34名候选人全部当选。会议期间，军队全体代表严格遵守改进作风各项规定，不安排和参加与会议无关活动，讨论发言贯彻短、实、新要求，参加活动军容严整、精神饱满，成为大会一道亮丽风景。总政张阳主任作出批示对组织参会工作给予表扬。

四、把握时代要求选树典型持续有力、成果丰硕

各单位积极挖掘、总结和宣扬时代特色鲜明的青年典型，为官兵成长树标杆、做样板。海军推出的潜艇第一基地官兵群体、沈阳军区选树的“特战精兵”曾昇铨、广州军区宣传的舍己救人英勇牺牲的战士邱兴和，在军队和社会上产生了强烈反响。全军有28个单位和个人被表彰为全国五四红旗团组织和优秀团员、团干部，3个集体和8名个人荣获“中国青年五四奖章”，3名同志获“中国青年科技创新奖”，9名同志获“全国青年岗位能手”，1个单位获第六届“母亲河奖”。4名典型代表参加团中央“实现中国梦、青春勇担当”主题团日活动，2名同志的座谈发言受到习主席赞扬。11名军队优秀青年参加“劳动・奋斗・创造”青春故事讲述活动，2名同志参加“奋斗的青春最美丽”全国巡回分享团活动，军队青年典型的感人事迹和崇高境界向社会传递了为实现中国梦、强军梦不懈奋斗的青春正能量，赢得各方面广泛赞誉。

五、借助媒体宣传造势高潮迭起、冲击力强

3月5日前后，协调军地主要媒体多角度、

全方位报道全军学雷锋座谈会情况，宣传学雷锋先进典型事迹，共刊发消息、综述、通讯、发言摘登等135篇。共青团十七大期间，协调组织解放军报等5家媒体驻会报道，刊发《凝聚青春力量，托举强军梦想》综述，刊播33名代表、委员的专题访谈，组织3名代表做客全军政工网等。组织全军学习成才标兵基层行活动中，在充分利用广播、电视、报纸等传统媒体跟踪报道同时，还探索在微博、微信等青年人扎堆的新兴媒体上主动发声。在解放军青年林建设中，协调团中央组织82家媒体进行宣传报道，仅网络报道达68000余条。全年，在央视新闻联播、中央人民广播电台新闻报纸摘要节目播发消息，在军报和中青报策划6个整版报道，还在军办《军队情况摘报》、《总政要讯》和团中央《全团要讯》反映相关情况，宣传的分量较往年都有较大突破，有效扩大了工作的辐射面和影响力。

铁道系统团的工作

2013年，全路各级团组织深入贯彻落实共青团中央和铁路总公司党组的工作部署，以思想凝聚为基础，积极应对铁路管理体制改革新形势，不断提升铁路共青团工作和建设的科学化水平，团结带领团员青年在铁路改革发展中做出贡献。

一、适应管理体制改革新形势，奠定工作基础

1. 确定改革后全国铁道团委领导关系。今年十二届人大一次会议召开以后，国务院下发文件批准铁路管理体制改革的方案。将铁道部的铁路发展规划和政策的行政职责划入交通运输部；组建国家铁路局，由交通运输部管理，承担铁道部的其他行政职责；组建中国铁路总公司，承担铁道部的企业职责。铁路近17万团员和逾50万青年职工均在中国铁路总公司工作。在总公司党组和上级团组织的大力支持关心下，鉴于铁路共青团组织现有工作队伍、工作对象、组织体系均不变的实际，团中央以发函的形式明确：继续保留全国铁道团委，机构设在中国铁路总公司，其系统团委的性质不变，受中国铁路总公司和共青团中央双重领导，以中国铁路总公司党组为主。

2. 调整内设机构和人员编制。适应铁路共青团在现代企业中的作为、地位、职能等方面发生的新要求，进一步梳理内部职能职责，理顺工作关系，将内设机构调整为组织（综合）部、宣传生产部，确定编制为8人。同时，对各部门岗位进行了合理分工，确定综合管理、组织管理、生产创效、宣传公益等岗位。

3. 理顺铁路系统内部团的组织关系。一是紧跟企业管理体制改革步伐，积极应对货运组织改革新要求。深入了解中铁快运、特货等团组织现状，围绕货运改革的重点工作进行了设想，起草下发了《关于在货运组织改革中加强共青团工作的意见》，指导基层团组织根据新形势及时调整团组织设置、理顺组织隶属关系、做好团员组织关系转接等工作。二是及时补强铁路共青团工作中的薄弱点。根据公安系统团组织层级化不够完善和健全的实际，设立铁路公安局共青团工作指导委员会，与铁路公安局政治部共同领导开展铁路公安系统共青团和青年工作。

4. 整章建制，着力规范化建设。结合现代

企业管理制度要求，对现行的若干制度进行修订，出台新的制度弥补工作空白。形成《铁路团的各级代表大会组织选举规则》修订意见；新制定《铁道团委机关内部考核管理办法》、《铁路局团委工作评价办法》（征求意见稿）、《全国铁路系统共青团统计工作管理办法》（征求意见稿）、《铁路志愿者管理办法》（初稿）。

二、加强教育引领，凝聚强大思想合力

全国铁道团委紧密联系青年，结合铁路管理体制改革新形势，主动跟进，多方调研，全面了解青年思想现状，加强思想教育和疏导，不断强化政治理论学习，把团员青年的思想和行动统一凝聚为推动铁路改革发展的强大思想合力。

1. 不断强化思想教育。一年以来，全国铁道团委不断强化各级团组织的理论学习，指导各级团组织发挥各种宣传阵地作用，通过报告会、宣讲会、组织参与党组织的巡回宣读等形式帮助铁路青工认真学习十八大、十八届三中全会、团十七大精神，帮助青年全面准确领会会议精髓，用中央的精神统一思想和认识。按照团中央工作部署，全国铁道团委组织全路各级团组织学习观看党的十八大精神青少年网络版宣传片，深入学习宣传贯彻党的十八大精神。发动开展了“千网联动学习十八大”、“感悟十八大·青春正能量”主题微博编创、“青春共话十八大”手机报主题学习宣传等活动，并在团属宣传舆论阵地集中宣传了学习活动的措施和成效，持续用党的理论知识武装铁路青年头脑。兰州局团委在《团内动态》中开设专题专栏，宣传党的十八大精神，交流各单位团组织学习党的十八大精神的好思路和好做法以及广大团员青年学习党的十八大精神的体会和收获。

2. 保持青工队伍稳定。全国铁道团委密切关注改革新形势下的青年思想动态。在各局、基层站段通过开展调研、座谈会等形式指导全路各级团组织开展了深入细致的思想政治工作，积极引导广大青年解放思想、正确认识改革、拥护支持改革，及时化解部分青年的思想困惑、矛盾，青工队伍保持稳定，从源头上防止出现青年舆情和群体性事件。针对改革后铁路公安系统部分青年的思想认识出现模糊的情况，联合铁路公安局开展了“我为改革做贡献，青年先锋展作为”主题征文等活动，用正能量引导全路青年民警正确看待、认识改革，为铁路改革顺利实施保驾护航。

3. 选树先进典型发挥引领作用。全国铁道团委在各项工作中始终坚持典型引路的有效手段，继续开展先进典型的选树和宣传，让广大团员青年学有方向、赶有方向。年内，评选表彰了第十二届铁路青年五四奖章、全路青年岗位能手、全路安全生产示范岗、全路尼红式青年和双创杯青年原创课件、全路最美青工等一大批先进个人和集体。积极推荐全路“最美青工”参加全国“最美青工”评选，通过最终选拔，北京铁路局北京动车段调度员崔金宝等5名同志被评为“全国最美青工”，其中王晓睿和黄国华2名同志还被评为特别关注“最美青工”。为增强评选的透明度，铁道团委在人民铁道网开设了专题网页接受投票，有效投票共计1366618票，确保了整个投票过程的公平、公正、公开。

4. 分类引领坚定理想信念。全国铁道团委开展多种形式活动，引导青年进一步坚定理想信念，促进青年队伍整体素质的提高，在青年队伍中传递正能量。落实团中央“我的中国梦”系列主题教育实践活动。举办“中国梦”铁路青年五四奖章事迹报告会。基层团组织开展了“实现中国梦——献策青安岗”青年创新创效活动，征集团员青年对“青年安全生产示范岗”创建的意见和建议400余条；举办“青年与中国梦”青年工作论坛，收集各类调研文章381篇，发送官方微博、微信18条，互动5000余条。

以一线青年和青年技能人才为重点，开展

"成长共享""与榜样面对面"等活动，用典型的力量引导青年形成爱岗敬业、勤勉争先的良好风气。

以新入路青年为重点，继续开展"双加速"活动。组织基层团组织以铁路精神为落脚点，以"五个一"、"欢迎新职工、融入新家庭、成长新起点"等活动为载体，编印《新入路服务手册》、《青年榜样典》等，当好新入路青年适应岗位的"帮扶人"，消除青年职业理想迷茫。

5. 构建宣传思想工作新阵地。构建开放式团组织工作理念，适应新形势下宣传媒体的新变化，在团属、路内媒体的基础上依托新媒体平台，拓展思想引领阵地。推荐中国铁路总公司宣传部副调研员罗传宝等 4 名同志加入中国青少年新媒体协会，积极学习借鉴新媒体领域前沿工作理念。新建了全国铁道团委微信公众平台，充分发挥新媒体平台在对外宣传、舆论引导以及对内信息交流和青年思想教育引导方面的积极作用。继续完善新浪、新华网全国铁道团委、铁路共青团官方微博建设，巩固和加强全路各级团组织 QQ 群、论坛等平台的管理。全年，围绕最美青工、节俭节约、春运工作等主题发送微博、微信 163 条，参与互动万余条。形成了以团属网站为依托，以分众化新媒体阵地为辐射的网络化思想引领新局面。加大宣传推广力度，扩大影响面。积极协调运输局等相关业务部门利用动车视频、车站大屏等媒体向社会广泛宣传铁路青年重大典型，同时，运用人民铁道报、铁路电视台等媒体对"最美青工"活动进行广泛宣传，联合人民铁道报社在"人民铁道网"开设"寻找最美青工"专题网页，营造了活动的深厚氛围，用青年典型的良好精神风貌帮助铁路企业提升社会形象。

深入开展双联共建活动。与各大媒体加强沟通协调，扩大通讯员队伍。在全路团干部培训班上开设专题培训课程，努力提升通讯员队伍素质。

三、适应改革发展，围绕中心工作展示作为

全国铁道团委带领全路各级团组织顺应铁路改革要求，开展形式多样的活动服务企业中心工作，搭建平台助推铁路青年成长成才，带领广大团员青年立足岗位、拼搏奉献，展示了铁路共青团良好的精神风貌。

1. 持续深化青年志愿者活动。铁道团委在连续 3 年开展春暑运志愿服务活动的基础上，将志愿服务作为帮助铁路企业树立外部形象的有效载体进一步强化。铁路各级团组织完善了春运志愿者招招募、培训、考核、表彰等各项管理办法，促进了志愿者工作常态化发展。春运期间招募了 1.6 万青年志愿者参与春运服务，共计提供了 245.3 万小时的志愿服务。各铁路局团委积极拓展渠道，发挥自身优势，不仅将往年与地方团组织、高校的合作做深做实，还探索引入优质的社会公益组织等路外资源，成都铁路局贵阳站联合百事可乐公司共同搭建"微笑小屋"，为志愿者开展服务工作提供了便利的服务条件和设施。

2. 扎实开展"双创"活动。将"学技对标'双创'立功"活动作为铁路共青团保安全的有效工作载体扎实持续开展。以青年原创课件、青年安全智库、活动 LOGO 设计、青工绝技绝活寻访等为载体，营造了整体标准化作业浓厚氛围，提升了青年个体单兵作业技能。各级团组织开展了事故现场教学、标准化作业专题团课、知识挑战赛、技术比武等活动，形成有实用性的建议、成果 2800 余项；产生"双创"LOGO 作品优秀作品奖 40 余件、优秀原创课件 42 个、智库 150 余个、寻访基层"绝技绝活"361 个，涵盖车务、机务、车辆、工务等各系统、各工种。下半年，为了将前期活动经验在全路各系统、各工种进行推广和进一步深化，铁道团委下发了《关于以"双创"活动为载体深化共青团青年安全生产工作的意见》，以调车长、机车乘务员、接触网工、线路工、检车员等主要行车工

种为重点带动“双创”活动的全面展开，并进一步实现“双创”活动的常态化和规范化。

3. 全面开展青年学技练功活动。铁道团委紧紧抓住成长成才这一青年最根本需求，着力帮助青工解决岗位技能不足、安全意识不够、作业标准不熟悉等问题。全年，铁道团委以“双创”活动为抓手，指导督促基层团组织学技练兵活动小型化、多样化、常态化推进，帮助青工提升职业技能和职场竞争力。通过借鉴“一站到底”模式，广泛开展各层级的青年学技对标知识竞赛，有效提高了青年学习兴趣；指导开展小规模、单工种的“V表演赛”为青年提高岗位实作能力注入了新鲜活力，共举办青工比武演练3580余场次，分系统举办各种技能竞赛214场，涉及工种达80余个。

4. 创新创效进行新探索。以铁路管理体制改革为牵动，发动全路各级团组织围绕全年任务指标，探索研究共青团组织服务企业经营的切入点。从推动铁路上下游企业、部门间建立顺畅联系的角度，组织开展“亲情寻访大客户”主题团日活动。着力解放思想，拓展思路，面向专职团干部组织开展“读毛著、学营销”活动，征集读书微心得300余条。基层团组织广泛开展讲堂、讲座、专题学习、交流互学、主题团课等形式，向广大团员青年大力宣传铁路改革和“铁路走向市场”理念、普及市场营销知识，帮助青年开拓眼界，增强团员青年走向市场的积极性、主动性，把力量和才干凝聚到为改革做贡献上来。

5. 立足铁路，奉献社会。4月，向西昌喜德县冕山镇新桥小学捐赠了价值20000元的“铁路共青团希望美术教室”。雅安地震期间，动员全路广大团员青年为雅安地震灾区学生捐款，共募集到捐款497,339.10元，所有善款划转中国青基会统筹管理使用。支持捐助中心以圆梦助学活动为载体积极参与地方扶贫工作，8月份，资助甘肃、西安2个铁路沿线重困地区的100名寒门学子实现大学梦，共计拨款50万元。结合未成年人路外安全宣传，创建一批全路青少年维权岗，南宁铁路公安局柳州铁路公安处治安五大队等2个基层公安单位被授予“全国青少年维权岗”荣誉称号。

6. 服务青年解决实际困难。全国铁道团委始终坚持服务青年，帮助青年职工解决实际问题。指导各局团委创新载体，鼓励基层团组织开展婚恋交友活动，为青年解决婚恋、交友、社交、生产生活等方面的实际困难。联合中国青年政治学院共青团工作理论研究所，开展铁路青年职工自组织调研，有针对性地掌握铁路青年的社会交往、各种交际“圈子”的情况，科学分析现状、特点、影响、对策，研究铁路共青团组织如何有效服务青年社会交往需求，为做好新时期青年群众工作提供依据、开辟路径。

指导各级团组织做好日常思想政治工作，为青年提供人文关怀，建设青年精神家园。广泛建立青年书屋，向广大团员青年开展赠书、图书漂流活动，赠书累积超过上万册，建立青年书屋500余个；探索青年文化与中心工作的结合，开展了“双创”活动LOGO作品征集活动，发掘了基层一大批创作、设计类人才，同时扩大了活动的覆盖面，向青年传递了正能量。结合党的群众路线实践教育活动的开展，解决基层团组织实际困难，为部分先进团支部配发文体用品等。

指导铁路青少年发展捐助中心多方筹资，面向铁路大集体等单位职工开展圆梦助学活动，全年共资助350名铁路困难职工子女步入大学校园，拨款总额130多万。

三、强基固本，团的自身建设得到进一步加强

结合党的群众路线教育实践活动开展，铁道团委带动和指导基层团干部大力加强作风建设，推动各级团干部进一步眼睛向下，增强与基层青年的联络和感情。同时，致力于加强自身建设，建立健全各项工作机制，提升铁路共青团科学化水平。

1. 深入开展党的群众路线实践教育活动，提升整体工作合力。结合党的群众路线教育实践活动阶段性要求，铁道团委深入开展了党的群众路线实践教育活动。机关人员围绕“四风”开展了深刻的自我剖析，互相进行了认真的批评，找到了不足，明确了努力方向。同时，面向基层青年和基层团组织开展多频次、多形式的意见、建议征集，共计收到基层提出的意见建议21条，对应制定整改措施38条，年内完成了90%的整改任务，部分内容融入了下一年度的工作要点，在全年工作中持续改进。通过活动开展，铁道团委机关人员的思想认识进一步统一，整体工作合力得到加强。

2. 提升团干部能力素质。年内，通过组织研讨、培训、征集心得体会等各种形式，广泛组织基层团干部理论学习，重点围绕党的十八大、十八届三中全会、团十七大精神等内容，结合本单位实际，将学习的成果体现在工作推动上。注重加强团干部业务能力提升，继续做好团干部培训工作，着力拓宽培训资源、提升培训层次。全年，分别组织了以团十七大精神和旨在提升职业能力为主题的培训班，共计200余人参训。年中，选派5名路局团委负责人参加团中央“学习贯彻团十七大精神”主题调训班培训。

3. 加强团干部作风建设。全国铁道团委落实党中央八项规定、团中央“走进基层、转变作风、改进工作”相关要求，制定15条作风建设措施，以基层调研“7个一”活动（结一个对子、参加一次作业、建议一项岗位绝活、办几件实事、定一个计划、做一次沟通）为抓手，加强专职团干部队伍作风建设，倡导做背包式干部，与青年进行走动式交流。铁道团委机关率先确立联系对象，并开展相关活动。

4. 做好团十七大代表选举等相关工作。二季度，铁道团委召开团代表会议，选举产生了铁路系统27名出席共青团第十七次全国代表大会的代表。全国铁道团委副书记张腾、上海铁路局团委书记丁锐2名同志当选为团十七届中央委员，呼和浩特铁路局团委书记孙立、青藏公司团委书记索朗德吉2名同志当选为团十七届中央候补委员。围绕团十七大召开，全路各级团组织积极配合做好开幕式旁听青年代表的组织、代表运输服务等有关工作。会议结束后，铁道团委组织全路各级团组织通过网站、杂志、微博等媒介广泛开展团十七大精神的宣传，通过团课、学习交流会等形式组织团员青年深入学习团十七大精神。

全国民航系统团的工作

2013年民航共青团工作的总体要求是：高举中国特色社会主义伟大旗帜，以邓小平理论、“三个代表”重要思想和科学发展观为指导，以深入学习宣传贯彻党的十八大精神为主线，坚持围绕中心，服务大局，切实履行组织青年、引导青年、服务青年、维护青年合法权益等基本职能，切实加强团的自身建设，切实提高共青团工作和建设的科学化水平，团结和动员广大青年在建设民航强国征程中充分发挥生力军作用。为达到上述总体要求，全国民航团委重点围绕以下四个方面开展工作。

一是加强思想引领，坚定民航青年的理想信念。理想信念是人生的精神支柱和动力源泉。全国民航团委始终把加强对青年的思想引领作为共青团工作的根本性、战略性任务，坚持用中国特色社会主义理论体系武装民航青年，扎实推进“我的中国梦”主题教育实践活动，继续把学习贯彻十八大精神引向深入，不断增强道路自信、理论自信、制度自信，加强“三观”、“三热爱”教育，进一步坚定理想信念。深入学习宣传贯彻持续安全理念、建设民航强国战略，引导民航青年增强责任感和使命感，自觉把个人成长同民航事业的发展联系起来，同祖国的前途命运联系起来，在建设民航强国、全面建成小康社会的伟大事业中实现人生理想。这一过程，就是“铸魂立人”。

针对青年群体构成的多样性，全国民航团委突出对重点群体的思想引导。加强对院校学生的思想引导，正确把握认识逻辑，着力解决思想困惑，增强坚定跟党走中国特色社会主义道路的政治意识。加强对安全岗位从业青年的思想引导，牢固树立持续安全理念，增强“安全第一”的责任意识。加强对民族地区青年的思想引导，深入调研分析思想状况，强化民族团结、行业归属的思想意识。加强对艰苦地区青年的思想引导，帮助解决实际困难，增强艰苦奋斗的奉献意识。

针对青年群体85%以上为职业青年的特质，在全行业广泛开展了职业精神主题教育活动，引导青年树立职业理想，端正职业态度，明确职业责任，提高职业技能，遵守职业纪律，维护职业信誉；引导青年将个人理想和共同理想、现实岗位和人生目标、青春激情和实干精神紧密结合，激励广大青年学习先进、崇尚先进、争当先进，在全行业营造了爱岗敬业、精业勤业、实干兴业的良好氛围。

二是紧紧围绕中心，激发民航青年的干事活力。民航青年是建设民航强国进程中最具生机活力的主力军。全国民航团委紧紧围绕保安全、促改革、转方式、调结构、稳增长、提质量、增效益等中心任务，广泛凝聚青年的智慧和力量，团结带领广大青年投身民航安全生产和改革发展实践，实现民航安全发展、科学发展。着力巩固和搭建青年建功立业的平台，全面推进和提升“青年文明号”、“青年岗位能手”、“青年安全生产示范岗”、“青年技能比武”、“青年志愿服务行动”、“青年读书会”等团的品牌工作，引导和鼓励青年立足岗位成长成才，建功立业。这一过程，就是“事业育人”。

安全和服务是民航工作的两条主线，具有“链条式”特点，需各单位相互协调、密切配合。而安全是民航工作的重中之重，是民航各项工作的生命线。我们从2010年9月启动由航空公司的飞行员、机场的指挥协调员、空中交通管理局的管制员参加的“三员交流”活动以来，三年间，直接参与该活动的青年职工超过万名，通过业务学习和交流，整合了三方资源，服务了飞行安全，提高了航班准点率，创建了团青工作新载体，也为青年成长搭建了舞台。由三方青年技术骨干合作研发的“协同决策管理应用”信息平台（CDM）正为航班协同放行提供技术支持。

民航是服务窗口行业，飞机不仅仅是简单运送客货的运输工具，机场也不仅仅是简单的人员中转场所，民航是不同文明沟通交流的重要桥梁，是展示国家形象的重要窗口。民航是与团中央于1994年共同发起青年文明号活动的部门之一，全国民航团委是首批开展青年文明号创建活动的省级团组织之一。近20年来，青年文明号已成为全国民航团委加强青年工作、加强基层管理、加强精神文明建设的一个重要载体和民航职业青年的一张靓丽名片。为满足行业单位间创、比、评、学的工作要求，使老号有活力、新号上水平，去年底面向全行业，面向各工种，面向新、老集体，开展民航青年文明号公开、现场评选工作，为全面提升行业整体创建水平做出了新尝试。

为深入贯彻落实习近平总书记关于中国梦的系列重要讲话精神和团中央关于“我的中国梦”主题实践活动有关要求，切实推动中国梦在民航落地，全国民航团委启动了青春语言计划活动。活动以领导寄语和青年宣言的方式为民航业老、中、青建设者搭建一个思想交流平台，增强了广大青年的责任感和使命感，激发了广大青年的积极性和创造力，引导广大青年以优秀的行业传统、崇高的职业精神、高超的岗位技能、无私的拼搏奉献，将民航强国的宏伟蓝图变为现实，在推动民航事业发展的征程中实现个人成长，成就人生价值。民航局党组书记、局长李家祥出席活动并寄语行业青年，要做到“寻梦有志、追梦有力、逐梦有行、圆梦有恒”。

全国民航团委按照习近平总书记提出的“在党和国家工作大局中找准自身工作的切入点和结合点”的新要求，结合民航实际，开辟或搭建具有行业特色、团员青年易于接受的新阵地、新载体、新平台，不断激发青年创新创效、献计献策的热情，为民航改革发展多做贡献。

三是注重贴近实际，服务民航青年的成长需求。密切联系青年，竭诚服务青年，是团的性质所决定的。全国民航团委始终把为青年成长成才服务作为一切工作的出发点和落脚点，坚持多为民航青年办实事做好事解难事。科学把握民航青年的特点，有针对性地设计开展团的工作和活动，为民航青年施展才华、脱颖而出创造条件。了解掌握青年的思想状况，从青年迫切需要解决的问题做起，加强对青年的人文关怀。特别是针对青年在联谊交友、情感婚恋、身心健康、交流融合等方面的实际需要，努力创造条件提供服务。切实发挥好共青团作为党联系青年的桥梁和纽带作用，及时了解并向党组织反映青年的需求和意见，让民航广大青年切实感受到党组织的关怀和团组织的温暖。这一过程，就是“人文留人”。

针对每年近万名团员青年入职，指导、鼓励各级团组织开展各类“引航计划”，加强对新进员工的思想引导、技能提升、文化认同、行业归属。以加强培训为着力点，拓宽联系青年、服务青年的渠道。实施“千名民航青年人才提速工程”和“百名共青团干部培养发展工程”，从2013年起，全国民航团委利用为3－5年时间，选拔培养1000名团员青年和100名团干部，为青年提升素质、快速成长搭建学习平台，为共青团可持续发展构建干部梯队。成都地区、上海地区、广州地区等地的民航单位共青团组织联合开展主题团日活动、业务大比武交流活动、文体比赛和文化论坛活动，加深了理解、促进了工作、增进了友谊。

四是坚持改革创新，加强团组织的自身建设。随着经济社会的发展和改革的逐步深化，民航共青团的工作对象、工作环境、工作条件都发生了深刻变化，我们要努力适应新的形势和新的挑战，从党政所需、青年所急、团组织所能出发，不断创新团的工作理念、组织形态和工作方式，扩大团的组织覆盖和工作覆盖，不断增强团组织的吸引力、凝聚力和战斗力。以群众路线教育活动为契机，进一步加强对各级团干部的教育引导，使其本着对事业负责、对青年负责的态度，增强政治意识、大局意识，提高业务本领，改进工作作风，沉下心来，扑下身子，锐意创新，真抓实干，成为青年信服的人，当好青年的带头人，不辜负党组织的期望。这一过程，就是“强基聚人”。

近年来，通用航空发展迅速，具有点多、面广、规模大小不一、整体发展水平不高等特点，其团的工作也是民航共青团整体工作的薄弱环节。而随着新航企申请禁令闸门的开启，新公司将不断涌现，投资主体已将更加多元，如何在巩固已有阵地的基础上，及时有效地在新组织中实现组织覆盖和工作覆盖是今后工作的重点。全国民航团委深入调查研究，借鉴非公企业团建的成功经验，结合实际，逐步推进这些民航单位的团建工作。

为进一步增强团组织的活力，全国民航团委在全行业开展基层团建示范点创评工作，力求通过以点带面，努力发挥团组织自身的创造力，提升团组织工作影响力和对青年的最大凝聚力。

中央直属机关团的工作

2013年是全面贯彻落实党的十八大各项战略部署的第一年。中直团工委在中直工委和团中央的领导下，认真学习宣传贯彻党的十八大、十八届二中、三中全会精神和团十七大精神，围绕中心、服务大局，求真务实、锐意进取，团结带领中直机关广大团员青年积极投身“三服务”事业，在实现中华民族伟大复兴的中国梦的新征程上谱写新的青春篇章。

一、着眼于引导青年坚定理想信念、培育和践行社会主义核心价值观，深化引导青年工作

1. 深入学习宣传贯彻党的十八大、十八届二中、三中全会精神，学习贯彻习近平总书记系列重要讲话精神，加强青年理论武装。把学习宣传贯彻党的十八大、十八届二中、三中全会精神与学习贯彻习近平总书记系列重要讲话精神结合起来，引导中直机关广大青年增强道路自信、理论自信、制度自信，自觉与以习近平同志为总书记的党中央保持高度一致。通过下发通知等形式，要求各单位团组织认真组织学习习近平总书记同各界优秀青年代表座谈时的重要讲话、同团中央新一届领导班子成员集体谈话时的重要讲话以及给北京大学考古文博学院2009级本科团支部全体同学的回信、给华中农业大学“本禹志愿服务队”的回信精神，认真组织学习党的十八届三中全会精神。及时召开团工委委员(扩大)会议、各单位团组织负责人会议，交流学习习近平总书记重要讲话的体会和贯彻落实的措施。各单位团组织开展了形式多样的学习交流活动。全国政协机关团委召开“高举团旗跟党走、转作风促工作”专题座谈会，引领团干部和机关团员青年深入学习贯彻习近平总书记重要讲话精神。中组部机关团委组织团员青年参加学习党的十八大报告和党章知识竞赛活动，在40岁以下青年干部中开展了“学习贯彻党的十八大精神，提高组织工作科学化水平”主题征文活动，并在五四青年节之际召开青年干部学习贯彻党的十八大精神主题论坛。中央台办机关团委有组织有层次地引导各支部学习习近平总书记系列讲话，要求各支部定期反馈学习情况。中央党史研究室机关团委举办青年沙龙，组织团员青年畅谈学习习近平总书记系列重要讲话精神的心得体会。团中央直属机关团委组织年轻干部到中国空间技术研究院开展主题团日活动，就学习习近平总书记五四重要讲话体会进行座谈交流。

2. 以开展“我的中国梦”主题教育实践活动为主要载体，广泛开展中国特色社会主义宣传教育。团工委召开“中直青年与中国梦”交流座谈会，要求牢牢把握为实现中华民族伟大复兴的中国梦而奋斗这一中国青年运动的时代主题，着力在引导团员青年领会“中国梦”精神实质、科学内涵上下功夫，在激发团员青年奋斗激情、发挥生力军作用上下功夫，在增强时代感上下功夫，不断把“我的中国梦”主题教育实践活动引向深入。各单位团组织迅速行动，结合本单位业务工作和青年特点，设计开展了各具特色、丰富多彩的“我的中国梦”主题宣传教育活动。中央统战部机关团委开展“凝聚青春力量・追逐美丽梦想”主题教育活动，邀请专家解析“中国梦”精神实质，组织青年座谈会交流学习体会。中联部机关团委在团报《中联青年》上开辟专版，组织青年围绕“我的中国梦”开展专题讨论。全国总工会机关团委组织开展了“中国梦・劳动美——让青春在奋斗中闪光”学习讨论。新闻出版广电总局团委以学习引航中国梦、百名青年畅想中国梦、建

功助推中国梦、文明唱响中国梦、公益点亮中国梦等5大版块全面开展“青春闪耀中国梦”系列活动。全国妇联、中国侨联、中国出版集团等单位团委开展了“我与中国梦”征文活动。中国文联机关团委、中国日报社团委等单位组织了“我的中国梦”主题演讲比赛。

3. 广泛开展青年志愿服务行动，坚持用社会主义核心价值观教育引导青年。以毛泽东等老一辈革命家为雷锋同志题词50周年为契机，通过集中性活动推动学雷锋志愿服务活动的常态化、长效化。中直团工委、中直青联以“践行生态理念，共建美丽中国”为主题，组织中直机关团员青年、青联委员230多人赴平谷进行义务植树劳动。广泛开展关爱农民工子女、敬老助老、爱心助学、生态环保等青年志愿服务行动，扩大参与志愿服务的渠道，引导青年参与道德实践。向团中央推荐中直机关青年志愿服务优秀文化成果和优秀青年志愿者典型，展示中直机关各单位团组织在青年志愿服务宣传、文化建设工作方面做出的探索和取得的成果。在中国青年志愿者行动实施20周年之际，新闻出版广电总局团委开展“社区情·志愿行”活动，积极传播“公益心即媒体心、志愿行即青年情，感受温暖、中国梦圆”的媒体青年公益理念。

二、以迎接服务、学习贯彻团十七大为契机，组织引导团员青年在“三服务”工作中发挥生力军作用

1. 以高度的责任感和使命感做好迎接服务团十七大有关工作。一是做好中直机关出席团十七大代表选举、中直机关团十七大中央委员、候补委员人选提名、组织中直机关代表团出席团十七大以及团十七大开幕式旁听等各项工作。团十七大开幕前，工委副书记杨金永同志受工委常务副书记张建平同志委托，专程到代表驻地看望慰问中直代表团各位代表和工作人员并对大家提出希望。团十七大上，中直机关提名的4名团中央委员和1名候补委员人选顺利当选。中直机关出席团十七大代表候选人预备人选推荐协商及正式选举工作，贯彻落实团中央有关通知精神，充分发扬团内民主，严格履行程序，既保持了工作的连续性，又体现了近年来中直机关基层团组织建设的新进展，同时对中直机关团员青年是一次加强团员意识教育的过程，有力促进了各项工作的开展。

2. 认真组织学习贯彻团十七大精神，积极搭建平台，切实把团员青年的智慧力量凝聚到做好“三服务”工作上来。通过下发通知等形式，要求各单位团组织认真学习宣传、贯彻落实团十七大精神。及时召开各单位团组织负责人会议，传达学习团十七大精神，研究布置贯彻落实工作。为中直各单位团组织订购了《共青团十七大报告辅导读本》。各单位团组织围绕本单位业务工作重点，广泛开展岗位练兵、服务创新、课题攻关、业务研讨等活动，组织引导团员青年立足岗位、建功成才。中央纪委机关团委组织团员青年积极参加委部机关举办的“做党的忠诚卫士、当群众的贴心人”主题演讲会。人民日报社团委开展了“争当排头兵”主题学习实践活动，引导团员青年争当正学风改文风的排头兵，争当传统主流媒体进军新兴媒体的排头兵，不断提升做好党的新闻工作的能力本领，为一流媒体建设贡献青春力量。新华社团委成功举办第二届新锐青年评选活动，加大青年人才和年轻干部培养选拔力度，积极创造让青年脱颖而出、砥砺奋进的良好环境。中国出版集团团委围绕集团领导提出的“三六构想”，积极推进青年创新圆梦计划。中央文献研究室机关团委在青年中开展争创“青年文明号”、争当“青年岗位能手”活动，进一步激发团员青年立足本职，爱岗敬业的意识。中国外文局团委承办青年新媒体创意大赛，动员团员青年为业务转型发展贡献智慧力量。

3. 选树青年典型，突出示范引领作用。做

好第17届中国青年五四奖章、2012年度全国优秀共青团员、优秀共青团干部、五四红旗团委(团支部)、全国青年岗位能手、青年安全生产示范岗人选(单位)申报推荐工作,推出一批优秀青年和先进青年集体典型,更好地发挥典型引路、典型育人的作用。新华社华盛顿分社记者冉维获得第17届中国青年五四奖章荣誉称号。人民日报社团委召开五四表彰暨学习交流会。中央编译局机关团委以第二届何锡麟青年人才奖评选活动为契机,积极选树团员青年先进典型,激励广大青年在围绕中心、服务大局中作出更大的贡献。

三、以开展基层实践活动为重要载体,密切机关青年同人民群众的血肉联系

1. 扎实开展第十六批中直机关青年干部赴平山支教扶贫工作。做好第十五批、第十六批支教队交接工作,加大第十六批支教队员培训力度。合理安排第十六批队员支教和挂职工作岗位,健全支教队员挂职锻炼制度、调查研究制度、直接联系服务群众制度。有计划地组织队员到基层蹲点,引导他们在与群众共同生活、共同劳动中感受民情、了解民意,增强与人民群众的感情,提高服务人民的本领。落实工委领导同志指示,进一步扩大支教覆盖面,组织支教队员"到山里去,到更艰苦的地方去",为进一步做好中直机关青年干部支教扶贫工作奠定了基础。

2. 组织开展"中国梦·柏坡情"——中直机关青年干部扶贫助学联系群众主题实践活动。组织中直机关部分单位团组织负责人赴西柏坡开展"中国梦·柏坡情"主题团日活动。按照分批实施、精心组织,实事求是、量力而行,争取更多参与和更好效果的原则,共有来自13个单位的62个团支部、青年小组、青年文明号等青年集体报名参加第一批主题实践活动,覆盖团员青年2200多人。中央统战部、全国总工会等单位积极挑选基层团组织与西柏坡中学贫困学生结对,通过开展团日活动、捐助生活费、图书、电脑等方式帮助贫困学生解决生活和学习中遇到的困难。中国日报社机关团委举办了"中国日报梦·柏坡红色情"主题团日活动,社领导带领青年代表赴西柏坡缅怀革命先辈足迹,开展党性教育,并向西柏坡中学捐赠了教学用品。

3. 不断深化、拓展与基层单位"共建同行"活动。中央办公厅机关团委深入开展青年干部农村实践活动,在做好第一批收尾总结工作的基础上,深入贯彻落实栗战书同志对农村实践活动的重要批示精神和厅机关党委的明确要求,制定第二批"重实践、知民情、长才干"主题实践活动方案,精心挑选24名青年干部参加第二批主题实践活动。中央统战部机关团委分别以"追寻红色革命梦想"、"追寻青春励志梦想"、"追寻多彩民族梦想"为题,深入西柏坡革命老区、天津市非公企业、河北承德民族宗教场所走访、调研,了解第一手材料,在多党合作、民族宗教、非公经济等统战工作领域建言献策。全国妇联机关团委组织开展"走进妇女之家"青年社会实践活动,把开展青年社会实践活动同妇联系统开展的"下基层、访妇情、办实事"活动结合起来,引导团员青年深入基层、深入实际,加深对国情、社情、民情、妇情的了解,增进同人民群众的感情。求是杂志社团总支与北京市景山街道团工委建立"共建"关系,开展了丰富多彩的交流活动。

四、加强对青年需求的分析判断,进一步做好服务青年工作

1. 找准切入点,服务青年成长成才需求。团工委全年共选派7批14名优秀青年干部参加团中央、全国青联组织的赴国外学习调研活动;推荐63名优秀青年科技工作者作为新一届中国青年科技委员会会员人选。中央纪委团委举办了两期青年干部纪检监察业务培训班,培训青年干部70余人。中央办公厅机关团委在全厅35岁以下青年干部职工中开展思想状况调研工作,分析青年思想状况,对进一步加强青年工作提出了具体思路。中组部机关团委举办青年干部与局长面对面活动，围绕“作风建设与青年干部健康成长”主题，邀请各局负责同志与青年干部进行面对面交流，帮助青年干部明确今后的努力方向。中联部机关团委举办“忆传统、讲奉献、促成长”青年交流会，邀请驻外大使与青年座谈，为促进青年成长提供指导和支持。中国外文局团委对去年启动的新一轮青年导师制活动进行中期摸底，及时了解推进情况。

2. 丰富青年文化工作载体，服务青年精神文化等方面需求。组织各单位继续开展“好书相伴”活动，通过读书交流、参观学习、座谈走访、演讲征文等多种形式，积极营造集体学习、知识共享的氛围，为团员青年交流读书心得提供平台，帮助青年学习知识、增长见识、陶冶情操、提升能力。组织开展羽毛球、足球、棋牌比赛、户外拓展、摄影采风、影视赏析、音乐赏析、科技参观等形式多样、内容丰富的活动，丰富活跃青年文体生活。努力打造青年文化精品，传播文化“正能量”。全国政协机关团委联合工会支持机关骑行爱好者组织多次“感受美丽中国”骑行活动。中联部机关团委组织部青年艺术团多次参加重要双多边外事活动，以文体活动的形式促进了青年国际交流和党的对外交往。新华社团委青年话剧俱乐部精心编排的首部话剧《楼梯的故事》在繁星戏剧村上演。中国文联团委举办5期文联大讲堂系列讲座，提高青年艺术鉴赏力和文艺欣赏水平。

3. 积极整合资源，服务团员青年相关需求。以青年需求为导向，积极帮助青年解决工作、学习、生活等方面的实际困难和问题。联合开展单身青年联谊活动，为团员青年解决婚恋问题搭建平台。中国侨联直属机关团委组织团员青年参加“七夕”单身青年联谊活动。新闻出版广电总局团委举办“缘来是你”单身青年联谊活动，每次吸引300余名青年参加，取得了积极成果，被列入总局群众路线教育实践活动主要整改成果之中。

五、着眼于增进共同理想信念，凝聚青年智慧力量，进一步做好中直青联工作

1. 加强理论武装，在思想引领中坚定共同信念。开展“我的中国梦”主题教育实践活动，组织多种形式的读书交流活动，帮助青联委员深刻认识习近平总书记提出中国梦的重大意义，引导青联委员把青年梦融入中国梦，用青年梦托举中国梦。积极探索利用微信群、微博等方式交流思想，分享感悟，形成积极向上的理论氛围。

2. 坚持围绕中心，彰显青联作为。根据中央台办政党局的安排，中直青联接待了国民党中兴菁英发展协会会务干部一行。双方友好交谈、坦诚交流，都表示希望能够进一步加强交流合作，积极推动两岸青年交往。应香港青年联会邀请，出席“庆祝中华人民共和国成立六十四周年暨香港青年联会第二十一届会庆及会董会就职典礼”，为进一步交流合作打下了基础。

3. 注重实践锻炼，在服务青年中凝聚智慧力量。在青联委员中广泛开展学雷锋绿色环保志愿公益活动和“同心·博爱”关爱少数民族地区医疗卫生事业等活动。开展“三走进”（走进委员、走进基层、走进青年）活动，组织委员到北新建材国家住宅产业基地、世纪佳缘公司、通州新农村建设示范项目等地学习参观。继续开展“中直青联委员走进校园共话青春梦想”系列活动，组织青联委员走进中国劳动关系学院、中华女子学院，与师生代表进行学习交流。根据全国青联统一部署，组织中直青联各团体会员发挥各自优势，集中开展“走进青年”活动。

4. 进一步提高工作科学化水平。优化界别设置，强化青联秘书处的服务、协调、组织等职能。充分发挥常务委员会议、主席会议的职能作用，完善议事决策工作机制，不断提高青联工作的科学化水平。积极推动有条件的单

位成立青联组织,中直青联团体会员单位增至5家。注重思想性和联谊性结合,积极构建和谐向上的组织文化。开通官方微博“中直青年”和“中直青联”微信群,加大品牌活动宣传,不断增强青联工作活力,为青联事业发展提供保障。

六、以开展党的群众路线教育实践活动为契机,加强中直机关团的自身建设

1. 扎实开展群众路线教育实践活动。团工委按照工委要求,坚持把学习教育贯穿始终,把听取意见贯穿始终,把整改落实贯穿始终,把建章立制贯穿始终,广泛征求意见建议,深入开展对照检查,对查摆出来的问题及时整改。坚持重心下移,进一步加大对基层支持力度;举办微信应用培训班,为中直机关各单位团组织负责人购买《新媒体蓝皮书》等书籍,指导基层团组织运用新媒体开展工作;完善团工委领导班子学习制度、领导班子成员基层联系点制度、青年思想状况调查制度、团内评选表彰制度、团干部教育培训制度等,进一步提高工作制度化规范化科学化水平。中组部等单位团委按照机关党委统一部署,在团干部中同步开展群众路线教育实践活动或组织团员青年积极参加群众路线教育实践活动。团中央直属机关团委围绕群众路线举办3次年轻干部学习交流会,并组织年轻干部到北京市6家社区“青年汇”实地参与服务社区青年的活动,在实践中不断增强群众工作本领,锤炼扎实作风。

2. 坚持抓工作活力与抓组织建设并重,全面加强中直机关基层团组织建设。一是加强思想建设。高举理想信念的旗帜,推进学习型团组织建设,切实增强为党做好新形势下青年工作的责任感使命感。二是加强组织建设。指导任期届满团组织做好换届工作。全国总工会机关团委在探索建立青年小组的基础上,印发《全总机关团委关于调整规范全总机关基层团组织建设的实施意见》。三是积极构建中直机关共青团新媒体工作格局,提高新媒体活跃度和影响力。推荐6家单位加入青少年新媒体协会。新华社团委进一步整合利用微博、社内OA论坛、短信平台、微信等新媒体形式,打造全时空共青团交流服务平台,孵化了新媒体创意产品“我爱问社女郎”,取得了良好的传播效果。中央台办团委建立了手机短信、QQ群、微信平台,保证了团组织之间、团组织与团员青年之间的无障碍沟通。中国日报社机关团委建立了“China Daily青年沙龙”新浪微群,及时发布与青年工作和生活相关的信息,组织青年广泛参与话题讨论和意见征集。团中央直属机关团委通过微信群、微博、QQ群、短信平台等多种方式联系青年,并充分调动年轻干部积极性,拍摄了《我所认识的群众路线》和《加油,共青团》等视频短片,运用年轻干部喜欢的方式开展工作。四是加强团干部队伍建设。开展团干部“学理论·强党性·铸信仰”活动,增强群众观念和青年群众工作能力,锤炼迎难而上、积极进取、狠抓落实的工作作风。配合团中央有关部门做好机关共青团工作基层联系点工作,加强机关团建工作研究。

中央国家机关团的工作

2013年,在中央国家机关工委和团中央的领导下,团工委紧紧围绕服务事业发展和服务青年成长两大核心任务,以学习贯彻党的十八大、十八届三中全会精神为主线,以团的十七大胜利召开为契机,以增强机关团的凝聚力、号召力为重点,勇于创新,扎实工作,各项重点工作稳步推进,取得了明显成效。

一、认真学习贯彻十八大、十八届三中全会及习近平总书记重要讲话精神,切实提高团员青年思想政治素质

1. 把学习贯彻十八大精神引向深入。举办学习贯彻十八大精神专题培训班,组织团干部认真研读十八大报告和会议文件,自觉将十八大对做好青年工作的新要求贯彻落实到工作中去。召开全国青年文明号和共青团工作奖、最具活力团支部奖集体代表座谈会,对机关青年学习贯彻十八大精神提出具体要求。以团组织联络片为单位,分6个片区开展跨部门学习交流活动,共开展座谈交流、联讲联学等活动30余场,参与团员青年2000多人。指导各部门采取多种方式深化学习贯彻工作,引导青年结合工作深入思考,努力使十八大精神入脑入心。

2. 认真学习贯彻习近平总书记系列讲话精神。习近平总书记五四重要讲话、与团中央新一届领导班子集体谈话发表后,团工委及时下发学习贯彻讲话精神通知,召开学习贯彻讲话精神动员部署会、青年座谈会,及时传达学习讲话精神,李智勇同志出席会议并讲话。广泛开展主题宣讲交流活动,举办规模较大的示范性宣讲活动5场、其他学习宣讲活动110多场。各级团组织把学习贯彻讲话精神作为重要政治任务,以专家辅导、交流讨论等多种形式,组织团员青年学习讲话、畅谈感受、促进思考,推动学习讲话精神不断深化。

3. 抓好学习贯彻十八届三中全会精神。三中全会闭幕后,团工委及时召开团工委委员(扩大)会和学习贯彻三中全会精神青年座谈会,传达学习会议精神,部署贯彻落实工作。指导各部门组织团员青年紧密联系思想和工作实际开展研讨交流,不断深化对三中全会精神的理解和把握。充分运用团组织网站、博客、微博、微信等新媒体反映部委青年的学习体会和成效,切实增强学习和研讨交流的效果。

二、抓好团十七大代表选举和组团参会工作,大力营造学习贯彻团十七大精神的氛围

1. 做好团十七大代表选举和组团参会工作。按照团中央对十七大代表选举工作的部署要求,认真做好动员部署、推荐提名、组织考察等各项工作,于4月23日召开中央国家机关团代表会议,选举产生27名中央国家机关出席团的十七大代表。认真制定组团方案,做好中央国家机关代表团组团工作,圆满完成代表团参会、组织优秀青年参加大会开幕式等任务,推荐的候选人全部当选团十七届中央委员、候补委员。工委领导对此高度重视,李智勇、姚志平同志出席中央国家机关团代表会议并讲话,在团十七大会议期间,专程到驻地看望团代表。

2. 认真学习宣传贯彻团十七大会议精神。团十七大召开后,及时研究提出中央国家机关团员青年学习贯彻团十七大精神的意见和安排,采取辅导培训、座谈交流、专题讲座、联学研讨等形式,迅速兴起学习宣传贯彻团十七大精神的热潮。购买下发团十七大报告学习辅导读本,为各部门组织团员青年学习提供服务。注重示范引导，推动学习宣传的不断深入。

3. 广泛开展“我的中国梦”主题教育实践活动。根据团中央的统一部署，团工委印发了《“我的中国梦”主题教育实践活动实施方案》。各部门以理想信念教育为核心，围绕中国梦主题精心设计活动载体，开展了读书座谈、征文演讲、诗歌创作、岗位练兵、参观寻访等形式多样、喜闻乐见的教育实践活动，激发了青年为实现中国梦矢志奋斗的责任感、使命感。活动期间，72 个部门共开展 163 项主题活动，20 多位部委党组（党委）负责同志参加，数万名青年直接参与。

三、以开展基层实践活动为抓手，引导青年深入基层、服务群众

1. 深入开展“根在基层·中国梦”调研实践活动。今年的活动以“中国梦”为主题，着眼于增进群众感情、促进换位思考、提高履职能力，注重与群众路线教育相结合。来自 78 个部门的 1500 多名青年深入到行业系统基层一线和农村地区，在完成同工同勤、同吃同住规定动作的基础上，围绕民生中国、乡土中国、平安中国、美丽中国、文化中国、财富中国、工业中国、创新中国 8 个专题的重点领域深入调研，形成了一批有价值的调研报告。12 月 4 日举办了活动总结汇报会，李智勇、秦宜智同志出席会议并讲话。“根在基层”活动连续开展 6 年来，已成为青年了解国情、坚定信念、锤炼作风、增长才干的重要阵地和有效载体，在中央国家机关形成了广泛持久的影响力和号召力。杨晶同志对“根在基层”活动作出重要批示，认为活动增进了青年对国情的了解，密切了与人民群众的感情，是以实际行动践行党的群众路线的有益举措。

2. 大力推进青年志愿服务工作。以工委办公室名义印发了《关于成立中央国家机关青年志愿者协会的通知》，在团工委积极推动下，72 个部门成立了青年志愿者协会或志愿服务队，开展了理事和常务理事人选推荐工作。按照“低门槛进入、低标准起步、广范围覆盖”的工作原则，各部门广泛开展了形式多样、丰富多彩的志愿服务活动。团工委依托“阳光行动”青年公益平台，扎实推进“走进中国盲文图书馆”系列公益活动，组织优秀青年走进 12 所高校开展“传递正能量点燃报国梦”志愿活动，与中信集团联合举办“中国梦·我们在一起”关爱农民工走进汕头志愿服务活动，与中国残联、北京大学联合举办“心教育——千手观音的故事”公益晚会，形成了一定的品牌效应。

四、搭建青年学习成长平台，拓展团组织服务青年的功能

1. 开展“与院士面对面”活动。充分利用中央国家机关顶尖人才集中的优势，邀请在京的两院院士、学部委员担任机关青年的人生导师，组织优秀青年代表与院士进行面对面访谈交流。全年共举办活动 12 期，访谈两院院士、学部委员 12 位，200 多名青年参与活动。通过与院士近距离接触和思想观点的直接对话，让青年干部加深了对社会热点、学术前沿等问题的认识，感受了院士为人为学的魅力，找到了成长成才的正确方向。

2. 开展“青音汇——中央国家机关青年文化沙龙”活动。组织青年干部代表围绕舆情热点、社会焦点等问题各抒己见、展开讨论，交流认识、碰撞思想，为青年干部搭建启迪思维、展示风采的平台，同时掌握青年思想动态，有针对性地开展青年舆情分析和思想引导。全年共举办 6 期沙龙活动及多次青年小型交流活动，来自 50 多个部委的 300 多名青年干部参加。

3. 开展“多彩年华”主题活动月活动。着眼于丰富青年文体生活、促进青年健康成长，团工委开展了“义务植树—单身青年交友”活动、中央国家机关青年篮球赛、“中国梦·梦想达人秀”活动、“多彩年华·梦想出发”龙舟比赛、“创新无限”创意大赛等贴近青年、寓教其中的活动，得到广大机关青年的热烈响应和普遍欢迎，共计万余名青年参加或观看了系列活动。活动为青年搭建了展示风采、交流联谊的平台，对青年养成积极健康向上的生活方式，增强团组织的凝聚力和活力，起到了很好的促进作用。

4. 加强新媒体平台建设和运用。以增强参与性、互动性、服务性、连接性为重点，着力推进团工委官方网站、博客、微博、微信、QQ群“五位一体”新媒体平台建设，全年累计发布、更新和分享各类信息近万条，覆盖青年数万人，对青年的引导作用有效提升。探索建立“中央国家机关青年手机社区”，打造与机关青年工作、生活、交流方式相适应的移动平台，为青年提供开放、互动、共享的综合性服务，得到了各方面的关注与好评。

五、加强团干部队伍和基层团组织建设，不断增强团组织的凝聚力和战斗力

1. 开展团干部作风建设活动。着眼于引导机关团干部在党的群众路线教育实践活动中转变作风、提升本领，团工委于7月部署开展了学习贯彻习近平总书记讲话精神、加强团干部作风建设活动，并采取分类联系、重点督导、委托第三方调研等方式推动活动广泛深入开展。各部门机关团委普遍制定活动方案、积极争取领导支持，通过召开青年座谈会、专题研讨会、开展谈心交流、问卷调查、网络评议等多种方式，广泛听取青年意见，深入查摆作风方面存在的突出问题，认真研究制定整改措施。活动开展以来，各部门共征集青年意见建议1400多条，制定加强团干部作风建设的相关制度措施560多项，20多个部门党组（党委）负责同志对活动作出批示。

2. 加强团的基层组织建设。针对各部门集中反映的问题，以工委名义下发《关于加强中央国家机关基层团组织和团干部队伍建设的意见》，从合理设置基层团组织、做好团委书记选拔配备、加强团干部培养锻炼等方面制定了针对性、可操作性较强的措施。采取下午茶、个别谈话、集中座谈等灵活多样的方式，由团工委书记与部门机关团委书记进行谈心谈话，进一步沟通思想、密切感情。推动部门机关团委及时换届，全年新任部门团委书记8名。建立青年骨干基本情况数据库，抓住了一批机关青年工作的骨干力量。继续做好地方团干部到部门机关团委、部门团委书记到地方挂职工作。广泛开展机关共青团工作品牌案例征集和宣传推广活动。做好青年外事、团内统计和团费收缴等工作。

3. 开展评优推优工作。经过组织推荐，2013年共有1个集体、2名青年获“中国青年五四奖章集体”和“中国青年五四奖章”，1名团员、2名团干部、4个基层团组织获全国优秀共青团员、优秀团干部、五四红旗团委（团支部），8名青年获“全国青年岗位能手”。团工委开展了2013年度中央国家机关共青团工作奖和最具活力团支部奖评选工作，积极做好全国青年文明号创建集体网络报备工作。通过评选和表彰先进，营造了学习先进、争当先进的良好氛围。

4. 加强青年工作理论研究。为加强对机关青年成长规律的研究，团工委牵头开展了“中央国家机关青年工作人员职业角色塑造机制”课题研究，对中央国家机关2400多名青年职工和230多名局处级领导进行了抽样调查，与10个部委的30名青年典型进行了深度访谈。结合调查研究结论，通过对机关青年基本特征和成长历程、青年成长的关键因素和挑战的研究分析，为健全完善机关青年成长机制初步提出了有针对性的具体建议。

六、做好中央国家机关青联工作，发挥青联委员的带动影响作用

1. 做好思想引领工作。坚持把加强思想引领作为青联工作的首要政治任务，通过专题报告会、座谈会、专家解读会、研讨交流会等形式，深入学习贯彻党的十八大、十八届三中全会精神和中央其他重要精神，引导青联委员把思想和行动统一到中央的决策部署上来，青联各界别均组织开展了形式多样的学习实践活动。编辑出版了《中国十八章——小康社会建设进程中的科学发展实景》，进一步宣传解读中央精神和部署要求。

2. 服务经济社会发展。坚持围绕中心、服务大局，充分发挥自身优势，开展了主题鲜明、形式多样的学习交流活动，为推动经济社会发展献计出力。通过开展名家谈文化、“文创沙龙”、“青年智库”等活动，促进了全方位、多层次的交流与合作。围绕纪念青联成立 20 周年，通过组织新老委员座谈交流、编印青联通讯纪念特刊、组织“中国梦 · 青联同行”系列交流活动等方式，回顾总结了青联 20 年来薪火相传、继往开来的光辉历程。召开了纪念中央国家机关青联成立 20 周年座谈会，进一步增强了组织认同和思想凝聚。

3. 引导委员投身社会公益。按照“小型化、多样化、经常化”的工作思路，通过开展“中国梦 · 我们在一起”关爱农民工走进汕头、“行走基层 · 力行公益 · 吕梁黄土地光明之旅”健康快车探访、沙漠绿化志愿者赴浑善达克沙地义务植树活动，举办公益大讲堂、青联亲子爱心联谊、“爱耳日”公益音乐会，走进北京儿童福利院、慰问 SOS 儿童村等一系列有声有色、寓教其中的公益活动，引导青联委员积极承担社会责任，形成投身公益的良好导向。

4. 加强青联自身建设。召开四届青联第四次、五次常委会，认真做好青联委员及主席班子成员的增补工作。坚持举办新委员培训班，帮助新委员快速融入组织，进一步增强责任感和归属感。强化青联秘书处的服务、协调、组织功能，依托青联通讯、手机月报等载体加强信息交流。创建“青英汇”微信群，借助新媒体手段，促进了委员与委员、委员与组织之间的互动联动。

七、加强团工委自身建设，提高工作规范化、科学化水平

一年来，团工委工作得到了工委领导的高度重视和悉心指导，智勇同志对机关青年工作作出重要指示，多次出席团工委重要活动并讲话，为加强机关青年工作和团工委自身建设指明了方向。面对青年工作的新形势新任务，团工委始终把抓好自身建设作为重要保证，着力提高自身素质和能力，不断提升工作科学化水平。一是扎实开展群众路线教育实践活动。紧密结合机关青年工作实际和团工委党员队伍思想作风建设情况，以整风精神开展批评和自我批评，重点查找了 4 方面 13 个问题，从主客观上分析了产生问题的深层次原因，提出了 23 项针对性和可操作性较强的整改措施，达到了理清工作思路、激发工作激情、改变工作作风的目的。二是加强团工委委员班子建设。强化团工委委员集体学习与调研制度，结合中央重要精神、工委和团中央有关要求每季度安排 1—2 次学习研讨，进一步打牢思想理论基础、提高思想政治素质。定期召开团工委委员会，在研究推进团工委重点工作和重大事项等方面，注重发挥团中央委员、团工委委员的中坚作用。三是着力提高干部素质和能力。开展“读讲辩好声音”活动，引导团工委干部在学习研讨政治、社会、经济等领域的基本理论和前沿问题中收获内在成长。完善内部纠错机制，统一记录、汇总工作失误情况，分析产生错误的原因，提出避免再次发生错误的措施。建立“日积一策”制度，帮助干部相互交流，在点滴积累中成长进步。

中央金融系统团的工作

2013年,中央金融团工委(以下简称"金融团工委")深入贯彻落实团的十七大会议精神,按照团中央部署要求,紧紧围绕金融改革发展大局和全团重点工作任务,认真履行团的四项基本职能,针对青年的需求,不断探索细化服务青年的工作领域和活动形式,全面提升服务主推能力,使青年在遇到困难和问题时想得起、找得到、靠得住,着力形成在全社会有影响力的金融青年工作品牌,较好地完成了全年工作任务。

一、坚持党建带团建,深入学习宣传贯彻党的十八大精神,认真贯彻落实共青团十七大工作部署

1月,金融团工委负责人带队赴各中央金融机构,向各机构党委分管团工作领导汇报金融团工委工作思路,并认真听取各家党委意见,与基层团干部座谈,了解系统基层团组织近年来活动开展情况以及对金融团工委工作意见和建议。金融团工委把组织金融系统团员青年学习宣传贯彻党的十八大精神作为首要政治任务,广泛开展"三观"、"三热爱"等主题教育活动,引导青年切实增强实现"中国梦"的历史使命感和奋斗精神。

按照团中央要求,为贯彻党中央和习总书记对青年和共青团工作的重要要求和团十七大部署,在金融系统中陆续开展了"我的中国梦金融青年在行动"主题教育实践活动,"我的中国梦——奋斗的青春最美丽"系列分享活动,发动系统各级团组织积极开展专题学习、主题团日、思想研讨、奋斗故事分享、文化活动等活动,打造青年交流平台。各金融机构也积极行动,如光大集团团委举办"中国梦"解读专题报告会,邀请清华大学研究员做"中国梦"解读专题报告;中信集团团委开展"紧跟党走献青春建功成才创辉煌"主题系列活动,在青年中取得较好的效果。

二、深入开展党的群众路线教育实践活动,以作风建设为重点加强金融系统团干部队伍建设

金融团工委认真贯彻落实《共青团中央贯彻落实中央政治局改进工作作风、密切联系群众八项规定的实施办法》,教育引导金融系统各级团干部严格遵守党的各项纪律和廉洁自律各项规定,自觉按照党的组织原则和党内政治生活准则办事,努力做团员青年的表率。7月,根据深入贯彻落实党的群众路线教育实践活动要求,金融团工委组织金融系统优秀青年代表和团干部奔赴甘肃,走进西部,联系群众,服务基层,组织中央金融系统在甘肃扶贫挂职的青年干部和19家金融机构的团员青年冒雨在国定贫困县榆中县联合开展了"送金融知识下乡"活动,将金融知识送入"寻常百姓家";组织中央各金融机构的团干部深入甘肃国定贫困县和政县的13个乡镇,上门入户慰问优秀乡村教师和优秀贫困学生代表,为当地乡镇小学捐建了电教室,为教师和学生送去了电脑和慰问品,并与和政县签订中央金融系统团组织联系服务和政县金融发展协议。中央各金融机构团委积极加强青年员工工作作风建设,开展了各类深入群众的基层实践活动,如证监会团委组织青年赴基层进行调研实践活动,察民情、听民意、体民生;保监会团委深入贯彻落实党委"抓服务、严监管、防风险、促发展"的工作思路和"保险让生活更美好"理念;国开行、农发行、工行团委结合本单位实际,开展群众路线教育实践主题实践系列活动;人保集团团委对照"四风"加强团委作风建设。

2013年4月,金融团工委联合中央团校举办了中央金融系统基层团干部2013年培训

班,来自全国各地的中央金融系统基层团干部141人参加培训。此次培训班是金融团工委为贯彻团中央和中央各金融机构党委的要求,加强金融系统团干部队伍建设的一项重要举措,也是近年来金融团工委针对金融系统团干部的结构特点和实际需要,第一次在中央团校举办的18家中央金融机构全部参与的基层团干部培训班,得到了中央团校和全体学员的高度评价。此外,为加强团干部国际交流,根据金融系统团干部的实际需要,9月联合团中央国际青年交流中心,组织一期中央金融系统优秀团干部赴英国开展国际培训交流活动,就当地银行业发展、金融监管模式、青年成长服务等内容进行了培训,青年干部们普遍认为,开拓了视野,增长了知识,引发了思考,增强了金融团工委的凝聚力。如银监会、中信集团团委举办面向基层团干部专题培训班,提升基层团干部理论素养和工作能力;中行团委积极推荐优秀团干部参加全国金融青年国际研修班,举办全国青联委员和"香港青年领袖国情研习班"参访活动等,搭建平台,增强凝聚。

三、围绕中心工作,不断深化创新金融系统青年工作品牌

1. 深化推进"送金融知识下乡"活动,切实为服务"三农"作贡献。经过6年多的实践,"送金融知识下乡"活动已成为金融系统开展社会公益活动的品牌项目,服务"三农"的重要抓手,更成为金融系统广大青年密切联系服务群众的重要平台。为进一步落实党的群众路线教育实践活动和"为民服务"的要求,4月开始,金融团工委历时半年多深入调研,初步掌握了北京、山东、广东、福建、内蒙古、浙江、湖南、广西以及青岛等地县域及以下农户、农村小微企业最迫切的金融知识需求,在此基础上制作"送金融知识下乡"专题宣传片,重点选取了农民需求最集中的基础金融知识、涉农信贷、支付结算、信用意识培养、理财、预防非法集资和消费者权益保护等七个方面的问题,简明生动地回应了当前农村农民普遍关心的热点难点问题。金融知识专题宣传片已开始在全国县域以下的十万多个银行业基层网点滚动播放,为在农村普及金融知识开辟了一条新的途径。11月在山东潍坊召开了全国"送金融知识下乡"工作推进会。中国银监会党委委员、副主席郭利根,团中央书记处书记徐晓出席并讲话。会议全面部署深化推进"送金融知识下乡"工作安排,总结交流先进经验和做法,启动了金融知识专题宣传片在全国县级以下银行业网点的播放。推进会还发布了"送金融知识下乡"专用图标,以利统一形象,打造品牌。此次推进会受到社会各界广泛关注,中央电视台、新华网、人民网、金融时报、中青网、新浪网等各大主流媒体都进行了报道。11月27日,银监会党委书记,主席尚福林同志就金融系统送金融知识下乡活动在人民日报发表了《着力提升"三农"金融服务水平》的署名文章,系统回顾了活动开展情况,并对下一步的深化创新提出了明确要求。在深入开展送金融知识下乡活动过程中,各金融机构积极参加,组织开展系列金融知识普及宣传活动。据不完全统计,银监会团委组织辖内机构2013年在全国开展"送金融知识下乡"活动57,155场次,受众21,478,338人次,发放宣传材料21,265,257份,参加活动工作人员达227,861人,金融知识专题宣传片在播网点数达66,640个。

2. 落实为民服务要求,全面开展"岗位大练兵、争做服务明星"活动。根据各金融机构党委要求和金融业发展实际需要,于5月起联合中国银监会、证监会和保监会团委,在全行业青年员工中开展以"好技能、好服务、好形象"为目标的"岗位大练兵,争做服务明星"活动,主要面向金融系统营业网点窗口及厅堂为客户提供金融服务的一线人员,及中后台服务管理和支持人员,分阶段开展了"岗位技能天天练"、"技能比拼展风采"、"服务提升我做主"、"为民服务青年行"活动。在全面扎实开展活动的基础上,联合新浪网推出网络评选专

题页面面向网民开展网络投票，评选出“全国金融青年服务明星”和“全国金融青年岗位能手”，充分发挥典型示范带动作用，促进金融业整体服务水平和服务形象的优化。12月6日，金融团工委在北京召开了“全国金融青年提升服务能力、提升服务水平工作推进会”，组织总结表彰和经验交流，团中央和各中央金融机构党委分管领导出席会议，来自全国各地的金融服务优秀青年代表在会上共同签订了《全国金融青年为民服务宣言》，誓言奉献青春力量，打造优质金融服务，中央电视台、新华社、人民日报等中央媒体和各大网站进行了专题报道，取得良好社会反响。

四、引导金融系统青年大兴学习之风，加大服务青年成长成才力度

启动以“金融业在支持中国城镇化发展中的作用”为主题的2013年中国金融青年论坛征文活动，并成立专业评审委员会，金融系统青年围绕主题，结合本单位工作实际，形成一批调查深入、分析科学、建议可行的理论成果，本次论坛的优秀论文集拟在中国金融出版社出版。此外，金融团工委从往届论坛优秀论文一等奖获得者中选取若干优秀代表，组成含银行、证券、保险行业的金融青年专家调研组，就党的十八届三中全会提出的金融业支持经济转型发展和服务城乡一体化建设等内容，赴重庆、浙江等地基层一线实地调研，走访基层金融机构等，收集案例数据，撰写调研报告报相关部门参考。今年还陆续举办了“金融青年学习讲坛”系列学习活动，就青年普遍关心的经济金融、生态环保等问题，开设专家讲座。各金融机构也相应开展了与本单位有关的学习活动，银监会团委开展了“老带新一帮一”青年成长计划活动，活动青年人数达2461人，基本覆盖三年以来新入职青年；保监会团委以“保险资金运用管理体制创新研究”为题申报了“保监会部级课题研究青年项目”，并获得了立项；国开行团委开展青年村镇银行岗位实践活动；进出口行团委组织举办“我的中国梦”英语演讲比赛；中行团委举办“青联大讲堂”、创新论坛等交流学习活动；建行团委开展“青年创新建行强”创新创效金点子大赛活动；人保集团团委开展“基层青年总部行”活动，带动基层青年工作热情，激发青年员工主动学习研究积极性；为增强服务青年的实效性，9月，金融团工委组织中央各金融机构和主要财经类部委优秀青年举办“阅动我心庆团圆”中秋青年联谊会，以搭建青年相识、相知的交流平台，帮助青年加强沟通、增进友谊，在知识与公益的共同追求中激发心灵碰撞。共计330余名单身青年参加此次联谊，并在活动开始前提前组建了微信群、QQ群，以保证青年相互之间充分认识、持续交流，联谊活动后又自发组织了多次集体活动，收效良好。

认真做好落实新版《全国青年文明号活动管理办法》、《青年文明号活动指导手册》要求，金融团工委组织各金融单位青年文明号集体的表彰及青年文明号管理系统的日常管理工作。

五、整合资源，推进“金融青年志愿公益活动”和“金融青年低碳环保活动”

1. 开展以“汇聚正能量，实现中国梦”为主题的金融青年系列志愿公益活动。针对金融青年的特点和需求，加大推进金融青年志愿服务工作力度，发动金融系统青年深入开展志愿服务活动。3月29日，组织召开了中央金融系统青年志愿公益座谈会，会议就中央金融系统青年志愿者协会组织建设、青年志愿者团队建设、志愿服务项目、品牌建设、行动方案等内容进行了深入研究。运用微博微信等新媒体，积极宣传志愿公益活动，有奖征集金融系统志愿公益行动品牌、标识及宣传语等，通过整合资源统一志愿服务品牌，广泛宣传志愿服务理念，引领金融青年结合行业特点，开展多种形式的志愿公益活动。8月，向中央各金融机构团委下发了《关于开展“金融青年志愿公益圆梦行动”的通知》，提出了金融系统志愿公益活动，包括“积分公益、金融服务、扶贫助残、低碳环保、微公益”五个方面，将金融青年志愿者活动与金融青年公益活动有机融合，发挥金融系统的特色和优势，以实际行动关注和服务民生，奉献社会，树立金融系统青年奉献社会良好形象。“金融青年志愿公益圆梦行动”之“积分公益”活动，是将金融机构在日常经营活动中对应金融消费者银行卡产生的各种积分通过自愿捐赠等合规方式转换为现金，通过积分捐赠的方式支持公益事业，该项活动在环球网“2013 环球精彩大典”上荣获“创新实践精神奖”。中央各金融机构团委也积极组织开展了形式多样的青年志愿活动，如建行“积分公益·微公益”平台正式启动，国开行团委开展了青年走进农村“垄上行”活动，围绕民生业务重点开展调查研究，开展各类扶贫公益活动；进出口银行团委组织青年员工赴西部少数民族地区开展志愿活动，证监会团委开展“梦想达人秀”、“书香未来——为少年儿童推荐一本好书”活动；工行团委通过“学雷锋、树新风，我们在行动”志愿服务月、“七彩课堂，多彩人生”关爱农民工子女行动等主题和方式广泛开展了各类学雷锋活动；农行团委组织了无偿献血等青年志愿者服务活动，人寿集团团委发动青年投身“圆梦 1083 公益活动”和支援雅安灾区行动；太平保险集团团委开展“风雨彩虹——特殊团费支援抗震救灾”活动。

2. 推进生态文明建设，开展“金融青年低碳环保行动”。为深入贯彻落实十八大提出的推进生态文明建设要求，强化金融青年的环保节约意识和促进生态文明建设的使命感、责任感，2013 年金融团工委在系统全面开展“金融青年低碳环保行动”，向金融系统广大青年倡议开展“金融青年光盘行动”、“金融青年林”、“低碳金融服务”、“金融青年保护母亲河行动”、“金融青年环保一日行”等环保活动，结合金融系统实际特点，为建设美丽中国贡献青春正力量。4 月 8 日，中央金融系统低碳环保行动启动仪式暨 2013 年中央金融系统“金融青年林”揭牌仪式在北京市八达岭林场国家森林公园举行，一行三会和中央各金融机构团委负责人与金融系统 150 多名基层团干部参加了活动。当天金融团工委向金融系统全体青年发出了《“金融青年低碳环保行动”倡议书》，号召金融系统广大青年切实增强环保意识、生态意识和节约意识，在金融系统青年中广泛开展低碳环保行动，坚持不懈汇聚和传递绿色发展正能量。中央各金融机构团组织纷纷响应，广泛开展宣传教育和环保实践活动，如银监会团委开展“低碳环保园博行”活动，农发行团委发动青年到西部干旱地区组织植树活动，交通银行团委组织开展“上海一圈”青年文化主题活动，倡导健康、公益的生活方式等，通过此类活动强化金融青年的环保节约意识和促进生态文明建设的使命感、责任感，积极树立绿色文明理念，争做生态文化的传播者、绿色家园的建设者和低碳生活的先行者，共同为保护环境、建设生态美丽中国做出积极贡献。

六、探索开展“银团联合”，以机制创新拓展工作格局

在充分挖掘、总结福建经验的基础上，金融团工委对选派金融系统优秀青年干部到基层团组织挂职工作进行深入研究，并形成专题调研报告向团中央秦宜智书记做了汇报。9 月，团中央秦宜智书记亲自就“银团合作”工作做出批示，提出了“认真研究，抓紧部署”的要求。银监会党委也高度重视此项工作，明确要求要认真落实好团中央领导的指示精神，银监会系统团委配合团中央相关部门做好协调工作，推动工作取得实效。11 月 4 日，银监会、团中央选派银行业机构优秀青年干部赴县级团委挂职工作座谈推进会在北京召开，决定在江苏、浙江、河南、湖北、四川、陕西等 6 省开展试点工作。中国银监会副主席阎庆民、团中央书记处书记徐晓出席会议并讲话。中国银监会团委、团中央农村部、农行分管领导及有关部门负责同志，试点省份的银监局、农行省分行、省联社的负责同志参加会议。选派银行业金融机构优秀青年干部赴县级团委挂职工作是新形势下落实党的群众路线教育活动有关要求的有力举措，对服务三农、扶助青年、推动团建意义重大。

七、加强新媒体宣传，不断加强完善金融系统青年工作平台建设

金融团工委组织引导各金融机构团委借力新媒体，运用青年喜闻乐见的方式，加强沟通、交流和联络，实现对普通青年的多渠道覆盖。一是不断完善“中国金融青年网”建设，下放信息发布管理权限，有效提升了信息发布的时效性、灵活性和安全性。2013 年网站访问量突破 40 万人次，中信集团、交行、工行、人保集团、建行、农行信息发布量居前列。二是利用金融团工委微博，通过微博平台大力宣传先进青年事迹并组织网上讨论，目前粉丝约 64000 人，微博发布量 3000 余条，积极开展“中国梦金融青年在行动”等主题微博编创活动，共发布主题原创微博 20010 条，参与量 157682 条，阅读量 1000 多万人次。积极展示金融系统团组织各项品牌工作动态，开设“金融微知识”、“金融英语角”、“青春正能量”等专栏，利用新媒体优势与青年交流，用正面价值取向引导青年。鼓励金融系统各级团组织加强新媒体应用，其中银监会各级团组织建立微博 380 余个。三是编发 23 期《金融青年工作要情》（截至 11 月底），及时向一行三会和中央各金融机构党委以及团中央书记处汇报重大工作动态。四是开通“金融青年”微信公号，及时发布重大活动信息，积极配合各种评先创优活动，推送青年先进事迹，形成积极向上的文化氛围。中央金融系统各级团组织广泛利用新媒体平台宣传青年活动，取得良好成效。如证监会开设机关团干部“青春飞扬”网上交流平台，拓展系统团组织宣传阵地；工行、中行、交行团委在微博宣传的基础上，开通微信公号，升级短信平台，面向更广范围、以更快速度推送青年工作信息；出口信保公司团委依托微博等网络新媒体，开展为梦想加油、微纪录等微博宣传活动，增强了宣传阵地的有效覆盖，获得了广大青年的认可与欢迎。

中央企业系统团的工作

2013 年，中央企业团工委在国资委党委、团中央的领导下，深入学习宣传贯彻党的十八大和团的十七大精神，以“我的中国梦 · 青春央企梦”主题教育实践活动为重要载体，深入加强自身建设，不断激发团组织活力，扎实推进各项工作，进一步开创了中央企业共青团工作的新局面。

一、突出思想引领主线，加强青年思想引导

一是积极争取机遇，注重乘势而上。经过精心设计准备方案、积极主动沟通争取，在党的十八大后第一个五四青年节，习近平总书记到中央企业参加团中央“实现中国梦，青春勇担当”五四主题团日活动和座谈会，并发表重要讲话，来自央企的 15 名青年代表受到总书记的接见，这是迄今为止党的总书记首次到中央企业参加此类活动。央企团工委因势利导，在央企共青团迅速掀起学习贯彻习总书记五四重要讲话精神热潮，得到了国资委、团中央领导的充分肯定。团中央书记处第一书记秦宜智同志批示:“央企团工委学习习总书记五四重要讲话反应快、抓得紧。望再接再厉,把‘我的中国梦’主题教育实践活动引向深入。”国资委副主任、党委委员徐福顺同志批示:“充分肯定中央企业团工委、航天科技集团等举办(承办)的系列活动。感谢团中央的肯定、鼓励。请认真组织学习落实秦宜智书记的重要批示”。团中央认为:央企团工委注重发挥示范引领作用、注重建立长效机制,广泛开展有声有色的岗位建功活动,取得了好的效果。

二是广泛开展宣讲和主题教育实践活动。通过组织视频座谈会、主题团日、主题参观、青年典型和十七大代表示范宣讲、基层团组织和青年学习讨论、青春励志故事会等方式,深入开展“我的中国梦·青春央企梦”主题教育实践活动,引导央企青年坚定理想信念,认识到推动央企改革发展的责任。据统计,央企各级团组织开展活动1700余次,主题微博的编创、转发、评论20余万条。

三是着力发挥主媒体、主渠道优势,弘扬主旋律。在中青报、中青网、人民网、国资委网站发表各类文章31篇。完成了中央企业青年网升级改版。

四是积极运用新媒体和文化手段。管理维护“青春央企”、“央企青联”、“央企青科协”、“中央企业青年志愿者协会”等4个官方微博,开通了“青春央企”官方微信,推动中央企业集团级团组织开通实名微博81个,组织企业团组织拍摄微电影、微视频500余部。

二、坚持围绕中心,服务大局,推动央企改革发展

一是充分发挥共青团品牌活动的引领作用。与团中央联合表彰了2011－2012年度中央企业系统134个全国青年文明号(全国共表彰1000个)。11名个人和7个集体荣获“中国青年五四奖章”(含天宫一号与神舟十号载人飞行任务专项表彰)。18个中央企业青年集体被评为全国青年安全生产示范岗,央企系统34名青年荣获全国最美青工荣誉称号(全国共100名)。

二是开展了2012年度中央企业五四表彰。团工委评选了371个中央企业青年文明号、251名中央企业青年岗位能手。团工委、青联联合开展了第二届中央企业青年五四奖章评选表彰活动,100名央企青年获此殊荣。

三是大力宣传央企青年时代典型。选树了以方文墨、王治国、张涛等为代表的一批央企青年典型,大力宣传他们的先进事迹,积极传播正能量,激励带动广大央企青年勇于担当、建功立业。

三、突出素质提升,服务青年成长成才

一是成功举办了首期央企青年领导人员“三星班”培训交流项目。作为国资委和韩国三星集团的重要合作交流项目,央企团工委、青联成功选派了24名央企青年干部赴韩国参加了首期央企青年领导人员经营管理培训交流项目(三星班),得到国资委领导的充分肯定和三星集团的高度赞誉。国资委副主任、党委副书记黄淑和同志出席了项目总结汇报会,向央企青年领导人员提出了六点殷切希望。徐福顺同志批示“这是一个好的培训交流项目”。

二是组织青年干部参加国际化培训和外事交流。先后选派了49名央企青年干部赴美国、德国参加“中央企业青年国际化经营管理培训团”;选派了14名青年作为中国青年代表团成员分别赴韩国、印度、日本等5个国家进行了6次交流访问;组织14名央企青联委员参加“中国和拉美青年政治家论坛”和“中国与中东欧青年政治家论坛”。

三是根据团中央统一安排,选送了6名中央企业团干部赴团中央进行为期一年的第20批挂职锻炼。

四、做好央企青年志愿服务工作,服务央企树立良好形象

一是加强青年志愿者组织建设。央企青志协加强青年志愿者组织管理和活动管理,积极研讨培育央企青年志愿服务活动品牌。

二是积极开展抗震救灾活动。雅安地震发生后,团工委、青联、青志协迅速发布《支援雅安扬起希望—致中央企业团组织和广大团员青年的倡议书》,央企青联捐赠了价值100万元的药品。

三是开展共青团关爱农民工子女志愿服务行动。央企青联、青志协先后两次组织在京央企青联委员、青年志愿者赴打工子弟学校开展志愿服务活动,捐赠学习和生活用品,与农民工子女进行联欢。

四是开展绿色环保活动。组织青年志愿者赴张北地区开展义务植树造林4000余株,指导企业团组织和青年志愿者组织开展"地球站"衣物捐助公益活动。

五、做实协作区工作平台,加强团的组织建设

一是圆满完成了组团参加团十七大任务。团工委召开了央企系统(在京)团代表会议,选举产生了34名团十七大代表。央企全系统共112名代表出席团十七大,5人当选为团十七届中央委员,14人当选候补委员。国资委领导和团中央领导亲切接见了央企系统团十七大代表。

二是推动系统团委建设。2013年团工委共指导中国国电、中国五矿等10户企业规范设置团组织、召开团代会开展换届选举工作,推动中国石油、中国工艺2户企业新成立系统团委,中央企业系统团委达到了94户,占央企总数的86%。

三是加强央企共青团协作区建设。制订印发了《关于进一步加强中央企业共青团协作区工作的意见》,按照行业相关性的原则,将央企共青团重新划分为9个协作区,得到了各级团组织的积极响应。截至2013年底,协作区已自主组织开展了9次协作区活动,激发了协作区自转活力。

四是加大了团干部培训力度。团工委在井冈山举办了2013年中央企业集团级团委书记培训班,82名集团级团委负责人参加了培训。选送了8名优秀基层团干部参加团中央举办的优秀基层团干部培训班和调训班。指导推动中央企业团委普遍建立团干部培训和轮训制度。

五是结合群众路线教育实践活动,团工委开展了"走进青年、转变作风、改进工作"调研活动,先后赴北京、上海、湖北、四川、陕西、内蒙古等七省市近40家央企基层团组织进行调研,调研了解企业基层团青工作情况,深入团干部和青年听取意见建议。

六、组织召开央企青联三届三次常委(扩大)会议,扎实做好青联工作

一是顺利召开了中央企业青联三届三次常委(扩大)会议,进行了新老主席卸职替补和相关人事调整。国资委主任、党委书记张毅同志专程看望青联委员代表并亲切座谈,并向广大青联委员提出了"信念、本领、胸襟、廉洁"八个字的殷切期望。徐福顺同志和团中央书记处书记、全国青联副主席周长奎同志出席会议并讲话,徐福顺同志即兴赋词《卷春空·贺圆满》,用62个字表达了对央企青联委员的美好祝愿。

二是圆满完成了2013年香港大学生赴中央企业实习任务。央企青联参与主办了"共创新世界2013"香港大学生北京暑期实习团活动,组织79名香港大学生在19户中央企业进行暑期实习,期间举办了"香港大学生对话央企高管"活动,这是央企青联连续第5年参与主办此项活动,得到了全国青联和香港特区民政局的充分肯定。

三是巩固深化"行动学习"品牌活动。先后举办了"探寻车企发展轨迹·推进国企转型升级"等4期"行动学习"活动。

附　　录

2013年工作大事记

2013年工作大事记

1月1日 陆昊、王晓同志在北京出席全国政协2013年新年茶话会。

1月4日 陆昊同志主持召开共青团第十六届中央书记处2013年第1次会议,研究讨论共青团十六届六中全会工作报告,研究贯彻落实中央要求、进一步加强团干部作风建设有关规定,研究共青团十六届六中全会筹备等工作。

1月4日至5日 卢雍政同志在北京参加全国对外宣传工作会议。

1月4日 周长奎同志在北京参加全国宣传部长会议全体会议和全国文明办主任会议。

1月5日至7日 陆昊同志在中央党校参加新进中央委员、候补委员学习贯彻党的十八大精神研讨班。

1月5日至12日 应全国青联邀请,由常青藤联盟学生理事会选派的18名美国大学生代表来华参加第二届中美青年联合社会实践项目并参观访问。7日,卢雍政同志会见代表团。

1月5日 罗梅同志在北京参加教育部召开的校车安全管理部际联席会议第二次会议。

1月5日 汪鸿雁同志在北京参加全国政协十二届一次会议大会发言协调会。

1月7日至8日 汪鸿雁同志在北京参加全国政法工作会议。

1月7日 汪鸿雁同志在北京出席司法部、文化部等举办的"法律援助在中国"大型公益晚会。

1月7日 周长奎同志在北京参加2013年国务院防震减灾工作联席会议。

1月8日 中直工委党的群众路线教育实践活动调研组到团中央机关调研。陆昊同志会见调研组组长、中直工委副书记杨金永,罗梅同志参加调研座谈会。

1月8日 陆昊同志主持召开共青团第十六届中央书记处2013年第2次会议,研究共青团十六届六中全会筹备、各省级团委重点工作推进情况通报等工作。

1月9日 陆昊同志主持召开共青团第十六届中央书记处2013年第3次会议,研究讨论共青团十六届六中全会工作报告、《关于召开中国共产主义青年团第十七次全国代表大会的决议(草案)》《共青团中央贯彻落实中央政治局改进工作作风、密切联系群众八项规定的实施办法》等文件。

1月9日 罗梅同志在北京参加全国妇联十届七次常委会议。

1月9日 汪鸿雁同志在北京参加全国综治办主任会议。

1月11日 王晓同志会见应中央对外联络部邀请来访的、以柬埔寨青年联合会主席洪玛尼为团长的柬埔寨人民党青年干部考察团。

1月13日 罗梅同志在北京参加全国关工委工作会议。

1月14日 陆昊同志主持召开共青团第十六届中央书记处2013年第4次会议,研究讨论共青团十六届六中全会有关文件和《共青团中央贯彻落实中央政治局改进工作作风、密切联系群众八项规定的实施办法》。

1月14日　贺军科同志在北京参加国务院安全生产委员会全体会议。

1月15日　陆昊同志主持召开团中央常委(扩大)会议,传达学习党中央书记处的重要指示,研究共青团十六届六中全会有关事宜。团中央常委,团中央机关各部门、各省级团委主要负责同志参加会议。

1月15日至16日　共青团十六届六中全会在北京召开。会议传达学习了党中央书记处的重要指示,总结了2012年全团重点工作推进情况,对2013年的工作进行了研究部署,审议通过了《关于召开中国共产主义青年团第十七次全国代表大会的决议》和《关于团中央委员、候补委员卸职递补的确认案》。15日,中共中央政治局委员、国家副主席李源潮出席第一次全体会议并发表重要讲话。会前,李源潮同志会见卸职的团中央常委、委员和候补委员并合影。陆昊同志主持会议,王晓、贺军科、卢雍政、罗梅、汪鸿雁、周长奎同志,团中央委员、候补委员,团中央机关各部门、各直属单位、各省级团委主要负责同志出席会议。

1月15日　贺军科同志在北京参加国务院就业工作部际联席会议全体会议。

1月16日　卢雍政同志在北京出席中英青年领导者圆桌会活动并宴请参加活动的中英方代表。

1月17日　陆昊同志主持召开共青团第十六届中央书记处2013年第5次会议,研究讨论《共青团中央贯彻落实中央政治局改进工作作风、密切联系群众八项规定的实施办法》,研究团十七大筹备等近期工作。

1月17日　贺军科同志在北京参加全国安全生产电视电话会议。

1月17日　汪鸿雁同志在团中央机关与团中央定点扶贫县山西灵丘县党政负责同志、团中央驻灵丘扶贫工作队座谈。

1月18日　陆昊同志在北京参加中央精神文明建设指导委员会第一次全体会议。

1月18日　贺军科同志在北京参加国务院农民工工作联席会议第十一次全体会议。

1月18日　汪鸿雁同志在北京参加国务院召开的全国扶贫开发工作电视电话会议。

1月18日　周长奎同志在北京参加体育总局召开的2013年贯彻实施《全民健身计划》工作座谈会。

1月19日　王晓同志在北京出席中国青年创业促进会理事会及会员大会。

1月19日　周长奎同志在北京参加瀛公益基金理事会会议。

1月22日　陆昊同志在北京参加十八届中央纪委第二次全会。1月21日至22日,罗梅同志全程参加会议。

1月20日　汪鸿雁同志在北京出席CCTV2012年度三农人物颁奖典礼。

1月22日　陆昊同志主持召开共青团第十六届中央书记处2013年第6次会议,学习习近平总书记关于厉行勤俭节约、反对铺张浪费的重要批示并研究团中央贯彻落实措施,研究各战线对省级团委推动全团重点工作情况的评价等次、第七届"中国青年创业奖"评选等工作。

1月22日　汪鸿雁同志在北京参加第二十六次全国"扫黄打非"工作电视电话会议。

1月23日　中国青年创业就业基金会在北京召开2012年度会议暨一届八次理事会议。陆昊同志出席会议并讲话,王晓同志主持会议,北京大学教授、前世界银行高级副行长兼首席经济学家林毅夫作经济形势专题报告。

1月24日　卢雍政同志在北京参加国家教育体制改革领导小组第七次全体会议。

1月24日至30日　应全国青联邀请,以国务秘书杰加为团长的柬埔寨教育、青年与体育部代表团访华。25日,卢雍政同志会见并宴请代表团。

1月25日　陆昊同志主持召开共青团第十六届中央书记处2013年第7次会议,研究团十七大筹备等工作。

1月25日 王晓同志在北京参加全国政协在京常委座谈会。

1月25日 卢雍政同志在北京参加纪念黄华同志诞辰100周年座谈会。

1月25日 全国少工委六届四次全会在北京召开，罗梅同志出席会议并讲话，全国少工委成人委员参加会议。

1月25日 周长奎同志在北京参加纪念延安双拥运动70周年座谈会。

1月28日 陆昊同志在北京参加中央政治局第3次集体学习。

1月28日 团中央、全国青联在北京举办"我们一起过年"慰问演出。陆昊、王晓同志与来自内蒙古、黑龙江、安徽等18个省份的1200多名在京务工青年共同观看演出。

1月28日 贺军科同志在北京参加发展家庭服务业促进就业部际联席会议第五次全体会议。

1月29日至2月1日 王晓同志在北京参加全国政协第十一届常委会第二十次会议。

1月29日 罗梅同志带领团中央机关干部到北京东城区前门街道慰问生活困难群众。

1月30日 陆昊同志主持召开共青团第十六届中央书记处2013年第8次会议，研究团十七大筹备等工作。

1月30日 卢雍政同志会见应中日友好协会邀请来访的、以会长加藤纮一为团长的日本日中友好协会代表团。

1月31日 陆昊、贺军科、周长奎同志到解放军总政治部走访，与中央军委委员、总政治部主任张阳进行工作会谈。

1月31日 团中央机关举行第19批挂职干部座谈会，贺军科同志出席并讲话。

2月1日 陆昊、周长奎同志与来访的武警部队副政委张瑞清、政治部副主任赵北臣进行工作会谈。

2月1日 卢雍政同志在北京参加中直机关外事工作座谈会。

2月1日 周长奎同志在北京出席2013年军民迎新春文艺晚会。

2月3日 贺军科同志在北京八宝山革命公墓参加中国国际交流协会原总干事、原副会长郁文遗体送别仪式。

2月3日 团中央、全国学联、团北京市委在北京举办2013年首都高校寒假留京学生新春联欢会，同时启动2012中国大学生"自强之星"寻访活动。卢雍政同志、新东方教育科技集团董事长俞敏洪，来自北京大学、清华大学等17所高校的300余名留京大学生和部分往届"中国大学生自强之星"代表参加活动。

2月5日 罗梅同志在北京参加国务院妇儿工委五届四次全体会议。

2月8日 陆昊、王晓同志在北京人民大会堂参加中共中央、国务院举行的2013年春节团拜会。

2月8日 陆昊、贺军科同志到北京市西城区环卫中心西杰物业管理服务中心看望慰问在京外地青年农民工。

2月8日 陆昊、卢雍政同志到北京师范大学看望慰问留校大学生。

春节前夕 陆昊、王晓、贺军科、卢雍政、罗梅、汪鸿雁、周长奎分别看望了团中央直属机关离退休老党员、老干部。

2月18日 汪鸿雁同志在北京参加全国政协十二届一次会议大会发言汇稿会。

2月20日 陆昊同志主持召开共青团第十六届中央书记处2013年第9次会议，研究团十七大代表选举等工作。

2月21日 王晓同志在团中央机关会见在京台籍全国青联委员。

2月21日 王晓同志会见应中国国际青年交流中心邀请来访的韩国青少年团体协议会会长车光善一行。

2月22日 团中央召开机关副处级以上干部会议，传达学习习近平同志在新进中央委员会的委员、候补委员学习贯彻党的十八大精神研讨班上的讲话，传达全国组织部长会议、全国宣传部长会议精神。陆昊同志出席并讲话，罗梅同志主持。

2月22日 罗梅同志在北京参加中央文明委召开的全国未成年人思想道德建设工作电视电话会议。

2月22日 汪鸿雁同志在北京参加首都绿化委员会第32次全体会议暨首都绿化美化总结动员大会。

2月25日 团中央在北京举办“共青团与全国人大代表、全国政协委员面对面”活动，邀请部分全国人大代表、全国政协委员，围绕“社会教育与青少年健康全面成长”主题进行了深入交流。陆昊同志出席并讲话，王晓同志出席，汪鸿雁同志主持。

2月26日 陆昊同志与团中央机关第20批挂职干部座谈。

2月26日至28日 陆昊同志在北京参加党的十八届二中全会。

2月26日 贺军科同志在北京参加全国政协组织召开的工青妇等界别召集人协调会。

2月26日至28日 应全国青联邀请，以事务总长梁哲胜为团长的韩国青少年联盟代表团访华。27日，卢雍政同志会见代表团。

2月26日 团中央宣传部联合潇湘电影集团等联合拍摄的电影《青春雷锋》在人民大会堂首映。周长奎同志出席首映式。

2月27日至3月1日 王晓同志在北京参加新任全国人大代表有关学习活动。

2月27日 贺军科同志在北京参加中国企业联合会、中国企业家协会八届八次常务理事会议和第九届全国会员代表大会。

2月27日至3月1日 贺军科、汪鸿雁同志在北京参加新任全国政协委员有关学习活动。

3月1日至2日 团中央召开全国高校团干部电视电话培训会。陆昊、卢雍政同志，教育部党组副书记、副部长杜玉波出席会议并分别作学习辅导报告。中国人民大学马克思主义学院院长秦宣教授为参会人员深入解读了党的十八大精神。各省级团委相关负责人、学校部全体同志以及全国2139所高校的团委书记、副书记等约5000人参加培训。

3月1日 陆昊同志在北京参加中央文明委召开的纪念毛泽东等老一辈革命家为雷锋同志题词五十周年座谈会并发言。

3月2日 周长奎同志在北京参加中央宣传部、中央文明办召开的学雷锋志愿服务活动电视电话会议。

3月3日至12日 贺军科、罗梅、汪鸿雁同志参加全国政协十二届一次会议。8日，贺军科同志在第三次全体会议上代表团中央、全国青联发言。

3月4日 团中央在北京召开第九届中国青年志愿者优秀奖表彰暨学雷锋座谈会。陆昊同志、中央文明办专职副主任王世明、人力资源和社会保障部副部长信长星以及教育部、财政部、商务部等单位的有关负责同志出席会议并讲话，周长奎同志主持会议并宣读表彰决定。

3月5日至17日 王晓同志参加十二届全国人大一次会议。

3月6日 陆昊、王晓同志与来京参加全国政协十二届一次会议的共青团、青联界别全国政协委员座谈。

3月10日至16日 应全国青联邀请，以青年事务与技能发展部部长杜拉斯·阿拉哈佩鲁马为团长的斯里兰卡青年代表团访华。11日，陆昊同志会见代表团。11日晚，卢雍政同志宴请代表团。

3月12日 贺军科同志在北京参加全国政协常委会。

3月12日 中国青年企业家协会在北京召开十届四次会长办公（扩大）会议，贺军科同志出席。

3 月 19 日 中央组织部副部长潘立刚到团中央机关宣布中央关于秦宜智同志任团中央书记处第一书记、陆昊同志不再担任团中央书记处第一书记的决定并讲话。陆昊同志主持会议并讲话，秦宜智同志出席并讲话，书记处其他同志出席。

3 月 19 日 王晓同志出席十二届全国人大常委会第一次会议。

3 月 19 日至 20 日 中国青年工作院校协会在中国青年政治学院举行会员大会暨第三届理事会第一次会议。19 日，贺军科同志出席开幕式并讲话。

3 月 20 日至 24 日 根据外交部、国家旅游局的安排，应俄罗斯联邦旅游署和教育科学部邀请，卢雍政同志赴俄罗斯参加了“中国旅游年”开幕式等系列活动，并与俄青年机构会商中俄青年交流工作。

3 月 20 日至 27 日 以欧洲青年论坛副主席果达 · 洛曼奈特为团长的欧洲青年组织代表团访华，并在北京参加全国青联和欧洲青年论坛共同主办的第四届中欧青年组织发展论坛。21 日晚，贺军科同志会见并宴请代表团。

3 月 21 日 秦宜智同志主持召开共青团第十六届中央书记处 2013 年第 10 次会议，传达学习习近平总书记关于共青团工作的重要指示精神，研究部署近期工作。

3 月 22 日 团中央召开“我的中国梦”各界青年座谈交流会，秦宜智同志出席并讲话，王晓、周长奎同志出席。

3 月 22 日至 28 日 应全国青联邀请，以文化、青年与体育部青年与体育司副司长鲁斯马迪为团长的文莱青年代表团访华。22 日，周长奎同志会见代表团。

3 月 24 日 周长奎同志在北京参加中央文明办组织召开的道德领域突出问题专项教育和治理活动电视电话会议。

3 月 25 日、28 日、29 日 王晓同志分别召集会议，专题研究团十七届中央委员会构成方案。贺军科同志参加。

3 月 25 日、28 日 王晓同志分别召集会议，专题研究团十七大报告。周长奎同志参加。

3 月 25 日 教育部、公安部、团中央、全国少工委、北京市人民政府等单位在北京市宣武师范学校第一附属小学共同举办以“普及安全知识，确保生命安全”为主题的第 18 个全国中小学生安全教育日主题活动。罗梅同志等主办单位负责同志出席，教育部副部长刘利民讲话。

3 月 25 日 团中央召开全国行业共青团工作指导和推进委员会负责同志座谈会，贺军科同志出席并讲话。来自全国煤炭、注会、餐饮、港口、钢铁、汽车等 6 家行业团（指）委的负责同志汇报了工作情况和有关问题。

3 月 26 日 秦宜智同志在北京参加国务院第一次廉政工作会议。

3 月 26 日 团十六届中央书记处举行第二十八次集体学习。中央党校党史教研部副主任谢春涛围绕“中国梦”的历史回顾和展望进行讲解。秦宜智同志主持并讲话，王晓、贺军科、卢雍政、罗梅、汪鸿雁、周长奎同志，机关全体干部参加学习。

3 与 26 日 周长奎同志在北京参加中国特色社会主义宣传教育工作协调小组第一次全体会议。

3 月 27 日 汪鸿雁同志在北京参加国务院组织召开的全国森林草原防火和造林绿化工作电视电话会议。

3 月 27 日 中央宣传部、总政治部、团中央在北京人民大会堂举行广州军区某旅连长刘珪同志先进事迹报告会。报告会前，中共中央政治局委员、中央军委副主席许其亮会见报告团成员。中央军委委员、总政治部主任张阳，周长奎同志等主办单位负责同志参加会见活动并出席报告会。

3 月 28 日 团中央书记处召开 2012 年度民主生活会，主题为“认真贯彻落实中央政治局八项规定，从严要求自己，从严带好队伍”。秦宜智同志主持会议，书记处各同志出席。中央纪委、中央组织部、中直机关工委有关负责同志参加会议。

3月28日 汪鸿雁同志在北京出席首都生态文明和城乡环境建设动员大会。

3月29日 汪鸿雁同志在北京参加2013年科技特派员农村科技创业行动协调指导小组会议。

3月30日 团中央主办，团北京市委权益部、北京林业大学和北京市青少年法律与心理咨询服务中心承办的“青春红丝带”——进校园 进社区 进工地“三进”防艾宣传教育活动启动仪式在北京林业大学举办。汪鸿雁同志出席并讲话。

3月31日 秦宜智、王晓、汪鸿雁同志在北京参加2013年共和国部长义务植树活动。

3月31日至4月2日 卢雍政同志赴湖南临澧出席纪念林伯渠同志诞辰120周年系列活动。

4月1日 王晓同志召集会议，专题研究团章修改工作。

4月2日 中国青少年发展基金会召开六届九次理事会，贺军科同志出席。

4月2日 周长奎会见应中联部邀请来访的以韩国新国家党国会议员、IEF韩国组委会委员长南景弼为团长的韩国国会议员代表团。

4月3日 团中央书记处召开会议，听取各部门关于开展“我的中国梦”主题教育实践活动方案的设想。秦宜智同志主持会议并讲话，王晓、贺军科、卢雍政、罗梅、汪鸿雁、周长奎同志参加会议，机关各部门负责同志参加会议，相关处室的处长汇报了有关设想。

4月3日 秦宜智同志召集会议，听取团北京市委关于北京青年流动大学毕业生群体调研工作的汇报。贺军科、卢雍政同志参加。

4月3日 秦宜智同志在团中央机关与总政组织部副部长蔡善飞一行会谈。

4月4日 秦宜智同志主持召开共青团第十六届中央书记处2013年第11次会议，研究团十七大筹备工作。

4月4日 贺军科同志召集会议，专题研究团十七届中央委员会构成建议方案。

4月6日 由全国保护母亲河行动领导小组办公室、国家林业局宣传办公室、团北京市委、北京林业大学、北京市学联主办，北京林业大学团委等单位承办的2013年绿桥、绿色长征活动推进会暨“绿色体验”开放日活动在北京林业大学举行。国家林业局党组成员、中央纪委驻国家林业局纪检组组长陈述贤出席并讲话，汪鸿雁同志出席并为“美丽中国梦”全国青少年绿色长征夏令营授旗。活动聘请的绿色志愿大使林丹、祖海以及各省份高校生态环保社团指导教师代表、首都大学生代表等参加活动。

4月7日 卢雍政同志会见美国国际顶级招聘机构代表团。

4月7日至11日 应全国青联邀请，以中央会长李基哲为团长的韩国青年会议所代表团访华。8日，王晓同志会见代表团。8日晚，卢雍政同志宴请代表团。

4月8日 中央宣传部、教育部、团中央在北京召开深化中国梦宣传教育座谈会，学习贯彻习近平总书记重要讲话精神，研究和畅谈如何深化中国梦宣传教育，凝聚全面建成小康社会、实现中华民族伟大复兴的强大力量。中共中央政治局常委、中央书记处书记刘云山出席会议并讲话。中共中央政治局委员、中央书记处书记、中央宣传部部长刘奇葆主持会议。秦宜智同志，教育部和中央新闻单位负责人，专家学者、道德模范、基层群众和大学生代表等18位同志发言。

4月8日 秦宜智同志主持召开共青团第十六届中央书记处2013年第12次会议，传达学习刘云山同志在深化中国梦宣传教育座谈会上的重要讲话精神，研究“我的中国梦”主题教育实践活动总体方案,研究团十七大筹备工作。

4 月 10 日 秦宜智同志出席共青团上海市第十四次代表大会并讲话。

4 月 10 日至 11 日 秦宜智同志在上海参加共青团华东片区工作座谈会,并结合团十七大报告征求意见,就做好新时期共青团工作在上海调研。调研期间,中共中央政治局委员、上海市委书记韩正会见秦宜智同志,并就共青团工作进行交流。

4 月 11 日 卢雍政同志会见并宴请应中国国际交流协会邀请来访的德国联邦议会议员、基督教民主联盟青年联盟主席菲利普·米斯菲尔德一行。

4 月 11 日 团中央少年部在机关召开座谈会,就举办“我的中国梦”主题教育实践活动事宜征求意见。罗梅同志出席座谈会。

4 月 12 日至 13 日 秦宜智同志在广州参加共青团中南片区工作座谈会,并结合团十七大报告征求意见,围绕新媒体、基层组织建设等工作在广州、深圳调研。调研期间,中共中央政治局委员、广东省委书记胡春华会见秦宜智同志,并就共青团工作进行交流。

4 月 12 日 中国青少年发展基金会在北京举办“希望工程激励行动”2012 年总结分享会暨 2013 年启动仪式。贺军科同志、中国人民大学党委副书记马俊杰出席活动。

4 月 12 日 周长奎同志在北京参加第四届全国道德模范评选表彰活动电视电话会议。

4 月 13 日 全国青联主办,北京市青联协办,团石景山区委、石景山区青联承办的“同植希望树,共筑中国梦”全国青联委员活动日在北京市石景山莲石湖永定河畔举行。王晓同志,全国青联副主席、北京市副市长程红,部分全国青联委员、北京市青联委员、石景山区青联委员共 150 余人参加。

4 月 13 日 团中央组织部在北京召开第 17 届“中国青年五四奖章”评委会,贺军科同志主持并担任评委。

4 月 15 日至 16 日 王晓同志在北京出席全国人大财经委第二次全体会议。

4 月 15 日晚 卢雍政同志会见并宴请台湾青商总会访问团。

4 月 16 日 秦宜智同志在北京主持召开共青团工作东北片区座谈会,就团十七大报告征求意见,研究共青团重点工作。周长奎同志参加。

4 月 16 日至 18 日 秦宜智同志赴重庆出席共青团西南片区工作座谈会并分别到共青团市民学校、长安汽车集团等地,就共青团组织参与社会管理、企业团建等工作调研。调研期间,中共中央政治局委员、重庆市委书记孙政才会见秦宜智同志,并就共青团工作进行交流。

4 月 16 日 王晓同志在团中央机关会见香港特区政府民政事务局局长曾德成。

4 月 16 日 团中央、教育部、财政部、人力资源社会保障部在北京召开视讯会议,启动 2013 年大学生志愿服务西部计划。周长奎同志出席会议并讲话。教育部、财政部、人力资源社会保障部有关司局负责同志出席会议。

4 月 17 日 周长奎同志在北京参加中央宣传部组织召开的“五月的鲜花——全国大学生文艺汇演”领导小组会议。

4 月 18 日 罗梅同志在北京参加中央电视台“寻找最美孝心少年”大型公益活动启动仪式。

4 月 18 日 周长奎同志在北京参加中华志愿者协会第一届理事会暨常务理事会第三次会议。

4 月 19 日 卢雍政同志会见台湾青工总会前总会长何庆纹一行。

4 月 20 日 周长奎同志在北京参加国务院抗震救灾指挥部工作会议。

4 月 21 日 秦宜智同志主持召开共青团第十六届中央书记处 2013 年第 13 次会议,研究部署共青团组织参与四川庐山抗震救灾有关工作。

4月21日至27日 应团中央邀请，以阿根廷当代基金会主席贡萨罗·桑塔玛丽娜为团长的阿根廷当代基金会代表团访华。22日晚，卢雍政同志会见并宴请代表团。

4月22日至25日 王晓同志出席十二届全国人大常委会第二次会议。

4月22日 卢雍政同志会见韩国大韩航空社长智昌薰。

4月24日 秦宜智同志在北京列席听取四川芦山"4.20"强烈地震抗震救灾工作汇报的国务院第6次常务会议。

4月24日至26日 应全国青联邀请，以会长扬原安麿为团长的日本JC日中友好之会代表团访华。25日，卢雍政会见代表团。

4月24日晚 卢雍政同志宴请德国青年体育联合会主席因格·维斯一行。

4月25日 贺军科同志在广东广州市出席共青团广东省第十三次代表大会开幕式。

4月25日 西部计划全国项目办、团中央青年志愿者工作部、中国青年志愿者协会秘书处和西部计划北京项目办等单位联合举办的"中国梦·西部情"西部计划十周年巡回报告团北京报告会在中国农业大学食品学院报告厅举行。周长奎同志、中国农业大学党委副书记秦世成出席报告会。服务于新疆、西藏、兵团等地的优秀志愿者宣讲团成员，各高校项目办负责人、第十五届研究生支教团及高校毕业生代表500余人参加报告会。

4月26日 秦宜智同志主持召开共青团第十六届中央书记处2013年第14次会议，研究第17届"中国青年五四奖章""中国青年五四奖章(集体)"、2012年度"全国优秀共青团员""全国优秀共青团干部""全国五四红旗团委(团支部)"评选工作，研究"中俄青年友好交流年"有关工作。

4月26日 秦宜智同志在清华大学出席中国科协、教育部举办的"共和国的脊梁——科学大师名校宣传工程"汇演活动启动仪式。

4月26日 卢雍政同志在北京出席2013年度KAB创业教育年会。

4月26日 卢雍政同志在北京参加全国总工会举办的追梦中国——2013年庆祝"五一"国际劳动节专题文艺晚会。

4月26日 罗梅同志在新疆乌鲁木齐市出席共青团新疆维吾尔自治区第十二次代表大会开幕式。

4月26日 汪鸿雁同志在北京参加共青团全国铁道代表会议暨八届六次全委(扩大)会议。

4月26日 汪鸿雁同志在北京参加国务院残工委全体会议。

4月27日 团中央学校部、全国学联秘书处主办，新东方教育科技集团承办的"与人生对话——我的中国梦"2013全国中学生励志报告会活动在全国政协礼堂举行启动仪式，卢雍政同志出席启动仪式并讲话，新东方教育科技集团董事长兼总裁俞敏洪、中国科技馆原馆长王渝生出席启动仪式并作首场报告，首都近2000名中学师生代表参加报告会。

4月27日 全国青少年井冈山革命传统教育基地主办的"井冈情·中国梦"全国青少年寻访革命先辈"中国梦"活动在井冈山茅坪正式启动。周长奎同志出席启动仪式并在江西调研。

4月28日 现代汽车集团副社长、现代汽车(中国)投资有限公司总经理谭道宏代表现代汽车集团总部和现代汽车(中国)投资有限公司通过团中央、全国青联向四川芦山地震灾区分别捐款40万美元和200万元人民币，用于灾区救援和重建工作。贺军科同志出席仪式。

4月28日晚 贺军科同志在北京人民大会堂参加庆祝"五一"国际劳动节暨为全面建成小康社会建功立业推进大会。

4 月 28 日 卢雍政同志会见应中联部邀请来访的以副总书记多米尼亚斯基为团长的罗马尼亚社民党代表团。

4 月 28 日 卢雍政同志会见应中日友协邀请来访的以会长江田五月为团长的日中友好会馆代表团。

5 月 2 日 团中央、中国电信集团共同主办的“与信仰对话,飞 Young 中国梦”名家报告进校园活动在中国人民大学启动。卢雍政同志、中国人民大学校长陈雨露参加启动仪式。国防大学战略研究所副所长金一南教授做了题为“中国梦——从民族救亡到民族复兴”的首场报告。

5 月 2 日 周长奎同志在北京参加倪志福同志遗体送别仪式。

5 月 4 日 中共中央总书记、国家主席、中央军委主席习近平来到中国航天科技集团公司中国空间技术研究院,参加“实现中国梦、青春勇担当”主题团日活动,同各界优秀青年代表座谈并发表重要讲话,代表党中央向全国广大青年致以节日问候。王沪宁、刘延东、李源潮、栗战书同志一起参加主题团日活动。秦宜智、王晓同志,教育部部长袁贵仁等有关部门负责同志陪同参加。“中国青年五四奖章”获得者、“中国青年创业奖”获得者、“全国农村青年致富带头人”标兵、“西部计划”优秀志愿者、2012 中国大学生年度人物和全国高校辅导员年度人物等各界优秀青年代表约 70 人出席座谈会。座谈会前,习近平总书记等领导同志会见参会代表并合影。

5 月 4 日 团中央在北京京西宾馆召开中国青年五四奖章获得者等优秀青年代表座谈会。中共中央政治局委员、国家副主席李源潮出席并讲话,秦宜智同志主持座谈会,人力资源和社会保障部副部长信长星,农业部副部长陈晓华,王晓、贺军科、卢雍政、罗梅、汪鸿雁、周长奎同志参加活动。座谈会前,李源潮同志会见参会代表并合影。

5 月 4 日 卢雍政同志在北京大学参加学习贯彻习近平总书记给北京大学考古文博学院 2009 级本科团支部全体同学回信精神座谈会。

5 月 4 日 中央宣传部、教育部、团中央联合主办,中央电视台承办的“五月的鲜花——我们的中国梦”2013 全国大学生校园文艺会演在中央电视台举行。中央宣传部副部长翟卫华、教育部副部长杜玉波、周长奎同志出席活动。

五四青年节之际,团中央统一部署开展“我的中国梦”主题团日活动,各地以多种方式开展活动,激励广大团员青年大力发扬五四精神,把个人梦想融入中国梦之中,脚踏实地、不懈奋斗,切实增强责任感、使命感,以奋斗实干的行动成就出彩人生,共筑伟大的中国梦。5 月 3 日,秦宜智同志来到北京市东城区海巢 HOT · 社区青年汇,与参加主题团日活动的大学生志愿者、企业青年、进城务工青年和青年社会组织负责人代表围绕中国梦座谈交流心得体会。王晓、贺军科、卢雍政、罗梅、汪鸿雁、周长奎同志分别来到中国农业大学、北汽集团产业研发基地、北京市求实职业学校、圆明园遗址公园、怀柔区庙城镇和四川驻京团工委,和团员青年一起参加主题团日活动。

5 月 5 日 团中央、全国青联、全国学联在团中央机关召开座谈会,认真学习习近平总书记五四重要讲话精神和给北京大学学生回信精神。秦宜智同志主持座谈会并讲话,王晓同志、全国学联主席齐兴达分别代表全国青联、全国学联发言。贺军科、卢雍政、罗梅、汪鸿雁、周长奎,团中央机关各部门主要负责同志,第十七届“中国青年五四奖章”获得者等各界优秀青年、团干部代表参加座谈会。

5 月 5 日 团中央在北京召开农村青年致富带头人学习习近平总书记五四重要讲话精神座谈会,汪鸿雁同志出席座谈会并讲话,第八届全国农村青年致富带头人标兵和农村青年代表交流了学习体会。

5月5日至9日 应全国青联邀请,以英国青年理事会理事长詹姆斯·卡斯卡特为团长的英国地方青年组织代表团访华。

5月7日 中共中央政治局常委、中央书记处书记刘云山主持召开中央书记处办公会议,听取团中央关于团十七大筹备工作的汇报,并作出重要指示。秦宜智同志代表团中央书记处作汇报,王晓、贺军科、卢雍政、罗梅、汪鸿雁、周长奎同志列席。

5月7日 罗梅同志参加全国妇联十届八次常委会议、十届六次执委会议。

5月8日 秦宜智同志会见应中联部邀请随南非共产党代表团访华的南非共产党青年团全国书记布提·马纳迈拉。

5月8日 王晓同志主持召开团十七大筹备工作协调会。

5月8日 由中央综治委预防青少年违法犯罪专项组办公室指导,中国预防青少年犯罪研究会和团中央权益部共同主办,以"中国梦让生命出彩"为主题的第二届"为了明天——关爱青少年彩虹行动"微电影大奖赛在北京启动。

5月9日 秦宜智、贺军科同志陪同国务委员、公安部部长郭声琨会见公安系统2011—2012年度全国青年文明号集体代表。

5月9日 秦宜智同志主持召开共青团第十六届中央书记处2013年第15次会议,研究深化"中国青少年科技创新奖"有关工作。

5月11日至24日 应全国青联邀请,由美国青年政治领袖理事会组派、美国民主和共和两党人士组成的青年领导人代表团访华。13日,周长奎同志会见代表团。

5月13日至21日 应全国青联邀请,以青年事务和体育部秘书尼塔·乔杜里为团长的印度青年代表团访华。15日,中共中央政治局常委、国务院总理李克强会见代表团并合影,秦宜智、周长奎同志参加会见。13日晚,周长奎同志会见并宴请代表团。

5月14日 秦宜智同志在团中央机关会见青海省委常委、省总工会主席苏宁一行。

5月15日 秦宜智同志列席研究做好2013年高校毕业生就业工作的国务院第9次常务会议。

5月15日 秦宜智同志会见应全国妇联邀请来访的韩国女性家族部长官赵允旋一行。

5月15日 团中央在湖北武汉市召开大学生村官学习习近平总书记五四重要讲话精神座谈会暨东风公司帮扶大学生村官创业项目总结会,汪鸿雁同志出席会议并讲话,来自全国31个省(区、市)的大学生村官代表座谈交流学习体会。5月13日至15日,汪鸿雁同志在湖北调研共青团工作。

5月16日 团中央召开全委(扩大)会议,就团十七大工作报告、团章(修正案)广泛征求意见。团中央书记处全体同志出席,团中央委员,机关各部门、各直属单位负责同志,各省级团委、副省级城市团委主要负责同志参加。其间,邀请中央党史研究室副主任李忠杰作讲座。

5月17日 全国人大环境与资源保护委员会、中央宣传部、团中央、财政部、环境保护部等部门共同主办的2013年中华环保世纪行宣传活动启动仪式在北京举行。全国人大常委会副委员长陈昌智出席并宣布活动启动,全国人大环境与资源保护委员会主任委员、中华环保世纪行组委会主任陆浩出席并讲话,全国人大环资委副主任委员王庆喜主持启动仪式,环境保护部总工程师徐庆华代表组委会成员部门讲话,罗梅同志宣读组委会关于中华环保世纪行新闻奖(2011－2012年度)获奖情况的通报。

5月17日 团中央、解放军总政治部在河北赤城县举行保护母亲河行动解放军青年林赤城项目开工仪式。解放军总政治部副主任贾廷安,秦宜智同志参加植树活动并讲话,河北省委副书记赵勇，汪鸿雁同志参加活动。

5 月 17 日 罗梅同志参加全国普通高等学校毕业生就业工作电视电话会议。

5 月 17 日 周长奎同志出席北京大学以"大学与中国梦"为主题的"五四"理论研讨会。

5 月 19 日 科技部、中央宣传部、中国科协、团中央等单位主办的 2013 年全国科技活动周暨北京科技周在全国农业展览馆启动。中共中央政治局委员、国务院副总理刘延东，中共中央政治局委员、北京市委书记郭金龙，全国政协副主席、科技部部长万钢出席活动，周长奎同志等主办单位负责同志参加活动。

5 月 22 日至 24 日 应文莱文化、青年与体育部邀请，周长奎同志率中国青年代表团赴文莱参加第四届东盟与中日韩青年事务部长会议。其间，周长奎同志到文莱大学看望我国首批援文莱青年志愿者。

5 月 23 日至 25 日 秦宜智同志在西安参加共青团西北片区工作座谈会，围绕学习贯彻习近平总书记在同各界优秀青年代表座谈时的重要讲话精神这一主题进行深入交流，并就促进青年就业创业等工作在陕西西安、延安等地开展调研。其间，陕西省委书记赵正永会见秦宜智同志，并就共青团工作进行交流。

5 月 23 日至 29 日 应团中央邀请，以老挝人民革命青年团丰沙里省委书记占帕奥·索拉文为团长的老挝青年代表团访华。24 日，罗梅同志会见代表团。

5 月 27 日 周长奎同志参加国务院安全生产委员会全体会议。

5 月 27 日至 6 月 7 日 应中联部和团中央邀请，来自阿根廷、巴西、智利、墨西哥和秘鲁 5 国主要政党的青年干部和青年组织负责人来华参加主题为"中共十八大和中国未来十年"的第四期拉美政党青年干部研修班。在京期间，周长奎同志宴请研修班全体成员。

5 月 27 日至 6 月 2 日 团中央、全国少工委在北京举办"红领巾相约中国梦"交流体验活动。来自全国 56 个民族、革命老区、灾区、患有先天性心脏病少年儿童和农村留守少年儿童等 150 名代表参加。

5 月 28 日 在国家主席习近平和斯里兰卡总统拉贾帕克萨的共同见证下，秦宜智同志与斯里兰卡外交部长佩里斯共同签署《中华全国青年联合会与斯里兰卡青年事务和技能发展部青年交流与合作协议》。

5 月 28 日 秦宜智同志主持召开团中央书记处会。研究团十七大筹备等近期重点工作。

5 月 28 日 贺军科同志在西藏拉萨市出席共青团西藏自治区第九次代表大会开幕式并讲话。在拉萨期间，西藏自治区党委常务副书记吴英杰会见贺军科同志一行。

5 月 28 日 周长奎同志参加全国老龄工作委员会第十五次全体会议。

5 月 29 日 中共中央总书记、国家主席、中央军委主席习近平来到北京市少年宫，同来京参加交流体验活动的全国 56 个民族、革命老区、灾区、患有先天性心脏病少年儿童和农民工子女，以及首都城乡少年儿童代表 1600 多人，一起参加"快乐童年 放飞希望"主题队日活动，以一个"大朋友"的名义，向全国广大少年儿童祝贺节日。王沪宁、刘延东、李源潮、栗战书、郭金龙、沈跃跃同志陪同参加活动。秦宜智、罗梅同志，全国妇联副主席、党组书记宋秀岩，教育部部长袁贵仁，北京市有关负责同志参加活动。

5 月 29 日至 6 月 7 日 应团中央邀请，来自阿根廷、巴西、智利、哥伦比亚、古巴、墨西哥、秘鲁、委内瑞拉 8 国及伊比利亚美洲青年组织的青年政治家代表访华，并参加在北京举办的"中拉青年政治家论坛"。31 日，周长奎同志出席论坛开幕式；晚，周长奎同志会见并宴请出席论坛的中外代表。

5 月 29 日 第十三届"挑战杯"全国大学

生课外学术科技作品竞赛赞助签约暨“我的创新故事”视频征集活动启动仪式在苏州大学举行。

5月30日 团中央、全国少工委召开学习习近平总书记“六一”重要讲话精神座谈会。秦宜智同志出席并讲话，罗梅同志主持座谈会。

5月31日 秦宜智同志列席研究规范婴幼儿配方奶粉生产经营加强乳制品质量安全工作的国务院第10次常务会议。

5月31日至6月1日 秦宜智同志赴江苏苏州市参加深化平安中国建设工作会议。

5月31日 贺军科同志参加2013年全国“安全生产月”活动动员视频会。

5月31日 团中央、中国电信集团公司共同召开电视电话会议，签署战略合作协议。罗梅同志、中国电信集团公司副总经理孙康敏出席主会场会议并讲话。

5月31日 团中央在北京召开全国农村青年信息服务平台建设试点工作座谈会，汪鸿雁同志出席会议，试点省份的省级团省委农村部负责同志参加会议。

6月1日 罗梅同志参加团北京市委等单位举办的首都庆祝“六一”国际儿童节系列活动之“欢乐总动员”六一嘉年华活动。

6月2日 罗梅同志在北京出席中国关工委等单位举办的万名青少年文体展示活动。

6月2日至8日 应全国青联邀请，来自东盟十国的青年代表来华参加以“感受中国文化，共筑友谊桥梁——纪念中国—东盟战略伙伴关系十周年”为主题的第八届中国—东盟青年营活动。其间，周长奎同志赴广西南宁出席活动并会见各国代表团团长。

6月3日 秦宜智同志会见韩国新国家党国会议员、IEF韩国组委会委员长南景弼一行。

6月3日 秦宜智同志会见应国家体育总局邀请来访的柬埔寨教育、青年与体育部部长尹塞迪一行。

6月5日 秦宜智同志列席研究部署进一步加强安全生产工作的国务院第11次常务会议。

6月5日至7日 秦宜智同志在天津就各级团组织和各地团员青年学习贯彻习近平总书记在同各界优秀青年代表座谈和在同全国各族少年儿童代表共庆“六一”国际儿童节时的重要讲话精神情况，与华北片区各省级团委主要负责同志座谈，并在天津进行调研。其间，中共中央政治局委员、天津市委书记孙春兰，天津市市长黄兴国会见秦宜智同志，并就共青团工作进行交流。

6月5日 贺军科同志会见全国青联副主席、香港新世界集团执行董事郑志刚。

6月5日 汪鸿雁同志在北京参加环境保护部主办的2013年“6·5”世界环境日纪念大会暨“巾帼环境友好使者行动”启动仪式。晚，汪鸿雁同志出席2013年“6·5”世界环境日主题音乐会。

6月5日 团中央农村部联合农业部草原监理中心，在贵州省晴隆县开展以“保护母亲河，美丽中国梦”为主题的青年万亩示范草场建设示范活动。

6月7日 贺军科同志参加国务院安委会举办的全国安全生产电视电话会议。

6月8日 秦宜智同志在北京主持召开座谈会，围绕学习贯彻习近平总书记五四重要讲话精神、做好新时期共青团工作进行交流研讨。会上，来自解放军以及铁道、民航、中直机关、中央国家机关、中央金融、中央企业等单位和系统团委的主要负责同志汇报了近期学习贯彻总书记重要讲话、开展“我的中国梦”主题教育实践活动的情况。

6月9日 秦宜智同志主持召开共青团第十六届中央书记处2013年第16次会议，研究团十七大筹备工作。

6月9日至10日 罗梅同志赴青海西宁市参加2013中国·青海绿色发展投资贸易洽

谈会有关活动。

6 月 13 日 秦宜智同志会见世界经济论坛执行主席施瓦布一行。

6 月 13 日至 20 日 应全国青联邀请,以女性家族部青少年家族政策室室长权容贤为总团长的韩国青年代表团访华。13 日,周长奎同志会见代表团。

6 月 15 日 中共中央政治局委员、中央军委副主席许其亮会见出席共青团第十七次全国代表大会的解放军和武警部队代表。中央军委委员、总政治部主任张阳,秦宜智同志陪同会见。

6 月 17 日至 20 日 中国共产主义青年团第十七次全国代表大会在北京召开,1500 多名来自全国各地的团十七大代表出席会议。大会的主题是:高举中国特色社会主义伟大旗帜,以邓小平理论、“三个代表”重要思想、科学发展观为指导,深入学习贯彻党的十八大精神,坚定信念,牢记使命,脚踏实地,锐意进取,团结带领广大团员青年满怀信心地紧跟着党,为全面建成小康社会、加快推进社会主义现代化、实现中华民族伟大复兴的中国梦而奋斗。6 月 17 日,习近平、李克强、张德江、俞正声、刘云山、王岐山、张高丽同志出席大会开幕式,刘云山同志代表党中央发表了题为《在实现中国梦的伟大实践中谱写壮丽的青春篇章》的祝词。刘奇葆、许其亮、李源潮、赵乐际、栗战书、杜青林、赵洪祝、杨晶、王晨、李海峰同志出席会议。秦宜智同志代表共青团第十六届中央委员会向大会作题为《高举团旗跟党走,奋力实现中国梦》的工作报告。中央和国家机关各部门、解放军总政治部、武警总部、各人民团体、北京市的负责同志,部分在京离退休的曾在团中央书记处工作的领导同志,首都各族各界团员青年代表参加了开幕式。大会认真学习讨论了党中央祝词,审议通过了大会报告和团章修正案,选举产生了共青团第十七届中央委员会,其中团中央委员会由 165 名、候补委员 110 名。

6 月 18 日 秦宜智同志在北京参加党的群众路线教育实践活动工作会议。

6 月 19 日 秦宜智同志参加国家主席习近平为越南国家主席张晋创举行的欢迎宴会。

6 月 19 日至 21 日 团十七届一中全会在北京召开,选举产生了 21 名团中央常委及新一届团中央书记处成员,秦宜智同志当选书记处第一书记,贺军科、罗梅、汪鸿雁、周长奎、徐晓、傅振邦同志当选书记处书记。6 月 21 日,中共中央政治局委员、国家副主席李源潮出席全会第三次会议并讲话,秦宜智同志传达习近平总书记与新一届团中央领导班子集体谈话精神并作总结讲话。贺军科、罗梅、汪鸿雁、周长奎、徐晓、傅振邦同志出席会议。会前,李源潮同志接见新一届团中央委员、候补委员并合影。

6 月 20 日 中共中央总书记、国家主席、中央军委主席习近平在中南海同团中央新一届领导班子成员集体谈话并发表重要讲话。中共中央政治局常委、中央书记处书记刘云山参加谈话,中共中央政治局委员、国家副主席李源潮主持谈话,刘奇葆、赵乐际、栗战书、杜青林、赵洪祝、杨晶同志参加谈话。

6 月 21 日 秦宜智同志主持召开共青团十七届一中全会第三次会议,传达习近平总书记与新一届团中央领导班子集体谈话精神。中共中央政治局委员、国家副主席李源潮出席并讲话,秦宜智同志作总结讲话。贺军科、罗梅、汪鸿雁、周长奎、徐晓、傅振邦同志出席会议。会前,李源潮同志接见新一届团中央委员、候补委员并合影。

6 月 22 日 秦宜智同志出席中青院 2013 年毕业典礼,并与赴西部和基层就业的毕业生代表座谈。汪鸿雁同志参加。

6 月 23 日至 30 日 应全国青联邀请,以外交部东北亚司副司长蓝天铭为团长的以色列青年交流理事会代表团访华。24日，周长奎同志会见代表团。

6月25日 秦宜智同志列席中央政治局第七次集体学习。

6月25日 秦宜智同志主持召开共青团中央第十七届中央书记处2013年第1次会议，传达学习中央党的群众路线教育实践活动工作会议精神，研究部署团中央直属机关开展党的群众路线教育实践活动有关工作。

6月26日 共青团中央、中共海南省委联合主办的海南青春鹦哥岭歌舞剧《执着》汇报演出在北京人民大会堂举行。开演前，中共中央政治局委员、中央书记处书记、中央宣传部部长刘奇葆接见了海南鹦哥岭青年团队代表。秦宜智同志，海南省委书记罗保铭，教育部部长袁贵仁，中央文明办专职副主任王世明，国家林业局局长赵树丛参加活动。

6月26日 秦宜智、贺军科同志在北京会见吕梁市委书记高卫东一行，就吕梁转型发展和青年科技创新等方面工作进行交流。

6月27日至7月6日 应全国青联邀请，以韩国国立中央青少年修炼院顾客支援部部长金秉燦为团长的韩国青年代表团访华。6月27日，国家主席习近平和韩国总统朴槿惠在北京人民大会堂共同会见韩国青年代表团和中国青年代表，与中韩青年代表合影并讲话。秦宜智、周长奎同志参加活动。

6月27日至28日 罗梅同志赴天津调研共青团工作。

6月27日 汪鸿雁同志参加全国政协社会和法制委员会"城市管理综合执法体制改革"调研准备座谈会。

6月28日 教育部、团中央、天津市人民政府等单位共同主办的2013年全国职业院校技能大赛在天津闭幕。中共中央政治局委员、国务院副总理刘延东出席闭幕式并讲话。中共中央政治局委员、天津市委书记孙春兰，全国政协副主席、国家民委主任王正伟，全国政协原副主席、中华职业教育社理事长张榕明以及天津市委副书记、市长黄兴国，罗梅同志等主办单位负责同志出席闭幕式，教育部副部长鲁昕主持闭幕式。

6月28日 秦宜智同志在北京参加全国组织工作会议第一次会议。

6月28日 团中央、国家图书馆合作协议签字仪式暨"国家图书馆团中央分馆"揭牌仪式在中国青年政治学院举行。贺军科同志和国家图书馆馆长周和平共同为分馆揭牌，团中央办公厅、国家图书馆有关负责同志签署合作协议。

6月28日 汪鸿雁同志在北京参加国务院安委会召开的安全生产综合督查动员部署会议。

6月28日 周长奎同志在北京参加中华见义勇为基金会成立20周年纪念座谈会。

6月28日 周长奎同志在北京参加中华见义勇为基金会第19次理事会。

6月28日 徐晓同志在北京参加国务院扶贫开发领导小组第一次全体会议。

6月30日 汪鸿雁同志在北京出席中国计生协会第七届常务理事会第四次全体会议。

7月1日 秦宜智同志看望慰问冯军同志遗属李桂霞、离休干部吴芸红。

7月1日至5日 汪鸿雁同志赴上海、江苏南京市随全国政协社会和法制委员会"城市管理综合执法体制改革"调研组开展专题调研。

7月2日至4日 徐晓同志赴四川参加国务院高校毕业生就业督导检查。

7月4日 贺军科同志在北京参加全国政协党组深入开展党的群众路线教育实践活动征求意见座谈会。

7月4日 周长奎同志在海南海口市参加海南各界青年学习贯彻团十七大精神座谈会暨"中国梦·海南梦·我的梦"微电影征集大赛颁奖活动。

7 月 4 日 团中央学校部召开北京部分重点高校团委学习贯彻团十七大精神座谈会，傅振邦同志出席会议。

7 月 5 日 团中央直属机关召开党的群众路线教育实践活动动员大会，中央第 22 督导组组长刘德旺出席并讲话，秦宜智同志作动员讲话，贺军科同志主持大会，罗梅、汪鸿雁、周长奎、徐晓、傅振邦同志参加会议。会前，书记处全体同志与中央督导组一行会谈。

7 月 5 日 周长奎同志在北京会见台湾中华青年企业家协会名誉理事长刘燦树一行。

7 月 8 日 秦宜智同志主持召开共青团第十七届中央书记处 2013 年第 2 次会议，研究 2013 年选派高校团干部赴县级团委挂职、全国青联十一届四次常委（扩大）会议筹备、2014 年“共青团与人大代表政协委员面对面”活动等工作。

7 月 8 日 秦宜智同志在北京会见香港中联办副主任王志民，贺军科同志参加会见。

7 月 8 日 团中央主办的“首期全国高校青年马克思主义理论工作者培训班”在全国青少年井冈山革命传统教育基地开班。傅振邦同志出席开班式。7 月 7 日至 9 日，傅振邦同志在江西调研。

7 月 10 日 汪鸿雁同志在北京召集国务院安委会安全生产综合督查第 15 组全体会议。

7 月 10 日 人力资源和社会保障部、国务院侨务办公室、团中央、中国科协、中国科学院、江苏省政府联合主办，苏州市委、市政府承办的 2013 年苏州国际精英创业周开幕式在江苏苏州市举行。周长奎同志、人力资源和社会保障部副部长王晓初、国务院侨务办公室副主任任启亮、中国科协副主席刘玠、江苏省政府副省长毛伟明等出席开幕式。

7 月 11 日 秦宜智、贺军科、罗梅、汪鸿雁、周长奎、傅振邦同志参加李源潮同志与团中央书记处同志集体谈心活动。

7 月 11 日 国家卫生和计划生育委员会、团中央、中国计划生育协会联合主办的 2013 年“世界人口日”主题宣传活动在北京中国人民大学举行。国家卫生和计划生育委员会主任李斌、缅甸移民和人口部部长吴钦伊、汪鸿雁同志、国家卫生和计划生育委员会副主任崔丽、中国计划生育协会常务副会长杨玉学、中国人民大学党委书记靳诺等出席活动。

7 月 12 日 秦宜智同志会见香港华菁会主席方方一行。

7 月 12 日 秦宜智同志在北京会见新加坡驻华大使罗家良。

7 月 14 日至 19 日 汪鸿雁同志率国务院安委会安全生产综合督查第 15 组赴吉林进行督查。

7 月 15 日至 18 日 秦宜智同志围绕团组织和团员青年学习贯彻习近平总书记五四重要讲话等一系列重要指示精神情况在山东青岛、烟台、威海、济南等地调研。调研期间，山东省委书记姜异康会见秦宜智同志，并就共青团工作进行交流。

7 月 15 日 团中央、全国学联、浙江省委主办，以“汇聚中华情、共筑中国梦”为主题的 2013 年全国少数民族大学生骨干社会实践与社会观察活动在浙江嘉兴市举行启动仪式。傅振邦同志，浙江省委常委、秘书长赵一德等出席启动仪式。

7 月 16 日 团中央主办的“岗位技能促振兴、青春建功中国梦”主题系列活动在山东青岛市启动，寻找“最美青工”活动与第九届“振兴杯”全国青年职业技能大赛同步启动。秦宜智同志，山东省委常委、青岛市委书记李群出席活动并讲话。团中央、人力资源和社会保障部有关部门负责同志以及来自青岛港多条战线上的青年职工和全国优秀青工代表参加启动仪式。

7 月 16 日 中央文明办、工业和信息化部、国务院国资委、全国总工会、团中央主办的

"圆我中国梦 传播正能量——讲文明树新风公益广告传递活动"在北京举行启动仪式。徐晓同志、中央文明办专职副主任王世明等主办单位代表出席活动。

7月16日至19日 共青团农村战线学习贯彻团的十七大精神座谈会暨工作推进会分别在吉林、云南、青海3个片区召开。会议深入学习团十七大精神,研讨共青团农村战线贯彻落实团十七大精神工作措施,总结上半年农村共青团工作,部署推动下半年工作。徐晓同志出席云南片区会议并讲话。会议期间,徐晓同志深入云南部分乡镇、村及农民专业合作社,就农村共青团工作进行调研。

7月16日 徐晓同志在北京参加中华环保联合会第二届理事会第六次主席办公会。

7月17日 团中央、海南省委宣传部等单位在海南鹦哥岭自然保护区联合举办"鹦哥岭自然保护区全国大学生社会实践基地"揭牌暨2013年暑期社会实践活动启动仪式。傅振邦同志、国家林业局副局长印红等为"鹦哥岭自然保护区全国大学生社会实践基地"揭牌。

7月18日至23日 应全国青联邀请,以韩国新国家党国会议员、韩中议员外交协议会会长郑梦准为团长的韩国青年国会议员代表团访华。19日,中共中央政治局委员、国家副主席李源潮在北京会见代表团,秦宜智、周长奎同志参加会见。19日,秦宜智同志会见并宴请代表团,周长奎同志参加。

7月19日 团中央举办党的群众路线教育实践活动专题报告会。全国政协常委、中央党校原副校长李君如围绕认识党的群众路线教育实践活动的必要性和重要性、学习和领会中央精神、研究新形势下群众工作面临的新问题、开展批评与自我批评等作题为《以整风精神开展新形势下群众路线教育实践活动》的报告。秦宜智同志主持报告会并讲话,贺军科、罗梅、周长奎、傅振邦同志出席会议,机关全体党员干部、部分离退休党员代表,各直属单位负责同志参加会议。

7月19日 贺军科同志在北京参加国务院农民工工作领导小组第一次全体会议。

7月20日 团中央学校部在北京召开第八届青少年科技创新奖评审会议,傅振邦同志参加会议。

7月22日 团中央在北京召开全团"走进青年、转变作风、改进工作"大宣传大调研活动动员大会。秦宜智同志作动员讲话,贺军科同志主持大会,罗梅、汪鸿雁、徐晓、傅振邦同志出席大会。中央第22督导组有关同志,机关副处级以上党员干部参加大会。

7月22日 贺军科同志在北京参加中央组织部召开的"千人计划"专家座谈会。

7月23日 秦宜智同志在团中央机关与即将结束驻会的2012-2013年度全国学联驻会执行主席座谈,傅振邦同志参加。

7月23日至29日 汪鸿雁同志率国务院安委会安全生产综合督查第15组赴西藏进行督查。

7月23日 周长奎同志在北京会见应中联部邀请来访的以泛希腊社会主义运动总书记尼科斯·安德鲁拉基斯为团长的欧洲部分国家中左翼政党青年政治家考察团。

按照全团"走进青年、转变作风、改进工作"大宣传大调研活动的统一部署,团中央书记处同志分赴各地,宣讲习近平总书记对青年和共青团工作的重要指示精神,倾听青年呼声,分析查摆问题,总结工作经验,研究推动党的青年群众工作实现发展的新途径。7月24日至8月9日,秦宜智同志率第一调研组在北京密云县调研。8月7日至21日,贺军科同志率第二调研组在甘肃会宁县调研。7月23日至8月10日,罗梅同志率第三调研组以广东省中山市小榄镇和西区街道为重点调研。8月12日至24日,汪鸿雁同志率第四调研组在浙江宁波市调研。7月23日至8月4日,周长奎同志率第五调研组在内蒙古察哈尔右翼后旗调研。7 月 23 日至 8 月 10 日，徐晓同志率第六调研组在河南柘城县调研。8 月 12 日至 21 日，傅振邦同志率第七调研组在四川仁寿县调研。

7 月 24 日 中央文明办、国家互联网信息办公室、全国总工会、团中央主办的“圆我中国梦 传播正能量——讲文明树新风公益广告网上传递活动”在北京启动。傅振邦同志、中央文明办专职副主任王世明、国家互联网信息办公室副主任王秀军等主办单位领导出席启动仪式。

7 月 26 日 贺军科同志在北京会见台湾中华青年交流协会访问团。

7 月 29 日 中国青少年发展基金会、中国贵州茅台酒厂（集团）有限责任公司联合全国 33 家省级青少年发展基金会在北京举行“国酒茅台 · 国之栋梁——2013 希望工程圆梦行动”大型公益助学活动捐赠启动仪式。秦宜智、贺军科同志，贵州省副省长陈鸣明，贵州省政协副主席、茅台集团党委书记陈敏，北京大学党委书记朱善璐，茅台集团有关负责同志出席仪式。

7 月 29 日至 8 月 9 日 团中央、全国学联主办的“中国大学生骨干培养学校”第六期学员暑期实践锻炼活动在江西吉安市举行。8 月 9 日，傅振邦同志出席暑期实践锻炼成果汇报会并讲话。

7 月 31 日 秦宜智同志在北京参加中央文明委召开的提升中国公民出境旅游文明素质电视电话会议。

8 月 2 日 首个保护母亲河行动武警青年林在黑龙江省齐齐哈尔市龙江县开工建设。徐晓同志、黑龙江省委副书记陈润儿、武警部队政治部副主任陈国桢、解放军总政治部组织部副部长蔡善飞参加植树活动。

8 月 3 日 全国青联在福建福州市举行第五届两岸青年社团负责人圆桌会议，两岸及港澳地区的 60 家青年社团负责人参加会议。贺军科同志出席并讲话。

8 月 3 日 全国青联、国务院台办、福建省人民政府联合主办的第八届两岸青年联欢节暨 2013 年海峡青年节在福建福州市启动。全国政协副主席张克辉为活动揭幕，贺军科同志，国务院台办副主任叶克冬，福建省委副书记于伟国，福建省委常委、福州市委书记杨岳，全国青联副主席、全国台联副会长纪斌出席开幕式。

8 月 6 日 贺军科同志在团中央机关与伊犁师范学院国旗护卫队访京团座谈。

8 月 7 日 汪鸿雁同志在北京出席“未成年人健康成长法治保障”中央部门专家座谈会。

8 月 8 日至 13 日 应全国青联邀请，以青年部部长棚野信久为团长的日本创价学会青年代表团访华。8 日，汪鸿雁同志会见并宴请代表团。

8 月 8 日 傅振邦同志赴湖南长沙市协调中国青少年科技创新奖活动有关事宜并主持召开长沙高校团委书记座谈会。

8 月 10 日至 14 日 以中俄人文合作委员会俄方秘书长、青年合作分委会俄方主席、俄联邦教育和科学部第一副部长娜 · 弗 · 特列琪雅克为团长的中俄人文合作委员会分委会俄方代表团访华。13 日，中俄人文合作委员会青年合作分委会第三次会议在北京召开，会议由周长奎同志，娜 · 弗 · 特列琪雅克共同主持。13 日中午，周长奎同志宴请俄方代表团。

8 月 11 日至 13 日 全国少工委在井冈山基地举办地市级以上少先队总辅导员培训班，罗梅同志出席开班式并讲话。各省、自治区、直辖市、新疆生产建设兵团团委少年部负责同志、少先队专职总辅导员，各地市级少先队专职总辅导员，获得“少先队工作突出贡献奖”和“全国少先队工作突出贡献证书”的老少先队工作者 200 多人参加培训班。

8 月 12 日 周长奎同志会见应中联部邀

请来访的以公明党众议员远山清彦为团长的日本超党派年轻政治家代表团。

8月13日 中国青年创业就业基金会与宝健(中国)日用品有限公司在北京举行“宝健·青年自主创业就业项目”推进会,徐晓同志出席会议。

8月15日 团中央组织直属机关党员干部观看电影故事片《周恩来的四个昼夜》,秦宜智、周长奎、徐晓同志参加观影活动。

8月16日 秦宜智同志在江苏南京市出席第二届亚洲青年运动会开幕式。

8月16日 周长奎同志在北京参加纪念邓小平同志为《思想政治工作研究》杂志题写刊名30周年暨中国思想政治工作研究会成立30周年座谈会。随后,参加研究会九届八次常务理事会议。

8月17日至24日 应全国青联邀请,常青藤联盟学生理事会选派的20名美国大学生代表来华参加第三届中美青年联合社会实践项目。18日,周长奎同志会见代表团。

8月19日 秦宜智同志在北京参加全国宣传思想工作会议第一次全体会议。8月19日至20日,周长奎同志全程参加全国宣传思想工作会议。

8月21日 周长奎同志在北京出席电视剧《铁血兄弟》新闻发布会。

8月21日至27日 团中央、全国学联主办在北京举办以“青春中国梦,科技报国情”为主题的首届中国青少年科技创新营活动,来自全国各地的200余名青少年科技爱好者参加活动。

8月22日 团中央、全国青联、全国学联、全国少工委在北京人民大会堂举行第八届中国青少年科技创新奖颁奖大会。中共中央政治局委员、国务院副总理刘延东出席颁奖大会,中共中央政治局委员、国家副主席李源潮出席颁奖大会并讲话。秦宜智同志主持颁奖大会,贺军科同志宣读表彰决定,罗梅、傅振邦同志参加大会。

8月22日 秦宜智同志主持召开专题会,研究青少年科技创新奖宣传工作,贺军科、罗梅、周长奎、傅振邦同志参加。

8月22日 秦宜智同志会见应中联部邀请来访的以蒙古国民主党总书记查·奥云达里为团长的蒙古民主党代表团。

8月22日 全国青联、台湾中华青年交流协会在福建厦门市举办第九届两岸大学校园歌手邀请赛决赛。傅振邦同志出席。在厦门期间,傅振邦同志主持召开福建高校团委书记座谈会。

8月23日 秦宜智同志主持召开共青团第十七届中央书记处2013年第3次会议,传达中央有关精神。

8月24日至30日 汪鸿雁同志在四川调研共青团工作。

8月24日 傅振邦同志在清华大学为清华大学第28期暑期团校做专题报告并调研共青团工作。

8月25日至28日 秦宜智同志围绕基层团组织贯彻落实全国宣传思想工作会议精神,进一步做好新形势下党的青年群众工作在四川雅安、成都、遂宁等地调研。调研期间,四川省委书记王东明会见秦宜智同志并就共青团工作进行了交流。

8月27日至28日 中央综治委预防青少年违法犯罪专项组、中央综治办、团中央在四川遂宁市联合召开全国重点青少年群体服务管理和预防犯罪工作推进会。秦宜智同志,中央政法委副秘书长、中央综治办主任陈训秋出席会议并讲话,汪鸿雁同志主持会议。最高人民法院、最高人民检察院、教育部、公安部、民政部、司法部的预防专项组司局级联络员和预防青少年犯罪领域的专家学者,以及各省(区、市)和试点城市的综治办、团委负责同志等约150人参加会议。

8月27日至29日 应全国青联邀请,以日本JC日中友好之会会长扬原安麿为团长的日本JC代表团访华。28日，周长奎同志会见代表团并出席日方答谢宴会。

8月27日至28日 傅振邦同志到北京电子科技职业学院调研共青团工作。

8月28日至9月1日 秦宜智同志赴新疆乌鲁木齐市、喀什市、伊犁哈萨克自治州和新疆生产建设兵团第八师，深入调研民族地区青少年教育、大学生志愿服务西部计划、促进青年就业创业、基层团组织建设等工作。调研期间，中共中央政治局委员、新疆维吾尔自治区党委书记张春贤，新疆维吾尔自治区政府主席努尔·白克力，新疆生产建设兵团党委书记、政委车俊分别会见秦宜智同志，并就共青团工作进行了交流。

8月29日 徐晓同志赴北京通州区调研农村共青团工作。

8月30日 贺军科同志在北京参加部分中央和国家机关党的群众路线教育实践活动领导小组组长座谈会。

8月30日 团中央召开直属机关党的群众路线教育实践活动领导小组办公室工作会议，贺军科同志主持会议。

8月30日 傅振邦同志到北京大学调研共青团工作。

8月31日 周长奎同志在北京参加第四届全国道德模范评委会会议。

8月31日至9月6日 傅振邦同志赴西藏调研学校共青团工作。

8月31日至9月9日 应全国青联邀请，以青年与体育部副部长助理伊玛姆·古纳文为团长的印尼青年代表团访华。

9月1日 团中央在新疆乌鲁木齐市召开西部计划实施十周年座谈会，中共中央政治局委员、国家副主席李源潮，中共中央政治局委员、新疆维吾尔自治区党委书记张春贤出席并讲话。秦宜智同志主持会议，教育部、财政部、人力资源和社会保障部以及新疆维吾尔自治区、新疆生产建设兵团负责同志参加会议。

9月1日 中国青少年发展基金会、中国贵州茅台酒厂(集团)有限责任公司、团安徽省委、安徽省青少年发展基金会共同主办的“国酒茅台·国之栋梁——2013希望工程圆梦行动大型公益助学活动”助学金发放全国启动仪式在安徽金寨县举行。贺军科同志、安徽省委副书记李锦斌出席仪式。

9月2日至4日 秦宜智同志赴广西南宁市参加第十届中国—东盟博览会有关活动，考察“中国—东盟青少年交流活动中心”筹建情况并调研。

9月2日 汪鸿雁同志在北京参加2013年国家禁毒委员会全体会议暨部署全国禁毒工作电视电话会议。

9月2日至3日 徐晓同志赴山西灵丘县调研团中央定点帮扶有关工作。

9月4日 团中央、商务部在北京举行全国国家级经济技术开发区共青团工作会议暨共青团工作指导和推进委员会成立大会。汪鸿雁同志、商务部副部长王超出席会议并讲话。全国130余家国家级经济技术开发区的青年代表参加会议。

9月4日至11日 应全国青联邀请，以女性家族部青少年政策官尹孝植为团长的韩国青年代表团访华。5日，周长奎同志会见代表团主要成员。

9月4日 周长奎同志会见应中联部邀请的以公明党参议员、青年委员长谷合正明为团长的日本公明党青年国会议员代表团。

9月5日 秦宜智同志会见并宴请印尼青年与体育部部长罗伊·苏尔约。

9月6日 秦宜智同志参加中国青年政治学院2013年开学典礼并讲话，贺军科同志以及办公厅、组织部、学校部负责同志陪同。

9月7日 吉林省人民政府、中国青年企业家协会主办的第六届东北亚青年企业家发展论坛在吉林长春市举行。汪鸿雁同志、吉林省委副书记竺延风出席论坛并致辞。

9月7日至18日 应中共中央对外联络部和团中央邀请,非洲国家政党青年领袖代表团来华参加主题为“新形势下的中非政党及其青年组织建设”的研修班。9日,周长奎同志会见代表团。

9月9日 团中央书记处召开马克思主义群众观点和党的群众路线专题学习讨论会,交流学习习近平总书记等中央领导同志一系列重要讲话精神和党的群众路线教育实践活动指定学习材料的体会。秦宜智、贺军科、罗梅、汪鸿雁、周长奎、徐晓、傅振邦同志参加专题学习讨论会,中央党的群众路线教育实践活动第22督导组副组长张海涛参加学习讨论会并予以指导。

9月9日 秦宜智同志在团中央机关会见北京市委副书记吕锡文一行。

9月10日 秦宜智同志主持召开共青团第十七届中央书记处2013年第4次会议,传达学习中央有关精神。

9月10日 傅振邦同志在北京参加国家教育体制改革领导小组第八次全体会议。

9月11日 秦宜智同志会见韩国CJ集团中国区总裁朴根太。

9月11日至16日 汪鸿雁同志率国务院安委会安全生产综合督查第15组赴西藏开展第二轮督查工作。

9月11日 团中央、全国学联主办的2012年度寻访“中国大学生自强之星”颁奖暨2013年度寻访“中国大学生自强之星”在北京理工大学举行启动仪式。傅振邦同志出席并讲话。

9月12日至13日 团中央召开“践行党的群众路线,做好青年群众工作”工作务虚会。秦宜智同志主持会议并讲话,贺军科、罗梅、周长奎、徐晓、傅振邦同志交流了各自在“走进青年、转变作风、改进工作”大宣传大调研活动中的收获和推进新形势下共青团工作的思考。团中央44个调研组同志结合各自部门工作,分别汇报了大宣传大调研活动过程中发现的各地共青团工作中的典型经验和突出问题并对共青团组织进一步加强作风建设、做好新形势下党的青年群众工作提出思考和建议。

9月13日 周长奎同志会见日本内阁府副大臣西村康稔。

9月15日至17日 宁夏回族自治区人民政府、全国青联、中国青年企业家协会在宁夏银川市共同举办中国—阿拉伯国家青年企业家峰会。15日,秦宜智同志出席峰会开幕式并致辞。其间,秦宜智同志出席了2013中国—阿拉伯国家博览会开幕式等活动。

9月16日 秦宜智同志会见全国青联副主席、香港新世界集团执行董事郑志刚。

9月16日 全国青联召开十一届四次主席会议,贺军科同志出席。

9月16日 团中央宣传部、中国青年报社在北京召开“我的中国梦——奋斗的青春最美丽”分享会,邀请青年奋斗典型、各界青年代表、专家学者和首都新闻界代表,共同研讨奋斗精神的时代内涵和重要意义,在广大青少年中倡导“奋斗的青春最美丽”的价值追求,动员和激励青少年为实现中国梦扎实奋斗。周长奎同志参加分享会。

9月17日 全国青联十一届四次常委(扩大)会议在北京召开,会议深入贯彻落实党的十八大精神,认真学习贯彻习近平总书记等中央领导同志关于青年工作的一系列重要讲话精神,部署研究安排下一年度的青联工作,选举贺军科同志为全国青联主席,罗梅、汪鸿雁、周长奎同志为全国青联副主席。中共中央政治局委员、国家副主席李源潮出席会议并讲话。秦宜智同志出席会议并讲话,贺军科同志作工作报告。当晚,举行青联工作研讨会,贺军科同志出席。

9月17日 团中央在中国青年政治学院举行青年创业就业信息技能培训项目启动仪式。徐晓同志,微软副总裁、大中华区首席执行官贺乐赋等出席。

9月17日 傅振邦同志在北京参加中国残联第六次全国代表大会开幕式。

9月17日 傅振邦同志在北京参加首都防治大气污染工作动员大会。

9月18日 秦宜智、贺军科同志向中共中央政治局委员、国家副主席李源潮汇报共青团开展党的群众路线教育实践活动情况。

9月18日 秦宜智同志主持召开共青团第十七届中央书记处2013年第5次会议,传达学习李源潮同志关于共青团开展党的群众路线教育实践活动有关指示精神。

9月22日至29日 应俄罗斯青年联盟、老挝人民革命青年团邀请,秦宜智同志率中国青年代表团访问俄罗斯、老挝。在俄期间,代表团分别会见了莫斯科国立大学校长萨多夫尼奇、俄罗斯教育和科技部副部长卡冈诺夫和俄国际人文合作署署长科萨切夫,与中俄两国大学生代表、俄青年企业家代表座谈。在老期间,老挝人民革命党中央书记处书记、中央宣传部长征·宋本坎、朗勃拉邦省省委书记兼省长坎平会见代表团,人民革命党青年团书记维莱冯与代表团进行了工作会谈并与秦宜智同志共同出席《中国共青团中央和老挝人民革命青年团双边会谈纪要》签字仪式。

9月22日 周长奎同志会见应文化部邀请来访的以部长杰里·埃坎乔为团长的纳米比亚青年、国家服务、体育和文化部代表团。

9月22日至29日 应团中央邀请,以秘鲁奇克拉约省省长候选人马科斯·加斯科(阿普拉党)和利马市西内基亚区区长埃米利奥·查韦斯(基督教人民党)为轮值团长的秘鲁政党青年干部代表团访华。24日,徐晓同志会见代表团。

9月22日 傅振邦同志与新任的2013－2014年度全国学联驻会执行主席座谈。

9月23日至24日 周长奎同志赴广西桂林市出席中俄人文合作委员会第十四次会议。

9月24日至25日 中国作家协会、团中央在北京共同召开全国青年作家创作会议,来自全国各地的300多名青年作家参加会议。24日中国作协主席铁凝、贺军科同志出席开幕式并致辞,中国作协党组书记李冰出席并讲话,中国作协党组副书记钱小芊主持,著名作家王蒙、玛拉沁夫、王安忆应邀在开幕式上讲话。25日,中共中央政治局委员、中央书记处书记、中央宣传部部长刘奇葆出席会议并讲话,周长奎同志等陪同参会。25日,中国作协党组书记李冰、周长奎同志出席闭幕式。

9月24日至28日 汪鸿雁同志率国务院安委会安全生产综合督查第15组赴吉林开展第二轮督查工作。

9月24日 中国科协科普部、团中央学校部在北京中国科学技术馆共同主办"2013年全国青年科普创新实验大赛"。傅振邦同志,中国科协党组成员、书记处书记徐延豪,中国工程院院士陈肇元等出席启动仪式。大赛特邀专家及参赛学生代表等300余人参加启动仪式。

9月26日 中央宣传部、中央文明办、解放军总政治部、全国总工会、团中央、全国妇联在北京召开第四届全国道德模范座谈会。会前,中共中央总书记、国家主席、中央军委主席习近平会见第四届全国道德模范及提名奖获得者并讲话。中共中央政治局常委、中央书记处书记、中央文明委主任刘云山参加会见并出席第四届全国道德模范座谈会。中共中央政治局委员、国务院副总理刘延东参加会见并在座谈会上宣读了表彰决定。中共中央政治局委员、中央书记处书记、中央宣传部部长刘奇葆参加会见并出席座谈会,中共中央政治局委员、中央书记处书记、中央办公厅主任栗战书参加会见。贺军科同志参加座谈会并发言。

9月26日 周长奎同志会见应中联部邀请来访的以青年部副部长中川俊直为团长的日本自民党新生代国会议员代表团。

9月26日 团中央举行第六届“母亲河奖”终评会，徐晓同志出席活动。

9月26日 傅振邦同志到中国人民大学调研共青团工作。

9月27日 周长奎同志会见韩国大韩航空社长智昌薰。

9月27日至30日 团中央农村部分浙江、陕西两个片区召开乡镇团的组织格局创新和实体化“大团委”建设“回头看”工作推进会，徐晓同志出席并讲话，部分省级团委分管负责同志和农村部负责同志参加会议。其间，徐晓同志还就乡镇组织格局创新和实体化“大团委”建设“回头看”工作调研。

9月27日 傅振邦同志到北京四中调研学校共青团工作。

9月30日晚 秦宜智同志在北京参加2013年国庆招待会。

10月1日 秦宜智同志在北京参加庆祝中华人民共和国成立64周年向人民英雄纪念碑敬献花篮仪式。

10月8日至10日 秦宜智同志赴甘肃两当县参加纪念习仲勋同志诞辰100周年系列活动，并调研农村共青团工作。9日，秦宜智同志、甘肃省委书记王三运为两当全国青少年教育基地揭牌。

10月8日 贺军科同志列席加强财政扶贫等保民生资金管理的国务院第26次常务会议。

10月8日 汪鸿雁同志会见香港中华基督教青年会代表。

10月10日 周长奎同志赴中联部商谈中国—中东欧青年政治家论坛筹备工作。

10月10日至16日 傅振邦同志在国家行政学院参加“党政领导干部党风廉政建设研讨班”。

10月11日 秦宜智同志主持召开共青团第十七届中央书记处2013年第6次会议，传达学习中央有关精神。

10月11日至12日 汪鸿雁同志在浙江杭州市参加中央政法委、中央综治委主办的纪念毛泽东同志批示“枫桥经验”50周年大会。

10月12日 秦宜智同志在团中央机关会见四川广安市委书记侯晓春一行。

10月13日 团中央在北京召开全国优秀少先队辅导员、少先队员代表和少先队工作者座谈会。中共中央政治局委员、国家副主席李源潮出席会议并讲话，秦宜智主持座谈会，教育部副部长刘利民、罗梅同志出席座谈会。被团中央、教育部、全国少工委授予“全国优秀少先队员”“全国优秀少先队辅导员”“全国优秀少先队集体”称号的获奖者代表，部分资深少先队工作者、曾从事过少先队工作的小学校长、担任少工委职务的教育部门同志、少先队学科专家等参加座谈会。座谈会前，李源潮同志接见了书记处全体同志。

10月14日至19日 应团中央邀请，以朝鲜金日成社会主义青年同盟中央委员会委员长全勇男为团长的朝鲜青年友好代表团访华。18日，中共中央政治局委员、国家副主席李源潮会见代表团主要成员，秦宜智、周长奎同志陪同会见。18日晚，秦宜智同志宴请代表团主要成员。14日晚，周长奎同志宴请代表团全体成员。代表团抵离京时，周长奎同志到机场迎送。

10日14日至17日 团中央、中国科协、教育部、全国学联和江苏省人民政府共同主办，苏州大学、苏州工业园区承办，交通银行协办的第十三届“挑战杯”交通银行全国大学生课外学术科技作品竞赛决赛在江苏苏州市举行，来自内地和港澳地区的400余所高校师生代表、社会各界代表4000多人参加竞赛。14日晚，傅振邦同志，江苏省副省长曹卫星，苏州大学校长朱秀林，交通银行副行长、纪委书记寿梅生出席开幕式并致辞。中国科协副主席、党组副书记、书记处书记程东红及教育部、全国学联、苏州市有关负责同志出席开幕式。

10 月 15 日 秦宜智同志在北京出席纪念习仲勋同志诞辰 100 周年座谈会。

10 月 15 日 秦宜智同志在团中央机关会见北京市东城区委书记杨柳荫一行。

10 月 16 日中午 周长奎同志会见并宴请越南胡志明共青团中央书记处书记阮孟勇一行。

10 月 17 日 中国青年创业就业基金会召开一届九次理事会,秦宜智同志出席并讲话,会议选举徐晓同志担任理事长。

10 月 18 日 秦宜智同志在北京出席中国工会第十六次全国代表大会开幕式并代表人民团体致贺词。

10 月 18 日 团中央召开志愿服务精神研讨会,汪鸿雁同志出席会议。

10 月 19 日 汪鸿雁同志在北京出席第一届全国“敬老文明号”授牌仪式。

10 月 21 日 秦宜智同志在北京出席欧美同学会成立 100 周年庆祝大会并代表人民团体致词。

10 月 21 日至 25 日 应斯里兰卡青年事务与技能发展部邀请,贺军科同志率中国青年代表团访问斯里兰卡。斯里兰卡议长恰马尔·拉贾帕克萨会见代表团,青年部部长杜拉斯,青年部秘书提拉卡拉特聂,总统之子、国会议员纳玛尔·拉贾帕克萨率自由党青年组织部分国会议员和青年代表分别与代表团进行了交流。24 日,贺军科同志在青年议会发表演讲。

10 月 21 日 周长奎同志会见日中友协会长、日本自民党前干事长加藤紘一一行。

10 月 22 日 中国青年出版总社在团中央机关召开《中国青年》创刊 90 周年座谈会,秦宜智同志出席并讲话,周长奎同志出席。团中央机关有关部门负责同志、曾在《中国青年》工作的老同志代表、中国青年出版(总)社部分干部等共 120 多人参加座谈会。

10 月 23 日至 25 日 中联部主办、全国青联协办的中国与中东欧青年政治家论坛在北京召开。中东欧各国青年政治家 40 余人来华参加论坛。中共中央政治局委员、国家副主席李源潮会见与会代表。全国政协副主席、中联部部长王家瑞出席论坛开幕式并致辞,宴请外方代表。周长奎同志出席论坛开幕式并致辞,参加了相关活动。

10 月 23 日 秦宜智同志在团中央机关会见广东珠海市委书记李嘉,罗梅同志参加。

10 月 24 日 秦宜智同志参加周边外交工作座谈会第一次全体会议。10 月 24 日至 25 日,周长奎同志全程参加周边外交工作座谈会。

10 月 24 日至 25 日 徐晓同志在山东调研农村共青团工作。

10 月 25 日 团中央机关召开以“我所认识的群众路线”为主题的第 45 次年轻干部学习交流会,秦宜智同志出席活动并讲话。

10 月 26 日 中华儿女杂志社举办中华儿女理事会年会暨《中华儿女》创刊 25 周年笔会,周长奎同志出席。

10 月 26 日 团中央召开预防青少年违法犯罪微电影大赛评审会,汪鸿雁同志出席。

10 月 26 日 中国青少年研究中心、中国青年政治学院、团山东省委在山东济南市共同举办第九届中国青少年发展论坛,徐晓同志出席并讲话。

10 月 28 日 秦宜智、罗梅同志在北京出席中国妇女第十一次全国代表大会开幕会。

10 月 28 日 秦宜智同志在团中央机关会见甘肃省委常委、纪委书记张晓兰。

10 月 29 日 团中央在北京举办第 14 批博士服务团成员行前培训班。秦宜智同志出席培训班并讲话,中央组织部副部长潘立刚主持开班式,贺军科同志出席。

10 月 29 日至 30 日 团中央书记处召开党的群众路线教育实践活动专题民主生活会。会议按照“照镜子、正衣冠、洗洗澡、治治病”的总要求，以为民务实清廉为主题，以“反对‘四风’、服务群众”为重点，紧密联系思想实际、岗位职责和工作经历，聚焦“四风”逐一对照检查，以整风精神认真开展批评与自我批评，直面问题查找不足，明确下一步整改落实的思路和措施。秦宜智同志主持会议，中央第22督导组组长刘德旺、副组长张海涛，中央纪委、中央组织部、中央直属机关工委有关同志到会指导。

10月29日至11月1日 应团中央邀请，以越南胡志明共青团中央书记处书记阮孟勇为团长的越方大联欢活动先遣团赴广西考察第二届中越青年大联欢活动筹备情况。周长奎同志赴广西指导大联欢活动筹备工作，并与越方开展对接座谈。

10月30日 秦宜智同志在北京参加第一批教育实践活动工作座谈会。

10月30日 罗梅同志在北京参加全国妇联十一届一次执委会议、十一届一次常委会议。

11月1日 罗梅同志在北京参加全国妇联十一届二次常委会议。

11月1日 团中央召开中国青年志愿者行动五年规划征求意见座谈会，汪鸿雁同志出席。

11月1日 徐晓同志在山东潍坊市参加全国“送金融知识下乡”工作推进会。

11月1日 傅振邦同志出席国家教育体制改革领导小组第九次全体会议。

11月2日至5日 团中央、人力资源社会保障部在辽宁沈阳市举办第九届“振兴杯”全国青年职业技能大赛决赛。5日晚，秦宜智同志，辽宁省委常委、省总工会主席赵国红出席大赛闭幕式暨寻找“最美青工”活动结果发布活动。

11月4日至7日 秦宜智同志围绕实践党的群众路线、谋划共青团未来五年工作在辽宁调研，深入沈阳市、大连市的企业、农村、社区、学校、社会组织，与各界青年深入交流。其间，辽宁省委书记王珉会见秦宜智同志，并就共青团工作进行了交流。

11月4日至8日 贺军科同志在北京参加第一期省部级干部学习贯彻习近平总书记系列讲话精神培训班。

11月4日至8日 罗梅同志在北京第一实验小学蹲点调研。

11月4日 团中央、中国银监会在北京召开选派银行业金融机构优秀青年干部赴县级团委挂职工作座谈推进会。徐晓同志、中国银监会副主席阎庆民出席会议并讲话。团中央农村部、中国银监会团委、中国农业银行有关部门负责同志，试点省份相关部门负责同志参加会议。

11月5日 汪鸿雁同志在北京参加蒋南翔同志诞辰100周年纪念座谈会。

11月6日至14日 应印度青年事务和体育部邀请，徐晓同志率中国青年代表团访问印度。其间，印度总理曼·辛格接见代表团全体成员，印度青体部国务部长吉·辛格、秘书古朴塔与代表团主要成员进行了工作会谈。

11月7日 汪鸿雁同志在团中央机关召集国务院农民工工作领导小组第六督察组会议。

11月8日 团中央在机关举行“我的中国梦——奋斗的青春最美丽”分享团走基层活动座谈会，秦宜智同志出席并讲话，周长奎同志主持。在清华大学举行“我的中国梦——奋斗的青春最美丽”分享团走基层首场分享活动。随后，分享团成员分两个批次奔赴全国20个省市巡回开展走基层活动。

11月9日至12日 秦宜智同志在北京出席党的十八届三中全会。

11月11日至12日 罗梅同志在北京师范大学附中蹲点调研少先队工作。

11月11日 周长奎同志会见日本东亚青年交流机构访华代表团。

11 月 12 日至 14 日 应全国青联邀请，以 2014 年理事长菅原敬介为团长的日本东京青年会议所代表团访华。12 日，周长奎同志会见代表团。

11 月 12 日 傅振邦同志到北京大学调研共青团工作。

11 月 13 日 秦宜智同志主持召开共青团第十七届中央书记处 2013 年第 7 次会议，传达学习党的十八届三中全会精神、习近平总书记致 2013 年全球创业周中国站活动组委会的贺信等。

11 月 14 日 团中央召开团中央书记处党的群众路线教育实践活动专题民主生活会情况通报会。秦宜智同志通报书记处专题民主生活会情况，中央第 22 督导组有关同志出席会议，贺军科同志主持会议，罗梅、汪鸿雁、周长奎、傅振邦同志，团中央直属机关党的十八大代表、政协委员，团中央机关正处长以上干部、直属单位主要负责人和离退休党员代表参加会议。

11 月 14 日至 20 日 应全国青联邀请，以青年联合会主席阿・孟和巴图及外交部领事局副局长那・巴图为共同团长的蒙古青年代表团访华。15 日，周长奎会见代表团主要成员并宴请代表团全体成员。

11 月 15 日至 18 日 秦宜智同志围绕共青团组织贯彻落实党的十八届三中全会精神在江西调研，深入南昌、九江、吉安以及全国青少年井冈山革命传统教育基地、共青城等地调研了解情况。其间，江西省委书记强卫、省长鹿心社会见秦宜智同志，并就共青团工作进行交流。

11 月 16 日至 18 日 团中央学校部在全国青少年井冈山革命传统教育基地举办全国高校共青团工作研讨班和西部地区高校团干部培训班，各省级团委分管副书记、学校部部长和部分高校团委书记，以及来自西藏、青海地区的高校团干部共计 180 人参加。16 日，秦宜智同志、江西省委副书记尚勇出席开班式并讲话。傅振邦同志主持开班式并全程参与研讨班和培训班。

11 月 16 日 全国青少年井冈山革命传统教育基地工作协调小组在井冈山基地召开专题会议。基地工作协调小组组长秦宜智同志，江西省委副书记、基地工作协调小组副组长尚勇出席会议并讲话，傅振邦同志主持。中国井冈山干部学院、基地管理中心、共青团江西省委、吉安市、井冈山管理局、井冈山市、江西干部学院、井冈山干部教育学院、井冈山旅游发展股份有限公司等有关负责同志参加会议并发言。

11 月 17 日至 19 日 汪鸿雁同志率国务院农民工工作领导小组第六督察组赴宁夏督察。

11 月 18 日至 20 日 贺军科同志在北京参加第十二届全国政协常委会第三次会议。

11 月 19 日 全国少工委办公室在北京召开少先队校外活动座谈会。罗梅同志出席并讲话，团中央少年部、中国青年政治学院、中国少年儿童新闻出版总社、中国青少年发展服务中心、中国少先队事业发展中心、团中央网络影视中心、中国青少年宫协会、全国青少年井冈山革命传统教育基地管理中心负责同志参加。

11 月 19 日至 23 日 周长奎陪同中国中央政治局委员、国务院副总理刘延东赴美国参加第四轮中美人文交流高层磋商。

11 月 20 日 中央宣传部、解放军总政治部、团中央在北京人民大会堂举行海军某潜艇基地官兵群体先进事迹报告会。报告会前，中共中央政治局委员、中央军委副主席许其亮会见报告团成员，中央军委委员、解放军总政治部主任张阳一同会见，解放军总参谋长助理乙晓光、解放军总后勤部政委刘源、解放军总装备部政委王洪尧、海军政委刘晓江、徐晓同志参加会见。中央宣传部副部长孙志军主持报告会，解放军总政治部副主任殷方龙出席报告会并讲话。海军某潜艇基地政委厉延明、某艇员队原政委赵忠生、某艇员队艇长吴昌弟、某艇员队电工班班长于洪伟、青岛市登州路街道党工委副书记李希梅，分别从不同侧面讲述了基地官兵群体的先进事迹。首都高校学生和驻京部队官兵代表约800人聆听报告。

11月21日 秦宜智、贺军科会见香港青年领袖高级访问团。

11月21日 团中央、解放军总政治部在团中央机关举行全军青年官兵向保护母亲河行动捐款交接活动。秦宜智同志出席并讲话，总政组织部副部长蔡善飞、团中央书记处书记徐晓出席。解放军总政治部组织部向全国保护母亲河行动领导小组办公室交接全军青年官兵特殊团费7238余万元，支持建设保护母亲河行动解放军青年林。

11月21日 由中央综治委预防青少年违法犯罪专项组指导，中国预防青少年犯罪研究会主办的2013“为了明天——预防青少年违法犯罪论坛”在上海举行。中国预防青少年犯罪研究会名誉会长、中国法学会党组书记、常务副会长陈冀平出席开幕式并讲话，汪鸿雁同志主持开幕式并作总结讲话，上海市委常委、政法委书记姜平出席开幕式并致词。

11月22日 团中央农村青年工作部在北京召开第二届政府部门和农村青年致富带头人“倾听心声 共促发展”活动总结座谈会。秦宜智同志，科技部副部长张来武，中国银监会副主席郭利根，中国农业银行党委委员、工会主席王纬出席并讲话，徐晓同志主持会议。

11月22日 中国农村青年致富带头人协会一届二次理事会在北京召开，徐晓同志出席并讲话。

11月24日至27日 团中央、中央对外联络部、外交部、广西壮族自治区党委和人民政府在广西举办以“放飞青春梦想、共创美好未来”为主题的第二届中越青年大联欢。3000名越南青年代表赴南宁、柳州、北海、防城港、钦州、贵港、玉林和崇左8市，与中国各界青年代表一起开展了交流、家访、考察和联欢活动。中共中央总书记、国家主席、中央军委主席习近平，越南国家主席张晋创为活动致贺信，中共中央政治局委员、国家副主席李源潮和越共中央政治局委员、越南祖国阵线中央委员会主席阮善仁出席联欢大会并讲话。秦宜智同志出席在南宁的主要活动，并会见越南胡志明共青团中央第一书记阮得荣。周长奎同志出席启动仪式和在南宁的主要活动，并看望广西组委会工作人员。中央对外联络部、外交部、广西自治区党委和政府、驻越南使馆，以及越共中央对外联络部、越南外交部、越共中央宣教部、越南教育培训部等中越两国有关部门的负责同志出席在南宁的主要活动。

11月25日 汪鸿雁同志赴江西共青城出席支持共青城发展领导小组第九次全体会议并讲话。

11月25日晚 傅振邦同志在北京航空航天大学出席中国航空工业集团公司和北京航空航天大学联合出品的音乐剧《罗阳》首演式。

11月26日至28日 汪鸿雁同志在北京参加十二届全国政协第一期新任委员学习研讨班。

11月27日至12月2日 应国民党荣誉主席、青年发展基金会董事长连战邀请，贺军科同志率大陆青年代表团赴台交流。其间，代表团会见了连战、国民党副主席林丰正以及部分县市长，并与青年发展基金会共同举办了“两岸青年领袖发展交流论坛”。

11月28日 罗梅同志在北京参加中直机关学习贯彻习近平总书记系列重要讲话精神交流会。

11月28日 汪鸿雁同志在北京参加中国计划生育协会七届四次全国理事会开幕式。

11月29日 罗梅同志在北京参加中国西藏文化保护与发展协会二届四次常务理事会。

11月29日 汪鸿雁同志在北京参加国务

院防治艾滋病工作委员会全体会议。

11 月 30 日 团中央在海巢 HOT · 社区青年汇举行第 46 次年轻干部学习交流会，60 多名机关年轻干部围绕“青年汇让我们聚在一起”开展讨论，罗梅同志出席并讲话。

12 月 2 日 秦宜智同志在北京出席第九次全国归侨侨眷代表大会开幕式。

12 月 2 日 汪鸿雁同志在北京出席国务院新闻办召开的中国青年志愿者行动 20 周年新闻发布会，介绍中国青年志愿者行动实施 20 年的有关情况并答记者问。

12 月 2 日 汪鸿雁同志在北京观看第八届全国残疾人艺术汇演汇报演出。

12 月 3 日 秦宜智同志列席围绕历史唯物主义基本原理和方法论的中央政治局第 11 次集体学习。

12 月 3 日至 5 日 汪鸿雁同志赴广东参加第三届广东公益志愿文化节暨志愿服务广州交流会等活动并调研。

12 月 4 日 秦宜智同志列席研究部署全面改善贫困地区义务教育薄弱学校基本办学条件的国务院第 32 次常务会议。

12 月 4 日 秦宜智同志在北京出席中央国家机关团工委举办的“根在基层 · 中国梦”调研实践活动总结会暨青年干部践行群众路线汇报会。

12 月 4 日至 13 日 应全国青联邀请，以青年联合会主席、国会议员洪玛尼为团长的柬埔寨青年代表团访华。5 日，贺军科同志会见代表团主要成员。5 日晚，周长奎同志宴请代表团。

12 月 4 日 贺军科同志在北京参加中央党内法规制定工作会议。

12 月 4 日 司法部、教育部、团中央、全国普法办在北京举办全国法制宣传日“宪法进课堂”活动。徐晓同志，司法部副部长、全国普法办主任张苏军出席并讲话。

12 月 5 日 在中国青年志愿者行动实施 20 周年暨第 28 个国际志愿者日之际，中共中央总书记、国家主席、中央军委主席习近平给华中农业大学“本禹志愿服务队”回信，肯定他们在服务他人、奉献社会中取得的成绩和进步，勉励他们弘扬志愿精神，为实现中华民族伟大复兴的中国梦作出新的更大贡献，并向这支志愿服务队和全国广大青年志愿者致以诚挚问候和崇高敬意。

12 月 5 日 团中央、中国青年志愿者协会围绕“青春志愿行 · 共筑中国梦”主题，动员广大青年志愿者集中开展扶贫助困、助老助残、文明礼仪、环境保护等志愿服务活动。团中央书记处全体同志以普通青年志愿者的身份，分别到北京、广东、湖北、云南等地，和基层青年志愿者们一起学习习近平总书记给华中农业大学“本禹志愿服务队”的回信，一起参加主题活动。

12 月 5 日 周长奎同志在北京参加全国爱国卫生运动委员会第一次全体会议。

12 月 6 日 中共中央政治局委员、国家副主席李源潮到团中央机关调研，亲切看望机关干部职工并与大家合影、座谈。秦宜智同志作工作汇报，书记处全体同志、机关各部门主要负责同志参加座谈会。

12 月 6 日 秦宜智同志主持召开共青团第十七届中央书记处 2013 年第 8 次会议，传达学习习近平总书记给华中农业大学“本禹志愿服务队”的回信以及李源潮同志就贯彻落实总书记回信精神的批示，研究《共青团中央落实党的群众路线教育实践活动有关要求的几项规定》，研究贯彻落实李源潮同志到团中央机关调研时的讲话要求、开通共青团中央官方微博微信、加强团中央直属单位发展管理服务以及少先队有关工作。

12 月 8 日 贺军科同志在上海出席上海市青年联合会第十一届委员会第一次全体会议并讲话。

12 月 9 日 全国学联第二十五届主席团

第四次会议在北京召开，秦宜智同志接见全体代表并即席讲话，傅振邦同志参加接见。

12月9日 团中央、全国学联在北京举行中国大学生骨干培养学校第六期结业暨第七期开班式。秦宜智同志出席并讲话，傅振邦同志主持。中国大学生骨干培养学校第六期、第七期学员近500人参加活动。

12月9日 团十七届中央书记处举行第五次集体学习。中央政策研究室副主任、学习贯彻党的十八届三中全会精神中央宣讲团成员江金权围绕学习贯彻党的十八届三中全会精神进行讲解。秦宜智同志主持并讲话，贺军科、罗梅、汪鸿雁、周长奎、徐晓、傅振邦同志，机关全体干部、直属单位主要负责同志参加学习。

12月10日至13日 秦宜智同志在北京参加中央经济工作会议、中央城镇化工作会议。

12月上旬 全国少工委分别在陕西西安市、云南昆明市和北京召开少先队工作片会。罗梅同志出席片会并讲话。各省、自治区、直辖市团委分管少先队工作的副书记、少年部长、少先队总辅导员分别参加片会。其间，罗梅同志分别在西安、昆明调研少先队工作。

12月11日 汪鸿雁同志与国家邮政局有关负责同志商谈青年文明号创建有关工作。

12月12日至21日 应全国青联邀请，由日本内阁府派遣的，以日本IBM公司顾问成田一郎为团长的日本青年代表团访华。12日，周长奎同志会见代表团。

12月12日 傅振邦同志在重庆出席重庆市青联四届一次全体会议和重庆市学联第四次代表大会开幕式并讲话。傅振邦同志在重庆大学调研。

12月13日 贺军科同志会见牛津大学常务副校长安德鲁·哈密尔顿一行。

12月15日至25日 应全国青联和中央对外联络部邀请，哈萨克斯坦、吉尔吉斯斯坦、俄罗斯、塔吉克斯坦、乌兹别克斯坦五国青年领导人访华并参加主题为“当代中国发展道路：机遇和挑战”的专题研修。16日，周长奎同志会见代表团。

12月15日 团中央、全国学联在北京举行中国大学生骨干培养学校第七期学员理论学习周总结分享会。傅振邦同志出席并讲话。中国大学生骨干培养学校第七期学员近200人参加活动。

12月16日 秦宜智同志主持召开共青团第十七届中央书记处2013年第9次会议，传达学习中央经济工作会议、中央城镇化工作会议精神。

12月16日 全国保护母亲河行动领导小组在北京召开第六届“母亲河奖”表彰座谈会。秦宜智同志、环境保护部总工程师万本太、水利部副部长刘宁、国家林业局副局长张永利、解放军总政治部组织部副部长蔡善飞出席会议并讲话，为第六届“母亲河奖”获奖个人和组织颁奖，徐晓同志主持会议。

12月16日 团中央在北京召开促进全国青少年井冈山革命传统教育基地发展座谈会，罗梅、傅振邦同志出席并讲话，团中央机关各部门、中国青年政治学院、中国青旅集团公司负责同志参加会议。

12月17日 秦宜智同志陪同中共中央政治局常委、国务院总理李克强，中共中央政治局常委、中央书记处书记刘云山等中央领导同志接见第八届全国人民满意的公务员和集体代表。

12月17日 应全国青联邀请，香港专业联盟访问团访问内地。秦宜智、贺军科同志会见访问团。

12月17日 周长奎同志在北京参加中国延安精神研究会常务理事会。

12月17日 团中央青运史工作指导委员会、中国青少年研究中心、中国青年政治学院在北京举行全国青运史工作会议。徐晓同志出席并讲话，各省级团委负责青运史工作的同志、各省级团校负责同志等 70 多人参加会议。

12 月 18 日 秦宜智同志会见韩国前驻华大使、韩中文化青少年协会会长权丙铉一行。

12 月 18 日晚至 21 日 傅振邦同志赴山西晋城市、太原市调研中学共青团工作。

12 月 19 日 汪鸿雁同志在北京参加全国志愿服务工作座谈会。

12 月 19 日 汪鸿雁同志在北京参加全国政协社会和法制委员会第一次全体会议。

12 月 20 日 中国青少年发展基金会在北京召开第六届理事会第十一次会议和第七届理事会第一次会议，贺军科同志出席并讲话。

12 月 20 日 中国青年创业促进会在北京召开九届二次理事会，汪鸿雁同志出席并讲话。

12 月 21 日 汪鸿雁同志在海南海口市出席团海南省委、海南省旅游发展委员会、海南省人力资源社会保障厅联合主办的 2013 海南国际旅游岛青年服务技能大赛景区导游项目决赛暨总结大会。12 月 21 日至 23 日，汪鸿雁同志在当地调研。

12 月 23 日至 24 日 徐晓同志在北京参加中央农村工作会议。

12 月 24 日 汪鸿雁同志在北京参加政协十二届二次会议大会发言工作协调会。

12 月 24 日 外交部青年读书研究会、团中央国际联络部、中国国际问题研究所青年读书会在北京举办“秉持‘亲、诚、惠、容’理念，谋划周边战略新篇”——第八届全国青年国际问题研讨会。周长奎同志、外交部副部长刘振民出席并讲话，外交部、团中央、中国国际问题研究所、中国社科院等机关单位、学术团体、研究机构和新闻媒体的 150 余名青年同志参加。

12 月 24 日晚 徐晓同志在北京参加国务院扶贫开发领导小组召开的扶贫工作座谈会。

12 月 25 日 秦宜智同志参加研究《社会救助暂行办法（草案）》的国务院第 34 次常务会议。

12 月 25 日至 31 日 团中央、全国青联、欧美同学会共同举办的“2013 海外学人回国创业周”分别在重庆、河北、广东和新疆生产建设兵团举行。28 日，贺军科同志出席在河北召开的海外学人回国创业座谈会并讲话。

12 月 25 日 汪鸿雁同志在北京参加流浪乞讨人员救助管理工作部际联席会议第三次全体会议。

12 月 26 日 秦宜智同志在北京参加纪念毛泽东同志诞辰 120 周年座谈会。

12 月 26 日 贺军科同志会见应中日友协邀请来访的、以国会议员小渊优子为团长的日本超党派年轻国会议员代表团。

12 月 26 日 周长奎同志在北京参加中华全国体育总会八届六次常委会会议。

12 月 26 日 徐晓同志在江苏南京市参加苏宁公司公益捐赠活动。12 月 26 日至 27 日，徐晓同志在当地调研农村共青团工作。

12 月 28 日 傅振邦同志在安徽芜湖出席团安徽省委、安徽省商务厅、芜湖市人民政府等举办的“淘宝杯”大学生新锐网商创业大赛颁奖仪式。12 月 27 日至 28 日，傅振邦同志在当地调研大学生创业工作。

12 月 29 日 周长奎同志在北京参加中华见义勇为基金会第 20 次理事会。

12 月 30 日 秦宜智同志列席围绕提高国家文化软实力研究的中央政治局第 12 次集体学习。

12 月 30 日晚 周长奎同志在北京出席 2014 年新年戏曲晚会。

12 月 30 日 徐晓同志会见中国青年创业就业基金会捐赠代表。

12 月 30 日 团中央学校部召开首都高校团委书记工作例会，傅振邦同志出席并讲话。

12 月 31 日 秦宜智同志在北京参加全国政协 2014 年新年茶话会。

12 月 31 日 贺军科同志在北京参加中央办公厅调研室召集的学校理想信念教育座谈会。